ʰung als Politik

MAX-PLANCK-INSTITUT FÜR GESELLSCHAFTSFORSCHUNG
MAX PLANCK INSTITUTE FOR THE STUDY OF SOCIETIES

*Britta Rehder* war wissenschaftliche Mitarbeiterin am Max-Planck-Institut für Gesellschaftsforschung, Köln, und ist heute Professorin für Politikwissenschaft an der Ruhr-Universität Bochum.

Britta Rehder

# Rechtsprechung als Politik

## Der Beitrag des Bundesarbeitsgerichts zur Entwicklung der Arbeitsbeziehungen in Deutschland

Campus Verlag
Frankfurt/New York

Schriften aus dem Max-Planck-Institut für Gesellschaftsforschung Köln, Band 74

Bibliografische Information der Deutschen Nationalbibliothek:
Die Deutsche Nationalbibliothek verzeichnet diese Publikation in der Deutschen Nationalbibliografie. Detaillierte bibliografische Daten sind im Internet über http://dnb.d-nb.de abrufbar.
ISBN 978-3-593-39505-0


Umschlagmotiv: Gebäude des Max-Planck-Instituts für Gesellschaftsforschung, Köln
Druck und Bindung: CPI buchbücher.de, Birkach
Gedruckt auf Papier aus zertifizierten Rohstoffen (FSC/PEFC).
Printed in Germany

www.campus.de

# Inhalt

# Vorwort

Dieses Buch ist die überarbeitete und leicht gekürzte Fassung meiner Habilitationsschrift, die ich im März 2010 am Fachbereich Erziehungs- und Sozialwissenschaften der Westfälischen Wilhelms-Universität Münster eingereicht habe. Es setzt den Schlusspunkt unter eine lange wissenschaftliche Qualifikationsphase, die ich am Max-Planck-Institut für Gesellschaftsforschung in Köln verbringen durfte.

Auf meinem Weg haben mich viele Menschen begleitet. Mein erster Dank gilt den Direktoren des MPIfG: Renate Mayntz, Fritz W. Scharpf, Wolfgang Streeck und Jens Beckert. Ohne ihre intellektuelle, institutionelle und finanzielle Unterstützung hätte es mein Projekt und dieses Buch wohl nicht gegeben. Mit Wolfgang Streeck verbinden mich zwölf in jeder Hinsicht sehr lehrreiche Jahre.

Ähnlich bedeutsam waren die zahlreichen Diskussionen mit den wissenschaftlichen Mitarbeiterinnen und Mitarbeitern am Institut. Mein Dank gilt insbesondere den Mitgliedern des Arbeitsbereiches »Institutioneller Wandel im gegenwärtigen Kapitalismus«. Auch die Kolleginnen und Kollegen der Verwaltung, der Bibliothek, der Redaktion und der EDV haben mein Projekt in vielfältiger Weise unterstützt. Viktoria Kalass, Lea-Sophie Deworetzki, Katharina Schoenes und Philipp Gerlach haben unschätzbare Hilfestellungen bei der Datenrecherche und beim Korrekturlesen geleistet. Thomas Pott hat dem Buch den letzten Schliff verliehen und Jeanette Störtte hat die Druckvorlage erstellt. Vielen Dank an Euch alle!

Im Umfeld eines Habilitationsverfahrens und einer Buchpublikation müssen viele Gutachten geschrieben werden. Den Personen, die diese Mühe auf sich genommen haben, möchte ich besonders herzlich danken: Ulrich Willems und Annette Zimmer von der Westfälischen Wilhelms-Universität Münster haben mein Habilitationsverfahren jederzeit tatkräftig und »fürsorglich« unterstützt. Thomas Dieterich, ehemals Richter am Bundesverfassungsgericht und Präsident des Bundesarbeitsgerichts a.D., stand mir mit seiner juristischen Expertise zur Seite und hat mir so manche Flause ausgetrieben. Roland Lhotta von der Helmut-Schmidt-Universität Hamburg hat hilfreiche Kommentare bei der Endbearbeitung geliefert und seitdem regelmäßig für Lachmuskelkater gesorgt.

Im Rahmen meines Projekts hatte ich die Gelegenheit, vier Monate am Center for International and Comparative Studies der Northwestern University in Evanston (USA) zu verbringen. Dort habe ich nicht nur viel über die US-amerikanischen Universitäten gelernt, sondern auch über die dortige Gerichtsforschung. Für ihre Unterstützung und Gastfreundschaft danke ich Kathleen Thelen und Ben Schneider, Karen Alter und Brian Hanson sowie Terence Halliday von der American Bar Foundation.

Die Hans-Böckler-Stiftung hatte unmittelbar zwar nichts mit meinem Habilitationsprojekt zu tun, aber ohne sie wäre ich niemals an das Max-Planck-Institut gekommen. Das bleibt unvergessen. Viele weitere Personen in Wissenschaft, Politik und Rechtspraxis haben mein Projekt unterstützt, ohne dass ich sie hier im Einzelnen nennen kann. Auch ihnen möchte ich herzlich danken.

Doch letztlich sind einige Menschen immer noch etwas wichtiger gewesen als alle anderen: Birgit Apitzsch, Saskia Freye, Jürgen Lautwein sowie Katrin und Sascha Münnich danke ich dafür, dass ich mich immer auf ihre Zuneigung und ihre Solidarität verlassen durfte – in guten wie in schlechten Zeiten. Und ohne den Rückhalt von Thomas Saretzki und Gesine Boesken hätte ich das alles nicht geschafft.

Köln, im Mai 2011 *Britta Rehder*

# Kapitel 1
# Einleitung

Das vorliegende Buch untersucht aus politikwissenschaftlicher Perspektive den Beitrag von Arbeitsrechtsexperten und der Arbeitsgerichtsbarkeit zur Entstehung und Transformation des deutschen Tarifrechts. Im Zentrum steht die historische Entwicklung einer spezifischen Rechtsnorm, die für das kollektive Arbeitsrecht von großer Bedeutung ist und sehr oft umstritten war. Dabei handelt es sich um das sogenannte Günstigkeitsprinzip (§ 4 Abs. III TVG). Es besagt, dass Arbeitsverträge oder andere arbeitsrechtliche Vereinbarungen in tarifgebundenen Unternehmen dann vom geltenden Tarifvertrag abweichen dürfen, wenn sie für den betreffenden Arbeitnehmer günstiger sind als die tarifliche Regelung. Diese Rechtsnorm existiert seit circa einhundert Jahren und ist damit so alt wie das Tarifrecht selbst. Dabei haben sowohl die Tarifvertragsverordnung von 1918 als auch das Tarifvertragsgesetz von 1949 die Frage offengelassen, in welchen konkreten Konstellationen sie gilt oder wann eine Regelung günstiger ist als eine andere. Die Beantwortung dieser Fragen wurde stets an die Praxis und die Gerichte delegiert.

Mit ihrer Definition und deren Interpretationsoffenheit ist zugleich die Brisanz der Rechtsnorm angedeutet, denn der Geltungsbereich des Günstigkeitsprinzips entscheidet mit über den Geltungsbereich von Tarifverträgen. Eine großzügige Auslegung des Günstigkeitsgedankens schwächt die Präge- und Regulierungskraft von Tarifverträgen. Ein enges Verständnis sichert ihre Dominanz. Damit ist die Entwicklung des Günstigkeitsprinzips ein Gradmesser für den Zentralisierungs- oder Liberalisierungsgrad des deutschen Kapitalismus. Zudem signalisieren Modifikationen im Verständnis des Günstigkeitsprinzips einen Wandel in der Governance-Architektur der Tarifpolitik. Eine weitreichende Erlaubnis, von geltenden Tarifstandards abzuweichen, impliziert gleichzeitig einen wachsenden politischen Gestaltungsspielraum für die betrieblichen Akteure im Rahmen des Mehrebenensystems der Tarifpolitik. Also ist die Entwicklung dieser Rechtsnorm sowohl in der Policy- als auch in der Polity-Dimension interessant für die Debatte über die Entwicklung der industriellen Beziehungen und des koordinierten Kapitalismus in Deutschland.

Ein zentralisiertes Lohnverhandlungssystem stellt den Anspruch, die Arbeitsbedingungen der Beschäftigten kollektivrechtlich und überbetrieblich zu regeln, zum Beispiel durch einen Flächen- oder Verbandstarifvertrag. Legitimiert wurde und wird die Zentralisierung mit den Funktionen, die sie erfüllt (Müller-Jentsch 1997: 191–192). Der Arbeitnehmerseite sollen Tarifverträge zur Dekommodifizierung ihrer Arbeitskraft dienen. Es wird argumentiert, dass die Asymmetrie zwischen Kapital und Arbeit am Arbeitsmarkt nur dadurch nivelliert werden könne, dass die Beschäftigten der Arbeitgeberseite als Kollektiv gegenübertreten. Gewerkschaften sollen Kollektivvereinbarungen aushandeln, die den Beschäftigten ein Mindestlohnniveau gewährleisten und sie vor Ausbeutung schützen (Schutzfunktion). Darüber hinaus wurden dem Flächentarifvertrag immer auch eine Reihe ordnungspolitischer Funktionen zugeschrieben. Zentralisierte Vereinbarungen ordnen den Arbeitsmarkt durch die Festlegung der Relationen zwischen Lohn, Produktivität und Leistung. Die Standardisierung von Löhnen und Arbeitsbedingungen soll den Arbeitsmarkt vor Konkurrenz schützen und die Planungssicherheit der Betriebe gewährleisten (Ordnungs- und Kartellfunktion). Zudem sollen im Zuge der überbetrieblichen Aushandlung von Löhnen Konflikte aus der betrieblichen Sphäre ferngehalten werden (Befriedungsfunktion).

Die Wertschätzung von Tarifverträgen schwankte im historischen Zeitverlauf stark. Immer wieder wurden die Fragen diskutiert, ob sie die ihnen zugedachten Aufgaben erfüllen können oder sollen – und wenn ja, in welcher Weise. Die Antworten beeinflussten auch die Debatte über das Günstigkeitsprinzip. Stieg das Interesse an der kollektiven Regulierung der Arbeitsbeziehungen, wuchs gleichzeitig das Bedürfnis, den Raum für individuell günstigere Vereinbarungen zu begrenzen – und umgekehrt. Darüber hinaus gab es immer auch prinzipielle Einwände gegen das Tarifrecht. Die individuelle Vertragsfreiheit ist eine der zentralen Rechtsnormen des Bürgerlichen Gesetzbuches (BGB). Tarifverträge schränken die individuelle Vertragsfreiheit ein, um die oben genannten, kollektiv ausgerichteten Funktionen bereitstellen zu können. Dadurch grenzt sich das Arbeitsrecht gegen das Privatrecht ab. Der Günstigkeitsgedanke legt nun fest, unter welchen Bedingungen die individuelle Vertragsfreiheit im kollektiven Arbeitsrecht dennoch rechtlich zulässig ist. Er ist also ein potenzielles Einfallstor des Privatrechts in das Arbeitsrecht. Dadurch wurde er auch zum Schauplatz der Auseinandersetzungen zwischen einem kollektivistischen und einem liberalen Rechtsdenken, die im Zentrum dieses Buches stehen.

Die grundlegende These der Arbeit lautet, dass eine organisations- und institutionenübergreifende epistemische Gemeinschaft aus Arbeitsrechtsexperten in der Wissenschaft, in den Gewerkschaften, in den Arbeitsgerichten, in den politischen Parteien und in der Arbeitsverwaltung für die Etablierung und

Dominanz des kollektivrechtlichen Prinzips (und damit gegen einen weit verstandenen Geltungsbereich des Günstigkeitsprinzips) kämpfte. Dabei war sie in verschiedenen Phasen unterschiedlich erfolgreich. Sie scheiterte in der Weimarer Republik. In der Nachkriegszeit gelang es ihr hingegen, den Vorrang des Kollektivprinzips durchzusetzen. Das Günstigkeitsprinzip wurde eingedämmt. Die epistemische Gemeinschaft der Arbeitsrechtler leistete damit einen zentralen Beitrag zum Aufbau des koordinierten Kapitalismus in Deutschland, indem sie die Regelungshoheit der Tarifverbände rechtlich absicherte. Seit dem Ende der 1960er Jahre nahmen die Liberalisierungstendenzen zu. In diesem Zusammenhang wuchs auch der Druck, dem Günstigkeitsgedanken und damit der individuellen Vertragsfreiheit im Arbeitsrecht mehr Raum zu geben. Wiederum spielten die Arbeitsrechtsexperten eine zentrale Rolle, weil sie sich den Liberalisierungstendenzen entgegenstemmten. Ihre wichtigste institutionelle Ressource war dabei die Kontrolle über die Arbeitsgerichtsbarkeit. Sie konnten den Liberalisierungspfad zwar nicht stoppen, sie konnten ihn (bisher) aber lenken und begrenzen. Damit unterstützten sie den Erhalt des Tarifsystems in Deutschland maßgeblich. Gleichwohl hat die Fähigkeit, das kollektive Arbeitsrecht vor dem Einbruch des Vertragsrechts zu schützen, im Zeitverlauf stark abgenommen. Die vorliegende Arbeit möchte die Bedingungen des Erfolgs und des Niedergangs der epistemischen Gemeinschaft herausarbeiten.

Aus dem Gesagten geht bereits hervor, dass das Buch einen Zeitraum von einhundert Jahren in den Blick nimmt, der sich von den Auseinandersetzungen um die Defizite des BGB im ausgehenden 19. Jahrhundert bis in die Gegenwart erstreckt. Dazwischen lagen zwei Weltkriege und drei Regimewechsel. Das Tarifrecht im Allgemeinen und das Günstigkeitsprinzip im Besonderen überlebten sie mehr oder weniger alle, wenn auch immer wieder in gewandelter Form. Der Schwerpunkt der Arbeit liegt auf der Entwicklung nach 1945. Gleichwohl ist ein Rückgriff auf die Weimarer Republik unverzichtbar, weil hier die Grundlagen des kollektiven Arbeitsrechts gelegt wurden, ohne die die Nachkriegsentwicklung nicht verstanden werden kann. Zudem waren zahlreiche Akteure in Wissenschaft und Politik, die das Arbeitsrecht der Nachkriegszeit mitgestaltet haben, bereits in der Weimarer Republik aktiv.

Theoretisch möchte die Arbeit drei Literaturstränge miteinander verbinden: die Diskussion über das Zusammenspiel von Politik und Recht beziehungsweise über die Rolle von Gerichten in der Politik, die Debatte über den inkrementellen Wandel von Institutionen sowie die Literatur über den Einfluss epistemischer Gemeinschaften auf politische Entscheidungen. Der erste Aspekt (Politik und Recht) wird in Kapitel 2 diskutiert. Der folgende Abschnitt führt zunächst in die Debatte über den graduellen Institutionenwandel und die Rolle epistemischer Gemeinschaften ein.

## 1.1 Epistemische Gemeinschaften und institutioneller Wandel

Die empirische Diskussion über den Wandel des Tarifrechts ist theoretisch in die Frage nach den Mechanismen des institutionellen Wandels eingebettet. Dabei muss zuerst der hier zugrunde gelegte Institutionenbegriff geklärt werden. Gerhard Göhler definiert politische Institutionen als »Regelsysteme der Herstellung und Durchführung verbindlicher, gesamtgesellschaftlich relevanter Entscheidungen und Instanzen der symbolischen Darstellung von Orientierungsleistungen einer Gesellschaft« (Göhler 1997: 29). Er unterscheidet also zwischen einer »instrumentalen« und einer »symbolischen« Dimension des Institutionellen, die eng miteinander verwoben sind. Grob vereinfachend liegt der Unterschied darin, dass in der ersten Dimension Ordnungsleistungen erbracht werden und in der zweiten Dimension Orientierungsleistungen (Göhler 1994: 37–39). Im Anschluss daran untersucht Rehberg Institutionen vorrangig als »symbolische Ordnungen« (Rehberg 1994: 47–52), die sinnstiftende Leitideen verkörpern. In Bezug auf das deutsche Tarifrecht spielt diese symbolische Dimension eine beträchtliche Rolle. Es lässt sich beobachten, wie im historischen Zeitverlauf implizit oder explizit verschiedene Leitideen formuliert wurden und in Konkurrenz zueinanderstanden: Für den Weimarer Juristen Hugo Sinzheimer symbolisierte das kollektive Arbeitsrecht die Demokratisierung der Gesellschaft und die Einbindung der Arbeiterklasse in den bürgerlichen Staat. Für seinen konservativen Kollegen Hans-Carl Nipperdey war das Tarifrecht im Nachkriegsdeutschland demgegenüber ein ordnungspolitischer Bestandteil des Konzepts der Sozialen Marktwirtschaft, das den Klassenkampf befrieden und die Märkte stabilisieren sollte. In den 1990er Jahren etablierte sich wiederum mit der Schule des »Neuen Arbeitsrechts« ein effizienzorientiertes Denken, das die Leitidee und Legitimationsgrundlage des Tarifrechts in seinem Beitrag zur Sicherung von Beschäftigung und unternehmerischer Wettbewerbsfähigkeit verankerte. Leitideen, die normative Orientierungsleistungen für die Gesellschaft erbringen und ihr dabei auch vermitteln (wollen), welche Funktionen dem Recht zukommen, sind im kollektiven Arbeitsrecht immer zentral gewesen.

Gleichwohl betont diese Arbeit vor allem die *instrumentale Ordnungsdimension* des Institutionellen. In Anlehnung an Renate Mayntz und Fritz W. Scharpf wird ein Verständnis des Institutionenbegriffs zugrunde gelegt, das vor allem Regelungsaspekte betont (North 1990b; Mayntz/Scharpf 1995; Kaiser 2001: 269–270). Als Institutionen werden hier Regeln und Regelsysteme verstanden, »die sich vor allem auf die Verteilung und Ausübung von Macht, die Definition von Zuständigkeiten, die Verfügung über Ressourcen sowie Autoritäts- und Abhängigkeitsverhältnisse beziehen« (Mayntz/Scharpf 1995: 40). Die rechtliche Ausgestaltung des Günstigkeitsprinzips nimmt im Rahmen des tarifpolitischen

Mehrebenensystems, aber auch im Verhältnis der Klassen zueinander, Machtverteilungen vor, die mit jeweils spezifischen Ressourcenzuweisungen und Abhängigkeitsverhältnissen einhergehen und für die Handlungsspielräume und -strategien der beteiligten Akteure höchst bedeutsam sind. Und gerade aufgrund dieser Bedeutsamkeit war der Interpretationsgehalt der Rechtsnorm immer umstritten.

Seit den 1980er Jahren hat die Betrachtung von Institutionen in den Sozialwissenschaften weltweit wieder an Bedeutung gewonnen. Der klassische Institutionalismus in der Politikwissenschaft war in der Gestalt einer vergleichenden Regierungs- und Systemlehre aufgetreten, die Verfassungen, Regierungen und Herrschaftsformen komparativ beschreiben wollte (Kaiser 2001: 255). Demgegenüber stellt der Neo-Institutionalismus den Anspruch, ein theoretischer Erklärungsansatz des Politischen zu sein. Institutionen wird die Eigenschaft zugesprochen, den politischen Raum zu strukturieren und die Handlungsorientierungen politischer Akteure zu prägen (March/Olsen 1984, 1989). Die frühen Arbeiten von James March und Johan Olsen haben in allen sozialwissenschaftlichen Disziplinen ein geradezu explosionsartiges Wachstum der institutionalistisch ausgerichteten Literatur ausgelöst (einen Überblick geben zum Beispiel Knill/Lenschow 2001; David/Bitektine 2009; Kingston/Caballero 2009). In diesem Zusammenhang rückte auch der Staat als Akteur wieder in den Fokus der Aufmerksamkeit (Evans et al. 1985).

Dabei haben sich im Zeitverlauf drei Varianten des Neo-Institutionalismus herausgebildet, die unterschiedliche Interaktionsmuster zwischen Institutionen und Akteuren modellieren, wobei den Akteuren jeweils spezifische Handlungsorientierungen zugeschrieben werden. In der Debatte sind sie bestenfalls lose miteinander verkoppelt, auch wenn wechselseitige Bezugnahmen stattfinden (zur grundlegenden Unterscheidung vgl. Hall/Taylor 1996). Der *Rational-Choice-Institutionalismus* versteht Institutionen als Strukturierungs- und Restriktionsraum für individuelle Wahlhandlungen (Ostrom 1990; Dowding/King 1995). In dieser Perspektive sind Institutionen gleichbedeutend mit den Spielregeln, in deren Einzugsbereich Akteure ihre (im Regelfall exogenen) Präferenzen realisieren. Der direkt an March und Olsen anschließende *soziologische Institutionalismus* geht demgegenüber von einem breiteren Institutionenverständnis aus, das auch Handlungsroutinen sowie normative Konventionen einschließt und damit weit in den Kulturbegriff ausgreift (March/Olsen 1984). Zudem betont er stärker als die ökonomisch orientierte Variante die prägende und handlungsanleitende Kraft von Institutionen. In dieser Perspektive findet auch der Homo sociologicus seinen Platz, der eher normengeleitet als interessengetrieben agiert. Der *historische Institutionalismus* als dritte Variante bewegt sich zwischen den beiden anderen Ansätzen, da er sich eklektizistisch aus ihrem konzeptionellen Repertoire bedient. Kennzeichnend für ihn ist vor allem die historische Perspektive, die Institutionen als Ergebnis langfristiger Entwicklungspfade in den Blick nimmt (Steinmo et al. 1992).

Die Vielfältigkeit des Neo-Institutionalismus hat Kritik erfahren, weil aus ihr eine gewisse Konturlosigkeit resultiert, die die Unterscheidung zu anderen theoretischen Perspektiven erschwert. Kaiser argumentiert, eine kritische Betrachtung des Neo-Institutionalismus sei schwierig, »weil jedes Argument, das sie gegenüber der einen Variante des neuen Institutionalismus vorbringt, von mindestens einer anderen Variante unterstützt wird« (Kaiser 2001: 269–270). Auch die institutionalistische Literaturflut wird zuweilen auf diese Konturlosigkeit zurückgeführt (David/Bitektine 2009).

Rehberg vermutet hinter der »institutionalistischen Wende« einen Zusammenhang zu den zeitgenössischen politischen und gesellschaftlichen Entwicklungen (Rehberg 1994). Einerseits hätten die großen Protestbewegungen der 1960er und 1970er Jahre in den Industriestaaten selbst Prozesse der Institutionalisierung durchlaufen, zum Beispiel durch die Gründung und Anerkennung neuer Parteien und Verbände. Andererseits hätten die reformorientierten Kräfte aber auch erleben müssen, wie in den 1980er Jahren eine konservative Wendepolitik neu etabliert wurde. Reformerwartungen wurden partiell enttäuscht, einige ihrer Erfolge wurden rückgängig gemacht. Die politische Linke habe dabei erleben müssen, dass die Beharrungskräfte alter Ordnungsmächte beträchtlich sind. Dadurch sei der Blick auf die Stabilitätsfaktoren und Verkrustungen des Politischen, also auf die Institutionen, gelenkt worden.

Seit einigen Jahren steht nun der *Wandel von Institutionen* auf der Agenda (Kaiser 2001: 273). Anfangs fokussierte die Debatte dabei vor allem auf den radikalen – Göhler spricht auch von revolutionärem – Wandel (Göhler 1997). Diese Akzentverschiebung reflektiert auch den scheinbar plötzlichen und unvorhergesehenen Zusammenbruch der kommunistischen Regime in Osteuropa. Dementsprechend wurde der Wandel von Institutionen als »radikale Systemtransformation« diskutiert (zum Beispiel Merkel 1994, 1996). Der schockartig einsetzende und revolutionäre Umbruch schien im institutionalistischen Paradigma ohnehin zumindest vordergründig die einzig vorstellbare Form des Institutionenwandels zu sein, denn wenn man mit der Annahme operiert, dass Institutionen nicht nur Regeln setzen, sondern auch die Handlungsorientierungen der Akteure vorstrukturieren, wie anders als durch externe Schocks sollte dann institutioneller Wandel entstehen?

Doch im Hinblick auf schleichende Prozesse des Wandels, die zwar inkrementell vonstattengehen, sich aber dennoch zu grundlegenden Transformationen verdichten, wie zum Beispiel die europäische Integration, wurde die »Schock-Theorie« fragwürdig. In der Literatur ist vielfach konstatiert worden, dass die gängigen theoretischen Konzepte zwar die Kontinuität und den Zusammenbruch von Institutionen gut erklären können. Den sehr viel häufiger zu beobachtenden Prozessen des schleichenden und graduellen Wandels werden sie jedoch nicht gerecht (Thelen 2003; Streeck/Thelen 2005b). Zusammengefasst lautet die Kritik, dass die gängigen Vorstellungen mit *Gleichgewichtsmodellen* arbeiten, in denen lange Phasen der Stabilität durch exogene Schocks unterbrochen werden, bis schließlich ein neues Gleichgewicht und damit eine neue Stabilitätsphase erreicht wurde (Thelen 2004: 27–30). Thelen verweist hier auf die Arbeiten von Swidler, Krasner und Katznelson (Swidler 1986; Krasner 1988; Katznelson 2003). Am offensichtlichsten ist dies bei ökonomisch inspirierten Arbeiten. In dieser (spieltheoretischen) Perspektive basiert die Stabilität von Institutionen auf den Kooperationsgewinnen und -erwartungen der beteiligten Akteure. Übersteigen die Kosten einer Institution unter veränderten Rahmenbedingungen ihren Nutzen, bricht sie zusammen, oder es pendelt sich ein neues Gleichgewicht ein. Institutioneller Wandel wird hier schubartig und durch externe Faktoren bedingt ausgelöst (Aoki 2000; Weingast 2002; Groenewegen/de Jong 2008).

Doch selbst solche Autoren, die dem historischen Institutionalismus nahestehen, die also aufgrund ihres langfristig angelegten Untersuchungshorizonts eine besondere Affinität zu Wandlungsprozessen im Zeitverlauf haben, bleiben tendenziell dem Denken in Gleichgewichtsmodellen verhaftet. So betonen die Vertreter der Pfadabhängigkeits-Hypothese, dass institutionelle Entwicklungen durch exogene Ereignisse oder *critical junctures* in Gang gesetzt und im weiteren Verlauf durch *Lock-in*-Effekte stabilisiert werden. Verschiedene Mechanismen (zum Beispiel wechselseitige Anpassung, Lernprozesse) reproduzieren den Pfad institutioneller Entwicklung, bis ein neuer Wendepunkt eintritt (North 1990a; Collier/Collier 1991; Mahoney 2000; Pierson 2004). Auch hier wird also ausschließlich in der Dichotomie aus Stabilität und Zusammenbruch gedacht. Der Locked-in-Status eines einmal eingeschlagenen Pfades entspricht hier dem Gleichgewichtsmodell der Ökonomen.

Die genannte Kritik hat die weitere Debatte entfacht und die Literatur über den *schleichenden Wandel von Institutionen, der dennoch transformative Züge trägt*, befruchtet. So versucht zum Beispiel die kritisierte ökonomische Perspektive, graduellen (Colomer 2001) und endogen initiierten Wandel präziser zu konzeptualisieren (Greif/Laitin 2004; Aoki 2007). Andere Autoren haben versucht, verschiedene Mechanismen des graduellen Wandels zu identifizieren (Schickler 2001; Thelen 2003; Streeck/Thelen 2005b; Mahoney/Thelen 2010). Zudem wurde mit Begriffen wie zum Beispiel »Hybridisierung« und »Bricolage« darauf hingewiesen, dass sich institutioneller Wandel aus der Neukombination verschiedener Arrangements speisen kann (zum Beispiel Djelic/Quack 2003, 2005; Boyer 2006).

Mit der Fokussierung auf die Analyse des schleichenden Institutionenwandels nähert sich die Debatte immer stärker der Policy-Analyse an, weil das graduelle Moment des Wandels gerade darin besteht, dass sich einzelne Policy-Entscheidungen aufaddieren und in ihren Rückkopplungseffekten auf das Institutionensystem auswirken. So sind zum Beispiel die Arbeiten von Christine Trampusch zu deuten, die mit den policy-analytischen Konzepten sozialpolitische Entscheidungen untersucht, die sich in ihrer Gesamtheit wiederum auf die grundsätzliche Gestalt des Sozialstaats auswirken und damit immer auch Elemente des graduellen Institutionenwandels beinhalten (Trampusch 2009). Shepsle plädiert zwar dafür, an der Unterscheidung zwischen *policy change* und Institutionenwandel festzuhalten. Im ersten Fall würden materielle Entscheidungen unter dem Regime eines Regelsystems getroffen, während im anderen Fall die Regeln selbst geändert würden (Shepsle 2001: 321). Doch das kennzeichnende Element des graduellen Institutionenwandels liegt ja gerade darin, dass der Kontext, in dem Entscheidungen getroffen werden, durch diese Entscheidungen intendiert oder nicht intendiert verändert wird. Nicht jede Policy-Entscheidung ist Institutionenpolitik, aber gradueller Institutionenwandel kann aus einer Vielzahl von Policy-Entscheidungen resultieren. Darum plädiert diese Arbeit dafür, dass sich die Literatur über den schleichenden Wandel von Institutionen noch sehr viel stärker und vor allem expliziter auf das Instrumentarium der Policy-Analyse beziehen möge. Hier liegt auch die Begründung dafür, dass im Weiteren von zahlreichen Konzepten aus der Policy-Forschung Gebrauch gemacht wird (Campbell 2004: 92).

Für die vorliegende Arbeit sind zwei theoretische Entwicklungen in der Literatur besonders bedeutsam: erstens die Hinwendung des Institutionalismus zu Akteurkonzepten, wobei in diesem Zusammenhang auch die Annahme institutioneller Prägekraft relativiert wird; und zweitens die Einbeziehung der Rolle von Ideen, Wissen und Kognitionen in die Untersuchung von Prozessen des Wandels.

### 1.1.1 Akteurkonzepte und institutionelle Kontingenz im Neo-Institutionalismus

Das Unterfangen, den Wandel von Institutionen zu erklären, stellt den Neo-Institutionalismus vor die Aufgabe, das Verhältnis von Akteuren und Institutionen neu zu bestimmen (dafür plädiert zum Beispiel Campbell 2004). Dies gilt vor allem für die soziologische Variante, die relativ starke Annahmen bezüglich der Fähigkeit von Institutionen macht, auf die Handlungsorientierungen der Akteure Einfluss zu nehmen, also das Denken von Akteuren zu prägen: Wenn eine Institution nicht nur den Raum für Wahlhandlungen restringiert, sondern schon die Präferenzbildung kanalisiert, ist fraglich, wie Akteure jemals konträr zu institutionellen Prägungen handeln und Institutionen damit verändern können. Aus diesem Grund war die Schock-Theorie, die den Impuls für Veränderungen außerhalb der Akteurarena vermutet, für Institutionalisten so plausibel.

Ein konzeptioneller Weg, mit diesem Dilemma umzugehen, liegt in einer Aufwertung des Akteurstatus und der Annahme größerer Freiheitsgrade für ihr Handeln abseits der institutionellen Einflüsse. Um institutionalistische Argumentationen aber nicht akteurzentriert umschlagen zu lassen, wird dabei die Fähigkeit und Bereitschaft zum nicht regelkonformen Handeln regelmäßig auf spezifische Akteurgruppen und Eliten beschränkt. Prominent ist in diesem Zusammenhang die Denkfigur des »institutionellen Unternehmers«. Paul DiMaggio beschreibt den institutionellen Unternehmer als einen Akteur(-typ), der ein Interesse an institutioneller Veränderung hat und der gleichzeitig über die notwendigen Ressourcen verfügt, dieses Interesse auch durchzusetzen (Di Maggio 1988). Die Idee hat Eingang in die Debatte über den Wandel von Institutionen gefunden (zum Beispiel Clemens/Cook 1999; Campbell 2006). Vor allem in der Organisationssoziologie, die überwiegend den Organisationstypus des Unternehmens in den Blick nimmt, ist das Konzept populär (Fligstein 1997; Beckert 1999). Es wirft allerdings einige Probleme auf.

Erstens bleibt unklar, unter welchen Bedingungen die Verfügungsgewalt über Ressourcen zu institutionellem Unternehmertum führt. Beckert unterscheidet in Anlehnung an Schumpeter zwischen zwei Akteurtypen. Der Manager folgt demnach den institutionell definierten Routinen, während der Unternehmer diejenige Persönlichkeit sei, »who leaves behind routines« (Beckert 1999: 786). Dabei bleibt völlig unklar, wie jemand zum Unternehmer wird und unter welchen Bedingungen man in der Managerrolle verharrt. Zweitens mag die Vorstellung, dass für den Wandel von Institutionen vor allem Führungspersönlichkeiten entscheidend sind (denn auf eine implizite Vorstellung von *leadership* läuft dieses Denken hinaus), für eine unternehmenszentrierte Organisationssoziologie plausibel sein. Doch je politischer die betreffende Institution und die Arena, in deren Rahmen sie gestaltet wird, sind, umso weniger zentral sind einzelne Figuren. Politische Akteure sind häufig *kollektive* Akteure, die an demokratische Mehrheitsentscheidungen gebunden sind. Politische Entscheidungskontexte sind im Regelfall durch Arenenverflechtungen und Verhandlungszwänge gekennzeichnet, die allein durch *leadership* nicht aufgebrochen werden können. Und drittens arbeitet das elitentheoretische Konzept des institutionellen Unternehmers implizit mit der Annahme, dass »Max Mustermann« diese Rolle wohl nicht spielen könnte. Auch wenn nicht bestritten werden soll, dass einige Akteurgruppen den Wandel von Institutionen stärker prägen können als andere, ist diese Art der Elitenzentrierung unrealistisch in einem politischen System, in dem eine einzelne muslimische Lehrerin mit einer Verfassungsklage zum Kopftuchverbot umfangreiche Prozesse der Neujustierung im Verhältnis von Staat und Religion auslösen kann.

Die Alternative zur Verengung des Blickwinkels auf spezifische Eliten liegt darin, den Akteurstatus allgemein aufzuwerten und mit der Annahme zu arbeiten, dass Akteure in Bezug auf die sie umgebenden Institutionen *generell* über größere Freiheitsgrade verfügen, als vor allem der soziologische Institutionalismus zuzugestehen bereit ist. Dies hat den Vorteil, dass die Frage, ob Eliten die relevanten Trägergruppen des institutionellen Wandels sind, zu einer *empirischen* Frage wird. Colin Crouch hat darauf hingewiesen, dass mit dem von Renate Mayntz und Fritz W. Scharpf im Rahmen der Policy-Analyse entwickelten »Akteurzentrierten Institutionalismus« (AZI) ein analytischer Ansatz vorliegt, der Akteuren und Institutionen hinreichend Raum gibt und der für die Analyse des Wandels von Institutionen stärker als bisher genutzt werden kann und sollte (Crouch 2007: 528). Diese Anregung aufnehmend, arbeitet das vorliegende Buch mit einem Analyserahmen, der auf dem Konzept von Mayntz und Scharpf aufbaut (vgl. dazu Kapitel 3.1).

Ein anderer beziehungsweise parallel verfolgter Weg zur Aufwertung von *agency* im Rahmen der institutionalistischen Perspektive, der in der Literatur alternativ oder parallel verfolgt wird, liegt darin, die Prägekraft von Institutionen insgesamt zu relativieren. Gerard Alexander schlägt dafür den Begriff der »institutionellen Kontingenz« vor (Alexander 2001). Dieses Denken gewinnt auch in der Debatte über den schleichenden Institutionenwandel an Bedeutung und reicht bis tief in das Feld des Rational-Choice-Institutionalismus hinein. So werden interne Widersprüchlichkeiten, aber auch Widersprüche zwischen Regelsystemen als Auslöser des Wandels begriffen (Clemens/Cook 1999). In eine ähnliche Richtung weisen Colin Farrell und Adrienne Héritier, wenn sie am Beispiel der Europäischen Union auf die Ambiguität, die Unvollständigkeit und die Uneindeutigkeit von Regeln hinweisen (Farrell/Héritier 2007). Die Akteure müssen die Effekte und Prägungen der sie umgebenden Institutionen *interpretieren*. Dies bietet auch einen Anlass für Interpretationskonflikte. In diesem Kontext nimmt die Betonung von Interpretationsspielräumen als Auslöser des institutionellen Wandels zu (Lindner 2003; Olsen 2009).

Wolfgang Streeck und Kathleen Thelen argumentieren sogar, dass diesbezüglich schleichender Wandel den Regelfall und nicht den Sonderfall darstellt (Streeck/Thelen 2005b). Eine ständig sprudelnde Quelle des Wandels liegt demnach in den Ungewissheiten der Produktion und Rezeption von Regeln. Das Spannungsfeld zwischen den Intentionen der Regelproduzenten, den materiellen Regeln selbst und den Deutungen der Regeln durch die Adressaten lasse viel Spielraum für schleichenden Institutionenwandel zu.

### 1.1.2 Kognitionen als Akteurkonstruktionen

In diesem Zusammenhang korreliert der Trend der Akteurorientierung mit einer zweiten Entwicklung, die in der Debatte über den Wandel von Institutionen zu beobachten ist, nämlich die stärkere Berücksichtigung von Normen, Ideen und Wissen für Prozesse des Wandels (für einen Überblick vgl. Campbell 2004: 90–123). Dabei ist das Feld der Konzeptionen und theoretischen Bezugsrahmen sehr heterogen. Bahnbrechend waren bereits die Arbeiten von Peter Hall und anderen über den Wandel ökonomischer Paradigmen als Voraussetzung und Bestandteil des strukturellen Wandels politischer Ökonomien (Hall 1989). Campbell betont den Wandel von *belief systems* als Mechanismus des Wandels (Campbell 2001, 2004, 2006). Denzau und North untersuchen die Transformation von *mental models* (Denzau/North 1994). Hage nimmt *knowledge transformations* als Ausgangspunkt für Wandlungsprozesse (Hage 2006). Gilley untersucht die Rolle von Legitimitätszuschreibungen (Gilley 2009). Béland nutzt das *Framing*-Konzept von Goffmann oder bezieht sich auf Bourdieu (Béland 2005, 2009). Amable und Palombarini orientieren sich hingegen an Gramsci (Amable/Palombarini 2009). Weyland nimmt wiederum im Rahmen eines *Bounded-Rationality*-Ansatzes Anleihen bei der Kognitionspsychologie (Weyland 2008).

Nun ist die Berücksichtigung von Wissen und Ideen kein ganz neues Phänomen in Politikwissenschaft und Soziologie (Yee 1996; Berman 2001; Blyth 2002). Auch der soziologische Institutionalismus, der einen breiten Institutionenbegriff zugrunde legt und kulturelle Normen, Moralvorstellungen sowie andere Ideen- und Wissensbestände als Institutionen begreift, beschäftigt sich mit diesem Ausschnitt der sozialen Wirklichkeit. Bemerkenswert ist hingegen der Trend institutionalistisch ausgerichteter Arbeiten, Ideen als Interpretationsleistungen von Akteuren zu untersuchen (eine Übersicht und Klassifizierung der vorliegenden Arbeiten bietet Campbell 2004: 90–123). Die zitierten Arbeiten von Streeck/Thelen (2005) und anderen stehen beispielhaft dafür. Ideen und Wissensbestände werden hier nicht als Institution betrachtet, sondern als Akteurkonstruktion. Im ersten Fall bleibt die dominierende Perspektive institutionalistisch, im zweiten Fall weht ein Hauch des Konstruktivismus. Während die institutionalistische Wende in den 1980er Jahren bewirkte, dass Institutionen in der Analyse von Politik wieder an Bedeutung gewannen, scheint die »kognitive Wende« der 1990er Jahre (Yee 1996; Nullmeier 1997) die Debatte über den Wandel von Institutionen zu befruchten – und zwar über die Grenzen der verschiedenen neo-institutionalistischen Denkschulen hinweg. Es scheint fast so, als schälte sich hier ein *interpretativer oder konstruktivistischer Neo-Institutionalismus* heraus (Hay 2006; Schmidt 2008). Mit dem soziologischen Institutionalismus teilt er die Aufmerksamkeit für die kognitive Dimension des Politischen. Er schreibt diese Dimension aber nicht den institutionellen Effekten, sondern den akteurspezifischen Freiheitsgraden zu. Mit dem Rational-Choice-Institutionalismus teilt er die Betonung der Akteurintentionen als das zentrale Element des Handelns, ohne jedoch von stabilen und exogen generierten Präferenzen als alleiniger Entscheidungsdimension auszugehen.

Argumentationen über institutionelle Kontingenz, die den interpretativen Ansätzen nahestehen, finden wiederum in der Policy-Analyse zahlreiche Anknüpfungspunkte. Für diese Arbeit bedeutsam ist zum Beispiel der wissenspolitologische Ansatz, der die Produktion und Durchsetzung von Wissen, Interpretationen und Deutungen im politischen Prozess ins Zentrum der Betrachtung stellt. Er behauptet, der Raum verfügbarer Handlungsoptionen sei nicht durch Institutionen, Strukturen oder Probleme vorgegeben (Nullmeier/Rüb 1993). Vielmehr müssten Akteure ihn durch Deutungsleistungen erschließen. Institutionen prägen demnach nicht objektiv, sondern subjektiv in der Rekonstruktion durch den Handelnden. Ihre Anreize und Restriktionen sind zumindest mehrdeutig. Wenn hier eine Quelle für ihren Wandel liegt, dann wird die Analyse der Entstehung und Durchsetzung von Regelinterpretationen zur Voraussetzung des Verständnisses institutioneller Wandlungsprozesse (ebd.: 24). Veränderung basiert vor allem auf politisch wirksamen Deutungsinnovationen.

Da das Regelwerk formalrechtlicher Institutionen, von denen hier die Rede ist, üblicherweise als Recht in Erscheinung tritt, liegt die Rolle der Rechtsakteure in diesem Prozess auf der Hand. Christian Starck hat darauf hingewiesen, dass die Unklarheit und Mehrdeutigkeit von Rechtsnormen und Gesetzen die Voraussetzung dafür ist, dass rechtliche Institutionen über lange historische Phasen hinweg Geltung beanspruchen können (Starck 1995). Umso wichtiger wird die Funktion von Juristen als Regelausleger. Sie tragen maßgeblich zu institutionellen Deutungsinnovationen bei. Mit diesem Aspekt beschäftigt sich auch die umfangreiche US-amerikanische Literatur zur Rechtssoziologie (vgl. zum Beispiel Carruthers/Halliday 1998; Halliday/Carruthers 2007). Und in der Analyse von Deutungsinnovationen und institutionellem Wandel treten vergleichsweise häufig Gerichte beziehungsweise das Rechtssystem als Innovationsorte in Erscheinung (Soriano 2007; Blomquist/Ostrom 2008; Klages 2010). In der deutschen Politikwissenschaft stehen dafür vor allem die Arbeiten von Roland Lhotta (zum Beispiel jüngst Lhotta 2010).

Juristen produzieren einen Vorrat an möglichen Interpretationen geltender Regeln und bauen damit Brücken zwischen den Regelsetzern und -anwendern, zwischen einem abstrakten Gesetz und der aktuellen Situation. Die Subsumierung von Fällen unter rechtliche Regeln, also das Kerngeschäft der Rechtsanwendung, ist ein kreativer Akt, der durch die Methode der juristischen Auslegung bereits begrifflich als solcher gekennzeichnet ist. In der Aufgabe der kreativen

Wissensproduktion liegt die kognitive Handlungsressource der Juristen. Damit bietet es sich an, Juristen in Anlehnung an das Konzept von Peter Haas als Mitglieder epistemischer Gemeinschaften zu untersuchen, die ein Geflecht aus kognitiven und normativen Annahmen entwickeln, die sie mit politischen Zielen verknüpfen und über ihre Expertenrolle im politischen Prozess (vielleicht) durchsetzen können, indem sie zum Beispiel die Präferenzbildung politischer Akteure beeinflussen oder Agenda-Setting betreiben (Haas 1992b).

Dass der *Epistemic-Communities*-Ansatz auch für die Analyse von Institutionenwandel fruchtbar gemacht werden kann, ist eine Erkenntnis, die erst langsam reift. Jack Knight hat schon 2001 auf die Nützlichkeit der Integration hingewiesen, weil dadurch konzeptualisiert werden könne, wie sich wandelnde Wissensbestände auf den Wandel von Institutionen Einfluss nehmen (Knight 2001: 43–46). Auch Campbell argumentiert in diese Richtung (Campbell 2004: 103). Anwendungen in der Praxis sind bisher aber eher selten (Djelic/Quack 2005; Dobusch/Quack 2008). In der Tat ist es bedauerlich, dass die Literaturstränge über den Einfluss epistemischer Gemeinschaften auf Policy-Entscheidungen und die Literatur über den schleichenden Institutionenwandel gegenwärtig eher parallel verlaufen oder sich nur am Rande berühren, anstatt sich explizit aufeinander zu beziehen und wechselseitig zu durchdringen; zumal beide Stränge ähnliche Sachverhalte untersuchen. Wenn zum Beispiel Andreas Busch den Einfluss epistemischer Gemeinschaften auf den Wandel der Bankenregulierung in Europa analysiert, könnte dies auch als ein Fall des Institutionenwandels beschrieben werden, auch wenn der Autor sich auf diese Literatur nicht bezieht (Busch 2004).

Beide Ansätze, die Wissenspolitologie und der *Epistemic-Community*-Ansatz, untersuchen die Wahl und politische Durchsetzung von Wissen und Deutungen nun nicht als einen Prozess der »freien und diskursiven Urteilsbildung« (Nullmeier/Rüb 1993: 26), sondern sie betrachten Wissensgeltung und Macht als ineinander verzahnte und nicht trennbare Aspekte des politischen Prozesses. Macht basiert demnach immer auch auf der Fähigkeit, Deutungen als alternativlos zu deklarieren. Gleichzeitig wird die Durchsetzungsfähigkeit von Interpretationen maßgeblich von ihren Affinitäten zu politischen Kräften bestimmt (Nullmeier 1993: 182–186). Auch Peter Haas stellt in Rechnung, dass die Durchsetzung von Wissen auch davon abhängt, dass epistemische Gemeinschaften über institutionelle, strukturelle und kognitive Ressourcen zur Durchsetzung ihres Wissens verfügen müssen, um erfolgreich zu sein (Haas 1995). Die Verknüpfung von Sinnproduktion und Macht ist bei der Analyse des Einflusses von Juristen auf den Wandel von Institutionen besonders angemessen, denn Rechtsakteure agieren nicht nur als Wissensproduzenten, sondern auch als Entscheidungsträger (Gerichte). Sie richten (!) über die Durchsetzung existierender, partikularer Interpretationen als legitim und wahr: Die subjektive Sinndeutung wird somit zur verbindlichen Rechtsprechung. In diesem Prozess werden zugleich Machtzuweisungen vorgenommen. Politische Akteure, die sich bei der Vertretung ihrer Interessen auf die herrschende Meinung berufen können, wissen die staatliche Sanktionsgewalt auf ihrer Seite. In keinem gesellschaftlichen Diskurs sind Wahrheitsgeltung und Macht so unmittelbar miteinander verknüpft wie in der Rechtswissenschaft.

Die Erkenntnisse und Konzepte der Wissenspolitologie, die Rechtssoziologie sowie die Arbeiten über den Einfluss von Experten auf Politik bieten also einen reichen Fundus für die Analyse des schleichenden Institutionenwandels, der im Folgenden genutzt werden soll.

## 1.2 Schleichender Institutionenwandel: Institutionelle Absorption

In der Literatur sind verschiedene Mechanismen des graduellen Wandels von Institutionen unterschieden worden (vgl. dazu vor allem die Beiträge in Streeck/Thelen 2005a). Fünf Mechanismen werden gegenwärtig diskutiert: *displacement*, *layering*, *drift*, *conversion* und *exhaustion* (ebd.: 18–30). Beim Mechanismus des *displacement* koexistieren verschiedene Komponenten innerhalb einer Institution oder verschiedene Regeln innerhalb eines institutionellen Arrangements, die zueinander in einem Spannungsverhältnis stehen. Der Wandel liegt darin, dass das ehemals dominante Element schrittweise verdrängt wird (Crouch/Keune 2005). *Layering* findet statt, wenn an ein bestehendes institutionelles Arrangement neue Komponenten angedockt werden, zum Beispiel ein privates Rentenversicherungssystem an eine existierende staatliche Einrichtung. Durch verschiedene Mechanismen wird das neue Element im Zeitverlauf zum dominierenden Element: Die alte Institution wird nicht verdrängt, aber überlagert (Schickler 2001). Der Mechanismus des *drift* bezeichnet einen Zustand, in dem eine bestehende Institution nicht an veränderte Umweltbedingungen angepasst wird und dadurch in der Praxis immer stärker an Bedeutung verliert, weil zum Beispiel ihr Geltungsbereich kontinuierlich schrumpft oder sie von den Regelungsadressaten missachtet wird (Hacker 2005). Im Falle der *conversion* wird eine alte Institution im Hinblick auf neue Funktionen umdefiniert und entsprechend konvertiert (Palier 2005). *Exhaustion* schließlich bezeichnet den schrittweisen Zusammenbruch einer überlasteten Institution, die nicht in einen plötzlichen Kollaps mündet, sondern in ein langsames Absterben (Trampusch 2005). Die

Mechanismen des Wandels schließen sich wechselseitig nicht zwingend aus, weil sie teilweise unterschiedliche Aspekte des gleichen Prozesses erfassen. Die Auflistung ist von den Autoren zudem nicht mit dem Ziel verfasst worden, alle denkbaren Mechanismen abbilden zu können (Streeck 2009: 9).

Darum möchte ich in dieser Arbeit auf einen weiteren Mechanismus des schleichenden Institutionenwandels hinweisen, der in den empirischen Kapiteln herausgearbeitet und illustriert wird. Er stellt nicht den Anspruch, einen originär eigenständigen Charakter zu tragen, vielmehr stellt er eine Variation, eine Entwicklungsperspektive oder eine Mutation des *institutional layering* dar. Ich bezeichne ihn als *institutional absorption. Layering* findet statt, wenn der politische Rückhalt für ein institutionelles Arrangement so groß ist, dass dessen Gegner oder Kritiker keine Chance haben, seine Beseitigung zu erreichen (Schickler 2001; Thelen 2003; Streeck/Thelen 2005b). Als Alternative nutzen sie dann die Möglichkeit, das institutionelle Gefüge nach ihren Bedürfnissen zu ergänzen. Politischer Widerstand wird dadurch umschifft oder abgemildert, dass das bestehende Arrangement nicht direkt angegriffen wird. Wenn der institutionelle Anbau oder Appendix einen eigenständigen Charakter oder eine spezifisch andere Funktionslogik aufweist, kann Wandel daraus entstehen, dass das Neue im Zeitverlauf an Bedeutung gewinnt und zusätzliche politische Unterstützung mobilisiert. Am Ende der Entwicklung könnte dann ein *institutional displacement* stehen: Das neue Arrangement hat die bestehende Institution kontinuierlich unter Druck gesetzt und an den Rand der Bedeutungslosigkeit gedrängt. Was als Appendix einer bestehenden Institution eingeführt wurde, hat sich durch die Neuformierung politischer Koalitionen und durch die Wanderungsbewegungen politischer Unterstützer zu ihrem Kern entwickelt.

Beim Mechanismus der institutionellen Absorption verläuft der Prozess genau anders herum. Das alte institutionelle Arrangement gerät durch den neuen Anbau nicht unter Druck, sondern es übt zunehmend selbst Druck auf das Neue aus. Dieses etabliert sich zwar, es wird dann langfristig aber doch schrittweise absorbiert (und dadurch vielleicht sogar beseitigt). Dennoch liegt hier kein Fall einer pfadabhängigen Entwicklung vor, bei der im Grunde die alte Institution stabil geblieben ist, weil das alte Arrangement damals wie heute dominiert. Denn die Prägekraft und die Effekte der neuen Institution waren zwischenzeitlich so ausgebildet, dass sie Spuren hinterlassen haben und sich das Alte im Prozess der Absorption des Neuen selbst deutlich verändert hat oder verändern musste. Wie beim *institutional layering* erwächst die Entwicklungsdynamik aus der Bildung und Durchsetzungsfähigkeit politischer Koalitionen. Während beim *layering* das alte Arrangement zugunsten des neuen an politischer Unterstützung verliert, verläuft die Wanderungsbewegung beim Absorptionsprozess in die entgegengesetzte Richtung. Das neue institutionelle Arrangement verliert an Unterstützung. Und vielleicht wenden sich sogar die Protagonisten der institutionellen Neuerung, die doch schon etabliert war, am Ende wieder den traditionellen institutionellen Bahnen zu.

Die Bedeutung epistemischer Gemeinschaften in diesem Prozess besteht darin, dass sie erstens neue institutionelle Arrangements entwickeln. Dabei entscheiden sie maßgeblich darüber, wie nah oder fern der institutionelle Anbau dem etablierten Institutionensystem steht. Dies mag auch Auswirkungen darauf haben, ob ein Prozess, der mit einem *layering* beginnt, womöglich in einem *displacement* endet. Zweitens sind epistemische Gemeinschaften am Prozess der Formierung politischer Koalitionen zur Unterstützung der alten oder neuen institutionellen Arrangements beteiligt. Durch ihren Einfluss auf politische Prozesse, zum Beispiel der Präferenzbildung, entscheiden sie mit darüber, ob alte Koalitionen erhalten bleiben oder nicht, ob die Neuformierung von Koalitionen gelingt oder scheitert. Das heißt nicht, dass epistemische Gemeinschaften immer erfolgreich sind. Aber wenn sie die Formierung einer politischen Koalition behindern, weil etwa Wissen mit Gegen-Wissen konkurriert, dann hat dies doch auch maßgeblichen Einfluss auf die weitere institutionelle Entwicklung.

Der Mechanismus der institutionellen Absorption lässt sich auf den hier betrachteten Wandel des Tarifrechts anwenden. Das kollektive Arbeitsrecht ist in Abgrenzung zum BGB entwickelt worden. Eine Gruppe sozialdemokratischer Arbeitsrechtler um Hugo Sinzheimer, die hier maßgeblich tätig war, sah insbesondere das Tarifrecht als ein Sonderrechtsgebiet an, das das Privatrecht ergänzen sollte. Sinzheimer lehnte das BGB nicht ab. Er schätzte die Rechtsnorm der Vertragsfreiheit sehr. Aber er war davon überzeugt, dass es Vertragsfreiheit für die Arbeiter unter den Bedingungen ökonomischer Ungleichheit und asymmetrischer Machtverhältnisse am Arbeitsmarkt nicht geben kann. Tarifverträge, die von den Gewerkschaften ausgehandelt werden und Mindeststandards setzen, waren für ihn die Voraussetzung dafür, dass auch der Arbeiter die Vorteile der Vertragsfreiheit nutzen konnte. Erst auf der Basis dieser Mindestbedingungen sollte er für sich individuell günstigere Bedingungen aushandeln können. Das Rechtsinstitut dafür sollte das Günstigkeitsprinzip sein. Die Anerkennung der liberalen Idee freier Verträge kommt darin zum Ausdruck, dass der Günstigkeitsgedanke zu einer zentralen Norm des Tarifrechts wurde. Gleichwohl sollte das kollektivistische Prinzip immer dominant bleiben, um einen Schutzmantel auszubreiten und individuelle Verträge erst möglich zu machen.

In einem langsamen Prozess etablierte sich das arbeitsrechtliche Denken – in Weimar nur fragmentarisch, in der Nachkriegszeit dann endgültig. Doch gleichzeitig setzte der Absorptionsprozess des Arbeitsrechts durch das Privatrecht ein. Die Idee des Kollektivvertrages, der gesetzesähnlich auf die einzelnen Arbeitsverhältnisse einwirkt, um die Beschäftigten vor Ausbeutung zu schützen, war dem privatrechtlichen Vertragsdenken völlig fremd. Aber es waren Experten des Privatrechts, die das neue Rechtsgebiet für sich entdeckten, die es akzeptierten, die es dadurch politisch mehrheitsfähig machten und die dennoch gleichzeitig damit einen Sog in das Privatrecht auslösten. Der Druck, der individuellen Vertragsfreiheit und damit dem Günstigkeitsprinzip mehr Raum zuzubilligen, nahm im weiteren Verlauf zu und hält bis heute an. Der Absorptionsprozess basiert darauf, dass sich schrittweise politische Koalitionen neu formierten und sich ihre Erfolgsbedingungen wandelten. Die Unterstützer des kollektivistischen arbeitsrechtlichen Denkens verloren nicht nur dadurch an politischer Stärke, dass zentrale strukturelle und institutionelle Ressourcen verloren gingen. Sondern sie wurden auch dadurch geschwächt, dass sich verschiedene Fraktionen von Arbeitsrechtsexperten unter veränderten Umweltbedingungen dann doch erneut dem privatrechtlichen Denken zuwandten. Die epistemische Gemeinschaft, die dem Tarifrecht zum Durchbruch verholfen hatte, erodierte teilweise. Dadurch wurde dem Günstigkeitsprinzip mehr Raum gegeben. Dieser Prozess des Wandels wird im vorliegenden Buch empirisch illustriert.

## 1.3 Analytischer Ansatz und Aufbau der Arbeit

Das Buch präsentiert eine historisch angelegte Fallstudie, die sowohl mit qualitativen als auch mit quantitativem Datenmaterial arbeitet. Als analytischer Rahmen wird eine Version des von Renate Mayntz und Fritz W. Scharpf (1995) entwickelten Akteurzentrierten Institutionalismus genutzt, der die Kategorie des Wissens und die Bedeutung von Experten im politischen Prozess explizit einbezieht. In diesem Zusammenhang wird der AZI mit Konzepten der von Frank Nullmeier und Friedbert Rüb vertretenen Wissenspolitologie (1993) verschränkt (vgl. dazu ausführlich Kapitel 3).

Die methodische Herausforderung der Arbeit besteht darin, das Konzept der epistemischen Gemeinschaft anzuwenden und zu operationalisieren. Peter Haas selbst empfiehlt fünf Untersuchungsschritte (1992: 34–35). Zuerst muss eine Gruppe von Experten auf der Basis bestimmter Kriterien als epistemische Gemeinschaft identifiziert werden. Dies impliziert auch, dass individuelle Personen als Mitglieder ihres Kerns benannt werden können. Zweitens müssen die gemeinschaftlich geteilten kognitiven Annahmen und Überzeugungen herausgearbeitet werden. Der dritte analytische Schritt besteht darin, die politisch relevanten Aktivitäten der Gemeinschaftsmitglieder nachzuzeichnen und ihren Einfluss auf Entscheidungen sichtbar zu machen. Dazu zählt auch, viertens, ihren *outcome* zu destillieren und zu zeigen, dass dieser – fünftens – ohne die

Beteiligung der Experten anders ausgefallen wäre. Der Aufbau der empirischen Kapitel wird diesem analytischen Schema folgen. Zu Beginn jeder historischen Phase wird die epistemische Gemeinschaft bezüglich ihres personellen Kerns und dessen Entwicklung sowie bezüglich der Stabilität und Weiterentwicklung ihrer kognitiven Annahmen charakterisiert. Anschließend werden die politischen Aktivitäten und ihre Ergebnisse herausgearbeitet. Ausführliche methodische Anmerkungen zur Operationalisierung und Messung epistemischer Gemeinschaften und ihres politischen Einflusses sowie zu dem verwendeten Datenmaterial finden sich im Anhang des Buches.

Das Buch ist folgendermaßen aufgebaut. Kapitel 2 streift kursorisch die Geschichte der deutschen Politikwissenschaft und sucht nach einer Antwort auf die Frage, warum der politischen Bedeutung von Gerichten und Rechtsakteuren – anders als in den USA – bisher so vergleichsweise wenig Aufmerksamkeit geschenkt wurde. Dieses Defizit ist umso verwunderlicher, als zahlreiche Gründungsväter der deutschen Politikwissenschaft (Otto Kirchheimer, Ernst Fraenkel, Franz Neumann, Wolfgang Abendroth) selbst Juristen waren. Es wird argumentiert, dass – entgegen der landläufigen Annahme – die institutionellen Besonderheiten zwischen *Common-Law-Systemen* und *Civil-Law-Systemen* keine hinreichende Erklärung liefern können. Auch das deutsche Recht beziehungsweise das Rechtssystem war immer schon in vielen Bereichen hochgradig politisiert, wenn auch nicht so augenfällig, wie dies in den USA der Fall ist. Das Arbeitsrecht und die Arbeitsgerichtsbarkeit bieten dafür ein anschauliches Beispiel. Es war nicht institutionellen Faktoren oder externen Umständen, sondern den Entwicklungen innerhalb der deutschen Politikwissenschaft geschuldet, dass sie ihren Blick vom Recht abgewendet hat.

Kapitel 3 stellt den analytischen Rahmen vor, der die Untersuchung über die historische Entwicklung des Tarifrechts im Allgemeinen und des Günstigkeitsprinzips im Besonderen anleitet. Eine nicht spieltheoretische Version des Akteurzentrierten Institutionalismus wird entwickelt, die einerseits die Ambiguität von Institutionen als möglichen Ausgangspunkt für politische Konflikte und Mechanismen des institutionellen Wandels abbildet; und die andererseits die Rolle epistemischer Gemeinschaften für politische Prozesse berücksichtigt. Zudem werden die Grundlagen des Politikfeldes Tarifrechtspolitik skizziert. Die Entwicklung von Rechtsnormen im System der Arbeitsbeziehungen vollzieht sich in einem komplexen und interdependenten Zusammenspiel vier verschiedener Arenen (Betrieb, verbandliche Interessenvermittlung, Politik, Rechtssystem), das kontinuierlich Konflikte um Zuständigkeiten und die Geltung von Regeln produziert. Das Kapitel stellt die jeweiligen Akteurkonstellationen, Handlungsorientierungen und -ressourcen sowie die Rahmenbedingungen des Handelns vor.

Die Kapitel 4 bis 6 erzählen in einem weiten historischen Bogen die Geschichte vom Aufstieg und Machtverlust der epistemischen Gemeinschaft der Arbeitsrechtler. In der Weimarer Republik scheiterte der Versuch des *institutional layering*. Das Tarifvertragsgesetz sollte in Abgrenzung und Ergänzung zum BGB die Vertragsverhältnisse der Arbeiter regeln. Doch seine Befürworter waren politisch nicht mehrheitsfähig (Kapitel 4). Nach 1945 gelang hingegen die Institutionalisierung. Der Erfolg basierte darauf, dass sich – anders als in Weimar – eine relativ stabile *Policy Community* aus Arbeitsrechtswissenschaft, Arbeitsgerichtsbarkeit und Arbeitsverwaltung formierte, der die politische Etablierung und Absicherung ihrer Konzepte gelang (Kapitel 5). Doch parallel dazu begann auch die Absorption des Arbeitsrechts durch das Privatrecht. Sie war erstens das Ergebnis eines nur segmentierten Etablierungserfolgs. An den Universitäten sowie auf dem Anwaltsmarkt hat sich das arbeitsrechtliche Denken niemals durchgesetzt, sondern es wurde als Teil des Privatrechts abgehandelt. Zweitens traten unter veränderten politökonomischen Rahmenbedingungen auch innerhalb der epistemischen Gemeinschaft Konflikte auf, die dazu führten, dass sich einige Gruppen von der Gemeinschaft distanzierten und sich wieder privatrechtlichen Lösungen zuwandten. Und drittens trugen Justizreformen dazu bei, dass die epistemische Gemeinschaft ihre Deutungshoheit in der Rechtsprechung nur noch begrenzt behaupten konnte (Kapitel 6). Kapitel 7 fasst die Ergebnisse zusammen und diskutiert sie in Bezug auf den skizzierten Mechanismus des institutionellen Wandels und die politische Macht epistemischer Gemeinschaften.

# Kapitel 2
# Gerichte als politische Akteure: Stiefkinder der deutschen Politikwissenschaft

Dass Gerichte nicht nur rechtliche, sondern auch *politische* Akteure sind, gehört in den USA zum gesicherten Wissensbestand der Gesellschaft. Auch die amerikanische Politikwissenschaft beschäftigt sich seit Jahrzehnten mit der Justiz und ihrer Rechtsprechung (Maveety 2003: 402). Auf den jährlichen Kongressen der *American Political Science Association (APSA)* hat der Besucher die Auswahl zwischen zwanzig bis dreißig Panels zu diesem Themengebiet. Die Sektion *Law and Courts* ist die fünftgrößte Untergliederung der Vereinigung und umfasst circa 800 Mitglieder.

Im Gegensatz dazu führt die politikwissenschaftliche Untersuchung der Justiz außerhalb der USA ein Schattendasein. In einem 1983 veröffentlichten Artikel stellten Lee Sigelman und George Gadbois fest, dass sich nur 0,3 Prozent der seit 1968 in den Zeitschriften *Comparative Politics* und *Comparative Political Studies* erschienenen Beiträge mit Gerichten beschäftigen (Sigelmann/Gadbois 1983: 293). Zehn Jahre später konstatierte Alec Stone, dass sich daran nichts geändert hat (Stone 1992: 6). Verlängert man die Analyse von Sigelman und Gadbois bis ins Jahr 2005, hat sich der Anteil an Artikeln zu Gerichten lediglich auf 0,4 Prozent erhöht (eigene Berechnungen).

Das genannte Defizit trifft insbesondere auf Europa zu. Hönnige hat ausgezählt, dass zwischen 1995 und 2005 mehr gerichtsbezogene Artikel in der *American Political Science Review* erschienen sind als in den vier Journals *European Journal of Political Research*, *Comparative Political Studies*, *West European Politics* und *Journal of Theoretical Politics* zusammen (Hönnige 2007). In der Zeitschrift *Politische Vierteljahresschrift* wurden zwischen 1970 und 2008 nicht mehr als drei Artikel publiziert, die Gerichte im Titel oder Untertitel nennen (ohne Sonderhefte). Erst im Jahr 2006 ist ein Sonderheft zum Thema »Recht und Politik« erschienen.

Sieht man von wenigen frühen Ausnahmen ab (für Deutschland zum Beispiel Backhaus 1976; Landfried 1984), haben Gerichte in der europäischen Politikwissenschaft erst im Verlauf der 1990er Jahre und später an Aufmerksamkeit gewonnen (für Deutschland vgl. zum Beispiel Lhotta 2002; Vorländer 2006; Brodocz 2009). Einige der großen Zeitschriften haben Sonderbände veröffentlicht, die auch europäische Gerichte in den Blick nehmen (Schmidhauser

1992; Volcansek 1992; Shapiro/Stone 1994b; Vallinder 1994a; Cichowski 2006). Darüber hinaus erschienen einige Sammelbände mit Länderstudien (Holland 1991; Jackson/Tate 1992; Tate/Vallinder 1995; Jacob 1996). Und natürlich hat der Europäische Gerichtshof das Interesse am Thema nachhaltig erhöht (zum Beispiel Stein 1981; Burley/Mattli 1993; Weiler 1994; Garrett 1995; Alter 2001; Höpner 2008). Bemerkenswert ist, dass ein erheblicher Teil der Forschung über europäische Gerichte von Amerikanern geleistet wird.

Das quantitative Defizit der Forschung zeigt sich auch in dem selektiven Zugriff auf den Forschungsgegenstand. Von sehr wenigen Ausnahmen abgesehen, befassen sich alle Arbeiten mit Verfassungsgerichten oder dem EuGH (eine wichtige Ausnahme für Deutschland ist Görlitz 1970). Und selbst Verfassungsgerichte werden meist nur selektiv untersucht, nämlich in Bezug auf ihre Rolle als potenzielles Blockadeinstrument der Oppositionsparteien (zum Beispiel Stone 1992; Hönnige 2007). Im deutschen Fall machen die Klagemöglichkeiten der Opposition (vor allem der Organstreit und die abstrakte Normenkontrolle) aber nur einen kleinen Teil der gerichtlichen Tätigkeit aus (Gusy 2006: 202). Mehr als 95 Prozent der gestellten Anträge sind Verfassungsbeschwerden, die vor allem ein Instrument des individuellen Schutzes von Grundrechten darstellen und nur vergleichsweise selten von der parlamentarischen Opposition genutzt werden (Stüwe 2006: 223–224).

Das randständige Dasein des Themas in der Disziplin wird auch durch die Struktur der wissenschaftlichen Vereinigungen reflektiert. Die Deutsche Vereinigung für Politische Wissenschaft (DVPW) verfügt über keine Untergliederung, die sich systematisch mit Akteuren des Rechtssystems auseinandersetzt. Und im European Consortium for Political Research (ECPR) wurden Gerichte lange im Rahmen der Sektion Regulatory Governance behandelt. Eine Standing Group zum Thema *Law & Politics*, die dem *APSA*-Modell nahekommt, wurde erst im Winter 2009/10 ins Leben gerufen.

Zwischen europäischer und amerikanischer Politikwissenschaft existieren aber nicht nur quantitative Unterschiede in Bezug auf die Analyse von Gerichten; vielmehr sind auch qualitative Differenzen sichtbar. Die Literatur über europäische Gerichte untersucht vor allem die *Folgen gerichtlichen Handelns für die Politik* und damit die Policy-Dimension der Rechtsprechung. Wie werden Policies durch gerichtliche Entscheidungen geprägt (Jackson/Tate 1992)? Wie beeinflusst der Europäische Gerichtshof die Integration (Burley/Mattli 1993; Garrett 1995)? Unter welchen Bedingungen fördern oder behindern Gerichte die Durchsetzung politischer Reformen (Landfried 1994; Tsebelis 1995, 2002; Volcansek 2001; Scharpf 2006)? Fragestellungen wie diese betrachten Gerichte in ihrer Eigenschaft als regulierende Akteure (oder institutionelle Vetospieler) und untersuchen sie im Rahmen von Governance. Dabei wird insbesondere das

Zusammenspiel von politischer und rechtlicher Regulierung untersucht. Einige Autoren argumentieren zum Beispiel, dass die allseits konstatierte steigende Bedeutung der Gerichte vor allem aus der Zunahme politischer Regulierung resultiert: Wo ein Gesetz geschaffen wird, tritt auch ein Gericht auf, um es zu interpretieren (Guarnierei/Pederzoli 2002: 7). Andere Autoren betonen demgegenüber, dass Gerichte vor allem dort regulierend eingreifen, wo politisch dereguliert wird. Am Beispiel der Niederlande illustriert van Waarden, dass in liberalisierten Wirtschaftssektoren die Zahl der Gerichtsverfahren rasant angestiegen ist (Waarden 2000).

Das Gesagte weist bereits darauf hin, dass die Diagnose der Verrechtlichung, präziser formuliert: der Justizialisierung der Politik, im Zentrum der Analyse steht. Gerichte werden demnach als Akteure für die Politik immer wichtiger. Gleichwohl werden sie selten als politisch handelnde Einheit untersucht. Vielen Arbeiten liegt – implizit oder explizit in Anlehnung an Luhmann – ein Verständnis funktionaler Differenzierung zwischen politischem und rechtlichem Entscheidungssystem zugrunde (Luhmann 1983, 1993; Teubner 2001). Dem Rechtssystem wird eine autonome Funktionslogik zugesprochen, die keine politische Logik ist (Bornemann 2007). Es folgt einem eigenen Entscheidungsmodus (Shapiro/Stone 1994a). Politisches Handeln gilt als »interessengetrieben«, während rechtliches Entscheidungshandeln »regelgeleitet« ist (Stone 1994). Richtern wird der Modus des Argumentierens zugesprochen, während Politikern der Typus des Verhandelns attestiert wird (Vallinder 1994b).

In dieser Perspektive beschreibt der Begriff »Justizialisierung« einen Prozess, in dem das Rechtssystem seinen Geltungsbereich (und damit auch seine Funktionslogik) kontinuierlich zulasten des politischen Systems ausweitet (Stone 1992; Vallinder 1994b; Barreiro 1998). Politische Prozesse werden quasi de-politisiert (Landfried 1994). Mit dem steigenden Einfluss gerichtlicher Entscheidungen nimmt demnach der Anteil technokratischen Handelns zu (Shapiro/Stone 1994a). Das juristische Entscheidungsmodell dringt tief in den politischen Entscheidungsprozess ein (Vallinder 1994b), rechtliche Argumente dominieren den politischen Diskurs (Stone 1994). Und Regierungen beschränken ihre pogrammatische Handlungsfähigkeit durch die Antizipation eines potenziellen gerichtlichen Vetos (Barreiro 1998; Hönnige 2007).

Die skizzierte Agenda ist auch in der amerikanischen Politikwissenschaft präsent. Daneben existiert jedoch ein zweiter Forschungsstrang, der in Europa bisher nur zögernd auf Widerhall gestoßen ist und der die Politics-Dimension der Rechtsprechung thematisiert. Untersucht wird nicht nur die Verrechtlichung der Politik, sondern auch die Politisiertheit des Rechtssystems. Dabei geht es um den Versuch, die *politischen Grundlagen der Rechtsprechung* herauszuarbeiten. In dieser Forschungsperspektive ist das Rechtssystem nicht durch eine spezifische

Logik charakterisiert, sondern es wird als verlängerter Arm des politischen Systems betrachtet (Shapiro 1964). Rechtsprechung wird als ein politischer Prozess verstanden, in dem politische Variablen – zum Beispiel Interessen, Parteibindungen, Macht und Koalitionen – von entscheidender Bedeutung sind. Gerichte werden als eine von mehreren politischen Institutionen betrachtet, Richter sind strategisch denkende *policy makers*. Im Zuge der Politisierung verliert das Rechtssystem seinen spezifischen Charakter, wenn es denn je einen hatte. Ein spezifisch juristisches Handlungsmodell existiert in diesem Verständnis nicht, sondern rechtliche Argumente dienen lediglich dazu, die eigentlichen Triebkräfte richterlicher Entscheidungen, nämlich persönliche Präferenzen und Einstellungen, zu vernebeln (Spaeth 1995: 305). Die juristische Handlungslogik ist demzufolge lediglich ein Mythos, an dem Richter gern festhalten, um ihr politisches Handeln zu maskieren.

Das Forschungsprogramm, die politischen Grundlagen und Voraussetzungen gerichtlichen Handelns zu untersuchen, hat seinen Ursprung in der *Political-Jurisprudence*-Bewegung, die – vom *legal realism* der 1920er Jahre inspiriert – die methodologischen Grundlagen der Rechtswissenschaft infrage stellte. Ausgangspunkt dabei ist die Beobachtung, dass die Geschlossenheit und Lückenlosigkeit des Rechtssystems eine Fiktion ist. Das Recht ist immer uneindeutig, und diese Uneindeutigkeit kann im Prozess der Rechtsprechung auch nicht aufgehoben werden (Leiter 2002). Die Subsumierung von Fällen unter rechtliche Regeln beziehungsweise die Ableitung von Regeln aus Präzedenzfällen, also das Kerngeschäft der Juristen, ist ein kreativer Akt, bei dem Richter über einen beträchtlichen Ermessensspielraum verfügen, den sie mit nicht rechtlichen Faktoren ausfüllen, so lautet das Argument.

Von entscheidender Bedeutung ist nun die Frage, *womit* Juristen die Leerstellen der Rechtsordnung ausfüllen, wodurch ihre Interpretationen also angeleitet werden, wenn die Verfahren der juristischen Methode ausgeschöpft sind. Und die Political-Jurisprudence-Bewegung argumentiert, dass hier das Einfallstor für Präferenzen, Normen, Machtverhältnisse und andere politische Faktoren liegt (Shapiro 1964). Die Beschäftigung mit Gerichten war in der amerikanischen Politikwissenschaft also immer (auch) getragen von der Agenda, die Rechtswissenschaft herauszufordern und die Geltung der juristischen Methodenlehre infrage zu stellen. Dieses Projekt hat in der Forschung über europäische Gerichte hingegen so gut wie keine Bedeutung. Hier werden Gerichte im Rahmen einer vergleichenden Institutionenanalyse betrachtet, die keineswegs im Sinn hat, die Disziplin der Rechtswissenschaft zu entmystifizieren.

Wie lassen sich die quantitativen und qualitativen Unterschiede in der Betrachtung amerikanischer und europäischer Gerichte erklären? In der Literatur werden im Wesentlichen zwei Gründe genannt. Erstens wird argumentiert, dass die institutionellen Unterschiede zwischen dem US-amerikanischen *common law* und dem kontinentaleuropäischen *code law* dazu führen, dass Richter im ersten Fall neues Recht schaffen (und also politisch handeln), während ihre Aufgabe im zweiten Fall lediglich darin liegt, bestehendes Recht anzuwenden. Im ersten Fall gelten sie als *principal*, im zweiten eher als *agent*. Die Unterschiede seien erst nach dem Ende des Zweiten Weltkrieges verschwommen, als in vielen europäischen Ländern in Reaktion auf den Faschismus Verfassungsgerichte geschaffen wurden. Folglich hinke die europäische Forschung über Gerichte in Europa dem US-Standard hinterher (Shapiro/Stone 1994a: 398). Zweitens – und mit dem eben genannten Aspekt verknüpft – wird argumentiert, dass die europäischen Rechtssysteme durch ihren spezifischen Charakter zu einer ausschließlichen Domäne der Rechtswissenschaft geworden seien (Stone 1992: 6). Politikwissenschaftler, die in dieses Monopol eindringen wollten, müssten erst eine »zweite Sprache« erlernen, wodurch eine Barriere zwischen beiden Disziplinen wirksam sei (Shapiro/Stone 1994a).

Beide Aspekte sollen im Folgenden unter Bezugnahme auf den deutschen Fall näher beleuchtet werden. Meine These lautet, dass die genannten Argumente nicht falsch sind. Sie können aber nicht hinreichend erklären, warum Gerichte in der deutschen Politikwissenschaft lange so selten und so einseitig betrachtet wurden. Ein weiterer Grund liegt in der historischen Entwicklung der Disziplin selbst. In der Nachkriegszeit gab es durchaus Versuche, das Projekt der Political-Jurisprudence-Bewegung auf die in Deutschland noch junge Politikwissenschaft zu übertragen. Dieser Forschungsansatz konnte sich jedoch aus verschiedenen Gründen niemals etablieren und wurde teilweise vergessen beziehungsweise von anderen Fragestellungen überlagert.

## 2.1 Institutioneller Kontext als Erklärungsvariable für die Defizite der deutschen Gerichtsforschung?

Inwiefern tragen die institutionellen Merkmale der Rechtssysteme zum unterschiedlich gelagerten Forschungsinteresse der deutschen und amerikanischen Politikwissenschaft bei? Das zentrale Argument in der Literatur lautet, dass das amerikanische Rechtssystem durch seine institutionelle Ausgestaltung immer schon stärker politisiert war als kontinentaleuropäische Rechtssysteme. Dadurch wurde es auch frühzeitig zum Forschungsgegenstand der Politikwissenschaft. Der folgende kursorische Vergleich soll aber zeigen, dass auch an deutschen Gerichten politische Faktoren bei der Rechtsprechung von erheblicher Bedeutung sind, die von der deutschen Politikwissenschaft bisher weitgehend unbeachtet blieben.

Tabelle 2-1 Idealtypische Merkmale von Justizsystemen: Deutschland und USA im Vergleich

| | Deutschland *(code law)* | USA *(common law)* |
|---|---|---|
| Funktion der Gerichte | Rechtsanwendung | Rechtsschöpfung |
| Interaktion mit Regierung | Principal-Agent-Beziehung | *checks and balances,* »third branch of government« |
| Entstehungsprozess des Rechts | »deduktiv«: Subsumption von Fällen unter Regeln | »induktiv«: Destillation von Regeln aus Präzedenzfällen |
| Bestellung von Richtern | Ernennung, bei obersten Gerichten und BVerfG: Wahl | Wahl, bei Supreme Court: Ernennung durch Präsidenten und Bestätigung durch Senat |
| Reguläre Absetzung von Richtern | feste Amtszeit ohne Wiederwahl, Pensionsgrenze | feste Amtszeit mit Wiederwahloption, keine Pensionsgrenze |
| Bedeutung der Profession bei Rekrutierung und Wahl der Richter | groß | klein |
| Bedeutung nicht richterlicher Akteure als Träger der Rechtsprechung | mäßig, Selbstrekrutierung, »ehrenamtliche Richter« | groß, Jury als Bürgerpflicht, »Laienrichter« |
| Einflusskanal für organisierte Interessen | begrenzt, nur partiell Möglichkeiten der Kollektivklage | sehr groß, Sammelklage |

Im amerikanischen *common law* besteht die zentrale Funktion von Gerichten in der *Rechtsschöpfung*, weil Regeln aus Fällen abgeleitet werden (vgl. Tabelle 2-1). In einem Gerichtsverfahren steht der spezifische Konfliktfall (und seine mögliche Lösung) im Zentrum, nicht unbedingt eine Rechtsnorm. Das gesprochene Urteil begründet einen Präzedenzfall, aus dem für spätere und vergleichbare Fälle eine Regel destilliert wird. Die Kernaufgabe der Richter liegt hier also nicht in der Anwendung bestehender Regeln, sondern in der Schaffung neuer Regeln. Dadurch übernehmen sie die gleichen Aufgaben wie die politische Gesetzgebung.

Auch in einem zweiten Bereich verschränken sich legislative und judikative Tätigkeiten. Amerikanische Richter agieren nicht nur dadurch politisch, dass sie neues Recht schaffen, sondern ihr Mandat erstreckt sich auch auf die Kompetenz, bestehendes Recht abzuschaffen, indem sie es für verfassungswidrig erklären. Dies steht faktisch jedem US-amerikanischen Gericht zu, wobei die letzte Interpretationshoheit beim Obersten Gerichtshof (U.S. Supreme Court) liegt. Ob diese Hoheit explizit aus der Verfassung hervorgeht, ist in den USA umstritten (Schubert 2004: 209). Der Supreme Court hat der Judikative (also sich selbst) diese Kompetenz jedoch 1803 im Zuge des Prozesses »Marbury vs. Madison« zugesprochen (McCloskey 2005: 16–34). Im Ergebnis existiert zwischen gesetzgebenden und gerichtlichen Akteuren in den USA keine funktionale Differenzierung im Sinne eines *Principal-Agent*-Modells. Aus diesem Grund gilt die Judikative in den USA als »third branch of government«, und in Lehrbüchern werden Gerichte als »governmental actors« bezeichnet (Schubert 2004: 247). Vor diesem Hintergrund verwundert es nicht, wenn das Amt des Richters in den USA als politisches Mandat behandelt wird, das mit eigenen Legitimationsanforderungen verbunden ist. Auch die Rekrutierungsverfahren tragen diesem Prinzip Rechnung. Richter der unteren Instanzen werden von den Bürgern gewählt; der Präsident nominiert die Angehörigen des Supreme Court, die vom Senat bestätigt werden müssen (Silverstein 1999; Carp et al. 2004: 125–135).

Zur weiteren Politisierung der Gerichte trägt die institutionelle Ausgestaltung von Verfahrensregeln bei, und sei es durch deren Abwesenheit. Dadurch wächst der Spielraum für strategisches Handeln. Dies ist insbesondere am Supreme Court von großer Bedeutung. Die professionsbezogenen Anforderungen für das höchste Richteramt sind sehr gering, wodurch der Einfluss (partei-)politischer Bindungen bei der Richterwahl steigt (Carp et al. 2004: 121–124). Da weder eine formale Begrenzung der Amtsdauer noch eine verbindliche Pensionsgrenze vorliegen, wird der Zeitpunkt des Rücktritts vom Richteramt zu einem strategischen Faktor. Und auch die Agenda des Obersten Gerichtshofes ist politisch gestaltbar. Folglich haben sich zahlreiche Forschungsarbeiten mit dem gerichtlichen Agenda-Setting beschäftigt (zum Beispiel Pacelle 1991; Yates et al. 2005). Gleichzeitig laden andere Verfahrensregeln die Bürger dazu ein, den Klageweg für politische Zwecke zu beschreiten. Politisch relevant wird dies vor allem dadurch, dass gut oder weniger gut organisierten Interessengruppen mit der Sammelklage ein Instrument zur Verfügung steht, im Rechtssystem Interessenpolitik zu betreiben, ohne die typischen Probleme des kollektiven Handelns lösen zu müssen. Zur Interaktion zwischen Gerichten und gesellschaftlichen Interessen existiert eine kaum mehr überschaubare Zahl an Forschungsarbeiten (Golann/Fremouw 1976; Handler 1978; Epp 1998; Feeley/Rubin 1998; Frymer 2003).

Die amerikanische Politikwissenschaft hat also in der Tat von jeher viele Anknüpfungspunkte gehabt, das Rechtssystem als politisch zu untersuchen. Ist dies im deutschen Fall anders? Auf den ersten Blick liegt dieser Gedanke nah. Während amerikanische Gerichte neues Recht produzieren, liegt die Hauptfunktion kontinentaleuropäischer Gerichte darin, bestehendes Recht anzuwenden. Die Annahme lautet, dass ein *Code-Law*-System, in dem der Stellenwert geschriebener Gesetze groß ist, den Handlungsspielraum von Richtern begrenzt. Diese werden nicht als politisch handelnde *principals* wahrgenommen, sondern als technisch-administrative *agents*, die das Recht lediglich implementieren. Vor allem Alec Stone argumentiert, dass sich dies erst nach dem Ende des Faschismus mit der Etablierung von Verfassungsgerichten gewandelt habe. Letztere sollten – in Anlehnung an den Supreme Court – die Überwachung des Gesetzgebers übernehmen und damit direkt in gesetzgeberisches Handeln eingreifen können (Shapiro/Stone 1994a). In Deutschland sollte das neue Verfassungsgericht aber – anders als in den USA – nicht auch zugleich der Oberste Gerichtshof sein. Die Einrichtung eines *spezialisierten* Verfassungsgerichts mit explizit politischem Charakter hat es nach Stone ermöglicht, die anderen Gerichte politikfrei zu halten und an der Doktrin der Arbeitsteilung zwischen Legislative und Judikative festzuhalten (Stone 1992: 225–226).

Doch bei näherer Betrachtung zeigt sich, dass auch das deutsche Rechtssystem in erheblichem Maße politisiert ist, wenn auch in mancherlei Hinsicht weniger offensichtlich. Auch deutsche Richter sind in der Rechtsschöpfung tätig. Der Grad gesetzlicher Kodifizierung variiert stark zwischen den Rechtsgebieten. Zum Beispiel wird das kollektive Arbeitsrecht fast ausschließlich im Rahmen korporatistischer Selbstregulierung (vor allem durch Tarifverträge) sowie durch die Rechtsprechung geregelt. Große Themengebiete (zum Beispiel das Streikrecht) unterliegen dem Richterrecht. Die rechtsschöpfende Tätigkeit deutscher Richter beschränkt sich jedoch nicht auf das Arbeitsrecht, sondern findet faktisch in allen Rechtsbereichen statt. Dies gilt insbesondere dann, wenn ein neuer Fall auf eine alte Regel trifft und die daraus resultierende Lücke per Analogieschluss überbrückt werden muss. Das BGB ist mehr als einhundert Jahre alt und könnte ohne fallrechtsbezogene Ergänzungen heute wohl kaum noch Geltung beanspruchen.

Dies führt zum zweiten Aspekt des politischen Handelns deutscher Richter. Das Gesagte deutet bereits an, dass die Begriffe »Rechts*schöpfung*« und »Rechts*anwendung*« keinen Gegensatz darstellen. Vielmehr besteht im Prozess der Anwendung von Rechtsnormen die Option (und häufig sogar die Notwendigkeit) zur inhaltlichen Ausgestaltung des Rechts. Dieses Thema wird insbesondere von der Rechtssoziologie untersucht. In den USA gibt es zahlreiche Studien, die sich mit der schleichenden Transformation des Rechts nach dem Abschluss der Gesetzgebung befassen. Carruthers und Halliday führen vier Gründe an, die den Prozess der Rechtsanwendung politisieren und die Transformation von Recht auf dem Implementationsweg befördern (Halliday/Carruthers 2007: 1149–1153).

Erstens lässt die Uneindeutigkeit des Rechts Spielraum für die Anwendung. Diese Ambiguität ist im Regelfall sogar die Voraussetzung dafür, dass rechtliche Institutionen, wie zum Beispiel das BGB, über lange historische Phasen hinweg Geltung beanspruchen können (Starck 1995). Zweitens existieren Widersprüche innerhalb des Rechts, die nur im Prozess der Anwendung aufgehoben werden können. Halliday und Carruthers argumentieren, dass Spannungen entstehen, wenn Recht zu verschiedenen Zeitpunkten (und von verschiedenen Akteurkoalitionen) auf der Basis situativer Problemdeutungen und Informatio nen geschaffen wird. Im Zeitverlauf addieren sich die Regeln nicht zu einem kohärenten Rechtsgebäude, sondern es verbleiben Widersprüche. Diese werden dadurch verstärkt, dass drittens diagnostische Auseinandersetzungen während der Rechtsetzung und der Rechtsanwendung zu verschiedenen Ergebnissen führen können. Die Auseinandersetzungen sind häufig ideologisch untermauert und beziehen sich zum Beispiel auf die Identifizierung der zu bearbeitenden Probleme und möglicher Lösungen. Die Konflikte werden dadurch verstärkt, dass sich viertens die Akteurkonstellation in beiden Phasen unterscheidet. Während in der gesetzgebenden Arena zum Beispiel die Regierung, das Parlament, Parteien und Interessengruppen involviert sind, obliegt die Implementation der Verwaltung, den Gerichten oder privaten Akteuren. Dass sich das Recht auf dem Weg von einer Arena zur nächsten wandelt, ist wahrscheinlich.

Es hat sich gezeigt, dass die Politisiertheit des Rechtssystems im deutschen Fall zuweilen weniger sichtbar ist als im amerikanischen System. Dennoch ist sie vorhanden. Aus den institutionellen Merkmalen allein kann nicht abgeleitet werden, dass Gerichte in der deutschen Politikwissenschaft lange keine Rolle gespielt haben.

Das zweite Argument, mit dem die Distanz der Politikwissenschaft zu den Gerichten begründet wird, ist ebenfalls institutionalistischer Natur. Alec Stone und Martin Shapiro vermuten, dass die europäischen Rechtssysteme durch den hohen Grad an Kodifizierung zu einer ausschließlichen Domäne der Rechtswissenschaft geworden seien. Politikwissenschaftler müssten erst eine zweite Sprache lernen, um die disziplinäre Barriere zu durchbrechen (Stone 1992; Shapiro/Stone 1994a).

Es ist zutreffend, dass die Rechtswissenschaft in einem *Code-Law*-System einen deutlich höheren Stellenwert hat als in einem *Common-Law*-System. Das Prinzip der Rechtskodifizierung mit nachfolgender Rechtsauslegung begründet den Expertenstatus von Juristen in der Legislative, in der Judikative und in der Wissenschaft. Die justizielle Rechtsauslegung folgt zumindest bezüglich der Darstellung von Entscheidungen den Regeln der juristischen Methodenlehre, die an Universitäten gelehrt wird. Bei der Rekrutierung von Richtern ist die Rechtswissenschaft von entsprechender Bedeutung. Nach den Bestimmungen des Deutschen Richtergesetzes (DRiG) müssen Kandidaten vor der Berufung an ein Bundesgericht die Richterlaufbahn absolviert haben oder Universitätsprofessor sein. Dass die universitäre Laufbahn als ein funktionales Äquivalent zur Richterkarriere angesehen wird, verdeutlicht, worin die eigentliche Kernkompetenz des Richters gesehen wird, nämlich in der rechtswissenschaftlichen Qualifikation. Zudem ist der deutsche Richter häufig ein forschender Richter, der die Karriereleiter umso schneller und steiler aufsteigt, je mehr er publiziert (für die Arbeitsgerichtsbarkeit: Schneider 2004).

Dies verweist auch auf den Einfluss des rechtswissenschaftlichen Diskurses, der die Rechtsprechung begleitet und kommentiert. Die herrschende Meinung in der Wissenschaft ist eine Quelle nicht institutioneller Macht, deren Wirkung sich die Gerichte nur mühsam und nicht auf Dauer entziehen können (Zimmermann 1983, vgl. dazu Kapitel 5). Und selbst das sogenannte Laienelement im deutschen Rechtssystem ist nicht frei von der Wissenschaft. Nicht richterliche Mitglieder gerichtlicher Spruchkörper sind in Deutschland keine *Laien*richter, sondern *ehrenamtliche* Richter, die häufig eine Fachqualifikation aufweisen. Die Funktion des ehrenamtlichen Richters wird auf der Basis eines freiwilligen zivilgesellschaftlichen Engagements ausgeübt und zieht vor allem solche Personen an, die eine Affinität zum Recht aufweisen. Von den 209 am Bundesarbeitsgericht tätigen ehrenamtlichen Richtern des Jahres 2007 waren 19 Prozent mindestens promovierte Juristen, wobei die Verteilung zwischen den Parteien höchst asymmetrisch ist. Während die Gewerkschaften nur wenige wissenschaftlich ausgebildete Vertreter entsenden (5 Prozent), liegt der Anteil auf Arbeitgeberseite bei 32 Prozent (eigene Berechnungen auf der Basis der Angaben in Bundesarbeitsgericht 2007b).

Im Gegensatz dazu wird im amerikanischen *common law* vor allem darauf abgestellt, einen Interessenausgleich zwischen den streitenden Parteien herbeizuführen. Nur damit ist auch zu erklären, dass 95 bis 98 Prozent aller Gerichtsverfahren außergerichtlich beigelegt werden (Schubert 2004: 673). In kontinentaleuropäischen Gerichten wird ein *Normen*system implementiert, während amerikanische Gerichte vor allem *Streitschlichtungsinstanzen* sind (was allerdings nicht bedeutet, dass keine normativen Erwartungen an sie herangetragen werden). Entsprechend unterscheidet sich die Qualität der nachgefragten Richterqualifikation: Im deutschen Fall wird ein wissenschaftlicher Normenexperte gebraucht, im zweiten ein verfahrenstechnisch geschulter Streitmanager.

Dementsprechend ist der Stellenwert der Rechtswissenschaft im amerikanischen System relativ gering. Die Richterrekrutierung folgt eigenen Gesetzmäßigkeiten. Kandidaten für den Supreme Court qualifizieren sich für dieses Amt häufig eher durch ihren Vertrautheitsgrad zum Präsidenten als durch ihre wissenschaftliche Reputation (Carp et al. 2004: 121–125). Auch bei Richtern der unteren Instanzen, die dem Wahlmodus unterliegen, treten Fachqualifikationen in den Hintergrund, deren Güte die wählenden Bürger in den meisten Fällen kaum beurteilen können. Und anders als in Deutschland erfolgt die Mitwirkung von Bürgern an der Rechtsprechung (hier als Mitglied einer Jury) nicht freiwillig, sondern sie ist eine Bürgerpflicht. *Common law* bedeutet in einem nicht unerheblichen Maße *common sense law*.

Trotz dieser Unterschiede ist das Argument, in Deutschland sei das Rechtssystem eine Domäne der Juristen und für die Politikwissenschaft schwer zu gänglich, aus (mindestens) vier Gründen unzureichend. Erstens hat die deutsche Politikwissenschaft es nicht gescheut, sich der Mathematik anzunähern und statistische Verfahren oder die Anwendung der Spieltheorie zu lernen. Es stellt sich also die Frage, warum gerade die juristische Methodenlehre eine höhere Barriere darstellen sollte als die Mathematik. Zweitens gilt das Gesagte umso mehr, als das benötigte Fachwissen in der deutschen Politikwissenschaft früher vorhanden war. Viele Persönlichkeiten, die heute als Gründerväter der deutschen Politikwissenschaft in der Nachkriegszeit gelten (zum Beispiel Franz Neumann, Otto Kirchheimer, Ernst Fraenkel, Wolfgang Abendroth), waren ausgebildete Juristen. Von daher kann das Argument nicht lauten, die deutsche Politikwissenschaft hätte die Sprache der Juristen nie gelernt. Vielmehr ist Klaus von Beyme zuzustimmen, wenn er feststellt, die deutsche Politikwissenschaft habe sie *verlernt* (Beyme 2001).

Drittens gibt es in Deutschland ein Gegenbeispiel für das rechtswissenschaftliche Monopol auf das Rechtssystem, und zwar die empirische Rechtssoziologie. Auch sie führt in Deutschland – im Vergleich zu den USA – heute ein bescheidenes Dasein. Das war jedoch nicht immer so. In den 1960er und 1970er Jahren haben sich mehrere (justiz-)soziologische Arbeiten mit der sozialen Herkunft, der Identität und der Entscheidungspraxis von Richtern beschäftigt (Dahrendorf 1965; Feest 1965; Zwingmann 1966; Richter 1968; Kaupen 1969; Weyrauch 1970; Kaupen/Rasehorn 1971; Werle 1977). Die Studien knüpften implizit oder explizit an Ernst Fraenkels Analyse zur Klassenjustiz in der Weimarer Republik an (Fraenkel [1927]1999). Ralf Dahrendorf hatte den berühmten Satz geprägt, in der deutschen Justiz säße die eine Hälfte der Gesellschaft über der anderen zu Gericht (Dahrendorf 1961). In der Folgezeit gab es einen kurzen Boom der Richtersoziologie. Diese ging davon aus, dass die soziale Herkunft der Richter, ihre Einstellungen oder der institutionelle Kontext, in dem sie agieren, Einfluss auf die Rechtsprechung nehmen. Das heißt, in der Soziologie wurde die amerikanische Forschungsperspektive aufgegriffen, Rechtsprechung nicht als Resultat juristischer Methodenlehre, sondern als erklärungsbedürftiges Ergebnis eines politischen und sozialen Prozesses zu begreifen. Im Zentrum der deutschen Debatte stand dabei immer die Frage der sozialen Herkunft. Diese Interpretation der Klassenjustiz-These ist nie wirklich bestätigt worden. Stattdessen gibt es zahlreiche Hinweise auf den Einfluss organisationaler und institutioneller Kontextfaktoren (Werle 1977; Rottleuthner 1982). Arbeiten dieser Art sind auch in der Soziologie selten geworden (Bryde 2000; Hartmann 2002). Doch in der deutschen Politikwissenschaft der Nachkriegszeit hat es solche empirischen Studien nie gegeben (siehe Kapitel 2.3).

Das vierte Gegenargument bezieht sich auf die Rechtswissenschaft. Selbst dann, wenn man dem Argument folgen mag, die Rechtswissenschaft habe das

Rechtssystem als Forschungsgebiet monopolisiert, kann doch nicht verborgen bleiben, dass sich Teile der Juristen in den 1960er und 1970er Jahren den Sozialwissenschaften geöffnet haben. Sie stellten die Frage, ob ihre eigene Disziplin und das juristische Handlungsmodell ausreichend sind, um Rechtsprechung zu verstehen und zu gestalten. Die Verstrickung der Justiz in das Nazi-Regime, die im Verlauf der 1960er Jahre schrittweise offengelegt wurde, bewirkte (teilweise) eine Identitätskrise der Disziplin. Stellvertretend für viele sei auf die Arbeit von Bernd Rüthers hingewiesen, der mit seiner Habilitationsschrift »Die unbegrenzte Auslegung« nachwies, wie Richter im Dritten Reich das Recht der Weimarer Republik an die nationalsozialistischen Verhältnisse angepasst hatten, und zwar nicht nur im öffentlichen Recht, sondern auch im Privatrecht (Rüthers 1968). Grundlegend dafür war die Vielzahl an Generalklauseln und unbestimmten Rechtsbegriffen, die vom Richter im Rückgriff auf außerrechtliche Überlegungen gedeutet werden müssen. In Teilen der Rechtswissenschaft entfaltete sich eine Diskussion darüber, ob und wie das willkürliche und in der Person des Richters liegende Element in diesem Deutungsprozess wissenschaftlich diszipliniert werden könnte und welchen Beitrag die Sozialwissenschaften dazu leisten sollten (vgl. zum Beispiel Raiser 1970; Gessner 1971; Grüber 1974; Henke 1974; Schelsky 1974; Hopt 1975). Im Zentrum dieser Diskussion stand die Soziologie, nur selten wurde dabei explizit an die Politikwissenschaft gedacht (vgl. aber Wassermann 1965). Auch eine Untersuchung über die rechtswissenschaftlichen Habilitationen zwischen 1945 und 1968 belegte das Interesse vieler Juristen an den Erkenntnissen und Verfahren der Soziologie. Fast jeder fünfte Habilitand hatte im Nebenfach Soziologie studiert (Rüthers 1972).[1]

Das Argument, in kontinentaleuropäischen Systemen sei die Justiz ausschließlich eine Domäne der Rechtswissenschaft, hat also für Deutschland nie gegolten. Die Soziologie hat sich des Themas angenommen, die Politikwissenschaftler der ersten Nachkriegsgeneration waren ausgebildete Juristen, und teilweise hat die Rechtswissenschaft nicht einmal mehr ein Monopol beansprucht. Im folgenden Abschnitt wird argumentiert, dass die wesentlichen Gründe für das fehlende (und später einseitige) Interesse der deutschen Politikwissenschaft bei ihr selbst zu suchen sind.

1 Die Politikwissenschaft spielte demgegenüber keine Rolle. Das Gleiche gilt für die Ökonomie, die heute im Rahmen der *Law-and-Economics*-Bewegung zur führenden »Hilfswissenschaft« geworden ist. Während in den 1970er Jahren unter dem Stichwort »Rechtswissenschaft als Sozialwissenschaft« an die Nähe zur Soziologie gedacht wurde, ist heute die Nähe zur Ökonomie gemeint (Engel 1998).

## 2.2 Von der Klassenjustiz zur Steuerungstheorie: Gerichte in der deutschen Politikwissenschaft

Ingeborg Maus hat das Verhältnis der Politik- zur Rechtswissenschaft jüngst als Streben nach »politologischer Autarkie« charakterisiert (Maus 2006). Demnach liegt die Distanz zwischen beiden Disziplinen in der späten Etablierung der Politikwissenschaft in Deutschland (nach 1945) begründet. Die Gegenstandsbereiche der neuen und aus den USA importierten Politologie seien vorher von der Rechtswissenschaft mitverwaltet worden, insbesondere im Rahmen der Staatslehre. Die Politikwissenschaft habe nun versucht, ihr dieses Monopol zu entreißen und sei darum immer um Abgrenzung bemüht gewesen (Maus 2006: 76–77).

Es ist zutreffend, dass die junge deutsche Politikwissenschaft um Abgrenzung zur Nachbardisziplin rang. Dies galt insbesondere für ihre Gründungsväter, die selbst ausgebildete Juristen waren, vor allem Ernst Fraenkel und Franz Neumann. Die Abgrenzung zur Rechtswissenschaft war jedoch nicht mit der Idee verknüpft, dass die Politikwissenschaft das Recht und das Rechtssystem vernachlässigen sollte. Im Gegenteil: Fraenkel und Neumann beanspruchten die Deutungshoheit der Politikwissenschaft über die Staatslehre und die Justiz. Fraenkel argumentierte, das juristische Monopol für die politische Wissenschaft müsse gebrochen werden. Neumann attackierte die juristische Methodenlehre als formalistische »Haarspalterei« (zitiert nach Buchstein 1992: 183–184). Der Staat und die Rolle der Justiz sollten allein von der Politikwissenschaft untersucht werden. Dafür sei zwar kein abgeschlossenes Jura-Studium notwendig, dennoch bräuchten Politikwissenschaftler Kenntnisse des Rechts sowie einen Zugang zur Denkmethode der Juristen.

Dies war zumindest teilweise eine Übertragung der amerikanischen *Political-Jurisprudence*-Bewegung nach Deutschland. Die juristisch ausgebildeten Politikwissenschaftler der ersten Generation haben das Rechtssystem wie selbstverständlich als einen wichtigen Bereich politikwissenschaftlicher Analysen betrachtet. Das belegen zahlreiche Arbeiten, die eine enge Verflechtung von politischen und rechtlichen Faktoren heraushoben und dabei immer auch auf die besondere Rolle von Gerichten hingewiesen haben. Dazu zählt die bereits erwähnte Abhandlung von Fraenkel zur Klassenjustiz (Fraenkel [1927]1999) und sein Buch *Der Doppelstaat*, in dem er zentrale Merkmale des nationalsozialistischen Regimes untersucht (Fraenkel [1940]1974). Ein anderes Beispiel ist das Buch von Otto Kirchheimer über die politische Justiz (Kirchheimer 1961). Auch Fraenkels Grundlagenwerk zum US-amerikanischen Regierungssystem beschreibt das Regieren in den USA als ein Zusammenspiel politischer und rechtlicher Elemente. Eine vergleichbare Komplexität wurde in späteren Werken von kaum einem anderen Autor mehr erreicht (Fraenkel 1960).[2]

Der Rechtswissenschaft das Deutungsmonopol in Bezug auf die Interaktion von Recht und Politik zu entreißen, war sowohl für Fraenkel als auch für Neumann eine zentrale Aufgabe der Politikwissenschaft als Demokratiewissenschaft. Die juristische Disziplin habe sich kontinuierlich als Gegnerin der Demokratie erwiesen. Sie habe versucht, die Demokratie durch den Rechtspositivismus zu ersetzen und sei damit delegitimiert (Buchstein 1992: 184). Diese Argumentation kann nur vor dem persönlichen Erfahrungshintergrund der handelnden Personen verstanden werden. Neumann und Fraenkel waren in der Weimarer Republik im Umfeld von Hugo Sinzheimer arbeitsrechtlich tätig gewesen (vgl. dazu ausführlich Kapitel 4). Sie hatten erlebt, wie sich die Gerichte im Kaiserreich und in der Weimarer Republik dem wachsenden Arbeitsrecht entgegenstemmten. Und sie erfuhren (durch ihre jüdische Herkunft auch am eigenen Leib), wie Gerichte die rechtlichen Grundlagen für das nationalsozialistische Regime und die Judenvernichtung legten. Neumann und Fraenkel mögen die politologische Autarkie gegenüber der Rechtswissenschaft im Sinn gehabt haben, ihr Ziel war aber nicht die Abstinenz, sondern die politologische Deutungshegemonie über die Justiz.

Warum hat sich ihr Projekt in der deutschen Politikwissenschaft nicht nachhaltig durchgesetzt? Ein Grund liegt im fehlenden Personal. Otto Kirchheimer ist nie nach Deutschland zurückgekehrt, Franz Neumann ist durch einen Unfall früh verstorben. Von großer Bedeutung ist hingegen die Rolle von Ernst Fraenkel, der die deutsche Politikwissenschaft in Berlin maßgeblich mit aufbaute. Dass er keine Schule der Gerichtsforschung etablierte, hat mehrere Gründe. Erstens besteht in der Forschung über die Geschichte der Politikwissenschaft Einigkeit darüber, dass in Berlin – anders als an anderen Standorten – generell keine Schule herausgebildet wurde, was vor allem auf die schon in den 1950er Jahren bestehende hohe Zahl an Lehrstühlen zurückgeführt wird (Buchstein 1999; Bleek 2001). Ernst Fraenkel stand in der Konkurrenz zu anderen herausragenden Persönlichkeiten, die teilweise konträre Vorstellungen von der Entwicklung des neuen Faches hatten, zum Beispiel Otto Stammer, der stärker zur Politischen Soziologie tendierte (Buchstein 1992: 189–193).

2 Die meisten Einführungen in das politische System der USA beschränken sich heute auf ein obligatorisches Kapitel zum Rechtssystem, was dem Stellenwert der Gerichte und den vielfältigen politischen Verflechtungen und Interaktionsbeziehungen jedoch kaum gerecht werden kann. Ein Beispiel ist der von der Bundeszentrale für politische Bildung herausgegebene *Länderbericht* USA, der von 816 Seiten dem Rechtssystem gerade einmal 6 Seiten widmet und dem Supreme Court nicht einmal ein Stichwort im Register zubilligt (Lösche/von Loeffelholz 2004).

Die wichtigsten Schüler Fraenkels, Winfried Steffani und Uwe Thaysen, führten die Tradition der Parlamentarismus- und Pluralismus-Forschung fort. Sie verwiesen in ihren Arbeiten zwar immer noch auf die rechtlichen Grundlagen der Politik, Gerichte als politische Akteure spielten hingegen keine Rolle (mehr). Dem Ausbau einer diesbezüglichen Fraenkel-Schule nicht zuträglich war auch der Umstand, dass Fraenkel in eine tiefe Auseinandersetzung mit der 68er-Bewegung geriet, die von Studierenden und dem Mittelbau getragen wurde. Fraenkel, der in der Weimarer Republik das sozialdemokratische Arbeitsrecht mitgestaltet hatte, wurde nun zum »Apologeten des Monopolkapitals« stilisiert (Göhler 1986: 9). Die Studenten erregten sich an seiner Pluralismus-Theorie, die sie als »unkritische Rechtfertigung der Klassenverhältnisse der Gegenwart« ansahen (Bleek 2001: 281).

Die Kommunikation wurde zudem durch die Amerika-Begeisterung Fraenkels gestört. Sein Werk über das amerikanische Regierungssystem endet mit dem Satz »Das großartigste Kunstwerk, das die westliche Hemisphäre hervorgebracht hat, sind die Vereinigten Staaten von Amerika« (Fraenkel 1960: 347). Diese Aussage war einer Bewegung nicht zu vermitteln, die vehement gegen den Vietnamkrieg aufbegehrte. Fraenkel starb 1975 »verbittert und weitgehend vereinsamt« (Bleek 2001: 281). Erst seit den späten 1980er Jahren galt er als Klassiker der Pluralismus-Theorie. Dass er in der Frühphase der deutschen Politikwissenschaft auch andere Akzente hatte setzen wollen, war in der Zwischenzeit weitgehend vergessen worden.

Erhalten blieb der Fokus auf die Gerichte im sogenannten kritisch-dialektischen Ansatz Marburger oder Frankfurter Prägung. Er wurde allerdings in den politischen Auseinandersetzungen der 1970er Jahre zwischen kritischer und bürgerlicher (empirisch-analytischer) Politikwissenschaft weitgehend zerrieben. Wolfgang Abendroth, ebenfalls ausgebildeter Jurist und Begründer der *Marburger Schule*, gehörte – genau wie Fraenkel und Neumann – zur Gruppe derjenigen, die das nationalsozialistische Regime erlebt und überlebt hatten. Vor allem zum Bundesverfassungsgericht hat er immer wieder kritische Aufsätze vorgelegt (Abendroth 1975, [1954]1975, [1955]1975, [1958]1975, [1959]1975, [1961]1975, [1973]1975). Die Arbeiten standen im Zusammenhang mit der 68er-Bewegung, bei der »das Interesse an Herrschaftsmechanismen wuchs«, und die (ähnlich wie die rechtswissenschaftliche Linke) eher in Frankfurt und Marburg als bei Fraenkel in Berlin eine intellektuelle Heimat fand (Voigt 1988: 25).

Das Interesse an Fragen der Herrschaft war gleichzeitig Stärke und Schwäche. Die Stärke lag darin, dass vor allem in Abendroths Arbeiten ein Bewusstsein dafür zum Ausdruck kam, dass Gerichte Akteure *politischer* Herrschaft sind und mithin Rechtsprechung ein politischer Prozess ist:

> Die Rechtsordnung ist demnach niemals eine neutrale Größe, die nur aus sich selbst verstanden werden kann, sondern stets Produkt und Gegenstand der politischen und sozialen Kämpfe [...] In der modernen bürgerlichen Gesellschaft bedarf es [...] einer breiten Schicht vorgebildeter Juristen, um die vielfältigen Verästelungen des komplizierten Rechtsnormensystems zunächst einer liberal-kapitalistischen, dann einer monopol-kapitalistischen Verkehrsgesellschaft handhaben zu können. Die besonderen Traditionen der Angehörigen dieser Schichten – vor allen Dingen der Richter – gewinnen daher unvermeidlich erheblichen Einfluß auf das Rechtssystem selbst, weil diese Schicht bei der Anwendung des Rechtsnormensystems unvermeidlich durch ihre Auslegung der Gesetze ihre eigene Denkweise zur Geltung bringt. Da die Juristen im allgemeinen bürgerlichen Schichten entstammen und auf den Hochschulen, die sie ausgebildet haben, in den Ideologien der bürgerlichen Klassen erzogen wurden, müssen sich aus dieser Situation immer wieder Spannungen ergeben. (Abendroth [1959]1975: 155)

Hier war sie wieder, die Klassenjustiz-These. Doch anders als die Rechtssoziologie, die einen Zeitraum von zehn bis fünfzehn Jahren auf die empirische Überprüfung dieser These verwendete, war für die *Marburger Schule* der Politikwissenschaft immer schon klar, dass sie zutraf. Und hier lag die große Schwäche des Ansatzes. Abendroths Aufsätze ähnelten häufig politischen Streitschriften, was dem kritisch-emanzipatorischen Selbstverständnis und dem Titel seiner Professur für Wissenschaftliche Politik entsprach. Dies trug mit dazu bei, dass seine Schriften in der Politikwissenschaft, die sich zunehmend als empirisch-analytisch ausrichtete, vielerorts nicht als »wissenschaftlich ernstzunehmende Abhandlungen« betrachtet wurden (Voigt 1988: 24). Rüdiger Voigt ist zuzustimmen, wenn er feststellt, dass die Abwertung von Abendroths Arbeiten häufig zu Unrecht geschah (ebd.). Gleichwohl gilt, dass die *Marburger Schule*, auch wenn sie Gerichte thematisierte, wenig zum Erkenntnisfortschritt beitrug. In diesem Kontext hat sich kein empirischer Forschungsstrang etablieren können. Und so blieb im weiteren Zeitverlauf Otwin Massing aus dem Frankfurter Umfeld fast der Einzige, der sich dem Thema weiter widmete und der später auch einen der sehr seltenen politikwissenschaftlichen Lehrstühle an einer rechtswissenschaftlichen Fakultät (in Hannover) innehatte (Massing 2005).

Mit dem Aufstieg des Steuerungsparadigmas entwickelte sich in den 1970er und 1980er Jahren eine neue Perspektive. Fortan wurden Gerichte nicht mehr unter der Politics-Dimension untersucht, sondern der Policy-Blickwinkel rückte in den Vordergrund. Dieser Ansatz sollte die Forschung bis in die Gegenwart hinein dominieren. An die Stelle der herrschaftssoziologischen Analyse der Gerichte trat die Betrachtung ihrer politischen Steuerungsfunktionen. Die Entwicklung korrespondierte mit der Geschichte der Politikwissenschaft in Deutschland. Seit den 1960er Jahren hatte die Debatte um Programmplanung und aktive Politik an Bedeutung gewonnen. Die sich langsam entwickelnde Policy-Analyse untersuchte empirisch die Inhalte von Politik und zielte dabei auch darauf ab, die Durchsetzung guter Politik gestalterisch zu fördern (zur Karriere des Steuerungsparadigmas vgl. Mayntz 1996).

Die Steuerungsdiskussion nahm die Gerichte nicht von Beginn an in den Blick. In ihrer akteurzentrierten Version bot vor allem die Implementationsforschung der 1970er Jahre Anknüpfungspunkte. Carruthers und Halliday argumentieren, dass die Politikwissenschaft der schleichenden Transformation von Recht im Prozess seiner Anwendung nur wenig Aufmerksamkeit schenkt, weil sich eine Arbeitsteilung mit der Rechtssoziologie herausgebildet habe. Während die Politikwissenschaft die Gesetzgebung betrachte, untersuche die Rechtssoziologie die Umsetzung des Rechts (Carruthers/Halliday 1998: 47). Die Implementationsforschung, die (zumindest in Deutschland) überwiegend von Politik- und Verwaltungswissenschaftlern geleistet wurde, zeigt, dass dieses Argument nicht ganz richtig ist. Sie suchte und fand auch die Annäherung an die Rechtssoziologie (Mayntz 1984). Allerdings untersuchte die Implementationsforschung hauptsächlich die Verwaltung, während die Gerichte wenig systematisch untersucht wurden (Mayntz et al. 1978). So hat die Verwaltungsperspektive heute im Rahmen der DVPW-Sektion Policy-Analyse und Verwaltungswissenschaft auch eine institutionelle Verankerung in der deutschen Politikwissenschaft, die den Gerichten fehlt. Obwohl sich fast alle Fragen der Verwaltungs- und Implementationsforschung auch auf Gerichte übertragen lassen, wie Rüdiger Voigt feststellte, wurde diese Übertragung bis heute nur selten vorgenommen (Voigt 2000: 45).

Die tendenzielle Verwaltungszentriertheit der Implementationsforschung ist wohl vor allem mit der Gesetzgeberperspektive zu erklären, die ihr anhaftete (Mayntz 1996: 149). Im Zentrum des Interesses stand die Top-down-Perspektive, die Umsetzung staatlichen Rechts durch die Verwaltung. Gerichte erweisen sich jedoch häufig als Akteure des bottom-up-initiierten Implementationswiderstands und werden von gesellschaftlichen Akteuren gegen die Exekutive mobilisiert: von der Bürgerinitiative, die den Ausbau des Flughafens nicht akzeptiert oder von dem Bauern, der sein Eigentum nicht für ein Atommüllendlager zur Verfügung stellen will. Der Mechanismus des »Arenenspringens« (Voigt 2000: 47), bei dem gesellschaftliche Akteure ihre Interessenpolitik zwischen dem politischen Entscheidungssystem, der Verwaltung und der Justiz hin- und herverlagern, erfuhr erst im Gefolge der Governance-Diskussion nach der Jahrtausendwende die verstärkte Aufmerksamkeit der europäischen Politikwissenschaft (siehe unten). Unter dem Stichwort *adversarial legalism* wird das Zusammenspiel von gesellschaftlicher Interessenvermittlung, politischer Steuerung und Rechtsprechung untersucht (Kagan 1997; Kelemen/Sibbitt 2004; Levi-Faur 2005; Kagan 2008; Kelemen 2008; Rehder 2009).

In den 1980er Jahren machte jedoch noch eine andere Forschungsströmung von sich reden, die den Steuerungsbegriff system- und nicht akteurtheoretisch verwendete und das Recht ins Zentrum ihres Interesses rückte. Eine Rechtspolitologie, die sich auch so nannte, entstand. Sie grenzte sich sehr explizit von der marxistisch politökonomischen Tradition Abendroths ab und beschrieb sich als Steuerungswissenschaft (Görlitz/Voigt 1985: 23–27). Maßgeblich vorangetrieben wurden die Bemühungen um die Etablierung dieses Forschungsfeldes von Rüdiger Voigt und Axel Görlitz. Sie gründeten die *Jahresschrift für Rechtspolitologie* und brachten sich ein im Arbeitskreis Regulative Politik der DVPW. Selbstbewusst wurde die Rechtspolitologie nicht als ein Forschungsgebiet innerhalb der Politikwissenschaft betrachtet, sondern sie wurde als neue Disziplin ausgerufen, die interdisziplinär ausgerichtet ist und Elemente der Rechts- und Politikwissenschaft, der Soziologie sowie der Verwaltungswissenschaft und der Kybernetik integrieren sollte (Voigt 1988: 22). Zwanzig Jahre später ist die Bilanz ernüchternd. Der genannte Arbeitskreis existiert nicht mehr, und schon im Jahr 2000 bezeichnete Voigt die Rechtspolitologie als eine Disziplin, die um ihr »Überleben« kämpft (Voigt 2000: 31). Zu einem Schub empirisch ausgerichteter Gerichtsforschung hatte die Rechtspolitologie auch in ihrer Blütezeit nicht beigetragen. Die Gründe dafür sind vielfältig.

Erstens haben es interdisziplinäre Projekte in einem disziplinär organisierten Wissenschaftsbetrieb niemals leicht, sich zu etablieren. Zudem setzt die Fähigkeit, interdisziplinär zu denken und zu arbeiten, disziplinäre Grenzen voraus: Um über den Tellerrand schauen zu können, sollte man wissen, was sich auf dem eigenen Teller befindet. Dies führte dazu, dass in den rechtspolitologischen Publikationen Selbstverständnisdebatten sowie die Abgrenzungsbemühungen zu Nachbardisziplinen einen vergleichsweise großen Raum einnahmen. Die Zahl der empirischen Studien blieb demgegenüber recht klein.

Außerdem sorgte die Rechtspolitologie mit ihrer Namensgebung für Irritationen. Die amerikanischen interdisziplinär ausgerichteten Socio-Legal Studies, die sich in der Law & Society-Association organisieren, haben es immer vermieden, mit der Namensgebung die Affinität zu einer einzigen Disziplin zu suggerieren. Die deutsche Rechts*politologie* formulierte hingegen interdisziplinäre Ambitionen, erweckte durch ihren Namen aber den Eindruck, es solle sich um einen Teilbereich der Politikwissenschaft handeln. Um als solcher akzeptiert zu werden, erschien die Engführung der Rechtspolitologie jedoch zu stark. Die Politikwissenschaft als reine Steuerungswissenschaft zu begreifen, wurde von kritischen Beobachtern abgelehnt. Dabei wurde insbesondere auch kritisiert, dass sich Görlitz und Voigt von der Tradition Abendroths und Fraenkels vollständig verabschiedet hatten:

> Einer politikwissenschaftlichen Rechtsforschung stellen sich noch mehr Fragen als nur die nach der »Steuerungskapazität von Recht« […], etwa Fragen nach dem Schutz individueller Freiheitsräume, nach Partizipation, Legitimation, Interessen, Macht und Herrschaft. […] So

> muß man kein Anhänger marxistisch orientierter politischer Ökonomie und Ideologiekritik sein, um »Interessenanalyse« für eine notwendige Dimension politologischer Forschung zu halten. (Saretzki 1987: 298)

Noch gravierender wurde die Rechtspolitologie durch ihre enge Bindung an die Systemtheorie belastet. So wurden die Ergebnisse einer Arbeitsgruppensitzung, die auf einem rechtspolitologischen Kongress 1987 stattgefunden hatte, wie folgt protokolliert:

> Die zentrale Fragestellung der Rechtspolitologie, also die Gestaltung der Gesellschaft durch Recht, erfordert eine steuerungstheoretisch nutzbare Gesellschaftstheorie. Einigkeit scheint darin zu bestehen, von der Systemtheorie auszugehen, wobei mehrheitlich der Selbstorganisationskontext in der Luhmannschen Variante benutzt wird. Diskutiert wird aber auch die Theorie der Autopoiese in der Rekonstruktion der Theorie Maturanas. (Mock et al. 1988: 16)

Im Unterschied zur Policy-Analyse beziehungsweise zur Implementationsforschung wurde politische Steuerung hier nicht akteurtheoretisch gedacht, sondern Steuerung wurde als »systemische Funktion« verstanden, »als ein vom Handeln konkreter Akteure abgelöster Prozess« (Mayntz 2005: 12). Dies bedeutete auch, dass die Analyse von Akteuren nicht im Zentrum der Rechtspolitologie stand, die Gerichte wurden kaum sichtbarer als zuvor.

Festzuhalten ist, dass die Diskussion über politische Steuerung nicht zur besseren Erschließung von Gerichten als Objekte politikwissenschaftlicher Forschung geführt hat. Während die Implementationsforschung sich überwiegend auf die Verwaltung bezogen hat, argumentierte die Rechtspolitologie systemisch und nicht akteurbezogen. Präsenter wurden Gerichte in der deutschen (und europäischen) Politikwissenschaft erst im Verlauf der 1990er Jahre. Grundlegend hierfür waren der *cultural turn* und der *institutionalist turn* in der Politikwissenschaft.

Mit dem Vordringen der konstruktivistischen Perspektive gerieten vor allem solche politischen Akteure ins Zentrum des Interesses, die über Expertenwissen und Deutungsmacht verfügen und dadurch Interpretationsangebote für die politische Arena bereitstellen. Das lenkte den Blick auch in Deutschland stärker auf Juristen und die Gerichte (Lhotta 2003; Rehder 2006; Vorländer 2006). Allerdings stehen auch hier die *Folgen* der Gerichtstätigkeit im Fokus der Analyse. Untersucht wird, wie sich die Bedeutung des Rechts wandelt. Es bleibt hingegen im Dunkeln, wie dieser Wandel zu erklären ist. Die Produktionsbedingungen des Wissens bleiben unerkannt.

Einen weitaus größeren Schub erhielt die Gerichtsforschung durch den Neo-Institutionalismus der 1990er Jahre. Alec Stone vermutet als Ursache dafür ein neu erwachtes Interesse am Staat, das auch das Bewusstsein für die Bedeutung der Gerichte geschärft habe (Stone 1992: 6). Für Deutschland ist dieses Argument kaum zutreffend. Die akteurorientierte Diskussion über politische

Steuerung hatte ja immer den Staat im Blick gehabt und betrachtete das politisch-administrative System als Steuerungszentrum (siehe oben). Dennoch hatte dieser Bias nicht zur Folge, dass Gerichte intensiv beforscht wurden.

Viel bedeutsamer für die empirische Gerichtsforschung scheint mir hingegen die Diskussion über Governance zu sein. An die Stelle der Idee vom steuernden Staat trat die Analyse komplexer Regelungsstrukturen, die durch das Zusammenwirken verschiedenster staatlicher, marktlicher und privater Akteure entstanden sind (Mayntz 2005: 14). Seitdem ist die Politikwissenschaft darum bemüht, die Struktur politischer Arenen durch das Aufspüren von immer neuen Vetopunkten oder Vetospielern zu verstehen, die das Handeln von Akteuren blockieren oder vereinfachen (Tsebelis 2002). Bestandteil der Analyse dieser komplexen Governance-Strukturen und ihrer Wirkungen sind nun regelmäßig auch Verfassungsgerichte, auch wenn Tsebelis selbst bezüglich der Einschätzung von Gerichten als Veto*spielern* eher vorsichtig ist, und zwar mit der Begründung, dass das gerichtliche Handeln weitgehend eine Blackbox darstellt (ebd.: 226–228). Gleichwohl hat er damit eine Diskussion in Gang gesetzt, die das Zusammenspiel von Gerichten und anderen politischen Institutionen betrachtet. Auch für Deutschland sind im Kontext dieser Debatte einige Arbeiten entstanden, die Verfassungsgerichte untersuchen (Zohlnhöfer 2001; Ganghof 2004; Freitag/Bühlmann 2005; Wagschal 2006; Hönnige 2007).

Im Zusammenhang der (Global-)Governance-Diskussion wächst zudem die Literatur über die Verrechtlichung der internationalen Beziehungen, in deren Kontext Gerichte oder gerichtsähnliche Institutionen untersucht werden. Letzteren wird dabei der Status als Träger von Konstitutionalisierungsprozessen im internationalen System zugeschrieben (Deitelhoff 2006; Hitzel-Cassagnes 2006; Zangl 2006).

Begleitet wurde der relativ ausgeprägte Boom der empirischen Gerichtsforschung von zwei Entwicklungen. Erstens hat die Forschung auch dadurch an Umfang und Bedeutung zugenommen, dass sich die amerikanische Politikwissenschaft in diesem Bereich seit den 1990er Jahren zunehmend komparativ und international ausrichtet (zum Beispiel Shapiro/Stone 1994b; Alter 2001; Volcansek 2001; Shapiro/Stone Sweet 2002). Die US-Justiz ist heute erschöpfend untersucht, sodass sich die in den USA ansässigen Gerichtsforscher in Europa (und in anderen Regionen der Welt) neue Forschungsmärkte erschließen.

Das gewachsene Interesse an internationalen Gerichtshöfen steht zudem in einem Zusammenhang mit der Diskussion über den tendenziellen Rückzug des Nationalstaats. Das Binnenmarktprojekt hat die besondere Rolle, die der Europäische Gerichtshof im Rahmen der *multi-level governance* einnimmt, ins Bewusstsein gerückt. Und die Literatur im Bereich der internationalen Beziehungen sieht in den internationalen Gerichten ein potenzielles funktionales Äquivalent für den nationalen Rechtsstaat.

Das alles hat den quantitativen Umfang der Gerichtsforschung erhöht, über die Funktionsweise der Gerichte und über die Politik ihrer Rechtsprechung weiß man dennoch nach wie vor wenig. Der Teilbereich der internationalen Politik interessiert sich für die Genese und die Wirkungen der Gerichte, weil beides als Kennzeichen von Institutionenbildung betrachtet wird. Die Phase zwischen Entstehung und Effekt, also die Frage, wie diese Institutionen handeln, ist dabei (zumindest vorläufig) von nachrangigem Interesse (vgl. aber jüngst Kranenpohl 2010).

Im Vetospieler-Ansatz, der vor allem nationale Verfassungsgerichte betrachtet, verschwinden die Gerichte in einem Set aus verschiedenen unabhängigen Variablen, die spezifische politische Entwicklungen erklären sollen. Wiederum interessieren vor allem die *Effekte* der Rechtsprechung. Alternativ wird den Gerichten aus Praktikabilitätsgründen und legitimen Vereinfachungsbemühungen eine nutzenmaximierende Handlungsorientierung unterstellt, weil dies angeblich den »Minimalkonsens« in der amerikanischen Literatur darstellt (Hönnige 2007). Der Erkenntnisstand der amerikanischen Gerichtsforschung bleibt dadurch bei Weitem nicht ausgeschöpft (vgl. dazu Kapitel 3). Und es stellt sich die Frage, ob Vereinfachung eine hilfreiche Forschungsstrategie ist, solange nicht einmal bekannt ist, welche Kosten damit verbunden sind. Gerade vor dem Hintergrund, dass Gerichte heute im Rahmen der Governance-Forschung fast wie selbstverständlich in komplexe Untersuchungsdesigns integriert werden, steht die deutsche Politikwissenschaft vor der Aufgabe, die Blackbox der Gerichte zu öffnen und eine Untersuchung ihrer Binnenlogik vorzunehmen (dafür plädiert auch Hönnige 2007: 248). Und vieles spricht dafür, diese Aufgabe (zumindest auch) auf der Basis von Fallstudien vorzunehmen, um analytische Tiefe zu erreichen.

## 2.3 Fazit

Ein grober Abriss der Literatur zu einem Forschungsgebiet bleibt zwangsläufig defizitär. Nicht alle Arbeiten lassen sich einer Hauptströmung zuordnen. Zudem können auch die erwähnten Werke in ihrer Breite und Tiefe nicht so gewürdigt werden, wie sie es verdienen. Das Kapitel sollte vor allem die Frage beantworten, warum die deutsche Politikwissenschaft die Gerichte so spät entdeckt hat und warum sie sich dann vor allem darauf konzentriert hat, ihre Wirkungen zu untersuchen. Mein zentrales Argument lautet, dass weder die institutionelle Verfasstheit des deutschen Rechtssystems noch das Juristenmonopol dafür ursächlich sind, sondern die Politikwissenschaft selbst. Die politologische Blindheit gegenüber dem Rechtssystem ist dabei nicht das Ergebnis autarkischer Abschottung und eines gezielten Missachtungsprojekts. Im Gegenteil: Wer heute Gerichte als politische Akteure untersucht, steht in der Tradition von Franz Neumann und Ernst Fraenkel. Dass diese Wurzeln weitgehend vergessen wurden, ist das Ergebnis intradisziplinärer Auseinandersetzungen und historischer Kontingenz.

Rechtsprechung als einen politischen Prozess zu begreifen, war in Deutschland – in der Politikwissenschaft, in der Soziologie, aber auch bei den Juristen – immer eng mit der Klassenjustiz-These verknüpft. In der jungen Politikwissenschaft wurde das Thema mithin durch die marxistische politökonomische Linke besetzt, die weniger an empirisch-analytischer Forschung als an politischer Herrschafts- und Ideologiekritik interessiert war. Der empirisch ausgerichtete Teil der Disziplin hat wiederum dazu tendiert, die kritischen Befunde gerade deswegen nicht zu rezipieren. Die Gerichte sind damit wohl zu forschungspolitischen Opfern der Auseinandersetzungen zwischen beiden Flügeln geworden.

Im Rahmen der Steuerungsdiskussion wurden die Gerichte neu entdeckt, und zwar im Hinblick auf ihre Funktionen und Effekte. Zu einer breiten empirischen Forschung hat dies nicht geführt. Bei der systemtheoretischen Steuerungsdiskussion war dieses Defizit einprogrammiert, da die Analyse einzelner Akteure und Institutionen ohnehin keinen großen Stellenwert einnahm. Bei der akteurtheoretischen Variante ist die relativ ausgeprägte Gerichtsblindheit vermutlich ein Zufall. Wäre zum Beispiel die Implementationsforschung bis heute ein blühender Forschungszweig, hätte man nach der Überwindung der Top-down-Perspektive und der Fokussierung auf die Verwaltung auch die Gerichte stärker entdecken können. Dies ist erst im Rahmen der breiten Diskussion um *Governance*-Strukturen geschehen, wobei auch hier wieder die Effekte der Rechtsprechung im Zentrum stehen: Gerichte sind hier weniger politische *Akteure* als *Institutionen*, die Anreize setzen oder Restriktionen auferlegen. Und dort, wo Gerichte wirklich als politisch handelnde Akteure verstanden werden, behilft man sich mit Rational-Choice-Argumenten, weil dies dem derzeitigen Mainstream entspricht.

Das Interesse an Gerichten ist mit der Amerikanisierung der europäischen Politikwissenschaft gewachsen. Hierbei sind *Push- und Pull*-Faktoren wirksam geworden. Die US-amerikanischen Gerichtsforscher suchten in den 1990er Jahren in Europa nach neuen Fragestellungen und Daten, während die deutsche Politikwissenschaft sich gern von der amerikanischen Literatur inspirieren lässt. In diesem Geist steht auch das vorliegende Buch.

Die Kapitel 4 bis 6 beschreiben das Innenleben des Bundesarbeitsgerichts und verdeutlichen das komplexe Zusammenspiel von rechtlichen Faktoren, institutionellen Regeln und Handlungsorientierungen verschiedener Akteure. Um die Analyse zu strukturieren, wird zuvor in Kapitel 3 ein heuristischer Rahmen präsentiert. Eine (nicht spieltheoretische) Version des Akteurzentrierten Institutionalismus soll für die Beschreibung und Erklärung politischer Entscheidungen im Rechtssystem nutzbar gemacht werden.

# Kapitel 3
# *Do Real Actors Play Games?* Grundzüge eines wissensbasierten Akteurzentrierten Institutionalismus zur Analyse tarifrechtspolitischer Entscheidungen

In diesem Abschnitt wird ein analytischer Rahmen entwickelt, der die empirische Untersuchung anleitet und strukturiert. Ausgehend von den Überlegungen aus den beiden vorherigen Kapiteln sollen dabei die Interpretationsleistungen von Akteuren in Bezug auf die sie umgebenden Institutionen als Triebkraft für institutionellen Wandel ins Zentrum gestellt werden. Gerichte als Institutionen und juristische epistemische Gemeinschaften werden als politische Akteure betrachtet, die neben anderen Akteurgruppen am (rechts-)politischen Prozess teilnehmen, über bestimmte Handlungsressourcen verfügen und eigene Handlungsorientierungen an den Tag legen. Gerichtliche Entscheidungen stehen nicht ausschließlich in Bezug auf ihre politischen Effekte im Blickpunkt, sondern auch in Bezug auf ihre Ursachen und ihre Genese.

Kapitel 2 hat bereits eine gewisse Skepsis gegenüber Forschungsarbeiten zum Ausdruck gebracht, die sich auf die Erkenntnisse der US-amerikanischen Gerichtsforschung stützen, das Handeln von Gerichten dann aber sogleich auf eine *rational-choice*-dominierte Perspektive verengen, nach der »Richter ebenso wie Politiker ihren Nutzen maximierende Individuen sind, die in einem ökonomischen Modell erfasst werden können« (Hönnige 2007: 41). Die Skepsis beruht darauf, dass diese Autoren nur *einen* spezifischen Ausschnitt aus der amerikanischen Literatur rezipieren. Zweifellos haben ökonomisch orientierte Argumentationen auch bei der Betrachtung des Zusammenhangs von Recht und Politik große Popularität erlangt. Dies gilt einerseits für die juristische Disziplin und ihre *Law-and-Economics*-Schule, deren berühmtester (doch gleichwohl umstrittener) Vertreter Richard A. Posner ist (Posner 1993). Dies gilt andererseits aber auch für die Politikwissenschaft. Hier ist insbesondere das sogenannte *strategic model of judicial decision-making* zu nennen, das von Lee Epstein und Jack Knight ausformuliert wurde, wobei sie sich auf zahlreiche Vorarbeiten anderer Kollegen stützten (Eskridge 1991; Schwartz 1992; Spiller 1992; Cameron 1993; Epstein/Knight 1998). Epstein und Knight reagierten mit ihrem Ansatz auf das bis in die 1990er Jahre hinein dominierende *attitudinal model* von Jeffrey A. Segal und Harold J. Spaeth. In behavioralistischer Tradition hatten Segal und Spaeth argumentiert, dass Richter in den höchsten Ämtern vor allem auf der

Basis ihrer persönlichen politischen Einstellungen urteilen (Segal/Spaeth 1993; Spaeth 1995). Aufgrund ihrer Lebenszeitstellung seien sie dabei unabhängig und müssten keine negativen Effekte einkalkulieren.

Epstein und Knight kritisierten und erweiterten das *attitudinal model*. In ihrem Ansatz streben Richter zwar (ebenso wie bei Segal und Spaeth) danach, politische Präferenzen zu realisieren. Dabei handeln sie jedoch strategisch und stellen die antizipierten Entscheidungen anderer Akteure in Rechnung. Institutionen strukturieren die Interaktion zwischen ihnen dergestalt, dass sie Handlungsspielräume kanalisieren und wechselseitige Erwartungssicherheit in Bezug auf die Strategieoptionen produzieren. Epstein und Knight lassen sich also grob dem *Rational-Choice*-Institutionalismus zuordnen. In der Folgezeit haben sich das *attitudinal* und das *strategic model* angenähert, was auch daran deutlich wird, dass verschiedene Fragen in lagerübergreifender Co-Autorenschaft bearbeitet werden (Epstein/Segal 2000; Epstein et al. 2001).

Die Prominenz ökonomischer Ansätze sollte jedoch nicht zu der Annahme verleiten, dass die umfangreiche und breite US-amerikanische Gerichtsforschung nicht auch noch andere relevante Perspektiven mit plausiblen Erkenntnissen hervorgebracht hätte. In der jüngeren Vergangenheit haben vor allem solche Arbeiten an Bedeutung gewonnen, die in der Literatur als »historisch-interpretativ« (Gillman 2004) klassifiziert werden und die Institutionen einen weitaus größeren Stellenwert einräumen als die bisher zitierten Autoren (Clayton/Gillman 1999; Gillman/Clayton 1999; McCloskey 2005). Der neo-institutionalistische Trend hat also auch in der Gerichtsforschung Spuren hinterlassen. Der Bedeutungszuwachs dieser Schule wird auch daran deutlich, dass einer ihrer wichtigsten Vertreter, Howard Gillman, im Zeitraum 2007/2008 den Vorsitz der Sektion Law and Courts der *APSA* (American Political Science Association) innehatte. Von einem Nischendasein kann also keine Rede (mehr) sein.

Arbeiten in dieser Forschungstradition stehen der Soziologie deutlich näher als der Ökonomie. Sie verweisen auf die vielfachen institutionellen Prägungen, die auf gerichtliche Entscheidungen Einfluss nehmen. Dabei werden Richter nicht in erster Linie als entscheidende Individuen, sondern als Teil einer Institution beziehungsweise als Mitglied eines Kollektivs untersucht. Wichtige Aspekte der Analyse sind die Rollenzuschreibungen und Identitätsdefinitionen der Richter (Gillman 1999), formale und informelle Entscheidungsregeln der Spruchkörper (Davis 1999) oder auch Fragen der Justizorganisation (o'Brien 1999). Die Reichweite von Institutionen erschöpft sich in dieser Perspektive nicht darin, Korridore für individuelle Wahlhandlungen festzulegen; vielmehr wird davon ausgegangen, dass auch die Wahrnehmungen, Präferenzen und Bewertungen der Akteure institutionell beeinflusst werden.

Besonderes Augenmerk liegt dabei auf der Bedeutung des Rechts. In ihrem Bemühen, Rechtsprechung als einen politischen Prozess und nicht als Ergebnis juristischer Auslegung zu begreifen, tendieren sowohl das *attitudinal model* als auch das *strategic model* dazu, dem Recht als Gegenstand und Kontext der Rechtsprechung jede eigenständige Bedeutung abzusprechen. Harold J. Spaeth mutmaßte sogar, die juristische Methodenlehre und der Rückgriff auf juristische Argumente seinen »nothing but a cloak to conceal the real bases for justices' decisions« – womit er die persönlichen politischen Einstellungen der Richter meinte (Spaeth 1995: 305). Der historisch-interpretative Institutionalismus misst dem Recht (wieder) größere Bedeutung bei. Untersucht wird insbesondere die Rolle von Rechtsideen und des rechtswissenschaftlichen Diskurses auf die Rechtsprechung (Smith 1988).[1]

Will man die Erträge der amerikanischen Literatur in ihrer Breite für auf den deutschen Kontext bezogene Analysen nutzbar machen, dann liegt es nahe, die Befunde dieser Forschungstradition ernst zu nehmen und nicht nur die Handlungsorientierungen und Strategien der Akteure zu betrachten, sondern auch die vielfältigen institutionellen Einflüsse, denen sie unterliegen. Dabei geht es nicht darum zu bestreiten, *dass* Kosten-Nutzen-Analysen eine Rolle spielen. Aber es sollte danach gefragt werden, in welchem Rahmen sie stattfinden und welcher Stellenwert ihnen zukommt. Ein Ansatz, der sowohl handlungstheoretisch als auch institutionalistisch argumentiert, ist der Akteurzentrierte Institutionalismus, der von Renate Mayntz und Fritz W. Scharpf ausformuliert wurde (Mayntz/Scharpf 1995; Scharpf 2000). Eine nicht spieltheoretische und um die Kategorie des Wissens angereicherte Version dieses Ansatzes, in der die kognitiven Grundlagen des Akteurhandelns und ihre Interpretationen des institutionellen Handlungskontexts ins Zentrum rücken, bildet das analytische Grundgerüst der Arbeit.

Der Begriff des »Wissens« und seine Abgrenzung zum Terminus der »Ideen« sind in der Literatur umstritten. Die in der Tradition der Wissenssoziologie stehenden Vertreter greifen tendenziell eher auf die Kategorie des Wissens als Oberbegriff zurück, um die kognitive Dimension des politischen Handelns zu erfassen (Nullmeier 1993). Insofern scheint diese Begriffsverwendung vor allem in Deutschland populär zu sein (Maier 2003: 25–26). Daneben kommt der Wissensbegriff vor allem dort zum Einsatz, wo spezifisch die Rolle wissenschaftlicher Expertise untersucht wird (Haas 1992b; Radaelli 1995). Diese Fokussierung wird auch in der vorliegenden Arbeit vorgenommen. Im Zentrum steht die Rolle des (arbeits-)rechtswissenschaftlichen Expertenwissens im

1 Für eine ausführlichere Diskussion der verschiedenen US-amerikanischen Forschungsperspektiven und ihre Unterschiede zur europäischen Literatur vgl. Rehder (2007).

rechtspolitischen Prozess. Aus diesem Grund greife ich vorwiegend auf den Wissensbegriff zurück. Dessen ungeachtet verwende ich die Begriffe »Ideen« und »Kognitionen« synonym. Anschließend an die Ausführungen in Kapitel 1 untersuche ich Wissen als Akteurkonstruktionen. Damit nehme ich Anleihen aus dem konstruktivistischen Verständnis (und nicht aus der Denktradition des soziologischen Institutionalismus). Der Wissensbegriff wird in einem weiten Sinn verstanden und erfasst alle individuellen und kollektiven, abstrakten und konkreten, deskriptiven, diagnostischen und prognostischen Ideen, die das Handeln von Akteuren beeinflussen.

## 3.1 Akteurzentrierter Institutionalismus und Wissen

Der Akteurzentrierte Institutionalismus (AZI) ist als analytischer Ansatz im Rahmen der Debatte über politische Steuerung und gesellschaftliche Selbstregelung entstanden und integriert zentrale Annahmen der ökonomischen und der soziologischen Perspektive. Der Ansatz ist insofern akteur*zentriert*, als er das intentionale Handeln (und die Interaktion zwischen Akteuren) als mächtigste Triebkraft der Politik sieht (Scharpf 2000: 74). Akteure zeichnen sich durch spezifische Handlungsorientierungen aus; sie wollen Ergebnisse erzielen und verfügen bei der Wahl ihrer Ziele und Mittel über viel Freiheit.

Anders als die ökonomische Theorie geht der AZI aber davon aus, dass die Motive von Akteuren empirisch variieren. Sie gelten als »begrenzt rational und sozial konstruiert« (ebd.: 47). Hier liegt eine Schnittstelle zwischen dem AZI und interpretativen Ansätzen, die auf die akteurspezifische soziale Konstruktion der Wirklichkeit abstellen (Berger/Luckmann 1980). Die Offenheit des AZI für die Bedeutung kognitiver Prozesse wird auch daran deutlich, dass nicht nur Interessen, sondern auch Identitäten als entscheidender Bestandteil der Motivlage gelten. Zudem wird davon ausgegangen, dass Lernprozesse stattfinden können (Mayntz/Scharpf 1995: 52–53; diese Einordnung des AZI nimmt auch Bandelow vor [2003: 313]). Das Wissen der Akteure und die Prozesse der Wissensgewinnung spielen hierbei eine Rolle. Damit gehört der AZI zu den analytischen Ansätzen, die trotz einer gewissen Affinität zum ökonomischen Denken anerkennen, dass jedes intentionale Handeln auf kognitiven Voraussetzungen beruht. Auch das *Rational-Choice*-Paradigma ist kein Gegenmodell zu interpretativen Ansätzen, weil auch hier (häufig implizit) Annahmen über den Wissensstand und die Deutungen der Akteure gemacht werden, denn jede vom Akteur als rational deklarierte Entscheidung resultiert aus der Zusammenschau von Wünschen und Annahmen (*desires and beliefs*, sehr schön herausgearbeitet bei Maier 2003).

Dennoch strebt der AZI nicht zum Konstruktivismus, sondern zum Institutionalismus. Denn die Annahme lautet, dass es Institutionen sind, die die Vielfalt der von den Akteuren vorgenommenen Konstruktionen begrenzen. In Anlehnung an den soziologischen Institutionalismus argumentieren Mayntz und Scharpf, dass Institutionen die Identitäten, Präferenzen und Wahrnehmungen der Akteure prägen. Sie gehören zum »gemeinsamen Wissen« (Scharpf 2000: 81), oder sie stellen die berühmten »taken-for-granted-rules« dar, werden also von allen Beteiligten in gleicher Weise verstanden und übereinstimmend interpretiert. Die subjektive Interpretation bekommt dadurch fast objektive Kraft, dass sie von allen Akteuren geteilt wird. Die Kategorie der Deutung hat also im Rahmen des AZI keinen eigenständigen analytischen Mehrwert, weil sie zwischen den Akteuren nicht (oder nur ausnahmsweise) variiert.

Die institutionelle Prägekraft ist so stark, dass sie zur »wichtigsten Einflussgröße« auf und zur »nützlichsten Informationsquelle« über die Akteure wird (ebd.: 78). Sie veranlasst Mayntz und Scharpf auch zu dem Vorschlag der »analytischen Hierarchisierung« möglicher Erklärungsvariablen (Mayntz/Scharpf 1995: 66). Sie argumentieren,

> daß man nicht akteurbezogen erklären muß, was institutionell erklärt werden kann, und daß man auch bei akteurbezogenen Erklärungen zunächst mit vereinfachenden Unterstellungen arbeiten und diese erst dann empirisch überprüfen soll, wenn anders die beobachtbaren Handlungen nicht erklärt werden können. (ebd.)

Es ist vor allem diese Hierarchisierung, die den AZI im Kern zu einem institutionalistischen Ansatz macht.

Die institutionelle Prägekraft ist im AZI zudem eine Voraussetzung für die spieltheoretische Modellierung der Interaktionsformen, wie sie vor allem in den Arbeiten von Fritz W. Scharpf zur Anwendung kommt (auch wenn der AZI keineswegs zwingend mit der Spieltheorie verknüpft ist; Scharpf 1988, 2000). Die abstrakte Formalisierung und Darstellung der Interaktionen in einer spieltheoretischen Auszahlungsmatrix basiert auf der Annahme, dass die institutionellen Bedingungen die wählbaren Handlungsoptionen der Akteure sehr stark reduzieren. Im spieltheoretischen Idealfall existieren nicht mehr als zwei Optionen (Nullmeier/Rüb 1993: 42–43). So hat Scharpf in seiner vergleichenden Untersuchung über sozialdemokratische Wirtschaftspolitik die gewerkschaftliche Lohnpolitik als entweder gemäßigt oder aggressiv charakterisiert, während die Regierungspolitik als keynesianisch oder monetaristisch klassifiziert wurde. »Empirische Vielfalt« (Scharpf 2000: 76) wird dabei durch institutionelle Wirkungen begrenzt.

Dass diese analytische »Vernichtung von Kontingenz« (Nullmeier/Rüb 1993: 43) im Rahmen der Ableitung von Handlungsorientierungen aus Institutionen empirisch stets plausibel ist, kann aus verschiedenen Gründen bezweifelt werden. Ein problematischer Aspekt, der im Zentrum dieser Arbeit steht, ist die Annahme, Institutionen stellten ein gemeinsames Wissen bereit. Dies wird nicht nur von Vertretern sozialkonstruktivistischer Ansätze bestritten, wie zum Beispiel von Frank Nullmeier und Friedbert W. Rüb, die den AZI im Rahmen ihres Konzepts der Wissenspolitologie kritisieren. Sie argumentieren, der Raum verfügbarer Handlungsoptionen sei weder durch Institutionen noch durch andere Strukturen vorgegeben (Nullmeier/Rüb 1993: 24). Vielmehr müsse er von Akteuren durch Deutungsleistungen erschlossen werden, was auch die Interpretation des institutionellen Kontexts einschließe. Und die Deutung einer Institution könne akteurspezifisch *variieren*. Dass Übereinstimmung in Bezug auf das Verständnis einer Institution existiert, ist demnach eine voraussetzungsvolle Annahme und nur dann empirisch zutreffend, wenn es spezifischen Akteuren gelungen ist, ihre Deutung als allgemeingültig und wahr durchzusetzen.[2]

In eine ähnliche Richtung argumentiert die in Kapitel 2 und 3 zitierte rechtssoziologische und -politologische Literatur sowie die Implementationsforschung, bezogen auf den Fall, dass es sich bei der fraglichen Institution um eine *Rechtsnorm* handelt. Es sei erinnert an das in Kapitel 2 kurz andiskutierte Rechtsentwicklungsmodell von Halliday und Carruthers (2007). Die Ambiguität und die Umstrittenheit des Rechts bilden ihnen zufolge den Ausgangspunkt für immer neue Schleifen der Rechtsproduktion und -transformation, die sich in den Auseinandersetzungen zwischen Regelsetzern, Regeladressaten und Implementationsakteuren vollziehen. Auch die zitierte Literatur über die Entscheidungstätigkeit von Richtern nimmt die Uneindeutigkeit des Rechts zum Ausgangspunkt, um zu untersuchen, mit welchen Faktoren Richter die Leerstellen des Rechts ausfüllen. Gäbe es die Uneindeutigkeit des Rechts nicht, existierten keine Handlungsspielräume für Richter, außerrechtliche Gesichtspunkte in die Urteile einfließen zu lassen.

Wenn die genannten Autoren auch aus unterschiedlichen Perspektiven auf Institutionen blicken, so teilen sie doch eine gewisse Skepsis gegenüber Versuchen, sie als gemeinsames Wissen zu betrachten. Vielmehr verweisen sie (in unterschiedlicher Intensität) auf die Unsicherheit und die Umstrittenheit des Institutionenwissens. Eine Interpretation muss als gemeinsam und allgemein akzeptiert durchgesetzt werden, was empirisch zutreffen kann, aber historisch kontingent ist und in manchen Fällen niemals gelingt, weil einige Institutionen in ihrer Bedeutung immer umkämpft bleiben.

2 Nullmeier und Rüb würden diese Situation als einen geschlossenen Wissensmarkt beschreiben, auf dem ein Interpretationsanbieter über ein – durch verschiedene Ressourcen abgesichertes – Wissensmonopol verfügt (Nullmeier/Rüb 1993: 51–52).

Für die Anwendung eines in diesem Sinne modifizierten AZI folgt aus dem Gesagten zweierlei:

1. Die von Mayntz und Scharpf vorgeschlagene »analytische Hierarchisierung« ist problematisch. Wenn institutionelle Prägungen uneindeutig und umstritten sind, bedeutet dies, dass die Akteure im Prozess der Interaktion ihren Handlungskontext reflektieren (müssen): Während des Spiels problematisieren sie die Spielregeln und den Sinngehalt ihres Handlungskontexts, um zu verstehen, welche Regeln gelten und wie sie verstanden werden sollen oder können. Der institutionelle Kontext, von dem der AZI annimmt, dass er die Akteure (insbesondere ihre Handlungsorientierungen) prägt, wird selbst zum Interaktionsgegenstand. Daraus folgt, dass die Analyse nicht bei den Wirkungen einer Institution auf die Akteure beginnen muss, sondern bei der Deutung dieser Institution durch die beteiligten Spieler. Eine analytische Hierarchisierung zugunsten institutioneller Faktoren könnte den Fehler begehen, in das Handeln der Akteure (vermeintliche) institutionelle Wirkungen hineinzulesen, die man den Institutionen vorher zugeschrieben hat, weil man sie vorschnell für eindeutig hält.

2. Auch die spieltheoretische Formalisierung ist problematisch, denn sie setzt voraus, dass die Beteiligten ein klares und gleichlautendes Verständnis ihres institutionellen Kontexts haben. Nur wenn diese Voraussetzung vorliegt, können aus Institutionen (wenige) Handlungsoptionen abgeleitet werden, und nur dann ist auch die Annahme wechselseitiger Erwartungssicherheit plausibel. Mit der Annahme eines unsicheren oder umstrittenen Institutionenwissens steigt die Zahl der möglichen (beziehungsweise wechselseitig zuschreibbaren) Handlungsoptionen stark an, weil die Akteure mit unterschiedlichen Interpretationen arbeiten. Dadurch wächst die Kontingenz exponentiell, sodass sie auch nicht mehr durch die Annahme multipler Gleichgewichtslösungen kontrolliert werden kann.

Der AZI hat also gute Gründe, sich noch akteurzentrierter auszurichten als zuvor, indem er die Akteure an den Beginn der Analyse setzt, was bedeutet, »Intentionen und Realitätsdeutungen der Akteure noch deutlicher in den Vordergrund« zu rücken (Nullmeier/Rüb 1993: 45). Es bleibt dabei die Frage nach dem Raum für institutionelle Faktoren. Wandelt sich der AZI nun in einen heimlichen Konstruktivismus? Zumindest in Bezug auf die Institution, um die es in diesem Buch vornehmlich geht, nämlich das Recht, kann diese Frage klar verneint werden. Eine noch stärkere Akteurorientierung bedeutet nicht, dass das Recht keine wichtige Rolle (mehr) spielt. Dabei sind vor allem zwei Gründe maßgeblich.

Erstens sind die Bedeutungsspielräume von Rechtsnormen zwar groß, aber nicht unbegrenzt. Die empirischen Kapitel werden illustrieren, wie erstaunlich interpretationsoffen eine einzige Rechtsnorm sein kann. Die Offenheit bezieht sich dabei sowohl auf die Zahl der zu klärenden Begriffsdimensionen als auch auf die mögliche Interpretationsvielfalt innerhalb dieser Dimensionen. Dennoch gilt, dass die Akteure nicht völlig beschränkungslos Inhalt und Sinn einer Rechtsnorm erfinden. Schon durch die juristische Methodenlehre wird jede Interpretation einer Rechtsnorm maßvoll diszipliniert. Dies gilt auch dann, wenn außerrechtliche Aspekte in die Interpretation einfließen. Es stehen verschiedene Methoden der Auslegung zur Verfügung (vgl. im Folgenden zum Beispiel Schlachter 1987; Rüthers 1999: 392–395). Die sprachlich-grammatikalische Auslegung fokussiert vor allem auf den Wortlaut eines Begriffs, der häufig jedoch nicht eindeutig ist oder sich im Zeitverlauf wandelt. Die historische Auslegung betrachtet das Interesse des Gesetzgebers zum Zeitpunkt der Rechtsetzung. Da der Gesetzgeber – insbesondere unter verhandlungsdemokratischen Bedingungen – jedoch selten als ein unitarischer und homogener Akteur auftritt, treten auch hier Lücken auf. Die rechtssystematische Auslegung erschließt den Sinn einer Rechtsnorm durch ihren Zusammenhang mit anderen Normen des Rechtssystems. Dabei sind alle Rechtsnormen immer in verschiedene Subsysteme eingeordnet, von denen mal der eine und mal der andere Zusammenhang betont werden kann. Die teleologische Auslegung wiederum stellt auf den allgemeinen Regelungszweck ab, dessen Bedeutungsgehalt sich ebenso wie die Begriffsbestimmung im Zeitverlauf und je nach Perspektive wandeln kann, also ebenso wenig eindeutig ist wie das Interesse des Gesetzgebers.

Alle Rechtsinterpretationen basieren auf der Offenheit der verschiedenen Auslegungstechniken, sind aber gerade durch die Anbindung an diese Techniken nicht völlig gestaltungsoffen. Was landläufig als Rechts*unsicherheit* deklariert wird, ist also eigentlich zutreffender mit dem Begriff »Ambiguität« bezeichnet. Jede Sinngebung muss sich an die Rechtsnorm rückkoppeln lassen. Die Protagonisten eines Konflikts über die Bedeutung einer Rechtsnorm beginnen die Auseinandersetzung bei dieser Rechtsnorm; Koalitionen von Befürwortern oder Gegnern gruppieren und mobilisieren sich um die Bedeutungsvariationen herum. Das Recht behält also in erheblichem Maße strukturierende Kraft. Diese ist nur weniger eindeutig ausgerichtet, als die institutionalistische Denkschule annimmt. Akteure haben verschiedene Optionen, die sie umgebenden Institutionen zu interpretieren. Und von diesem Handlungsspielraum machen sie reichlich Gebrauch. Mit der in diesem Buch verfolgten Perspektive wird die Prägekraft von Institutionen nicht infrage gestellt, sondern konkretisiert.

Empirisch wird die Begrenztheit des Reservoirs an verfügbaren Interpretationen auch daran deutlich, dass sich bestimmte Rechtsfiguren (und die Muster ihrer Deutung) im historischen Zeitverlauf wiederholen. Fast alle Diskussionen über das Günstigkeitsprinzip, die seit den 1980er Jahren geführt wurden, hatten historische Vorläufer in früheren Dekaden. Die heute strittigen Fragen prägten bereits die tarifrechtlichen Kontroversen der Weimarer Republik, und auch ein Großteil der gängigen Antworten wurde in dieser Zeit entwickelt.

Der Verlauf der Normenentwicklung entspricht der Beobachtung von Mayer-Maly, der die »Permanenz der Wiederkehr« als ein dominantes Muster der Rechtsentwicklung ausmacht, das sich sehr deutlich von der Vorstellung einer geradlinig fortschreitenden Rechtsevolution unterscheidet (Mayer-Maly 1971). Weil die Wiederkehr von Rechtsfiguren immer auch neue und kontextbezogene Elemente einbezieht, handelt es sich nach Mayer-Maly meist nicht um einen Rückfall in früheres Denken, sondern um eine Renaissance (im eigentlichen Sinne des Wortes). Die modifizierte Wiederkehr widerspricht aber einem *Phasenmodell* der Rechtsentwicklung, in dem einmal abgelegte Vorstellungen für die Zukunft verbraucht sind. Die Ursache der Wiederkehr von Rechtsfiguren liegt nach Mayer-Maly in der »Begrenzung des juristischen Inventariums« begründet. Innovation entsteht demnach vor allem aus der Neubewertung bestehender Interpretationen unter sich wandelnden Bedingungen.

Der zweite Grund, warum auch ein wissensbasierter AZI institutionalistische Züge trägt, liegt darin, dass den Akteuren weiterhin institutionelle Ressourcen zugewiesen werden, die für die Wissensproduktion und -durchsetzung entscheidend sind. Sie müssen auch als Ressourcen erkannt werden, was nicht selbstverständlich ist. Gleichwohl können sie im Falle ihrer Abwesenheit nicht herbeigedeutet werden. Die institutionelle oder organisationale Machtstellung eines Akteurs, Geld, Mobilisierungspotenziale und Konfliktfähigkeit bleiben weiterhin wichtige Kategorien der Analyse. Dabei muss berücksichtigt werden, dass die Durchsetzung von Rechtsnormen auch auf kognitiven Kapazitäten beruht. Damit rückt ein reformulierter AZI in die Nähe der bereits erwähnten Wissenspolitologie von Nullmeier und Rüb, die argumentieren, »politische Entscheidungsprozesse können nicht nach dem Muster freier Debatten und Argumentationen verstanden werden, aber ebenso wenig als bloßes Ergebnis des Aufeinanderwirkens von Machtmitteln wie Geld, Gewalt und zahlenmäßige Unterstützung« (Nullmeier/Rüb 1992: 26). Diesbezüglich wird bei der empirischen Analyse im Folgenden selektiv auf wissenspolitologische Konzepte zurückgegriffen werden.

Die pointierte Akteurzentrierung bedeutet jedenfalls, dass die Analyse sich nicht auf institutionelle Regeln als der »wichtigsten Handlungsressource« (Scharpf 2000: 86) verlassen darf. Stattdessen rücken die Kategorie des Wissens und die Argumentationsmacht als Handlungsressource mit in den Blick. Argumentationsmacht bezeichnet hier die Kompetenz, »in Schrift und Rede gute Gründe beibringen zu können«, die vom Gegenüber beziehungsweise von der Allgemeinheit nicht ignoriert werden können (Nullmeier 2000: 93). Sie beruht

Abbildung 3-1 Wissensbasierter Akteurzentrierter Institutionalismus im Überblick

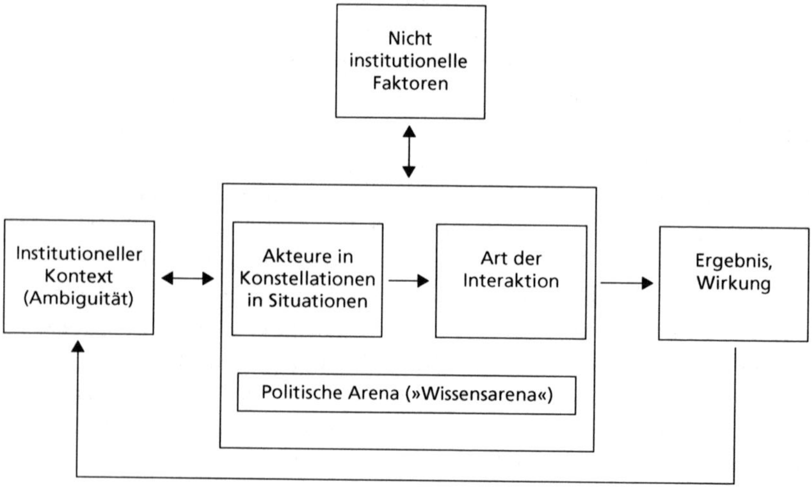


Quelle: modifiziert in Anlehnung an Mayntz/Scharpf (1995: 45).

nicht nur auf spezifischen Infrastrukturressourcen, die zur Sinnproduktion nötig sind (zum Beispiel institutioneller Zugang zu Expertise), sondern sie speist sich aus der analytischen Kapazität, der logischen Stringenz, der Variabilität und Reichweite von Argumenten, Gründen und Theorien. Unter spezifischen Bedingungen kann Argumentationsmacht fehlende materielle Ressourcen ersetzen. Gleichzeitig können auch institutionell und organisational mächtige Akteure dem Bedarf unterliegen, gute Gründe beibringen zu müssen. Auch in dieser Hinsicht kann ein wissensbasierter AZI von wissenspolitologischen Denkfiguren viel lernen.

Abbildung 3-1 fasst das analytische Modell des wissensbasierten AZI zusammen. Zentraler Ausgangspunkt der Analyse sind die Akteure, die nicht nur ihre Handlungssituation reflektieren und interpretieren, sondern auch den institutionellen Kontext, der sie umgibt (sowie eventuell nicht institutionelle Faktoren, die auf ihre Handlungssituation einwirken). Die jeweilige politische Arena wird nicht ausschließlich durch institutionelle Regeln festgelegt, sondern im Denken der Akteure rekonstruiert. Sie konstituiert also gleichzeitig eine Wissensarena.[3]

3 Nullmeier und Rüb bezeichnen diese Arena als Wissensmarkt. Ich bevorzuge hingegen den Begriff der Arena, weil es alles andere als selbstverständlich ist, dass die Produktion und Verteilung von Wissen nach Marktgesetzen erfolgt.

Mit der Kategorie des Wissens (hier: des Wissens über Recht) fällt der Blick auf eine Akteurgruppe, die in besonderem Maße über die kognitive Handlungsressource rechtswissenschaftlicher Expertise verfügt, nämlich die Profession der Juristen.

## 3.2 Juristen als epistemische Gemeinschaften

Die Rolle von Juristen als politische Akteure wird in den US-amerikanischen Socio-Legal Studies seit einiger Zeit näher untersucht (vgl. zum Beispiel Shamir 1995; Halliday/Karpik 1997; Sarat/Scheingold 1998; Halliday et al. 2007a). In Europa findet das Thema erst zögerlich einen Platz auf der Forschungsagenda (vgl. aber jüngst Waarden/Drahos 2002; Quack 2007; Klages 2010).

Die US-amerikanische Literatur legt meist eine professionssoziologische Perspektive an. Politisches Handeln von Juristen erscheint dabei als das Nebenprodukt einer Strategie, die Standes- und Einkommensinteressen sichern und neue Märkte erschließen möchte (Abel 1989). Diese Argumentation hat auch die politikwissenschaftlich orientierten Untersuchungen inspiriert, die sich mit dem justizialisierten Stil der Konfliktlösung und Interessenvermittlung im politischen System der USA beschäftigen. *Adversarial legalism* ist demnach das Ergebnis aggressiver Anwaltsstrategien im Kampf um neue Märkte und hohe Erfolgshonorare (Kagan 2001).

Andere Autoren betonen demgegenüber die Bedeutung politischer Gestaltungsziele für die Motivstruktur der Juristen. In verschiedenen Untersuchungen wurde gezeigt, wie Rechtspraktiker sowohl in den alten westlichen Demokratien als auch in den jüngeren Transitionsländern politischen Liberalismus vorangetrieben haben (Halliday/Karpik 1997; Halliday et al. 2007a). Auch hier ist die Perspektive vor allem professionssoziologisch ausgerichtet. Treibendes Akteurnetzwerk ist demnach ein sogenannter *legal complex*, der alle juristisch ausgebildeten Akteurgruppen umfasst und das kollektive Handeln einer Profession organisiert. Die Annahme lautet, dass die Zugehörigkeit zur juristischen Profession das Handeln von Richtern, Anwälten, Rechtsprofessoren und Verwaltungsjuristen stärker prägt als die konkurrierenden Einflüsse der Organisations- oder Institutionenzugehörigkeit.

Intradisziplinäre Konfliktlinien, die sich auf konkurrierende Weltbilder und Denktraditionen innerhalb der Profession beziehen, spielen in dieser Literatur nur eine nachrangige Rolle. Sie stehen aber im Zentrum des vorliegenden Buches. Dennoch bieten die genannten Arbeiten dafür einen Anknüpfungspunkt. So haben Halliday und Karpik herausgefunden, dass die juristische Profession sowohl in den westeuropäischen Demokratien des 18. und 19. Jahrhunderts als auch in den jüngeren Demokratisierungsbeispielen Asiens fast ausschließlich für *liberale* Bürgerrechte kämpfte, in weitergehende Demokratisierungsversuche jedoch selten involviert war. Juristengruppen, die für die nächste Generation *sozialer* Bürgerrechte eintraten, blieben zahlenmäßig stets klein und am Rande ihrer Profession (Halliday et al. 2007b: 4). An genau diesem intradisziplinären Konflikt zwischen einem liberalen und einem sozialdemokratischen Rechtsdenken setzt meine Untersuchung an. Im 18. und 19. Jahrhundert kämpfte ein großer Teil der deutschen Juristen für das liberale bürgerliche Rechtsdenken mit seinen zentralen Normen der Eigentums- und Vertragsfreiheit. Dagegen opponierte eine kleine Gruppe innerhalb der Profession, die ein neues, vom Bürgerlichen Recht unabhängiges Arbeitsrecht proklamierte und soziale Rechte für die Arbeiterschaft forderte. Die Rechtsnorm des Günstigkeitsprinzips ist bis heute ein Schauplatz dieser Auseinandersetzung.

Wenn hier von liberalem und sozialdemokratischem Rechtsdenken gesprochen wird, so sind damit ideelle Grundströmungen gemeint und nicht parteipolitische Orientierungen. Die Idee eines eigenständigen Arbeitsrechts fand in seiner Weimarer Institutionalisierungsphase bis weit in das bürgerliche und konservative Spektrum hinein Zustimmung, während sich schon in Weimar, aber verstärkt seit den 1950er Jahren Teile der Sozialdemokratie eher dem liberalen Rechtsdenken verpflichtet fühlten (vgl. dazu Kapitel 4 und 5). Die intradisziplinäre Konfliktlinie bezieht sich auf die epistemischen Grundlagen der Disziplin und auf politische Gestaltungsziele, die daran anknüpfen. Sie strukturiert die Geschichte des deutschen Tarifrechts und damit auch dieses Buch. Und sie begründet auch, warum in dieser Untersuchung über Juristen als politische Akteure nicht die professionssoziologische Perspektive im Vordergrund steht. Vielmehr wird der Konflikt als eine Auseinandersetzung zwischen zwei epistemischen Gemeinschaften und den sie umgebenden Policy Communities untersucht.

Das Konzept der »epistemischen Gemeinschaft« wurde maßgeblich von Peter M. Haas entwickelt; es konzeptualisiert die Rolle von Experten in der Politik (Haas 1992b). Als epistemische Gemeinschaft bezeichnet Haas ein Netzwerk aus Spezialisten, die in einem Themengebiet über weithin anerkannte Fachkompetenzen und policy-relevante Wissensbestände verfügen. Häufig sind sie in der Wissenschaft tätig, und häufig stammen sie aus mehreren Disziplinen. Ihre Gemeinschaft beruht auf gemeinsamen Überzeugungen. Auf der Basis ihrer eigenen Arbeiten teilen sie analytische Annahmen über sachbezogene Ursache-Wirkungs-Ketten. Methodologische Übereinstimmung führt dazu, dass die jeweiligen Erkenntnisse wechselseitig anerkannt werden. Zudem stimmen sie in normativen Werturteilsmaßstäben und den politischen Zielen überein (ebd.: 3).

Einfluss können epistemische Gemeinschaften dadurch entfalten, dass sie politisch relevantes Wissen kontrollieren. Unter den Bedingungen von Entscheidungsunsicherheit unterstützen und kanalisieren sie die Prozesse der Umwelt-, Problem- und Interessendefinition der politischen Akteure. Üblicherweise sind politische Entscheidungsträger mit einer hohen Komplexität interdependenter Probleme und Konstellationen konfrontiert, deren Reichweite sie kaum überschauen können und die sie zudem vor permanente Zielkonflikte stellen. Unter diesen Bedingungen ist guter Rat teuer. Experten, die ökonomisches, rechtliches, technisches oder administratives Wissen bereitstellen und damit zur Reduktion von Unsicherheit beisteuern, beeinflussen auch die kognitiven Orientierungen der politischen Akteure. Sie helfen ihnen dabei, ihre Handlungssituation und den Kontext zu verstehen. Dies gilt insbesondere dann, wenn die von den Expertengruppen kontrollierten Wissensbestände sich nicht nur auf reine Datenbestände beziehen, sondern Interpretationsleistungen enthalten, die den politisch Handelnden nahe legen, was sie denken und wollen können oder sollen. Üblicherweise übermitteln zum Beispiel Klimaforscher nicht nur Datenreihen über Messergebnisse, sondern sie verknüpfen sie mit Interpretationen über den wahrscheinlichen Verlauf und das Ausmaß des Klimawandels. Ökonomen verbinden Konjunkturindizes oder Börsenkurse mit Interpretationen und Prognosen zum aktuellen Wirtschaftsgeschehen. Juristen wiederum kommentieren die für den juristischen Laien häufig kaum verständlichen Gerichtsentscheidungen und arbeiten heraus, was diese Entscheidung für das Handeln der Akteure bedeutet.

In jedem Fall wird nicht nur eine technische Übersetzungsleistung erbracht, sondern diese wird mit einer Interpretation und Sinngebung verknüpft, die Impulse für politisches Handeln setzt und die Bildung von Präferenzen oder Kompromissen kanalisiert. In dem Maße, in dem die Experteninterpretation politische Unterstützung im Interessenvermittlungssystem oder in der Exekutive findet, wird sie institutionalisiert. Gelingt die politische Institutionalisierung, erweitert sich die im Kern wissenschaftsnahe epistemische Gemeinschaft zu einem Policy-Netzwerk, in dem sich politische Akteurgruppen mit ihren Zielen der angebotenen Deutung anschließen und bedienen (siehe unten).

Die Literatur über epistemische Gemeinschaften untersucht vor allem die Rolle naturwissenschaftlicher Experten im Bereich der Umwelt- und Klimapolitik (Haas 1992a; Hjorth 1994; Gough/Shackley 2001; Zito 2001a; Harrison 2002; Karlsson 2004) oder auch den Beitrag von Expertengruppen zur Außen- und Sicherheitspolitik (Adler 1992; Antoniades 2003; Howorth 2004; Jacobs/Page 2005). Beide thematischen Schwerpunkte verweisen auf den Entstehungszusammenhang des Konzepts, das ursprünglich vor allem darauf abstellte, Kooperation auf internationaler und supranationaler Ebene zu erklären. Selten werden Ökonomen als epistemische Gemeinschaften untersucht (Kaelberer 2003; King 2005; Zarkin 2006), noch seltener Juristen (Waarden/Drahos 2002; Dobusch/Quack 2008; Alter 2009).

Das ist erstaunlich, denn gerade Juristen verfügen in besonderem Maße über policy-relevantes Wissen. Im in dieser Arbeit herausgestellten Fall des umstrittenen Institutionenwissens bauen Juristen Brücken zwischen Regeln und ihren Anwendern, indem sie mögliche Regelinterpretationen und ihre Bedeutung für die Situation und die Interessen der jeweils Handelnden anbieten. Dabei wirken sie in beide Richtungen. Sie übersetzen Interessen in Rechtsprobleme (»Da müssen wir unsere Juristen fragen, was wir machen können.«). Sie übersetzen aber auch Rechtsprobleme und -entscheidungen in Interessenlagen (»Da müssen wir unsere Juristen fragen, was das für uns bedeutet.«).

Zudem sind Juristen – mehr als alle anderen Expertengruppen – kraft ihrer Professionszugehörigkeit nahe am Politikprozess tätig. Keine Verordnung wird erlassen, kein Gesetz wird verabschiedet und keine Klage eingereicht, ohne dass Juristen nicht die Entwürfe geschrieben hätten. Die Art des Wissens, über das sie verfügen, entspricht damit genau dem Wissen, das Haas als für den politischen Prozess besonders wertvolles »usable knowledge« bezeichnet (Haas 2004: 574): Es ist detailliert, steht im politischen Prozess kurzfristig zur Verfügung und kann in Gesetze und Verordnungen gegossen werden. Die nachfolgenden empirischen Kapitel werden zeigen, dass von diesem »usable knowledge« rege Gebrauch gemacht wird. Juristen entwerfen (ungefragt als Rechtsprofessoren oder gefragt als Verwaltungsjuristen) rechtspolitische Reformvorschläge und Gesetzesentwürfe, die von politischen Entscheidungsträgern bei Bedarf jederzeit genutzt werden können. Der Einfluss rechtswissenschaftlicher epistemischer Gemeinschaften geht damit weit über das Themen-Framing oder das Agenda-Setting hinaus. Darüber hinaus treffen Juristen als Richter Entscheidungen über die Zulässigkeit von Rechtsinterpretationen – eine Kompetenz, über die keine andere Profession verfügt.

Die Literatur über epistemische Gemeinschaften hat Voraussetzungen herausgearbeitet, unter denen ein großer Einfluss von Expertenwissen auf politische Entscheidungen wahrscheinlich wird. Um berücksichtigt zu werden, muss Wissen kurzfristig zur Verfügung stehen, hinreichend detailliert sein und in Gesetze gegossen werden können. Doch auch der Prozess der Wissensgewinnung spielt eine Rolle. Verschiedene Faktoren helfen dabei, die Glaubwürdigkeit und Legitimität des Wissens zu sichern (ebd.: 573–576).

So steigt die Akzeptanz des Wissens, wenn es aus verschiedenen Quellen gewonnen wurde und über verschiedene Lager hinweg konsensfähig ist. Das heißt, epistemische Gemeinschaften sind politisch nicht dann stark, wenn sie sehr homogen sind. Vielmehr steigt die Wahrscheinlichkeit ihres Einflusses, wenn sich ihre Ideen für unterschiedliche politische Ziele verwenden lassen. Die empirischen Kapitel werden illustrieren, dass die politische Institutionalisierung des kollektiven Arbeitsrechts auch auf einer (nicht intendierten) Koalition zwischen sozialdemokratischen und konservativen Kräften basierte.

Nach Peter Haas steigen die Durchsetzungschancen epistemischer Gemeinschaften auch dann, wenn die Wissensbestände nicht allein in einer Disziplin verankert sind, sondern auch aus anderen anerkannten Disziplinen heraus untermauert werden können. Auch dieser Aspekt spielt in dem hier betrachteten Fallbeispiel des Arbeitsrechts eine Rolle. Es wurde mehrfach darauf hingewiesen, dass Rechtsauslegung niemals nur aus der Rechtsnorm heraus erfolgen kann. Die Juristen bedienen sich immer implizit oder explizit außerrechtlicher Wissensbestände. Im Arbeitsrecht haben dabei historisch zwei Nachbardisziplinen eine große Rolle gespielt: die Soziologie und die Ökonomie. Der Institutionalisierungsgrad des kollektiven Arbeitsrechts stieg und fiel auch mit dem Einfluss und der Reputation dieser beiden Disziplinen und den Annahmen, die sie in die arbeitsrechtlichen Denkfiguren einbrachten.

Doch nicht nur die Eigenschaften des zur Verfügung gestellten Wissens spielen beim politischen Einfluss epistemischer Gemeinschaften eine Rolle, sondern auch organisationale, strukturelle oder institutionelle Ressourcen, die der Durchsetzung von Wissensbeständen zuträglich sind. Dazu zählt die Existenz von Wissensmonopolen oder Deutungshoheiten, häufig institutionell abgesichert durch *Gate-Keeper*-Positionen von Mitgliedern der epistemischen Gemeinschaft an entscheidender Stelle, zum Beispiel in der Verwaltung oder auch am Gericht (Haas 1995). Auch der Einfluss epistemischer Gemeinschaften kommt ohne institutionelle und strukturelle Ressourcen nicht aus, die allerdings auch als solche erkannt werden müssen. Das ist nicht immer selbstverständlich. Zudem ist es nicht einmal selbstverständlich, dass eine politische Akteurgruppe die ihr nahestehenden Experten als Koalitionspartner entdeckt. Die empirischen Kapitel werden illustrieren, dass sich insbesondere die Gewerkschaften in langen historischen Phasen damit schwergetan haben, die befreundete (aber bürgerliche) Arbeitsrechtswissenschaft als Ressource anzuerkennen.

In den vorliegenden Untersuchungen wird das Konzept der epistemischen Gemeinschaft relativ starr angewendet. Dies ist verwunderlich, weil seine Urheber die *Prozesshaftigkeit und Dynamik* des Politischen betonen (Adler/Haas 1992). Präferenzen, aber auch Institutionen und Situationen sind nicht gegeben, sondern abhängig von dem im politischen Prozess angebotenen und geglaubten Wissen. Damit rücken auch Lernprozesse bei politischen Akteuren ins Blickfeld. In den empirischen Analysen epistemischer Gemeinschaften ist aber gerade das evolutionäre Element nur wenig präsent. Drei Aspekte sind dabei zu nennen.

Erstens ist die Definition einer epistemischen Gemeinschaft, die Haas vorschlägt, relativ strikt. Dies ist in der Literatur auch bereits kritisiert worden (Verdun 1998; Zito 2001b). Demnach ist es kaum vorstellbar, dass eine Expertengruppe so stark integriert ist, dass sie sowohl die substanziellen Annahmen und die Methoden als auch die Werte und politischen Ziele teilt. Dagegen spricht schon der Umstand, dass in der wissenschaftlichen oder wissenschaftsnahen Kommunikation Differenzierung prämiert wird. In seinen eigenen empirischen Arbeiten wendet Haas das Konzept auch deutlich lockerer an, als es seiner Definition entsprechen würde (Haas 1992a). Die Kritik am Konzept verweist darauf, dass epistemische Gemeinschaften dynamisch sind und als Kontinuum gedacht werden müssen. Sie können wachsen oder schrumpfen, integrierter oder heterogener sein oder sogar auseinanderbrechen, mit unterschiedlich ausgeprägtem Institutionalisierungsvermögen der einzelnen Fraktionen. Sie können deskriptives Wissen teilen, aber methodologische Differenzen pflegen. Zudem können aus einem geteilten wissenschaftlichen Wissen unterschiedliche politische Schlussfolgerungen gezogen werden, oder die Durchsetzung eines Wissens wird mit unterschiedlichen politischen Funktionserwartungen und -hoffnungen verknüpft. Also können epistemische Gemeinschaften in der Analyse integriert und gleichzeitig normativ heterogen sein. Daher sind auch die Übergänge zwischen epistemischen Gemeinschaften und *advocacy coalitions* als fließend zu betrachten (Zito 2001b). Gleichwohl sind die Differenzen nicht beliebig erweiterbar. Die kognitiven Annahmen ermöglichen zwar unterschiedliche politische Schlussfolgerungen und damit auch politische Koalitionen. Sie begrenzen aber auch den Raum dessen, was politisch als akzeptabel gilt. Wäre dies anders, hätten die Ideen keinerlei Prägekraft. In diesem Sinne sind epistemische Gemeinschaften oder Netzwerke dehnbar, sie können bei Überstrapazierung der Differenzen jedoch auch zerreißen. Untersuchungen über die diesbezügliche Entwicklung epistemischer Gemeinschaften im langfristigen Zeitverlauf (und über die möglichen Gründe und Implikationen ihrer Veränderungen) sind leider kaum existent.

Dies führt mich zum zweiten Aspekt, der die Analysen epistemischer Gemeinschaften als wenig dynamisch erscheinen lässt. Fast alle Untersuchungen beziehen sich auf relativ kurze Zeiträume. Im Zentrum steht der Versuch, anhand eines singulären Policy-Prozesses zu zeigen, dass diese Gemeinschaften in einer spezifischen historischen Phase relevante Akteure sind und ihr Wissen institutionalisieren können. Was danach mit ihnen geschieht, bleibt unbelichtet. Nur selten finden sich Analysen, die Zeiträume von fünfzig Jahren und mehr in den Blick nehmen und längerfristige Einflussmuster epistemischer Gemeinschaften nachzeichnen (eine der seltenen Ausnahmen ist Meijerink 2005).

Und drittens ist die Behandlung epistemischer Gemeinschaften in der Literatur auch deswegen eher statisch, weil meist nur *eine* Wissensgemeinschaft betrachtet wird, die ihr Wissen gegen andere (meist strukturelle) Einflussfaktoren in den Policy-Prozess einzuspeisen versucht. Nimmt man die Wissenskategorie ernst, ist jedoch anzunehmen, dass alle relevanten Akteurgruppen implizit oder explizit mit Wissensbeständen arbeiten. Und es entspricht der alltäglichen Beobachtung, dass im politischen Prozess Wissen und Gegenwissen von Experten um Geltung konkurrieren. In den Untersuchungen über epistemische Gemeinschaften kommt diese Wissenskonkurrenz aber kaum vor (eine Ausnahme ist die Arbeit von Youde 2005).

Alle drei Aspekte sollen in dieser Arbeit berücksichtigt werden. Die Prozesshaftigkeit der Tarifrechtspolitik rückt ins Zentrum der Analyse. Die Geschichte des deutschen Tarifrechts im Allgemeinen (und die des Günstigkeitsprinzips im Besonderen) wird erzählt als ein Prozess, in dem konkurrierende epistemische Gemeinschaften von Juristen im Zusammenspiel mit politischen Akteuren und wechselndem Erfolg um Geltung konkurrieren. Betrachtet wird dabei ein Zeitraum von annähernd einhundert Jahren vom Kaiserreich bis zur Wende ins dritte Jahrtausend. Der Wandel der betrachteten Rechtsnorm stellt sich dar als ein Prozess, in dem sich die Gestalt der epistemischen Gemeinschaften kontinuierlich wandelt und damit auch ihr Zugang zu tarifrechtspolitischen Entscheidungen.

Nun ist Rechtsentwicklung natürlich nicht ausschließlich das Ergebnis der Interaktion von Juristen, sondern diese handeln eingebettet in komplexe politische Konstellationen. Im folgenden Abschnitt werden darum ihre Mitspieler in der Tarifrechtspolitik vorgestellt und die Arenen skizziert, in denen sie interagieren.

## 3.3 Akteure, Institutionen und Situationen in der Tarifrechtspolitik

Prozesse der Rechtsentwicklung werden im deutschen System der Arbeitsbeziehungen von vielen Faktoren beeinflusst, die alle im analytischen Schema des AZI angelegt sind: Eine Vielzahl von Akteuren ist involviert, die sich in verschiedenen Politikarenen bewegen und unter spezifischen historischen Konstellationen und Situationen interagieren.

In dieser Arbeit wird das Argument herausgestellt, dass die strukturierende Wirkung von Institutionen deutlich schwächer oder uneindeutiger ist, als vielfach angenommen wird. Gleichzeitig wurde oben jedoch betont, dass es falsch wäre anzunehmen, der institutionelle Kontext sei für den hier betrachteten politischen Prozess völlig unbedeutend und ins Belieben der Akteure gestellt. Im Folgenden geht es also vor allem darum, die akteurspezifischen Freiheitsgrade bei der situativen Rezeption institutioneller Bedingungen herauszuarbeiten. Gerade das System der Arbeitsbeziehungen liefert dafür viel Anschauungsmaterial. Und es sind gerade diese institutionellen Unsicherheitspotenziale im Tarifrecht, die das Günstigkeitsprinzip zu einer zentralen Rechtsnorm (und die Juristen zu einer relevanten Akteurgruppe) werden lassen.

### 3.3.1 Der institutionelle Kontext

Mayntz und Scharpf betonen die Bedeutung institutioneller Regeln für die Schaffung und Strukturierung von Politikarenen, die einen Handlungskontext bereitstellen, in dem Akteure themenspezifisch und durch Verfahrensregeln geleitet interagieren (Mayntz/Scharpf 1995: 48). Ich möchte im folgenden Abschnitt argumentieren, dass im Bereich der Arbeitsbeziehungen ein komplexes Mehrebenensystem vorliegt, in dem die Kompetenzen und Zuständigkeiten der Akteure häufig eben *nicht* eindeutig geklärt sind, und in dem es für die beteiligten Akteure alles andere als einfach ist zu erkennen, welche Regeln (in welcher Weise) gelten. Diese Unübersichtlichkeit produziert Unsicherheit, lässt aber auch viel Handlungsspielraum zur strategischen Interpretation des Kontexts (ähnlich argumentieren Farrell und Héritier [2007] für das Mehrebenensystem der Europäischen Union).

Das Zentrum der Arbeitsbeziehungen liegt im Zusammenspiel von betrieblicher und tariflicher (verbandlicher) Handlungsebene, wobei im Rahmen der betrieblichen Handlungsebene noch einmal zwischen einer kollektiven (Arbeitgeber und Betriebsrat) und einer individuellen Handlungsebene (Arbeitsvertragsparteien) zu unterscheiden ist. Häufig unbeachtet bleibt indes, dass zwei weitere wichtige Arenen existieren, in denen der Ordnungsrahmen des Politikfeldes gestaltet wird und diesbezügliche Konflikte bearbeitet werden: das politische System und das Rechtssystem. Tarifrechtspolitik vollzieht sich in diesen vier miteinander verflochtenen Politikarenen.[4] Die strukturierenden Effekte der institutionellen Regeln sind bestenfalls mäßig ausgeprägt oder stiften Verwirrung. Die Politikarenen stehen nicht in einem komplementären, sondern in einem partiell konkurrierenden Verhältnis zueinander. Dies führt dazu, dass die betrieblichen und tariflichen Akteure kontinuierlich um die Abgrenzung ihrer Zuständigkeiten und den Geltungsbereich der gesetzten Regeln ringen. Wo sie *materielle Tarifpolitik* betreiben sollen, sind sie gleichzeitig immer auch mit *Tarifrechtspolitik* beschäftigt, also mit der Reflexion und Modifikation des ordnungspolitischen Rahmens des Tarifsystems. Der institutionelle Kontext, der ihre Interaktion prägen soll, wird selbst zum Interaktionsgegenstand.

Die in die Grundlagen der Arbeitsbeziehungen einführende Literatur beschreibt den strukturellen Rahmen als ein »duales System der Interessenrepräsentation«, das aus zwei separaten Verhandlungsarenen besteht (Müller-Jentsch 1997). Es wird geprägt durch das Zusammenspiel von Betriebsverfassungsgesetz (BetrVG) und Tarifvertragsgesetz (TVG). Der Kern der Dualitätsidee liegt

4 Die Bedeutung der europäischen Ebene wird in dieser Arbeit systematisch ausgeblendet, weil sie in dem hier betrachteten Ausschnitt des Arbeitsrechts bisher nur eine untergeordnete Rolle spielte.

in der Annahme, dass zwei funktional ausdifferenzierte Verhandlungsarenen mit jeweils eigenen »Interessen, Akteuren und Durchsetzungsformen« koexistieren (ebd.: 195). In der tarifpolitischen Arena handeln Gewerkschaften und Arbeitgeber(-verbände) Tarifverträge aus und gestalten damit die Verkaufsbedingungen der Arbeitskraft. Auf der betrieblichen Ebene regeln das Management und der Betriebsrat die Anwendungsbedingungen der Arbeitskraft im Rahmen betrieblicher Vereinbarungen (Müller-Jentsch 2003).

Bei genauerer Betrachtung der betrieblichen und tarifpolitischen Praxis wird aber deutlich, dass die Systemgrenzen immer schon fließend waren und die funktionale Differenzierung niemals vollständig gelang. Erstens ist ein Großteil der Betriebsräte nach wie vor gewerkschaftlich organisiert und agiert als Stellvertreter der Gewerkschaften im Betrieb. Funktionale Differenzierung wird hier durch organisationale und personelle Verflechtung beschränkt. Zweitens haben die Gewerkschaften stets versucht, größtmögliche Kontrolle über das betriebliche Geschehen zu erlangen und die Macht der Betriebsräte zu begrenzen oder diese zu kontrollieren. Was in der Literatur als produktives Zusammenspiel funktional ausdifferenzierter Ebenen beschrieben wird, war historisch immer umkämpftes Terrain.[5]

Und drittens ist in der Praxis die Kompetenzabgrenzung zwischen den Regelungsebenen tatsächlich schwierig und interpretationsbedürftig. Das oberste Ordnungsprinzip der kollektiven Arbeitsbeziehungen liegt im Regulierungsvorrang der Tarifvertragsparteien.[6] Er ist durch das Tarifvertragsgesetz (§ 4 TVG) und durch das Betriebsverfassungsgesetz (§ 77 III BetrVG) abgesichert. Demnach darf auf betrieblicher Ebene (oder individualrechtlich) nicht geregelt werden, was auf tarifvertraglicher Ebene abschließend geregelt wurde.[7]

Die Aufgabe der Betriebsparteien liegt vor allem darin, die Tarifverträge zu implementieren. Darüber hinaus haben die Betriebsparteien eigene Gestaltungsaufgaben, deren Reichweite sich an ihren Grenzen aber nur schwer von den Kompetenzen der Tarifparteien abgrenzen lässt. Innerhalb des Flächentarifvertragssystems sehen die institutionellen Regeln betriebliche Vereinbarungen in drei Fällen vor.

5 Die nur bedingt existierende funktionale Differenzierung zwischen den beiden Ebenen veranlasste Wolfgang Streeck bereits im Jahr 1979 zu dem Vorschlag, eher von einer »widersprüchlichen Einheit« als von einer »formalen Zweiteilung« zu sprechen (Streeck 1979).

6 An dieser Stelle wird nur über den Fall gesprochen, dass ein Unternehmen der Bindung an einen Flächentarif unterliegt.

7 Wenn hier von betrieblicher Ebene gesprochen wird, sind damit nicht nur kollektivrechtliche Instrumente (zum Beispiel Betriebsvereinbarungen) gemeint, denn »kollektiv gemeinte« Abweichungen vom Tarifvertrag können immer auch in individuellen Arbeitsverträgen geregelt werden, etwa bei der arbeitsvertraglichen Einheitsregelung (siehe unten).

Erstens können die Parteien auf betrieblicher Ebene aktiv werden, um Regelungsbereiche zu gestalten, die durch Tarifverträge nicht erfasst oder nicht abschließend geregelt wurden. Diese Vereinbarungen füllen also die Leerstellen der Tarifverträge. Dabei ist es allerdings problematisch zu definieren, wann eine Materie abschließend geregelt wurde. Und die Definition dessen ist wiederum davon abhängig, wie die im Tarifvertrag geregelte Materie interpretiert wird. Tarifverträge sind in die Zukunft gerichtete Vereinbarungen, die neue soziale oder ökonomische Entwicklungen nur begrenzt antizipieren können.

Zweitens können abweichende Vereinbarungen geschlossen werden, wenn die Tarifparteien dies gestatten, indem sie zum Beispiel das Verhandlungsmandat an die Betriebsparteien delegieren, oder indem sie den geltenden Tarifvertrag für ein oder mehrere Unternehmen öffnen. Dies geschieht im Regelfall durch relativ allgemeine tarifvertragliche Generalklauseln, deren Ausdeutung dann einem zähen Ringen zwischen den Betriebs- und den Tarifparteien unterliegt.

Und drittens können nach § 4 Abs. III TVG betriebliche oder individualrechtliche Vereinbarungen vom geltenden Tarifvertrag abweichen, wenn dies zugunsten des Arbeitnehmers geschieht (Günstigkeitsprinzip). Diese Konstellation steht im Zentrum dieser Arbeit. Die nachfolgenden Kapitel werden zeigen, dass der Bedeutungsgehalt dieser Regel zwischen den beteiligten Akteuren immer umstritten war. In welchen Sektoren und Konstellationen kommt das Günstigkeitsprinzip zur Anwendung? Wann ist eine Regelung günstiger als eine andere? Für wen muss sie günstiger sein? Und wie wird die Günstigkeit überhaupt gemessen und bewertet? Die Beantwortung dieser Fragen nimmt erheblichen Einfluss auf die Kompetenz- und Regelabgrenzung zwischen der tarifvertraglichen und der betrieblichen Arena. Dabei gilt, je offener und breiter die Definition des Günstigkeitsprinzips ausfällt, umso mehr Spielraum haben die betrieblichen Akteure oder individuellen Vertragsparteien, außerhalb von Tarifverträgen zu operieren. Ein sehr enges Verständnis sichert hingegen den Vorrang der Tarifparteien und die Kartellwirkung des Flächentarifs. Die Definition des Günstigkeitsprinzips hat entsprechende Auswirkungen auf das Zusammenspiel von betrieblicher und tariflicher Ebene. Durch seine Eigenschaft, Regelungsmacht zwischen den Ebenen zu verteilen, wird das Günstigkeitsprinzip zu einer zentralen Verfahrensnorm im kollektiven Arbeitsrecht.

Es wird auch deutlich, warum diese Rechtsnorm zu einem Schauplatz der Auseinandersetzung zwischen dem liberalen, bürgerlichen Vertragsrechtsdenken und dem sozialdemokratischen Arbeitsrecht werden konnte. Das Günstigkeitsprinzip ist das *Einfallstor des Vertragsrechts* in das Tarifrecht. Und je mehr Raum die Parteien bekommen, günstigere Verträge außerhalb oder oberhalb der tarifvertraglichen Normen zu schließen, umso mehr relativiert sich die Prägekraft des Tarifvertrages. Damit eignet sich die Ausgestaltung des

Günstigkeitsprinzips als Indikator zur Messung des Liberalisierungsgrads im Arbeitsrecht.

Die funktionale Differenzierung zwischen den Sphären der Arbeitsbeziehungen und damit die Reichweite der jeweiligen Politikarena sind für die beteiligten Akteure also deutungsbedürftig und damit konfliktträchtig. Wie können sie diesen Interpretationsbedarf ausfüllen? Es steht den betrieblichen und tariflichen Akteuren frei, vorübergehend oder dauerhaft private geteilte Interpretationen über ihre Zuständigkeiten zu entwickeln oder über die Bedingungen, unter denen vom Tarifvertrag abweichende Vereinbarungen für den Betroffenen günstiger sind *(soft law)*. Gelingt dies nicht (oder wird dies nicht gewünscht), können sie sich an eine dritte Instanz wenden, um eine autoritative und rechtlich sanktionierte Interpretationshilfe (Rechtssicherheit) zu bekommen. Hier sind die nächsten beiden Arenen der Arbeitsbeziehungen von Bedeutung. Und abermals ist die nur mäßige Gestaltungskraft institutioneller Regelungen zu beobachten, denn auch die Zuständigkeit für die Schaffung eines tarifrechtlichen Ordnungsrahmens, also die Kompetenz zur Kompetenzverteilung, ist institutionell nicht klar geregelt.

Es existieren *zwei* Arenen mit sich überlappenden Kompetenzen. Der Ordnungsrahmen des Tarifrechts kann im politischen System, also auf dem gesetzgeberischen Weg, gestaltet werden; er kann aber auch im Rechtssystem, also durch einen Beschluss der Arbeitsgerichtsbarkeit, verändert werden. Im Fall des Günstigkeitsprinzips ist historisch beides der Fall gewesen. Es wurde im Rahmen des Tarifvertragsgesetzes und mehr noch durch die Rechtsprechung gestaltet. Für beide Arenen gilt, dass nach 1945 institutionell bisher ungeklärt blieb, wie weit der Staat – die Legislative oder die Judikative – überhaupt in die bestehende Tarifrechtsordnung eingreifen darf, ohne die geltende Tarifautonomie der Verbände zu beschädigen. Die Verfassung garantiert die Koalitionsfreiheit der Verbände (Art. 9 Abs. III GG; Sebaldt/Straßner 2004: 215). Die geschützte Koalitionsfreiheit gibt die Richtung und die Grenze jedes gesetzgeberischen oder gerichtlichen Eingriffes in die Tarifrechtsordnung vor.

In welchem Umfang Kompetenzverschiebungen zugunsten der betrieblichen Ebene vorgenommen werden können, ist hingegen offen und muss im Ernstfall vom Bundesverfassungsgericht entschieden werden. Die Frage, ob die Tarifautonomie vom Staat gewährt wurde oder unabhängig von staatlichen Zuweisungen existiert, ob sie also ein rückholbares, staatlich übertragenes Hoheitsrecht oder vorstaatliches Grundrecht ist, hat die juristischen und politischen Debatten lange beschäftigt und ist nie wirklich geklärt worden – wohl auch, um Konflikte zu vermeiden (Streeck/Kenworthy 2005: 447). Die Autonomie der Verbände reicht im Verständnis des Bundesverfassungsgerichts immerhin so weit, dass der Staat keine Maßnahmen ergreifen darf, die die Tarifparteien

Abbildung 3-2 Akteure und Arenen in der Tarifrechtspolitik

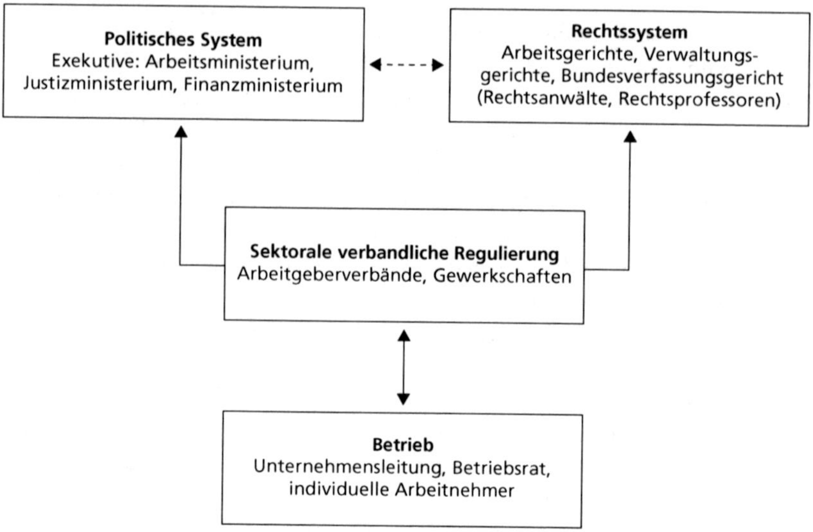


in der Ausübung der Koalitionsfreiheit einschränken (Ramm 1994a: 474–475). Was das konkret bedeutet, ist bis heute offen. In der Folge ist bei der Ausgestaltung des tarifrechtlichen Ordnungsrahmens (inklusive des Günstigkeitsprinzips) also nicht nur institutionell uneindeutig, wer zuständig ist; sondern es ist zudem umstritten, wie weit reformiert werden darf.

Festzuhalten ist: Im Mehrebenensystem der deutschen Arbeitsbeziehungen existieren zwar viele institutionelle Regeln, die einerseits ein komplexes Zusammenspiel von vier verschiedenen Politikarenen organisieren und die andererseits selbst Ausdruck dieses Zusammenspiels sind (Abbildung 3-2). Doch gerade die Komplexität und die Offenheit dieser Regeln führen dazu, dass der Handlungsspielraum der Akteure institutionell nicht klar strukturiert ist.

Die Konflikte um Zuständigkeiten und Regelgeltung zwischen betrieblicher und tarifpolitischer Ebene können (mindestens) zwei unterschiedliche Formen annehmen. Sie können als *Klassenkonflikt* auftreten, in dem Arbeit und Kapital ihren Einfluss wechselseitig zu begrenzen versuchen. Dabei versucht dann eine Seite, den auf einer Ebene verlorenen Konflikt auf der anderen Ebene nachträglich zu gewinnen. Sie können aber auch als *Mehrebenenkonflikt* auftreten, in dem die Akteure der verschiedenen Verhandlungsebenen gegeneinander konkurrieren. Häufig tritt beides gleichzeitig auf, weil die Verhandlungsarenen für die Verbände mit unterschiedlichen Machtressourcen verknüpft sind. Ein klassisches Beispiel liefert die übertarifliche Entlohnung. Konflikte um die Tarifierung betrieblicher Entgeltbestandteile können einerseits als Klassenkonflikte interpretiert werden. Die Gewerkschaften mögen darum bemüht sein, die Entgeltfestlegung aus dem Betrieb herauszuhalten, in dessen Verhandlungsarena die Arbeitnehmerseite strukturell schwächer erscheint als in der tarifpolitischen Arena. Die Arbeitgeberseite wiederum kann aus genau diesem Grund ein Interesse daran haben. Andererseits kann die Auseinandersetzung auch als Mehrebenenkonflikt auftreten, weil beide Tarifparteien ein gemeinsames Interesse daran haben können, die Macht der betrieblichen Akteure zu begrenzen. Die Gewerkschaften können organisationspolitisch vor zu starken Betriebsräten zurückschrecken, während die Arbeitgeberverbände darum besorgt sein mögen, aufgrund der dezentralen Regelung der übertariflichen Zahlungen die Kontrolle über die sich daraus entwickelnde Lohnspirale zu verlieren. Das heißt, selbst die Interpretation des zugrunde liegenden Konflikts unterliegt der Interpretation der Akteure.

Alle Beteiligten können im Fall von Konflikten entweder die Politik oder die Rechtsprechung anrufen. Dabei sind die Möglichkeiten asymmetrisch verteilt. Die Verbände können sich wahlweise an die Politik (durch Lobbying oder im Rahmen korporatistischer Konzertierung) wenden oder den Rechtsweg bestreiten. Einzelne Betriebe oder Arbeitnehmer haben im Regelfall keine Chance, ohne verbandliche Unterstützung politisch erfolgreich zu sein. Ihnen steht lediglich der Rechtsweg offen. Gleichwohl ist gerade dieser Umstand potenziell bedrohlich für die Verbände, denn die betrieblichen Akteure haben die Möglichkeit, verbandliche Interessenvermittlungsprozesse durch den direkten Weg zum Gericht zu umgehen. Insbesondere für die Gewerkschaften stellt ein betrieblicher oder individueller Versuch, Tarifrechtsfragen ohne verbandliche Unterstützung vom Gericht klären zu lassen, immer schon ein Scheitern ihres Anspruches auf die politische kollektive Regulierung der Arbeitsbeziehungen dar. Die zweifache Doppelstruktur – partielle Konkurrenz zwischen betrieblicher und tariflicher Ebene einerseits und andererseits die Möglichkeit, Kompetenzzuweisungen durch den Gesetzgeber oder durch die Rechtsprechung vornehmen zu lassen – lässt den Akteuren viel Unsicherheit und Interpretationsspielräume, aber auch viel Raum für ihre Intentionen. Sie rücken damit ins Zentrum der Analyse.

### 3.3.2 Die Akteurkonstellation: Vielfalt und Heterogenität

Die spieltheoretische Formalisierung des AZI ist für die Untersuchung tarifrechtspolitischer Entscheidungen nicht nur aufgrund ihrer zu sehr vereinfachenden Konzeptualisierung des Verhältnisses von Akteuren und Institutionen wenig geeignet, sondern auch aufgrund ihrer problematischen Annahmen über die beteiligten Akteure und Akteurkonstellationen. In die Definition und Weiterentwicklung tarifrechtlicher Normen sind aufgrund der Vielzahl der Arenen potenziell sehr viele und in ihrem Charakter unterschiedliche Akteure involviert, wodurch sich die Zahl der ineinander verschachtelten Spiele in einem politischen Prozess schnell auf ein unüberschaubares Maß erhöht. Die Darstellung und Analyse von Interaktionen in der Form spieltheoretischer Matrizes ist aber vor allem dann stark in ihrer Anschauungskraft, wenn die Zahl der beteiligten Spieler gering ist und idealerweise nicht mehr als zwei beträgt. So bezieht Scharpf in seiner Untersuchung der sozialdemokratischen Krisenpolitik in Europa für jedes Land nur zwei Akteure ein, nämlich die jeweilige Regierung und die Gewerkschaft*en* (Scharpf 1988). Dabei werden Letztere großzügig verallgemeinernd als *ein* Akteur betrachtet, was zeitlich nicht in Bezug auf alle historischen Phasen und sachlich nicht in Bezug auf alle Themenbereiche angemessen ist.

Dies führt zu einer zweiten Voraussetzung der Spieltheorie. Zugunsten der Formalisierung tendiert sie dazu, Akteure als homogen und unitarisch zu beschreiben (Raschke/Tils 2007: 22–23). Bei vielen kollektiven Akteuren ist diese Annahme jedoch problematisch. In zahlreichen Politikfeldern hat die Integrationskraft zum Beispiel von Verbänden stark abgenommen. Ein beträchtlicher Teil ihrer strategischen Bemühungen besteht darin, die Zentrifugalkräfte zu begrenzen und Heterogenität zu verarbeiten (vgl. dazu die Beiträge in Rehder et al. 2009).

Die potenziell fragmentierte und labile Binnenstruktur der Akteure spielt für die politische Dynamik in der hier vorgestellten Fallstudie über die Entwicklung des Günstigkeitsprinzips im historischen Zeitverlauf eine zentrale Rolle. Alle beteiligten Akteurgruppen, die im folgenden Abschnitt näher betrachtet werden – vor allem Gewerkschaften, Arbeitgeberverbände, Regierungen, Gerichte sowie die Profession der Juristen – ringen nicht nur miteinander um die richtige Gestaltung und Ausdeutung des Tarifrechts, sondern auch innerhalb ihrer Organisations- und/oder Professionsgrenzen: Gewerkschaften mit anderen Gewerkschaften und Betriebsräten oder individuellen Beschäftigten, Arbeitgeberverbände mit ihren Mitgliedsunternehmen, Arbeits- gegen Justizministerien, Juristen mit Kollegen ihrer eigenen Profession. Die epistemischen Gemeinschaften der Juristen gehen häufig politische Koalitionen ein, die quer zu formalen Organisationsgrenzen verlaufen. Zuweilen werden durch ihre Hilfe nicht repräsentative Minderheiten durchsetzungsstark. Die Komplexität der Akteurkonstellation kann durch eine abstrakt-formalisierte spieltheoretische Darstellung, die darauf angewiesen ist, hoch integrierte und unitarische Akteure vorzufinden, kaum mehr erfasst werden. Mit der Zahl der verflochtenen Politikarenen steigt in der Tarifrechtspolitik auch die Zahl der potenziell beteiligten Akteure. Abbildung 3-2 listet die wichtigsten Akteure auf.

In der tarifpolitischen *Interessenvermittlungsarena* sind die *Gewerkschaften* und *Arbeitgeberverbände* zu nennen, während auf der *betrieblichen Ebene* die *Unternehmens-*

*leitungen* und *Betriebsräte*, aber auch *individuelle Arbeitnehmer* zentral sind. Es wurde bereits darauf hingewiesen, dass die Ebenen personell miteinander verflochten sind. Der funktionalen Arenentrennung steht eine personelle Integration gegenüber. Circa 75 Prozent der Betriebsräte sind gleichzeitig gewerkschaftlich organisiert, und sie sind die wichtigsten Rekrutierungsagenten für neue Gewerkschaftsmitglieder (Rudolph/Wassermann 2006). Und viele Unternehmen haben sich einem Arbeitgeberverband angeschlossen. Ausmaß und Tiefe der personellen Verflechtung schwanken stark zwischen den Branchen (Kohaut/Schnabel 2001).

Fragmentierte Akteurstrukturen spielen bei Klassenkonflikten eine Rolle (gemäßigte versus radikale Flügel der Verbände, Klassenkampf versus Kooperation). Mindestens ebenso bedeutsam sind sie in Mehrebenenkonflikten. Wenn eine Gewerkschaft (oder ein Gewerkschaftsmitglied) mit einem zumindest teilweise in der gleichen Gewerkschaft organisierten Betriebsrat um die Abgrenzung zwischen betrieblichen und tariflichen Regeln und Kompetenzen streitet, streitet die Gewerkschaft mit sich selbst. Gerade Auseinandersetzungen um Kompetenzen in den Arbeitsbeziehungen betonen also die in den Verbänden wirksamen Zentrifugalkräfte. Helmut Wiesenthal hat das Muster der Desintegration in der verbandlichen Einheit bereits 1990 mit dem Bild der »Multiple-Self-Identität« beschrieben (Wiesenthal 1990). Am Beispiel unter anderem der deutschen Industriegewerkschaften hat er herausgearbeitet, dass kollektive Akteure häufig nicht dem Idealbild des unitarischen Akteurkonzepts entsprechen. Vielmehr sind sie durch einen Weltbildpluralismus gekennzeichnet, in dem Weltdeutungen, Zeithorizonte und Nutzenfunktionen koexistieren (ebd.: 90). Nicht grundsätzlich anders stellt sich das Verhältnis in den Arbeitgeberverbänden dar. Die seit einiger Zeit existierenden OT-Bereiche, die den Unternehmen eine Mitgliedschaft im Verband ermöglichen, ohne der Tarifbindung zu unterliegen, reflektieren auch einen wachsenden Weltbildpluralismus in der Unternehmerschaft (Haipeter/Schilling 2006).

Die Pluralität eines gespaltenen Akteurs ist nach Wiesenthal so lange ein Vorteil, wie es gelingt, »Garanten der Einheit« (Wiesenthal 1990: 102) zu sichern. Die Weltbilddeutungen müssen sich wechselseitig anerkennen oder zumindest hinnehmen (und nicht durch den Einsatz von Macht zu beschränken versuchen). Und sie dürfen nicht in einem hierarchischen Verhältnis zueinanderstehen. Die in diesem Buch untersuchten Kompetenzstreitigkeiten zwischen tariflicher und betrieblicher und/oder individualrechtlicher Ebene werden andeuten, dass die von Wiesenthal skizzierten Garanten der Einheit immer prekär sind. Auseinandersetzungen der verschiedenen Weltbilder und Handlungsrationalitäten um Geltungs*hoheit* sind an der Tagesordnung.

Die Herausbildung eines Weltbildpluralismus als Reaktion auf strategische Unsicherheit bietet wiederum den epistemischen Gemeinschaften der Juristen

Andockungspunkte und Einflussmöglichkeiten. Prekär wird die Integration der Verbände dadurch dann, wenn lokale verbandliche Lerneinheiten jeweils eigene Koalitionen mit juristischen Akteuren schließen und durch Wissen und Gegenwissen miteinander konkurrieren. Die Zentrifugalkräfte innerhalb des Verbandes nehmen dann weiter zu. Das deutet darauf hin, dass Expertenwissen den politischen Akteuren nicht immer dabei helfen kann, ihre Präferenzen zu formulieren und Strategien zu entwickeln. Vielmehr kann divergierendes Expertenwissen, das innerhalb eines Verbandes von unterschiedlichen Subeinheiten als gültig anerkannt wird, auch dazu führen, dass die Präferenz- und Strategieformulierung an der Verbandsspitze unmöglich wird, weil sich unterschiedliche Fraktionen kognitiv gegensätzlich aufgerüstet haben. Die empirischen Kapitel werden zeigen, dass dieser Fall beim Wandel des Tarifrechts mindestens ebenso häufig aufgetreten ist wie der Erfolgsfall, in dem Experten wirklich zur kohärenten Präferenzbildung beitragen konnten. Die Konkurrenz zwischen Wissen und Gegenwissen wirkt nicht nur zwischen den, sondern auch innerhalb von Akteuren.

In den Prozess der Austarierung sind auch *individuelle Arbeitnehmer* eingebunden, die entscheidende Akteure der Tarifrechtspolitik sein können, sofern diese im rechtlichen Raum betrieben wird. Zwei Gründe sind dafür maßgeblich: Erstens tragen individualrechtliche Regelungen häufig einen verborgenen kollektiven Charakter, sodass Entscheidungen eines Gerichts über die Zulässigkeit einer spezifischen arbeitsvertraglichen Regel auch Auswirkungen auf viele andere Arbeitsverträge haben. Dadurch können scheinbar idiosynkratische Gerichtsprozesse kollektive Bedeutung entfalten. Zweitens ist der Arbeitnehmer von entscheidender Bedeutung als Initiator von Gerichtsprozessen. Um einen Rechtsstreit über das Günstigkeitsprinzip zu führen, brauchte ein Verband traditionell ein einzelnes Mitglied als klagende Partei, weil erst 1999 ein Verbandsklagerecht etabliert wurde (vgl. dazu Kapitel 6). Bis dahin kannte das Verfahrensrecht in diesem Bereich ausschließlich individuelle Kläger. Dadurch können Individuen, die als Stellvertreter ihrer Organisation oder im eigenen Namen Prozesse anstrengen, für die Tarifrechtsentwicklung allergrößte Bedeutung erlangen. Üblicherweise ist die klagende Partei auf Arbeitnehmerseite zu finden, wodurch einzelne Beschäftigte hier größere Bedeutung haben als einzelne Unternehmen. Nicht vergessen werden darf zudem, dass auch Außenseiter, die außerhalb der verbandlichen Organisationen stehen, über den Klageweg Tarifrechtsfragen politisieren können, die das System angreifen. Dies ist auch tatsächlich zu beobachten. Das starke Gewicht des Rechtssystems im Arbeitsrecht stellt eine Opportunitätsstruktur für Minderheiten oder Einzelne bereit, ihre Interessen für oder gegen die Mehrheit durchzusetzen. Die institutionelle Struktur des Systems der Arbeitsbeziehungen ist dazu geeignet, die horizontalen und vertikalen Zentrifugalkräfte in den Verbänden zu verstärken, weil nicht majoritäre Fraktionen mit dem Rechtssystem einen zweiten Interessenvermittlungskanal nutzen können.

Es wurde bereits erwähnt, dass der grundsätzliche tarifrechtliche Ordnungsrahmen inklusive des Günstigkeitsprinzips *im politischen System* gestaltet wurde. Bemerkenswert ist, dass *Parlamente* und *politische Parteien* dabei kaum eine eigenständige Rolle gespielt haben. Sowohl die »Verordnung über Tarifverträge, Arbeiter- und Angestelltenausschüsse und Schlichtung von Arbeitsstreitigkeiten« (TVVO) aus dem Jahr 1918 als auch das Tarifvertragsgesetz aus dem Jahr 1949 wurden noch vor der Wahl der ersten nationalen Parlamente eingesetzt. Zentraler politischer Akteur ist hingegen die Exekutive, die – nicht weniger als die Verbände – durch Fragmentierung gekennzeichnet ist. Insbesondere die *politische Verwaltung* ist kein monolithischer Akteur. In der Literatur wurde vor allem die Bedeutung unterschiedlicher administrativer Rollenkonzepte (Mayntz/Scharpf 1975: 80–90; Aberbach et al. 1981: 84–114) und Fachlogiken (Tils 2003) für die Herausbildung von Konfliktlinien beschrieben. Fachlogiken stellen dabei auf die Bedeutung disziplinspezifischer Perspektiven ab. Bei der hier untersuchten Tarifrechtspolitik spielen demgegenüber intradisziplinäre (innerhalb der Rechtswissenschaft koexistierende) Perspektiven eine Rolle, die sich auch in der Verwaltung widerspiegeln. Verwaltungsjuristen sind hier zusammen mit anderen Akteuren des Politikfeldes in übergreifende Netzwerke eingebunden, die durch die rechtswissenschaftlichen epistemischen Gemeinschaften konstituiert werden.

Konflikte verlaufen entlang des Ressortprinzips. Zu nennen sind hier das *Arbeitsministerium*, das dem arbeitsrechtlichen Denken nahesteht, und das *Justizministerium*, das eher dem liberalen Rechtsdenken zugeneigt ist. Von zentraler Bedeutung ist im Konfliktfall das Verhalten anderer Ressorts, empirisch zeigt sich dabei ein besonderes Gewicht des *Finanzressorts*. Ein wichtiges Konfliktmoment liegt neben und im Zusammenhang mit den jeweiligen Rechtsvorstellungen natürlich im Interesse der Domänensicherung für die jeweilige Administration und Klientel. Ein Justizminister wird schon deswegen die Belange der ordentlichen Justiz stärker im Blick haben, weil der größte Teil der Richterschaft hier beschäftigt ist.

Wo eine Klärung von Bedeutung und Reichweite des Günstigkeitsprinzips *im Rechtssystem* versucht wird, kommen *Gerichte* als entscheidende Akteure ins Spiel. Dabei sind natürlich zuerst die drei Instanzen der *Arbeitsgerichtsbarkeit* zu nennen. Die zentrale Akteureinheit ist der jeweils entscheidende Senat. Die Aufgabenteilung am Gericht folgt dem Muster der funktionalen Differenzierung. Die Senate haben sich auf bestimmte Rechtsmaterien spezialisiert und gelten kraft Fachkompetenz als zuständig. Dabei ist die funktionale Differenzierung auch hier nicht perfekt, weil sich die Geschäftsbereiche der einzelnen Senate überlappen.

Dies liegt erstens darin begründet, dass die Gerichte und damit die Arbeitsteilung zwischen den Spruchkörpern historisch gewachsen sind. Als das Bundesarbeitsgericht im Jahr 1954 seine Arbeit aufnahm, existierten lediglich zwei Senate. Heute ist das Gericht auf zehn Senate angewachsen. Im Zuge der Neugründungen wurden Sachgebiete aus den jeweiligen Zuständigkeiten der älteren Senate herausgenommen, was in der Folgezeit zu Kompetenzstreitigkeiten führte.

Zweitens erfolgt die Geschäftsverteilung nach Rechtsfragen und nicht nach den Streitgegenständen (Bundesarbeitsgericht 2007a: 26–27). Die Benennung der Senate folgt hingegen dem Prinzip der Sachgebietsaufteilung. So ist zum Beispiel der Dritte Senat für Fragen der betrieblichen Altersversorgung zuständig, während sich der Sechste Senat schwerpunktmäßig mit der Tarifvertragsauslegung im öffentlichen Dienst beschäftigt. Da in unterschiedlichen Sachgebieten aber ähnliche Rechtsfragen auftreten, ist die Senatskonkurrenz ausgeprägt. Ein feingliedriges institutionelles Regelwerk innerhalb der Geschäftsordnung soll diese Konkurrenz nach abstrakten Kriterien auflösen. Und allein seine Existenz belegt, dass die Konkurrenz ein bedeutsamer Faktor ist (BAG 2007: 2). Darüber hinaus haben natürlich auch die klagenden Parteien die Möglichkeit, sich durch die Rahmung eines Prozesses an einen spezifischen Senat zu richten. Üblicherweise werden in einem Verfahren mehrere Rechtsfragen behandelt. Je nachdem, welche Rechtsfragen von den Parteien (und den unteren Gerichtsinstanzen) aufgeworfen werden, wird die Zuständigkeit eines spezifischen Senats wahrscheinlicher.

Es gibt also auch in den Gerichten eine Vielzahl verschiedener Akteurgruppen. Und was als Wandel in der Rechtsprechung wahrgenommen wird, geht nicht zwingend mit einem Meinungsumschwung der beteiligten Richter einher, sondern kann auch darauf beruhen, dass ein anderer Senat mit divergierender personeller Zusammensetzung in einer sehr verwandten Themenstellung anders entschieden hat. Dabei können divergierende parteipolitische Zusammensetzungen oder auch unterschiedliche Rechtsauffassungen eine Rolle spielen, weil die epistemischen Gemeinschaften bei der Besetzung von Richterämtern unterschiedlich einflussreich sind. Meinungsdifferenzen sind jedenfalls häufig und müssen zuweilen auch vom Großen Senat beigelegt werden, der nach § 45 ArbGG eigens zu diesem Zweck bei Bedarf zusammentritt. In ihm sind der Präsident, je ein Berufsrichter der Senate und jeweils drei der ehrenamtlichen Richter von Arbeitnehmer- und Arbeitgeberseite vertreten.

Für die Rechtsentwicklung im Tarifwesen ist indes nicht nur die Tätigkeit der Arbeitsgerichtsbarkeit maßgeblich. Die Entscheidungen anderer Fachgerichte können auf das Arbeitsrecht ausstrahlen, denn auch die funktional differenzierte Arbeitsteilung zwischen den verschiedenen Fachgerichten beziehungsweise Gerichtstypen ist nicht perfekt (Starck 1996). Für das Arbeitsrecht relevant sind vor allem die Verwaltungsgerichte sowie das Bundesverfassungsgericht und der Europäische Gerichtshof.

Als wichtige Einflussgröße auf die Rechtsprechung muss der *rechtswissenschaftliche Diskurs* berücksichtigt werden, denn hier realisieren sich die verschiedenen epistemischen Gemeinschaften im Besonderen. Hier treffen sich die Juristen, die den verschiedenen Politikarenen angehören, zum Austausch. Dadurch wird der Diskurs auch zu einem »Knotenpunkt der Wissensvermittlung« zwischen Wissenschaft und Politik (Singer 1993: 152). Gleichwohl führt ein Wandel im rechtswissenschaftlichen Diskurs nicht zwangsläufig zu einem Wandel rechtspolitischer Entscheidungen. In allen hier betrachteten historischen Phasen war die Kluft zwischen Rechtsprechung und Diskurs aus verschiedenen Gründen beträchtlich. Im *common-law*-ähnlichen Richterrecht bestehen erstaunliche Möglichkeiten der Arbeitsrechtsprechung, sich gegen den Diskurs abzuschotten, was vor allem daran liegt, dass die Gerichte im Regelfall sehr häufig Rechtsfragen entscheiden, bevor die Rechtswissenschaft die zugrunde liegenden Fälle auch nur zur Kenntnis nimmt. Von daher verfügt die Rechtsprechung im Wettlauf um die Deutungshoheit meist über einen Wissensvorsprung, während der Fachliteratur häufig nur die Rolle des nachträglichen Kommentators zufällt. Dennoch werden die empirischen Kapitel illustrieren, dass sich im Fall sehr kontroverser Entscheidungen die Rechtsprechung nur schwer dauerhaft den vom Diskurs vorgebrachten guten Gründen widersetzen kann. Dies gilt insbesondere dann, wenn der Diskurs dazu in der Lage ist, sich durch organisationale oder institutionelle Ressourcen sehr laut und nachdrücklich Gehör zu verschaffen.

Allerdings stellt sich beim rechtswissenschaftlichen Diskurs immer die Frage, welcher Akteurstatus ihm zukommt. Nur in sehr wenigen Fällen ist ein einzelner Vertreter so ressourcenstark oder argumentationsmächtig, dass er zu einer Einflussgröße wird. Und nur selten handelt es sich bei der Profession der Arbeitsrechtswissenschaftler um einen quasikollektiven Akteur im Sinne einer sozialen Bewegung, in der nicht organisiert gleichgerichtete Positionen vertreten werden. Nach Fritz W. Scharpf setzt der Begriff des »komplexen Akteurs« voraus, dass »die beteiligten Individuen die Absicht haben, ein gemeinsames Produkt zu schaffen oder ein gemeinsames Ziel zu erreichen« (Scharpf 2000: 101). Der arbeitsrechtswissenschaftliche Diskurs besteht aber häufig aus einem amorphen und ungerichteten Stimmengewirr, bei dem nicht immer eindeutig ist, dass die Beteiligten überhaupt einen gemeinsamen Diskurs pflegen, weil starke Anreize bestehen, sich zur individuellen Profilierung gegeneinander abzugrenzen. Die Herausbildung einer »herrschenden Meinung« ist voraussetzungsvoll und nicht selbstverständlich (Zimmermann 1983). Auch hierin liegt eine Machtressource der institutionellen gerichtlichen Akteure: Je diffuser die rechtswissenschaftliche Debatte verläuft, desto weniger ernst muss sie genommen werden. Gleichwohl ist das Verhältnis von Diskurs und Rechtsprechung dynamisch. Die Ausgestaltung mit institutionellen, strukturellen und argumentativen Ressourcen spielt dabei eine zentrale Rolle. Der Deutsche Juristentag zum Beispiel, auf dem Abstimmungen über Rechtsnorminterpretationen stattfinden, bekommt dadurch Akteurqualität, dass er einen (nicht unbedingt demokratischen Spielregeln folgenden) Willensbildungsprozess vornimmt und eine kollektive Position vertritt.

Es ist deutlich geworden, dass die Entwicklung und Neuinterpretation von Rechtsnormen im Arbeitsrecht in einem komplexen Mehrebenensystem stattfindet, wo hochgradig heterogene und potenziell fragmentierte Akteure in institutionell uneindeutigen Kontexten interagieren. Auch dadurch steigt die Kontingenz des politischen Prozesses an.

### 3.3.3 Policy-Netzwerke und Policy Communities

Die Aufzählung der verschiedenen relevanten Akteure und die Beschreibung ihrer potenziellen internen Fragmentiertheit soll nicht die Schlussfolgerung nahelegen, dass die im weiteren Sinne arbeitsrechtliche und im engeren Sinne tarifrechtliche Entscheidungsarena ein Ort der unstrukturierten und quasipluralistischen Interaktion diverser Akteure ist. Die Fokussierung der Analyse auf das Konzept der epistemischen Gemeinschaft suggeriert ja bereits, dass spezifische Muster der Interaktion und der Koalitionsbildung existieren, die das Politikfeld und die politischen Prozesse, die in ihm ablaufen, in erheblichem Maße strukturieren. In der Policy-Forschung haben sich verschiedene Begriffe herausgebildet, um solche Muster zu kennzeichnen. Die Begriffslandschaft sowie die Verwendung dieser Begriffe sind dabei sehr heterogen. Die Idee des Politiknetzwerks (oder *policy network*) beschreibt Politikfelder im weitesten Sinne als vernetzte Strukturen von Akteuren und Institutionen, die sowohl gesellschaftliche als auch staatliche Instanzen umfassen (Döhler 1990; Mayntz 1990; Marin/Mayntz 1991). An dieser Stelle kann eine eingehende Würdigung der Geschichte sowie der verschiedenen Bedeutungszuschreibungen und Verwendungszusammenhänge des Konzepts nicht geleistet werden. Es soll aber darauf hingewiesen werden, dass der Begriff des »Policy-Netzwerks« in dieser Arbeit in seiner wissenspolitologischen Bedeutung verwendet wird.

Nullmeier und Rüb weisen – der Grundlogik ihres Ansatzes entsprechend – darauf hin, dass Netzwerke keine gegebenen Strukturen darstellen. Vielmehr konstitutieren sie sich durch die »in Selbst- und Fremdbeschreibungen politischer Akteure erfolgende Definition von Zugehörigkeiten einzelner Akteure, Organisationen, Regelungsweisen und Institutionen zum nominellen Politikfeld« (Nullmeier/Rüb 1993: 297). Dabei kann es ein für das Politiknetzwerk kennzeichnendes Merkmal sein, wenn Selbst- und Fremdbeschreibung nicht korrespondieren. So können einige Akteure sich selbst für zugehörig und in der Sachfrage für zuständig erklären, während gerade dies von anderen Akteuren bestritten wird. Nullmeier und Rüb bezeichnen die in diesem Sinne »bestrittenen Teilnehmer« als »lose Enden« des Netzes, »die einseitig entweder über Selbstzuschreibung trotz Ausgrenzung oder über Fremdzuschreibung trotz Verweigerung eigener Zugehörigkeit mit dem Gesamtnetz verknüpft sind« (ebd.).

Darüber hinaus verwenden Nullmeier und Rüb den Begriff der »Policy Community«, der signalisieren soll, dass häufig innerhalb eines Politikfeldes personale Verbindungen existieren, für deren Zugehörigkeit Selbstzuschreibungen allein nicht ausreichen, weil die Mitglieder auch durch Gemeinschaftsmerkmale, also zum Beispiel durch gemeinsame Überzeugungen oder soziale Nähe, integriert sind (ebd.: 299). Typische Merkmale der Gemeinschaft sind dauerhafte Beziehungen und die Kontinuität einer kleinen Mitgliederzahl, geteilte Erfahrungen sowie eine gemeinsame Expertensprache (Jordan 1990: 327). Policy Communities können die politische Erweiterung epistemischer Gemeinschaften sein, die vorzugsweise dann entstehen, wenn ein Mitglied der epistemischen Gemeinschaft zentrale Positionen in der Verwaltung oder – in dem hier untersuchten Fallbeispiel – in den Gerichten besetzt. Rechtswissenschaftliche epistemische Gemeinschaften verfügen hier über einen großen strukturellen Vorteil gegenüber Gemeinschaften anderer Disziplinen, weil sie kraft ihrer Ausbildung (besonders in Deutschland) über einen monopolartigen Zugang zu vielen politischen Ämtern verfügen, insbesondere zu Gerichten und zur politischen Verwaltung. Aus dieser Konstellation heraus entwickelten Halliday und Karpik die Idee des »legal complex«, die ein institutionenübergreifendes Netzwerk aus Rechtswissenschaftlern erfasst (Halliday et al. 2007b).

Diese Konstellation spielt in der Tarifrechtspolitik eine erhebliche Rolle, nicht nur für die Struktur des Politikfeldes, sondern auch für die Konfliktdynamik innerhalb desselben. Die empirischen Kapitel werden zeigen, dass sich im Zeitverlauf eine arbeitsrechtliche Policy Community etablieren und institutionalisieren konnte, die sich vor allem aus Mitgliedern der epistemischen Gemeinschaft zusammensetzte, und die die Absicherung des kollektiven Arbeitsrechts gewährleistete. In Analogie zu Halliday und Karpik könnte man hier von einem »Arbeitsrechtskomplex« sprechen, der die Tarifrechtspolitiker beziehungsweise -sekretäre der Gewerkschaften (teilweise aber auch der Arbeitgeberverbände), die Arbeitsgerichte sowie die Arbeitsverwaltung umfasst. Diese Akteurgruppen bilden eine relativ integrierte Policy Community, die immer darum bemüht war, die in ihrer Perspektive als Außenseiter betrachteten Akteure, die Zugang zum Policy-Netzwerk beanspruchten, abzuwehren. Dazu zählen Teile des Arbeitgeberlagers, die Justiz und ihre Ministerien sowie die großen Juristenverbände.

Gleichzeitig versuchte die Community, Akteure, die sich nicht als Teil des Netzwerks definierten, zur Stabilisierung ihrer Position heranzuziehen.

Das Konzept der Policy Community spielt in der wissenspolitologischen Analyse eine zentrale Rolle als begriffliche Voraussetzung für die Beschreibung der Schließung von Wissensarenen. Am Beispiel der Rentenpolitik zeigen Nullmeier und Rüb, dass es ein kleiner Zirkel sogenannter Rentenmänner war, der das Politikfeld (und das in seinen Strukturen geronnene Wissen) gegen Veränderungen abschottete (Nullmeier/Rüb 1993: 303). Die Geschichte des kollektiven Arbeitsrechts in Deutschland (und damit verknüpft die Geschichte des Günstigkeitsprinzips) lässt sich demzufolge als die erfolgreiche Etablierung und Abschottung einer Policy Community gegen Außenseiter beschreiben. Die Liberalisierung des Arbeitsrechts erschließt sich demgegenüber als ein Prozess, in dem die epistemische Gemeinschaft und mit ihr die Policy Community zerbricht und gleichzeitig die kognitiven Grundlagen des Tarifrechts infrage gestellt werden. Beide Prozesse verlaufen parallel, verstärken sich aber wechselseitig.

### 3.3.4 Handlungsorientierungen: Zum Problemlösungsbias des Akteurzentrierten Institutionalismus (AZI)

Bezüglich der akteurspezifischen Handlungsorientierungen nimmt der AZI eine pragmatische Haltung ein. Er integriert die ökonomische und die soziologische Perspektive auch dahin gehend, dass er sowohl interessen- als auch normengeleitetes Handeln für möglich hält:

> Die Gegenüberstellung von zwei Handlungsorientierungen, von denen die normative der Institution, die zweckrationale dem Akteur zugeschrieben wird, trifft die Realität nur unzureichend. Die von institutionellen Regelungen belassenen Handlungsspielräume werden von den Akteuren keineswegs nur zur Maximierung des eigenen Nutzens gebraucht, und umgekehrt kann vielfach gerade zweckrationales, ja selbst eigensüchtig nutzenmaximierendes Handeln als institutionell »angemessen« von den Akteuren erwartet werden. (Mayntz/Scharpf 1995: 52)

Gleichwohl ist der AZI im Rahmen der Diskussion über politische Steuerung entwickelt worden und trägt deshalb alle mit dem Steuerungsparadigma verbundenen Tendenzen in sich (vgl. im Folgenden Mayntz 2001). Zu den potenziell problematischen Annahmen zählt der dem Ansatz inhärente Problemlösungsbias. Die Steuerungstheorie konzipiert den politischen Prozess als eine Sequenz, in der Akteure Probleme identifizieren, Lösungen zu ihrer Überwindung entwickeln und diese durchzusetzen versuchen (Sabatier 1999: 3). Dabei wird nicht gefragt, »*ob* politische Akteure primär an der Lösung gesellschaftlicher Probleme orientiert sind«, sondern es wird unterstellt, »*dass* dieses ihr dominantes Ziel« sei (Mayntz 2001: 3). Herrschaftssoziologische Ansätze, die eher in der Tradition von Max Weber oder des Marxismus stehen, nehmen gegenüber der steuerungstheoretischen Perspektive andere Aspekte des politischen Prozesses in den Blick und stellen die Kategorie der Macht ins Zentrum (Mayntz 2001: 5–6). Demnach sind politische Akteure nicht in erster Linie daran interessiert, wie auch immer definierte gute Lösungen für politische Probleme zu realisieren, sondern sie sind um Machterwerb und -erhalt bemüht.

Die Kritik am Problemlösungsbias ist berechtigt und wird von zentralen Vertretern der Steuerungstheorie auch anerkannt, wie die Ausführungen von Renate Mayntz belegen. Gleichwohl möchte ich argumentieren, dass dieser Bias beim hier untersuchten Fallbeispiel der Tarifrechtsentwicklung weniger kritisch ist als in vielen anderen Fällen, weil im Konflikt zwischen dem privatrechtlichen und dem arbeitsrechtlichen Denken die Problemlösungsperspektive und die Machtperspektive tendenziell konvergieren. Jede Rechtsordnung ist gleichzeitig eine normative und eine kognitive Ordnung, die Wahrheitsgeltung beansprucht. Das arbeitsrechtliche Denken nimmt explizite *Problemdiagnosen* vor, *zu deren Lösung das Arbeitsrecht beitragen soll.* Auch aufgrund seiner marxistischen Wurzeln sind diese Problemdefinitionen *herrschaftssoziologisch* ausgerichtet. Das größte Problem ist demnach die Machtasymmetrie zwischen Arbeitgeber- und Arbeitnehmerseite am Arbeitsmarkt, die die individuelle Vertragsfreiheit für den einzelnen Arbeitnehmer unmöglich macht. Vertragsfreiheit basiert auf der Annahme freier und gleicher Vertragspartner. Arbeitsrechtler proklamieren, dass diese Voraussetzungen hier fehlen, weil der einzelne Arbeitnehmer auf ein Beschäftigungsverhältnis angewiesen ist und dadurch erpressbar wird. Das kollektive Arbeitsrecht soll den Arbeitnehmer schützen und die Parität zwischen Arbeitnehmer- und Arbeitgeberseite wiederherstellen. Arbeitnehmer sollen sich gewerkschaftlich organisieren können, denn nur im Kollektiv besteht die Möglichkeit, durch Streiks ein Äquivalent zur Marktmacht des Unternehmers herzustellen. Gewerkschaften sollen Tarifverträge aushandeln, die unabdingbare Mindeststandards setzen. Erst auf dieser Basis haben Arbeitnehmer eine Wahl, und erst dann kann die Norm der Vertragsfreiheit auch für sie gelten. Diese Problemdefinition und die daraus resultierende Funktionsbestimmung des Rechts sind konstitutiv für das gesamte kollektive Arbeitsrecht und bilden den Ausgangspunkt aller Lehrbücher.

Arbeitsrechtliches Denken ist also *problemorientiertes Denken.* Nur wenn die genannte Problemdefinition akzeptiert wird, ist die Etablierung des Arbeitsrechts als ein eigenständiges Rechtsgebiet plausibel. Wenn die These der Asymmetrie zwischen Arbeit und Kapital nicht (mehr) geglaubt wird, verliert das kollektive Arbeitsrecht seinen Sinn, denn ein Arbeitsvertrag wird dann nicht anders betrachtet als ein regulärer Vertrag. Und Tarifverträge sind dann nichts anderes als illegitime Eingriffe in die individuelle Vertragsfreiheit. Dies ist die Position der liberalen Vertragsrechtler.

Das arbeitsrechtliche Denken ist aber gleichzeitig *machtorientiertes Denken*, weil im Rahmen der Problemanalyse und der vorgeschlagenen Lösungen Machtzuweisungen vorgenommen werden. Der Ausgangspunkt des Problems ist demnach die Machtasymmetrie zwischen Arbeit und Kapital. Und das Arbeitsrecht will die Waffe des Schwächeren gegen die Marktmacht des Stärkeren sein. Diese Annahmen veranlassen die davon betroffenen Akteure bis heute dazu, für oder gegen die langfristige Geltung dieser Rechtsdeutung zu kämpfen. Und viele Akteurgruppen sind in ihren Machtbefugnissen davon betroffen, ob diese Deutung gilt. Werden die Probleme am Markt (oder die Mittel zu ihrer Lösung) neu beschrieben, hat dies auch unmittelbare Auswirkungen auf die Machtbefugnisse. Und anders herum wird jeder Akteur, der die bestehenden Machtverhältnisse ändern möchte, darum bemüht sein, eine Neudefinition der Problemlagen zu erreichen. Insofern fallen problembasiertes und machtorientiertes Handeln hier zusammen.

### 3.3.5 Handlungssituation

Der AZI betont, dass sich Akteure immer in konkreten Handlungssituationen bewegen (Mayntz/Scharpf 1995: 58–60). Das Zusammenspiel institutioneller Bedingungen mit Handlungsorientierungen und Akteurinteraktionen kann nur vor dem Hintergrund des spezifisch historischen Kontexts verstanden werden. Die Relevanz der Handlungssituation liegt demnach darin, dass sie Handlungschancen bietet oder verschließt. Gegebene Ressourcen können faktisch verfügbar sein oder nicht, zusätzliche Ressourcen – die aus der Situation heraus entstehen – können hinzutreten und prozessentscheidend sein. Betont man – wie hier vorgeschlagen wurde – die Akteurperspektive dahin gehend, dass die kognitive Dimension des Politischen ins Zentrum gerückt wird, bekommen die historisch kontingenten Faktoren des politischen Prozesses zusätzliche Bedeutung. Die Interpretation einer Rechtsnorm kann sich situationsspezifisch wandeln. Diesen Aspekt betont Mayer-Maly mit seiner Metapher der »Permanenz der Wiederkehr« von Rechtsfiguren (siehe Abschnitt 3.1; Mayer-Maly 1971): Existierende Interpretationsvorschläge gewinnen an Bedeutung oder treten (meist nur vorübergehend) in den Hintergrund, wenn die Umweltbedingungen dies nahelegen.

Der zweite Aspekt, der Handlungssituationen bedeutsam werden lässt, liegt nach Mayntz und Scharpf in ihrem Stimuluscharakter, wenn zum Beispiel Probleme gelöst und/oder Machtpositionen verteidigt werden sollen. In dem hier betrachteten Fallbeispiel des Tarifrechts spielen vor allem zwei Arten von Situationen eine Rolle. Dies sind einerseits die ökonomischen Bedingungen, unter denen alle Beteiligten agieren. Die empirischen Kapitel werden zeigen, dass die Wiederkehr von Rechtsfiguren nach Mayer-Maly dem wirtschaftlichen

Konjunkturzyklus und seinen immanenten Problemdefinitionen oder Machtverschiebungen folgt. Auch vor diesem Hintergrund ist es kein Zufall, dass die Debatten über das Günstigkeitsprinzip unter den ökonomischen Krisenbedingungen der 1990er Jahre in erstaunlichem Maße denen gleichen, die in den Krisenjahren gegen Ende der Weimarer Republik bereits geführt wurden.

Selbstverständlich treffen politische Akteure ihre Entscheidungen nicht ausschließlich *ad hoc*, sondern sie verfolgen politische Ziele *situationsübergreifend*. So kann man den deutschen Einheits- und Industriegewerkschaften unterstellen, dass sie generell darum bemüht sind, die überbetriebliche Arbeitnehmersolidarität zu wahren und den Flächentarifvertrag zu verteidigen, was auch ihrem Organisationssicherungsinteresse entspricht. Was dies unter konkreten historischen Bedingungen heißen kann, ist aber alles andere als eindeutig. So müssen sie unter wirtschaftlichen Prosperitätsbedingungen in Rechnung stellen, dass einige Beschäftigtengruppen auf betrieblicher Ebene für sich Löhne aushandeln können, die für sie deutlich günstiger sind als die durchschnittlichen Tariflöhne. Gleichwohl müssen die Gewerkschaften jedoch darum besorgt sein, die betrieblichen Lohnentwicklungen zu kontrollieren, um keine Machtverluste zu erleiden. In der ökonomischen Krise wiederum können die Betriebsräte und Beschäftigten Interpretationen entwickeln, nach denen die Sicherheit der Arbeitsplätze für sie günstiger ist als weitere Lohnzuwächse. Dies stellt die Gewerkschaften wiederum vor die Herausforderung, die eigenen lohnpolitischen Handlungsspielräume zu sichern und die betriebliche Lohnkonkurrenz zu begrenzen. Das Management zwischen betrieblicher und tariflicher Weltsicht innerhalb des *Multiple-Self*-Akteurs unter sich wandelnden ökonomischen Bedingungen braucht situationsspezifische Antworten, die nicht von vornherein gegeben sind.

Grundsätzlich gilt das Gleiche auch für die Arbeitgeberverbände. Auch wenn diese situationsübergreifend das politische Ziel verfolgen, die betriebliche Autonomie zu schonen, treten doch immer wieder Konstellationen und Situationen auf, in denen die Verbandsspitze Kollektivgüter bereitstellen muss, die einzelne Firmen nicht herstellen können (zum Beispiel Lohnkontrolle bei Vollbeschäftigung).

Der zweite Situationstyp, der hier eine Rolle spielt, sind politisch-institutionelle Umbrüche. Die Geschichte des Günstigkeitsprinzips erstreckt sich über annähernd einhundert Jahre. Es wurde unter den Bedingungen des Kaiserreichs, der Weimarer Republik, des Nationalsozialismus und der Bonner Republik genutzt und gestaltet. Nicht selten wurden in den turbulenten Umbruchphasen zwischen zwei Regimeformen unter historisch prekären Bedingungen fast zufällig als provisorisch gedachte Entscheidungen getroffen, die sich später als kaum mehr revidierbar herausstellten und die weitere Entwicklung für viele Jahre prägten. Das historisch kontingente Element des Politischen kommt vor allem in diesen außerordentlichen Situationen besonders gut zum Ausdruck. Welche historischen Konstellationen von den Akteuren als Umbrüche wahrgenommen werden, ist nicht von vornherein gegeben und variiert auch zwischen den Akteuren. So zeigte sich zum Beispiel nach 1945 eine erstaunliche Kontinuität in der Richterschaft und der Rechtswissenschaft, während die reformorientierte Justizpolitik der späten 1960er Jahre, die Prozesse der Demokratisierung an den Gerichten zumindest partiell initiierte, für die betroffenen Institutionen teilweise einen deutlich stärkeren Umbruchcharakter trug als der Regimewechsel von 1945.

Ein weiteres situativ geprägtes Element der Transitionsphasen zwischen unterschiedlichen Regimen liegt darin, dass jede Herrschaftsform ein rechtliches Erbe hinterlässt, das von der nachfolgenden Generation verarbeitet werden muss oder auf das sie sich berufen kann. So standen alle tarifpolitischen Akteure nach 1945 vor der Aufgabe, ein neues demokratisches Tarifrecht zu etablieren, und dies vor dem Hintergrund, dass in den meisten Betrieben nationalsozialistische Arbeitsordnungen nach wie vor gültig waren, von denen immer auch bestimmte Gruppen profitierten. Die Abwicklung des Vergangenen kann zu einer prägenden Handlungsmaxime im rechtspolitischen Prozess werden.

Anders herum kann auch die Wiederbelebung des Vergangenen handlungsanleitend sein. In allen Phasen der arbeitsrechtlichen Nachkriegsentwicklung spielte das Erbe des in Weimar etablierten Tarifrechts eine überragende Rolle. Die konkurrierenden arbeitsrechtlichen Interpretationen versuchen ihren Geltungsanspruch auch heute noch dadurch zu untermauern, dass sie sich als die legitimen Sachverwalter des Weimarer Tarifrechts darstellen können. Auch über die Interpretation des vergangenen Rechts werden Deutungskämpfe ausgeführt, was den hohen Legitimationsgehalt der Weimarer Epoche untermauert. Auch aus diesem Grund wirft das folgende Kapitel einen ausschweifenden Blick auf die tarifrechtlichen Debatten vor 1945, ohne die die Nachkriegsentwicklung in Bezug auf das Günstigkeitsprinzip unverständlich bleibt.

## 3.4 Fazit

In diesem Kapitel wurde der analytische Rahmen präsentiert, der die Arbeit anleitet. Ausgangspunkt ist eine wissensbasierte Version des Akteurzentrierten Institutionalismus, die die Akteurorientierung unterstreicht, indem sie die Deutung (und Deutungsangebote) der Institutionen durch die unter ihrem Einfluss stehenden Akteure ins Zentrum rückt. Die verschiedenen Akteure der industriellen Beziehungen bewegen sich in einem komplexen institutionellen

Regelwerk, das das Zusammenspiel von vier eng verflochtenen Arenen organisiert: Betrieb, tarifpolitische Arena, politisches System und Rechtssystem. Die Komplexität der Regeln führt dazu, dass sowohl die Zuständigkeitsverteilungen zwischen den Akteuren als auch der Geltungsbereich der jeweiligen Rechtsnormen uneindeutig sind. Juristen liefern hier ein für alle Akteure unverzichtbares Expertenwissen, sowohl bei der Interpretation der Regeln und ihrer Ordnung als auch bei der rechtspolitischen Gestaltung der Institutionen. Die Liberalisierung des kollektiven Arbeitsrechts und in diesem Zusammenhang die Entwicklung des Günstigkeitsprinzips können als ein Prozess beschrieben werden, in dem verschiedene Expertengruppen und ihre politischen Koalitionspartner als epistemische Gemeinschaften um Geltung konkurrieren und den politischen Prozess prägen: indem sie die Bildung von Akteurpräferenzen beeinflussen, indem sie die Koalitionsbildung unterstützen (oder behindern) und indem sie als Gatekeeper an entscheidenden Stellen der Macht sitzen, vor allem in der Ministerialverwaltung und an den Gerichten. Epistemische Gemeinschaften können unter historisch kontingenten und durch Unsicherheit geprägten Situationen zur Herausbildung konsistenter Präferenzen und politischer Koalitionen beitragen. Sie können aber auch das Gegenteil bewirken, wenn ohnehin fragmentierte politische Akteure, die als *multiple selves* existieren, durch multiples, widersprüchliches und konkurrierendes Wissen ihren Zentrifugalkräften noch stärker ausgesetzt werden als zuvor. Doch auch in diesem Fall trägt die Wirkung der epistemischen Gemeinschaft zum Verständnis des politischen Prozesses bei.

# Kapitel 4
# Gescheiterte Institutionalisierung: Tarifgedanke und Günstigkeitsprinzip (1900 bis 1945)

Die ideellen Grundlagen des deutschen Tarifrechts wurden zu Beginn des 20. Jahrhunderts gelegt. Eine vollständige Darstellung der historischen Entwicklung bis zur Gründung der Bundesrepublik Deutschland kann an dieser Stelle nicht erfolgen und muss aus Platzgründen fragmentarisch bleiben. Dennoch ist ein Blick auf die frühe Arbeitsrechtsgeschichte unumgänglich. In dieser historischen Phase standen weniger Auseinandersetzungen um die Interpretation bereits bestehender Rechtsnormen im Zentrum als vielmehr Konflikte um die Etablierung neuer Rechtsnormen. Doch es sind im Regelfall gerade diese Konflikte, die nach der Verabschiedung eines Gesetzes bei dessen Ausdeutung weitergeführt wurden. Die Entstehungsgeschichte des Tarifrechts ist auch deswegen unverzichtbar, weil bei der späteren Auslegung dieses Rechts immer auch auf dessen Entstehung rekurriert wird.

Im frühen 20. Jahrhundert entstanden auch die rechtswissenschaftlichen epistemischen Gemeinschaften, die in mehr oder weniger gewandelter Form bis heute existieren. Zudem wurden die zentralen politischen Konfliktlinien herausgebildet und Policy-Entscheidungen getroffen, die die Entwicklung des Günstigkeitsprinzips trotz der politisch-institutionellen und ökonomischen Umbrüche für Jahrzehnte nachhaltig geprägt haben. Das Kapitel soll außerdem verdeutlichen, dass aktuelle Diskussionen über das Günstigkeitsprinzip historische Vorläufer hatten. Die heute strittigen Fragen prägten bereits die arbeitsrechtlichen Kontroversen der Weimarer Republik, und auch ein Großteil der gängigen Antworten wurde in dieser Zeit entwickelt.

## 4.1 Die Etablierung des Tarifvertragsrechts in Deutschland vom Kaiserreich bis zur Weimarer Republik (1900 bis 1918)

Der Abschnitt über die formative Phase des Arbeitsrechts beleuchtet kurz drei Aspekte der Entwicklung: Erstens wird die Formierung zweier epistemischer Gemeinschaften für und gegen das Arbeitsrecht als eigenständiges Rechtsgebiet herausgearbeitet. Zweitens wird die proaktive Rolle der arbeitsrechtlichen Gemeinschaft bei der Gestaltung des deutschen Tarifrechts untersucht. In einer historischen Phase, in der nur wenige politische Akteure die gesetzliche Regulierung des Tarifvertragswesens als notwendig oder wünschenswert anerkannten, arbeiteten die Arbeitsrechtler bereits an ihrer konkreten Ausgestaltung. Es wird vor allem erörtert, wodurch und unter welchen Bedingungen der relativ kleinen Gruppe der Arbeitsrechtler die politische Institutionalisierung ihrer Ideen gelang, obwohl sie personell schwach war und am Rande ihrer Profession stand. Und drittens wird gezeigt, dass das Günstigkeitsprinzip bereits in dieser Entstehungsphase des Tarifrechts als Rechtsnorm existierte und Fragen aufwarf, über deren Beantwortung bis heute gestritten wird.

Das deutsche Tarifvertragswesen ist durch praktisches Handeln und in einem Bottom-up-Prozess entstanden. Nach der Aufhebung der Sozialistengesetze stieg die Zahl der Tarifabschlüsse unter den Bedingungen der Verelendung breiter Bevölkerungsschichten sprunghaft an (Sinzheimer [1915b]1976). Die repressive Politik des Staates gegen die Organisierung der Arbeiterschaft hatte sich als wirkungslos erwiesen und wurde eingestellt. Dadurch konnte sich das Tarifvertragswesen mehr oder weniger frei entfalten. Die Idee des Tarifvertrages war kein theoretisch entwickeltes Konstrukt, das in der Praxis implementiert wurde; sondern die Gewerkschaften[1] und Arbeitgeber(-verbände) schlossen Vereinbarungen, deren Wesensgehalt von Juristen erst gedeutet werden musste. Es war nicht einmal klar, welchen Namen diese neuartigen Verträge haben sollen. Sinzheimer etwa bezeichnete sie zu Beginn des 20. Jahrhunderts noch als »korporative Arbeitsnormenverträge« (Sinzheimer [1907]1977). Carl Legien, der Vorsitzende der Generalkommission der Freien Gewerkschaften, bevorzugte demgegenüber den Begriff des »kollektiven Arbeitsvertrags« (Legien 1900: 111). Andere gängige Bezeichnungen waren »Arbeitstarifvertrag« oder auch »Tarifgemeinschaft« (Schildbach 1909: 1425). Zeitlich fiel die frühe Blütezeit des Tarifwesens mit der Entstehung des BGB zusammen, das 1900 verabschiedet wurde. Das BGB, das als große und erstmals einheitliche Zivilrechtskodifika-

1 Wenn in diesem Kapitel von Gewerkschaften die Rede ist, so sind damit ausschließlich die Freien Gewerkschaften gemeint, wenn keine anderen Angaben gemacht werden.

tion gedacht und geschätzt war, wurde gleichzeitig zum Kristallisationspunkt der rechtswissenschaftlichen und politischen Auseinandersetzung.

### 4.1.1 Die Formierung zweier epistemischer Gemeinschaften: »Bürgerliches Recht« gegen »Arbeiterrecht«

Das historische Selbstverständnis der juristischen Profession in Deutschland ist untrennbar mit der Idee des Nationalstaats verknüpft (Hartwich 2008). Bereits 1860 hielt die Profession erstmalig Versammlungen ab, die dem Ziel dienten, die durch die Kleinstaaterei bedingte sachliche und räumliche Zersplitterung des Rechts zu überwinden. Die Förderung des deutschen Nationalstaats durch die Schaffung eines einheitlichen Rechts voranzutreiben, prägte die Zielvorstellung und Identitätsbestimmung des sich konstituierenden Deutschen Juristentages (Stenglein 1902). Die Bindung an die Schaffung der Rechtseinheit war so eng, dass nach dem vermeintlichen Erreichen dieses Ziels sogar die Frage aufgeworfen wurde, welchen Sinn die Institution des Juristentages in Zukunft noch haben könnte (Hamm 1902).

Gleichzeitig waren die rechtspolitischen Aktivitäten des Juristentages eng an (wirtschaftliche) Liberalisierungsinteressen gekoppelt (Ledford 1997). Im Kern der Bemühungen um Rechtseinheit stand die Kodifikation des Handels- und des Zivilrechts, wodurch der freie Warenverkehr erleichtert sowie Eigentumsrechte und die Vertragsfreiheit festgeschrieben werden sollten. Politisch standen die Aktivitäten dem nationalliberalen Spektrum nahe. Bereits auf der Frankfurter Nationalversammlung 1848/49 hatte die juristische Profession 445 der 812 Delegierten gestellt (Siemann 1976: 33–34). Viele Vertreter waren selbst Mitglieder der Nationalliberalen Partei (zum Beispiel Melchior Stenglein, einer der Herausgeber der *Deutschen Juristen-Zeitung*).

Insbesondere in Bezug auf die Zivilrechtskodifikation, die im Jahre 1900 mit dem BGB in Kraft trat, entbrannte eine politische Kontroverse.[2] Die zunehmende Verelendung breiter Bevölkerungsschichten im Zuge der Industrialisierung hatte in der zweiten Hälfte des 19. Jahrhunderts bei Nationalökonomen eine Debatte über die Lage der Arbeiterschaft ausgelöst, vor allem im Verein für Socialpolitik (Becker 1995: 151–218). Spätestens mit dem ersten Entwurf des BGB (1887) erfasste diese Debatte auch die juristische Disziplin. Es wurde kritisiert, dass der Entwurf den Verhältnissen im Arbeitsleben und der Natur des Arbeitsvertrages in keiner Weise gerecht würde (ebd.: 219–238). Das BGB kannte den Begriff des »Arbeitsvertrages« gar nicht, sondern behandelte ihn

2 Dies war kein rein deutsches Phänomen, doch nirgendwo in Europa wurde diese Debatte so intensiv und nachhaltig geführt wie in Deutschland (Birk 2002).

im Rahmen des Dienstvertragsrechts in nur acht Paragrafen. Beides wurde von Kritikern als unangemessen betrachtet. Als Begründung wurde angeführt, dass der Arbeitsvertrag der am häufigsten geschlossene Vertrag überhaupt sei und darum auch eine spezifische Würdigung erfahren müsse.

Gewichtiger war noch der Umstand, dass das BGB das Arbeitsverhältnis als ein Schuldrechtsverhältnis konzipierte, in dem Leistungen und Gegenleistungen erbracht werden. Der Arbeitsvertrag wurde also als regulärer Vertrag klassifiziert. Die hiergegen vorgebrachte Kritik – vorgetragen vor allem von Otto von Gierke, Anton Menger und Carl Grünberg – betonte demgegenüber die besondere Natur des Arbeitsvertrages. Das Arbeitsverhältnis erschöpfe sich nicht in einem reinen Schuldrechtsverhältnis, sondern es trage auch personenrechtlichen Charakter, weil die Arbeitskraft des Arbeitnehmers untrennbar mit seiner Person verbunden sei. Zudem basiere die Idee der Vertragsfreiheit auf der Annahme, dass sich zwei freie und gleiche Vertragspartner gegenüberstehen. Davon könne aber im Arbeitsleben keine Rede sein, weil der Arbeiter auf das Arbeitsverhältnis angewiesen sei, um zu überleben. Faktisch sei der Arbeitsvertrag also kein Schuldrechtsverhältnis, sondern ein Herrschaftsverhältnis. Die Kritik am BGB mündete in Gierkes Forderung nach einem »Tropfen sozialistischen Öls im Privatrecht« (Gierke [1889]1948).

Die vorgetragene Kritik blieb weitgehend ungehört. So argumentierte der nationalliberale Gottlieb Planck, der in der Kommission zur Ausarbeitung des BGB als führendes Mitglied fungierte:

> Das Eigentum, das Erbrecht und die auf die Ehe sich gründende Familie bilden die Grundlagen der bestehenden Gesellschaftsordnung. Auf diesen Rechtsinstituten beruht auch das Recht des BGB. (Planck 1899: 181)

Das BGB bezog sich auf die Lebenswelt der Besitzenden, nicht auf die der Besitzlosen. In den Augen seiner Kritiker wurde es damit zum »bürgerlichen Recht« im wahrsten Sinne des Wortes, das »hinter dem Rücken großer und wichtiger Teile des Volkes geschaffen worden« war (Philip Lotmar, zitiert nach Becker 1995: 233). Und hier liegt der Ausgangspunkt der arbeitsrechtlichen epistemischen Gemeinschaft. Während die bisher genannten Kritiker eine sozial orientierte Weiterentwicklung forderten, die juristisch im Rahmen des Privatrechts und politisch im Rahmen des BGB erfolgen sollte, ging eine kleine Gruppe von Juristen sehr viel weiter. Sie forderte ein Arbeiterrecht – mit gravierenden Auswirkungen auf die rechtspolitische und rechtswissenschaftliche Entwicklung.

Aufbauend auf den Vorarbeiten von Gierke und anderen, aber durch sozialistische Einflüsse deutlich radikaler, argumentierte diese Gruppe, dass sich der Arbeitsvertrag durch die Machtasymmetrie von Arbeit und Kapital grundlegend von anderen Verträgen unterscheide und dementsprechend auch *rechtlich eigen-*

*ständig* gefasst werden müsse. Gleichzeitig erarbeitete sie die Idee des kollektiven Arbeitsrechts beziehungsweise die Idee des Kollektivismus im Arbeitsrecht. Das Vertragsrecht des BGB kannte nur individuelle Rechtssubjekte. Das Bürgerliche Recht zementiere dadurch das Machtungleichgewicht zwischen Arbeit und Kapital. Denn für einen Arbeiter sei die Idee der individuellen formalen Vertragsfreiheit eine Leerformel, weil er auf ein Arbeitsverhältnis nicht verzichten könne und faktisch keine Wahlfreiheit habe, einen ihm angebotenen Vertrag abzulehnen. Seine formale Rechtsgleichheit werde durch die reale Marktungleichheit überlagert. Erst als Kollektiv (im Rahmen gewerkschaftlicher Organisation) und mit dem Instrument des normativ wirkenden Tarifvertrages (ein im realen Wirtschaftsleben um sich greifendes Instrument, das das BGB überhaupt nicht erwähnt hatte), könnten die Beschäftigten ein Gegengewicht zur Arbeitgeberseite bilden. Erst dann könne wirkliche Vertragsfreiheit gewährleistet sein.

Sowohl der Arbeitsvertrag als auch der Tarifvertrag wurden von dieser Gruppe damit als besondere Verträge aufgefasst. Der Sonderstatus des Arbeitsvertrages lag im zugrunde liegenden Herrschaftsverhältnis, das sich aus der Diskrepanz zwischen formeller Rechtsgleichheit und faktischer Marktungleichheit der Vertragsparteien ergab. Das besondere Merkmal des Tarifvertrages lag im Streben nach seiner normativen, das heißt unmittelbaren und zwingenden Wirkung auf das Arbeitsverhältnis, die auch dann gelten soll, wenn dies die Arbeitsvertragsparteien weder wissen noch wünschen. Der Tarifvertrag sollte also trotz seines Charakters als privater Vertrag gesetzesähnliche Wirkung entfalten:

> Er [der Tarifgedanke] beruht in der Anschauung, *daß die unabhängigen Organisationen der Arbeitnehmer durch Vertrag mit dem Arbeitgeber oder der Arbeitgeberorganisation objektives Arbeitsrecht begründen.* Wir sehen heute in einem Vertrag nur die Begründung eines Rechtsverhältnisses zwischen bestimmten Vertragsparteien. Und doch gibt es Verträge, die auch *objektive* Rechtswirkungen erzeugen, die Rechtsquellen sind. […] Die völkerrechtlichen Verträge unserer Zeit sind Verträge. Das Recht aber, das sie begründen, ist objektives Recht, dessen Wirksamkeit über die Beziehungen der Vertragsparteien hinaus reicht. Dasselbe gilt von gewissen Verträgen des Verwaltungsrechts, von Verträgen der Städte untereinander oder der Städte mit dem Staat über die Verteilung von Baulasten, Wegelasten usw. An diese Rechtsrichtung müssen wir denken, wenn wir dem Tarifvertrag das ihm angemessene rechtliche Gewand geben, wenn wir seinen Sinn zum rechtlichen Ausdruck bringen wollen. (Sinzheimer [1915b]1976: 162)

Das Tarifrecht wurde in dieser Konzeption an der Schnittstelle zwischen Privatrecht und öffentlichem Recht angesiedelt, weil die Tarifverträge zwar private Vereinbarungen waren, die von auf freiwilliger Mitgliedschaft basierenden Verbänden geschlossen wurden; sie sollten jedoch öffentliche, das heißt gesetzesähnliche Funktionen erfüllen. Diese grundlegenden Ideen wurden zum Bezugspunkt allen arbeitsrechtlichen Denkens und zu einer zentralen Konfliktlinie mit dem Privatrecht bis in die Neuzeit hinein.

Die Gemeinschaft der Arbeitsrechtler zeigte (fast) alle Merkmale, die Peter Haas als kennzeichnend für eine epistemische Gemeinschaft nennt.[3] Die Mitglieder dieser Gruppe teilten *Annahmen über Problemdefinitionen und Ursache-Wirkungs-Ketten* auf dem Arbeitsmarkt. Der Ausgangspunkt ihrer Überlegungen war die Asymmetrie zwischen Arbeit und Kapital, die die individuelle Vertragsfreiheit unterminierte. Sie teilten die *normative Überzeugung*, dass diese Situation zugunsten der Arbeiterschaft geändert werden müsse. Dafür war es ihrer Meinung nach notwendig, die Idee des Kollektivismus im Arbeitsrecht zu stärken. Insbesondere forderten sie die diesbezügliche gesetzliche Regulierung und Anerkennung des Tarifvertrages (siehe dazu Abschnitt 4.1.2). Der Tarifgedanke sei auch Ausdruck der Selbstbestimmung der sozialen Klassen und der Emanzipation der Arbeiterschaft.

Die Mitglieder der epistemischen Gemeinschaft hatten zudem Gemeinsamkeiten in der *wissenschaftstheoretisch-disziplinären Orientierung*. Sie sahen das kollektive Arbeitsrecht als eigenständiges Rechtsgebiet außerhalb des Privatrechts an, weil nur dadurch der öffentlich-rechtliche Charakter des Tarifvertrages hinreichend erfasst werde. Zwar hatten auch sie ihre frühen Untersuchungen privatrechtlich angelegt. Sie merkten jedoch bald, dass sie damit den Regelungsintentionen real existierender Tarifverträge nicht gerecht wurden. Zudem gingen sie davon aus, dass die Rechtswissenschaft sich stärker als bisher mit der Divergenz zwischen formalem Recht und faktischer Rechtsgeltung auseinandersetzen müsse. Diese Forderung bezog sich erstens auf die Diskrepanz zwischen formaler Rechtsgleichheit und materieller Ungleichheit. Die formalistisch-dogmatische Rechtsauslegung könne allein nicht zu befriedigenden Ergebnissen führen, wenn nicht gleichzeitig die reale Marktsituation in die Analyse einbezogen werde. Darüber hinaus lenkte die arbeitsrechtliche Gemeinschaft den Blick auf die Diskrepanz zwischen formalem und gelebtem Recht. Vor allem Sinzheimer forderte von seiner Disziplin eine Betrachtungsweise, die die Voraussetzungen und Wirkungen des Rechts und damit die Rechtswirklichkeit in den Blick nimmt. Er verwies darauf, dass das Recht auch aus den gesellschaftlichen Praktiken heraus entsteht, und dass auch im kodifizierten Rechtssystem *common-law*-ähnliches Recht existiert, das die Rechtswissenschaft anerkennen muss:

> Die rechtswissenschaftliche Betrachtung des Arbeitsnormenvertrages ist gezwungen, wenn sie überhaupt rechtliche Ergebnisse finden will, an die Bildungen des Rechtslebens selbst heranzugehen, ein Verfahren, das über die rechtswissenschaftliche Bearbeitung des Arbeitsnormenvertrages hinaus vorbildlich für die Auffindung des geltenden Rechts überhaupt werden kann, soweit sich dieses Recht außerhalb oder unter der Herrschaft des formulierten Rechts bildet und betätigt. Damit kann zugleich allgemein die Erkenntnis gefördert werden, dass

---

3 Für eine Betrachtung der Binnendifferenzierung dieser Gruppe vgl. Graf (1993: 105–113).

nicht nur geltendes Recht ist, was in den Sätzen des Rechts zum Ausdruck, sondern auch was im täglichen Leben als Recht zur Anwendung gelangt, und dass sich daher die Aufgabe, rechtswissenschaftliche Ergebnisse zu finden, nicht darin zu erschöpfen braucht, formuliertes Recht zu analysieren, sondern daß es auch notwendig sein kann, das rechtlich geformte Leben selbst einer besonderen Bearbeitung zu unterwerfen. (Sinzheimer [1907]1977: V)

Das Arbeitsrecht wurde damit zu einem Konfliktfeld der Auseinandersetzung zwischen traditioneller Rechtswissenschaft und der sich formierenden Rechtssoziologie, die von Eugen Ehrlich und Max Weber im Anschluss an Jhering geprägt wurde (Graf 1993: 126–128). Die rechtssoziologische Perspektive wurde im Verlauf der 1920er Jahre durch die Schüler von Sinzheimer, Otto Kahn-Freund, Ernst Fraenkel und Franz Neumann, noch stärker akzentuiert als dies im Kaiserreich der Fall gewesen war (Neumann [1929]1966; Fraenkel [1930]1966; Kahn-Freund [1932]1966, [1931]1975; Fraenkel [1927]1999).

Was den Pionieren fehlte, um die Haas'schen Kriterien einer epistemischen Gemeinschaft vollständig zu erfüllen, war die *Anerkennung* als Fachexperten durch ihre Umwelt *(recognized expertise)*. Dafür gab es mehrere Gründe. Mit ihrer Forderung nach der Anerkennung des Arbeitsrechts als eigenständiges Rechtsgebiet standen sie am Rand ihrer Profession. Sie attackierten den Identitätskern ihrer Disziplin, die die liberalen Bürgerrechte des Privatrechts ins Zentrum stellte. Zudem stellte ihre Forderung nach einem Sonderstatus für das Arbeitsrecht die gerade errungene Rechtseinheit wieder infrage (Graf 1993: 138). Auch sozial und politisch bewegten sich die frühen Arbeitsrechtler eher am Rande der Gesellschaft, weil sie fast ausnahmslos jüdisch und sozialdemokratisch waren. Ihre epistemische Gemeinschaft war also in gewissem Umfang sozialstrukturell untermauert, gerade dadurch befand sie sich aber auch politisch in der Opposition. Fünf Personen bildeten in dieser frühen Phase der arbeitsrechtlichen Entwicklung das Zentrum der Gemeinschaft.

*Arthur Stadthagen* (1857 bis 1917) arbeitete als jüdischer Anwalt und Stadtverordneter in Berlin. Nachdem er im Zusammenhang mit der Verteidigung angeklagter Arbeiterfrauen seine Profession hart kritisiert hatte, schloss man ihn 1892 aus der Anwaltskammer aus. 1890 wurde er Mitglied der sozialdemokratischen Fraktion im Reichstag, wo er als rechtspolitischer Sprecher hervortrat. Dort führte er auch die parteipolitische Kritik am BGB an (Becker 1995: 242). Er veröffentlichte mehrere Schriften, darunter »Das Arbeiterrecht«, welche erstmalig 1895 erschien (Stadthagen 1895). Das Buch wandte sich insbesondere an Beschäftigte (und ihre Anwälte) und enthielt viele Beispiele aus der Praxis. Dass bis 1904 vier Auflagen erschienen, illustriert das wachsende Interesse der Öffentlichkeit an diesem Rechtsgebiet.

*Karl Flesch* (1853 bis 1915) stammte aus einer jüdischen Familie, seine Eltern konvertierten jedoch zum Protestantismus. Er war in Frankfurt als Anwalt und

Verwaltungsbeamter (Vorsteher des Armenamts), aber auch als Journalist und Politiker (Stadtrat) tätig. Noch während der Sozialistengesetze schuf er das erste gewerbliche Schiedsgericht in Frankfurt und legte damit den Grundstein für die spätere Arbeitsgerichtsbarkeit. Als Geschäftsführer des Verbandes Deutscher Gewerbegerichte bot er ein wichtiges arbeitsrechtliches Diskussionsforum an. Zudem war er in dieser Funktion Mitherausgeber einer hauseigenen Buchreihe sowie der Zeitschrift *Das Gewerbegericht* (Sinzheimer [1915a]1976).

*Philipp Lotmar* (1850 bis 1922), stammte aus einer jüdischen Frankfurter Bankiersfamilie und hatte in Heidelberg, Göttingen und München studiert. In der Zeit der Sozialistengesetze hatte er sich der Sozialdemokratie angeschlossen, wodurch ihm eine akademische Karriere in Deutschland verwehrt blieb. Er emigrierte in die Schweiz und wurde dort Professor an der Universität in Bern, wo er das Schweizerische Tarifrecht mitgestaltete (Sinzheimer [1922b]1976; Dubischar 1990: 86). Lotmar war der einzige ordentliche Universitätsprofessor dieser Gruppe und legte mit dem zweibändigen Werk *Der Arbeitsvertrag* (Lotmar 1902, 1908) die erste »professoral-gründliche Abhandlung« des Arbeitsrechts vor, die allerdings noch ganz im Geist des Privatrechts stand (Dubischar 1990: 86). Erst in der Auseinandersetzung damit wuchs die Überzeugung, dass das Wesen des Arbeitsrechts mit den privatrechtlichen Kategorien nicht hinreichend erfasst werden konnte. Lotmar präsentierte bereits im Jahr 1901 einen ersten Entwurf für eine gesetzliche Regelung des Tarifvertrages in Deutschland (Becker 1995: 250).

Die zentrale intellektuelle Figur der Gemeinschaft war *Hugo Sinzheimer* (1875 bis 1945), jüdischer Sozialdemokrat, der in München, Marburg, Berlin und Halle studiert hatte und ab 1903 als Rechtsanwalt in Frankfurt tätig war. Stärker als die anderen Vertreter des frühen Arbeitsrechts stritt er für die Eigenständigkeit des Arbeitsrechts als Sonderrechtsgebiet und für die Notwendigkeit der rechtssoziologischen Methode. Zudem war er auch rechtspolitisch aktiv. So legte er 1916 einen eigenen Entwurf für ein Tarifvertragsgesetz vor. 1919 war er als Sozialdemokrat Mitglied der Verfassungsgebenden Nationalversammlung in der Weimarer Republik und später federführendes Mitglied im Ausschuss für Arbeitsrecht (Becker 1995: 282).

Und schließlich ist noch *Heinz Potthoff* (1875 bis 1945) zu nennen, der als einziger kein Jude, kein Jurist und kein Sozialdemokrat war. Er hatte in München, Leipzig und Berlin Volkswirtschaft studiert. Von 1903 bis 1907 war er Mitglied des Deutschen Reichstages als Abgeordneter der bürgerlichen Freisinnigen Vereinigung. Zusammen mit seinem Freund Sinzheimer fungierte er ab 1914 als Herausgeber der Zeitschrift *Arbeitsrecht*, der ersten arbeitsrechtlichen Zeitschrift in Deutschland, in der auch Lotmar publizierte. Später war er als Referent im bayerischen Sozialministerium und als Regierungsrat im Reichsarbeitsministerium tätig (Ramm 1966: 267–268).

Die Frage, warum das deutsche Arbeitsrecht in seiner Entstehungszeit so stark jüdisch geprägt war, kann mit Blick auf die historische Forschung zur Bedeutung jüdischer Intellektueller in der deutschen Arbeiterbewegung zumindest ansatzweise erklärt werden (Grab/Schoeps 1986; Grebing 1997). An dieser Stelle soll nur das Argument hervorgehoben werden, dass die jüdischen Intellektuellen mit der Arbeiterschaft die Erfahrung teilen konnten, in Staat und Gesellschaft isoliert zu sein. Die Affinität zum Arbeitsrecht entsprang demnach der mit den Arbeitern geteilten Diskriminierungserfahrung. Die jüdischen Bürger hatten – so wie die Arbeiter – die Differenz zwischen formaler Gleichheit und informeller Ungleichbehandlung seit Langem am eigenen Leib erfahren. Formal besaßen sie alle Rechte, doch faktisch blieben ihnen viele Bereiche des bürgerlichen Lebens verschlossen. Ebenso wie die Arbeiterschaft blieben die Juden Außenseiter der Gesellschaft. Dies mag dazu beigetragen haben, dass so mancher jüdischer Jurist bürgerlicher Herkunft für die Sache der Arbeiter (und für die rechtssoziologische Perspektive auf das Recht) kämpfte.

Gleichwohl bleibt festzuhalten, dass die deutschen Juden aufgrund mangelnder anderer Optionen überwiegend in freien Berufen tätig waren und es somit insgesamt überdurchschnittlich viele Rechtswissenschaftler jüdischer Herkunft gab. Hinweise darauf liefert die Arbeit von Liepach, der zeigt, dass zumindest in der sozialdemokratischen Reichstagsfraktion nach 1900 fast alle Juristen jüdisch waren, nicht nur die Spezialisten des Arbeitsrechts (Liepach 1996: 20).

Dass in der Motivstruktur der Gemeinschaft eher politisch-normative Gestaltungsziele als Markterschließungsinteressen dominierten, wie die gängige professionssoziologische Literatur gemeinhin unterstellt (vgl. dazu noch einmal Kapitel 3.2), zeigt ein Blick auf die Biografien der Mitglieder. Sie alle haben beruflich und politisch hohe Konfliktbereitschaft gezeigt und mit ihrer Hinwendung zum Arbeitsrecht tendenziell karriereschädlich gehandelt. Als bürgerliche Akademiker wurden sie zudem im sozialdemokratischen Milieu nicht durchgängig mit offenen Armen empfangen. Im Gegenteil: Auf vielen sozialdemokratischen Versammlungen wurde die »Akademikerfrage« skeptisch diskutiert, weil die traditionellen Arbeitergruppierungen die »Echtheit ihrer socialdemokratischen Gesinnung« anzweifelten (Calwer 1901: 321). Die Annahme, dass hier nicht egoistisch-rationale Marktinteressen, sondern vor allem normative Überzeugungen das Handeln dominierten, ist mehr als nur plausibel. Die Mitglieder dieser Gemeinschaft hätten sich ihr Leben komfortabler gestalten können.

Ein letzter Aspekt, der die eher randständige Position der arbeitsrechtlichen Gemeinschaft begründet hat, liegt darin, dass sie weitgehend außerhalb der Universitäten agierte (mit Ausnahme von Lotmar, der allerdings in der Schweiz tätig war). Es handelte sich hier überwiegend nicht um Rechts*wissenschaftler* im engeren Sinn, sondern um Rechtspraktiker, die auch wissenschaftlich publizierten.

Dieser Umstand sollte der Gruppe in ihrer Disziplin später noch zum Schaden gereichen (vgl. dazu Kapitel 4.2.1). Für die gesetzliche Institutionalisierung des arbeitsrechtlichen Denkens erwies er sich jedoch als ausgesprochen förderlich. Die politischen Aktivitäten und Einflussnahmen der Arbeitsrechtler bilden das Thema des folgenden Abschnitts.

### 4.1.2 Die proaktive Rolle der arbeitsrechtlichen Gemeinschaft bei der Schaffung der Tarifvertragsverordnung 1918

Die Literatur über epistemische Gemeinschaften sieht das Einflusspotenzial von Expertengruppen vor allem in ihrer Fähigkeit zum Agenda-Setting und in ihrem Beitrag zur Präferenzbildung bei politischen Akteuren (siehe Kapitel 3.2). Demnach ist ihr Einfluss in der *frühen Phase* eines politischen Prozesses am größten, wenn Akteure mit neuen Situationen oder Problemen konfrontiert sind und Orientierung suchen. Die Schaffung des deutschen Tarifvertragsgesetzes bietet ein anschauliches Beispiel für diesen Mechanismus.

Es wurde bereits erwähnt, dass die Verbreitung von Tarifverträgen im ausgehenden 19. Jahrhundert ein naturwüchsiges Bottom-up-Phänomen war. Weder trugen die neuartigen Vereinbarungen zwischen Gewerkschaften und Arbeitgebern beziehungsweise Arbeitgeberverbänden einen einheitlichen Namen noch war man sich über ihre rechtliche Natur im Klaren. Man stand also sowohl wissenschaftlich als auch politisch vor einem neuen Phänomen. Und es waren vor allem die praktisch tätigen Rechtsanwälte, wie zum Beispiel Stadthagen oder Sinzheimer, die in ihrer alltäglichen Erfahrung mit den Tarifverträgen und den Problemen der Tarifvertragsgestaltung umgingen. Den meisten Universitätsprofessoren war diese Welt völlig unbekannt. Der schon im Kaiserreich weitverbreitete Vorwurf der Klassenjustiz bezog sich ja unter anderem darauf, dass den meisten Vertretern der juristischen Profession die Lebenswelt der Arbeiter fremd war (kritisch dazu Moeller 1908). Und der Entstehungsprozess des BGB hatte gezeigt, dass die privatrechtlich orientierten Juristen an die Regelung von Eigentum, Erbe und Familie dachten, nicht jedoch an die Arbeitsverhältnisse des Proletariats.

Als Praktiker entwickelten die Arbeitsrechtler zudem ein Verständnis der institutionellen Restriktionen, die die bestehende Rechtslage (und vor allem die bestehende Rechtsprechung) dem sich ausbreitenden Tarifwesen auferlegte. Tarifverträge wurden nach dem BGB wie legale Schuldverträge behandelt und dem allgemeinen Vertragsrecht unterworfen. Daraus folgte, dass die tarifvertraglichen Inhalte von den Gerichten zwar für die vertragsschließenden Parteien (Gewerkschaft und Arbeitgeber[-verband]) als bindend anerkannt wurden, nicht jedoch für Dritte, also für die Verbandsmitglieder. Doch das Ziel der Tarifverträge sollte gerade eine *normative Wirkung* sein: Die Tarifvertragsinhalte sollten zwingend auf die Arbeitsverhältnisse der Verbandsmitglieder einwirken. Hier lag ja ein Defizit des BGB, das Verträge nur als freiwilliges und privatrechtliches, nicht aber als normativ wirkendes Institut kannte. Dies hatte zur Folge, dass ein Arbeitnehmer seinen Tariflohn nicht einklagen konnte. Erstmalig 1910 anerkannte das Reichsgericht in einer Grundsatzentscheidung die Verbindlichkeit von Tarifverträgen (abgedruckt in Blanke et al. 1975a: 129–130).

Doch während die Zivilsenate die neuen Vertragstypen zu akzeptieren lernten, galt dies nicht für die Strafsenate. Diese betrachteten Streikandrohungen unter Berufung auf § 153 der Gewerbeordnung sowie auf § 253 des Reichsstrafgesetzbuches als Erpressungsversuch (Becker 1995: 98–108). Gewerkschaftsmitglieder, die streikten oder die Streiks auch nur ins Kalkül zogen, wurden also strafrechtlich verfolgt. Ihnen drohte Freiheitsentzug und der Verlust ihrer bürgerlichen Rechte. Die Schlussfolgerungen, die aus diesen institutionellen Bedingungen gezogen wurden, divergierten allerdings beträchtlich innerhalb der und zwischen den Akteurgruppen. Dabei formierte sich weder auf Arbeitgeber- noch auf Arbeitnehmerseite eine Mehrheit für gesetzgeberische Reformen.

In Bezug auf die Arbeitgeberseite war dies nicht überraschend, denn sie profitierte von der bestehenden Rechtsprechung. Zahlreiche Strafprozesse gegen Gewerkschaftsmitglieder wurden initiiert und gewonnen (Roth 1904; Wissell 1911). Zudem waren die Unternehmen in der ersten Dekade des 20. Jahrhunderts intern zerstritten über den Umgang mit den erstarkenden Gewerkschaften. Das Tarifwesen hatte in seinen Anfängen vor allem das kleinbetrieblich organisierte Handwerk erfasst, das sich mit den neuen Verhältnissen zu arrangieren versuchte. Die ersten Reichstarifverträge, die nicht nur lokale Geltung beanspruchten, sondern die gesamte Branche erfassten, wurden seit 1873 vom Verband der deutschen Buchdrucker erkämpft (Ullmann 1977). Die Großindustrie versuchte jedoch, ein Übergreifen der Entwicklung auf ihren Bereich zu verhindern. In diesem Zusammenhang riefen einige Industrieverbände zu einem Boykott der tariftreuen Buchdruckereien auf, was auf der Kapitalseite zu erheblichen Auseinandersetzungen führte (Döblin 1906).[4]

Bemerkenswerter ist hingegen, dass auch die Gewerkschaften nicht für eine Rechtsreform kämpften. Dies hatte verschiedene Ursachen. Erstens war die Tarifvertragspolitik auch in ihren Reihen umstritten. Von den gemäßigten Kräften wurde sie als ein geeignetes Mittel der Politik und als Zeichen der Anerkennung gewerkschaftlicher Interessen betrachtet. So verteidigte Emil Döblin vom Verband der deutschen Buchdrucker den Reichstarifvertrag seiner Branche auf dem

4 Über die Auseinandersetzungen und Konflikte im Arbeitgeberlager berichtet auch Braun (1908: 42–48).

dritten Gewerkschaftskongress 1899 gegen Kritik. Diese wurde unter anderem von einer tarifgegnerischen Minderheit vorgebracht, die sich vom Verband abgespalten hatte. Der Vorwurf lautete, dass Tarifverträge das Klassenbewusstsein der Arbeiter schwächen oder gar beseitigen könnten. Der Gewerkschaftskongress schloss sich dieser Position nicht an, sondern verankerte die Wertschätzung des Tarifgedankens in einer Resolution mit folgendem Wortlaut:

> Tarifliche Vereinbarungen, welche die Lohn- und Arbeitsbedingungen für eine bestimmte Zeit regeln, sind als Beweis der Anerkennung der Gleichberechtigung der Arbeiter seitens der Unternehmer bei Festsetzung der Arbeitsbedingungen zu erachten und in den Berufen erstrebenswert, in welchen sowohl eine starke Organisation der Unternehmer wie auch der Arbeiter vorhanden ist. (Legien 1902: 27)

Diese Position blieb allerdings umstritten und musste in den folgenden Jahren immer wieder gegen interne Kritik begründet und verteidigt werden (Katzenstein 1899; Legien 1900, 1902; Döblin 1908, 1910, 1912). Das Unterfangen wurde dadurch nicht leichter, dass die Tarifvertragspolitik auch von Teilen der Arbeitgeber massiv bekämpft wurde und somit von zwei Seiten unter Beschuss stand.

Doch selbst diejenigen Gewerkschaftsrepräsentanten, die dem Tarifgedanken positiv gegenüberstanden, lehnten eine gesetzliche Regelung zumindest vorläufig ab. Diesbezüglich positive Stimmen blieben in der Minderheit. So berichtet zum Beispiel Sinzheimer von einem Hamburger Gewerkschaftskongress, der eine gesetzliche Grundlage für das Tarifwesen forderte (Sinzheimer [1913]1975: 131). Überwiegend war die gewerkschaftliche Position jedoch ablehnend. So urteilte Carl Legien, Vorsitzender der Generalkommission der Freien Gewerkschaften:

> Man lasse der Arbeiterorganisation freien Spielraum zu ihrer Entwickelung, so werden, ohne daß ein gesetzlicher Rahmen dafür geschaffen wird, Tarifgemeinschaften, Einigungsämter und Schiedsgerichte entstehen. Man verschone aber die Arbeiter mit gesetzgeberischen Experimenten, die geeignet sind, die freie Bethätigung der durch die Organisation gewonnenen Kraft zu hintertreiben. Derartige Einrichtungen können nur entstehen, wenn die Machtverhältnisse der beiderseitigen Organisationen sich ausgleichen […] (Legien 1902: 35)

Die Gewerkschaften misstrauten jeder Gesetzgebungstätigkeit einer Regierung, die sie wenige Jahre zuvor noch verfolgt hatte. Die Befürchtung lautete, dass jeder gesetzgebende Eingriff nur zulasten der Arbeitnehmerseite erfolgen würde (Severing 1910). Die Wahrnehmung, dass man weder von der Gesetzgebung noch von der Rechtsprechung eine Verbesserung der eigenen Lage zu erwarten habe, veranlasste die Gewerkschaften mehrheitlich dazu, sich auf die eigene Organisationsmacht zu verlassen. Wenn jedoch weder die Arbeitgeberverbände noch die Gewerkschaften erkennen ließen, an einer gesetzlichen Regelung interessiert zu sein, sah auch die Regierung keinen Anlass zum Handeln. Bei allen Beteiligten herrschte das Gefühl, dass »man die Materie laufen lassen könne wie bisher« (Sinzheimer [1913]1975: 131). Auch auf dem Gewerkschaftskongress 1914 wurde diese Position noch vertreten (Hüllbüsch 1976).

Die Gruppe der Arbeitsrechtler vertrat hier eine dezidiert andere Position. Während die Gewerkschaften symmetrische Machtverhältnisse zwischen Arbeitnehmer- und Arbeitgeberseite als Voraussetzung betrachteten, um Rechtsreformen anzustreben, sahen die Arbeitsrechtler gerade diese Reformen als notwendig an, um die Machtsymmetrie herzustellen. Sehr früh, das heißt zeitgleich mit der Verabschiedung des BGB, setzten sie sich für eine gesetzliche Regelung des Tarifwesens *außerhalb des BGB* ein. Wie bereits erwähnt wurde, legte Lotmar bereits 1901 einen ersten Gesetzentwurf vor. Die relativ kleine und am Rand ihrer Profession agierende Gruppe nutzte vor allem zwei Mechanismen der Einflussnahme: Erstens betrieb sie Agenda-Setting in disziplinären und interdisziplinären rechtspolitischen Expertenzirkeln. Vor allem aber prägte sie – zweitens – sehr früh schon die Präferenzbildung der sozialdemokratischen Fraktion im Reichstag. Auch in diesem Zusammenhang profitierte die Gruppe davon, dass ihre Mitglieder vorrangig praktisch und politiknah tätig waren.

Das Agenda-Setting in Expertenzirkeln beruhte darauf, die Inhalte von Tarifverträgen (sowie die Probleme im Prozess ihrer Aushandlung) überhaupt erst bekannt zu machen. Wie bereits erwähnt wurde, waren die universitären Rechtsgelehrten weit von der betrieblichen Arbeitswelt entfernt, und dies wurde von den Arbeitsrechtlern auch relativ unverblümt genau so zum Ausdruck gebracht. Sie reklamierten, der Rechtswissenschaft eine »faktische Unterlage« für die Analyse zu liefern, denn dem Juristen, der einer »anderen Nation« angehöre, gehe namentlich das Verständnis für die Arbeitsverträge Besitzloser ab (Lotmar, zitiert nach Dubischar 1990).

Darüber hinaus nutzten die Arbeitsrechtsexperten geeignete Foren an der Schnittstelle zwischen Rechtswissenschaft und Rechtspolitik für die Darlegung und Diskussion ihrer Ideen (vgl. zu den folgenden Ausführungen Becker 1995). Ein wichtiges Forum war die Gesellschaft für Soziale Reform, zu deren Gründungsmitgliedern auch die führenden Kräfte des Vereins für Socialpolitik zählten. Sinzheimer und Potthoff gehörten der Gesellschaft ebenso an. Hier trafen die reformorientierten Juristen auf diejenigen Nationalökonomen, die die Debatte über die Arbeiterfrage überhaupt erst angestoßen hatten, zum Beispiel Gustav Schmoller, Lujo Brentano und Adolph Wagner. Ihren mangelnden Rückhalt in der eigenen Disziplin kompensierte die arbeitsrechtliche Gemeinschaft also durch Kontakte zu befreundeten Zirkeln anderer Disziplinen. Mit seiner Ausbildung als Ökonom bildete Potthoff gewissermaßen die personelle Schnittstelle. Und auch Sinzheimer hatte ein Verständnis für ökonomische Fragen entwickelt, denn er hatte bei Brentano Vorlesungen in Ökonomie gehört. Sinzheimer und Potthoff prägten die rechtspolitischen Positionen der Gesellschaft zum Tarifwesen maßgeblich, denn spätestens ab 1907 forderte diese eine gesetzliche Regelung des Tarifvertrages. Die Gewerkschaften hatten die Einladung, der Gesellschaft für soziale Reform beizutreten, lange ausgeschlagen. Erst 1916 änderten sie ihre Position und beteiligten sich an ihren Debatten (Becker 1995: 301). Auch hier wird wieder deutlich, wie sehr die Arbeitsrechtler eigenständig *und an Stelle der Gewerkschaften* agierten und den Boden für eine gesetzliche Regelung des Tarifwesens bereiteten.

Ein weiteres Forum war der von Karl Flesch geführte Verband Deutscher Gewerbe- und Kaufmannsgerichte, der zu einem zentralen Ort zur Diskussion arbeitsrechtlicher Fragen wurde. Der Verband diskutierte die Arbeiten von Sinzheimer und Lotmar. Und auf einer Versammlung 1910 wurde die Forderung nach einer gesetzlichen Regelung des Tarifvertrages verabschiedet. Nicht zuletzt fand das kollektive Arbeitsrecht seinen Weg auch auf die Agenda verschiedener Juristentage, wobei Potthoff und Lotmar, unter anderen, als Berichterstatter fungierten. Gleichwohl wurde deutlich, dass die Mehrheit der deutschen Juristen dem kollektiven Arbeitsrecht nach wie vor mit Vorbehalten gegenüberstand und ein Hort des Privatrechts blieb. So empfahl der 29. Deutsche Juristentag in Karlsruhe zwar eine gesetzliche Regelung des Tarifvertrages. Dabei solle aber »jeder öffentlich-rechtliche Zwang« strikt vermieden werden (Flad 1908: 1082). Doch gerade der öffentlich-rechtliche Zwangscharakter des Tarifvertrages war ein zentraler Bestandteil im Konzept der Arbeitsrechtler. Zudem konnte sich Potthoff nicht mit der Forderung durchsetzen, ein einheitliches Arbeitsrecht für alle Beschäftigten (und damit das angestrebte Sonderrechtsgebiet) zu befürworten. Zwar konnte die Gruppe um Sinzheimer also ihre Themen in rechtswissenschaftlichen und rechtspolitischen Foren platzieren, und auch die *Deutsche Juristen-Zeitung* räumte ihren Publikationen Raum ein (Lotmar 1908; Sinzheimer 1914). Doch im Kernbereich ihrer Disziplin blieb ihre Position umstritten.

Mehr als nur Agenda-Setting erreichte die epistemische Gemeinschaft hingegen im politischen Raum, obwohl sowohl die Arbeitgeberverbände als auch die Gewerkschaften Vorbehalte gegen eine gesetzliche Regelung des Tarifwesens an den Tag legten. Das Einfallstor ihres Einflusses lag in der sozialdemokratischen Reichstagsfraktion. Maßgeblich war hier Arthur Stadthagen, der 1890 Mitglied der Fraktion wurde und bis 1897 der einzige Jurist in der Fraktion blieb (Matthias/Pikart 1966: LI, LXII). In der Hochphase der parlamentarischen Auseinandersetzungen um das BGB verfügte er also in der Fraktion in allen juristischen Fragen über das Deutungsmonopol. Unter der rechtspolitischen Führung von Stadthagen hatte die SPD-Fraktion im Reichstag geschlossen gegen das BGB gestimmt, auch wenn es in der Fraktion Stimmen gegeben hatte, die dem

BGB durchaus positiv gesinnt waren (Sohm 1900: 8–9). Das heißt, noch bevor die öffentliche Diskussion über die Eigenständigkeit des Arbeitsrechts voll entbrannte, hatte Stadthagen die Position der parlamentarischen Sozialdemokratie bereits geprägt.

Ab 1898 traten Wolfgang Heine, Hugo Haase und Joseph Herzfeld als Juristen (Rechtsanwälte) der Fraktion neu hinzu. Bis 1907 übernahmen sie zusammen mit Stadthagen alle anfallenden juristischen Arbeiten, waren also bei fast jedem zu stellenden Initiativantrag oder jeder auszuarbeitenden Resolution involviert. Stadthagen blieb dabei für das Arbeitsrecht zuständig. 1907 wurden erstmalig ständige Fachausschüsse innerhalb der Fraktion besetzt. Stadthagen wurde Mitglied im Rechtsausschuss (Ausschuss für Straf- und Zivilrecht, Verfassung und Strafprozessordnung) sowie als einziger Jurist Mitglied im Ausschuss für Arbeiterschutz- und Versicherungsgesetzgebung (Matthias/Pikart 1966: 180–181).

Dass Stadthagen in der Fraktion Gewicht besaß, wird auch daran deutlich, dass fast alle von ihm in der Fraktion gestellten Anträge angenommen wurden (ebd.). Seine besondere Rolle für den parlamentarischen Arm der Sozialdemokratie wurde selbst von skeptischen zeitgenössischen Beobachtern betont:

> Wer in einer großen Verwaltung gearbeitet hat, weiß, wie überaus schwierig es für einen Laien ist, sich in die Materien so, wie sie vom bureaukratischen Gesichtspunkt aus behandelt werden, hinein zu denken und zu arbeiten […] Diese Thätigkeit war für […] viele […] Parlamentarier, die aus dem Juristenstande hervorgegangen sind, gleichsam die Vorschule für eine parlamentarische Laufbahn. Unsere Genossen im Reichstage stammen zum allergrößten Theile aus Kreisen, denen niemals die Gelegenheit geboten wird, einen Einblick in den Apparat einer Verwaltung zu gewinnen. Sie sind auf die Mitteilungen Anderer angewiesen. Wir sind nicht immer mit dem Auftreten und dem Ton Stadthagens einverstanden, aber selbst seine Gegner müssen ihm Sachkenntnis in den von ihm behandelten Fragen zugestehen. (Lang 1897: 366–367)

Hier zeigt sich besonders deutlich, dass sich die von Peter Haas aufgeworfene und in Kapitel 3.2 diskutierte Frage – »when does power listen to truth?« – bei Juristen dann nicht stellt, wenn sie in einer Doppelrolle als Experten *und* politische Akteure auftreten, und wenn eine epistemische Gemeinschaft dadurch unmittelbaren Zugriff auf Prozesse der politischen Präferenzbildung bekommt. Diese Sonderstellung galt besonders für die wenigen Juristen in einer sozialdemokratischen Fraktion, deren Mitglieder eher rechtsfern tätig waren.

In der folgenden Dekade brachte die Fraktion immer wieder Initiativanträge für eine Gesetzesregelung ein, die von den Gewerkschaften teilweise sehr misstrauisch beäugt wurden (Severing 1910). Das Misstrauen ging auf diesbezügliche Koalitionen der Sozialdemokratie mit den bürgerlichen Parteien zurück, zum Beispiel mit der freisinnigen Fraktionsgemeinschaft, hinter der aber nichts anderes stand als eine Koalition von Personen wie Stadthagen und Potthoff, die beide zur gleichen epistemischen Gemeinschaft gehörten. Wenn Hugo Sinzheimer auch die zentrale intellektuelle Figur gewesen sein mag, die heute als Vater des Arbeitsrechts gilt, so war es doch vor allem Stadthagens Vermögen, die rechtspolitischen Positionen der Sozialdemokratie als erster Fraktionsjurist zu prägen, das den politischen Einflusskanal sicherte.

Gleichwohl basierte der Erfolg der epistemischen Gemeinschaft auch auf Rahmenbedingungen, die sich für eine gesetzliche Institutionalisierung des Tarifgedankens zunehmend günstig entwickelten. Namentlich sind hier der Erste Weltkrieg und die in diesem Zusammenhang praktizierte Burgfriedenspolitik zu nennen. Die Gewerkschaften und die Sozialdemokratie ließen sich in die nationale militärpolitische Strategie einbinden, wobei Stadthagen auch hier wiederum eigenwillig agierte, weil er zu den Abgeordneten gehörte, die den Kriegskrediten nicht zustimmten, woraufhin er aus der Partei ausgeschlossen wurde.[5] Im Gegenstück wurden die Gewerkschaften im Gesetz über den vaterländischen Hilfsdienst als legitime Interessenvertretung anerkannt und nicht länger bekämpft (Feldman 1966: 197–249). Von größerer Bedeutung als die erklärte Bereitschaft, im nationalen Interesse auf klassenbezogene Auseinandersetzungen zu verzichten, waren die strukturellen Nebeneffekte des Kriegszustands. Der Umstand, dass eine beträchtliche Zahl von Rechtsanwälten und Justizbeamten Kriegsdienst leistete, führte zu einer empfindlichen Personalknappheit im Rechtswesen. Kurzerhand wurden Justizreformen zur Entlastung der Gerichte beschlossen. Dazu zählten zum Beispiel ein erhöhter Zwang zur Güteverhandlung, die Anhebung von Bagatellgrenzen sowie die Erschwerung von Revisionsverfahren. Die Reformen erschwerten es der Arbeitgeberseite, gewerkschaftliche Tarifforderungen gerichtlich abzuwehren (Heinemann 1915b).

Gleichzeitig erhielten die Gewerkschaften behördliche Unterstützung bei der Durchsetzung von Tarifverträgen und tarifvertraglichen Löhnen. In den kriegsrelevanten Industrien verfügte das Reichsamt des Innern unter Androhung von Strafe die Anerkennung von Tariflöhnen. Die Vermeidung eines tariflosen Zustands wurde nunmehr als im öffentlichen Interesse liegend bezeichnet (Heinemann 1915a; Kleeis 1916). Der Staat setzte hier also faktisch das Unabdingbarkeitsprinzip durch. Die zwingende normative Wirkung von Tarifverträgen wurde von ihm anerkannt. Ohnehin war das Arbeitgeberinteresse an tariflosen Zuständen rückläufig. Zumindest diejenigen Branchen, die von der Kriegskonjunktur erfasst waren, litten unter einem starken Arbeitskräftemangel, sodass die längerfristig abgeschlossenen Tarifverträge die Lohnkosten niedrig hielten. Noch im Sommer 1918 wurde der »Erpressungsparagraph« (§ 153) aus der Gewerbeordnung gestrichen (Schmidt 1918).

5 Er wurde dann zu einem der Gründungsmitglieder der USPD, die zusammen mit der SPD im November 1918 den Rat der Volksbeauftragten stellte.

Vor dem Hintergrund dieser Entwicklung zeigte sich kaum ein Beobachter überrascht, als der Rat der Volksbeauftragten nach Kriegsende und dem Zusammenbruch des Kaiserreichs als eine der ersten Verwaltungsakte mit der Verordnung über Tarifverträge, Arbeiter- und Angestelltenausschüsse und Schlichtung von Arbeitsstreitigkeiten (TVVO) eine rechtliche Grundlage des Tarifrechts legte. Bereits im November 1918, noch vor der Etablierung der Zentralen Arbeitsgemeinschaft, teilte das Reichsarbeitsamt den Verbänden mit, dass eine gesetzliche Regelung des Tarifwesens erfolgen solle (Steiger 1998: 117–118). Noch während des Krieges war dieser Schritt vorbereitet worden. Schon 1916 hatte Sinzheimer einen umfangreichen Gesetzentwurf vorgelegt, und er prognostizierte:

> Diese Arbeit [...] soll das rechtswissenschaftliche Rüstzeug zur Lösung des Problems bieten, das in der Frage nach der Schaffung eines Arbeitstarifgesetzes beschlossen ist. Das Problem wird nach dem Kriege von neuem auftauchen. Denn die Kräfte, die es schufen, werden in alter Weise wieder wirksam sein. Diese Kräfte werden sogar eine neue Stärkung erhalten. Die Folgen des Krieges lassen vielleicht den Gedanken einer Sozialpolitik der materiellen Fürsorge durch den Staat außerhalb der Kriegsbeschädigtenfürsorge nicht so bald aufkommen. Deswegen wird diejenige Richtung der Sozialpolitik an Bedeutung zunehmen, die nach neuen Formen in den Willensbeziehungen zwischen Unternehmertum und Arbeiterschaft sucht. (Sinzheimer 1916: V)

Auch andere Beobachter erwarteten, dass die Regierung noch vor dem Ende des Krieges tätig werde:

> Jedenfalls haben die Tarifverträge sich auch im Kriege als ein wertvolles Mittel zur Aufrechterhaltung des inneren Friedens bewährt, und die nach dem Kriege, namentlich während der Übergangswirtschaft zu erwartenden außerordentlichen Verschiebungen der wirtschaftlichen Verhältnisse werden gebieterisch dazu zwingen, den Frieden zwischen Arbeitgebern und Arbeitnehmern durch Vereinbarungen zwischen diesen beiden Gruppen über die Gestaltung der Arbeitsverträge zu sichern. [...] Das ist eine Folge der notwendigen Steigerung der Produktion nach dem Kriege infolge ihrer jahrelangen Lahmlegung und der Verminderung der Arbeitskräfte durch die kriegerischen Verluste. [...] Der Worte sind genug gewechselt, und es kann trotz der starken Inanspruchnahme unserer Reichsbehörden durch andere Kriegsaufgaben keine Unmöglichkeit sein, in Kürze einen Entwurf über die Tarifverträge vorzulegen. (Wölbling 1918: 600–601)

Hier deutet sich bereits an, dass eine gesetzliche Verankerung des Tarifgedankens auch mit anderen politischen Motiven als denen der arbeitsrechtlichen Gemeinschaft verknüpft werden konnte. Seinen Gesetzentwurf aus dem Jahr 1916 hatte Sinzheimer mit dem Untertitel »Die Idee der sozialen Selbstbestimmung im Recht« versehen (Sinzheimer 1916). Darin kamen die Idee der Emanzipation der Arbeiterschaft zum Ausdruck sowie die Vorstellung einer bottom-up-organisierten Gesellschaft, die sich in wesentlichen Bereichen unterhalb der staatlichen Regulierung selbst steuert. Unter den Bedingungen des Krieges und mit dem Zusammenbruch des Kaiserreichs wurde nun hingegen herausgestellt, dass die Befriedung des Klassengegensatzes eine ökonomische und ordnungspolitische Notwendigkeit war, um den Wiederaufbau der Wirtschaft nicht zu gefährden. Tarifverträge wurden zum Bestandteil der öffentlichen Ordnung, deren Funktion darin gesehen wurde, den sozialen Frieden aufrechtzuerhalten. Insofern konnten auch eher konservativ oder nationalliberal orientierte und arbeitgeberfreundliche Kreise den Tarifgedanken schätzen oder zumindest akzeptieren lernen. Diese ordnungspolitische Zielvorstellung trat in der Weimarer Republik noch deutlicher hervor und dominierte die tarifrechtlichen Debatten der folgenden Jahrzehnte.

Unmittelbar nach Ausrufung der Republik erfolgte im November 1918 ein erster Schritt zur Institutionalisierung des Tarifgedankens. Im sogenannten Stinnes-Legien-Abkommen anerkannten nun auch die Arbeitgeber die Gewerkschaften als legitime Verhandlungspartner. Zudem sollten Kollektivvereinbarungen »für alle Arbeiter und Arbeiterinnen« abgeschlossen werden (Hartwich 1967: 3–5). Das Unabdingbarkeitsprinzip wurde wenige Wochen später vom Rat der Volksbeauftragten festgeschrieben – in einem kleinen Zeitfenster sozialdemokratischer Macht. Die TVVO regelte das Tarifwesen in nur einem Absatz und trug von daher einen stark provisorischen Charakter:

> § 1 Sind die Bedingungen für den Abschluß von Arbeitsverträgen zwischen Vereinigungen von Arbeitnehmern und einzelnen Arbeitgebern oder Vereinigungen von Arbeitgebern durch schriftlichen Vertrag geregelt (Tarifvertrag), so sind Arbeitsverträge zwischen den beteiligten Personen insoweit unwirksam, als sie von der tariflichen Regelung abweichen. Abweichende Vereinbarungen sind jedoch wirksam, soweit sie im Tarifvertrag grundsätzlich zugelassen sind, oder soweit sie eine Änderung der Arbeitsbedingungen zugunsten des Arbeitnehmers enthalten und im Tarifvertrag nicht ausdrücklich ausgeschlossen sind. An die Stelle unwirksamer Vereinbarungen treten die entsprechenden Bestimmungen des Tarifvertrags.
> (Reichsgesetzblatt 1918, zitiert nach Blanke et al. 1975a: 191)

In der zeitgenössischen Debatte wurde die Regelung in vielerlei Hinsicht als *zu* provisorisch kritisiert (Wölbling 1919). Und es stellt sich die Frage, warum auf ein Provisorium zurückgegriffen wurde, wenn Sinzheimer doch kurz zuvor einen umfangreichen Gesetzentwurf vorgelegt hatte. Hier ist wieder an die These von Peter Haas zu erinnern, wonach das von Experten zur Verfügung gestellte Wissen situativ und konkret nutzbar sein muss (»usable knowledge«), um zur Anwendung zu kommen (Kapitel 3.2). Hier wies der detaillierte Entwurf von Sinzheimer Defizite auf: Der Rat der Volksbeauftragten strebte nur eine provisorische Regelung an, um einer demokratisch legitimierten Reichsregierung Handlungsfreiheiten zu lassen. Heinrich August Winkler zitiert eine Stellungnahme Eberts von der ersten Sitzung der Nationalversammlung am 6. Februar 1919, die diese Idee zum Ausdruck bringt:

Wir waren im eigentlichen Sinne die Konkursverwalter des alten Regimes. [...] Alle Scheuern, alle Läger waren leer, alle Vorräte gingen zur Neige, der Kredit war erschüttert, die Moral tief gesunken. Wir haben [...] unsere beste Kraft eingesetzt, die Gefahren und das Elend der Übergangszeit zu bekämpfen. Wir haben der Nationalversammlung nicht vorgegriffen. Aber wo Zeit und Not drängten, haben wir die dringlichsten Forderungen der Arbeiter zu erfüllen uns bemüht. (Winkler 1984: 146)

Sinzheimers Arbeit war für diesen historischen Moment zu weitgehend. Das heißt nicht, dass sein Entwurf keine Beachtung fand. Die Sozialdemokraten trugen ihm später das Amt des Arbeitsministers an, und zwar mit dem Auftrag, ein umfangreiches und einheitliches Arbeitsgesetzbuch zu schaffen, das auf seinen Vorarbeiten basieren sollte. Doch das Weimarer Tarifrecht kam nicht mehr über den Status seiner provisorischen Verankerung in der TVVO hinaus (vgl. Abschnitt 4.2.2).

### 4.1.3 Die Etablierung des Günstigkeitsgedankens im Tarifrecht

Von Beginn an stellte sich für die Anhänger des Tarifgedankens die Frage, ob Tarifverträge lediglich Mindestnormen setzen, was bedeutet hätte, dass die Arbeitnehmer jederzeit die Möglichkeit haben, für sich günstigere Arbeitsbedingungen auszuhandeln; oder ob sie gleichzeitig Höchstnormen setzen, was bedeutete, dass von den Tarifsätzen in keiner Weise abgewichen werden darf. Mit dem sogenannten Günstigkeitsgedanken war gleichzeitig die Frage verknüpft, wie viel Raum die individuelle Vertragsfreiheit der Arbeitsvertragsparteien in einem tariflich regulierten Wirtschaftssystem haben soll.

Diese Debatte wurde eher am Rande geführt, und häufig blieben die Positionen implizit, was vor dem historischen Kontext verständlich ist. Die Gewerkschaften und die Arbeitsrechtler erlebten, wie schwierig es war, die Idee der Unabdingbarkeit überhaupt zu etablieren und Tariflöhne durchzusetzen. Jede weiterführende Debatte über die Möglichkeit von Arbeitnehmern, noch bessere als die tariflichen Arbeitsbedingungen zu erzielen, musste vor diesem Hintergrund als sekundär erscheinen. Das Nischendasein des Günstigkeitsgedankens setzte sich auch in den kommenden Jahrzehnten fort. Das Günstigkeitsprinzip ist eine Rechtsnorm, die in den Phasen der gesetzlichen Kodifizierung des Tarifrechts meist »im Windschatten mitsegelte« – ihre konkrete Ausgestaltung wurde immer nur am Rande diskutiert, weil andere Fragen die Diskussionen dominierten. Es gab dann aber immer wieder auch historische Phasen, in denen die konkrete Ausgestaltung dieser Rechtsnorm allergrößte Bedeutung bekam, und in denen es einige Akteure bedauern konnten, dass bei der Kodifizierung nicht mehr Sorgfalt an den Tag gelegt worden war.

Für Hugo Sinzheimer war es immer selbstverständlich, dass Tarifverträge lediglich Mindestnormen setzen sollen:

Denn der Grundsatz für die Auslegung aller Arbeitsnormenverträge ist, daß die Arbeitsnormen lediglich die Minimalgrenze angeben, die bei dem Abschluß der Arbeitsverträge einzuhalten ist. Dies bedeutet, daß die Parteien des Arbeitsvertrags ohne weiteres Abreden treffen könnten, die in Abweichung von der Arbeitsnorm *günstigere* Bedingungen festsetzen als diejenigen sind, die in der Arbeitsnorm zum Ausdruck kommen. [...] Man wird ihn deshalb bei der Auslegung der Verträge überall anwenden müssen, wenn nicht, was nur in seltenen Fällen geschehen dürfte, in dem Vertrag selbst unzweideutig ein entgegenstehender Wille zum Ausdruck gelangt. Indem die beteiligten Parteien von vornherein diese Auffassung betätigen, haben sie in der glücklichsten Weise die beiden Interessen, einerseits der in Frage kommenden Arbeiterschaft ein gewisses Lebensminimum durch eine allgemeine Regel zu sichern, andererseits aber einen Aufstieg des höherwertigen Individuums im Arbeitsvertrag doch nicht zu hindern, aufs Beste versöhnt – ein praktischer Versuch der Verbindung von individualistischer und sozialistischer Lebensregelung. Damit fällt der Vorwurf, der vom Stand der allgemeinen Produktion und der individuellen Freiheit gegen die Arbeitsnormenverträge immer noch erhoben wird, daß sie nämlich die hervorragende Betätigung der Arbeitskraft hindern, in sich zusammen, wie auch der andere Vorwurf, die Arbeitsnormenverträge lähmten das Gefühl der Pflicht zur Arbeit. (Sinzheimer [1907]1977: 60–63)

Zu keinem Zeitpunkt strebte Sinzheimer danach, die individuelle Vertragsfreiheit abzuschaffen. Vielmehr sah er die Festlegung nicht unterschreitbarer Mindestnormen als Voraussetzung dafür an, dass die Vertragsfreiheit auch für Arbeitnehmer gelten konnte. In diesem Sinne trug sein Denken durchaus liberale Züge. Franz Mestitz, Schüler von Sinzheimer, beschrieb diesen als einen Menschen, der »bedingungslos für die Freiheitsvorstellungen des Liberalismus eingetreten« sei, der aber »vor allem durch Karl Marx die Erkenntnis gewonnen hatte, dass Freiheit ohne ökonomische Befreiung nur formal sein kann« (zitiert nach Rasehorn 1988: 66). Sinzheimers Konzeption des Zusammenspiels von Unabdingbarkeits- und Günstigkeitsprinzip bringt diesen Grundgedanken zum Ausdruck.

Die Funktionalität des Günstigkeitsprinzips lag für ihn vor allem darin begründet, eine leistungsorientierte Differenzierung der Arbeitsbedingungen zu ermöglichen. Diese Idee entnahm er erstens der Praxis. So hatten zum Beispiel die Buchdrucker sowie das Buchbindergewerbe den Günstigkeitsgedanken in diesem Sinne in ihren Tarifverträgen festgehalten (ebd.). Zweitens berief Sinzheimer sich auch auf das Schrifttum zum englischen und französischen Tarifwesen (Webb/Webb 1898; Rundstein 1905).[6]

Dieses liberale Denken war aber nicht selbstverständlich. Die kollektivistische Idee konnte auch dahin gehend akzentuiert werden, dass die individuelle

6 Das Interesse an ausländischen Debatten war groß, und eine beträchtliche Zahl an Gesetzestexten oder -entwürfen lag auch in deutscher Sprache vor. Das verweist darauf, dass die epistemische Gemeinschaft auch transnationale Bezüge hatte, denen an dieser Stelle jedoch nicht weiter nachgespürt werden kann.

Vertragsfreiheit völlig in den Hintergrund treten soll. Wenn der Vorsitzende der Generalkommission der Freien Gewerkschaften Carl Legien den Tarifvertrag als »kollektiven Arbeitsvertrag« bezeichnete, dann hatte dies nicht nur semantische Bedeutung:

> Durch den Tarifvertrag *tritt an die Stelle des* individuellen der collective oder corporative Arbeitsvertrag. [...] Einen Teil der Vertragsbedingungen erledigt bei der Tarifgemeinschaft die Organisation, und es bedarf bei einem Unternehmer, der den Tarif durch Unterschrift anerkannt hat, *nicht einmal der Frage seitens des Arbeiters, ob die Arbeit tarifgemäß entlohnt wird.* [...] Mag nun auch die Bezeichnung collectiver Arbeitsvertrag juristisch nicht standhalten, so drückt sie doch besser als irgend eine andere aus, was gesagt werden soll, nämlich: dass nicht der einzelne Arbeiter und Unternehmer, sondern die Gesamtheit derselben direct oder durch ihre Vertreter den wichtigsten Teil des Arbeitsvertrages, die Lohn- und Arbeitsbedingungen, festsetzt. (Legien 1902: 29)

In dieser Beschreibung verzichtet der individuelle Arbeitnehmer auf sein Verhandlungsmandat so sehr, dass er auf betrieblicher Ebene nicht einmal mehr nach seiner Lohnhöhe fragt, weil dieser Parameter ausschließlich durch seine Gewerkschaft gesetzt wird. Das Ringen zwischen dem liberal-individualistischen und dem sozialkollektivistischen Prinzip dominierte dann die tarifrechtlichen Debatten der folgenden Jahrzehnte, gerade auch innerhalb der Gewerkschaftsbewegung.

Auch auf Arbeitgeberseite positionierten sich Gegner des Günstigkeitsgedankens. Dies geht aus dem Schrifttum hervor, in denen arbeitgebernahe Juristen ihre Erfahrungen mit dem Tarifwesen reflektierten (Schmelzer 1906: 100; Schwarz 1906: 39), wobei Sinzheimer ihnen vorwarf, dass sie ihre Ablehnung nicht hinreichend begründeten (Sinzheimer [1907]1977: 62). Auch aus der tarifpolitischen Praxis sind Fälle überliefert, in denen die Arbeitgeberseite die Geltung des Günstigkeitsgedankens ablehnte oder zu unterminieren versuchte. So berichtet Braun in seiner Untersuchung über das Brauereigewerbe, in dem die Tariflöhne faktisch zu Höchstlöhnen wurden, weil die Mitglieder des Arbeitgeberverbandes parallel zum ausgehandelten Tarifvertrag miteinander schriftlich vereinbarten, dass auf betrieblicher Ebene keine günstigeren Löhne gezahlt werden (Braun 1908: 25). Während der Kriegsphase führte diese Abmachung zu Auseinandersetzungen. Viele Arbeitnehmer forderten aufgrund der hohen Inflation Teuerungszulagen, die von den Arbeitgebern und ihren Verbänden jedoch mit der Begründung abgelehnt wurden, »dass der Tarifvertrag die Arbeiter an den Tariflohn binde und es auch den einzelnen Arbeitern untersage, Mehrforderungen zu erheben« (Kleeis 1916: 854). Unter der Bedingung erstarkender Gewerkschaften, die – zumindest seit dem Krieg – zudem faktisch staatliche Unterstützung bei der Durchsetzung von Tarifstandards erhielten, lernten die Arbeitgeber es nur mühsam, sich mit der Realität von Tarifvereinbarungen zu arrangieren. Wenn dies so sein musste, wollten sie jedoch zumindest von den Vorteilen, die ein Tarifwesen mit sich brachte (Wirtschaftsfrieden, Planungssicherheit, Ausschalten der Preiskonkurrenz durch Löhne), profitieren und nicht auch noch zusätzliche Lohnforderungen auf betrieblicher Ebene aushalten müssen.

Die tarifliche Realität kannte beide Regelungen. In einer 1908 vorgelegten Untersuchung statistischer Daten des Kaiserlichen Statistischen Amtes wurde herausgestellt, dass die in der Praxis vereinbarten Lohnsätze häufig Mindestsätze waren. Es gab aber auch Vereinbarungen, in denen sie als Höchstsätze deklariert wurden. Darüber hinaus existierten zum Beispiel im Dachdeckergewerbe Tarifverträge, in denen Lohnkorridore festgelegt waren, wodurch die Lohndifferenzierung tarifiert war (Braun 1908: 24–25).

Auch die seit der Jahrhundertwende bis zum Krieg entstandenen, inländischen und ausländischen Gesetzesentwürfe, die von politischen Akteuren oder der Rechtswissenschaft vorgelegt worden waren, zeigten ein gemischtes Bild. Sinzheimer hatte sich bei seiner eigenen Arbeit mit ihnen auseinandergesetzt und sie im Anhang seines eigenen Regelungsvorschlags abgedruckt (Sinzheimer 1916). Während die Entwürfe der deutschen Rechtswissenschaftler Rosenthal, Schmidt und Wölbling sowie die Vorlagen aus Belgien, der Schweiz und Frankreich keine Regelung des Günstigkeitsgedankens vorsahen, gaben die Entwürfe aus Ungarn und Italien sowie die Vorschläge der deutschen Arbeitsrechtler Lotmar und Sinzheimer selbst dem Günstigkeitsprinzip Raum. Vor diesem Hintergrund wird der direkte Einfluss der epistemischen Gemeinschaft auf die Entstehung der TVVO 1918 besonders deutlich, denn außer ihren Mitgliedern Lotmar und Sinzheimer hatte in Deutschland niemand, der im Tarifrecht rechtspolitisch tätig war, den Günstigkeitsgedanken niedergeschrieben.

Die für die TVVO gewählte Formulierung ist sehr allgemein geblieben:

> Abweichende Vereinbarungen sind jedoch wirksam, soweit sie im Tarifvertrag grundsätzlich zugelassen sind, oder soweit sie eine Änderung der Arbeitsbedingungen zugunsten des Arbeitnehmers enthalten und im Tarifvertrag nicht ausdrücklich ausgeschlossen sind.
> (Reichsgesetzblatt 1918, zitiert nach Blanke et al. 1975a: 191)

Sie entsprach aber durchaus dem Stand der Diskussion und einem potenziellen Minimalkonsens. Die Arbeitsrechtler, vor allem Sinzheimer, sprachen sich für eine Geltung des Günstigkeitsgedankens aus. Dies kam auch der privatrechtlich orientierten Kritik entgegen, mit dem Tarifwesen werde die individuelle Vertragsfreiheit der Arbeitsmarktparteien ausgesetzt. In der tarifpolitischen Praxis war der Günstigkeitsgedanke etabliert, wenn auch nicht unumstritten. Diejenigen Tarifparteien, die die von ihnen festgesetzten Arbeitsbedingungen als Höchstsätze verstanden wissen wollten, bekamen die Option, Änderungen zugunsten der Arbeitnehmer auszuschließen. Damit wurde das Günstigkeitsprinzip ein Dispositionsrecht der Tarifparteien, die seine Anwendung kontrollieren konnten. Das Einfallstor der individuellen Vertragsfreiheit im Tarifrecht war damit kollektivistisch diszipliniert worden. Dies dürfte den offensichtlich nach Branchen variierenden Interessen der Gewerkschaften entsprochen haben, die die Kontrolle über die betriebliche Lohnentwicklung als Ausgangspunkt nahmen, um ihr Organisations- und Verhandlungsmonopol zu sichern. Den Arbeitgebern wiederum dürfte es entgegengekommen sein, unter den für sie politisch und wirtschaftlich schwierigen Bedingungen betriebliche Lohnrunden tariflich unterbinden zu können.

Die sehr allgemeine Formulierung des Günstigkeitsgedankens entsprach auch durchaus den Formulierungen, die man in den zeitgenössischen Tarifverträgen vorfinden konnte. Es war jedoch wiederum Hugo Sinzheimer, der das Problem einer zu abstrakten Formulierung des Günstigkeitsprinzips frühzeitig erkannte. Er argumentierte, im Einzelfall sei es sehr schwierig zu erkennen, wann eine Regelung für den Arbeiter günstiger ist als eine andere:

> Im Einzelfall kann es allerdings zweifelhaft sein, was »günstigere Arbeitsbedingungen« sind. Z.B.: Im Arbeitsnormenvertrag ist ein Zeitlohn von 4 Mk. pro Tag vereinbart; der Arbeitgeber bietet dem Arbeiter an, die Arbeit im Akkord herzustellen; der Arbeiter würde hierbei bei gleicher Arbeitszeit 4,50 Mk. pro Tag verdienen. Fällt diese Abrede unter den hier dargelegten Grundsatz? Oder im Arbeitsnormenvertrag ist die Kündigungsfrist für Arbeitsverträge auf eine Woche festgelegt. Können die Parteien des Arbeitsvertrags in Abweichung von dieser Norm tägliche Kündigung vereinbaren? In allen diesen Fällen wird der Richter die Frage dessen, was »günstiger« ist, unter Berücksichtigung aller Umstände genau zu prüfen haben, etwa in dem Fall der Akkordabrede insbesondere, ob nicht durch die Akkordleistung eine unverhältnismäßig erhöhte Inanspruchnahme der Arbeitskraft eintritt, oder in dem Fall der besonderen Vereinbarung über die Kündigungsfrist, ob nicht nach Lage des Arbeitsmarkts im Zeitpunkt des Abschlusses jener Abrede eine Schlechterstellung des Arbeiters stattgefunden hat. (Sinzheimer [1907]1977: 61)

Wohl in Erinnerung der skeptischen Haltung seiner Disziplin zum Tarifrecht sowie in Anlehnung an einen Gesetzesvorschlag aus Ungarn schlug Sinzheimer in seinem eigenen Gesetzentwurf dann auch vor, die Entscheidung über die Günstigkeit einzelner Verabredungen nicht ausschließlich den Gerichten zu überlassen. Vielmehr solle der Gesetzgeber in groben Zügen festlegen, »was unter den günstigeren Arbeitsbedingungen zu verstehen ist, die vereinbart werden dürfen, nämlich höherer Lohn, geringere Arbeitsleistung, einschließlich geringerer Arbeitszeit, erhöhte Fürsorge« (Sinzheimer 1916: 114). In der TVVO vom Dezember 1918 wurde auf diese Konkretisierung verzichtet, vermutlich auch in der Erwartung, dass die neue und demokratisch legitimierte Regierung nur wenige Wochen später mit den Arbeiten an einer umfassenden Kodifizierung des Tarifrechts (auf der Basis von Sinzheimers Vorschlägen) beginnen würde. Doch eine gesetzliche Konkretisierung des Günstigkeitsgedankens gelang in den folgenden Jahren nicht mehr. Die Uneindeutigkeit der Rechtsnorm beschäftigte in der Folgezeit die Rechtsprechung.

Hinsichtlich der Entwicklung des Tarifrechts im Kaiserreich lässt sich festhalten: Es etablierte sich eine epistemische Gemeinschaft der Arbeitsrechtler, die zwar klein war und am Rand der juristischen Disziplin stand; sie konnte aber durch proaktives rechtspolitisches Denken und einen Einflusskanal in die sozialdemokratische Reichstagsfraktion hinein ihre Ideen erfolgreich institutionalisieren, obwohl sie dabei insbesondere von den Gewerkschaften, die von dieser Institutionalisierung profitierten, nur wenig Unterstützung erhielt. Der Einflusskanal ist allerdings weniger das Ergebnis einer machtstrategischen Entscheidung als das zufällige Resultat loyaler und frühzeitiger Parteibindungen. Die Reichstagsfraktion der Sozialdemokratie war gegen Ende des 19. Jahrhunderts eine ohnmächtige Gruppierung, über deren vermeintliche Nutzlosigkeit sich einige Beobachter öffentlich mokierten (Calwer 1901). Niemand konnte damit rechnen, dass es sich für die arbeitsrechtliche Gemeinschaft machtstrategisch auszahlen würde, mit Stadthagen den ersten Juristen der Fraktion zu stellen, der die rechtspolitischen Positionen seiner Partei in der frühen Phase der Auseinandersetzungen über das Arbeitsrecht prägen konnte. Ebenso war es nicht erwartbar, dass der Weltkrieg den Tarifgedanken fördern und der Zusammenbruch des Kaiserreichs ein kleines Zeitfenster sozialdemokratischer Macht bescheren würde. Die Institutionalisierung war historisch kontingent. Sie gelang, blieb aber rudimentär und prekär. Und der folgende Abschnitt wird herausarbeiten, warum die weitere Institutionalisierung des Tarifrechts nicht erfolgte.

## 4.2 Die Entwicklung des Tarifrechts in der Weimarer Republik (1918 bis 1933)

Mit der Verabschiedung der TVVO und dem erklärten Ziel einer umfassenden Kodifizierung des Arbeitsrechts entstand ein neues Politikfeld, dessen Akteure und Strukturen sich in den Anfangsjahren der Weimarer Republik formierten. Dabei sind drei Aspekte bedeutsam. Erstens wandelte sich in der Rechtswissenschaft die epistemische Gemeinschaft der Arbeitsrechtler. Mit der neuen Rechtslage stieß das Gebiet bei Juristen auf ein gestiegenes Interesse. Die epistemische Gemeinschaft wurde größer und gleichzeitig heterogener. Dies implizierte auch, dass sich ihr politisches Gravitationszentrum von der Sozialdemokratie hin zum bürgerlich-konservativen Lager verschob. Zudem formierten sich die Gegner des Arbeitsrechts zu einer epistemischen Gegengemeinschaft. Die einstigen Pioniere des Arbeitsrechts um Hugo Sinzheimer wurden innerhalb der sich etablierenden Arbeitsrechtswissenschaft marginalisiert.

Zweitens veränderten sich auch die politischen Willensbildungs- und Entscheidungsstrukturen. Die Regierungskoalition aus SPD, Zentrumspartei und DDP praktizierte bei der Ausformulierung des Arbeitsrechts ein Modell breiter Partizipation, was implizierte, dass viele heterogene Interessen und Perspektiven eingebunden wurden. Dies spiegelte und förderte die Fragmentierung der Akteure, gerade auch bei der politischen Linken. Zudem wandelte sich das Zusammenspiel innerhalb und zwischen der Sozialdemokratie, den Gewerkschaften und der Arbeitsrechtswissenschaft. Gerade bei den arbeitsrechtlichen Gesetzgebungsversuchen wurde die Spaltung der Arbeiterbewegung besonders virulent. Die Wissenschaft leistete in dieser Phase keinen Beitrag zur Überwindung der Entscheidungsunsicherheit bei den politischen Akteuren, sondern sie verstärkte die Fragmentierung der Positionen. Im Ergebnis gelang die weitere gesetzliche Institutionalisierung des Tarifrechts nicht.

Durch das Scheitern des Gesetzgebungsprozesses verschob sich – drittens – das Zentrum der tarifpolitischen Gestaltung von der politischen Arena in das Rechtssystem hinein. Die TVVO, die als Provisorium gedacht war, wurde zur Dauerlösung, gab jedoch nur einen rudimentären rechtlichen Rahmen vor und war aufgrund dessen in hohem Maße interpretationsoffen. Ohne ein ausformuliertes Tarifvertrags*gesetz* oblag die weitere Ausgestaltung des Tarifrechts den Gerichten. Der Einfluss der Arbeitsrechtler auf die Rechtsprechung blieb aber relativ gering, und zwar unabhängig davon, welcher Fraktion sie angehörten. Grundlegend dafür war die Tatsache, dass die Gerichte noch weitgehend mit Richtern des Kaiserreichs besetzt waren, während die Arbeitsgerichte, die das neue Rechtsgebiet institutionell absichern sollten, erst ab 1928 eingerichtet wurden und auch dann nicht völlig unabhängig agierten. Die weitere Institutionalisierung des kollektiven Arbeitsrechts konnte dadurch auch über den Gerichtsweg nicht erzielt werden. Die bestehenden Tarifnormen der TVVO wurden schrittweise umgedeutet. Dieser Prozess erfasste auch die Interpretation des Günstigkeitsprinzips.

### 4.2.1 Die Erweiterung und Heterogenisierung der epistemischen Gemeinschaft

Das neue Tarifrecht fand seinen Platz in der Rechtswissenschaft und der Rechtspraxis. Universitätsprofessoren und Rechtsanwälte suchten nach Markterschließungsstrategien: Zwar hatte die Mehrheit der Profession für dieses Recht nicht gekämpft. Doch nachdem es einmal formal etabliert war, wurde es zu einem attraktiven Betätigungsfeld für die Juristen. In diesem Zusammenhang vollzogen sich schleichend die Erweiterung und die interne Fragmentierung der epistemischen Gemeinschaft. Die epistemische Gemeinschaft, die auch sozialstrukturell und politisch untermauert war, wandelte sich zu einem *epistemic network*, in dem bestimmte kognitive Annahmen geteilt wurden, die Mitglieder ansonsten jedoch nicht viel gemeinsam hatten. Zudem bildete sich eine Gegengemeinschaft. Es kristallisierten sich verschiedene Fraktionen heraus, die sich auch – aber nicht ausschließlich – bezüglich ihrer politischen Orientierung unterschieden: Der sozialdemokratische Flügel um Hugo Sinzheimer blieb dabei in einer randständigen Position. Dies hatte mehrere Gründe.

Erstens war ein Teil der jüdisch-sozialdemokratischen Pioniere des Arbeitsrechts sehr früh verstorben. Stadthagen und Flesch erlebten schon die Novemberrevolution 1918 nicht mehr, Philipp Lotmar starb 1922. Zweitens änderten sich nach der Verabschiedung der TVVO partiell die notwendigen juristischen Erfolgskompetenzen. Dass der Personenkreis um Hugo Sinzheimer überwiegend rechtspraktisch und rechtspolitisch tätig war, hatte sich für ihren Einfluss auf die sozialdemokratische Reichstagsfraktion und die Entstehung der Tarifvertragsordnung als sehr vorteilhaft erwiesen. Nun führte genau diese Praxis- und Politiknähe jedoch dazu, dass die Gruppe an den rechtswissenschaftlichen Fakultäten der Universitäten nur randständig vertreten war (vgl. für die folgenden Ausführungen Dubischar 1990). *Walter Kaskel*, der später die sozialdemokratische Perspektive in der Weimarer Republik maßgeblich weiterentwickelte, war zuvor als Dezernent am städtischen Arbeitsamt in Berlin tätig gewesen und bekam nun eine außerordentliche Professur an der Humboldt-Universität zugesprochen, die kaum mit Ressourcen ausgestattet war. *Heinz Potthoff* wurde Jurist in verschiedenen arbeits- und sozialrechtlichen Ministerien. Auch *Hugo Sinzheimer* selbst wurde nicht zum Universitätsgelehrten, sondern agierte weiterhin als Anwalt und Politiker. Zudem war er Mitbegründer der Akademie der Arbeit, die sich der Arbeiterbildung widmete. Die Universität Frankfurt ernannte ihn zum Honorarprofessor, was aber wiederum bedeutete, dass er über keinerlei Ausstattung verfügte. So erledigten seine Mitarbeiter in der Kanzlei zusätzlich die Aufgaben eines Universitätsassistenten (vgl. die Erinnerungen von Mestitz in Rasehorn 1988). Gleichwohl strebten auch sie, trotz ihrer wissenschaftlichen und publizistischen Tätigkeit, nicht an die Universität, sondern in die Praxis. *Otto Kahn-Freund* wurde 1929 Richter am Berliner Arbeitsgericht (Lewis/Clark 1981: 4). *Franz Neumann* wurde Anwalt der Baugewerkschaft und später auch der SPD. Auch *Ernst Fraenkel* war anwaltlich tätig, als Syndikus des Metallarbeiterverbandes sowie als Rechtsberater der SPD (Buchstein 1992: 122–123).

Die Repräsentation der Arbeitsrechts*wissenschaft* an den Universitäten wurde hingegen überwiegend von den bereits etablierten (meist privatrechtlichen) Instituten der rechtswissenschaftlichen Fakultäten übernommen (Dubischar

1990: 90–91). Ein arbeitsrechtlicher Schwerpunkt lag an der Universität Jena. Am dortigen Institut für Wirtschaftsrecht lehrte ab 1925 *Alfred Hueck*. Bereits 1920 war dort *Hans Carl Nipperdey* habilitiert worden, der fünf Jahre später an die Universität Köln wechselte, um einen Lehrstuhl für Bürgerliches Recht, Handels-, Wirtschafts- und Arbeitsrecht zu übernehmen. Die thüringische SPD-Regierung hatte im Jahr 1923 auch den Marxisten *Karl Korsch* als Professor für Zivilprozess- und Arbeitsrecht an der Universität Jena ernannt, doch aus politischen Gründen versagte ihm die Fakultät die Zusammenarbeit und ließ ihn nicht lehren (Buckmiller 1988: 260–261). Diese Anekdote illustriert bereits das konservative Universitätsmilieu, in dem sich die Arbeitsrechtswissenschaft entwickelte und das auch mit dafür verantwortlich gewesen sein mag, dass die jüdischen Sozialdemokraten außerhalb der Alma Mater blieben. So erinnerte Fraenkel in seinem Nachruf auf Sinzheimer daran, dass dieser während seiner Antrittsvorlesung als Honorarprofessor von politisch rechts stehenden Studentengruppen mit antisemitischen Rufen und auch körperlich angegriffen worden war (Fraenkel [1958]1999).

Ein anderes universitäres Zentrum entstand in Leipzig. Dort wurde das erste deutsche spezielle Institut für Arbeitsrecht eingerichtet, der Lehrstuhlinhaber war *Erwin Jacobi*. Dieser pflegte jedoch eine dominant privatrechtliche Behandlung des arbeitsrechtlichen Stoffes (Jacobi 1927). Dass Jacobi das Arbeitsrecht als Teilgebiet des Privatrechts begriff, ist insofern erstaunlich, als er im Kirchenrecht ausgewiesen war und insofern eher als Vertreter des öffentlichen Rechts gelten konnte. Als Begründung führte er seine Sorge vor einer Bürokratisierung der Wirtschaft an:

> Es ist an der Zeit, daß die Grundlagen der Rechtsdisziplin Arbeitsrecht von einem ausgesprochenen Vertreter des öffentlichen Rechts untersucht werden; scheint doch die Bedeutung des Arbeitsrechts nach allem, was darüber gelehrt wird, gerade darin zu bestehen, daß hier das öffentliche Recht allmählich das Privatrecht verdrängt oder daß öffentliches und privates Recht sich zu einem einartigen Recht verschmelzen. Demgegenüber wird im folgenden dargetan, daß auch im Arbeitsrecht privates und öffentliches Recht getrennt bleiben und daß das Privatrecht nicht zurückgedrängt, sondern im Gegenteil fortentwickelt wird. Die heute vielverbreitete Neigung, in der Rechtsordnung vorschnell öffentlichrechtliche Elemente festzustellen, ist nur eine Ausstrahlung der allgemeinen Tendenz, freie Initiative und eigene Verantwortung durch öffentliche Verwaltung und öffentliche Fürsorge zu ersetzen, Bestrebungen, die für die Wirtschaft bei aller »wirtschaftlichen Selbstverwaltung« schließlich zu einer tödlichen Bürokratisierung führen müssen. (Jacobi 1927: V)

Diese Haltung Jacobis ließ das Leipziger Institut zu einem attraktiven Anlaufpunkt der Gegner eines eigenständigen Arbeitsrechts werden. In seiner Schriftenreihe veröffentlichten auch explizit arbeitgebernahe Juristen ihre ersten Schriften, zum Beispiel *Arthur Nikisch*, Syndikus des Verbandes der Metallindustriellen, sowie *Paul Oertmann*, später Professor in Göttingen und *Erich Molitor*, ab 1922 außerordentlicher Professor in Leipzig.

Vor diesem Hintergrund wurde Jacobi vor allem von den Gewerkschaften misstrauisch betrachtet. Zwar zwinge seine Stellung dazu, seine Ansichten ernst zu nehmen, zumal Leipzig ab 1928 Sitz des Reichsarbeitsgerichtes wurde und »die richterlichen Mitglieder [...] zweifellos gute Beziehungen zu dem Institut für Arbeitsrecht an der Universität Leipzig« unterhielten (Nörpel 1928b: 61). Gleichwohl kritisierten sie ihn deutlich, weil er die öffentlich-rechtliche Stellung der Verbände und ihrer Tarifverträge bestritt:

> Das Wesen des Kollektivismus: die Übertragung öffentlichrechtlicher Aufgaben an die Verbände, die Schaffung autonomen Rechts durch die Verbände, wird von Jacobi verneint, ihm erklärt sich alles privatrechtlich, es gibt danach gar kein kollektives Arbeitsrecht, sondern nur Änderungen und Neuerungen im bürgerlichen Recht. Damit ist das Arbeitsrecht auch keine selbständige Rechtsdisziplin und wird es nie werden. Die Regelung der Rechtsbeziehungen der Individuen des Arbeitsvertrages erfolgt nicht namens der Klasse durch deren Kollektivorgane autonom, sondern nach wie vor rein individuell und nur insoweit in Massenformen, als viele sich zusammentun und ihren Einzelwillen zusammenwirken lassen. Bei solcher Auffassung mag das kollektive Arbeitsrecht ruhig seine bisherige Form beibehalten, setzt sich diese Ansicht aber auf die Dauer durch, dann verliert der Kollektivismus seinen Wesensinhalt und muß Schaden erleiden. Deshalb müssen alle diejenigen die Meinungen von Jacobi bekämpfen, die den Kollektivismus wollen und die den Ausbau des Arbeitsrechts als selbständige Rechtsdisziplin erstreben. (ebd.: 61–62)

Eine noch grundlegendere Differenz bestand darin, dass einige der Leipziger Wissenschaftler das Arbeitsrecht nicht in erster Linie aus der strukturellen Lage des Arbeitnehmers heraus ableiteten, sondern vor allem aus dem Tatbestand der Arbeit. Sie verstanden das Arbeitsrecht nicht als Arbeiterrecht, sondern als Recht der Arbeit. *Lutz Richter*, ein Habilitand von Jacobi, sah den Ausgangspunkt des Arbeitsrechts zum Beispiel im Arbeitsprozess und dessen Zeitgebundenheit, die den Arbeitnehmer an den Arbeitgeber binde (Becker 2005: 186–188). Damit wurden beide Wesensmerkmale der Sinzheimer'schen Denkrichtung relativiert: also die öffentlich-rechtlichen beziehungsweise kollektivistischen Elemente des Arbeitsrechts sowie die Schutzbedürftigkeit des individuellen Arbeitnehmers, die aus der strukturellen Machtasymmetrie am Markt resultiert.

Nicht alle Arbeitsrechtler wurden also zu Mitgliedern der epistemischen Gemeinschaft, beziehungsweise die Gemeinschaft franste an ihren Rändern so stark aus, dass ihre Grenzen unscharf wurden. Die Bezeichnung »Arbeitsrechtler« konnte nicht länger als Erkennungsmerkmal einer spezifischen Perspektive auf das Recht gelten. Der Leipziger Lehrstuhl illustriert, dass nun auch die gegnerische (und überwiegend privatrechtlich orientierte) Fraktion, die das Sonderrechtsgebiet zuvor abgelehnt hatte, versuchte, das Arbeitsrecht und die

Deutungshoheit über seine Sachfragen für sich zu erobern. Insbesondere dann, wenn eine epistemische Gemeinschaft in Bezug auf die Institutionalisierung ihrer Ideen erfolgreich ist, muss sie damit rechnen, dass sich der intellektuelle Gegner ihrer Themen bedient. Denn auch die Arbeitgeberseite hatte natürlich ein Interesse daran, Einfluss auf das von vielen ungeliebte neue Rechtsgebiet zu nehmen. Und ab dieser Zeit verwandten die Gewerkschaften einige Mühe auf die Prüfung der Frage, welche Arbeitsrechtler ihren Interessen schaden oder nützen könnten. Während Nipperdey und Hueck vom Rechtsexperten der Freien Gewerkschaften Clemens Nörpel in einer Reihe mit Sinzheimer als »hervorragende Vertreter des Arbeitsrechts« bezeichnet wurden, galt dies nicht für Jacobi und Nikisch (Nörpel 1927b: 397).

Hueck und Nipperdey teilten mit den sozialdemokratischen Pionieren um Sinzheimer die zentralen Problemdiagnosen auf dem Arbeitsmarkt und die Annahmen über den Charakter des kollektiven Arbeitsrechts. Insofern schlossen sie sich ihrer epistemischen Gemeinschaft an. Das einflussreichste *Lehrbuch des Arbeitsrechts* aus der Weimarer Zeit wurde von ihnen verfasst. Und der erste Satz des Werkes lautete: »§ 1: Das Arbeitsrecht ist das Sonderrecht des unselbständigen Arbeitnehmers« (Hueck/Nipperdey 1928: 1).

Ganz im Einklang mit Sinzheimer, Potthoff oder Kaskel (und in scharfer und teilweise expliziter Abgrenzung zu Jacobi und Nikisch) wurden die Notwendigkeit und das Wesen des kollektiven Arbeitsrechts aus dem Abhängigkeitsverhältnis und dem Schutzbedürfnis des Arbeitnehmers hergeleitet. Auch Nipperdey und Hueck interpretierten das Arbeitsrecht nicht als Recht der Arbeit, sondern als Arbeiterrecht:

> Die Personen, die Arbeitgeber sind, werden also nur hinsichtlich einer ganz bestimmten und keineswegs der wichtigsten Seite ihrer Tätigkeit vom Arbeitsrecht erfaßt, die Arbeitnehmer dagegen hinsichtlich ihrer ganzen Berufstätigkeit. Und ferner ist das Arbeitsrecht nicht um der Unternehmer willen, sondern auf Grund der besonderen Bedürfnisse der Arbeitnehmer entstanden. Nur weil eine der wichtigsten Beziehungen des Arbeitnehmers diejenige zu seinem Arbeitgeber ist, gehören auch die Rechtsverhältnisse der Arbeitgeber zum Arbeitsrecht. Die Arbeitnehmer stehen also durchaus im Vordergrund, die Regelungen ihrer Rechtsverhältnisse und der Schutz ihrer Interessen ist das eigentliche Objekt des Arbeitsrechts; dementsprechend erscheint es berechtigt, das Arbeitsrecht als das Recht der Arbeitnehmer zu bezeichnen. (ebd.: 5)

Vor diesem Hintergrund wurden auch die besondere Natur des Tarifvertrages und seine unabdingbare Wirkung gewürdigt. Gleichwohl gab es deutliche Unterschiede zu den sozialdemokratischen Vertretern des Arbeitsrechts. Und diese Differenzen führten zu einer starken Heterogenisierung der epistemischen Gemeinschaft.

Einerseits war diese Gruppe von Arbeitsrechtswissenschaftlern bezüglich ihrer Haltung zur rechtswissenschaftlichen Disziplin deutlich konservativer als die

Rebellen um Sinzheimer. Gegenüber der rechtssoziologischen Methode waren sie skeptisch. Stattdessen versuchten sie, das Arbeitsrecht in die traditionellen Bahnen der Rechtsdogmatik zu lenken. So kritisierte Nipperdey die Weimarer Arbeiten von Sinzheimer als einen Rückfall in die Politik. Es sei das Verdienst der neuen Arbeitsrechtswissenschaft, aus dem Arbeitsrecht der Sozialpolitiker ein Arbeitsrecht der Juristen zu machen (Dubischar 1990: 92). Hier gab es eine gewisse Nähe zu Erwin Jacobi, der ebenso wie Nipperdey forderte, »an die Stelle der bisher üblichen rechtspolitischen Behandlung mehr und mehr die wirkliche juristische Durchdringung des neu geschaffenen Rechtsstoffs zu setzen« (ebd.). Das Bemühen der etablierten Rechtswissenschaft, die rechtssoziologische Herausforderung einzudämmen, war deutlich. Hier traten gravierende Divergenzen zutage, die Sinzheimer publizistisch verarbeitete und die sein Spätwerk dominieren (Sinzheimer [1922c]1976). Die Deutung, dass Sinzheimer und Potthoff vor allem die »rechtspolitische Führerschaft« (und nicht die rechtswissenschaftliche Führerschaft) zukam, wurde im Übrigen auch von Gewerkschaftsjuristen geteilt (Broecker 1929: 64).

Darüber hinaus blieben die universitären Lehrstuhlinhaber Hueck und Nipperdey auch skeptisch bezüglich der Forderung, das Arbeitsrecht als ein völlig eigenständiges Rechtsgebiet zu betrachten. Dies verwundert nicht, denn fast alle Arbeitsrechtsprofessoren widmeten sich gleichzeitig anderen Rechtsgebieten und hatten das Arbeitsrecht nur mit übernommen. So wurde Nipperdey parallel zu seiner arbeitsrechtswissenschaftlichen Karriere zu einer Ikone des Bürgerlichen Rechts, indem er den berühmten BGB-Kommentar von Enneccerus weiterführte. Entsprechend sahen Hueck und Nipperdey das Arbeitsrecht auch nicht als eigenständig an, sondern sie teilten es auf in einen privatrechtlichen Teil und in einen öffentlich-rechtlichen Teil. Überwiegend in diesem Sinne wurde das Rechtsgebiet auch an den Universitäten gelehrt. Diese Haltung lehnte Sinzheimer vehement ab:

> Das Arbeitsrecht ist nicht nur Privatrecht, sondern auch öffentliches Recht. Nun könnte man ja ein solches Recht in zwei Hälften spalten und es so aufteilen an Zivilisten und Publizisten – wenn nicht ein peinliches Gefühl zu tragen wäre, daß nämlich bei solcher Teilung das eigentliche Wesen des Arbeitsrechts verlorenginge, daß sie wohl zu einer Sektion einer Leiche, nicht aber zur Erkenntnis einer lebendigen Einheit führte. Das Wesen des Arbeitsrechts ist nicht teilbar. Nur als neues, eigenartiges, zur unlösbaren Einheit aller seiner Bestandteile zusammengeschmolzenes Rechtsgebilde kann es verstanden werden. (Sinzheimer [1922a]1976: 72)

Die Verortung des Rechtsgebiets innerhalb der Rechtswissenschaft betraf nicht nur das Selbstverständnis der Rechtswissenschaft, sondern hatte unmittelbar praktische Konsequenzen, zum Beispiel in Bezug auf die Frage, ob arbeitsrechtliche Streitigkeiten ausschließlich vor den Arbeitsgerichten auszutragen sind und in welchem Umfang Bestimmungen des BGB auf arbeitsrechtliche Fragen anwendbar sind (Hueck/Nipperdey 1928: 6). Die Etablierung des Arbeitsrechts an den rechtswissenschaftlichen Fakultäten und meist im Rahmen der bestehenden Differenzierung zwischen öffentlichem und privatem Recht hatte also ambivalente Wirkungen. Einerseits dürfte es die Akzeptanz des Arbeitsrechts begünstigt haben, dass sich Professoren mit guter Reputation in den traditionellen Rechtsgebieten seiner annahmen (so argumentiert Dubischar 1990: 92). Gleichwohl gab es im Rahmen der universitären Verankerung einen Sog ins Privatrecht, und der besondere Charakter des neuen Rechtsgebiets wurde tendenziell verwässert.

Die universitäre Arbeitsrechtswissenschaft war aber nicht nur disziplinär, sondern auch politisch deutlich konservativer als die sozialdemokratischen Vertreter um Hugo Sinzheimer. Nipperdey war noch Anfang der 1920er Jahre Mitglied der DNVP gewesen. Und eine positive Stellungnahme zum Kapp-Lüttwitz-Putsch hatte sein Habilitationsverfahren verzögert (Hollstein 2007: 24–42). Im Verlauf der 1920er Jahre wanderte er politisch weiter nach links. Er wählte die DVP und wurde 1928 auch Mitglied der Partei (Rückert 1999: 281).[7] Auch hier standen Hueck und Nipperdey Jacobi näher als Sinzheimer. Deutlich wurde die Differenz vor allem an den politischen Zielen der Juristen. Die Funktion des Tarifvertragswesens wurde erkennbar unterschiedlich akzentuiert. In der Argumentation von Sinzheimer hatte die Idee der sozialen Selbstbestimmung im Vordergrund gestanden. Das Arbeitsrecht war demnach ein Weg zur Emanzipation der Arbeiterschaft und ein Mittel ihrer Integration in den Staat. Die universitären Repräsentanten des Arbeitsrechts verfolgten hingegen vor allem die ordnungspolitische Perspektive. Demnach war das Tarifrecht vor allem ein Instrument, um Konflikte zu befrieden und friedliche Produktionsabläufe in der Wirtschaft zu ermöglichen:

> Es ist hier nicht der Ort zu untersuchen, inwieweit die Forderungen der Arbeiterschaft berechtigt sind, inwieweit sie über das Ziel hinausgehen. Je nach dem politischen und sozialen Standpunkt wird die Antwort auf diese Frage immer sehr verschieden ausfallen. Welchen Standpunkt man aber auch einnehmen mag, eines läßt sich schwerlich bestreiten: Für die deutsche Industrie und Landwirtschaft und damit letzten Endes für unser ganzes Volk ist die Rückkehr zu ruhigen, gesicherten Zuständen eine Lebensfrage. […] Die Unternehmer müssen wieder, wenigstens für die nächste Zukunft, mit einigermaßen sicheren Faktoren rechnen können; sie müssen die Sicherheit haben, nicht täglich von neuen Forderungen der Arbeiter überrascht zu werden, nicht täglich einen neuen Streik, wenn nicht noch Schlimmeres befürchten zu müssen; nur dann können sie ihre Betriebe auf die veränderten Verhältnisse einstellen, was naturgemäß mit großen Kosten verknüpft ist, und nur dann können sie es wagen, sich mit größeren

7 Dabei sollte hinzugefügt werden, dass sich Nipperdey mit der Hinwendung zur DVP nicht nur nach links orientierte, sondern dass sich die DVP im Verlauf der Weimarer Periode auch zunehmend nach rechts orientierte (Döhn 1970).

> Mengen von Rohstoffen zu versehen und Aufträge für eine längere Zeit hinaus anzunehmen, nur dann werden sie insbesondere auch die so dringend notwendigen Auslandskredite zur Beschaffung von Rohstoffen erhalten. [...] Das Interesse der Arbeitgeber wie der Arbeitnehmer und nicht zuletzt das Interesse der gesamten deutschen Volkswirtschaft verlangt deshalb auf das dringendste die möglichst baldige Herstellung eines gewissen Beharrungszustandes und die Einstellung der ständigen wirtschaftlichen Kämpfe, die mit so großen für die deutsche Volkswirtschaft heute nicht ertragbarem, weil unproduktivem Kraftaufwand verbunden sind. Eins der wichtigsten Mittel zur Erreichung dieses Ziels ist die möglichst weite Verbreitung des Tarifvertrages. (Hueck 1920: 6)

Die Ordnungsidee wurde auch von Sinzheimer geteilt und ab 1919 sogar akzentuiert:

> Der Zweck der Koalitionen unserer Zeit ist der, eine höhere Ordnung zwischen Unternehmertum und Arbeiterschaft herbeizuführen. [...] An die Stelle der sozialen Unordnung soll ein neues System der sozialen Ordnung treten. (Sinzheimer [1919]1976: 173)

Sie bildete also normativ den kleinsten gemeinsamen Nenner innerhalb der epistemischen Gemeinschaft. Dieses Denken war durchaus nicht nur auf die Arbeitsrechtler beschränkt. Anter (2004) hat darauf hingewiesen, dass die Verbindung des Rechts mit Ordnungsfunktionen charakteristisch für die abendländische Rechtsgeschichte ist. Dies habe insbesondere für das 19. und die erste Hälfte des 20. Jahrhunderts gegolten (Anter 2004: 156–161). Enneccerus und Nipperdey bezeichneten das Recht in ihrem Kommentar zum BGB als »die Ordnung der Lebensverhältnisse der Gemeinschaft« (Enneccerus/Nipperdey 1959: 219–220). Die Vorstellung, dass Rechtsprobleme Ordnungsprobleme sind und dass sich aus Regeln Ordnungen destillieren lassen, war auch rechtssoziologisch geprägt.[8] Und wenn man die Argumentation von Hueck und Nipperdey betrachtet, dann trug sie – trotz aller rhetorischen Ablehnung der Sinzheimer'schen Methode – auch soziologische Züge, denn sie anerkannte die Diagnose der Asymmetrie zwischen Arbeit und Kapital. Zudem bestimmten Hueck und Nipperdey den Wert des Tarifgedankens aus seiner ökonomischen Funktion heraus und aus seinem Nutzen für die Marktverhältnisse, unter der Bedingung erstarkter Gewerkschaften Wirtschaftsfrieden bereitzustellen. Der Unterschied zu Sinzheimer bestand also weniger darin, dass der eine rechtsdogmatisch dachte und der andere außerrechtliche Aspekte einbezog. Sie unterschieden sich darin, dass Nipperdey und Hueck die Funktionalität des Tarifgedankens für die Arbeitgeberseite und die Volkswirtschaft ins Zentrum stellten, während die sozialdemokratische Fraktion um Sinzheimer vor allem die Klas-

8 In seinem »konkreten Ordnungsdenken« drehte Carl Schmitt 1934 diesen Zusammenhang um. Für ihn war Ordnung keine »Regel oder eine Summe von Regeln, sondern, umgekehrt, die Regeln nur ein Bestandteil und ein Mittel der Ordnung« (Schmitt 1934: 13).

seninteressen der Arbeiterschaft in den Blick nahm. Sinzheimer beschäftigte sich mit den sozialen Voraussetzungen des Rechts, während Nipperdey und Hueck auch oder überwiegend die ökonomischen Effekte des Rechts thematisierten.

Für die Weimarer Republik lassen sich also zumindest drei Gruppen von Arbeitsrechtlern unterscheiden. Die Pioniere des Arbeitsrechts um Hugo Sinzheimer standen im politisch linken Spektrum, ihre Hauptansprechpartner waren die Freien Gewerkschaften sowie die Sozialdemokratie. Sie betonten die besondere Natur des Arbeitsverhältnisses sowie den öffentlich-rechtlichen Charakter des Tarifvertrages. Sie forderten die disziplinäre Eigenständigkeit des Arbeitsrechts, die auch institutionell in von der Justiz unabhängigen Arbeitsgerichten zum Ausdruck kommen sollte. Zudem stellten sie die Notwendigkeit der rechtssoziologischen Perspektive auf das Recht heraus. Rechts davon standen die Professoren Hueck und Nipperdey. Sie bildeten mit den Pionieren insofern eine epistemische Gemeinschaft, als sie in allen Annahmen über die Marktverhältnisse und die Notwendigkeit rechtlicher Regulierung übereinstimmten. Gleichwohl waren sie politisch konservativer eingestellt, was sich auch daran zeigte, dass sie die Funktionalität des Tarifwesens vor allem aus Arbeitgebersicht und volkswirtschaftlicher Perspektive zu begründen suchten. Auch teilten sie nur bedingt die rechtssoziologische Orientierung, sondern sie suchten den Anschluss an die traditionellen dogmatischen Bahnen. Außerhalb der epistemischen Gemeinschaft stand die dritte Gruppe der explizit arbeitgeberfreundlichen Arbeitsrechtler um Erwin Jacobi, die eine Gegengemeinschaft bildeten. Sie untersuchten das Arbeitsrecht ausschließlich privatrechtlich und verstanden es als Recht der Arbeit, wodurch die besondere Stellung und Schutzbedürftigkeit des Arbeitnehmers deutlich relativiert wurde. Weil Hueck und Nipperdey mit den Analysen der linksorientierten Arbeitsrechtler häufig übereinstimmten, disziplinär und politisch jedoch eher der Gruppe um Jacobi nahestanden, fiel ihnen eine zentrale Position zu, in der sie mit allen Fraktionen des Arbeitsrechts über ausgewählte Sachfragen Verständigung erzielen konnten. Auch darin dürfte es begründet liegen, dass vor allem Nipperdey in den Jahrzehnten darauf zu *der* Autorität im Arbeitsrecht wurde.

### 4.2.2 Die Formierung des neuen Politikfeldes »Tarifrechtspolitik« und die wachsende Distanz zwischen Arbeitsrechtswissenschaft und Freien Gewerkschaften

Nun war es für die sozialdemokratisch orientierten Arbeitsrechtler keine neue Erfahrung, in der Rechtswissenschaft marginalisiert zu sein. Schon im Kaiserreich hatte ihr Einflusspotenzial vor allem in der politischen Sphäre gelegen. Und die Ausgangsbedingungen für eine Kontinuität dieses Einflusses zu Beginn der Weimarer Periode waren eher gut. Als die Verfassungsgebende Nationalversammlung am 6. Februar 1919 in Weimar zu ihrer konstituierenden Sitzung zusammenkam, hatte sich das kleine Zeitfenster sozialdemokratischer Macht zwar schon wieder geschlossen, denn mit der ersten Wahl auf Reichsebene im Januar 1919 hatten die sozialdemokratischen Parteien SPD und USPD, die noch den Rat der Volksbeauftragten gestellt hatten, die Macht verloren. SPD, DDP und Zentrumspartei bildeten mit der »Weimarer Koalition« die erste Regierung (Winkler 1984: 135–150). Das bürgerlich-sozialdemokratische Bündnis änderte jedoch nichts an der arbeitsrechtlichen Zieldefinition. Im März 1919 kündigte der neue Reichsjustizminister Otto Landsberg (SPD) an, ein »einheitliches, demokratisches und soziales Arbeitsrecht« schaffen zu wollen (zitiert nach Graf 1993: 143). Schon im Kaiserreich hatten die Sozialdemokraten im Reichstag partiell Koalitionen mit den linksliberalen Fraktionen gebildet, um ihren Resolutionen für eine Anerkennung des Arbeitsrechts Gehör zu verschaffen.

Das Projekt der Arbeitsgesetzgebung war ambitioniert und umfangreich. Neu geordnet beziehungsweise geschaffen werden sollten ein allgemeines Arbeitsvertragsgesetz, ein Arbeiterschutzgesetz, ein Arbeitsgerichtsgesetz, Regelungen zur Organisation der Arbeitsbehörden und der Arbeitsvermittlung, ein Arbeitstarifgesetz, ein Schlichtungsgesetz sowie weitere Regelungen für spezifische Beschäftigtengruppen. Die Entscheidungsstrukturen, in denen die Kodifizierung des Arbeitsrechts bewerkstelligt werden sollte, waren bemerkenswert. Die Federführung lag beim Reichsarbeitsministerium. Der Minister Gustav Bauer (SPD) setzte einen Arbeitsrechtsausschuss ein, der einen Gesetzentwurf ausformulieren sollte und in dem viele verschiedene Akteurgruppen repräsentiert waren: das Arbeitsministerium, das Justizministerium, später auch das Wirtschaftsministerium, Vertreter der Fachministerien verschiedener Länder, rechtswissenschaftliche Experten sowie Repräsentanten der Freien Gewerkschaften, der christlichen Gewerkschaften und der Hirsch-Duncker'schen Gewerkvereine (ebd. 143–144). Der Ausschuss pflegte enge Kontakte zum Tarifrechtsausschuss der Gesellschaft für soziale Reformen, die insbesondere über ihren Mitbegründer und Generalsekretär Ernst Francke auch personell im Arbeitsrechtsausschuss vertreten war. Die Freien Gewerkschaften wiederum waren mittlerweile der Gesellschaft beigetreten, sodass es auch hier personelle Verflechtungen gab. Darüber hinaus nahm noch das österreichische Sozialministerium an den Sitzungen des Arbeitsrechtsausschusses teil, um die Vereinheitlichung der Rechts- und Wirtschaftsordnungen beider Länder voranzutreiben (Nautz 1998: 78–79). Arbeitgeberverbände waren nicht unmittelbar vertreten.

Die Regierung verfolgte also einen breiten Partizipationsansatz, wodurch viele Akteure mit teilweise gegensätzlichen Interessen einen Zugang zum politischen Prozess bekamen. Die Gewerkschaftskonkurrenz wurde im Arbeitsrechtsausschuss abgebildet. Gleichzeitig sahen sich die Befürworter des Arbeitsrechts ihren Gegenspielern aus dem Wirtschaftsministerium ausgesetzt. Und die arbeitsrechtlichen Juristen mussten den Konsens mit dem Justizministerium suchen, das den Regierungsanker der juristischen Profession darstellte, die der Eigenständigkeit des Arbeitsrechts als Rechtsgebiet so skeptisch gegenüberstand.

Die Pluralität und Heterogenität der Ausschussmitglieder schmälerte den Einfluss der arbeitsrechtlichen Experten aber nicht. Diese waren mit Sinzheimer, Potthoff und Kaskel personell prominent vertreten. Und es besteht kein Zweifel daran, dass Sinzheimer im Ausschuss hauptverantwortlich war. In der konstituierenden Sitzung legte er ein Arbeitsprogramm vor, mit dem er seinen Anspruch auf die wissenschaftliche Deutungshoheit untermauerte. Er leitete den Unterausschuss zur Ausarbeitung eines Tarifvertragsgesetzes (Bohle 1990: 16). Seine tarifrechtlichen Vorarbeiten aus dem Kaiserreich bildeten die Diskussionsgrundlage (Graf 1993: 143–147). Und der vom Ausschuss vorgelegte Entwurf für ein Tarifvertragsgesetz trug eindeutig Sinzheimers Handschrift (Sinzheimer [1921]1976). An Aufmerksamkeit und Durchsetzungsfähigkeit hat es seiner epistemischen Gemeinschaft also nicht gemangelt.

Problematisch entwickelte sich hingegen das Verhältnis zu den Gewerkschaften, und diesbezügliche Konflikte innerhalb der Sozialdemokratie wuchsen. Schon bei der Besetzung der zentralen Regierungspositionen wurde deutlich, dass die sozialdemokratischen Arbeitsrechtler zwar bei der Parteiführung hoch angesehen waren und im Gesetzgebungsprozess an zentraler Stelle positioniert werden sollten. Dies stieß jedoch nicht auf die ungeteilte Zustimmung der Parteibasis. Nachdem das Kabinett Scheidemann im Zuge des Konflikts um den Versailler Vertrag zurückgetreten war, wurde Gustav Bauer Reichskanzler, und das Amt des Arbeitsministers war neu zu besetzen (Preller 1978: 244). Die Parteiführung bot Sinzheimer dieses Amt an, damit er den Gesetzgebungsprozess federführend koordinieren möge. Doch in einer fraktionsinternen Abstimmung unterlag er unerwartet und deutlich mit 35 zu 69 Stimmen (Kolb 1997: 39). Sein Gegenkandidat war Alexander Schlicke, Vorsitzender des Metallarbeiterverbandes. Dieser verfügte über eine breitere gewerkschaftliche Basis, hatte mehr proletarischen Stallgeruch vorzuweisen und stand politisch links vom eher liberalen Sinzheimer. Die Vorbehalte der Parteibasis mögen geschürt worden sein durch die sogenannten Novembersozialisten – die Sozialdemokratie hatte nach dem Umsturz 1918 deutliche Mitgliederzuwächse zu verzeichnen gehabt, und zwar insbesondere durch Überläufer aus dem bürgerlichen Lager, an deren Gesinnung viele Genossen zweifelten (Winkler 1984: 244–245). Dies intensivierte in den Jahren 1919 und 1920 die bereits seit Längerem geführte Debatte über die Rolle der Akademiker in der Partei. Gleichwohl traf diese Diskussion mit Sinzheimer den Falschen, denn er war immer schon Sozialdemokrat gewesen.

Um ihm dennoch eine zentrale Position zu sichern, bot die Fraktion ihm das Amt des Justizministers an, das er jedoch ablehnte (Protokoll der Fraktionssitzung vom 21.6.1919, in: Potthoff/Weber 1986). Die Gründe seiner Ablehnung sind unbekannt, auch seine Biografin Susanne Knorre beantwortet diese Frage nicht (Knorre 1991). Möglicherweise wollte er nicht die politische Verantwortung für ein Ressort übernehmen, das einen Bezugspunkt für die juristischen Gegner des Arbeitsrechts darstellte und damit der wichtigste institutionelle Regierungsanker der gegnerischen epistemischen Gemeinschaft war. Oder er hat seine Möglichkeiten der Einflussnahme auf das zu schaffende Arbeitsgesetzbuch als größer eingeschätzt, wenn er die Rolle des Experten (und nicht die des Justizministers) einnimmt.

Das wechselseitige Misstrauen zwischen Gewerkschaften und Arbeitsrechtlern zeigte sich auch bei den Debatten über die Besetzung des Arbeitsrechtsausschusses. Zwar hatten die Freien Gewerkschaften zwei Repräsentanten entsandt, eine weitergehende und direkte Beteiligung der Verbände war vom Reichsarbeitsministerium jedoch nicht vorgesehen. Dagegen protestierten die Gewerkschaften (und auch die Arbeitgeberverbände). Sie kritisierten das Übergewicht bei den bürgerlichen Kräften, das jedoch die parteipolitischen Mehrheiten in der Nationalversammlung widerspiegelte (Preller 1978: 245). Zudem argumentierten sie, dass der Ausschuss vor allem mit Praktikern besetzt werden müsse (Bohle 1990: 17–19). Die Rolle der juristischen Experten sollte begrenzt werden. In den Freien Gewerkschaften wurden sie als Werkzeuge betrachtet, deren Aufgabe es war, den politischen Willen technisch umzusetzen. So argumentierte Hugo Heinemann, selbst Jurist und als Repräsentant der Freien Gewerkschaften im Arbeitsrechtsausschuss vertreten:

> Einer der wichtigsten Programmpunkte der sozialdemokratischen Partei in dem neuen gesetzgebenden Körper muß daher die Schaffung eines wirklichen, mit sozialistischem Geist erfüllten Arbeitsrechts sein [...] Dabei fällt dem Juristen eine sehr wesentliche Aufgabe zu. Sie besteht nicht darin das soziale Wollen auf seine Richtigkeit zu prüfen und das von ihm als wertvoll Erkannte in Paragraphen zu gießen. [...] Es ist aber die Aufgabe des Juristen die rechtlichen Formen zu finden, in denen sich die sozialen Zwecke, deren Notwendigkeit zum Durchbruch gelangt ist, ohne Hemmungen und, wenn es sein muß, mit dem mächtigen Hebel des staatlichen Zwangs durchsetzen lassen. (Heinemann 1919: 18)

Offenkundig herrschte die Vorstellung, dass man die Definition der politischen Ziele und der Mittel zu ihrer Realisierung voneinander trennen könne, als ginge es lediglich darum, für ein gegebenes und objektives Ziel die allein richtige Form zu finden. Diese instrumentelle Betrachtungsweise der Kooperation mit der Rechtswissenschaft seitens der Gewerkschaften prägte das Zusammenspiel beider Akteurgruppen in der gesamten Weimarer Periode und führte zu einer wachsenden Distanz. Denn die arbeitsrechtlichen Experten weigerten sich, ihre Funktion auf die Rolle eines technischen Werkzeugs beschränken zu lassen. Letztlich waren es die anwaltlichen Rechtspolitiker gewesen, die die politische Institutionalisierung des Tarifgedankens überhaupt bewirkt hatten. Während die Gewerkschaften darum bemüht waren, den Einfluss der Rechtswissenschaft zu begrenzen, war diese darum bemüht, ihren Einfluss gegen die Praktiker abzusichern. Kaskel und Potthoff hielten die Beteiligung von Praktikern am Arbeitsrechtsausschuss schon für zu weitgehend. Sie plädierten für einen kleinen Ausschuss, der sich ausschließlich aus Juristen zusammensetzen sollte (ebd.: 20–21). Diese Forderung nach einem Juristenmonopol und die Forderung nach Anerkennung des Expertenwissens als absolut gültig richteten sich nicht nur gegen die Partizipation der Verbände, sondern auch gegen den Einfluss der fachfremden Ministerien aus Bund und Ländern. Und später beklagte Kaskel, viele politisch berufene Mitglieder hätten ihre Anwesenheit im Ausschuss lediglich dazu genutzt, diesen »als Schauplatz parlamentarischer Reden« zu missbrauchen (ebd.).

Auch die tarifrechtspolitischen Konzeptionen der Arbeitsrechtler waren bei der politischen Linken nicht mehrheitsfähig. Der 1921 vorgelegte Regelungsvorschlag des Arbeitsrechtsausschusses basierte auf Sinzheimers Kombination liberaler und sozialistischer Elemente. Sozialistisch war die Idee des Kollektivismus: Kollektivorganisationen sollten Kollektivvereinbarungen aushandeln, um die Machtasymmetrie zwischen Arbeit und Kapital am Markt zu kompensieren. Liberal war der Vorschlag insofern, als *freiwillig gebildete* Verbände die Tarifhoheit durch das Mittel des Tarif*vertrages* ausüben sollten. Die Tarifverträge sollten (nur) für die Verbandsmitglieder gelten, wobei dem Staat das Recht zufallen sollte, sie für allgemein verbindlich erklären zu können. Zudem wurde die Rechtsfähigkeit der Verbände und damit auch die Frage der Haftung bei Vertragsbruch geregelt. Unerlaubte Arbeitskampfmaßnahmen während der Laufzeit der Tarifverträge oder die Nichterfüllung vertraglicher Pflichten sollten mit Schadenersatz geahndet werden können.

Die freiwilligen Organisationen sollten also die Verantwortung für das Tarifgeschehen vollständig übernehmen. Die Autonomie der beteiligten Verbände und die aus der Praxis resultierenden Entwicklungen, nicht aber Staatsinterventionen, sollten die treibenden Kräfte des Tarifwesens sein. So heißt es in der Begründung zum Gesetzentwurf:

> Zwangsvorschriften, die dem inneren Wesen eines Tarifvertrages fremd sind, müssen vermieden werden. Die Hauptaufgabe eines Tarifrechts ist, der Tarifentwicklung zu dienen, nicht ihr vom Gesetzgeber vorgeschriebene Wege anzuweisen. Die Folge einer solchen Zwangsregelung wäre lediglich die Abkehr der Beteiligten vom Tarifgedanken. […] Die Tarifbeteiligten können am besten selbst entscheiden, welcher Tarifinhalt für sie notwendig ist, und es wäre schädlich, dieser freien Tarifpolitik staatlich vorzugreifen. (Sinzheimer [1921]1976: 193)

Und fast gebetsmühlenartig wiederholte Sinzheimer den Gedanken, dass der öffentlich-rechtliche Zwangscharakter von Tarifverträgen nicht dazu dienen sollte, die individuelle Vertragsfreiheit abzuschaffen, sondern er sollte sie erst ermöglichen.

Dieses Konzept war aufgrund seiner liberalen Bezüge bei den sozialreformerisch orientierten bürgerlichen Kräften im Arbeitsrechtsausschuss wenig kontrovers, stieß bei Teilen der Freien Gewerkschaften und der Sozialdemokratie in wesentlichen Fragen jedoch auf Ablehnung. Die Opposition verlief quer durch die Partei und die Gewerkschaften. Auch innerhalb der Gruppe der sozialdemokratischen Juristen gab es keinen Konsens (Loewenfeld 1921). Bei den Freien Gewerkschaften saß der Kern der Opposition im Arbeitsrechtsausschuss selbst, in dem sie zwei Mitglieder stellten. Die erste Person war Paul Umbreit, Redakteur des Korrespondenzblatts des ADGB. Er befürwortete die Ideen Sinzheimers (Nautz 1998: 82), zog sich jedoch schon im Herbst 1919 aus dem Ausschuss wieder zurück. Als offizielle Begründung gab er Arbeitsüberlastung an (Graf 1993: 144). Die zweite Person war Hugo Heinemann, langjähriger Rechtsberater der Freien Gewerkschaften und seit dem Regimewechsel Unterstaatssekretär im preußischen Justizministerium. Er hatte schon 1919, also zwei Jahre vor der Veröffentlichung des Ausschussentwurfs, zusammen mit dem hauptverantwortlichen Lujo Brentano einen Gegenentwurf veröffentlicht (Brentano 1919), für den sie innerhalb der Freien Gewerkschaften viel Zustimmung ernteten. Die Begründung des Ausschussentwurfs nahm auf die konkurrierenden Überlegungen auch Bezug und diskutierte sie kritisch. Allein die Tatsache, dass ein konkurrierender Regelungsvorschlag existierte, verdeutlicht, dass auch die Koalition der Vorkriegszeit zwischen der arbeitsrechtlichen epistemischen Gemeinschaft und den befreundeten Nationalökonomen der Gesellschaft für soziale Reform brüchig geworden war. Zwar gab es einen Konsens, dass eine gesetzliche Regelung des Tarifwesens notwendig war, strittig war hingegen, wie diese konkret ausgestaltet werden sollte.

Brentanos Konzept entwickelte das Tarifrecht in eine gänzlich andere Richtung: Es sah eine ausschließlich öffentlich-rechtliche Gestaltung der Arbeitsbeziehungen vor (ebd.; vgl. zum folgenden Abschnitt auch Nautz 1998). Träger der Tarifverhandlungen sollten öffentlich-rechtliche Zwangskörperschaften sein, die in horizontaler und vertikaler Gebietsgliederung alle Arbeitnehmer und Arbeitgeber einer Branche vertreten sollten. Ihre Repräsentanten sollten auf der Grundlage eines Proportionalsystems durch Wahlen bestimmt werden. Die Gewerkschaften hätten dadurch einen Status als quasistaatliche Arbeitnehmerkammer erhalten. In der Begründung seines Entwurfs kritisierte der Arbeitsrechtsausschuss diesen Vorschlag. Erstens wurde das Zwangselement abgelehnt (siehe oben stehendes Zitat). Stattdessen plädierte man für eine freie Entwicklung des

Tarifwesens aus der Gesellschaft heraus. Zweitens wurde argumentiert, dass diese Struktur dem Tarifgedanken schade, denn er sei bei den Arbeitnehmern und bei den Arbeitgebern längst noch nicht so etabliert, dass man darauf vertrauen könne, dass aus allgemeinen Wahlen tarifwillige Repräsentanten hervorgingen:

> Es ist keineswegs sicher, daß solche Wahlen für alle Berufe nur solche Vertretungen ergeben würden, die zum Abschluß von Tarifverträgen bereit sind. Es würden wahrscheinlich in vielen Berufen sehr starke radikale Minderheiten, die jeden Tarifvertrag ablehnen, in die Vertretungskörperschaften der öffentlich-rechtlichen Verbände gewählt werden. Damit wäre die ganze Tarifentwicklung von vornherein mit außerordentlichen Schwierigkeiten belastet. (Sinzheimer [1921]1976: 191–192)

Dennoch traf die Konzeption von Brentano und Heinemann Sinzheimers Vorstellungen an ihrer empfindlichsten Stelle. Diese basierten nämlich auf der Annahme, dass die meisten Arbeitnehmer und Arbeitgeber dazu bereit sein würden, sich freiwillig in Verbänden zu organisieren und Tarifverträge abzuschließen. Diese Vorstellung war sehr optimistisch und unterschätzte das asymmetrische Organisationsvermögen der Verbände in dieser Zeit. Darauf stellten auch Sinzheimers Kritiker ab, wobei die Frage der Organisationssicherung mit der Haftungsfrage verknüpft wurde. So argumentierte der sozialdemokratische Anwalt Loewenfeld, dass die Arbeitgeberseite sich als Reaktion auf die neue politische Situation mittlerweile sehr gut organisiert habe. Beispiele dafür waren der Reichsverband der deutschen Industrie oder der Reichsverband des deutschen Handwerks (Preller 1978: 196–204). Darüber hinaus verfügten die Unternehmer über umfangreiche finanzielle Ressourcen (Loewenfeld 1921). Demgegenüber sei die Arbeiterbewegung gespalten. Die Freien Gewerkschaften seien nicht nur der Konkurrenz durch die christlichen und liberalen Verbände ausgesetzt, sondern auch der Konkurrenz durch radikale Arbeiter- und Rätegruppierungen auf betrieblicher Ebene. Gleichzeitig träfen die Haftungsregelungen die Gewerkschaften stärker als die Arbeitgeberverbände, weil ihre Mitglieder weniger zahlungskräftig seien, und weil aufgrund der radikalen und kaum zu disziplinierenden Arbeitergruppen in den Betrieben ihr Haftungsrisiko größer sei als das der Arbeitgeber. Wolle man die Haftung der Verbände, dann müsse man auch für die Zwangsmitgliedschaft eintreten (Loewenfeld 1921). Demgegenüber beharrte Sinzheimer auf der Position, dass man das Problem mit der radikalen Basis durch eine Zwangsmitgliedschaft gerade nicht lösen könne, weil die Radikalen in einem Zwangssystem ihre Vertreter in die öffentlich-rechtlichen Körperschaften entsenden würden, was die Tarifentwicklung gefährde.

Die Befürworter von Brentanos Konzept konnten sich auf eine Formulierung in der Vereinbarung zur Zentralarbeitsgemeinschaft berufen, wonach die Arbeitsbedingungen für *alle* Arbeiter und Arbeiterinnen [eigene Hervorhebung]« durch Kollektivvereinbarungen festgelegt werden sollten (*Deutscher Reichsanzeiger*

Nr. 273 vom 18.11.1918, zitiert nach Blanke et al. 1975a: 181–182). 1920 waren aber lediglich 8 Millionen Mitglieder organisiert, der Deckungsgrad von Tarifverträgen also noch recht gering. Sinzheimer wiederum konnte auf die sehr schnell steigenden Mitgliederzahlen der Gewerkschaften verweisen, die seine Hoffnung auf ein umfassendes Organisationsvermögen der Verbände nährten. Zwischen 1918 und 1920 hatten allein die Freien Gewerkschaften ihren Mitgliederbestand mehr als verdoppelt (Reidegeld 2006: 47).

Die Stärke von Sinzheimers Konzept lag darin, das Tarifrecht durch seinen Kern des liberalen Vertragsdenkens an die herrschende Strömung des privatrechtlichen Denkens zumindest anzunähern. Es war zumindest teilweise »im Sinne der Privatrechtsordnung systemgerecht« (Biedenkopf 1977: 292). Er vernachlässigte dabei aber potenziell die organisationssoziologischen Voraussetzungen des Tarifwesens, denn die »Koalition muss [...], ehe sie versuchen kann, ihre Mitglieder zu halten, diese erst bekommen« (Loewenfeld 1921: 542). Brentanos Konzept wiederum sicherte den Organisationen ihre Mitglieder, lief aber Gefahr, den radikalen Arbeitnehmergruppierungen im Zuge des Wahlverfahrens die Macht zur inneren Zersetzung des Tarifwesens zu gewähren.

Es war aber nicht nur das Organisationsinteresse, das Brentanos Entwurf für die Gewerkschaften attraktiv machen konnte. Mit dem Eintritt in die Weimarer Zeit und für die gesamte folgende Periode dominierte bei den gewerkschaftlichen Juristen wie Heinemann die Vorstellung, dass der Kollektivismus das überragende Prinzip im rechtlichen Denken geworden sei. So prognostizierte er 1919:

> Welche äußere Struktur auch die deutsche Nationalversammlung dem künftigen Deutschen Reich geben wird, das eine wissen wir genau: Keine politische Partei, selbst die konservative nicht, kann es mehr wagen den Faden der Gesetzgebung da anzuknüpfen, wo er im Sommer 1914 gerissen war. Für die Sozialdemokratie als politische Partei ist es von Bedeutung möglichst viele ihrer Anhänger in die Konstituante zu entsenden. Für den Sozialismus als solchen ist das nicht ausschlaggebend. Ihn muß das Recht verwirklichen, welche Parteien auch immer die Mehrheit der Volksvertretung bilden. Hierfür hat der Krieg vorgearbeitet, und sein Ende, die Revolution, hat das Siegel darunter gesetzt.
>
> Schon während des Krieges verwischte sich mehr und mehr der Unterschied zwischen privaten und öffentlichen Normen. Die künstliche Grenzlinie fiel. Der Staat sah sich gezwungen die sozialen Funktionen der Rechtsinstitute in den Vordergrund zu rücken und überall hemmend und zügelnd, regulierend und ordnend in die private Freiheit einzugreifen. Damit verlor jegliches Rechtsgebiet den Charakter eines reinen Privatrechts und wurde zu einer sozial- oder öffentlichrechtlichen Vorschrift. [...] Die Sozialisierung des Rechts ist einer der wichtigsten Programmpunkte, mit denen die sozialdemokratische Partei vor die künftigen gesetzgebenden Faktoren zu treten hat. (Heinemann 1919: 13)

Dieses Zitat liest sich wie die Erwartung, dass das Privatrecht abgeschafft oder sozialisiert werden würde. Mit dieser Interpretation der Bedeutung, die in dem

Weimarer Regimewechsel lag, stand Heinemann nicht allein. Auch Nipperdey hatte eine deutliche Sozialisierung des Rechts schon 1920 für die wahrscheinliche Entwicklung gehalten:

> Die vielfach gehegte Hoffnung, daß man nach Kriegsende in der Privatrechtsordnung sobald als möglich zu den verlassenen individualistischen Prinzipien zurückkehren werde, wird sich nach menschlichem Ermessen nicht erfüllen. Die Notlage, die während des Krieges in Verfolgung einer schon vorher begonnenen oder doch wissenschaftlich vorbereiteten antiindividualistischen Entwicklung zu einer fortschreitenden Sozialisierung des Privatrechts zwang, besteht, und wird vor allem wegen der Zerrüttung des deutschen Wirtschaftslebens noch lange andauern. (Nipperdey 1920: 10)

Öffentlich-rechtliche Organisationsformen des Tarifrechts konnten den Gewerkschaften als das zwangsläufige Ergebnis einer historisch kontinuierlichen Entwicklung erscheinen. Dies entsprach auch dem auf der politischen Linken verbreiteten deterministischen Denken über die »Unausweichlichkeit des Sozialismus« (Winkler 1984: 148). In der Sozialdemokratie war seit dem Ende des 19. Jahrhunderts über die Frage diskutiert worden, ob der Übergang zum Sozialismus eher in vier oder in vierzig Jahren gelingen würde. An der Überzeugung, *dass* er gelingen würde, bestand kein Zweifel (Skrzypczak 1975: 204–206). Das Konzept von Brentano mit öffentlich-rechtlichen Tarifakteuren auf der Basis von Zwangsmitgliedschaft war diesem Rechtsverständnis viel näher als die Ideen von Sinzheimer. Das deterministische Denken erklärt teilweise auch das instrumentelle Verhältnis der Gewerkschaften zu den Arbeitsrechtlern. Das Kollektivprinzip war demnach als unausweichliches politisches Ziel gegeben, stand also außerhalb der Diskussion. Die Aufgabe für die Juristen konnte nur noch darin bestehen, seine Geltung optimal zu realisieren.

Die Konkurrenz der beiden Tarifrechtskonzeptionen illustriert, dass es in dieser Situation keine einzelne beste, richtige oder effiziente Lösung gab. Beide Konzepte nahmen zentrale Aspekte des Tarifrechts auf und wiesen jeweils eigene Schwächen und Stärken auf. Sie divergierten vor allem in Bezug auf die Fragen, welche Organisationshilfen das Tarifrecht braucht, wie das Verhältnis von individueller Freiheit und öffentlich-rechtlichem Zwang zu bestimmen ist und welche Bedeutung dem Privatrecht im Weimarer Rechtssystem (noch) zukommen soll. Die Freien Gewerkschaften tendierten zu Brentanos Modell, das ihrem Interesse nach Organisationssicherung am stärksten nachzukommen schien und das eine größere Distanz zum Privatrecht aufwies. Das sozialdemokratische Reichsarbeitsministerium arbeitete hingegen auf der Basis des Sinzheimer'schen Entwurfs aus dem Arbeitsrechtsausschuss weiter (Nautz 1998: 79–87). Dies lag auch in ihren koalitionspolitischen Zwängen begründet. Vor allem die christlichen Gewerkschaften hatten sich vehement gegen Brentanos Konzept ausgesprochen, weil sie als Splitterverbände befürchteten, in einem Zwangsorganisationssystem nicht überleben zu können. Vor diesem Hintergrund hätte auch die Zentrumspartei kaum zustimmen können. Und angesichts der skizzierten Entwicklung der Arbeitsrechtswissenschaft an den Universitäten war die Vorstellung, das Arbeitsrecht vollständig vom Privatrecht abkoppeln zu können, auch in zeitgenössischer Perspektive unrealistisch. Darüber hinaus verlagerten sich die parlamentarischen Mehrheiten mehr und mehr ins bürgerliche Spektrum (Reidegeld 2006: 48–49).

Die Konkurrenz der Konzepte war Ausdruck der gespaltenen Arbeiterbewegung und förderte genau diese Spaltung weiter. In dieser unsicheren Entscheidungssituation konnte die Wissenschaft keinen Beitrag zur Orientierung und kognitiven Integration der politischen Akteure leisten, weil sie selbst gespalten war. Die Koalition aus Arbeitsrechtlern und Nationalökonomen, die noch im Kaiserreich gemeinsam für eine gesetzliche Regelung des Tarifgedankens argumentiert hatten, war nun über die Frage, wie das Tarifrecht auszugestalten sei, auseinandergebrochen. Dies schwächte den politischen Einfluss beider Disziplinen. Schließlich wurde bis zum Ende der Weimarer Republik kein Tarifvertragsgesetz mehr verabschiedet.

### 4.2.3 Die Distanz eskaliert: Der Konflikt um das Arbeitsgerichtsgesetz

Im Rahmen der Bemühungen um eine Kodifikation des Arbeitsrechts zählte die Schaffung eigenständiger Arbeitsgerichte zu den Zielen, denen allerhöchste Priorität eingeräumt wurde. In diesem Sinne äußerte sich der Reichsarbeitsminister Schlicke in der Verfassungsgebenden Nationalversammlung. Paul Umbreit, der die Freien Gewerkschaften im Arbeitsrechtsausschuss repräsentierte, bezeichnete das zu schaffende Arbeitsgerichtsgesetz sogar als das Zentrum des Gesetzbuches der Arbeit (Graf 1993: 146). Die hohe Wertschätzung hatte verschiedene Gründe.

Erstens herrschte bei den Gewerkschaften und vielen Sozialdemokraten großes Misstrauen gegenüber der Justiz. Dieses bezog sich erstens auf die Herkunft der Richter und zweitens auf die Rechtsprechung der Gerichte. Die Richterschaft des Kaiserreichs wurde von Angehörigen der höheren Schichten dominiert, was eng mit ihrem Ausbildungsweg zusammenhing. Ein Universitätsstudium kam ohnehin nur für ausgewählte Bevölkerungsschichten in Betracht. Zudem wurde das drei- bis vierjährige Referendariat sowie die Assessorenzeit von fünf bis zehn Jahren im Regelfall nicht entlohnt. Die langen Ausbildungszeiten bis zum ersten Richteramt konnte also nur auf sich nehmen, wer über hinreichend große finanzielle Sicherheiten verfügte (Hannover/Hannover-Drück 1966: 24–25). Dabei wirkte nicht nur ein finanzieller, sondern auch ein ideeller Selektionsmechanismus. Man brauchte schon ein hohes Maß an intrinsischer Motivation und Identifikation mit der Rechtsordnung, um einen so mühsamen und über lange Zeit finanziell fruchtlosen Ausbildungsweg gehen zu können: »Der Qual einer derartigen Probezeit hat sich niemand ausgesetzt, der das damalige Staats- und Gesellschaftssystem nicht auch innerlich bejahte« (Fraenkel [1927]1999: 184).

Damit existierte ideell und sozial ein hohes Maß an Distanz zwischen Richterschaft und Staatsanwaltschaft einerseits und der Arbeiterklasse andererseits. Das Unvermögen des Juristenstandes, sich in die Lebenswelt des Proletariats hineinzudenken, war ja schon bei den Beratungen zum BGB offenkundig geworden.

Die Abneigung der Gewerkschaften gegenüber der Justiz war aber nicht nur ein Produkt des proletarischen Misstrauens gegenüber den sozial distanzierten Akademikern, sondern sie entsprang auch der eigenen Erfahrung mit der Rechtsprechung. Unter der Geltung der Sozialistengesetze hatte die obrigkeitsstaatliche Justiz des Kaiserreichs Sozialdemokraten aktiv verfolgt. Und in Abschnitt 4.1.2 wurde bereits skizziert, dass die Gerichte die tarifpolitischen Aktivitäten der Gewerkschaften auch dann noch mit strafrechtlichen Mitteln behinderten, als die Koalitionsfreiheit formal längst zugestanden war. Die teilweise offenkundig gewerkschaftsfeindliche Judikatur hatte schon im ausgehenden 19. Jahrhundert eine Debatte über die Klassenjustiz ausgelöst, die die gesamte Tarifrechtsentwicklung der Kaiserzeit und der Weimarer Republik begleitete und belastete (Kuttner 1921). Und basierend auf den eigenen Erfahrungen hatte die SPD schon in ihrem Erfurter Programm die Forderung erhoben, dass die Richter vom Volk gewählt werden sollten (Hannover/Hannover-Drück 1966: 22).

Vor diesem Hintergrund ging das arbeitsrechtliche Reformprogramm von Beginn an von der Annahme aus, dass die Integration der Arbeiter in den Staat über das Recht nur durch eine Sondergerichtsbarkeit gelingen würde. Dies galt umso mehr, als – beeinflusst durch die Konzeption Sinzheimers – vom Arbeitsrechtsausschuss und vom Reichsarbeitsministerium ein staatsfernes und dezentral organisiertes Tarifrecht angestrebt wurde, das im Wesentlichen von den Arbeitsmarkt- und Tarifparteien gestaltet werden sollte. Sinzheimer hatte immer betont, dass der Staat als regulierende Kraft in den Hintergrund treten könne, wenn die Verbände ihre Belange unter Beteiligung der Gerichte als schlichtende Vertrauensinstitutionen selbst regeln. Die obrigkeitsstaatliche Justiz könne aber das Vertrauen der Arbeiterschaft nicht mehr gewinnen, und so plädierte Sinzheimer schon 1914 für einen Ausbau der bestehenden Kaufmanns- und Gewerbegerichte zu regulären Arbeitsgerichten:

> Das Ideal aller Gesetzesbildung ist und bleibt: Kurze, einfache Gesetze, die jeder überblicken kann, und für ihre Ausführung und Anwendung Menschen, die das ganze Vertrauen aller

Beteiligten haben. Gesetzestechnik und Gerichtsverfassung stehen in innigster Verbindung! Wir können auf dem Gebiete des Arbeitsrechts da, wo die Gewerbe- und Kaufmannsgerichte als Vertrauensinstitutionen bestehen, das Gesetz freier machen als auf solchen Gebieten, auf denen diese Voraussetzungen fehlen. (Sinzheimer [1914]1976: 59)

Die Kaufmanns- und Gewerbegerichte waren unter Bismarck geschaffen worden und hatten sich mit ausgewählten Fragen des Arbeiter(-schutz-)rechts beschäftigt, stellten also gewissermaßen die Vorläuferorganisationen der späteren Arbeitsgerichte dar. Mitglieder der arbeitsrechtlichen epistemischen Gemeinschaft (namentlich Karl Flesch) waren an ihrer Etablierung maßgeblich beteiligt gewesen. Sie genossen bei den Arbeitern weit mehr Ansehen als die reguläre Justiz, vor allem deswegen, weil hier nicht zwingend Berufsrichter den Vorsitz führten, sondern es wurden auch juristisch geschulte Verwaltungsbeamte eingesetzt, die häufig praxisnäher und weniger rechtsdogmatisch orientiert waren. Zudem waren die Verbände als ehrenamtliche Beisitzer an der Gerichtstätigkeit beteiligt (zur Entstehung und Funktionsweise der Gerichte vgl. Graf 1993). Den Ausbau dieses Gerichtstyps favorisierten auch die Freien Gewerkschaften (Schmidt 1924).

Der zweite Grund, der es als dringlich erschienen ließ, unabhängige Arbeitsgerichte zu schaffen, lag in den disziplinären Interessen der epistemischen Gemeinschaft. Eine Sondergerichtsbarkeit wäre gleichbedeutend mit der institutionellen Anerkennung und Absicherung des Arbeitsrechts als eigenständiges Rechtsgebiet, weil sich in diesem institutionellen Rahmen die Rechtsprechung eigendynamisch und unabhängig vom Privatrecht entwickeln könnte. Doch aus genau diesem Grund wurde die Arbeitsgerichtsbarkeit von der gegnerischen epistemischen Gemeinschaft vehement abgelehnt. Wie bereits erwähnt wurde, betrachteten viele Vertreter der juristischen Profession die Abgrenzungsbedürfnisse der Arbeitsrechtler als einen Angriff auf die gerade erst gewonnene Rechtseinheit. Zudem spielten bei der Justiz und der Richterschaft schlichte Besitzstandsinteressen eine Rolle. So äußerte sich der Ministerialrat im Reichsjustizministerium Volkmar folgendermaßen:

Das Verlangen nach Sondergerichten und die Abwanderung ganzer Rechtsgebiete in die Rechtsprechung der Schiedsgerichte, Erscheinungen, die auf ein *Schwinden des Ansehens* unserer Zivilrechtspflege hindeuten, drohen, unsere ordentliche Rechtsprechung in zunehmendem Maße zu *unterhöhlen*. Im Interesse der Förderung der Rechtseinheit und zur Befestigung des Ansehens der ordentlichen Gerichte muß dem Einhalt getan werden.
(zitiert nach Schmidt 1924: 235)

Zu den Gegnern zählten also die großen juristischen Vereinigungen, wie zum Beispiel der Deutsche Juristentag und der Deutsche Richterbund. Sie sahen das Arbeitsrecht nach wie vor als Teilgebiet des Bürgerlichen Rechts an oder teilten es in einen privat-rechtlichen und einen öffentlich-rechtlichen Anteil auf, was bedeutet hätte, dass arbeitsrechtliche Sondergerichte nicht notwendig sein würden. Der Kampf um die Arbeitsgerichte war also nicht nur ein Kampf um eine Institution, sondern in erster Linie eine Auseinandersetzung um eine Rechtsidee, deren Realisierung für alle Beteiligten aber machtpolitische und materielle Konsequenzen haben würde.[9]

Für den mit der Frage der Gerichtsbarkeit befassten Unterausschuss des Arbeitsrechtsausschusses war es unzweifelhaft, dass es unabhängige Arbeitsgerichte geben solle. Dafür sprach auch die personelle Zusammensetzung des Beratungsgremiums. Der Vorsitzende Martin Landsberger war Funktionär im Verband der Gewerbe- und Kaufmannsgerichte und zeigte sich in hohem Maße interessiert daran, die bestehenden Gewerbe- und Kaufmannsgerichte auszubauen und mit zusätzlichen Kompetenzen auszustatten. Seitens der Arbeitsrechtler war Walter Kaskel vertreten, während die Justiz beziehungsweise die Justizministerien nicht repräsentiert waren (Bohle 1990). Doch schon im Gesamt-Arbeitsrechtsausschuss war es umstritten, wie stark die Arbeitsgerichte gegen Einflüsse des Justizapparates abgeschottet werden sollten. Diese grundlegende Frage spiegelte sich in fast allen Einzeldiskussionen wider (zur Geschichte des Gesetzgebungsprozesses vgl. die sehr detaillierte und aufschlussreiche Studie von Graf 1993). Sollten die Arbeitsgerichte eigenständige Institutionen sein oder als Sonderkammern in das reguläre Gerichtswesen eingegliedert werden? Sollte dies für alle Instanzen gelten? Müsste der Vorsitzende eines Gerichts Berufsrichter sein? Könnten Amtsrichter gleichzeitig Arbeitsrichter sein? Würden die Arbeitsgerichte schwerpunktmäßig dem Justiz- oder dem Arbeitsressort unterstellt? Wie stark dürfe das arbeitsgerichtliche Verfahren von anderen Prozessordnungen abweichen? Die Akteurkonstellation formierte sich dabei um die epistemischen Gemeinschaften herum. Für eine weitestgehende Unabhängigkeit plädierten die Freien Gewerkschaften und die Gemeinschaft der Arbeitsrechtler. Auf der gegnerischen Seite befanden sich die großen juristischen Vereinigungen, der Justizapparat sowie die Justizministerien des Bundes und der Länder.

In dieser Konstellation wurden Finanzinteressen zum entscheidenden Zünglein an der Waage. Die Finanzministerien des Reiches und der Länder sowie kommunale Behörden und der Deutsche Städtetag wandten sich gegen eine vollständige Selbstständigkeit der Arbeitsgerichte, weil sie die mit einer Sondergerichtsbarkeit einhergehende Kostenbelastung fürchteten (Bohle 1990: 96–100). Eine entscheidende Rahmenbedingung war dabei die seit 1923 galoppierende Inflation, die den Kostensenkungsargumenten der Finanzpolitiker Nachdruck

9 Diese Konfliktlinie wirkt bis heute und wird symbolisiert durch den Begriff der »ordentlichen Gerichte«, denn dieser suggeriert, dass eigenständige Arbeitsgerichte auf eigentümliche Weise unordentlich seien.

verlieh. So ging es auch auf die Entscheidung des Reichsfinanzministeriums zurück, dass dem Arbeitsrechtsausschuss keine weiteren Mittel zugewiesen wurden, sodass dieser zu Beginn 1924 seine Tätigkeit einstellte. Damit wurde gleichzeitig zum Ausdruck gebracht, dass vom Finanzressort ein umfangreiches Arbeitsgesetzbuch nicht länger gewünscht wurde.

Die Sozialdemokraten wurden in dem Ressortkonflikt um die Justiz zerrissen. Der Rat der Volksbeauftragten hatte 1918/19 darauf verzichtet, größere Teile der Richterschaft auszutauschen. Den Beamten, die das Richteramt unter den neuen politisch-institutionellen Bedingungen nicht mit ihrem Gewissen vereinbaren mochten, wurde angeboten, unter Beibehaltung ihrer vollen Bezüge aus dem Amt zu scheiden. In Preußen machten davon aber nur 0,15 Prozent der Richter Gebrauch (Hannover/Hannover-Drück 1966: 22). Die Sozialdemokraten hatten sich also dafür entschieden, eine Justizreform mit den und nicht gegen die bestehenden Eliten durchzuführen. Dieser Umstand belastete den Konflikt zwischen den Ressorts zusätzlich. Winkler bezeichnete die Übernahme der gesellschaftlichen Eliten in der Justiz, der Verwaltung und dem Militär als eine der größten sozialdemokratischen Fehlentscheidungen aus den Anfangstagen der Republik (Winkler 1984: 72–75). Dieser Einschätzung ist sicherlich zuzustimmen. Doch zumindest in Bezug auf die Richter ist die Vermutung naheliegend, dass der Sozialdemokratie schlichtweg kein alternatives Personal zur Verfügung stand, wenn man in Rechnung stellt, wie groß die Abneigung des Proletariats gegen Akademiker und wie klein die Zahl der Parteiangehörigen mit juristischem Sachverstand war. Der Einfluss der Arbeitsrechtler, wie zum Beispiel Stadthagen, hatte gerade darauf basiert, dass sie in der Partei über ein juristisches Deutungsmonopol verfügten.

In der Frage um die Arbeitsgerichte trafen das Reformprogramm der sozialliberalen Regierungen und die richterlichen Eliten des Kaiserreichs ungebremst aufeinander, und dies unter den Bedingungen der galoppierenden Inflation. Gustav Radbruch, seit Oktober 1921 als sozialdemokratischer Justizminister im Amt, suchte nach einem Mittelweg. Die Arbeitsgerichte sollten als eigenständige Gerichte an die bestehende ordentliche Gerichtsbarkeit angegliedert werden. Dies bedeutete, dass sich ihre Bezirke mit denen eines oder mehrerer Amtsgerichte decken sollten. Ihre Vorsitzenden sollten ordentliche Richter sein, die potenziell in Personalunion auch als Vorsitzende des jeweiligen Amtsgerichts agierten. Die oberen Instanzen sollten dann als Kammern in die bestehende ordentliche Gerichtsbarkeit eingegliedert werden. Verwaltung und Dienstaufsicht sollten bei der Justizverwaltung im Einvernehmen mit der Arbeitsverwaltung liegen. In seiner Begründung für die weitgehenden Zugeständnisse an die Justiz schloss Radbruch sich jedoch nicht den Argumenten der Gegner von Sondergerichten an, sondern er suchte nach einer sozialdemokratischen Argumentation, der sich viele Parteigenossen im Gesetzgebungsprozess dann auch anschließen konnten. Eine Abtrennung der Arbeitsgerichte von den ordentlichen Gerichten würde dazu führen, dass die Arbeiter mit der allgemeinen Justiz nur noch in Strafsachen befasst wären. Die ordentlichen Gerichte würden damit erst recht zur Klassenjustiz verkommen:

> Die Ausgliederung der Arbeitsgerichte aus der Justiz würde nach meiner Auffassung das Todesurteil über unsere ordentliche Justiz bedeuten. Es würde bedeuten, daß unsere ordentliche Justiz wirklich zu einer Klassenjustiz in einem freilich anderen Sinne herabsänke. Dann würde alle soziale Justiz von ihr abgenommen sein, und es bliebe nur die Bourgeoisjustiz über kapitalistische Rechtsstreitigkeiten übrig. Nur derjenige kann die Ausgliederung der Arbeitsgerichte aus der ordentlichen Gerichtsbarkeit wünschen, der die ordentlichen Gerichte für Ruinen hält, nur noch bestimmt, Steine daraus zu brechen zu einem stattlichen Neubau, der daneben aufzurichten wäre, selbst aber bestimmt, aus einer Ruine ein bloßer Trümmerhaufen zu werden. (zitiert nach Graf 1993: 195)

Auch Sinzheimer empfahl die Akzeptanz dieses Mittelwegs, weil er einen anderen Weg zur baldigen Errichtung der Arbeitsgerichte unter den gegebenen Bedingungen »nicht für gangbar« hielt (Sinzheimer [1924]1976). Ähnlich wie Radbruch erntete Sinzheimer dafür aber den wütenden Protest der Freien Gewerkschaften (Schmidt 1924).

Noch unerbittlicher wurden die Auseinandersetzungen um die Zulassung von Anwälten an den Arbeitsgerichten geführt. Die Freien Gewerkschaften lehnten sie kategorisch ab. Sie konnten sich dabei auf eine lange Tradition berufen, denn bei den Gewerbe- und Kaufmannsgerichten war eine anwaltliche Vertretung in der ersten Instanz nicht vorgesehen. Die allgemeine Vermutung hatte gelautet, dass die Hinzuziehung von Anwälten lediglich die Prozessdauer und -kosten erhöhen würde, was in niemandes Interesse liege. Letztlich war auch der juristische Gehalt dieser Verfahren als gering eingeschätzt worden. Die Anwaltschaft, die – ebenso wie der Rest der juristischen Profession – dem Arbeitsrecht distanziert gegenüberstand, hatte auch nie auf eine Zulassung bestanden. Im Gegenteil: Arbeitsstreitigkeiten wurden als eine »wenig einträgliche, aber desto mehr zeitraubende Tätigkeit« betrachtet (Graf 1993: 393). Dies änderte sich jedoch, nachdem das Arbeitsrecht in der Weimarer Republik wuchs und zu einem Rechtsgebiet ausgebaut werden sollte. Nicht nur die universitäre Rechtswissenschaft, sondern auch die Anwaltschaft praktizierte nun Markterschließungsstrategien und forderte vehement die Zulassung zum arbeitsgerichtlichen Verfahren.

Die arbeitsrechtlichen Experten plädierten im Einklang mit dem Rest der Profession für die Zulassung freischaffender Anwälte als Prozessbevollmächtigte oder Rechtsbeistand. Sinzheimer wusste um die kognitive und ideologische Distanz der Anwaltschaft zum Arbeitsrecht. Gleichwohl erinnerte er daran, dass es eine kleine Gruppe sozialdemokratischer Rechtsanwälte gewesen war, die dem arbeitsrechtlichen Gedankengut zum Durchbruch verholfen hatte (Sinzheimer [1922a]1976). Das Rechtsgebiet sei durch ein exponentielles Wachstum gekennzeichnet, wodurch juristischer Sachverstand unverzichtbar werde. Darüber hinaus verwies er auf das asymmetrische Vermögen von Arbeit und Kapital, intern auf Rechtsberatung zurückzugreifen. Viele Arbeitgeberverbände hätten zahlreiche Juristen unter ihren Angestellten. Sie könnten also viel eher auf externe Unterstützung verzichten als die Gewerkschaften, die nur wenige Fachleute unter ihren Funktionären hätten.

Doch die Gewerkschaften lehnten die Anwaltschaft kategorisch ab. Sie wollten sowohl intern als auch extern die Macht von Juristen zugunsten politischer Gewerkschaftsfunktionäre begrenzen. Der ADGB-Rechtsexperte Nörpel argumentierte, den Gewerkschaften mangele es nicht an juristischer Expertise, sondern an politischer Durchsetzungsfähigkeit. Auf die Forderung Potthoffs, die Gewerkschaften müssten zusätzliche Juristen einstellen, antwortete er:

> Die Gewerkschaften sind wohl imstande, einwandfrei zu formulieren, was sie wollen. Sie können jedoch vielfach derartige einwandfreie Formulierungen nicht durchsetzen, weil die Gegner der Arbeiterklasse es verhindern. Wenn Juristen in den Gewerkschaften tätig sein sollen, was durchaus zu erstreben ist, so kann das doch niemals in der Hoffnung geschehen, daß allein damit Fehler bei der Schaffung von Gesetzen vermieden werden können. Ebensowenig wird man Juristen die Aufgaben übertragen können, die jetzt auf dem Gebiete des Arbeitsrechts innerhalb der Gewerkschaften die aus der Arbeiterbewegung hervorgegangenen Gewerkschaftssekretäre zu erfüllen haben. (Nörpel 1927b: 401)

Noch vehementer lehnten die Freien Gewerkschaften die freischaffende Anwaltschaft ab. Dabei standen erstens Organisationsinteressen im Vordergrund. Wenn der Rechtsbeistand von einer Gewerkschaftsmitgliedschaft abhing, war dies ein hoher Organisationsanreiz für die Beschäftigten. Darüber hinaus betonten die Freigewerkschaftler die Bedeutung des Anwaltsausschlusses für die Durchsetzung der kollektivistischen Idee, die mit den gewerkschaftlichen Organisationsinteressen einherging. Nicht einzelne Beschäftigte sollten für ihre individuellen Rechte und Interessen klagen können, sondern die Gewerkschaften sollten vor Gericht das Kollektivinteresse vertreten. Dementsprechend forderte Nörpel ein Verbandsklagerecht, das es den Gewerkschaften ermöglichen sollte, anstelle eines einzelnen Mitglieds als klagende Partei aufzutreten (Nörpel 1929: 151). Diese Forderung blieb jedoch unerfüllt. Zugleich sollte es individuellen Beschäftigten unmöglich sein, unter Hinzuziehung eines Anwalts außerhalb der oder gegen die Gewerkschaften zu klagen. Darum war der Ausschluss der Anwaltschaft von zentraler Bedeutung.

Weil im Justizministerium die Einschätzung vorherrschte, dass man in diesem Punkt gegenüber den Gewerkschaften konzessionsbereit sein müsse, um das Arbeitsgerichtsgesetz überhaupt noch durchsetzen zu können, wurde ihrer Forderung dahin gehend entsprochen, dass Anwälte in der ersten Instanz nicht als Prozessvertreter oder Rechtsbeistand zugelassen wurden (Graf 1993: 503). Es stand den Verbänden jedoch frei, Juristen als Angestellte mit der Prozessvertretung zu betrauen.

Dies war nur vordergründig ein Erfolg für die Gewerkschaften, denn auch nach der Verabschiedung des Arbeitsgerichtsgesetzes lief die Anwaltschaft Sturm gegen eine Regelung, die sie als Boykott betrachtete (Alterthum 1928; Faibelmann 1928; Heß 1928). Die Eskalation des Konflikts hatte auch Rückwirkungen auf die epistemische Gemeinschaft der Arbeitsrechtler. Für Juristen boten die Gewerkschaften kaum Beschäftigungsmöglichkeiten, während die Arbeitgeberseite sowohl auf Verbands- als auch auf Unternehmensebene zahlreiche Juristen einstellte (Bähr 1991: 512). Der Etablierung des arbeitsrechtlichen Gedankenguts in der Anwaltschaft war dies nicht zuträglich. Dies erkannte auch Nörpel (1927). Gleichwohl änderte dies nichts an dem gewerkschaftlichen Misstrauen gegenüber der Juristenschaft.

Zudem initiierten einige Anwaltskammern offen gewerkschaftsfeindliche Kampagnen. Sie sammelten Informationen über Beschäftigte, die in Arbeitsstreitigkeiten unter fehlendem Rechtsbeistand litten, um gegen das Gewerkschaftsmonopol zu mobilisieren. Die Freien Gewerkschaften, die das kollektivistische Prinzip mit zunehmender Härte verfochten, gerieten dabei unter öffentlichen Druck. So wurde zum Beispiel bekannt, dass sie einem Mitglied, der auf seinen Tariflohn verzichtet hatte und ihn nachträglich einklagen wollte, den Rechtsschutz versagten, weil er sich in die Schmutzkonkurrenz begeben hatte. Nörpel verteidigte diese Entscheidung offensiv:

> Das ist ja gerade der Krebsschaden des Zivilrechts, daß alles mit allen Mitteln vertreten wird, daß jeder versucht, mit Hilfe tüchtiger Anwälte durch die Maschen der Gesetze zu schlüpfen, und daß das Gesamtinteresse des Volkes in der Rechtspflege gar keine Rolle spielt, weil das egoistische Interesse des Individuums allein ausschlaggebend ist. Die Gewerkschaften, die das Recht der Arbeiter selbst geschaffen haben, die Gewerkschaften, die die Träger der Tarifverträge sind, können und dürfen nicht dulden, daß ihre im Interesse der Gesamtheit der Arbeiterklasse vertretenen Grundsätze von jedem Egoisten und Querulanten durchbrochen werden. (Nörpel 1928a: 502)

Die Gewerkschaften reagierten mit Härte auf eine seit Mitte der 1920er Jahre zunehmenden betrieblichen Praxis, die Unabdingbarkeit der Tariflöhne wieder infragezustellen (siehe dazu den folgenden Abschnitt 4.2.4). Und sie versuchten verzweifelt, den kollektivistischen Gedanken im Arbeitsrecht zu verteidigen. Gleichwohl erklärten sie, die für den Schutz der Arbeitskraft angetreten waren, sich nun dazu bereit, ihren eigenen Mitgliedern unter bestimmten Bedingungen eben diesen Schutz zu versagen. Zudem negierten sie unter dem Banner des

Kollektivismus die liberale Grundidee, dass jeder Bürger das Recht habe, vor Gericht sein Interesse zu vertreten. Es wurde deutlich, dass die Betonung des Kollektivismus im Recht auch autoritäre Züge annehmen konnte – und sie war ja auch gegen den Liberalismus gerichtet, also antiliberal. Diese Ansicht konnte in den liberalen juristischen Kreisen nicht geteilt werden. Und auch aus dem inneren Kreis der epistemischen arbeitsrechtlichen Gemeinschaft wurde deutliche Kritik an der – ihrer Einschätzung nach – Überdehnung und Überfrachtung der kollektivistischen Idee geübt. Diese Debatte eskalierte in Bezug auf die divergierende Einschätzung der Rechtsprechung, die im folgenden Abschnitt betrachtet wird.

Fasst man den Verlauf des arbeitsrechtlichen Reformprojekts in der Weimarer Republik zusammen, so fallen viele der Merkmale ins Auge, die in der US-amerikanischen Literatur unter dem Etikett *adversarial legalism* als kennzeichnend für einen justizialisierten Stil politischer Entscheidungsfindung benannt werden (Kagan 2001).

Erstens hat die Weimarer Koalition sich ein sehr – und vielleicht zu – ambitioniertes und umfangreiches Reformprogramm auferlegt, dessen erfolgreiche Durchsetzung von Beginn an höchst voraussetzungsvoll war. Man hatte sich dabei am Vorbild des BGB orientiert, das ebenfalls als große und einheitliche Zivilrechtskodifikation in einem Wurf erstellt worden war. Doch anders als beim BGB bestand hier ein erheblicher Zeitdruck. Die Beteiligten selbst hatten sich eine Frist von einem Jahr gesetzt (Graf 1993: 146). Zum Vergleich: Das BGB hatte eine Entstehungszeit von fünfundzwanzig Jahren gebraucht. Auch wurden die Kodifizierungsarbeiten dadurch erschwert, dass ausländische Vorbilder fehlten. Vor allem aber hatte die Regierung wohl den Widerstand unterschätzt, der sich aufbauen würde. Dies führt zum zweiten Punkt, der an die Mechanismen des amerikanischen Zusammenspiels von Recht und Politik erinnert. Das ambitionierte Reformprogramm stand in einem stark asymmetrischen Verhältnis zum Steuerungsvermögen der Akteure. Der Gesetzgebungsprozess war durch ein hohes Maß an Politikverflechtung gekennzeichnet, weil konkurrierende Ressortinteressen, gegnerische epistemische Gemeinschaften und Bund-Länder-Verflechtungen auf den Klassengegensatz trafen. Zudem waren diejenigen Kollektivakteure, die das stärkste Interesse an einem erfolgreichen Kodifikationsprozess hatten, intern am stärksten fragmentiert. Dies galt vor allem für die Gewerkschaften und die Sozialdemokratie, die als *multiple selves* mit völlig unterschiedlichen Weltbildern und Gestaltungsvorstellungen auftraten. Unter diesen Bedingungen erwies sich die Kompromissbildung als sehr schwierig und teilweise aussichtslos, weil in vielen Fragen konträre Positionen bezogen wurden.

Die Wissenschaft konnte in dieser Situation nur wenig zur Orientierung und Integration beitragen, weil sie entweder nicht als autoritativer Wissenslieferant anerkannt wurde (Arbeitsgerichtsgesetz) oder aber selbst fragmentiert war (Tarifvertragsgesetz). Zudem hat ein Teil der Gewerkschaften und der Sozialdemokratie ihre Entscheidungssituation nicht als unsicher betrachtet, also gar nicht nach (arbeitsrechts-)wissenschaftlicher Expertise gesucht. Ihre Idee von der Unausweichlichkeit des Sozialismus und von der quasiautomatischen Entwicklung hin zum Kollektivismus war für sie unverrückbar. Die Wissenschaft sollte lediglich ein technisches Vehikel zur bestmöglichen Realisierung dieser Idee bereitstellen. Doch auf diese Rolle ließ sich die Arbeitsrechtswissenschaft nicht reduzieren.

Im Ergebnis scheiterte das politische Gesetzgebungsverfahren vollständig (Tarifvertragsgesetz), oder die Reformprogramme wurden nur teilweise und erst sehr spät umgesetzt (das Arbeitsgerichtsgesetz trat 1928 in Kraft). Durch die Dysfunktionalität des politischen Systems wanderte die tarifpolitische Gestaltungsmacht faktisch zu den ordentlichen Gerichten, denen seit 1918 die Aufgabe zugefallen war, im Windschatten des Gesetzgebungsprozesses das Provisorium der TVVO auszudeuten. Die eigentliche Politikgestaltung hatte sich hinter dem Rücken der politischen Akteure in das Rechtssystem hineinverlagert, wo das Arbeitsrecht schrittweise transformiert wurde. Dieser Prozess erfasste auch das Günstigkeitsprinzip.

### 4.2.4 Die schrittweise Transformation des Tarifrechts durch die Rechtsprechung

Die faktische Verlagerung der tarifrechtspolitischen Aktivitäten in das Rechtssystem hatte auch zur Folge, dass eine andere Akteurkonstellation mit der Materie befasst war. Sie war politisch deutlich konservativer gefärbt als die sozialdemokratisch-linksliberalen Regierungskoalitionen in der ersten Hälfte der Weimarer Periode. Darüber hinaus fehlte der Arbeitsrechtswissenschaft der Zugang zur Justiz. Dies wirkte vor allem gegen die gewerkschaftlichen Interessen. Schon Ernst Fraenkel hatte in den 1920er Jahren darauf verwiesen, dass die politische Linke eine Realisierung ihrer Interessen nur vom Gesetzgebungsprozess zu erwarten habe, nicht aber von der Rechtsprechung (Fraenkel [1927]1999: 211).

Als zentrale Akteure sind vor allem die nach wie vor mit den Richtern des Kaiserreichs besetzten ordentlichen Gerichte zu nennen, die ab Ende 1918 das Tarifrecht implementierten. Auch nach dem Inkrafttreten des Arbeitsgerichtsgesetzes 1928 wirkte die ordentliche Justiz in der Arbeitsrechtsprechung fort. Dies war der nur teilweise durchgesetzten Selbstständigkeit der neuen Arbeitsgerichte geschuldet. In Bayern, Oldenburg, Baden, Württemberg und Braunschweig entsprachen die Arbeitsgerichtsbezirke im Wesentlichen den Amtsgerichtsbezirken, sodass hier tatsächlich das Modell der Personalunion realisiert wurde, in dem der Vorsitzende des Amtsgerichts gleichzeitig (im Regelfall nebenamtlich) den Vorsitz im Arbeitsgericht übernahm. Auch in den anderen Ländern, vor allem in Preußen, waren es vor allem ordentliche Richter, die zu Vorsitzenden Arbeitsrichtern wurden. Von der Möglichkeit, Richter aus den von den Gewerkschaften geschätzten Gewerbe- und Kaufmannsgerichten zu übernehmen, wurde kaum Gebrauch gemacht. So bestanden in Preußen im Jahr 1927 279 Gewerbegerichte und 183 Kaufmannsgerichte, aber nur 23 ihrer Vorsitzenden wurden in die neuen Arbeitsgerichte übernommen (Bohle 1990: 87).

Das für die höheren Instanzen gewählte Eingliederungsmodell, bei dem die Arbeitsgerichte lediglich als spezialisierte Kammern bei ordentlichen Gerichten angesiedelt wurden, gewährleistete die Kontinuität der ordentlichen Justiz reichsweit. Die Richter des 3. Zivilsenats des Reichsgerichts, der bis 1927 mit arbeitsrechtlichen Streitfällen befasst war, wurden in das neue Reichsarbeitsgericht übernommen.

Als zweite Akteurgruppe im Rechtssystem war die Rechtswissenschaft zu nennen, die die Arbeit der Gerichte kritisch kommentierte. Aufgrund der in Abschnitt 4.2.1 skizzierten Marginalisierung der sozialdemokratischen Arbeitsrechtler um Sinzheimer an den Universitäten dominierte hier eher das konservative Lager. Und drittens trat im Rechtssystem auch die Arbeitgeberseite stärker in Erscheinung. Sie war an den arbeitsrechtlichen Gesetzgebungsaktivitäten nicht direkt beteiligt. Und sie hatte vom Arbeitsrechtsausschuss schon aufgrund seiner personellen Zusammensetzung auch nicht viel zu erwarten. Sie war aber an zahlreichen Gerichtsprozessen, die um das Tarifrecht geführt wurden, beteiligt.

Bereits in der ersten Hälfte der 1920er Jahre fanden Versuche statt, die Unabdingbarkeit von Tarifnormen in ihrem Geltungsbereich wieder einzuschränken. Und spätestens seit 1924 mehrten sich die Berichte über dieses Phänomen, sodass von einem gewissen Trend gesprochen werden konnte (Nörpel 1925b, 1927a). Die sogenannten goldenen Jahre der Weimarer Republik waren also dadurch geprägt, dass das Tarifrecht bereits wieder schrittweise infrage gestellt wurde. Ökonomische Anlässe gab es aufgrund der instabilen Wirtschaftslage genug. Sucht man nach einem punktuellen Ereignis, das als Katalysator gedient haben könnte, dann ist dies wohl die Währungsreform 1923. So lautet jedenfalls die Interpretation des Gewerkschaftsjuristen Nörpel, der 1925 anmerkte, dass seit der Einführung der Rentenmark »zahlreiche« Klagen um das Unabdingbarkeitsprinzip geführt würden (Nörpel 1925a: 379). Zudem verstärkten die seit Mitte der 1920er Jahre intensivierten Rationalisierungs- und Mechanisierungsstrategien in der industriellen Produktion den Druck auf die Zahl der Arbeitsplätze, die nach 1925 wieder deutlich sank (Winkler 1985: 26–45). Auch dadurch verlagerte sich das Kräfteverhältnis in dieser Phase zugunsten der Arbeitgeberseite, die nun versuchte, eine Lockerung des tarifrechtlichen Rahmens zu bewirken. Da die Gewerkschaften zeitgleich harsche Auseinandersetzungen gegen die Anwaltschaft führten, mangelte es der gegnerischen Seite nicht an cleverem juristischem Sachverstand. Die fehlende Präzision der TVVO eröffnete viel Spielraum für juristische Versuche, unabdingbare Tarifnormen zu umgehen. An dieser Stelle seien nur zwei Beispiele genannt, bevor exemplarisch detaillierter auf die Rolle des Günstigkeitsprinzips eingegangen wird.

Eine Debatte und verschiedene Gerichtsprozesse bezogen sich auf die Frage der sogenannten gewollten Tarifunfähigkeit. Es ist wahrscheinlich kein Zufall und symbolisch für das Verhältnis zwischen den Gewerkschaften und der Anwaltschaft, dass das Reichsgericht 1923 über einen Fall zu entscheiden hatte, in dem sich ein Anwaltverein der Tarifbindung zu entziehen versucht hatte. Er hatte in seiner Satzung festgelegt, dass er nicht das Ziel verfolge, tarifpolitisch tätig zu sein. Also sei er auch nicht tariffähig. Andere Verbände folgten seinem Beispiel und bekamen von den Gerichten Recht (Nipperdey 1926: 195). Diese Urteile spiegelten und verstärkten die politischen Debatten über die beste Tarifrechtskonzeption, insbesondere über die optimale Gestaltung der Tarifträgerschaft. Sie illustrierten, dass die Bereitschaft der Arbeitgeberseite, sich dem Tarifgedanken zu unterwerfen, begrenzt war. Gerade aus diesem Grund sahen die Anhänger des Tarifrechtskonzepts von Brentano die Zwangsorganisation der Parteien in öffentlich-rechtlichen Kammern als notwendig an, weil das Sinzheimer'sche liberale Prinzip der freiwilligen Interessenorganisation zu viele gerichtlich sanktionierte Wahlmöglichkeiten zum Ausstieg lasse.

Eine zweite Gruppe von Gerichtsverfahren versuchte, das Unabdingbarkeitsprinzip direkt anzugreifen. In mehreren Fällen wurde den Beschäftigten von ihren Arbeitgebern nahegelegt, nachträglich auf ihre tariflichen Rechte zu verzichten, oder einen Teil ihres Tariflohnes an ihren Arbeitgeber als Schenkung abzutreten (Nörpel 1925a: 379–380). Dabei berief man sich auf § 397 des BGB zum Erlaßvertrag. Praktisch lief dies so ab, dass ein Arbeitgeber am Wochenende den untertariflichen Wochenlohn zahlte. Nahm der Arbeitnehmer diesen Lohn stillschweigend an, so galt dies nach dem BGB als Schenkung (Nipperdey 1924: 19–20). Hier zeigte sich, wie die Eigenständigkeit des Arbeitsrechts nicht vollständig anerkannt wurde, indem Regelungen des BGB dazu genutzt wurden, das Unabdingbarkeitsprinzip zu begrenzen. Dabei wurde – entsprechend den liberalen Grundannahmen des Privatrechts – unterstellt, dass die Arbeitnehmer die freie Wahl hätten, den Lohnverzicht zu akzeptieren oder nicht. Doch genau diese Wahlmöglichkeit hatten die Befürworter des Arbeitsrechts bestritten.

Dass Unternehmen versuchen würden, das neue Tarifrecht mit Rückgriff auf das BGB aushebeln zu wollen, überrascht nicht. Denn selbst in der Arbeitsrechtswissenschaft bestand Dissens über die Frage, wie eigenständig das neue Rechtsgebiet denn sein sollte. Gerade diese Prozesse verdeutlichen, wie wenig selbsterklärend institutionelle Bedingungen sind, vor allem dann, wenn Institutionen jung sind. Den Regelungsadressaten einer Institution bleibt viel Handlungsspielraum, ihre Wirkungen über den Rechtsweg zu beeinflussen. In diesem Fall akzeptierten die Gerichte eine Rechtskonstruktion, das neue Tarifrecht mit dem BGB zu unterwandern. Auch dies verwundert nicht, denn Arbeitsrechtler waren nicht an den Gerichten vertreten.

Auch das Günstigkeitsprinzip geriet in den Fokus der Versuche, die zwingende Wirkung von Tarifnormen zu relativieren (verschiedene Urteile zitiert Krummel 1991: 97–120). Ausgangspunkt dafür war die in der TVVO festgelegte Regel, nach der Abweichungen vom Tarifvertrag dann möglich sind, wenn diese für den Arbeitnehmer günstiger sind als der geltende Tarif, und wenn der Tarifvertrag die Möglichkeit günstigerer Verabredungen nicht ausgeschlossen hatte. Schon im Kaiserreich hatte Sinzheimer bereits darauf hingewiesen, dass eine sehr unspezifische Fassung dieser Rechtsnorm Probleme aufwerfen würde (vgl. Abschnitt 4.1.3). Die Weimarer Arbeitsrechtswissenschaft hat dieses Thema dann auch mit großem Interesse diskutiert, meist als Reaktion auf anhängige oder entschiedene Gerichtsverfahren. Die Frage, ob das Günstigkeitsprinzip in das Tarifrecht aufgenommen werden sollte, war zu diesem Zeitpunkt nicht (mehr) umstritten. Der Vorschlag des Arbeitsrechtsausschusses zu einem Tarifvertragsgesetz sah das Günstigkeitsprinzip vor, und auch Brentanos konkurrierender Entwurf sah dies nicht anders (Brentano 1919; Sinzheimer [1921]1976). Die Debatte verlagerte sich vielmehr auf die Frage, wie das Günstigkeitsprinzip interpretiert werden müsse.

Ein spezifisches Verfahren, das vom Gewerbegericht in Oberlahnstein 1924 entschieden wurde, fand dabei besonderes Interesse, und die damit zusammenhängenden Rechtsfragen wurden von vielen namhaften Arbeitsrechtlern kommentiert (Hueck 1924; Nörpel 1925b; Fraenkel 1926; Nipperdey 1926; Neumann 1927). Ein Arbeitgeber hatte vor Gericht argumentiert, dass ein untertariflicher Lohn für seine Beschäftigten günstiger sei als der Tariflohn, wenn die Alternative darin bestehe, den Arbeitsplatz zu verlieren, weil der Betrieb durch die höheren Kosten von der Insolvenz bedroht sei (Hueck 1924). Zahlreiche ähnliche Fälle wurden ebenfalls vor den Gerichten ausgetragen (vgl. zum Beispiel Fraenkel 1926). In der Diskussion standen drei Fragen im Zentrum, die von höchster Relevanz für die tarifrechtliche Entwicklung waren.

*1. Welche Regelungsgegenstände beziehungsweise Sachverhalte dürfen verglichen werden?*
Wenn zwei konkurrierende Regelungen auf ihre Günstigkeit hin überprüft werden, stellt sich die Frage, was überhaupt verglichen werden darf. Im vorliegenden Fall verglich die Argumentation des Arbeitgebers die für die Beschäftigten seines Betriebs geltenden tarifvertraglichen *Rechtsnormen* mit den für die Beschäftigten

potenziell daraus resultierenden *Marktfolgen*, nämlich Arbeitslosigkeit. Diese Argumentation stellte in dreifacher Hinsicht einen Frontalangriff gegen die Regelungsidee des Arbeitsrechts dar. Erstens konterkarierte sie den Schutzgedanken, denn das Unabdingbarkeitsprinzip zielte ja darauf ab, die asymmetrische Marktsituation zwischen Arbeit und Kapitel aufzuheben und die Arbeitnehmer durch das Recht vor den ungebremsten Marktkräften zu schützen. Zweitens führte die Argumentation das liberale Freiheitsdenken wieder ein, denn sie unterstellte ganz im Geiste des Privatrechts, dass die Arbeitnehmer eine freie und selbst bestimmte Wahl hätten zwischen zwei Regelungspaaren, nämlich Tariflohn mit daraus resultierender Arbeitslosigkeit oder Beschäftigung zum untertariflichen Lohn. Das Arbeitsrecht konzipierte den Beschäftigten aber als eingebettet in ökonomische Abhängigkeiten. Arbeitslosigkeit ist demnach für den Schwächeren niemals eine Wahl. Und drittens arbeitete die Argumentation mit vermeintlichen ökonomischen Sachzwängen, nach denen die Arbeitgeberseite im Gegensatz zum Arbeitnehmer keine Wahl hätte: Aus der Verpflichtung zur Zahlung des Tariflohns resultierten zwangsläufig Entlassungen, während eine Weiterbeschäftigung zwangsläufig den untertariflichen Lohn voraussetze. Die arbeitsrechtliche Argumentation Sinzheimers hatte hingegen soziologisch argumentiert und das Arbeitsverhältnis als ein Herrschaftsverhältnis beschrieben, in dem der Arbeitgeber nicht ausschließlich durch ökonomische Zwänge getrieben sei, und dessen Spielräume weit über die des Arbeitnehmers hinausreichten.

Alle Vertreter der arbeitsrechtlichen epistemischen Gemeinschaft haben die vorgelegte Argumentation entsprechend vehement abgelehnt. Das zentrale Argument lautete, dass nur systemimmanent argumentiert werden dürfe. Verglichen werden dürften in diesem Fall also nur die Regelungen des Tarifvertrages mit den Regelungen des Arbeitsvertrages, nicht jedoch eine rechtliche Regelung mit außerrechtlichen Sachverhalten:

> Untertariflicher Lohn ist immer zuungunsten des Arbeitnehmers. Ob die Arbeitnehmer *ohne Arbeitsvertrag* nichts oder nur Erwerbslosenunterstützung beziehen würden, ist etwas völlig außerrechtliches, das für das Unabdingbarkeitsprinzip nicht in Betracht kommen kann. […] Denn der Zweck des Gesetzes liegt ja gerade in der kollektiven Festsetzung der Arbeitsbedingungen auch für Krisenzeiten, in dem Unabhängigmachen der Arbeitsbedingungen von den jeweiligen Konjunkturschwankungen. (Nipperdey 1926: 212)

Gleichwohl lag in diesem rechtsimmanenten Denken auch ein zentrales Problem, denn der vorgelegte Fall verdeutlichte, dass das Arbeitsrecht die Beschäftigten nur so lange vor den Markkräften schützen konnte, solange sie beschäftigt waren. Insofern war die schützende Kraft des Arbeitsrechts unvollständig und selbst voraussetzungsvoll. Insbesondere war es gekoppelt an eine Wirtschaftspolitik, die die Vollbeschäftigung ins Zentrum ihres Handelns stellte. Doch gerade dies war nicht gegeben. Entsprechend kommentierte Sinzheimer den

Niedergang des Tarifsystems 1933 vor dem Hintergrund der aufkeimenden nationalsozialistischen Herrschaft mit folgenden Worten:

> Ein neues Interesse des Arbeitsrechts an der Gestaltung des Wirtschaftsrechts ist entstanden. Das Arbeitsrecht hat keinen isolierten Bestand. Es wird ernährt durch die Wirtschaft. Es kann nur bestehen, wenn eine Wirtschaft besteht, die die Lebensbedingungen der Arbeit sichert, sie vor der Zerstörung bewahrt, den Bestand des Arbeitsrechts den Zufällen einer ungeordneten Wirtschaft entzieht. [...] Was hat das Arbeitsrecht für einen Sinn, wenn es höchstens nur noch ein Recht für eine Arbeiterelite ist, die das Glück hat, in Arbeit zu stehen, wenn neben der Existenz des Arbeitsrechts ein wirtschaftliches Totenfeld »struktureller Arbeitslosigkeit« sich auftut? Wenn die »Naturgesetze« der Wirtschaft nicht sinnvoll im Dienste der Arbeit gebändigt sind? Damit ist das Problem des Arbeitsrechts zum *Problem der gesamten Wirtschaftsordnung* geworden. Eine Erneuerung des Arbeitsrechts ist ohne Erneuerung dieser Wirtschaftsordnung nicht mehr möglich. (Sinzheimer [1933]1976: 141)

Gerade dann, wenn man – wie Sinzheimer und der sozialdemokratische Flügel der Arbeitsrechtler – eine rechtssoziologische Perspektive verfolgte, konnte die Argumentation, dass ein Günstigkeitsvergleich nur rechtsimmanent erfolgen könne, während die außerrechtlichen Markteffekte unberücksichtigt bleiben sollten, eigentlich nicht zufriedenstellen.

Auch die zweite Frage, die in Bezug auf die Deutung des Günstigkeitsprinzips diskutiert wurde, hatte für das Tarifrecht grundsätzliche Bedeutung:

*2. Für wen muss eine abweichende Regelung günstiger sein als der Tarifvertrag? Welcher Arbeitnehmerkreis ist die relevante Bezugseinheit?*

Hier unterschieden sich die Antworten tendenziell auch innerhalb der epistemischen Gemeinschaft. Die Debatten reflektierten aber nichts anderes als das bekannte Ringen des kollektivistischen mit dem individualistischen Prinzip, das die gesamte Tarifrechtsentwicklung durchzog. Tendierte man in diesem Fall zur kollektivistischen Interpretation, dann kam das Günstigkeitsprinzip dann zur Anwendung, wenn eine Kollektivvereinbarung *eine definierte Gruppe von Beschäftigten* besserstellen würde als eine andere Kollektivvereinbarung. Bei der individualistischen Lesart konnte *ein einzelner Arbeitnehmer* sich über eine Individualvereinbarung unabhängig vom (oder gegen das) Kollektiv besserstellen. In diesem Fall wurde das Prinzip zum Hort der individuellen Vertragsfreiheit.

Die (innerhalb der Arbeitsrechtswissenschaft vertretene) Minderheitenmeinung wurde von Alfred Hueck formuliert. Er argumentierte, dass bei der Beurteilung nur ein kollektiver Maßstab angelegt werden könne, weil das Kollektivprinzip der zentrale Regelungsgedanke des Tarifrechts sei. Das infrage kommende Kollektiv sei die Gemeinschaft der unter den Tarifvertrag fallenden Arbeitnehmer (Hueck 1921, 1924). Eine Vereinbarung wäre demnach dann günstiger als eine andere, wenn sie alle unter den Tarifvertrag fallenden Arbeitnehmer günstiger stellt. Die herrschende Meinung wurde hingegen von Hans Carl Nipperdey vertreten (Nipperdey 1924: 9–15; 1926: 206–212). Er interpretierte das Günstigkeitsprinzip individualistisch und vertrat die Auffassung, eine abweichende Regel müsse für den einzelnen betroffenen Arbeitnehmer günstiger sein. Im Geiste der Begriffsjurisprudenz begründete er seine Position mit der wörtlichen Formulierung in der TVVO. Sie lautete, dass abweichende Vereinbarungen zulässig sind, »soweit sie eine Änderung der Arbeitsbedingungen zugunsten *des Arbeitnehmers*« enthalten. Darüber hinaus argumentierte er, dass es sich bei dem Normenpaar »Unabdingbarkeitsprinzip und Günstigkeitsprinzip« um eine Gegenüberstellung zwischen kollektiver und individueller Vereinbarung handle. Zwar sei das Kollektivprinzip das überwiegende Gestaltungsprinzip im Tarifrecht, doch gerade aus diesem Grund müsse die durch das Günstigkeitsprinzip zugelassene Vertragsfreiheit als individuelle aufgefasst werden, um der Idee der Vertragsfreiheit Raum zu geben. Schließlich könnten die Tarifparteien ja sogar die Option nutzen, die Geltung des Günstigkeitsprinzips im Tarifvertrag auszuschließen. In dieser Lesart zielt das Günstigkeitsprinzip darauf ab, einzelne Arbeitnehmer über Individualvereinbarungen günstiger zu stellen, als es durch die Kollektivvereinbarung vorgesehen ist.

Dass Nipperdey als Vertreter des im Bürgerlichen Recht beheimateten Flügels der Arbeitsrechtswissenschaft diese Position vertrat, überrascht nicht. Er suchte nach einem Ort für das Vertragsrecht im kollektiven Arbeitsrecht, sowohl für die individuellen Beschäftigten als auch für die Betriebe. Denn obwohl er den Sinn des Unabdingbarkeitsprinzips für die Beschäftigten vorbehaltlos anerkannte, wies er gleichzeitig darauf hin, dass es im Einzelfall insbesondere für Unternehmen zu unbilligen Härten führen könne. Daher müsse das Tarifrecht differenzierende Lösungen ermöglichen:

> Den Vorteilen des Tarifvertrags kann ein bekannter Nachteil gegenüberstehen. Er kann in einer allzu großen Schematisierung liegen, die auch berechtigte Individualabmachungen unterdrückt. […] So kann der Tarifvertrag zu einer gewissen Unterdrückung des Verantwortungsbewußtseins des einzelnen Arbeitnehmers gegen sich selbst, des Höherstrebens führen und die Mittelmäßigkeit fördern. Für die große Masse der Arbeitsverhältnisse spielt allerdings diese letztere Gefahr kaum eine Rolle. Dagegen besteht namentlich in weniger leistungsfähigen Kleinbetrieben u.U. das Bedürfnis für untertarifliche Individualabmachungen. Hier kann der Tarifvertrag zu einer unwirtschaftlichen Belastung führen. (Nipperdey 1924: 3–4)

Seine Haltung wurde vom sozialdemokratischen Kreis um Sinzheimer geteilt. Sinzheimer selbst hatte schon im Kaiserreich das Zusammenspiel zwischen Unabdingbarkeits- und Günstigkeitsprinzip als »Verbindung von individualistischer und sozialistischer Lebensregelung« bezeichnet. Und das Günstigkeitsprinzip sollte für ihn vor allem der Funktion dienen, leistungsstarken Arbeitnehmern bessere Arbeitsbedingungen anzubieten, was auf die Vorstellung einer Lohndifferenzierung hinauslief. Die Argumentation von Nipperdey lag hier den Vorstellungen Sinzheimers näher als denen von Hueck, dem er eigentlich politisch näher stand. Auch Franz Neumann stimmte der Interpretation Nipperdeys explizit zu (Neumann 1927).

Bei den Freien Gewerkschaften traf diese Interpretation hingegen nicht auf ungeteilte Zustimmung. Und die Frage, ob ein kollektiver oder individueller Günstigkeitsvergleich angestellt werden soll, bekam konkrete historische Relevanz vor dem Hintergrund der ökonomischen Entwicklung. Mit der Eintrübung der wirtschaftlichen Situation und der seit Mitte der 1920er Jahre konstanten bis wachsenden Massenarbeitslosigkeit stellte sich die Frage, ob das Günstigkeitsprinzip im Falle der Tarifkonkurrenz zur Anwendung kommen kann, wenn ein bestehender Tarifvertrag mit einem anderen Tarifvertrag konkurriert, in dem schlechtere Arbeitsbedingungen verabredet werden, zum Beispiel Lohnsenkungen. Clemens Nörpel argumentierte, dass hier das Günstigkeitsprinzip wirke, der bessere Tarifvertrag also weiterhin gelte. Dies müsse insbesondere dann der Fall sein, wenn ein schlechterer und per Allgemeinverbindlichkeitserklärung wirkender Tarifvertrag mit einem besseren und kraft Mitgliedschaft wirksamen Tarifvertrag konkurriere. Damit versuchte er, unter der Bedingung zunehmend schwächer werdender Gewerkschaften den tariflichen Status quo rechtlich abzusichern. Zudem musste ihm als Gewerkschaftsfunktionär natürlich am organisationssichernden Moment gelegen sein: Welchen Anreiz sollte ein Arbeiter haben, Gewerkschaftsmitglied zu sein, wenn er im Zweifelsfall dann doch unter einen für ihn ungünstigeren und allgemein verbindlichen Tarifvertrag fällt, bei dem es unerheblich ist, ob er Gewerkschaftsmitglied ist oder nicht? Er konnte so argumentieren auf der Basis des von Alfred Hueck vorgetragenen kollektiven Günstigkeitsmaßstabs (Nörpel 1932).

Doch vor dem Hintergrund des von ihm favorisierten individuellen Günstigkeitsmaßstabs lehnte Nipperdey diese Interpretation ab. Das Günstigkeitsprinzip könne niemals dazu genutzt werden, zwei kollektivrechtliche Vereinbarungen gegeneinander abzuwägen. Vielmehr gehe es dabei um den Vergleich einer kollektivrechtlichen mit einer individualrechtlichen Regelung (Hueck/Nipperdey 1932: 296–298). Zur Beurteilung einer Tarifkonkurrenz komme es demnach nicht infrage. In seiner Interpretation konnte ein schlechterer Tarifvertrag also durchaus einen besseren Tarifvertrag verdrängen, ohne dass die Beschäftigten sich auf das Günstigkeitsprinzip berufen konnten. Diese Position entsprach erstens Nipperdeys politischer Vorstellung eines flexiblen Tarifsystems, bei dem auch (legale) Abweichungen nach unten möglich sein müssten (siehe oben). Zudem entsprach diese Lesart auch Nipperdeys ordnungspolitischem Interesse am Tarifsystem. Dessen Hauptvorteil bestand seiner Ansicht nach darin, die Wirtschaft umfassend zu regulieren, um Sicherheit und Planbarkeit für alle Beteiligten herzustellen. Um dieses Ziel zu erreichen, war seine tief greifende Regelungsmacht der kollektivrechtlichen Regelungsebene vorteilhaft, gerade auch unter ökonomischen Krisenbedingungen. Könnten sich viele verschiedene Gruppen von Arbeitnehmern auf für sie günstigere Kollektivregelungen berufen, wäre nicht nur das Vermögen des Tarifsystems eingeschränkt, Kostensenkungen zu realisieren, sondern die breite Anwendung des Günstigkeitsprinzips würde darüber hinaus zu einer potenziellen Zersplitterung der Vertragslandschaft führen. Und er sah sich dabei im Einklang mit Sinzheimer, der ja auch das Kollektivprinzip als dominierendes Rechtsprinzip des Arbeitsrechts proklamierte. In dieser Debatte wurde deutlich, dass das Günstigkeitsprinzip nicht nur rechtspolitisch brisant war, weil es ein Einfallstor der Vertragsfreiheit ins Arbeitsrecht darstellte; sondern es war auch wirtschaftspolitisch brisant, weil ein sehr großer Spielraum für die Beschäftigten, für sich günstigere Arbeitsbedingungen zu sichern, die Kontrolle über die Lohnentwicklung erschwerte.

Auch die dritte Frage, die in Bezug auf das Günstigkeitsprinzip debattiert wurde, hatte einen grundsätzlichen Kern.

*3. Wer entscheidet im Fall einer Regelungskonkurrenz, welche Vereinbarung günstiger ist?*
Abermals existierten innerhalb der Gemeinschaft der Arbeitsrechtler unterschiedliche Positionen. Bereits Sinzheimer hatte darauf hingewiesen, dass es im Einzelfall nicht immer eindeutig sein würde, welche Regelung für einen Arbeiter die günstigere sei. Die Beispiele, die er nannte, wurden in Abschnitt 4.1.3 bereits erwähnt. Und er hatte dafür plädiert, zumindest einige Günstigkeitsentscheidungen auf dem gesetzlichen Weg zu treffen (Sinzheimer 1916: 114). Hueck teilte die Einschätzung, dass ein »objektiver Günstigkeitsmaßstab« zuweilen nicht vorliege. Darum könne es notwendig sein, im Zweifelsfall die Auffassungen der betroffenen Arbeitnehmer abzufragen und danach zu entscheiden, welche Regelung *sie* als günstiger empfinden (Hueck 1924: 183).

Diese Position wurde wiederum von Nipperdey kategorisch abgelehnt, er plädierte für einen »objektiven Günstigkeitsmaßstab« (Nipperdey 1924: 12–14). Dabei betonte (und legitimierte) er vor allem das traditionelle Richterbild, nach dem dieser dazu in der Lage sei, das objektive Interesse unparteiisch zu erkennen:

> Namentlich wäre es ein bedenklicher Rückschritt, wenn der Richter sich bei der Entscheidung dieser Frage von der Anschauung eines bestimmten Berufskreises, statt unparteiisch von der vernünftig verkehrsmäßigen Ansicht der Gesamtheit, leiten ließe. (ebd.: 13)

Nipperdey behauptete die Kompetenz des Richters, objektiv richtige Entscheidungen treffen zu können, was wiederum seinen Anspruch illustriert, als Jurist nicht Deutungen anzubieten, sondern allgemeingültiges Wissen bereitzustellen.

Es existierte also schon in Bezug auf diese eine Rechtsnorm ein beträchtliches Maß an Heterogenität innerhalb der epistemischen arbeitsrechtlichen Gemeinschaft, obwohl alle Vertreter die grundsätzlichen Prämissen des kollektiven Arbeitsrechts anerkannten. Die Heterogenität der Positionen war nicht auf diese Rechtsfrage beschränkt, sondern durchzog das gesamte kollektive Arbeitsrecht. So hielt Nipperdey zum Beispiel die gewollte Tarifunfähigkeit für zulässig, während Kaskel als Vertreter des sozialdemokratischen Flügels sie für unzulässig erklärte. Nipperdey argumentierte hier liberalistisch. Die Möglichkeit der gewollten Tarifunfähigkeit war für ihn »die notwendige Konsequenz aus dem Prinzip der freien Organisationsbildung und des freien Aufgabenkreises der Vereinigungen« (Nipperdey 1926: 201).

Die Freien Gewerkschaften zeigten sich mit dieser Situation sehr unzufrieden. Nörpel forderte von der Arbeitsrechtswissenschaft mehr Geschlossenheit und politische Loyalität, was zum Ende der Weimarer Republik zu harschen Auseinandersetzungen über die Rolle der Wissenschaft in der Arbeiterbewegung führte (siehe unten):

> Es soll durchaus nicht bestritten werden, daß sich diese Wissenschaftler objektiv darum bemühen, die Wahrheit zu erforschen. Trotzdem kommen auch sie ununterbrochen zu den widersprechendsten Ergebnissen, wobei vielfach die von den Gewerkschaften als Vertretung der Arbeiterklasse bei der Schaffung von Gesetzen verfolgten und die in diesen Gesetzen anerkannten Zwecke und Ziele durchaus zuungunsten der Arbeiterklasse missverstanden werden. (Nörpel 1927b: 397)

Auch die Gewerkschaften beanspruchten also die absolute Deutungshoheit in Bezug auf die Rechtsauslegung. Demnach würden die Zwecke und Ziele der Gesetze von der Rechtswissenschaft zuweilen nur missverstanden. Die Friktionen zwischen den Gewerkschaften und der Arbeitsrechtswissenschaft kamen also auch im rechtspraktischen Tagesgeschäft zum Ausdruck.

In dieser Phase – und die Debatte über das Günstigkeitsprinzip bringt dies zum Ausdruck – kam Nipperdey bereits in gewissem Umfang die Rolle der wissenschaftlichen Führungsfigur zu. Seine Dominanz zeigt sich zum Beispiel auch daran, dass Alfred Hueck, der in Bezug auf das Günstigkeitsprinzip abweichende Positionen vertrat, Nipperdey in dem gemeinsam verfassten Lehrbuch des Arbeitsrechts die Deutungshoheit über die wichtigen Fragen des kollektiven Arbeitsrechts zugestand, wozu auch das Zusammenspiel von Unabdingbarkeit und Günstigkeitsprinzip zählte. Nipperdeys Autorität lag einerseits in seiner Argumentationsmacht begründet. Seine Ausführungen waren immer komplex, wobei er sich sehr sorgfältig auch mit anderen Meinungen auseinandersetzte. Niemand hatte sich umfassender und systematischer zum Günstigkeitsprinzip geäußert als er. Dabei war er auch in der Lage, überwiegend Zustimmung im sozialdemokratischen Lager zu gewinnen (zum Beispiel in Bezug auf den individuellen Günstigkeitsvergleich). Zudem agierte er in dem Sinne strategisch klug, dass er sich stets zu den brisanten politischen Fragen äußerte und auf der Höhe der Zeit agierte. So widmeten sich seine *Beiträge zum Tarifrecht* (1924) insbesondere der Frage, wo die Grenzen des Unabdingbarkeitsprinzips lägen und wie es legal umgangen werden könne – und dies zu einem Zeitpunkt, an dem gerade die ersten Fälle vor den Gerichten behandelt wurden. Die Grenzen des Unabdingbarkeitsprinzips waren in diesen Tagen nicht nur rechtswissenschaftlich bedeutsam, sondern diese Frage bediente auch politisch beide Seiten. Einerseits zurrte Nipperdey das Unabdingbarkeitsprinzip für die Gewerkschaften im rechtswissenschaftlichen Diskurs fest, indem er viele Versuche der arbeitgeberseitigen Unterwanderung als illegal deklarierte. Insofern blieb Nipperdey bis zum Ende der Republik einer der treuesten Verfechter der Unabdingbarkeit. Dies galt auch dann noch, als die Wirtschaft und Nipperdeys politische Heimat, die DVP, im Verlauf der Weimarer Entwicklungen immer weiter nach rechts drifteten. Dieses Vorgehen verschaffte ihm auch bei den Gewerkschaften hohe Anerkennung, obwohl inhaltlich in manchen Fragen Dissens bestand; der bestand allerdings auch mit den sozialdemokratischen Arbeitsrechtlern, sodass dieser Aspekt beim eher konservativen Nipperdey weniger schwer ins Gewicht fiel.

Andererseits zeigte er der Arbeitgeberseite Möglichkeiten auf, sich der Tarifbindung legal zu entziehen (zum Beispiel durch die gewollte Tarifunfähigkeit). Und so blieb bei den Gewerkschaften auch eine gewisse Skepsis, ob Nipperdey dem Tarifrecht wirklich intrinsisch loyal gegenüberstand:

> Hier muß auch […] erneut besonders anerkennend für Nipperdey hervorgehoben werden, daß die souveräne Beherrschung des Stoffes und das Einfühlen in den Geist des Arbeitsrechts bei ihm vielfach geradezu erstaunlich ist. Ich weiß nicht, wie Nipperdey weltanschaulich zum kollektiven Arbeitsrecht eingestellt ist; aber wenn er das kollektive Arbeitsrecht nicht nur wissenschaftlich, sondern auch weltanschaulich unbedingt bejahen würde, dann wäre ihm mindestens gegenwärtig der Anspruch, in doppelter Hinsicht der führende Arbeitsrechtler Deutschlands zu sein, sehr schwer streitig zu machen. (Nörpel 1932: 562)

An anderer Stelle urteilte Nörpel ähnlich:

> Eigenartig ist die Doppelstellung, die Nipperdey zum Arbeitsrecht einnimmt. Er ist immer dann *liberalistisch*, wenn Gesetz oder Vertrag nach seiner Ansicht nicht binden beziehungsweise nicht bestehen […] Handelt es sich jedoch um Gesetz und Vertrag, dann ist Nipperdey in jeder Hinsicht Kollektivist. […] Wenn Nipperdey, der noch jung an Jahren ist, einmal dazu kommt, zum Bannerträger des Kollektivismus zu werden, darf die Arbeiterklasse von der Tätigkeit dieses Mannes für den Fortschritt des kollektiven Arbeitsrechts noch manches erwarten. (Nörpel 1930: 756–757)

Nipperdey war in der Lage, sowohl wissenschaftlich als auch politisch mit allen Seiten zu kommunizieren. Und ähnlich wie Sinzheimer integrierte er das kollektivistische und das individualistische Denken. Doch im Unterschied zu

Sinzheimer bekannte er sich zu keinem Zeitpunkt offen zu einem der beiden Lager, sondern er zog sich auf die Rolle des scheinbar neutralen und objektiv urteilenden Juristen zurück. In dieser Rolle erfuhr er bei den Gewerkschaften fast mehr Anerkennung als Sinzheimer und seine Kollegen, an die die Gewerkschaften kraft gemeinsamer Parteizugehörigkeit höhere Ansprüche bezüglich ihrer politischen Loyalität stellten.

Doch die prominente Position innerhalb der Arbeitsrechtswissenschaft nutzte (zu diesem Zeitpunkt) weder Nipperdey noch der epistemischen Gemeinschaft etwas, weil die arbeitsrechtliche Literatur von den Gerichten häufig nicht einmal zur Kenntnis genommen wurde (zur Kritik daran vgl. Neumann 1927; Nörpel 1927a). Daran wird deutlich, wie marginalisiert selbst der konservative Flügel der Arbeitsrechtswissenschaft in der juristischen Profession war. In dem Fall des Oberlahnsteiner Gerichts akzeptierten die Richter die Argumentation der Arbeitgeberseite, dass ein untertariflicher Lohn für die Arbeiter günstiger sei als Arbeitslosigkeit. Eine Rechtsnorm durfte also mit außerrechtlichen Aspekten verglichen werden. Auch machten sie Gebrauch vom kollektiven Günstigkeitsmaßstab, wobei sie allerdings nicht dem Vorschlag von Hueck folgten, der argumentiert hatte, dass eine vom Tarif abweichende Regelung nur dann günstiger sei als der Tarif, wenn sie für alle vom Tarif erfassten Beschäftigten günstiger sei. Stattdessen entwickelte das Gericht einen eigenen kollektiven Günstigkeitsmaßstab und rückte *den Betrieb und die Betriebsgemeinschaft* ins Zentrum. Demnach konnte ein Tarifvertrag dann ausgesetzt werden, wenn eine abweichende Vereinbarung für die Beschäftigten eines Betriebs günstiger war. Damit trat die betriebliche Regelungsebene in die direkte Konkurrenz zum auf dem Klassen- beziehungsweise Verbandsgrundsatz basierenden Tarifsystem.

Die Gerichte konnten sich durch ihren *first-mover advantage* vom arbeitsrechtswissenschaftlichen Diskurs abkoppeln. Noch bevor den Juristen die Fälle im Einzelnen bekannt waren, hatten die Gerichte sie schon entschieden. Den Arbeitsrechtlern blieb dann nur noch die Aufgabe, die Entscheidungen nachträglich zu kommentieren. Dabei konnten sie dieser Aufgabe häufig auch nur begrenzt nachkommen, weil gerade bei den Prozessen zum Unabdingbarkeitsprinzip die öffentliche Darstellung der Tatbestände nur sehr unvollständig erfolgte, die Juristen den spezifischen Sachverhalt also nur grob einschätzen konnten (Kritik an dieser Darstellungspraxis übten Fraenkel 1926; Nipperdey 1926: 296; Nörpel 1932: 562). Dadurch konnten sich die Gerichte gegen eine Arbeitsrechtswissenschaft abschotten, die ohnehin nur begrenzt dazu in der Lage war, konsistente Positionen zu entwickeln und entsprechend nachdrücklich zu vertreten. Und aufgrund ihrer marginalisierten Position in der Rechtswissenschaft konnten die Arbeitsrechtler nicht darauf zählen, in der Auseinandersetzung mit den Gerichten von ihrer Profession unterstützt zu werden.

Die Urteile zum Günstigkeitsprinzip und die zentrale Rolle, die der Betriebsgemeinschaft von den Gerichten im Arbeitsrecht zugesprochen wurde, verwies darauf, dass die kollektivistische Idee auch anders gewendet werden konnte, als es von den Arbeitsrechtlern intendiert worden war. Diese Entwicklung wurde auch zur Kenntnis genommen und diskutiert (Nörpel 1931a; Fraenkel [1930]1966). Auseinandersetzungen über die Ausdeutung der kollektivistischen Idee gipfelten in einem Disput zwischen dem Sinzheimer-Schüler und Richter am Berliner Arbeitsgericht, Otto Kahn-Freund, und dem ADGB-Rechtsexperten Clemens Nörpel. Im Jahr 1931 verfasste Kahn-Freund eine Monografie, in der er sich mit den theoretischen Grundannahmen und normativen Implikationen in der Rechtsprechung des Reichsarbeitsgerichts befasste (Kahn-Freund [1931]1975). Seine Grundthese lautete, dass sich das deutsche Arbeitsrecht durch die Rechtsprechung schrittweise transformiere und der zu dieser Zeit schon faschistischen Arbeitsverfassung Italiens annähere.

Die kollektivistische Idee, wie sie von der epistemischen Gemeinschaft um Sinzheimer entwickelt worden war, bezog sich auf die Idee der Klassen und ihre Selbstbestimmung. Die Arbeitnehmer und Arbeitgeber sollten sich frei organisieren und ihre Beziehungen in direkten Auseinandersetzungen regeln. Das Gericht sollte nur in seltenen Fällen als Schiedsrichter auftreten. Doch das Reichsarbeitsgericht, so lautete die These von Kahn-Freund, realisiere ein völlig anderes (und eigenes) Verständnis des kollektivistischen Gedankens. Zwar anerkenne es die kollektiven Interessenorganisationen von Kapital und Arbeit, doch diese dienten einem »höheren Dritten«: Die relevante Bezugseinheit für die Definition eines Kollektivinteresses seien für das RAG demnach der Betrieb und die Nation. Die Parteien würden dazu gezwungen, ihre Partialinteressen dem Wohl des Betriebs und dem nationalen Produktionsinteresse unterzuordnen. Dieser Prozess sei mit Auflagen für die Arbeitgeberseite verbunden, weil sie auf der Basis von Fürsorgepflichten gegenüber dem unterlegenen Arbeitnehmer zu besonderen Leistungen verpflichtet werde (zum Beispiel Urlaubsregelungen, Kündigungsschutz). Viel häufiger wirke die Betriebsgemeinschaftsidee aber zum Nachteil der Arbeitnehmerseite, weil das betriebliche Produktionsinteresse im Regelfall deckungsgleich mit dem Arbeitgeberinteresse sei. Die Beschäftigten würden angehalten, sich unter dem Etikett der Gemeinschaft in die Betriebsherrschaft des Arbeitgebers einzufügen.

Kahn-Freund arbeitete diese These an verschiedenen Beispielen aus der Rechtsprechung aus. So hatte das RAG geurteilt, dass der Vorsitzende eines Betriebsrats in erster Linie den Belangen des Betriebs und erst nachrangig den Interessen der Belegschaft verpflichtet sei. Es legte die Störung des Wirtschaftsfriedens als Grenze für legitime Streikaktivitäten fest. Es beteiligte die Beschäftigten am Betriebsrisiko, was aus ihrer Betriebsverbundenheit resultiere. Aus dem gleichen

Grund forderte das Gericht von den Arbeitnehmern Mehrarbeit und Disziplin, während der Arbeitgeberseite besondere Fürsorgepflichten auferlegt wurden.

Kahn-Freund schloss seine Analyse mit den Worten:

> Es führen viele Wege zur Diktatur. Der nächste Weg zum Faschismus jedenfalls geht in unseren gesellschaftlichen Verhältnissen nicht über die Gewalt, sondern über die Anbetung von Ruhe und Ordnung, von Fürsorge und Disziplin und vor allem über den ideellen Einbau der kämpfenden Organisationen in eine schemenhafte nationale Gemeinschaft.
> (Kahn-Freund [1931]1975: 273)

Wenn man die Geschichte der Weimarer Tarifrechtsdebatte betrachtet, dann gab es auch über die Analyse von Kahn-Freund hinaus Indizien für die schrittweise Transformation des kollektiven Arbeitsrechts, ohne dass die grundlegenden Ideen des Kollektivismus und der Schutzbedürftigkeit des Arbeitnehmers dafür aufgegeben werden mussten. Schon der konservative Flügel der epistemischen Gemeinschaft um Hueck und Nipperdey hatte das Tarifrecht mit anderen Argumenten begründet als Sinzheimer, nämlich im Hinblick auf die betrieblichen Belange und das volkswirtschaftliche Interesse nach geordneten Wirtschaftsverhältnissen. Das relevante Kollektiv war hier nicht die Klasse, sondern der Betrieb oder die Nation. Und wie bereits ausgeführt wurde, bot die Rechtsprechung zum Günstigkeitsprinzip ein Beispiel für die gerichtliche Neuinterpretation der Kollektivismusidee. Dass es für den Arbeitnehmer günstiger sei, auf Lohn zu verzichten, wurde auch mit dem betrieblichen Überlebensinteresse begründet.

Doch Clemens Nörpel, der profilierteste Jurist der Freien Gewerkschaften, akzeptierte diese Argumentation von Kahn-Freund nicht und hielt sie für völlig überzogen. Er verteidigte das Reichsarbeitsgericht, auch wenn er zugestand, dass man dessen Rechtsprechung durchaus kritisieren konnte. Er schätzte die Macht des Gerichts im Vergleich zu Kahn-Freund zudem als deutlich geringer ein (Nörpel 1931b). Die Auseinandersetzung ging aber weit über die Sachfrage hinaus. In einem erbosten Brief forderte Nörpel Kahn-Freund auf, von einer Veröffentlichung seines Manuskripts abzusehen (Nörpel [1931]1981). Die Kritik richtete sich – wieder einmal – gegen die Eigenschaften des bürgerlichen Akademikers und dessen vermeintliche Unfähigkeit, die Belange der Arbeiterklasse zu verstehen:

> Ihre Broschüre rollt das Problem der Tätigkeit der Intellektuellen innerhalb der Arbeiterklasse erneut auf. Ihren guten Willen und Ihr erklärtes Wollen in allen Ehren. Größer wäre der Dienst, den Sie der Arbeiterklasse leisten, wenn Sie sich bemühen würden, das Denken und Fühlen der Arbeiterklasse erst einmal kennenzulernen, bevor Sie ihr helfen. Solange Sie Student gewesen sind, haben Sie Ihre Meinungen fast ausschließlich mit Ihresgleichen ausgetauscht. Dann sind Sie in das tätige Leben hinausgetreten, ohne selbst beim besten Willen Gelegenheit genug gehabt zu haben, die Arbeiterklasse wirklich kennengelernt zu haben, wobei ich bestreite, daß das möglich ist durch eine Tätigkeit als Vorsitzender am Arbeitsgericht. Dazu gehört mehr. Dazu gehört vor allem ein jahrelanges schweigendes Untergehen in der Masse,

> um sodann mit dieser Kenntnis der Massenpsyche und unter Hingabe Ihrer Kenntnisse und Ihres Wissens aus dieser Masse wiederaufzutauchen, um dann mit Erfolg deren Interessen zu vertreten. Das wäre die große Mission der Intellektuellen, während Sie bei aller guten Absicht zu nützen, in Wirklichkeit durch derartige Arbeiten, wie die vorstehend von mir besprochene, doch nur sehr viel Schaden anrichten. (zitiert nach Winkler 1985: 714–715)

Kahn-Freund reagierte völlig verständnislos und empört (Kahn-Freund [1931] 1981). Und zu diesem Zeitpunkt war eine verständigungsorientierte Kommunikation zwischen den Gewerkschaften und der sozialdemokratischen Arbeitsrechtswissenschaft offenkundig praktisch kaum mehr möglich, weil die Wissenschaft einen Liberalismus im Denken für sich reklamierte, den die Verbände nicht akzeptieren wollten oder konnten. Kahn-Freund merkte an, es sei ihm neu, »dass die Tätigkeit innerhalb der Arbeiterbewegung und für die Arbeiterbewegung eine Art Examenskurs voraussetzt und dass der in der Bewegung Stehende etwaige schriftliche Äußerungen einer Vorzensur zu unterwerfen hat« (ebd.).

Doch Nörpel sah dies anders. Er forderte:

> Derjenige, der sich einer großen Bewegung angeschlossen hat, kann von seiner geistigen Meinungsfreiheit nur in den Grenzen Gebrauch machen, die durch Wohl und Wehe dieser Bewegung nun einmal gezogen sind. (ebd.)

Die Gewerkschaften forderten ein Ausmaß an Loyalität von der ihnen politisch nahestehenden Rechtswissenschaft, die diese nicht zeigen wollte und konnte, weil die Logik der rechtswissenschaftlichen Auseinandersetzung anderen Regeln folgt als die Logik der politischen Ideologie. Die Gewerkschaften wiederum konnten als eine antiliberale Bewegung den Liberalismus im Denken der Arbeitsrechtswissenschaft nicht anerkennen. Die Fragmentierung und der Zerfall der politischen Linken, die einen wesentlichen Faktor beim Zusammenbruch der Weimarer Republik darstellte, bezog sich nicht nur auf die Spaltung zwischen und innerhalb von Partei und Gewerkschaften, sondern gleichzeitig zerbrachen auch die immer schon spannungsreichen Beziehungen der politischen Linken mit der ihr nahestehenden Arbeitsrechtswissenschaft.

## 4.3 Die Entwicklung des Tarifrechts im Nationalsozialismus (1933 bis 1945)

Mit dem Ende der Weimarer Republik und der Machtergreifung durch Adolf Hitler 1933 durchlief das Tarifrecht einen neuerlichen Regimewechsel. Das Politikfeld wurde umstrukturiert: An die Stelle demokratischer Willensbildungs- und Entscheidungsprinzipien traten autoritäre Strukturen, die Verbände als vormalige Träger des Tarifrechts wurden zerschlagen beziehungsweise gleichgeschaltet. Die Arbeitsgerichte blieben formal enthalten, führten empirisch jedoch ein Schattendasein beziehungsweise dienten dazu, die nationalsozialistische Ideologie in den Betrieben zu implementieren.

Mit dem Regime wandelte sich erneut die epistemische Gemeinschaft. Die sozialdemokratische Fraktion der Arbeitsrechtler musste aus Deutschland fliehen, und keines ihrer Mitglieder kehrte jemals in seiner alten Rolle nach Deutschland zurück. Die epistemische Gemeinschaft wurde gewaltsam homogenisiert und auf ihren konservativen Flügel konzentriert. Dieser zeigte ein erstaunliches Anpassungsvermögen an das neue Regime, was auch daran lag, dass sich das faschistische Arbeitsrecht zahlreicher Denkfiguren bediente, die vom Weimarer Arbeitsrecht geprägt und genutzt worden waren. Bemerkenswerterweise existierte das liberale Günstigkeitsprinzip noch bis 1938 und wurde erst im Zuge der Kriegswirtschaft abgeschafft.

### 4.3.1 Die Neuformierung des Politikfeldes: Staatszentriertes statt kollektives Arbeitsrecht

Bereits seit Mitte der 1920er Jahre hatte der Staat immer stärker in das tarifpolitische Geschehen eingegriffen. Grundlage dafür war die Verordnung über das Schlichtungswesen vom 30. Oktober 1923 (abgedruckt in Blanke et al. 1975a: 230–231). Sie hatte ein System der staatlichen (Zwangs-)Schlichtung installiert, die eine Hilfeleistung zum Abschluss von Tarifverträgen bereitstellen sollte (zur Entwicklung des Schlichtungswesens vgl. Hartwich 1967). Ursprünglich als ein Mittel gedacht, die Anfang der 1920er Jahre um sich greifenden wilden Streiks einzudämmen, veränderte sich die Idee der staatlichen Schlichtung schrittweise. Im Zuge der galoppierenden Inflation waren die Reallöhne und die Macht der Gewerkschaften gesunken, während von Arbeitgeberseite gleichzeitig auf betrieblicher Ebene beziehungsweise vor Gericht versucht wurde, das Unabdingbarkeitsprinzip wieder zu lockern. Staatliche Interventionen erschienen der Regierung als notwendig, um das Tarifsystem zu stützen (Preller 1978: 260). Und die Idee entsprach auch dem bereits skizzierten zeitgenössischen Denken, das öffentlich-rechtliche Unterstützungsleistungen für die Absicherung des Tarifgedankens als angemessen und legitim erachtete. Gleichzeitig wurde aber auch die liberale Gegenposition laut, dass dies zur Bürokratisierung des Tarifwesens führen könnte.

Die Schlichtungsverordnung sah vor, dass ein Einigungsspruch auch gegen den Willen der Tarifparteien für verbindlich erklärt werden konnte. Damit wanderte in den folgenden Jahren unter sich massiv verschlechternden ökonomischen Bedingungen ein erheblicher Teil der Lohnsetzungsverantwortung zum

Staat; vor allem dann, wenn die Verbände organisationspolitisch kein Interesse daran haben konnten, die Verantwortung für unliebsame Tarifabschlüsse übernehmen zu müssen. Der staatliche Einfluss intensivierte sich noch mit der Notverordnungspolitik ab 1930. Ziel war die »Sicherung der Wirtschaft und Finanzen« (Sünner 2001: 26). Der Reichspräsident verfügte die Möglichkeit, die Laufzeiten von Tarifverträgen auch gegen den Willen der Tarifparteien zu verlängern und Eingriffe in die Lohnsätze vorzunehmen. Die Tarifautonomie war damit faktisch ausgehöhlt beziehungsweise unter staatlichen Vorbehalt gestellt. Diese Entwicklung wurde von Otto Kahn-Freund als ein wesentlicher Aspekt des Niedergangs des Tarifrechts analysiert. Vor allem kritisierte er die Umwidmung des Arbeitsrechts für den wirtschaftspolitischen Zweck der Lohnkontrolle:

> Das Schlichtungswesen, ursprünglich gedacht als Stütze des kollektivistischen Systems, später ein Werkzeug der staatlichen Sozialpolitik, wird zu einem entscheidenden Mittel der staatlichen planmäßigen Wirtschaftspolitik, bei deren Durchführung sich der Staat der Rechtsformen des kollektivistischen Apparates bedient. Die Lohnsenkung als Mittel der Exportförderung konnte vom Staat in den Ausmaßen, die sie angenommen hat, und so reibungslos, wie es geschehen ist, nur dadurch vollzogen werden, daß durch das Mittel des verbindlich erklärten Schiedsspruches der Staat es in der Hand hatte, die Arbeitsbedingungen von höherer Hand zu regeln. (Kahn-Freund [1932]1966: 226–227)

Das nationalsozialistische Arbeitsrecht setzte die Tarifautonomie nun auch formal außer Kraft. Die Verbände als zentrale Akteure wurden zerschlagen beziehungsweise gleichgeschaltet. Das kollektive Arbeitsrecht, verstanden als das Recht der Verbände zur Rechtsetzung im Rahmen von Tarifverträgen, wurde abgeschafft. Das 1934 verabschiedete Gesetz zur Ordnung der nationalen Arbeit (AOG) ersetzte das Weimarer Betriebsrätegesetz, die Tarifvertragsverordnung sowie die Verordnung über das Schlichtungswesen, und es legte die Grundlagen des faschistischen Arbeitsrechts (vgl. im Folgenden Reidegeld 2006: 385–407).

Das AOG wurde maßgeblich im Reichsarbeitsministerium und in Abstimmung mit dem Reichswirtschaftsministerium verfasst. Federführender Autor war Werner Mansfeld, Abteilungsleiter im RAM. Nach seiner rechtswissenschaftlichen Promotion war er im Reichsversicherungsamt sowie in der Reichsanstalt für Arbeitslosenversicherung und Arbeitsvermittlung tätig gewesen. 1926 nahm er eine Tätigkeit als Anwalt auf (Steveling 1999: 401–402). Insofern er sich dabei mit arbeitsrechtlichen Fragen beschäftigte, war er also von dem durch das Arbeitsgerichtsgesetz verhängten Anwaltsboykott betroffen. Folglich arbeitete er als Verbandsjustiziar beim Verein für bergbauliche Interessen (Mason 1977b: 330). Mansfeld war also arbeitgebernah. Dies wurde auch in den Komponenten des AOG deutlich. 1930 wurde er mit einem Kommentar zum Betriebsrätegesetz in Münster habilitiert.

Das Gesetz kodifizierte viele Aspekte, die Kahn-Freund noch in Weimar als kennzeichnend für die Rechtsprechung des Reichsarbeitsgerichts beschrieben hatte. Das AOG stellte den Betrieb sowie das Führerprinzip ins Zentrum (vgl. im Folgenden Kranig 1984: 455–472). Der »Führer des Betriebs« und die Arbeitnehmer als seine »Gefolgschaft« waren demnach in einer »Betriebsgemeinschaft« verbunden. Das Arbeitsverhältnis wurde als ein »personenrechtliches Gemeinschaftsverhältnis« mit wechselseitigen Treue- und Fürsorgepflichten verstanden. Der Betriebsführer sollte fast uneingeschränkt in allen betrieblichen Angelegenheiten allein entscheiden, die Arbeitnehmer waren ihm zur treuen »Gefolgschaft« verpflichtet. Lediglich ein »Vertrauensrat« sollte dem Betriebsführer zur Seite stehen, dem allerdings nur beratende Funktion zukam, und über dessen Zusammensetzung der Arbeitgeber mitentscheiden konnte. Als zweite kollektive Bezugseinheit betonte das AOG die Volksgemeinschaft. Der Betriebsführer und seine Gefolgschaft sollten zum »Nutzen von Volk und Staat« arbeiten. So wie Kahn-Freund es am Ende des Weimarer Arbeitsrechts beschrieben hatte, dienten die Gemeinschaftsideologie und das Hierarchieprinzip im nationalsozialistischen AOG dem »höheren Dritten«, nämlich dem Betrieb und dem Volk. Die Interessen der Arbeitnehmerschaft wurden in diesem Zusammenhang unter die »Betriebsführerschaft« des Arbeitgebers subsumiert.

Der Betrieb war auch als die zentrale Arena zur Regelung der Löhne und Arbeitsbedingungen bestimmt. Diese sollten vom Betriebsführer einseitig festgesetzt und in einer Betriebsordnung veröffentlicht werden. Die Gestaltung der Arbeitsbedingungen war nach § 31 AOG nur dann auf überbetrieblicher Ebene im Rahmen von Tarifordnungen vorgesehen, wenn dies »zum Schutze der Beschäftigten einer Gruppe von Betrieben [...] zwingend geboten« war (zitiert nach Hueck et al. 1939: 8). Zentrale Akteure waren dabei die sogenannten Treuhänder der Arbeit. Als Regierungskommissare eingesetzt, konnten sie Tarifordnungen erlassen. Gleichzeitig waren sie eine Anlaufstelle für Arbeitsstreitigkeiten und Beschwerden der Arbeitnehmer. Die Treuhänder ersetzten also gleichzeitig die Tarifparteien sowie einen Teil der Arbeitsgerichtsbarkeit.

Die Arbeitsgerichte wurden in ihren Kompetenzen stark beschnitten; dies zeigte sich auch daran, dass sich die Zahl arbeitsgerichtlicher Verfahren innerhalb kurzer Zeit halbierte (Wahsner 1994: 115). Dafür war zum einen der Wegfall des kollektiven Arbeitsrechts verantwortlich. Zweitens wanderte ein erheblicher Teil der Konfliktlösungsbefugnisse zu den »Treuhändern der Arbeit« (zur Tätigkeit der Arbeitsgerichtsbarkeit im NS-Regime vgl. Mayer-Maly 1991). Und drittens wurden neben den Arbeitsgerichten die sogenannten sozialen Ehrengerichte etabliert, die als Disziplinargerichte nach § 36 Abs. 1 AOG »gröbliche Verletzungen der durch die Betriebsgemeinschaft begründeten sozialen Pflichten als Verstöße gegen die soziale Ehre« ahndeten (zitiert nach Kranig 1984: 463).

So wie sich das in der TVVO festgelegte Weimarer Tarifrecht im Verlauf der 1920er Jahre inkrementell gewandelt hatte, so wandelte sich auch das faschistische Tarifrecht im Verlauf der 1930er Jahre schleichend. Diese Beobachtung machten schon die zeitgenössischen arbeitsrechtlichen Schriften (Rhode 1944). Während es in Weimar vor allem die Gerichte waren, die die Transformation vorantrieben, ging im faschistischen Regime die Initiative von der Regierung aus. Vor allem ist der Umstand relevant, dass die betriebliche Arena niemals so zentral für die Lohnfestsetzung wurde, wie vom AOG intendiert. Und ähnlich wie in Weimar gewann der Staat in zunehmendem Maße die Kontrolle über die Lohnentwicklung.

Zwei Entwicklungen sind in diesem Zusammenhang von Bedeutung. Erstens waren beim Inkrafttreten des AOG noch viele Tausend Tarifverträge aus der Weimarer Zeit in Kraft. Eine Übergangsregelung des AOG (§ 72) sah vor, dass sie in Tarifordnungen überführt werden und ihre Gültigkeit für eine Frist von einem Jahr behalten. Als Grund für diese Maßnahme vermuten viele Rechtshistoriker, dass die sanfte Überführung des Weimarer Tarifwesens in das faschistische Arbeitsrecht helfen sollte, die Arbeiter mit dem Regime zu versöhnen und Unruhen zu vermeiden (Kranig 1984: 480; Wahsner 1994: 68–69). Zudem lag in der Überführung der bestehenden Verträge eine einfache Lösung für das Problem, die betriebliche Rechtsrealität unverzüglich an die neuen Rechtsformen anzupassen.

In den folgenden Jahren wurde die Laufzeit der Übergangsregelung jedoch immer weiter verlängert, was auch bedeutete, dass die Tariflöhne auf dem Stand von 1932 eingefroren blieben. Erstens zeigte die Praxis, dass die Unternehmen – vor die Wahl gestellt, eigene Betriebsordnungen zu erlassen – dann doch an überbetrieblichen Regelungen interessiert waren, um ihre Transaktionskosten zu senken (Kranig 1984: 480). Timothy Mason argumentiert darüber hinaus, dass die kollektivrechtliche Regelung der Arbeitsverhältnisse den Konzentrationstendenzen entsprach, die die Kapitalseite selbst in den 1920er Jahren durchlaufen hatte (Mason 1975: 43–44). In gewissem Sinne hatten sich viele Unternehmen an die Kollektividee gewöhnt und den Nutzen der Kartellierung auch für ihre eigenen Organisationsprozesse entdeckt. Im Jahr 1937 ordnete der Reichsarbeitsminister die Registrierung der Tarifordnungen an. Dabei stellte sich heraus, dass mehr als die Hälfte der erlassenen Ordnungen noch alten Tarifverträgen aus der Weimarer Zeit entstammten (Kranig 1984: 480).

Die zweite Entwicklung, die den Betrieb als lohnpolitische Arena in den Hintergrund treten ließ, hing mit dem Arbeitskräftemangel und der kriegsvorbereitenden Produktion ab 1936 zusammen. Nach den Bestimmungen des AOG waren alle von einer Betriebs- oder Tarifordnung gesetzten Standards Mindestbedingungen. Insbesondere wurde festgelegt, dass die Löhne aufgrund besonderer Leistungen aufgestockt werden können und sollen (Grundsatz des

Leistungslohns). Das liberale Günstigkeitsprinzip existierte also auch im Nationalsozialismus. Vor dem Hintergrund des Arbeitskräftemangels und der Kriegsvorbereitung gelang es den Beschäftigten vor allem in der Rüstungsproduktion, für sich günstigere Löhne zu verabreden, was der Regierung missfiel (Mason 1977a: 214–220). Im Zeitverlauf verlor die Idee der Betriebsgemeinschaft als Kern der faschistischen Arbeitsverfassung an Bedeutung. Ins Zentrum rückte nun die Idee der Volksgemeinschaft. Im nationalen Interesse wurde der betriebliche Handlungsspielraum eingeengt, die Lohnpolitik wurde der staatlichen Kontrolle unterworfen. In der Verordnung über die Lohngestaltung vom 25. Juni 1938 wurden die Lohnsetzungsbefugnisse der Treuhänder ausgebaut. Insbesondere bekamen sie auch das Recht, in existierende Betriebsordnungen korrigierend einzugreifen (Sünner 2001: 78). Dabei konnten sie Löhne auch als Höchstlöhne deklarieren, das Günstigkeitsprinzip wurde dadurch ausgesetzt.

Wieder einmal war die überbetriebliche Regelung der Arbeitsbedingungen die lohnpolitische Antwort auf Krisen. Während des Ersten Weltkrieges hatte der Staat aus ordnungspolitischen Gründen die von den Verbänden ausgehandelten Tarifverträge anerkannt und gefördert. Damit hatte er die gesetzliche Institutionalisierung des Tarifgedankens maßgeblich gefördert. Im Verlauf der Weimarer Republik wurde in einem weiteren Zentralisierungsschritt die staatliche Lohnkontrolle zur Bekämpfung der Wirtschafts- und Finanzkrise genutzt. Und das faschistische Arbeitsrecht favorisierte die staatliche Lohnpolitik in der Phase der Kriegsvorbereitung und -führung.

### 4.3.2 Die gewaltsame Homogenisierung (und die Anpassungsfähigkeit) der epistemischen Gemeinschaft

Die systematische Verfolgung der Sozialdemokraten und Juden durch die Nationalsozialisten führte dazu, dass das deutsche Arbeitsrecht im Verlauf der 1930er Jahre seine sozialdemokratische Linke verlor. Doch schon vor der nationalsozialistischen Verfolgung waren die politischen Aktivitäten der epistemischen Gemeinschaft teilweise zusammengebrochen. Dies galt zumindest für Sinzheimer. In seinem Konzept der epistemischen Gemeinschaften grenzt Peter Haas Expertennetzwerke von anderen quasikollektiven Akteuren, wie etwa Interessengruppen und soziale Bewegungen, dadurch ab, dass ihr politisches Aktivitätsniveau eng an die Kohärenz ihrer kognitiven Annahmen gekoppelt ist (Haas 1992b: 18). Wenn die Denkfiguren, die den Integrationskern der Gemeinschaft ausmachen, ins Wanken geraten (etwa durch Zweifel an ihrer Geltungskraft, durch gegenläufige Erkenntnisse), führt dies nach Haas tendenziell dazu, dass sich die Experten aus dem politischen Prozess zurückziehen, weil die kognitive Basis ihres normativen Handelns erodiert oder zumindest infrage gestellt wird.

Etwas Entsprechendes scheint auf die Situation von Hugo Sinzheimer in den letzten Jahren der Weimarer Republik zuzutreffen (Sinzheimer [1933]1976). Die Beobachtung, dass die Funktionsweise des Arbeitsrechts an spezifische wirtschaftspolitische Bedingungen geknüpft war, und die Erkenntnis, dass eine Erneuerung des Arbeitsrechts ohne eine Erneuerung der Wirtschaftsordnung nicht mehr möglich war (vgl. Abschnitt 4.2.4), ließen ihn politisch verzagen. Nach seiner Flucht aus Deutschland konnte er im holländischen Exil noch bis zur deutschen Besetzung im Jahr 1940 wissenschaftlich tätig sein. Und diese Phase ist gekennzeichnet durch eine deutliche Schwerpunktverlagerung in seinem Schaffen. Sinzheimer zog sich tief in die theoretische Arbeit an rechtssoziologischen und rechtsphilosophischen Fragen zurück. Diese waren zwar alle vor dem Hintergrund seiner arbeitsrechtlichen Tätigkeit erwachsen, doch niemals mehr hat Sinzheimer direkt arbeitsrechtliche und politiknahe Schriften verfasst.

1940 gelang es ihm nicht, nach England zu fliehen. Vorübergehend wurde er von der SA festgenommen. Einer Deportation ins KZ entgingen er und seine Frau nur dadurch, dass der Vorsitzende des Jüdischen Rates in Amsterdam, Professor Cohen, die Erlaubnis bekam, zehn Juden auszuwählen. Die Familie des Professors versteckte die Sinzheimers auch bis zum Ende des Krieges. Im Jahr 1945 starb Sinzheimer an den Strapazen der Verfolgung (Erd 1988; Knorre 1991: 21).

Auch die anderen Mitglieder der epistemischen Gemeinschaft kehrten nie in ihre alte Rolle im deutschen Arbeitsrecht zurück. Kaskel war bereits 1929 gestorben und erlebte schon das Ende der Weimarer Republik nicht mehr. Franz Neumann wurde vorübergehend festgenommen und emigrierte noch 1933 nach London und später in die USA, wo er sich der Politikwissenschaft zuwandte (Preuss 1988). Die Nachkriegsentwicklung des deutschen Arbeitsrechts beeinflusste er mittelbar. Als sich die militärische Niederlage Deutschlands abzeichnete, richtete das amerikanische Kriegsministerium einen Planungsstab ein, der Informationen für die Schulung der Offiziere einer künftigen Militärregierung bereitstellen sollte. In diesem Kontext erstellte Neumann eine Expertise über das deutsche System der Arbeitsbeziehungen. 1954 starb er bei einem Autounfall.

Ernst Fraenkel war noch bis 1938 in Berlin als Rechtsanwalt tätig, musste dann jedoch in die USA fliehen (Brünneck 1988). Ebenso wie Neumann wandte er sich von der direkten Beschäftigung mit dem Arbeitsrecht ab und entdeckte die Politikwissenschaft für sich. Zu Beginn der 1950er Jahre kehrte er nach Berlin zurück, wo er die deutsche Politikwissenschaft mit aufbaute und zu einem herausragenden Vertreter ihrer Gründergeneration wurde.

Otto Kahn-Freund wurde 1933 aus dem Dienst am Berliner Arbeitsgericht entlassen. Drei Techniker des Berliner Rundfunks hatten geklagt, weil sie mit der Begründung entlassen worden waren, die Übertragung einer Hitler-Rede sabotiert zu haben. Nachdem sich andere Richter für befangen erklärt hatten, befasste Kahn-Freund sich mit dem Fall. Da keine Beweise vorlagen, gab er ihrer Klage statt, was seine Entlassung zur Folge hatte. Um der Festnahme durch die Gestapo zu entgehen, flüchtete er nach England, wo er zu einer Ikone des Arbeitsrechts aufstieg. Auch erlangte er hohes internationales Ansehen im Bereich des internationalen Arbeitsrechts und der Arbeitsrechtsvergleichung (Däubler 1988).

Und Heinz Potthoff schließlich wurde nach der Machtergreifung sofort vom Amt des Regierungsrates im Reichsarbeitsministerium entlassen. Er blieb in Deutschland und leitete einen Verlag. Unter einem Pseudonym veröffentlichte er noch einige kleinere arbeitsrechtliche Schriften (Sünner 2001: 112). 1945 wurde er beim Einmarsch der russischen Truppen erschlagen.

Im Gegensatz zum sozialdemokratischen Flügel der epistemischen Gemeinschaft blieben die konservativen Vertreter Hans Carl Nipperdey und Alfred Hueck in Amt und Würden. Auch andere Arbeitsrechtswissenschaftler, die schon während der Weimarer Zeit in diesem Rechtsgebiet tätig waren, konnten ihre Karriere fortsetzen und wurden zu ordentlichen Professoren ernannt. *Arthur Nikisch* hatte mit Erwin Jacobi in Leipzig zusammengearbeitet und lehrte ab 1935 in Dresden. 1938 wechselte er nach Kiel. Auch *Erich Molitor* war in Leipzig tätig gewesen und wechselte 1930 an die Universität Greifswald. *Wolfgang Siebert* habilitierte sich 1932 über das rechtsgeschäftliche Treuhandverhältnis und setzte seine akademische Laufbahn in Heidelberg fort. Er lehrte erst in Halle und dann in Kiel. *Rolf Dietz* war ein Schüler von Nipperdey und bekam 1934 einen Lehrstuhl in Gießen. Die Genannten wurden zu den bedeutendsten akademischen Vertretern des deutschen Arbeitsrechts. Dies galt insbesondere für Nipperdey, der nach wie vor seinen Lehrstuhl an der Universität Köln innehatte. Zwanzig Prozent aller arbeitsrechtlichen Dissertationen, die zwischen 1933 und 1945 in Deutschland abgelegt wurden, wurden in Köln betreut (Wahsner 1994: 121–129).

Alle genannten Arbeitsrechtswissenschaftler fügten sich erstaunlich reibungslos in das faschistische Arbeitsrecht ein. Sie kommentierten das AOG (Dersch 1934; Nikisch 1935; Siebert 1942), wobei der führende Kommentar von Hueck, Nipperdey und Dietz verfasst wurde (Hueck et al. 1939). Hueck, Nipperdey, Dersch, Nikisch und Nipperdey waren zudem Mitglieder in der 1933 gegründeten Akademie für Deutsches Recht, wo sie auch an der Ausarbeitung von Gesetzesentwürfen beteiligt waren (Sünner 2001: 111). Dersch und Nipperdey waren zudem ständige Mitglieder der seit 1933 erscheinenden Zeitschrift *Deutsches Arbeitsrecht*, die von Werner Mansfeld gegründet worden war, dem Verfasser des AOG (Wahsner 1994: 122).

Politisch wanderten alle Vertreter nach rechts, das heißt, der konservative Flügel der epistemischen Gemeinschaft (Nipperdey, Hueck und Dietz) und diejenigen Arbeitsrechtswissenschaftler, die arbeitsrechtliche Studien betrieben, ohne die kognitiven Annahmen der Sinzheimer'schen Ära zu teilen (zum Beispiel Nikisch, Molitor), näherten sich einander an. In seiner sehr aufschlussreichen und detaillierten Analyse der einzelnen Personen stellt Martin Becker fest, dass die Arbeitsrechtswissenschaft im Nationalsozialismus eine Homogenität in den Aussagen erreichte, zu der sie in Weimar nicht fähig gewesen war, weil viele Positionen diffus und uneinheitlich blieben (Becker 2005: 575).

Die persönliche Haltung zur faschistischen Ideologie und die Funktion im Nationalsozialismus sind insbesondere in Bezug auf Nipperdey bis heute umstritten, denn er hatte mehr als die meisten anderen konservativen Arbeitsrechtler viele der Sinzheimer'schen Grundannahmen geteilt, und trotz aller Differenzen hatte eine wechselseitige Wertschätzung existiert.[10] Seine schärfsten Kritiker behaupteten in den 1960er Jahren, Nipperdey habe mit der faschistischen Ideologie übereingestimmt und sie aus Überzeugung vertreten (Wahsner 1994: 123). In einer neueren biografischen Studie wird demgegenüber mitgeteilt, dass Nipperdey regimekritische Schriften aus dem Ausland verteilt habe; zudem habe er an der Weiterverbreitung regimekritischer Flugblätter der Alliierten mitgewirkt (Hollstein 2007: 59–60). In dieser Lesart erscheint Nipperdey fast als heimlicher Widerstandskämpfer. Die Darstellung basiert aber im Wesentlichen auf den Aussagen, die Freunde, Bekannte und Kollegen in Nipperdeys Entnazifizierungsverfahren tätigten. Und es bleibt unklar, inwiefern diese authentisch sind oder auf Prozessen der privaten Mythenbildung beruhen.

Fest steht, dass Nipperdey niemals Mitglied der NSDAP war und dass er selbst vorübergehend von einer Entlassung bedroht war, weil er eine jüdische Großmutter hatte. Zudem ist gesichert, dass er sich mit den Kollegen der Kölner Fakultät (mit Ausnahme von Carl Schmitt) vergeblich dafür eingesetzt hat, die Entlassung von Hans Kelsen zu verhindern (ebd.). Seine Kinder, die Theologin Dorothee Sölle und der Historiker Thomas Nipperdey, beschreiben ihr Elternhaus als bürgerlich-liberal (Sölle 1995; Nipperdey 1998). Zudem haben die Nipperdeys vorübergehend wohl auch jüdische Freunde versteckt (Sölle 1995: 13). Bemerkenswert ist eine Äußerung, die Thomas Nipperdey im Zusammenhang mit der politischen Haltung seines Vaters machte: »Ob mein Vater auch in Rostock Republikaner gewesen oder geworden wäre, weiß ich nicht, in Köln war er es« (Nipperdey 1998: 138).

Diese Einschätzung betont, wie sehr Nipperdeys Handeln von seiner Umgebung geprägt wurde. Den Einfluss strategischer Überlegungen legt das Urteil von Joachim Rückert nahe, nach dem Nipperdey »keineswegs als nationalsozialistischer Vordenker oder Aktivist« zu bezeichnen sei. Aber es habe doch »wie

10 Dies lässt sich zum Beispiel am Wikipedia-Lexikoneintrag über Nipperdey nachlesen. Das Diskussionsforum beschäftigt sich vor allem mit seiner Rolle im Nationalsozialismus (http://de.wikipedia.org/wiki/Hans_Carl_Nipperdey).

bei vielen besonders Begabten seiner Generation […] eine hohe Bereitschaft« gegeben, »auf Mitwirkung nicht zu verzichten« (Rückert 1999: 280–281).

Untersucht man die Rolle von Expertenwissen für den (rechts-)politischen Prozess, dann steht nicht die Frage im Zentrum, ob Nipperdey ein überzeugter Nazi oder ein strategischer Mitläufer war. Viel bedeutsamer ist hingegen die Frage, wie es ihm möglich war, unter politisch-institutionell sehr gegensätzlichen Bedingungen seine Karriere an prominenter Stelle zu verfolgen. Später, in den 1960er Jahren, warfen ihm seine Kritiker vor, dass er seine Monopolstellung als Arbeitsrechtswissenschaftler genutzt habe, um Kartellierungsprozesse voranzutreiben (vgl. dazu Kapitel 5). Diese These ist sicherlich zutreffend. Gleichwohl wird ein Rechts*wissenschaftler* immer darum bemüht sein müssen, zumindest ansatzweise *für seine Umwelt glaubwürdig zu bleiben*, um keinen Reputationsschaden zu erleiden, denn nur mit hoher wissenschaftlicher Reputation ist er für politische Akteure eine attraktive Machtressource. Und Nipperdey blieb offensichtlich immerhin so glaubwürdig, dass die SPD im Entnazifizierungsverfahren nach 1945 für ihn aussagen und seine Expertise bei der Durchsetzung der Tarifautonomie nutzen würde (vgl. auch dazu Kapitel 5).

Die Rolle der Juristen im Nationalsozialismus wird häufig mit der Dominanz des Rechtspositivismus erklärt, in dem die Geltung von Normen ausschließlich auf ihre positive Setzung zurückgeführt wird, wobei das geltende Recht losgelöst von Fragen der Gerechtigkeit oder der Moral betrachtet wird (vgl. zu dieser Debatte Rüthers 1968). In dieser Perspektive ziehen Juristen sich auf ihre scheinbar unpolitische Rolle als Rechtsausleger zurück, die den moralischen Gehalt des Rechts, das sie auslegen, nicht hinterfragen. Nur bei einer Dominanz des rechtspositivistischen Denkens können Juristen demnach unter verschiedenen Regimen Glaubwürdigkeit behalten. Aber Nipperdey war – wie in Abschnitt 4.2.1 angedeutet wurde – kein überzeugter Rechtspositivist, denn das gesamte Arbeitsrecht basiert auf Annahmen über die soziologischen und normativen Voraussetzungen und Funktionen des Rechts. Zudem musste jeder Arbeitsrechtler schon deshalb von strikt rechtspositivistischen Vorstellungen Abstand nehmen, weil das Arbeitsrecht kaum kodifiziert war.[11]

Seine Fähigkeit, glaubwürdig zu bleiben, ist eher zu erklären durch ein gewisses Maß an Kontinuität in den kognitiven Annahmen, die im deutschen Arbeitsrecht von der Weimarer Republik über den Nationalsozialismus bis in die Bundesrepublik erhalten blieb. Die Kontinuität zwischen Weimar und dem NS-Regime lag nicht nur in der Rechtsprechung des Reichsarbeitsgerichts begründet und trat auch nicht erst Ende der 1920er Jahre in Erscheinung, sondern sie lag

11 Auch Hollstein charakterisiert Nipperdey nicht als Rechtspositivisten, sondern sieht ihn »auf dem Weg zur Wertungsjurisprudenz« (Hollstein 2007: 139–167, hier: 139).

in einigen grundlegenden Annahmen des kollektiven Arbeitsrechts selbst, das – ebenso wie das faschistische Arbeitsrecht – gegen den Liberalismus gerichtet war.[12] Und ein Arbeitsrechtler mit dem politischen Profil von Nipperdey konnte in wesentlichen Bereichen an seinen Denkstrukturen festhalten und eine Kontinuität in seiner Rechtsauslegung aufbauen, die ihm Glaubwürdigkeit verlieh oder ihn zumindest nicht als »Wendehals« dastehen ließ.

Zum Beispiel arbeitete das AOG zur Beschreibung der Rechtsnatur des Arbeitsverhältnisses mit der Figur des personenrechtlichen Gemeinschaftsverhältnisses, aus dem für die Beteiligten wechselseitige Treue- und Fürsorgepflichten resultieren. Dass der Arbeitsvertrag nicht als schuldrechtlicher Vertrag angesehen wurde, war aber keine nationalsozialistische Erfindung, sondern ging auf Otto von Gierke zurück (Spindler 1982). Er hatte argumentiert, dass der Arbeitsvertrag sich dadurch von anderen Verträgen unterscheidet, dass keine Waren getauscht werden, sondern dass hier ein personenrechtliches Verhältnis begründet wird, weil der Arbeitnehmer seine gesamte (und von seiner Arbeitskraft nicht abtrennbare) Person einbringt und in ein Abhängigkeitsverhältnis eintritt. Diese Argumentation bildete die Ausgangsannahme des kollektiven Arbeitsrechts. Der Unterschied zwischen der sozialdemokratischen Variante und der nationalsozialistischen Variante bestand zum einen darin, dass erstere das Arbeitsverhältnis nicht *ausschließlich* personenrechtlich betrachtete. Und zum anderen war das Verhältnis zwischen Arbeitnehmer und Arbeitgeber im sozialdemokratischen Verständnis ein Herrschaftsverhältnis, in der nationalsozialistischen Perspektive hingegen ein Gemeinschaftsverhältnis. Und auch diese Differenzierung ist nicht als vollständiger Gegensatz zu verstehen, denn der Gemeinschaftsgedanke war in Weimar auch bei der Linken populär. So schrieb Potthoff in seiner Interpretation der arbeitsrechtlichen Aussagen der Reichsverfassung:

> Das Arbeitsrecht muß ausgehen nicht vom Einzelnen, sondern von der sozialen Verbundenheit der Einzelnen, die in der Reichsverfassung zur Grundlage für die Rechtsstellung der Arbeitnehmer gemacht ist. Nicht als einzelne, sondern als Glieder einer Gemeinschaft sollen sie teilhaben an der »gleichberechtigten Regelung der Lohn- und Arbeitsbedingungen« (Art. 165 RV). Das neue Arbeitsrecht muß *Kollektivrecht* sein. Die Gemeinschaft handelt und ordnet die Verhältnisse der Einzelnen. Diese Einzelnen sind der Gemeinschaft unterworfen, müssen sich ihr fügen. (Potthoff [1925]1966: 6–7)

Anders als die NS-Ideologie ging der linke Gemeinschaftsgedanke davon aus, dass Interessengegensätze zwischen Arbeit und Kapital vorhanden sind, während die NS-Ideologie das Harmoniedenken postulierte und das Klassendenken bekämpfte. Beide Ansätze waren aber geprägt vom Vorrang des Kollektivismus.

---

12 Darauf weist auch die Arbeit von Sünner hin (2001).

Auch der dem Arbeitsrecht inhärente Schutzgedanke, der aus der Asymmetrie zwischen Arbeitnehmer und Arbeitgeber resultiert, war dem nationalsozialistischen Denken nicht fremd. Allerdings wurde die Asymmetrie hier nicht aus der Marktsituation und der wirtschaftlichen Abhängigkeit des Beschäftigten abgeleitet, sondern aus seiner Zugehörigkeit zur Betriebsgemeinschaft und der damit verbundenen *persönlichen* Abhängigkeit, die mit der Subordination unter die Führung des Betriebsführers einherging. Der Arbeitsrechtler Dietz verglich die asymmetrischen Beziehungen mit den Beziehungen zwischen einem treu sorgenden Vater und der ihm anvertrauten Familie:

> Das Entscheidungsrecht des Führers des Betriebes ist ein ausgesprochenes Pflichtrecht. Es steht ihm nicht um seinetwillen zu, nicht um des Rechtes, sondern um der Pflicht willen, die Betriebsgemeinschaft zu leiten, für das Wohl der Gefolgschaft zu sorgen, den Betrieb zum Nutzen von Volk und Staat zu fördern. Die Maßnahmen soll er treffen, die diesem Ziele dienen. Und weil er solche Maßnahmen treffen soll, darum darf er es auch. Nur Entscheidungen, die dieser Aufgabe dienlich sind, die ein »guter« Führer des Betriebes treffen würde, sind ihm erlaubt, genau wie ein Vater die elterliche Gewalt nur wie ein *bonus pater familias* ausüben darf. (Hueck et al. 1939: 45)

Ausdruck fand der Schutzgedanke in allerlei Rechtsfiguren und Regelungen, die schon im Weimarer Tarifrecht existierten. Auch das AOG kannte das Unabdingbarkeitsprinzip (§ 30) und brachte es nach Ansicht von Nipperdey sogar besser zum Ausdruck als die »wenig glückliche Fassung« in der TVVO von 1918 (ebd.: 396). Und in dem Maße, wie gegen Ende der 1930er Jahre die überbetriebliche Regelung der Löhne und Arbeitsbedingungen durch die Treuhänder der Arbeit zum Regelfall wurde, traten die Tarifordnungen an die Stelle der Tarifverträge. Der Schutzgedanke äußerte sich auch in den Fürsorgepflichten des Arbeitgebers, die vor allem im Kündigungsschutzrecht und im Urlaubsrecht wirksam wurden.

Natürlich unterschieden sich die politischen Ziele, die mit diesen Rechtsideen in Weimar und im Nationalsozialismus verbunden waren, diametral. In der Ideenwelt des Weimarer Tarifrechts hatte der beste Schutz der Arbeiter darin bestanden, dass diese sich kollektiv organisieren, um im Rahmen demokratischer Partizipation an der Rechtsgestaltung teilzunehmen, während das NS-Regime die Gewerkschaften vernichtete und den Klassenkampf als überwunden deklarierte. Doch die Selbstregelung der Verbände und die Emanzipation der Arbeiter durch demokratische und gleichberechtigte Teilhabe waren politische Ziele, die für jemanden wie Nipperdey zu keinem Zeitpunkt besonders relevant gewesen waren. Er hatte die Funktionalität und Legitimität des kollektiven Arbeitsrechts immer aus dessen Ordnungsfunktion heraus begründet. Und diese ordnungspolitische Wirkung konnten die autoritär gesetzten Tarifordnungen genauso gut erfüllen wie die von den freiwillig organisierten Verbänden ausgehandelten Tarifverträge: »Insbesondere wird bei kritischer Wirtschaftslage gerade im dringenden Schutzinteresse der Beschäftigten die mit der Tarifordnung verbundene *Kartellwirkung* nicht zu entbehren sein« (ebd.: 343).

Für Nipperdey standen die Tarifordnungen historisch in einer Kontinuität zu den Weimarer Tarifverträgen. Beide waren objektive Rechtsquellen. Nur die Akteure, die die Ordnung erließen, sowie die Mechanismen, durch die sie erlassen wurde, hatten sich gewandelt. Die Effekte waren die gleichen. Und sie waren es, für die sich Nipperdey interessierte. Demokratie war ein Wert für die sozialdemokratischen Arbeitsrechtler um Sinzheimer. Aus diesem Grund hätten sie das faschistische Arbeitsrecht niemals akzeptieren können. Für Nipperdey, der sich parteipolitisch zwischen DVP und DNVP bewegte, waren demokratische Verhältnisse hingegen nicht zentral.[13]

In der nationalsozialistischen Phase akzentuierte Nipperdey den Ordnungsgedanken im Arbeitsrecht weiter. Dies lässt sich besonders gut an einem Diskussionsbeitrag über das Zusammenspiel von Unabdingbarkeitsprinzip und Günstigkeitsprinzip illustrieren, dessen Einfluss bis in die 1970er Jahre reichen würde. In der Weimarer Tarifrechtsdebatte war die Frage aufgekommen, ob das Günstigkeitsprinzip im Falle einer Tarifkonkurrenz zur Anwendung kommt. Schon damals hatte sich Nipperdey zugunsten einer Interpretation ausgesprochen, die den Geltungsbereich des Günstigkeitsprinzips stark begrenzt. Das Günstigkeitsprinzip kam seiner Meinung nach für die Konkurrenz zweier Kollektivverträge überhaupt nicht in Betracht. Es sei nur dann relevant, wenn eine kollektivrechtliche mit einer individualrechtlichen Abmachung kollidiere, weil das Günstigkeitsprinzip darauf abstelle, für *einzelne* Beschäftigte günstigere Bedingungen festzulegen.

Zu einem ähnlichen Ergebnis kam er, als er sich 1937 mit der Frage beschäftigte, welche Wirkung die Ablösung einer Tarif- oder Betriebsordnung durch eine andere Tarif- oder Betriebsordnung für den einzelnen, günstigeren, Arbeitsvertrag habe (Nipperdey 1937). Diese Frage war vor allem dann wichtig, wenn die günstigeren Regelungen der alten Ordnung zugleich arbeitsvertraglich vereinbart worden waren oder im Rahmen einer vertraglichen Einheitsregelung galten. In diesem Fall stellte sich die Frage, ob die günstigeren Regelungen im Arbeitsvertrag weiterleben, obwohl die zugrunde liegende höhere Ordnung durch eine andere ersetzt worden war. So, wie er es schon in der Weimarer Tarifkonkurrenzdebatte getan hatte, begrenzte Nipperdey den Geltungsbereich des Günstigkeitsgedankens auch jetzt. Dieser komme nur dann infrage und die individuell günstigeren Arbeitsbedingungen würden nur dann erhalten bleiben, wenn die Einzelabmachung tatsächlich individuellen Charakter trage und dem

13 Gleichwohl machte ihn das noch nicht zum überzeugten Nationalsozialisten, wie Wahsner unterstellt (siehe oben).

Arbeitnehmer aufgrund seiner individuellen Tätigkeiten und Fähigkeiten zukäme *(Leistungsprinzip)*. In allen anderen Fällen gehe das *Ordnungsprinzip* vor, weil die kollektivrechtliche Betriebs- oder Tarifordnung den Anspruch stelle, eine allgemeine Ordnung der Arbeitsverhältnisse zu bewirken. Dies bedeutete für Nipperdey auch, dass sie im Zweifelsfall die günstigeren Bedingungen für den Arbeitnehmer verdrängen. Der Geltungsbereich des Günstigkeitsprinzips wurde damit eindeutig auf den einer individuellen Sondervereinbarung reduziert.

Diese Rechtsauslegung war praktisch bedeutsam, weil der Vorrang des Ordnungsprinzips implizierte, dass der Betriebsführer oder ein Treuhänder der Arbeit auch Ordnungen erlassen konnte, die die Arbeitsbedingungen der Beschäftigten verschlechtern. Dieser Effekt wurde von Nipperdey auch intendiert und explizit ausformuliert:

> Die Rechtswirkungen der beiden Ordnungen hat das AOG dahin bestimmt, daß ihre Bestimmungen als Mindestbedingungen rechtsverbindlich sind [...] Würde man diese Regeln dahin auffassen, daß gegenüber einer neuen Ordnung, weil sie (nur) Mindestbedingungen enthält, die günstigeren Bedingungen der bisherigen für die Arbeitsverhältnisse geltenden Ordnung bestehen bleiben, so würde man das Ordnungsprinzip weitgehend beseitigen, ganz gleichgültig, wie man ein solches Ergebnis dogmatisch begründet. Dann könnte eine Ordnung mit normativer Wirkung für die bestehenden Arbeitsverhältnisse immer nur zugunsten der Beschäftigten verbessert, nicht aber zu ihren Lasten geändert werden. (Nipperdey 1937: 262)

Die enge Auslegung des Günstigkeitsgedankens zugunsten des Ordnungsprinzips antwortete auch auf ökonomische Rahmenbedingungen. Der Umschwung auf dem Arbeitsmarkt ab 1936 sowie der Eintritt in die Kriegsvorbereitung gaben den Beschäftigten Spielraum, um auf betrieblicher Ebene für sich günstigere Löhne zu erzielen. Nipperdey nahm mit seiner Interpretation eine staatliche Politik vorweg, die ab 1938 darum bemüht war, die betriebliche Lohnentwicklung zu kontrollieren, was auch den Interessen seiner politischen und wirtschaftlichen Hauptadressaten entsprach. Der Zeitpunkt der Veröffentlichung zeigt zudem, dass Nipperdey wieder einmal ein gutes Gespür für die Entwicklung der Nachfrage in der Arena der Rechtsproduktion an den Tag gelegt hatte.

## 4.4 Gescheiterter Versuch des *institutional layering:* Tarifgedanke und Günstigkeitsprinzip (1900 bis 1945)

Sowohl der Tarifgedanke als auch das Günstigkeitsprinzip sind aus der tarifpolitischen Praxis heraus entstanden. Sie wurden von der Rechtswissenschaft nicht erfunden, aber von ihr in rechtliche Formen gegossen. Dies war vor allem das Verdienst einer sozialdemokratisch und rechtssoziologisch orientierten Gruppe juristischer Pioniere, die eine epistemische Gemeinschaft im engeren Sinne bildete. Sie wollte ein in der Praxis beobachtbares Verhalten in ein neu zu schaffendes Rechtsgebiet mit dem Titel »Arbeitsrecht« fassen und gesetzlich implementieren. Gewerkschaften und Arbeitgeberverbände schlossen Tarifverträge ab, die auf eine normative und zwingende Wirkung zielten, um die Asymmetrie zwischen Arbeit und Kapital am Arbeitsmarkt zu nivellieren (Unabdingbarkeitsprinzip). Gleichzeitig existierte die Idee, dass die ausgehandelten Arbeitsbedingungen nur Mindeststandards sein sollen und günstigere Lösungen möglich sein müssen (Günstigkeitsprinzip). Damit war das Weimarer Tarifrecht von Beginn an eine Mischung aus kollektivistischer und individualistischer Regelungsidee, aus sozialistischem und liberalem Gedankengut. Die Tarifvertragsverordnung von 1918 grenzte sich vom BGB ab und suchte doch gleichzeitig dessen Nähe, denn sie realisierte eine spezifisch arbeitsrechtliche Fassung der individuellen Vertragsfreiheit, die erst dann einsetzt, wenn zwischen den Vertragsparteien Machtsymmetrie herrscht.

Diese eigentümliche Kombination von liberalem und sozialistischem Gedankengut wurde rechtlich ausformuliert und in der Weimarer Republik getragen von einer sich neu formierenden Disziplin der Arbeitsrechtswissenschaft. Die epistemische Gemeinschaft erweiterte sich um eher konservative Professoren des Bürgerlichen Rechts, die sich nun dem neuen Arbeitsrecht zuwandten. Sie teilten die kognitiven Grundannahmen des Arbeitsrechts, verbanden sie aber mit unterschiedlichen politischen Zielen. Für die sozialdemokratischen Arbeitsrechtler war der Tarifgedanke vorrangig ein Instrument zur Emanzipation der Arbeiterklasse und zur Selbstregulierung der gesellschaftlichen Klassen. Die konservativen Vertreter betonten demgegenüber die ordnungspolitische Funktion eines Tarifwesens unter der Bedingung erstarkter Gewerkschaften.

Durch diese eigentümliche Mischung aus liberalem und sozialistischem Gedankengut kann der Mechanismus der Institutionengestaltung als *institutional layering* beschrieben werden. Das kollektive Arbeitsrecht war aus der Perspektive derjenigen, die es geschaffen haben, ein Versuch, das bestehende Privatrecht zu ergänzen, um der Natur des Arbeitsverhältnisses gerecht zu werden und die liberale Idee der Vertragsfreiheit auch für die Beschäftigten zu verwirklichen. Darin lag keine Ablehnung, sondern eine Anerkennung des Privatrechts. Die bestehende Privatrechtsordnung sollte um eine Tarifrechtsordnung ergänzt werden. Die Verbindung zum Privatrecht resultierte auch aus der Koalition mit arbeitsrechtlich interessierten Privatrechtlern. Diese war notwendig, um dem Rechtsgebiet zumindest ansatzweise Anerkennung zu verleihen. Aus dieser kognitiven Koalition resultierte aber auch ein Sog ins Privatrecht. Sie leitete die Absorption des Arbeitsrechts durch das Privatrecht ein.

Letztlich ist der Prozess der Institutionalisierung gescheitert, weil sowohl die sozialdemokratischen als auch die konservativen Arbeitsrechtler innerhalb ihrer politischen Lager nicht mehrheitsfähig waren. Aus diesem Grund fand eine Erweiterung der epistemischen Gemeinschaft zu einem Policy-Netzwerk und damit einhergehend ihre politische Institutionalisierung nicht statt. Die sozialdemokratischen Arbeitsrechtler um Hugo Sinzheimer waren für die Mehrheit der Sozialdemokratie und der Freien Gewerkschaften zu liberal. Diese favorisierten eine Tarifrechtskonzeption, die sich weitgehend vom Privatrecht löste und Tarifpolitik zu einer öffentlich-rechtlichen Zwangseinrichtung machte. Insofern hegten die Gewerkschaften die Idee, der Prozess der Rechtsentwicklung könnte in einem *institutional displacement* münden. Zudem belastete das wechselseitig prekäre Verhältnis zwischen Proletariat und Akademikern die Kooperation. Beide Seiten beanspruchten die Führungsrolle für sich; die einen begründeten dies mit ihrer exklusiven Erfahrung als betroffene Arbeiter, die anderen leiteten ihren Führungsanspruch aus ihrer juristischen Expertise ab.

Der konservative Flügel um Hans Carl Nipperdey stand wiederum links vom Arbeitgeberlager, das spätestens seit Mitte der 1920er Jahre versuchte, das Unabdingbarkeitsprinzip wieder zu untergraben. Was immer man in Bezug auf spätere historische Phasen kritisch über Nipperdey sagen mag, so ist es doch bemerkenswert, dass er bis in die 1930er Jahre hinein das Unabdingbarkeitsprinzip verteidigte, obwohl seine politischen Adressaten (Arbeitgeber, DVP) gegen Ende der Weimarer Republik deutlich nach rechts drifteten.

Die Distanz zwischen fragmentierter Wissenschaft und ebenso fragmentierter politischer Kernklientel illustriert den in Kapitel 3 skizzierten Zusammenhang, nach dem kognitive Annahmen den Prozess der Präferenzbildung kanalisieren. Sinzheimers Denken war so liberal, dass er kein Konzept vorlegen konnte, das den politischen Ansprüchen der Freien Gewerkschaften genügt hätte. Stärker noch ist dieser Aspekt bei Nipperdey zu beobachten. Seine politischen Adressaten hätten sich wohl gewünscht, dass er ihnen Wege weist, das Unabdingbarkeitsprinzip auszuschalten. Doch diesem Anliegen konnte er aufgrund seiner kognitiven Bindung an das Arbeitsrecht nicht entsprechen, weil die Idee der Unabdingbarkeit den Kern des kollektiven Arbeitsrechts ausmacht.

Dass weder der sozialdemokratische noch der konservative Flügel der Arbeitsrechtler mehrheitsfähig war, bewirkte das Scheitern des Weimarer Tarifrechts. Den sozialdemokratischen und rechtspolitisch tätigen Arbeitsrechtlern um Sinzheimer gelang zwar die Etablierung der Tarifvertragsverordnung 1918, und zwar in einem kurzen und historisch kontingenten Moment. Doch die weitere Institutionalisierung des Tarifrechts auf dem Gesetzgebungsweg scheiterte. Zudem konnte die Arbeitsrechtswissenschaft selbst mit einem Vertreter wie Nipperdey, der dem klassischen Bürgerlichen Recht eng verbunden war, ihre Interpretationen nicht in der noch durch die Richter der kaiserlichen Justiz geprägten Rechtsprechung durchsetzen. Dennoch war diese historische Phase nicht nutzlos, denn nach dem Zweiten Weltkrieg spielten fast alle Denkfiguren, die in Weimar entwickelt wurden, früher oder später in mehr oder weniger gleicher Form wieder eine Rolle. Die Nachkriegsentwicklungen des deutschen Arbeitsrechts sind kaum mehr als Varianten dessen, was in Weimar vorgedacht worden war.

Das Günstigkeitsprinzip war als Hort des Liberalismus im deutschen Tarifrecht gedacht. Doch in dem hier betrachteten Zeitraum wurde es kollektivistisch diszipliniert. Die Weimarer Tarifvertragsverordnung stellte es zur Disposition der Tarifparteien, günstigere Regelungen für Arbeitnehmer ausschließen zu können. Die Weimarer Rechtsprechung nutzte es, um die Abschottung des Arbeiters gegen Markteffekte auszuhebeln, indem es urteilte, dass Lohnsenkungen im Vergleich zum Arbeitsplatzverlust die für das Betriebskollektiv günstigere Regelung sei. Nipperdey entwickelte eine Methode des Günstigkeitsvergleichs und die Lehre vom Primat des Ordnungsprinzips, wonach das Günstigkeitsprinzip auf individuelle Sonderabmachungen für einzelne Arbeitnehmer beschränkt wurde. Und die Lohnpolitik des NS-Regimes schaltete ab 1938 das Günstigkeitsprinzip nahezu vollständig aus. Die herrschenden Interpretationen strebten sowohl in der Weimarer Republik als auch im Nationalsozialismus zum kollektivistischen Pol – erst zum Sozialismus, dann zum Faschismus.

In der Entstehungsphase des Tarifrechts wurde das Günstigkeitsprinzip mit der liberalen Vorstellung der Vertragsfreiheit begründet. Doch spätestens seit Mitte der 1920er Jahre wurde es als eine Rechtsnorm entdeckt, die die Fähigkeit der Akteure zur Kontrolle der betrieblichen Lohnentwicklung beeinflusst. Staatliche Lohnkontrolle ging einher mit einem *hierarchischen Zurückdrängen* des Günstigkeitsprinzips, während dezentral angelegte Versuche, die Lohnkosten zu senken, wegen fehlender Möglichkeiten zur hierarchischen Steuerung mit einer *Neuinterpretation* arbeiteten. Unter Rückgriff auf das Recht argumentierten sie, dass Lohnverzicht für die Beschäftigten unter bestimmten Bedingungen eine günstige Regelung sei. Die kollektivistische Disziplinierung des Günstigkeitsprinzips war in dieser Form ein Phänomen der Zeit vor 1945. In der tarifrechtlichen Nachkriegsordnung wurde die Rechtsnorm in einem ersten großen Liberalisierungsschritt dem Zugriff der Tarifparteien und des Staates weitgehend entzogen. Diese Entwicklung hatte weitreichende Konsequenzen; sie sind das Thema des folgenden Kapitels.

# Kapitel 5
# Erfolgreiche Institutionalisierung: Ordnung statt Freiheit – Tarifvertrag und Günstigkeitsprinzip im Wirtschaftswunder (1945 bis 1965)

Nach dem Ende des Zweiten Weltkrieges und dem Zusammenbruch des Faschismus wanderte die Zuständigkeit für die Gestaltung des Tarifrechts zurück in die politische Arena. Das Politikfeld wurde neu geordnet, und die Arbeitsrechtswissenschaft agierte wiederum an prominenter politischer Stelle, insbesondere durch Hans Carl Nipperdey. Anders als in Weimar gelang es der nunmehr ausschließlich konservativen epistemischen Gemeinschaft, dauerhafte Beziehungen zu politischen Akteuren zu institutionalisieren, vor allem durch personelle Vernetzung und durch die (gleichwohl niemals unumstrittene) Absicherung der vollends eigenständigen Arbeitsgerichtsbarkeit. Die *Epistemic Community* wandelte sich zu einer *Policy Community*, der es auch gelang, die ordentliche Justiz, die privatrechtlich orientierte Rechtswissenschaft sowie die Justizministerien aus dem Politikfeld weitgehend (aber nicht vollständig) auszuschließen, obwohl diese sich als zuständig deklarierten.

Noch vor dem Grundgesetz trat am 9. April 1949 das Tarifvertragsgesetz (TVG) in Kraft. Die Verbände setzten erstmalig die Tarif*autonomie* durch: Anders als in Weimar und im Nationalsozialismus bekam die Regierung keinen Zugriff mehr auf die Lohnpolitik. Auch die Regelung des Günstigkeitsprinzips wurde modifiziert. Seine Geltung stand nun nicht mehr unter dem Vorbehalt der Tarifparteien. Damit wurde im Tarifrecht ein bedeutsamer Liberalisierungsschritt vollzogen, denn sowohl die Exekutive als auch die Verbände hatten wichtige Instrumente aufgegeben, mittels derer sie die betriebliche Lohnentwicklung beeinflussen konnten. Nur wenige Jahre später und unter den Bedingungen des unerwarteten Wirtschaftswunders stellte dieser Verzicht sowohl die Gewerkschaften als auch die Arbeitgeberseite vor tarif- und organisationspolitische Probleme. Wie schon in Weimar wuchs das Interesse, das Günstigkeitsprinzip kollektivistisch zu disziplinieren. Doch unter der Geltung des neuen Tarifvertragsgesetzes war dies nur noch durch die Gerichte zu erreichen, die nach dem weitgehenden Rückzug der Regierung und der Verbände aus der betrieblichen Lohnpolitik als einzige Akteurgruppe die Kompetenz hatten, hierarchisch steuernd einzugreifen. Das heißt, nach der Verabschiedung des Tarifvertragsgesetzes wanderte die Gestaltungshoheit über das Tarifrecht wieder zurück in das

Rechtssystem. Das Bundesverwaltungsgericht und das 1954 neu geschaffene Bundesarbeitsgericht (BAG) nutzten ihren Spielraum, um den Geltungsbereich des Günstigkeitsgedankens wieder einzudämmen – wenn auch in sehr unterschiedlicher Weise und Intensität. Auch hier war der Einfluss der Arbeitsrechtswissenschaft maßgeblich, denn Nipperdey wurde der erste Präsident des Bundesarbeitsgerichts und wechselte von der politischen Arena in das Gericht.

## 5.1 Die Kontinuität der epistemischen Gemeinschaft

Zum ersten und einzigen Mal in der Geschichte des deutschen Tarifrechts ging 1945 der politisch-institutionelle Umbruch *nicht* mit einem Wandel der epistemischen Gemeinschaft einher. Die konservativen Arbeitsrechtswissenschaftler, die entweder schon in der Weimarer Republik tätig gewesen waren oder während der NS-Zeit zu Professoren wurden, blieben im Amt. Nur kurzzeitig erlitten einige Vertreter aufgrund ihrer Rolle im Faschismus einen Karriereknick – so zum Beispiel Hans Carl Nipperdey, der im Rahmen der Entnazifizierung von Oktober 1946 bis Mai 1947 aus dem Universitätsdienst entlassen worden war. Danach konnte er seinen Lehrstuhl an der Universität Köln wieder besetzen. Alfred Hueck blieb Professor in München, wohin er 1936 gegangen war. Erich Molitor lehrte ab 1946 in Mainz. Arthur Nikisch war 1941 nach Straßburg berufen worden, lehrte anschließend in Leipzig und kehrte 1950 an seine alte Wirkungsstätte nach Kiel zurück. Von dort war Rolf Dietz nach Münster gewechselt. Wolfgang Siebert schließlich erhielt circa 1949 einen Ruf an die Universität Göttingen (Wahsner 1974: 377).

Teilweise schien die Gruppe der Arbeitsrechtswissenschaftler nach 1945 sogar noch konservativer zu werden als zuvor, weil neue Juristen mit NS-Vergangenheit hinzutraten, die zuvor nicht als Arbeitsrechtsexperten in Erscheinung getreten waren. Ein Beispiel dafür ist Günther Küchenhoff, der während der NS-Zeit im Staats- und Völkerrecht aktiv war und nur wenig Distanz zum Regime pflegte.[1] 1955 bekam er einen Lehrstuhl an der Juristischen Fakultät der Universität Würzburg, wo er das Seminar für Verwaltungs-, Arbeits- und Sozialrecht sowie Rechtsphilosophie leitete. Er wurde in der Community der Arbeitsrechtler aufgenommen. Dabei gehörte er aufgrund der Breite seiner Tätigkeiten

1 So forderte er in einer Abhandlung *Gemeinschaftsstaat, Volksrecht und Volksrechtsprechung:* »Gegen den Rechtsbrecher, den Staatsfeind und Feind der Volksgemeinschaft gibt es in Strafmaß und Strafvollzug nur eins: kraftvolle Strenge und erforderlichenfalls völlige Vernichtung« (zitiert nach Klee 2005: 346).

zwar nicht zum Kern, er war aber doch gut integriert und trat immer wieder in Erscheinung. So kommentierte er die Rechtsprechung und trat als Gutachter auf. Außerdem lehrte er zusammen mit Nipperdey an der Sozial-Akademie in Dortmund (Sperlinger 1951). Zudem publizierte er in den Festschriften, die die Mitglieder der Gemeinschaft einander schenkten (vgl. zum Beispiel Nipperdey 1962b). Und auch in den ihm gewidmeten Festschriften publizierten die Arbeitsrechtler (zum Beispiel Mayer 1967).

Die Kontinuität der Arbeitsrechtswissenschaft stand erstens in einem Zusammenhang zur Kontinuität der deutschen Hochschullandschaft insgesamt, die erst von der 68er-Bewegung angegriffen wurde und ohnehin kein neues Phänomen darstellte. Schon in der Weimarer Republik waren zahlreiche Lehrstühle noch mit den alten Professoren des Kaiserreichs besetzt gewesen. Dies hatte unter anderem dazu beigetragen, dass der konservative Flügel schon in den 1920er Jahren die universitäre Arbeitsrechtswissenschaft geprägt hatte. Zweitens lag die Kontinuität darin begründet, dass schon bald nach Kriegsende die Neuregelung des Tarifrechts in Anlehnung an die Weimarer Tradition politisch erwünscht war, jedoch kaum noch arbeitsrechtliche Literatur aus dieser Zeit zur Verfügung stand. Arbeitsrechtswissenschaftliche Expertise wurde gebraucht. Gleichzeitig war das Rechtsgebiet personell aber immer noch sehr dünn besetzt, was dazu führte, dass man auf die wenigen verfügbaren Personen mit langjähriger Erfahrung vor allem im kollektiven Arbeitsrecht, das im Nationalsozialismus abgeschafft worden war, nicht verzichten mochte (vgl. dazu Abschnitt 5.2).

Durch die Verdrängung des kollektiven Arbeitsrechts und die gewaltsame Vernichtung des sozialdemokratischen Flügels im Nationalsozialismus blieb die epistemische Gemeinschaft nach 1945 nicht nur klein und konservativ, sondern es entstand schnell eine betriebsnahe Orientierung, die sich auch an den Wieder- oder Neugründungen der arbeitsrechtlichen Zeitschriften zeigte. 1946 wurde der *Betriebs-Berater* gegründet, 1947 folgte *Der Betrieb – Wochenschrift für Betriebswirtschaft, Steuerwesen, Wirtschafts- und Arbeitsrecht*. Beide Zeitschriften widmeten sich den konkreten betrieblichen Problemen des Neuanfangs und wandten sich eher an die Arbeitgeber- als an die Arbeitnehmerseite (ebd.: 381). Ab 1948 erschien *Der Betrieb*, eine Ausgründung des *Handelsblattes*, die diesen Trend bestätigte (Hilger 1981: 93). Die wichtigste wissenschaftliche Zeitschrift mit dem Titel *Recht der Arbeit* erschien ebenfalls ab 1948 und wurde von Nipperdey herausgegeben. Erst danach folgten die Verbände mit eigenen Zeitschriften.

Ungeachtet der politischen Nähe zum Konservatismus und zur Arbeitgeberseite, knüpfte die Arbeitsrechtswissenschaft fast wortgleich an die alten Grundgedanken aus der Weimarer Zeit an. Dies galt insbesondere für Hueck und Nipperdey. Sie betonten wieder die Asymmetrie zwischen Arbeit und Kapital unter Marktbedingungen, die das Arbeitsrecht als schützendes Sonderrecht der Arbeitnehmer begrenzen müsse. Und ebenso wie in Weimar wurde das Arbeitsrecht zwar an der Schnittstelle zwischen öffentlichem Recht und Privatrecht angesiedelt, doch nach wie vor bestritt der konservative Flügel – im Gegensatz zu der Position Sinzheimers –, dass das Arbeitsrecht vollständig unabhängig sei:

> Da somit das Arbeitsrecht sowohl Rechtsbeziehungen einzelner Privatpersonen (Arbeitnehmer und Arbeitgeber) zueinander als auch die Rechtsbeziehungen von Privatpersonen zum Staat regelt, so bildet es als Ganzes weder einen Bestandteil des öffentlichen Rechts noch des Privatrechts. Es steht deshalb aber nicht etwa diesen beiden großen Teilen des gesamten Rechts selbständig und gleichberechtigt gegenüber, sondern es vereinigt ähnlich wie auch andere Rechtsdisziplinen in sich öffentlich-rechtliche und privatrechtliche Bestandteile. Und wenn auch gerade auf dem Gebiet des Arbeitsrechts es vielfach recht schwierig ist, beide scharf von einander zu trennen, und namentlich im kollektiven Arbeitsrecht manches streitig ist, so rechtfertigt diese Tatsache doch nicht, die altüberkommene Unterscheidung zwischen privatem und öffentlichem Recht für das Arbeitsrecht ganz zu verwerfen.
> (Hueck/Nipperdey 1965: 4)

Auch hier finden sich fast wortgleiche Formulierungen aus den 1920er Jahren wieder.

Neu war hingegen, dass Nipperdey und Hueck, die zuvor immer die ordnungspolitischen Funktionen des Tarifvertrages hervorgehoben hatten, nach 1945 die demokratietheoretische Dimension des Tarifrechts und die Sinzheimer'sche Idee der Selbstbestimmung gesellschaftlicher Interessen betonten. Diese normative Akzentuierung in ihrer Darstellung des Arbeitsrechts findet sich auch noch in den 1960er Jahren:

> Bei der geschilderten Einstellung des nationalsozialistischen Arbeitsrechts war nach 1945 ein völliger Neuaufbau des Arbeitsrechts nötig. Sein Ziel ist die Wiederherstellung eines demokratischen, von den Grundsätzen sozialer Gerechtigkeit und sozialer Selbstbestimmung getragenen modernen Arbeitsrechts im Anschluß an das Recht vor 1933.
> (Hueck/Nipperdey 1965: 17)

Begriffe wie »Selbstbestimmung« waren diesen Autoren in den 1920er Jahren eher fremd gewesen. Auch andere Arbeitsrechtswissenschaftler, die im Faschismus zu Professoren geworden waren, pflegten die neue (aber eigentlich ganz alte) Argumentationslinie. So bezeichnete Wilhelm Herschel, der am Kölner Lehrstuhl promoviert hatte und später eine sehr bedeutende Rolle bei der Entstehung des Tarifvertragsgesetzes spielen sollte, den Tarifvertrag als »grundlegende Erscheinungsform einer volkstümlichen Demokratie, die von unten nach oben wächst« (Herschel 1973: 185). Damit wurde gleichzeitig eine partielle Verschiebung der Problemdefinition vorgenommen. Das Tarifrecht sollte nicht mehr nur die arbeitsmarkt- und ordnungspolitischen Probleme lösen, sondern einen Beitrag zum Wiederaufbau der Demokratie leisten. Ohne diesen Anspruch explizit zu erheben, ernannte sich der konservative Flügel der

Arbeitsrechtler damit faktisch selbst zum Sachverwalter des normativen Erbes von Hugo Sinzheimer, auch aus einem Bedürfnis heraus, Distanz zur eigenen Position im nationalsozialistischen Arbeitsrecht zu schaffen. Darüber hinaus versuchte man, in der Öffentlichkeit eine Darstellung zu verankern, nach der das Arbeitsrecht von der faschistischen Ideologie kaum berührt gewesen sei. Wissenschaft und Rechtsprechung hätten »in stiller, konsequenter Arbeit, wenig gestört vom Nationalsozialismus, den weiteren Ausbau eines sozial fortschrittlichen Arbeitsvertragsrechts in erheblichem Umfang gefördert« (Hueck/Nipperdey 1965: 17). Die Glaubwürdigkeit dieser Position wurde erst gegen Mitte der 1960er Jahre offen infrage gestellt werden.

Bereits unmittelbar nach Kriegsende war die Arbeitsrechtswissenschaft darum bemüht, feste Bindungen zur Justiz zu knüpfen. Dabei kam ihr zugute, dass die ersten Arbeitsgerichte ihre Tätigkeit bereits 1946 auf kommunaler Ebene und auf Landesebene wieder aufnahmen (vgl. dazu Abschnitt 5.3). Der Arbeitsgerichtsverband, in dem sich die »Freunde des Arbeitsrechts« trafen, hatte schon in Weimar existiert (Weiß 1994). Auf der sogenannten Präsidentenkonferenz trafen sich nun die Präsidenten der Landesarbeitsgerichte. Eingeladen waren auch die Vertreter der Arbeitsrechtswissenschaft (Hueck, Nipperdey, Dietz, Molitor, Nikisch) sowie die Redakteure der arbeitsrechtlichen Zeitschriften und Vertreter der Arbeitsverwaltung. Das erklärte Ziel bestand darin, unter der Bedingung eines (noch) fehlenden höchsten Gerichts Rechtseinheit herzustellen sowie Grundlinien für die weitere rechtliche (und rechtspolitische) Entwicklung zu legen (Hilger 1981: 94).

Aus diesem Netzwerk heraus entstanden enge Verflechtungen und eine Policy Community zwischen Arbeitsrechtswissenschaft, Arbeitsgerichtsbarkeit und Arbeitsverwaltung, die in der Folgezeit auch institutionenübergreifende Karrieren ermöglichten, die wiederum das Netzwerk stabilisierten. So wurde der Rechtsprofessor Nipperdey zum ersten Präsidenten des 1954 errichteten Bundesarbeitsgerichts. Sein Stellvertreter und späterer Nachfolger Gerhard Müller bekam eine Honorarprofessur an der Universität Köln, die Nipperdeys Hochburg war (Wahsner 1974: 386). Der 1931 in Köln promovierte Wilhelm Herschel wurde nach 1945 Leiter der tarifrechtlichen Abteilung in der Arbeitsverwaltung und später ebenso Honorarprofessor in Köln. Marie-Luise Hilger arbeitete während des Nationalsozialismus als Assistentin von Wolfgang Siebert in Kiel, wurde ab 1946 Redakteurin bei der Zeitschrift *Betriebs-Berater* und ab 1959 Richterin am Bundesarbeitsgericht usw. So erwuchs eine enge Verflechtung eines relativ kleinen Personenkreises und der mit ihnen assoziierten Institutionen. Mit ihrer Repräsentanz in der Wissenschaft, den Gerichten, der Verwaltung und der Fachpresse war die epistemische Gemeinschaft an allen zentralen Stationen der Wissensproduktion und -durchsetzung vertreten. In dieser Hinsicht arbeiteten die

Mitglieder der Gemeinschaft auch einander zu. So gab zum Beispiel Marie-Luise Hilger bei Nipperdey eine Kommentierung des 1953 verabschiedeten Arbeitsgerichtsgesetzes für die Zeitschrift *Betriebs-Berater* in Auftrag, noch bevor dessen Verabschiedung im Bundestag stattgefunden hatte (Hilger 1953). Die letzten Änderungsanträge bekam er wiederum von Herschel zugespielt usw.

Die Nachkriegsgemeinschaft der Arbeitsrechtler nach 1945 hatte insofern Ähnlichkeit mit dem sozialdemokratischen Zirkel um Sinzheimer im Kaiserreich, als die Gemeinschaft in beiden Gruppen nicht ausschließlich durch geteilte fachwissenschaftliche Annahmen begründet wurde. Die sozialdemokratische Gruppe war auch über ihre politische und sozialstrukturelle Nähe integriert gewesen. Ähnliches galt nun für den Kreis um Nipperdey nach 1945. Man war konservativ und wurde darüber hinaus durch die gemeinsame Erfahrung des Nationalsozialismus integriert, die die Gruppe zumindest latent unter einen Täter- und/oder Mitläuferverdacht stellte. Die Mitglieder der Gemeinschaft haben sich in dieser persönlich schwierigen Situation wechselseitig unterstützt. So haben zum Beispiel Herschel, Hueck und Molitor für Nipperdey in dessen Entnazifizierungsverfahren ausgesagt (Hollstein 2007: 93).

Die Gewerkschaften ordneten nach 1945 ihr Verhältnis zu den Wissenschaften neu, was auch Folgen für die Arbeitsrechtswissenschaft hatte. Einerseits suchten sie nach einer Entspannung im Verhältnis zu Akademikern, um ihre Expertise nutzen zu können. Es ging ihnen darum, den Hochschulzugang für Arbeiterfamilien zu erleichtern, um die soziale Distanz zwischen den Intellektuellen und dem Proletariat zu mindern. Zudem wollten sie selbst in verstärktem Maße wissenschaftlich ausgebildetes Personal beschäftigen. Eine Vorbildfunktion übernahmen dabei die US-amerikanischen Gewerkschaften, die im Zuge ihres Größenwachstums wissenschaftliche Mitarbeiter als Spezialisten beschäftigten oder systematisch mit Universitäten kooperierten. Diese Entwicklung wurde in Deutschland aufmerksam beobachtet. Es wurde argumentiert, dass in den USA durch die enge Kooperation auch das Verhältnis zwischen Akademikern und Gewerkschaftern entkrampfe:

> Es war für die »Intellektuellen« nicht immer leicht, sich an das gewerkschaftliche Klima zu gewöhnen. Es scheint, daß die Voreingenommenheit der Praktiker gegenüber den »Intellektuellen« allmählich schwindet. In den meisten Gewerkschaften werden diese »Theoretiker« nicht länger als »Doktoren« oder »Professoren« bezeichnet. Man ehrt sie dadurch, daß man sie »John« oder »Bill« oder »Joe« nennt. (Anderson 1950: 142)

In diesem Zusammenhang wurde unter der Federführung von Hans Böckler bereits im Jahr 1946 das Wirtschafts-Wissenschaftliche Institut (WWI) gegründet, das die Gewerkschaften mit eigenen wissenschaftlichen Untersuchungen bedienen sollte. Diese Institutionalisierung der Verwissenschaftlichung von Gewerkschaftspolitik war auch im internationalen Vergleich einzigartig (Tenfelde 2008).

Im Zusammenhang mit der Verwissenschaftlichung fand eine Verschiebung im gewerkschaftlichen Aufmerksamkeitsspektrum statt. Die Rechtswissenschaft geriet in den Hintergrund, während der Ökonomie und den Sozialwissenschaften verstärkt Beachtung geschenkt wurde. Dafür lassen sich verschiedene Gründe anführen. Die vorbildhaften US-amerikanischen Gewerkschaften waren selbst sozialwissenschaftlich geprägt und hatten vor allem Soziologen und Volkswirte eingestellt (Anderson 1950: 141). Doch auch die eigenen Erfahrungen mit der Klassenjustiz und die bereitwillige Kooperation der juristischen Profession mit dem nationalsozialistischen Regime ließen die Rechtswissenschaft als endgültig diskreditiert erscheinen. Den Juristen fehle die Fähigkeit, »ihre Wissenschaft im richtigen sozialen und politischen Zusammenhang zu sehen« (Abendroth 1950: 224). Dass diese Kritik mit Wolfgang Abendroth von einem der wenigen linken Rechtswissenschaftler, die nach 1945 in Deutschland noch präsent waren, vorgebracht wurde, erhöhte nur ihre Glaubhaftigkeit. Abendroth hatte sich – so wie einige seiner emigrierten Kollegen – nach dem Krieg der Politikwissenschaft zugewandt. Und er empfahl den Gewerkschaften als Träger der Demokratie in Deutschland, den Aufbau der deutschen universitären Politikwissenschaft, die von den USA als Demokratiewissenschaft importiert worden war, zu unterstützen. Das Demokratisierungsmotiv prägte in dieser historischen Phase also nicht nur die Arbeitsrechtswissenschaft, sondern auch die Arbeitnehmerorganisationen.

Zudem rückten die Fragen der ökonomischen Steuerung in das Zentrum des gewerkschaftlichen Interesses. Im Geleitwort zur ersten Ausgabe der neu eingerichteten Zeitschrift *Gewerkschaftliche Monatshefte* im Jahr 1950 machte Hans Böckler deutlich, dass es für die Gewerkschaften vor allem darum gehen müsse, sich »in die allgemeine Wirtschaftspolitik einzuschalten« (Böckler 1950). Und zu diesem Zweck müssten eigene wirtschaftspolitische Positionen erarbeitet werden. Dies war auch eine Reaktion auf die Erfahrungen der Weimarer Republik. Hugo Sinzheimer selbst hatte 1933 konstatiert, dass das Arbeitsrecht ohne eine komplementäre Wirtschaftspolitik, die die Vollbeschäftigung ins Zentrum stellt, nicht lebensfähig sei. Auch vor diesem Hintergrund hatten die Gewerkschaften bereits in den 1920er Jahren wirtschaftspolitische Grundsatzüberlegungen zur Wirtschaftsdemokratie angestellt, die auch Konzepte einer wirtschaftspolitischen Globalsteuerung integrierten. Sinzheimer war an diesen Arbeiten selbst beteiligt gewesen (Naphtali 1928). Die hohe Bedeutung, die der Ökonomie im gewerkschaftlichen Denken zukam, äußerte sich auch darin, dass das von Hans Böckler 1946 gegründete Forschungsinstitut wirtschaftswissenschaftlich ausgerichtet war. Mit seiner Leitung wurde der Ökonom Erich Potthoff betraut.

Das Gesagte bedeutet nicht, dass das Arbeitsrecht willentlich an den Rand gedrängt wurde. So sah Böckler zum Beispiel vor, dass die zweite Leitungsposition des WWI mit einem Spezialisten im Arbeitsrecht besetzt werden sollte. Doch dies ist (in dieser Phase) nicht geschehen, stattdessen übernahm der Ökonom Viktor Agartz 1949 den Posten (Tenfelde 2008). Das Arbeitsrecht wurde nur auf Abteilungsebene unter der Leitung von Erich Bührig etabliert.

Die Verschiebung im Aufmerksamkeitshorizont äußerte sich auch im Wandel der gewerkschaftlichen Publikationslandschaft. In der Weimarer Republik war die monatlich erscheinende Zeitschrift *Arbeit. Zeitschrift für Gewerkschaftspolitik und Wirtschaftskunde* das zentrale Organ des Allgemeinen Gewerkschaftsbundes gewesen. Die Zeitschrift hatte sich selbst einen Bildungsauftrag gestellt. Die jungen Funktionsträger in den Gewerkschaften und Betrieben sollten das Wissen vermittelt bekommen und die theoretischen Debatten verfolgen, die für die Wahrnehmung der neu gewonnenen Rechte als notwendig erachtet wurden:

> Die Gewerkschaftsbewegung steht in Deutschland im Beginn ihrer zweiten Epoche. Die alten Aufgaben haben nichts an Bedeutung verloren, aber es sind neue hinzugekommen [...] [Das] wirtschaftliche Mitbestimmungsrecht [...] erweitert das Feld gewerkschaftlichen Wirkens nicht nur graduell, sondern im Prinzip. Daß es zugestanden werden mußte, ist schon eine hochbedeutende Strukturveränderung der kapitalistischen Wirtschaft. Recht verpflichtet. Bleibt es ungenutzt, so ist damit der Beweis erbracht, daß zwar die Macht vorhanden war, es durchzusetzen, aber die Kraft versagte, sich seiner zu bedienen. (Erdmann 1924: 4)

Damit war es von Beginn an klargestellt, dass das Themenspektrum der Zeitschrift notwendigerweise auch das Recht umfasste. Die Zeitschrift hatte eine Beilage beziehungsweise einen Anhang mit dem Titel *Rundschau der Arbeit* enthalten, in dem vor allem arbeitsrechtliche Fragen abgehandelt wurden: Kommentierungen wichtiger Gerichtsurteile, Darstellungen neuer Gesetze, Rezensionen zu neuen arbeitsrechtlichen Schriften oder kleinere Essays zu aktuellen Fragen. Hauptverantwortlicher Redakteur war Clemens Nörpel gewesen. Der Anhang hatte weit in den Hauptteil der Zeitschrift ausgestrahlt, denn auch hier hatte es zahlreiche rechtsbezogene Aufsätze gegeben. Die meisten sozialdemokratischen Mitglieder der epistemischen Gemeinschaft hatten hier publiziert: Sinzheimer, Potthoff, Fraenkel, Neumann (siehe die Literaturverweise aus Kapitel 4.2). Den neuen Funktionären, aber auch dem interessierten Arbeiter, war zugemutet worden, die aktuelle Rechtsprechung zum Tarifrecht zu kennen, die Ansätze der verschiedenen arbeitsrechtlichen Schriften unterscheiden zu lernen und die theoretischen Debatten über die Sozialisierung des Rechts zu verfolgen. Der Aufbau der Zeitschrift hatte damit der Vision entsprochen, die Nörpel im Rahmen des Weimarer Konflikts um die Anwaltszulassung formuliert hatte: Das arbeitsrechtliche Wissen sollte kein Expertenwissen sein, das von Juristen monopolisiert wird. Nörpel hatte stattdessen die Vorstellung, dass politische Gewerkschaftsfunktionäre die Aufgaben der juristischen Profession weitgehend selbst übernehmen sollten. Damit hatten Rechtsfragen auch im Kern der gewerkschaftlichen Debatten gestanden. Und Nörpel selbst hatte den Typus des juristisch geschulten Gewerkschaftsfunktionärs verkörpert, der es als Autodidakt ohne juristisches Studium gelernt hatte, mit der Arbeitsrechtswissenschaft auf Augenhöhe zu diskutieren.

Diese Perspektive wandelte sich nach dem Faschismus. Ab 1950 gab der neue Bundesvorstand des DGB erstmalig die *Gewerkschaftlichen Monatshefte* heraus, die damit die Nachfolge der Zeitschrift *Arbeit* antraten. Den arbeitsrechtlichen Teil spaltete man dabei ab. Das Arbeitsrecht bekam stattdessen (erst) 1953 mit der Zeitschrift *Arbeit und Recht* ein eigenes Forum. Diese funktionale Ausdifferenzierung hatte ambivalente Wirkungen. Einerseits wurden die arbeitsrechtlichen Debatten mit einer eigenen Zeitschrift aufgewertet und professionalisiert. Doch andererseits wurden sie damit in Expertenkreise abgedrängt, denn mit seiner Auslagerung aus dem zentralen Organ des DGB verschwand das Arbeitsrecht auch weitgehend aus dem Zentrum der gewerkschaftspolitischen Diskussionen. Die Gründung des Bundesarbeitsgerichts und seine Rechtsprechungstätigkeit blieben in den *Gewerkschaftlichen Monatsheften* fast unerwähnt, mit Ausnahme des Streikrechts, das allerdings erst in den 1950er Jahren kontrovers diskutiert wurde (Abendroth 1951; Schmid 1954; Rüthers 1960). Die Weimarer Auseinandersetzungen über den Standort des Arbeitsrechts im Rechtssystem sowie über das Verhältnis der Gewerkschaften zur Justiz oder über die Abschaffung beziehungsweise Sozialisierung des Privatrechts spielten in dieser Phase faktisch keine Rolle mehr (Wolff 1950).

Die Prominenz wirtschaftlicher Fragen in den innergewerkschaftlichen Debatten änderte jedoch nichts daran, dass juristischer Sachverstand nach wie vor gebraucht wurde. Dieser wurde extern rekrutiert, was den politischen Stellenwert der Arbeitsrechtswissenschaft für die Gewerkschaften erhöhte. Hans Carl Nipperdey wurde zum wichtigsten arbeitsrechtlichen Experten der Arbeitnehmerseite. Er hatte bereits 1945 mit den gewerkschaftlichen Rechtssekretären der Bi-Zone über eine Wiederherstellung des Tarifrechts diskutiert. Zudem hatte er verschiedene arbeitsrechtliche Gesetzesentwürfe für sie ausgearbeitet und kommentiert (vgl. dazu Abschnitt 5.2 und 5.3). Die Kooperation konnte er trotz seines politischen Konservatismus glaubhaft vertreten, weil die kognitiven Grundlagen des kollektiven Arbeitsrechts aus der Weimarer Zeit anschlussfähig an die Sozialdemokratie waren und auch von Sozialdemokraten entwickelt worden waren. Neu war allerdings (und hier von entscheidender Bedeutung), dass Nipperdey politisch vom konservativen ins sozialdemokratische Lager wechselte; dies kam auch darin zum Ausdruck, dass er 1945 Mitglied der SPD wurde (Hollstein 2007: 84). Beide Seiten konnten einander gut gebrauchen. Die Sozialdemokraten und Gewerkschaften fanden in Nipperdey einen juristischen Mitstreiter, der prominenter nicht sein konnte. Nipperdey wiederum nützte die Unterstützung der Linken in seinem Entnazifizierungsverfahren. Nach seiner Entlassung im Oktober 1946 gelang es ihm, massiven Protest gegen diese Entscheidung zu mobilisieren. Unter anderem traten auch Hans Böckler und Kurt Schumacher für ihn ein (Hollstein 2007: 94–96). Im Mai 1947 wurde Nipperdey schließlich rehabilitiert. Von der Kooperation mit der politischen Linken profitierte er also persönlich in hohem Maße.

Die Entnazifizierungsgeschichte zeigt aber auch, wie umstritten und ambivalent die Person Nipperdey für die Gewerkschaften war, denn es waren Walter Auerbach (Sozialdemokrat) und der christliche Johannes Albers gewesen, die die britischen Behörden auf die Vergangenheit Nipperdeys im Nationalsozialismus überhaupt erst aufmerksam gemacht hatten, obgleich Auerbach seine Aussagen über beziehungsweise gegen Nipperdey später relativierte (ebd.: 91–94). Später verteidigte er ihn sogar als »einen von ihnen«. So beklagte Auerbach sich im Oktober 1948 in einem Brief an Nipperdey darüber, dass die politischen Beratungen bezüglich der Ausgestaltung der Justiz in Bonn darunter leiden würden, dass nur »Volljuristen« daran beteiligt seien, während »sozialpolitisch informierte« Vertreter der Arbeitnehmer- und Arbeitgeberseite dort fehlten:

> Mir wurde mitgeteilt, daß in Bonn von den Juristen der beiden großen Parteien erwogen wird, die gesamte Arbeitsgerichtsbarkeit der Justiz einzugliedern. Es rächt sich, daß nicht ein einziger Gewerkschafter oder sozialpolitisch informierter Arbeitgeber nach Bonn geschickt wurde, sondern in erster Linie Schulmeister, Journalisten und Volljuristen. Ich habe vorgeschlagen, daß veranlasst wird, daß Sie [...] nach Bonn eingeladen werden, um den Paragraphen-Rittern gründlich die Leviten zu lesen. (Auerbach 1948)

Nipperdey wurde hier nicht als gewerkschaftsferner Volljurist wahrgenommen, sondern als loyaler und sachkundiger Arbeitnehmervertreter. Wahrscheinlich trug auch diese Wahrnehmung dazu bei, dass es für Böckler verzichtbar erschien, das Arbeitsrecht intern prominent zu besetzen, denn man hatte ja Nipperdey. Gleichwohl ging die Vertrautheit niemals so weit, dass die persönliche Anrede – wie im zitierten Beispiel der amerikanischen Gewerkschaften – persönlich wurde. Nipperdey blieb immer der »Herr Professor« (Bührig 1949a). Nur ganz selten wurde er als »Kollege Nipperdey« angesprochen (Auerbach 1948).

Und Nipperdey hielt immer ein gewisses Maß an Distanz. Selbst seine Schüler scheinen strategische Erwägungen zu vermuten, wenn sie betonen, dass ihr Lehrer als SPD-Mitglied »wohl kaum mit vollem Herzen dabei« gewesen sei (Adomeit 2006: 746). Zwar nahm Nipperdey an den Sitzungen des Gewerkschaftsrates teil und produzierte diverse Gesetzentwürfe. Zudem war er als einziger Arbeitsrechtler im rechtspolitischen Ausschuss beim Parteivorstand der SPD vertreten (SPD 1952). Aber er schlug die angebotene Parteikarriere aus und behielt sein Professorenamt an der Kölner Universität. Er wirkte immer im

Hintergrund, und er publizierte auch niemals in einer gewerkschaftlichen Zeitschrift, wie zum Beispiel in den *Gewerkschaftlichen Monatsheften*.[2]

Im Verlauf der 1950er Jahre verließ Nipperdey dann auch die SPD und rief damit den Vorwurf Nörpels aus den 1920er Jahren in Erinnerung, dass die Arbeitsrechtswissenschaft politisch illoyal sei. Damit soll nicht gesagt werden, dass die Gewerkschaften es hätten besser wissen müssen. Nipperdey hatte in Weimar (trotz seiner politischen Nähe zum Arbeitgeberlager) das kollektive Arbeitsrecht verteidigt, teilweise auch gegen dezidierte Arbeitgeberinteressen. Er betonte nach 1945 die demokratietheoretische und nicht nur die ordnungspolitische Komponente des Tarifrechts. Die Gewerkschaften selbst hatten durch die Fusion mit den christlichen Gewerkschaften einen deutlich konservativeren Flügel hinzugewonnen, der Nipperdey näher stand als den sozialistischen Gewerkschaftern. Somit entsprach es der Unsicherheit der historischen Situation sowie der Unsicherheit bezüglich der eigenen Identität als Einheitsgewerkschaft, dass einige Gewerkschafter in Bezug auf Nipperdey im Zeitverlauf eine Loyalitätsvermutung entwickelten. Diese Loyalitätsvermutung katapultierte ihn in die Rolle eines entscheidenden Spielers im Prozess der Neuformulierung des Tarifrechts (vgl. Abschnitt 5.2).

Die Gewerkschaften organisierten ihre Wissensproduktion in der Nachkriegszeit dergestalt, dass es vor allem ökonomische Expertise war, die in einem eigenen Forschungsinstitut produziert wurde. Wirtschaftstheoretische Fragen beherrschten die gewerkschaftlichen Debatten. Arbeitsrechtliche Expertise wurde extern rekrutiert, wobei Nipperdey zumindest teilweise nicht als externer Experte, sondern als loyaler Quasi-Gewerkschaftsjurist betrachtet wurde. Durch das Deutungsmonopol eines externen Juristen über die gewerkschaftliche Rechtspolitik entfielen auch die quälenden Debatten, die während der Weimarer Periode zwischen Nörpel und den Arbeitsrechtswissenschaftlern geführt worden waren, die ständig um die Geltungshoheit gerungen hatten. Sämtliche Faktoren, nämlich die Dominanz des wirtschaftstheoretischen Denkens bei den Gewerkschaften, die Angewiesenheit auf die externe Arbeitsrechtswissenschaft, aber auch die neue geräuschlose Zusammenarbeit zwischen gewerkschaftlichen Rechtssekretären und juristischer Profession, prägten den politischen Prozess der Neuformulierung des Tarifrechts. Gleichzeitig legte die rechtswissenschaftliche Abstinenz der Gewerkschaften einen Grundstein dafür, dass sich eine Policy Community der Arbeitsrechtler etablieren und abschotten konnte, die

2 Dies gilt auch für die Arbeitgeberseite. Nur ein Mal publizierte Nipperdey bis zu seiner Emeritierung in der BDA-Zeitschrift *Der Arbeitgeber*, was im Übrigen auch auf seine arbeitsrechtswissenschaftlichen Kollegen zutrifft (Dietz 1950; Hueck 1961; Nipperdey 1961).

weitgehend außerhalb des Aufmerksamkeitsspektrums eines Großteils der Gewerkschaften agierte. Lediglich die Tarifrechtssekretäre waren dabei involviert.

Ein ganz ähnliches Bild zeigte sich auch auf der Arbeitgeberseite, die fast spiegelbildlich die gewerkschaftliche Entwicklung nachvollzog. Die 1950 erstmals erscheinende Zeitschrift *Der Arbeitgeber*, die von der neu gegründeten Bundesvereinigung der deutschen Arbeitgeberverbände (BDA) herausgegeben wurde, behandelte das Recht nur am Rande. Die wichtigste Ausnahme war dabei – so wie bei den Gewerkschaften auch – die Streikrechtsdebatte. Einen weiteren Schwerpunkt bildete die Mitbestimmungsfrage. Die Rechtsprechung wurde zwar von Beginn an aufgeführt, in den meisten Fällen blieb sie aber unkommentiert. Stattdessen wurden lediglich in wenigen Zeilen die Leitsätze wiedergegeben. Die Auseinandersetzungen über das Arbeitsgerichtsgesetz, die im Verlauf der 1950er Jahre wieder an Bedeutung gewannen, blieben gänzlich unerwähnt. Selbst die Gründung des Bundesarbeitsgerichts fand nur beiläufig Beachtung (Kettner 1953). Stattdessen dominierte die Auseinandersetzung mit den wirtschaftsdemokratischen Überlegungen und lohnpolitischen Strategien der Gewerkschaften, insbesondere mit den Positionen von Viktor Agartz. Auch hier dominierte also die Ökonomie über die Rechtswissenschaft. Der Unterschied bestand darin, dass dies auf der Arbeitgeberseite weniger überraschend war.

## 5.2 Neuordnung des Politikfeldes: Die Schaffung des Tarifvertragsgesetzes

Als gegen Ende des Jahres 1946 die ersten Arbeiten an einem neuen Tarifrecht begannen, ähnelte die Konstellation in mancher Hinsicht den Gegebenheiten kurz nach der Novemberrevolution 1918. Dies galt erstens für die historische Situation, die in beiden Phasen durch grundsätzliche Unsicherheiten geprägt war. 1918 hatte sich das Land noch in Auseinandersetzungen um die zukünftige Regierungsform befunden. Der Rat der Volksbeauftragten hatte das Tarifrecht unter dem Einfluss einer drohenden Räterepublik und mit fehlender demokratischer Legitimation durch das Volk geregelt. Dementsprechend war die Tarifvertragsverordnung von ihm als Provisorium gedacht worden. Ein provisorischer Charakter war auch dem Tarifvertragsgesetz von 1949 zugedacht (Herschel 1973: 185). Die Teilung Deutschlands, die politische Gestaltungshoheit des Alliierten Kontrollrates sowie die bald schon wachsenden Spannungen zwischen den Besatzungsmächten warfen die Frage auf, wann und für wen eine Regelung des Tarifrechts überhaupt erfolgen solle.

Die Instabilität der Lage äußerte sich auch darin, dass der Beratungsprozess durch grundlegende Veränderungen in der Verwaltungsstruktur für längere Phasen unterbrochen und dann neu strukturiert wurde. Zeitgleich, aber unabhängig voneinander, hatten sowohl in der britischen als auch in der amerikanischen Besatzungszone die Überlegungen zu einem neuen Tarifrecht begonnen. Beide Politikprozesse wurden mit der Gründung der Bi-Zone 1948 zusammengeführt (vgl. dazu sehr ausführlich Nautz 1985). Zugleich änderte sich die Akteurkonstellation. Immer aber blieb der Prozess dominiert von der Arbeitsverwaltung, die aufgrund der noch fehlenden demokratischen Willensbildungs- und Entscheidungsstrukturen im außerparlamentarischen Raum agierte und selektiv über die Einbindung anderer Akteure entschied. Es ist kennzeichnend für das deutsche Tarifrecht, dass seine rudimentäre Kodifizierung sowohl in der Weimarer als auch in der Bonner Republik noch vor der ersten Zusammenkunft des Parlaments erfolgte. Aus dieser spezifischen Konstellation resultierte wiederum ein großer Einfluss der arbeitsrechtswissenschaftlichen Experten, die zu den wichtigsten Kooperationspartnern der Verwaltung wurden. Die politischen Parteien wurden erst am Schluss bei den Beratungen des Gesetzes im Wirtschaftsrat einflussreich.

Eine weitere Parallele zu 1918 lag darin, dass die Arbeitsrechtler nicht nur durch ihren Expertenstatus über Einfluss verfügten; vielmehr war einer von ihnen als politischer Akteur direkt in der Administration vertreten. Die gestaltenden Arbeiten an einem neuen Tarifrecht nahmen ihren Anfang in der Britischen Zone und wurden maßgeblich von *Wilhelm Herschel* geprägt. Er übernahm am 1. November 1946 als Ministerialrat die Leitung der tarifrechtlichen Abteilung im Zentralamt für Arbeit, das in Lemgo angesiedelt war. Seinen Einfluss sicherte er auch später in der Bi-Zone. In der neu geschaffenen zentralen Verwaltung für Arbeit des Vereinigten Wirtschaftsgebietes in Frankfurt setzte er seine tarifrechtlichen Arbeiten als Ministerialdirektor fort.

Herschel gehörte zur zweiten Generation der arbeitsrechtlichen epistemischen Gemeinschaft und war ein Vertreter des eher konservativen Lagers. Während des Ersten Weltkrieges hatte er Rechtswissenschaft studiert. In der Weimarer Republik war er als Rechtsberater bei den Christlichen Gewerkschaften tätig gewesen (Müller 1985: 657). 1931 hatte er am Kölner Institut für Arbeitsrecht promoviert, um daraufhin als Professor am staatlichen Berufspädagogischen Institut in Köln und Frankfurt tätig zu sein. Von 1940 bis 1946 hatte er als Professor für Arbeitsrecht in Halle gelehrt. Ähnlich wie Nipperdey war es ihm gelungen, während des Nationalsozialismus seine Karriere zu verfolgen und arbeitsrechtliche Schriften zu verfassen. Doch anders als Nipperdey hatte er sich stärker im Hintergrund gehalten, sodass er nach dem Ende des Faschismus als relativ unbelastet galt. Politisch hatte er in der Weimarer Zeit dem Zentrum nahegestanden, 1945 trat er der CDU bei. Noch bis 1960 war er im späteren Bundesministerium für Arbeit der stärkste politische Anker der epistemischen Gemeinschaft. Wie eng auch die persönlichen Bindungen zwischen Arbeitsrechtswissenschaft und Ministerium wurden, zeigt die Laudatio des späteren Präsidenten am Bundesarbeitsgericht, Gerhard Müller, anlässlich des 90. Geburtstages von Herschel im Jahr 1985:

> Am 17.10.1985 konnte Wilhelm Herschel seinen 90. Geburtstag feiern. Den Namen des Jubilars hörte der Verfasser dieser Würdigung zum ersten Mal Ende der zwanziger Jahre in seinem Elternhaus. Sein Vater, von 1919/20 bis 1933 ein Kreiskartellvorsitzender der damaligen Christlichen Gewerkschaften, nannte ihn mit hoher Achtung. [...] Der Sohn ist dann 1947 Herschel zum ersten Mal persönlich begegnet. Es dauerte nicht lange, und zwischen dem Älteren und dem Jüngeren erwuchs eine tiefe menschliche Verbundenheit. Selbst bei seinem eigenen Alter scheut sich der Verfasser nicht, von einer Beziehung wie zwischen einem guten Vater und einem nicht immer einfach zu nehmenden Sohn zu sprechen. (Müller 1985: 657)

Den Entstehungsprozess des Tarifvertragsgesetzes dominierte Herschel insofern, als er der maßgebliche Verfasser aller Gesetzesentwürfe war, die seitens der Arbeitsverwaltung vorgelegt wurden. Zudem organisierte er zahlreiche Sondierungsgespräche mit vielen unterschiedlichen Akteuren, wobei er der einzige war, der an allen Sitzungen teilnahm. Gleichzeitig sorgte er dafür, dass die »alten Bekannten« aus dem konservativen Flügel der Arbeitsrechtswissenschaft zu den Entwürfen Stellung nehmen konnten: Nipperdey, Dersch, Siebert, Hueck, Molitor und Sitzler. In seiner Arbeit über die Entstehung des Tarifvertragsgesetzes weist Jürgen Nautz darauf hin, dass diese Rechtswissenschaftler besser über das geplante Tarifrecht informiert waren als mancher Interessenverband (Nautz 1985: 95). Die besondere Rolle, die der Rechtswissenschaft zukam, begründete Herschel mit der mangelnden Verfügbarkeit arbeitsrechtlicher Literatur:

> Selbst für die unmittelbar Beteiligten ist es heute nicht leicht, sich die Bedingungen, unter denen die Vorarbeiten geleistet werden mußten, in das Gedächtnis zu rufen [...] Insbesondere war der Bestand an Schrifttum, Entscheidungen usw. geradezu jämmerlich. Zahlreiche Bemühungen um Beschaffung scheiterten trotz Vorhandenseins finanzieller Mittel; der Markt war damals wie leergefegt [...] verfügbare und bereite Juristen mit hinreichenden Erfahrungen im kollektiven Arbeitsrecht gab es nur in ganz geringer Zahl. (Herschel 1973: 184)

War es 1918 die Ausnahmestellung des akademisch ausgebildeten Rechtswissenschaftlers in einem sozialdemokratischen Umfeld, die die Deutungshoheit der Arbeitsrechtler begründet hatte, so war es nach dem Ende des Faschismus ihr Erfahrungsschatz, dessen Bedeutung vor dem Hintergrund wuchs, dass die Nationalsozialisten einen großen Teil der Weimarer Arbeitsrechtsliteratur systematisch vernichtet hatten. Während 1918 der Einfluss des sozialdemokratischen Flügels durch die Verbindungen Sinzheimers zum Parlamentarier Stadthagen besonders groß war, kristallisierte sich nach 1945 heraus, dass der konservative Flügel der Arbeitsrechtler durch die Verbindungen zu Herschel mächtig wurde.

Auch die Situation der Gewerkschaften ähnelte der Lage, in der sie sich 1918 und danach befunden hatten. In der Weimarer Tarifrechtsdebatte waren die Gewerkschaften durch organisationale Spaltung und inhaltliche Fragmentierung geschwächt aufgetreten. Einerseits waren sie einer radikalen betrieblichen Rätebewegung ausgesetzt gewesen. Andererseits hatten liberale und öffentlich-rechtliche Tarifrechtsvorstellungen konkurriert und eine konsistente Interessenformulierung behindert. Darüber hinaus hatte natürlich auch die Konkurrenz zwischen den Richtungsgewerkschaften die Koordination erschwert. Nach den Erfahrungen aus der Weimarer Republik und dem Faschismus strebten die Gewerkschaften nach 1945 eine Überwindung ihrer Spaltung an. Die Richtungskonkurrenz sollte durch die Einheitsgewerkschaft überwunden werden (Borsdorf et al. 1977).

Der Wille zur Integration änderte aber nichts daran, dass nach wie vor konkurrierende Zukunftsvorstellungen existierten. Und an diesem Punkt wurde die im vorherigen Abschnitt skizzierte Vormacht des wirtschaftstheoretischen Denkens, institutionell abgesichert durch ein wirtschaftswissenschaftliches Forschungsinstitut, bedeutsam. Die schon in Weimar begonnene Debatte über Wirtschaftsdemokratie und über die Sozialisierung der Ökonomie wirkte auf die Tarifrechtsdebatte ein. Die Ideen stellten auf eine staatliche Planung der Wirtschaft ab, auf die gleichberechtigte Beteiligung der Arbeitnehmer an den Selbstverwaltungskörpern und der Lenkung der Betriebe sowie auf die Verstaatlichung von Schlüsselindustrien und Großbanken (Schmidt 1970, 1971: 12–20). Auf der Gewerkschaftskonferenz der britischen Zone im August 1946 forderte der Redner Erich Potthoff, der spätere Leiter des WWI, eine dementsprechende Alternative zur verbandlichen Interessenorganisation und eine Angleichung der Organisationsstrukturen an die anvisierte Lenkungsstruktur. Gewerkschaften und Unternehmer sollten sich nach Wirtschaftszweigen organisieren und im Rahmen einer gemeinsamen Wirtschaftslenkung auch die sozialen und arbeitsrechtlichen Fragen regeln. Dabei sollte auch dem Staat eine maßgebliche Rolle zufallen. Er sollte den Lohnrahmen festlegen, den die Tarifparteien dann ausfüllen. Auch die Lohnpolitik sollte also mehr oder weniger verstaatlicht werden (Nautz 1998: 100–101).

Die Tarifrechtssekretäre innerhalb des DGB vertraten hingegen eine dezidiert andere Position und standen damit – nach der Interpretation von Jürgen Nautz – »der Position der Arbeitgebervertreter erheblich näher als den Wirtschaftstheoretikern in ihren eigenen Reihen« (Nautz 1991: 189). Maßgeblich Josef Brisch, Oberbürgermeister von Solingen und Leiter der Arbeitsgruppe Arbeitsrecht und Arbeitsverwaltung der Gewerkschaften in der britischen Zone, trat nachdrücklich für eine uneingeschränkte Tarifautonomie der Verbände ein. Brisch orientierte sich hier wohl am Subsidiaritätsprinzip der katholischen Soziallehre. Er war Sozialdemokrat, stand aber dem christlichen Milieu näher als den (ehemaligen) Freien Gewerkschaften. In seinem Streben nach Autonomie wurde er von der Arbeitgeberseite unterstützt.

Die Frage über die zukünftige Rolle des Staates in der Tarifpolitik dominierte dann auch die Beratungen über das Tarifvertragsgesetz, und zwar nicht nur bei den Gewerkschaften. In den von Wilhelm Herschel vorgelegten Gesetzesentwürfen wurden dem Staat Mitwirkungsmöglichkeiten in der Tarifpolitik eingeräumt (vgl. im Folgenden Nautz 1985). Tarifverträge sollten erst durch ihre Eintragung in ein Tarifregister Gültigkeit erlangen, wobei der registerführenden Arbeitsverwaltung auch ein materielles Prüfungsrecht zukommen sollte. Hier spielte wohl erstens das Interesse der Verwaltung an der Sicherung eigener Einflussmöglichkeiten eine Rolle. Darüber hinaus konnte Herschel sich auch auf historische Traditionen berufen. Im Weimarer Tarifrecht hatte der Staat mit dem Instrument der Zwangsschlichtung in die Tarifpolitik intervenieren können. Auch das nationalsozialistische Regime hatte eine zunehmend verstaatlichte Lohnpolitik praktiziert. Und selbst in den Gewerkschaften wurde ja über einen staatlichen Einfluss diskutiert (siehe oben). Vor diesem Hintergrund war Herschels Vorschlag nicht ungewöhnlich. Zudem kann man in seiner Begründung zum Gesetzentwurf seine Skepsis in Bezug auf die Fähigkeit der Verbände zur verantwortlichen Selbstregelung erkennen:

> Wesentlich ist, daß die Eintragung [in das Tarifregister] mehr ist, als bloße Protokollierung; sie hat vielmehr rechtserzeugende Kraft: Erst durch die Eintragung wird der Tarifvertrag wirksam. [...] Gewiß soll das Tarifvertragswesen eine Angelegenheit kollektiver Selbstverwaltung sein. Gerade deshalb muß so verfahren werden. Nach einhelliger Meinung ist für den Begriff der Selbstverwaltung – mag sie im übrigen noch so weitgehend sein – die Kontrolle einer höheren Verwaltungsbehörde unerläßlich. Es gibt in Theorie und Praxis keine Selbstverwaltung ohne solche Kontrolle. Wo diese Grenze überschritten wird, endet die Selbstverwaltung und beginnt die Anarchie. Im Tarifvertragswesen kann eine Ausnahme hiervon nicht zugelassen werden. (zitiert nach Nautz 1985: 90)

Doch die Befürworter der Tarifautonomie in den Gewerkschaften lehnten den über ein Tarifregister vermittelten Einfluss des Staates auf die Lohnfindung ab. Sie wurden dabei von der Arbeitgeberseite unterstützt – und von Hans Carl Nipperdey. Dieser entwarf für die Gewerkschaften einen Gesetzentwurf, der den Verbänden die Tarifautonomie sicherte. Da sich auch die Arbeitgeberseite für ein liberales und staatsfernes Arbeitsrecht aussprach, musste er damit nicht einmal gegen die Interessen seiner politischen Kernklientel agieren. Die SPD machte sich den Entwurf zueigen und brachte ihn in die entscheidenden Verhandlungen des Wirtschaftsrates ein. Er wurde fortan zur Verhandlungsgrundlage des Entscheidungsgremiums.

Die Antwort auf die Frage, warum sich innerhalb des DGB das liberale Konzept der Tarifrechtssekretäre gegen die wirtschaftsdemokratischen Vorstellungen Potthoffs durchsetzte, liegt in der Person Nipperdeys. Er war in der Lage, einen konkreten Gesetzentwurf anzufertigen, während die wirtschaftsdemokratischen Ausführungen von Potthoff und Agartz relativ theoretisch blieben. Hier spielt das Konzept des *usable knowledge* wieder eine Rolle. Nipperdeys Entwurf konnte mit den Vorlagen der Arbeitsverwaltung real konkurrieren, während die Ausführungen von Potthoff und Agartz nicht den notwendigen Konkretisierungsgrad erreichten. Zweitens war über Nipperdey der Zugang zum Gesetzgebungsprozess gesichert, denn Nipperdey war von Wilhelm Herschel als Rechtsexperte eingeladen worden. Auch hier befanden sich die Befürworter der Wirtschaftsdemokratie in der Defensive.

Dieser Aspekt führt zu der zweiten Frage: Warum hat sich das liberale gewerkschaftliche Tarifrechtskonzept gegenüber dem von der Verwaltung vorgeschlagenen Modell des Tarifregisters durchgesetzt? Jürgen Nautz beantwortet sie erstens mit der Präferenz vor allem der US-amerikanischen Besatzungsmacht für ein System des *free collective bargaining*. Noch stärker betont er – zweitens – den Einfluss des von der CDU dominierten Wirtschaftsrates, der sich zu diesem Zeitpunkt schon für das Modell der Sozialen Marktwirtschaft entschieden gehabt habe. Die Arbeitsverwaltung habe daraufhin keine andere Möglichkeit gesehen, als sich dieser Vorentscheidung zu beugen und den weniger liberalen Entwurf zurückzuziehen (vgl. zusammenfassend Nautz 1991).

Beide Argumente sind sicherlich plausibel. Ich möchte an dieser Stelle jedoch die Bedeutung der epistemischen Gemeinschaft für den politischen Prozess hervorheben. Zwar existierten zwei konkurrierende Tarifrechtskonzeptionen im Beratungsprozess. Doch Herschel und Nipperdey als ihre rechtswissenschaftlichen Protagonisten waren keine intellektuellen Gegner, sondern Mitglieder der gleichen epistemischen Gemeinschaft und auch persönlich einander sehr verbunden. Herschel hat Nipperdey zutiefst bewundert (»Er war immer seinen Freunden am nächsten, wenn sie seiner Hilfe bedurften«, Herschel 1985: 163). Er hat an seinem Lehrstuhl promoviert und in dessen Entnazifizierungsverfahren eine eidesstattliche Erklärung für ihn abgegeben (Hollstein 2007: 93). Herschel war auch Mitglied der Präsidentenkonferenz und damit fest in die Netzwerke zwischen Arbeitsrechtswissenschaft, Justiz und Verwaltung integriert. Von Beginn an plante er ein Tarifrecht mit und nicht gegen Nipperdey. Dies wird auch daran deutlich, dass beide schon im Winter 1946/47, als die Beratungen zum Tarifvertragsgesetz noch in den Anfängen steckten, die Idee eines Bundesarbeitsgerichts entwickelten, und zwar mit Nipperdey in der Rolle des Gerichtspräsidenten (Herschel 1985). Nipperdey wiederum unterstützte Herschel bei seinem Anliegen, eine Honorarprofessur am Kölner Institut für Arbeitsrecht zu erhalten, die er 1950 antrat. Vor dem Hintergrund dieser Nähe ist es sehr wahrscheinlich, dass Herschel nicht nur aus Respekt vor dem Wirtschaftsrat seinen Entwurf zurückzog, sondern auch aus Respekt vor der Autorität Nipperdeys, zumal dieser auf die Unterstützung der Verbände zählen konnte. Nipperdey war insofern ein entscheidender Spieler in dem Prozess, als sowohl Herschel und die Gewerkschaften darauf zählten, ihn als Koalitionspartner zu gewinnen. Von seinem Votum hing wesentlich die Koalitionsbildung ab.

Das zweite von Nautz angeführte Argument, das auf den Einfluss insbesondere US-amerikanischer Vorstellungen abstellt, ist von großer Bedeutung. Die Amerikaner sahen ein freies Tarifverhandlungssystem als wichtigen Pfeiler der Demokratisierung der deutschen Gesellschaft an. Ihre Vorstellungen wurden aber von den emigrierten sozialdemokratischen Arbeitsrechtlern der Weimarer Zeit mitgeprägt. Das amerikanische Kriegsministerium hatte einen Planungsstab eingerichtet, der Informationen für die Schulung der Offiziere einer künftigen Militärregierung bereitstellen sollte und der überwiegend sozialdemokratisch orientiert war (Fichter 1982: 60–61). Einige deutsche Emigranten waren dort engagiert. Die Expertise für das System der Arbeitsbeziehungen erstellte Franz Neumann, der ein Schüler und Mitarbeiter von Hugo Sinzheimer gewesen war. Neumann plädierte für eine Rückkehr zur Tarifrechtsordnung der Weimarer Republik. Auch hier findet sich also eine Konstellation, in der nicht unterschiedliche Akteure im Sinne einer intellektuellen Gegnerschaft konkurrieren, sondern die alte widersprüchliche Koalition aus sozialdemokratischen und konservativen Arbeitsrechtlern aus der Weimarer Zeit wurde erneut wirksam – wenn auch nicht intendiert und nur sehr mittelbar. Es war die epistemische Gemeinschaft der Arbeitsrechtler, die zwischen den Interessen der Verbände, der Arbeitsverwaltung und der US-amerikanischen Militärregierung eine kognitive Brücke baute, über die alle Beteiligten gehen konnten. Zudem wirkte die wissenschaftliche Autorität Nipperdeys, die sowohl von den Verbänden als auch von der Arbeitsverwaltung anerkannt wurde, als Integrationsmechanismus.

Hinter der dominanten Konfliktlinie um die Rolle des Staates in der Tarifpolitik verblassten alle anderen Diskussionen. Auch die Regelung des Günstigkeitsprinzips war nur wenig umstritten und wurde fast *en passant* vorgenommen. Dass der Günstigkeitsgedanke auch im neuen Tarifrecht verankert werden sollte, war nach 1945 nicht mehr umstritten. So gingen zum Beispiel sowohl die tarifrechtlichen Forderungen der englischen Exilgewerkschafter als auch die frühen Aussagen des DGB wie selbstverständlich davon aus, dass alle tariflichen Arbeitsbedingungen nur Mindestbedingungen sein sollten (Nautz 1991: 186–196). Auch die von den beteiligten Akteuren vorgelegten Gesetzesentwürfe sahen die Festschreibung des Günstigkeitsprinzips vor (Wiedemann 2007: 27–62).

Ebenso wenig umstritten schien es, die Regelung des Günstigkeitsgedankens aus der Weimarer Tarifrechtsordnung zu übernehmen. Demnach sollten vom Tarifvertrag abweichende Vereinbarungen möglich sein, soweit sie »eine Änderung der Arbeitsbedingungen zugunsten des Arbeitnehmers enthalten und durch den Tarifvertrag nicht ausdrücklich ausgeschlossen sind«. Fast alle Gesetzesentwürfe, die im Verlauf der Beratungen von den verschiedenen Akteurgruppen vorgelegt wurden, enthielten meist wortgleich diese Formulierung, die an die TVVO von 1918 angelehnt war (vgl. die verschiedenen Entwürfe in Wiedemann 2007: 27–60). Demnach sollte der Geltungsbereich des Günstigkeitsprinzips der Kontrolle der Tarifparteien unterliegen, die die von ihnen ausgehandelten Tarifstandards auch zu Höchstsätzen erklären können sollten. Herschel begründete die Anlehnung an die Weimarer Regelung mit dem Argument, dass im Allgemeinen zwar »kein praktisches Bedürfnis gegeben sein werde«, die Arbeitsbedingungen als Maximalbedingungen festzulegen. Wo das Bedürfnis dennoch eine Rolle spielen könne, zum Beispiel im öffentlichen Dienst, müsse den Tarifparteien ein entsprechendes Instrument zur Verfügung gestellt werden. Erst in einer der letzten Beratungssitzungen im Ausschuss für Arbeit des Wirtschaftsrates wurde vom SPD-Vorsitzenden Richter die Frage aufgeworfen, ob es nicht angemessen sei, den letzten Halbsatz zu streichen und das Günstigkeitsprinzip damit aus der Kontrolle der Tarifparteien herauszulösen. Die Ausschussmehrheit lehnte dies ab, und zwar mit der Begründung, die bereits im ersten Gesetzentwurf gegeben worden war, dass nämlich damit die Möglichkeit aufgegeben werde, Arbeitsbedingungen zu Höchstbedingungen zu deklarieren. Dies könne insbesondere im öffentlichen Dienst Probleme aufwerfen.

In dem anschließenden letzten Entwurf, der von einer kleinen Redaktionskommission angefertigt wurde, war aber trotz des gegenteiligen Beschlusses das Dispositionsrecht der Tarifparteien gestrichen. Eine Begründung wurde dafür nicht gegeben, in der Abschlussberatung im Ausschuss für Arbeit hat der neuen Formulierung aber auch niemand mehr widersprochen (Nautz 1985: 119–125; Wiedemann 2007: 54–58). Zudem legten die Gewerkschaften einen Antrag zur Neuformulierung des gesamten Komplexes über die Wirkung der Tarifrechtsnormen (§ 4) vor, in dem das Günstigkeitsprinzip auch nicht länger von den Tarifparteien begrenzt werden sollte. Herschel erklärte den Meinungsumschwung später mit der Begründung, es habe sich die Ansicht durchgesetzt, eine nach oben einengende Wirkung von Tarifvertragsnormen entspreche »weder einem praktischen Bedürfnis noch der natürlichen Funktion des Tarifvertrages« (Herschel 1973: 193). Bei den Gewerkschaften mag zudem die Befürchtung eine Rolle gespielt haben, dass über die Möglichkeit, im öffentlichen Dienst Höchstlöhne festzulegen, dem Staat dann doch wieder ein Zugriff auf die Lohnentwicklung eingeräumt würde – hier in seiner Rolle als Tarifpartei.

Insgesamt vollzog sich bei der Neuformulierung des Tarifrechts nach 1945 also ein beachtlicher Liberalisierungs- und Dezentralisierungsschritt. Die staatliche Exekutive zog sich aus der Lohnpolitik zurück und verhalf den Verbänden damit zu mehr Tarifautonomie. Gleichzeitig verzichteten die Tarifparteien auf die Möglichkeit, den Geltungsbereich des Günstigkeitsprinzips festzulegen. Im Ergebnis gaben sowohl der Staat als auch die Verbände ein zentrales Instrument auf, die betriebliche Lohnentwicklung zu beeinflussen. Anders als von Herschel und dem Arbeitsrechtsausschuss vermutet, entstand im Verlauf der 1950er Jahre bei einigen Akteuren aber doch ein praktisches Bedürfnis, die Regelung neu zu justieren. Und nur die Gerichte hatten dann noch die Kompetenz, über den Weg der Rechtsprechung hierarchisch einzugreifen.

Bemerkenswert ist, dass sich sowohl die Sozialdemokraten als auch die Gewerkschaften bei den Beratungen zum Tarifrecht eine liberale Gestaltung des Günstigkeitsgedankens zu eigen machten, die der individuellen Vertragsfreiheit im Tarifrecht mehr Raum gab, als es in Weimar der Fall gewesen war. Die politische Linke akzeptierte damit die Liberalisierung des Arbeitsrechts und trieb sie sogar voran, was in den 1950er Jahren unter anderem bei der Ausgestaltung der Arbeitsgerichtsbarkeit noch deutlicher zum Ausdruck kam.

Bemerkenswert ist auch, dass es im Gesetzgebungsprozess keine Diskussion über die Konkretisierung des Günstigkeitsgedankens gab. Bereits Sinzheimer hatte darauf hingewiesen, dass es Fälle geben könne, in denen es schwierig sei zu bestimmen, welche Regelung für einen Arbeitnehmer günstiger sei. Und in der Weimarer Tarifrechtspraxis hatte es Versuche gegeben, die Methode des Günstigkeitsvergleichs umzudeuten. Obwohl alle Beteiligten dezidiert erklärt hatten, an die Weimarer Entwicklung anzuknüpfen, wurde hier keine Lehre aus Weimar gezogen. Die mangelnde Konkretisierung kann entweder das Ergebnis von Nachlässigkeit sein, oder aber die an der Gesetzgebung Beteiligten hielten die Methode des Günstigkeitsvergleichs durch die Ausführungen Nipperdeys aus den 1920er Jahren für hinreichend geklärt, sodass es keiner zusätzlichen Kodifizierung bedurfte. In dem ersten Kommentar zum neuen Tarifvertragsgesetz 1950 wiederholten Hueck und Nipperdey zu diesem Punkt jedenfalls die damals gesetzten Prinzipien: Die Günstigkeit müsse nach objektivem Maßstab ermittelt werden. Sie beziehe sich auf den individuell betroffenen Arbeitnehmer. Und es dürfe nur rechtsimmanent verglichen werden, während die Markteffekte des Rechts nicht in den Vergleich einbezogen werden dürfen (vgl. 4.2.4; Hueck/Nipperdey 1950: 125–129).

Insgesamt wird deutlich, dass das Günstigkeitsprinzip, obwohl seine Ausgestaltung in Weimar ein nicht unbedeutender Mechanismus zur Aushebelung des Tarifrechts gewesen war, erstaunlich beiläufig geregelt wurde. Sehr deutlich dominierten andere Fragen den Aushandlungsprozess. Nur wenige Jahre später sollte diese Nachlässigkeit von vielen der Beteiligten bedauert werden.

## 5.3 Die Schaffung des Bundesarbeitsgerichts: Alte Konflikte – neue Koalitionen

Nach dem Ende des Faschismus nahmen die Arbeitsgerichte ihre Tätigkeit bald wieder auf. Zwar hatten die amerikanischen Militärbehörden 1945 ihre Schließung angeordnet (Neumann 1993: 343). Diese Position wurde aber wenige Monate später revidiert (Steidle 1946: 14). Das Kontrollratsgesetz Nr. 21 etablierte selbstständige Arbeitsgerichte auf kommunaler Ebene und Berufungsinstanzen auf Landesebene. Damit war eine zentrale gewerkschaftliche Forderung erfüllt und eine wichtige institutionelle Vorentscheidung getroffen. Die Amerikaner sahen in den Arbeitnehmerorganisationen eine Quelle des Widerstands gegen den Nationalsozialismus, die es nun zu stärken galt (Nautz 1985: 42). Zweitens dürfte auch hier der Einfluss von Franz Neumann maßgeblich gewesen sein, der in seiner Beratungstätigkeit für die amerikanische Regierung für eine Rückkehr zum Weimarer System der Arbeitsbeziehungen plädiert hatte. Darüber hinaus mag die demokratisch geprägte US-Administration auch vor dem Hintergrund ihrer eigenen Erfahrungen besonders empfänglich für die gewerkschaftliche Forderung nach einer eigenständigen Gerichtsbarkeit gewesen sein. Sie selbst hatte ja in der New-Deal-Ära der 1930er Jahre die Erfahrung gemacht, wie schwer es war, sozialpolitische Programme gegen ein ordentliches Gericht (hier: gegen den Supreme Court) durchzusetzen, der – ähnlich wie die Weimarer Gerichtsbarkeit – die Vertrags- und Eigentumsfreiheit des Arbeitgebers höher bewertete als die Schutzbedürftigkeit der Arbeitskraft (o'Brien 1999: 95).

Doch die Vorentscheidungen der Militärbehörden änderten nichts daran, dass die alte Weimarer Debatte über die Notwendigkeit eigenständiger Arbeitsgerichte und den Grad ihrer Unabhängigkeit wieder auflebte. Die Konfliktkonstellationen, die sich in Weimar gebildet hatten, blieben dabei mehr oder weniger stabil. Für unabhängige Arbeitsgerichte plädierten die Gewerkschaften, die Arbeitsrechtswissenschaft, die Arbeitsgerichte der unteren Instanzen sowie die Arbeitsverwaltung. Für eine Eingliederung in die ordentliche Justiz setzten sich demgegenüber Teile der Arbeitgeberschaft ein, die Justizministerien sowie die großen Professionsvereinigungen (Richterbund, Deutscher Anwaltsverein, Deutscher Juristentag). Nach der Zulassung der unteren Arbeitsgerichtsinstanzen durch die Alliierten konzentrierte sich der Konflikt auf die Frage, ob eine höchstrichterliche Instanz auf Bundesebene eingerichtet werden sollte, die Arbeitsgerichtsbarkeit also vollständig unabhängig von der ordentlichen Justiz agieren sollte. Die amerikanische Militärregierung hatte zwischenzeitlich ein provisorisches Obergericht zugelassen, das die Aufgaben eines höchsten Zivilgerichts übernahm. In diesem Zusammenhang kam der Vorschlag auf, einen zusätzlichen Senat für arbeitsrechtliche Streitigkeiten einzurichten und damit die

Weimarer Konstellation zu bestätigen, in der die Arbeitsgerichtsbarkeit auf der letzten Instanz in die ordentliche Gerichtsbarkeit eingegliedert wurde. Doch die Gewerkschaften konnten dies verhindern, um die Durchsetzung ihres eigentlichen Ziels, nämlich die Schaffung eines unabhängigen Bundesarbeitsgerichts, nicht zu gefährden (Bührig 1949a).

Und die Befürworter dieser Variante konnten sich durchsetzen. Das Grundgesetz etablierte 1948/49 ein selbstständiges Arbeitsgericht auf Bundesebene. Der Entwurf des Verfassungskonvents von Herrenchiemsee hatte noch ein in die ordentliche Gerichtsbarkeit eingegliedertes Arbeitsgericht vorgeschlagen. Doch die epistemische Gemeinschaft und ihre politischen Unterstützer wurden auf allen Ebenen aktiv und opponierten gegen diese Regelung. Die gewerkschaftlichen Tarifrechtsexperten (insbesondere Erich Bührig) sowie Anton Storch und Wilhelm Herschel für die Arbeitsverwaltung kontaktierten die Repräsentanten des Parlamentarischen Rats sowie die Arbeitsminister der Länder (Herschel 1948; Bührig 1949b; Storch 1949). Da Köln – der Wohnort Nipperdeys – als Standort für das gewünschte Bundesarbeitsgericht anvisiert worden war, wurde Nipperdey vor Ort aktiv. Er nutzte seine Kontakte in der Kölner Lokalpolitik, um die Stadt zu einem Engagement zugunsten des Bundesarbeitsgerichts zu bewegen. In diesem Zusammenhang pflegte er den Austausch mit dem städtischen Beigeordneten Max Adenauer, über den er auch Einfluss auf dessen Vater nehmen wollte (Nipperdey 1949). Zudem suchte er bereits im Jahr 1949 nach einer geeigneten Immobilie (Funke-Kaiser 1949).[3] Die Präsidenten der Landesarbeitsgerichte wiederum versuchten sogar, eine Koordinierung mit der Arbeitgeberseite zu erzielen. So teilte der Präsident des LAG Düsseldorf, Herbert Monjau, Nipperdey postalisch mit:

> Ich habe dem Vorsitzenden des Arbeitgeberverbandes vorgeschlagen, […] eine unverbindliche Aussprache zwischen Arbeitgeberverbänden, Gewerkschaften, Arbeitsrechtswissenschaft und Präsidenten der Landesarbeitsgerichte herbeizuführen, womit derselbe sich einverstanden erklärt hat. […] Ich darf in diesem Zusammenhang erwähnen, daß auch der Vorsitzende der Arbeitgeberverbände der britischen Zone – Herr Vorwerk – sich nicht auf einen so krassen Standpunkt der Unterstellung der Arbeitsgerichtsbarkeit unter die Justiz stellt wie anfangs angenommen. Vielmehr kommt diese Stellungnahme von Seiten der Juristen im Arbeitgeber-

3 Dass das Gericht dann später doch nicht in Köln errichtet wurde, sondern in Kassel, geht weitgehend auf eine Entscheidung der Stadt Köln zurück, die sich für alle obersten Bundesgerichte als Standort bewarb – nur nicht für das Bundesarbeitsgericht. Diese Entscheidung wurde von Nipperdey in einem Brief an den Oberstadtdirektor entsprechend missmutig kommentiert. Die Stadtverwaltung habe »ohne ersichtlichen Grund« den Wunsch, auch das BAG nach Köln zu holen, »stillschweigend fallengelassen«. Das sei umso bedauerlicher, als »gerade die Bestrebungen, diesen Gerichtshof nach Köln zu bringen, eine besonders lange Geschichte« hätten und »bereits seit über drei Jahren« betrieben worden seien (Nipperdey 1950a).

verband […] Nach meinem Empfinden glaube ich, daß wir mit den Herren der Arbeitgeberverbände bei gewissen Konzessionen, die wir ihnen geben, doch zu einer vernünftigen Lösung kommen werden. (Monjau 1948)

Das Empfinden sollte den LAG-Präsidenten jedoch trügen, beziehungsweise die Juristen im Arbeitgeberlager setzten sich durch. So wie die FDP, die der wichtigste parteipolitische Gegner der unabhängigen Arbeitsgerichtsbarkeit war, positionierte sich die Arbeitgeberseite in der Bi-Zone zugunsten der Eingliederung des Bundesarbeitsgerichts in die ordentliche Justiz (Arbeitsgemeinschaft der Arbeitgeber 1949).

Dass die Arbeitsrechtler und ihre politischen Anhänger dennoch erfolgreich waren, lag nicht zuletzt auch darin begründet, dass den Gegnern einer Aufspaltung des Justizapparates die Einrichtung eines obersten Gerichtshofes in Aussicht gestellt wurde, der dann die Rechtsprechung der verschiedenen obersten Fachgerichte wieder zusammenführen sollte (Autorenkollektiv 1950: 41–103). Das Hauptargument der Gegner, die Einrichtung von Fachgerichten führe zu einer Zersplitterung des Rechts, wurde damit entkräftet. Doch das oberste Gericht ist niemals realisiert worden. Stattdessen wurde – erst 1968 – ein Gemeinsamer Senat eingerichtet, der sich aus Vertretern der obersten Fachgerichte zusammensetzt und nur bei Anrufung durch eines der obersten Gerichte zusammentritt, was bis heute nur selten der Fall war.

Damit war die institutionelle Unabhängigkeit der Arbeitsgerichte auf ihrem Zenit angelangt. Doch gleichzeitig begannen die Arbeiten an ihrer partiellen Rückführung in die Obhut der Justiz, denn ebenso wie in Weimar ebbten die Debatten um die Arbeitsgerichtsbarkeit im Zeitverlauf nicht ab, sondern sie wandelten ihre Form. Im Vorlauf der Beratungen zum Arbeitsgerichtsgesetz (1953), das die Vorgaben des Grundgesetzes realisieren sollte, formierten sich erneut Gegner und Befürworter (Kraushaar 1987: 2311). Die Schwerpunkte der Diskussion verlagerten sich. Konnte die Selbstständigkeit der Arbeitsgerichte durch die Regelung des Grundgesetzes nun nicht mehr verhindert werden, konzentrierten sich die Gegner auf die Frage der Ressortzuständigkeit.

Die FDP hatte sich bereits bei den Verfassungsberatungen klar gegen die Arbeitsgerichtsbarkeit positioniert (und behielt diese Position bis heute konstant bei). Das Bundesjustizministerium (unter der Leitung des liberalen Ministers Thomas Dehler) beanspruchte daher die Federführung in allen Fragen der Gerichtsverfassung und des gerichtlichen Verfahrens sowie für die Geschäfte der Dienstaufsicht, der Verwaltung und vor allem der Richterwahl. Das Bundesarbeitsministerium unter der Führung von Anton Storch lehnte dieses Ansinnen sowohl gegenüber dem konkurrierenden Ministerium als auch gegenüber dem Bundeskanzleramt vehement ab (Fitting 1950c, b, a). Dabei bediente es sich auch wieder des alten Vorwurfs der Klassenjustiz. So berichtete Oberregierungsrat Fitting, engster Mitarbeiter von Herschel in der Arbeitsverwaltung, in einem Vermerk über eine Besprechung im Justizministerium:

> Nachdem die sachlichen und rechtlichen Ausführungen [...] nicht überzeugen konnten, wies ich auf die politische Seite hin. [...] Der Arbeitsminister sei infolge seiner Autorität und seiner guten Beziehungen zu Gewerkschaften und Arbeitgeberverbänden unter Umständen in der Lage, einen [...] Bundesrichter abzulehnen. Der Herr Justizminister könne sich dies nicht leisten. Insbesondere müsse darauf Rücksicht genommen werden, daß der derzeitige Herr Bundesjustizminister sich nicht auf sein Ressort beschränke, sondern eine außerordentlich politische Aktivität auch auf anderen Gebieten entwickle. So habe Herr Dr. Dehler zu den Fragen des Mitbestimmungsrechts der Arbeitnehmer bereits mehrmals eindeutig Stellung genommen und zwar in einer derartig scharfen Weise, daß er sich die Gegnerschaft der Gewerkschaften zugezogen habe. [...] Gerade durch die Person des Dr. Dehler würde eine Unterstellung der Arbeits- und Sozialgerichtsbarkeit unter den Geschäftsbereich der Justiz als einseitige Maßnahme einer Rechtsregierung, als Klassenjustiz angesehen werden. (Fitting 1950a)

Trotz der starken Widerstände seitens des Justizministeriums konnte sich das Arbeitsressort – anders als in der Weimarer Republik – auch in dieser Konfliktrunde weitestgehend durchsetzen. Das Arbeitsgerichtsgesetz von 1953 sprach dem Bundesministerium für Arbeit die federführende Aufsicht über die Arbeitsgerichtsbarkeit sowie das Recht zur Richterwahl zu, wobei es im Einvernehmen mit dem Justizministerium entscheiden sollte. Die Konfliktlinien und -konstellationen waren zwar erhalten geblieben, doch hatten nun neue Koalitionen die Durchsetzungsfähigkeit der Arbeitsrechtler und ihrer politischen Partner erhöht. Anders als in Weimar unterstützte das Finanzministerium nicht die Position der Justiz, sondern die des Arbeitsressorts. Zudem erfuhr Storch nachhaltige Unterstützung durch das Innenministerium. Der Positionswechsel resultierte daraus, dass diese Ministerien in der Zwischenzeit über eigene Fachgerichte verfügten. Zwar hatten Vorläufer einer Verwaltungs- und Finanzrechtsprechung bereits seit einhundert Jahren existiert, doch in beiden Politikfeldern hatte sich die Gerichtsbarkeit erst seit der Zeit des Nationalsozialismus vollständig von der Verwaltung gelöst (Feest 1965: 100). Die drei Fachressorts kämpften nun Seite an Seite gegen die Zuständigkeitsansprüche des Justizministeriums (Fitting 1950a, b).

Ein zweiter Grund für die mangelnde Durchsetzungsfähigkeit des Justizministeriums lag in der Person des Ministers Thomas Dehler. Die Debatte über die institutionelle Ausgestaltung der Justiz war eingebettet in einen breiteren Konflikt über das Verhältnis zwischen Justiz und Politik nach 1945. Die Neuordnung der Justiz war sowohl in den Justizverwaltungen als auch in der Rechtswissenschaft skeptisch betrachtet worden (vgl. im Folgenden Requate 2008: 28–43). Zumindest hatte sie ambivalente Wirkung. Einerseits ging die Justiz gestärkt aus den Verfassungsberatungen hervor, weil ihre Position gegenüber den anderen

Gewalten deutlich gestärkt worden war, insbesondere durch die Einrichtung des Bundesverfassungsgerichts als Hüter der Verfassung. Andererseits wurden die Forderungen der Professionsvereinigungen nach einer verstärkten richterlichen Unabhängigkeit nicht erfüllt. Zumindest die Richter an den obersten Bundesgerichten wurden nun politisch gewählt, ohne dass die Gerichte ein Stimmrecht in den Richterwahlausschüssen erhielten. Ihr Einfluss blieb darauf beschränkt, dass die Gerichtspräsidenten ein (nicht verbindliches) Votum über die Bewerberinnen und Bewerber abgeben konnten. Zudem wurde die Forderung der Justiz nach Selbstverwaltung nicht erfüllt, sondern die Dienstaufsicht und andere Aufgaben der Gerichtsorganisation verblieben im Zuständigkeitsbereich der Ministerien.

Diese Debatte dominierte auch den Deutschen Juristentag 1952. Die Auseinandersetzungen eskalierten in Bezug auf das Bundesverfassungsgericht, das für seine vollständige Unabhängigkeit eintrat (Lembcke 2006). Der Präsident des Gerichts, Hermann Höpker Aschoff, Parteifreund und ein persönlicher Vertrauter des Justizministers Dehler, vertrat in einer Denkschrift folgende Position:

> Das Verfassungsgericht als der oberste Hüter der Verfassung ist nach Wortlaut und Sinn des Grundgesetzes und des Gesetzes über das Bundesverfassungsgericht zugleich ein mit höchster Autorität ausgestattetes Verfassungsorgan. Hieraus ergibt sich, dass das Bundesverfassungsgericht weder einem anderen Bundesorgan noch einer Bundesbehörde unterstellt sein kann. (zitiert nach Requate 2008: 39)

Demgegenüber vertrat die Regierung und insbesondere Dehler die Auffassung, weisungsbefugter Dienstherr zu sein. Diesen Anspruch vertrat er mit deutlichen Worten in einer Situation, in der das Gericht – parallel zum Prozess der Klärung seines Status – über eine Klage der SPD zur Wiedereinführung der Wehrpflicht zu entscheiden hatte. Dehler kritisierte die angebliche »Sucht« des Gerichts, seine Kompetenzen auszuweiten und »neues Recht zu schöpfen«. Zudem unterstellte er den Richtern »Schwächen gegenüber sozialdemokratischen Forderungen« (ebd.: 40). Solche Vorwürfe trafen die Rechtswissenschaft und die Justiz ins Mark und unterstützten eine professionsübergreifende Koalitionsbildung, die alle epistemischen Gegensätze innerhalb der Profession für einen historischen Moment überwölbte. Dehler verstrickte sich in Auseinandersetzungen mit seinem eigenen Ressort, was Adenauer (nach einer Intervention des Bundespräsidenten) zum Anlass nahm, ihn durch Fritz Neumayer als Minister zu ersetzen (Dittberner 1983: 1366).

Das Arbeitsministerium und mit ihm die Arbeitsgerichtsbarkeit profitierte von dieser Konstellation. Alle Fachministerien bekamen die Dienstaufsicht über ihre Fachgerichte zugesprochen, um den Ressortkonflikt zu beenden. Dabei mag es auch eine Rolle gespielt haben, dass der Widerstand gegen die vollständige Unterstellung der Arbeitsgerichtsbarkeit unter das Fachressort auf der Arbeitgeberseite zwischenzeitlich deutlich relativiert worden war. Dadurch, dass die Arbeitsgerichte in den Bundesländern schon seit Jahren tätig waren, war eine beträchtliche Rechtszersplitterung eingetreten, weil unterschiedliche Landesgerichte unterschiedlich entschieden. Unter diesen Bedingungen war eine vollständig von der Justiz unabhängige Gerichtsbarkeit für die Arbeitgeberseite akzeptabler als ein noch länger fortwährender Schwebezustand (Kettner 1953). So beklagte die Zeitschrift *Der Arbeitgeber*, dass sich zwischen 1946 und 1954 bereits 300 Revisionen und Rechtsbeschwerden angesammelt hätten, die der Entscheidung durch eine höchstrichterliche Instanz harrten (o. A. 1954: 350).

Während die Arbeitgeberseite sich mit den unabhängigen Arbeitsgerichten in diesem Sinne zu arrangieren begann, versuchte die FDP weiterhin, die Fachgerichtsbarkeit zu unterminieren. 1956 schlug der Ministerialdirektor im Bundesinnenministerium vor, die Ministerien mögen einen »Burgfrieden« schließen (Fitting 1956). Doch die FDP-Fraktion spielte dem Justizressort – auch über den Zeitraum ihrer Regierungsbeteiligung hinaus – immer wieder Initiativen zu, die darauf abstellten, die Unabhängigkeit der Fachgerichte infrage zu stellen. 1956 beantragte sie die Vereinheitlichung der Prozessordnungen. In den Beratungen über das Richtergesetz 1957 warf sie erneut die Frage nach einem übergreifenden Rechtsprechungsministerium auf (Merkatz 1957). Und 1958 legte sie einen Gesetzentwurf zur Vereinheitlichung der Rechtspflege vor (BT-Drucksache Nr. 16/57).

Gerade die Auseinandersetzungen über die Ausgestaltung der Arbeitsgerichtsbarkeit verdeutlichen, wie sehr die epistemischen Gemeinschaften und die an sie anschließenden Policy Communities formale Parteizugehörigkeiten überlagerten. Die einzige politische Partei, die sich relativ geschlossen und kontinuierlich gegen das Arbeitsrecht und unabhängige Arbeitsgerichte positionierte, war die FDP. Dies verwundert nicht, war das Arbeitsrecht doch als dezidiert antiliberales Recht entstanden und gewachsen. Vor diesem Hintergrund haben die Auseinandersetzungen über die Fachgerichte während der Beratungen zum Parlamentarischen Rat und zu Beginn der 1950er Jahre dadurch an Schärfe gewonnen, dass der Konflikt zwischen zwei epistemischen Gemeinschaften durch das Element der Parteienkonkurrenz unterfüttert wurde, weil dabei gleichzeitig ein CDU-geführtes (Arbeits-)Ministerium gegen ein FDP-geführtes (Justiz-)Ministerium agierte. Doch die Ressortkonflikte blieben auch dann fortbestehen, als die Unionsparteien nach 1957 über die absolute Mehrheit verfügten und das Justizressort mit Fritz Schäffer (CSU) besetzten. Der Entwurf der nun oppositionellen FDP für ein Gesetz zur Vereinheitlichung der Rechtspflege stellte die Bundesregierung vor große Probleme, weil sie sich aufgrund der Ressortkonflikte kaum dazu in der Lage sah, eine Stellungnahme abzugeben (Fitting

1958b). Die Vertreter des Justizministeriums erklärten, »dass ihr Haus sich nicht gegen die Vorlage aussprechen könnte, ohne sein Ansehen gegenüber der Anwaltschaft und in Kreisen der ordentlichen Justiz zu verlieren« (Sahmer 1958).

Gleichzeitig konnten sich die Arbeitsrechtler nicht darauf verlassen, mit der SPD einen zuverlässigen politischen Partner vorzufinden. Die Entfremdung zwischen Sozialdemokratie und Arbeitsrechtswissenschaft hatte sich während der Weimarer Republik bereits angedeutet und entfaltete nach 1945 größere Wirkungskraft. Die Arbeitsrechtler waren in der Riege der sozialdemokratischen Rechtspolitiker und -experten in der absoluten Minderheit. So war Nipperdey – wie bereits erwähnt wurde – unter den siebzehn Mitgliedern des Rechtspolitischen Ausschusses beim Parteivorstand der SPD der einzige Arbeitsrechtler (SPD 1952). Und in dem Bemühen, die Unabhängigkeit der Arbeitsgerichtsbarkeit abzusichern, wurde die epistemische Gemeinschaft in ihrem Ansinnen nach sozialdemokratischer Unterstützung mehr als einmal enttäuscht. Nipperdey hatte bereits 1948 in der Hessischen Staatskanzlei um Schützenhilfe geworben. Das Land Hessen war hier von besonderer Bedeutung, weil es erstens durch die Frankfurter Tradition in Weimar als eine Hochburg des Arbeitsrechts galt, und weil es zweitens nach 1945 ein sozialdemokratisch regiertes Flächenland war. Doch der Chef der Staatskanzlei, der sozialdemokratische Jurist Hermann Brill, erteilte Nipperdey eine Absage. Zwar halte er eine oberste Spruchstelle für Arbeitsrechtsstreitigkeiten für »außerordentlich wünschenswert« (Brill 1948). Doch dafür genügten auch einige spezialisierte Senate, die einem Obersten Gericht für Zivilsachen zugeordnet werden könnten. Dabei berief er sich auf die Position Gustav Radbruchs aus den 1920er Jahren:

> Es heißt den Begriff der Rechtsstreitigkeiten in Zivilsachen immer mehr und mehr entleeren, wenn der Richter durch den Entzug von Arbeitsstreitigkeiten die eigentlichen rechtsschöpferischen Probleme unserer Zeit überhaupt nicht zu sehen bekommt. […] Ich weiß, daß ich mit dieser Auffassung von den Gewerkschaften wahrscheinlich gänzlich abgelehnt werde. Aber es gibt auch noch andere Juristen, die, wenn sie im Recht einen eigenen Kulturwert sehen, meiner Auffassung zustimmen. In der letzten Unterredung, die ich vor 1933 mit Herrn Dr. Radbruch in Weimar hatte […], stimmte mir dieser gerade in meiner Auffassung vom Verhältnis der Arbeitsgerichtsbarkeit zur Zivilgerichtsbarkeit lebhaft zu. (Brill 1948)

Die Lehren, die in der Sozialdemokratie aus der Weimarer Tradition gezogen wurden, divergierten also erheblich. Während die Arbeitsrechtler und ihre Unterstützer die mangelnde Unabhängigkeit der Weimarer Arbeitsgerichte als grundlegend für den damaligen Niedergang des Arbeitsrechts betrachteten, sahen die Gegner keinen Reformbedarf und beriefen sich damit ebenfalls auf die Weimarer Tradition. Sie sorgten sich mehr um die Einheit der Justiz und die Integration der Zivilgerichtsbarkeit als um das materielle Arbeitsrecht. Zumindest nahmen sie im Zielkonflikt zwischen der Absicherung des Arbeitsrechts und der

Absicherung der Rechts- und Justizeinheit eine Prioritätensetzung zugunsten des letzteren vor.

Die Haltung Brills blieb kein Einzelfall. Die politischen Initiativen der FDP gegen die Arbeitsgerichtsbarkeit im Verlauf der 1950er Jahre fanden in der SPD-Fraktion des Bundestages so viel Aufmerksamkeit, dass der damalige Senatspräsident beim BAG, Gerhard Müller, der CDU-Mitglied war, sich um die Loyalität der SPD sorgte. In einem Brief teilte er Herschel seine diesbezüglichen Sorgen mit:

> Bei der Beschäftigung mit der Ressortierungsfrage habe ich jetzt feststellen müssen, daß [...] der Bundestagsabgeordnete Merten, und zwar anscheinend als formeller Sprecher der Bundestagsfraktion der SPD, sich dafür eingesetzt hat, die Rechtsprechung verwaltungsmäßig ganz allgemein bei dem Justizministerium zusammenzufassen. Bei der Bundestagsfraktion der SPD wurde den Ausführungen des Abgeordneten Beifall gespendet. [...] Ich erlaube mir die Anregung zu prüfen, ob es nicht zweckmäßig ist, daß man mit geeigneten Mitteln einem Einschwenken der Bundestagsfraktion der SPD auf die Linie einer Einheitsjustiz entgegenwirkt. Der »Juristenflügel« scheint dort, was mich persönlich allerdings nicht wundert, sehr stark zu sein. (Müller 1957)

Offenkundig gab es im Anschluss Versuche, auf die Position der SPD einzuwirken. Adolf Arndt gilt als einer der bedeutendsten sozialdemokratischen Juristen und Rechtspolitiker der 1950er und 1960er Jahre (Requate 2008: 33). Er wirkte als Justitiar der SPD-Fraktion und vertrat die Partei auch häufig vor dem Bundesverfassungsgericht. Von 1949 bis 1961 war er Mitglied im Rechtsausschuss des Bundestages sowie in den Richterwahlausschüssen. Zudem war er nach Kriegsende zeitweilig im Hessischen Justizministerium tätig. Er galt als Befürworter der Idee eines justizübergreifenden Rechtsprechungsministeriums, dem auch die Arbeitsgerichtsbarkeit zugeordnet sein sollte. Doch in der Sitzung des Rechtsausschusses des Bundestages vom 16. Februar 1958, in der der Gesetzentwurf der FDP behandelt wurde, revidierte er seine Position (Fitting 1958a). Dessen ungeachtet blieb die Haltung der SPD zur Arbeitsgerichtsbarkeit prekär, wie die weiteren Entwicklungen zeigen sollten (vgl. dazu Kapitel 6). An den Protagonisten der Rechtspolitik zeigt sich der Wandel, der sich in der SPD vollzogen hatte. Im Kaiserreich war es der Arbeitsrechtler Stadthagen gewesen, der die rechtspolitischen Positionen dominiert hatte. In der Weimarer Republik nahm die Zahl prominenter sozialdemokratischer Juristen, die außerhalb des Arbeitsrechts agierten, zwar zu. Dennoch behielten sie mit Akteuren wie Sinzheimer eine gewichtige Stimme. Nach 1945 spielte die Arbeitsrechtswissenschaft in der Partei nur noch eine untergeordnete Rolle.

Der Konflikt um die Arbeitsgerichtsbarkeit wurde verschärft durch die Fachausschüsse des Deutschen Bundestages, die den epistemischen Policy Communities institutionelle Versammlungsorte bereitstellten. Die Gegner der

Arbeitsgerichtsbarkeit trafen sich im Rechtsausschuss, ihre Befürworter versammelten sich im Ausschuss für Arbeit. Dort stimmte man geschlossen gegen den Entwurf der FDP und vermutete – wiederum parteiübergreifend – hinter der Initiative ein Komplott der juristischen Profession. So klagte Anton Storch, die Ausbildung geeigneter Arbeitsrichter »würde von den Universitäten einfach sabotiert, weil das Arbeits- und Sozialrecht nicht in den Lehrplan für die Juristen aufgenommen würde«. Ein weiteres Ausschussmitglied vermutete sogar, dass die Anwälte nur deshalb eine Zusammenfassung der Gerichtszweige erstreben würden, »weil sie die arbeitsrechtlichen Probleme auf der Universität nicht gelernt hätten« (Ausschuss für Arbeit 1958: 4–5).

Zusammenfassend lässt sich festhalten, dass sich im Nachkriegsdeutschland eine Policy Community zwischen Arbeitsrechtswissenschaft, Arbeitsverwaltung, Arbeitsgerichten und den Gewerkschaften formierte, die die Gesetzgebungsarbeiten zum Tarifrecht und zur Ausgestaltung der Arbeitsgerichtsbarkeit maßgeblich beeinflussen konnte, wobei sie immer auch von günstigen Umweltbedingungen profitierte. Gleichzeitig gelang es der Community, das Politikfeld relativ weitgehend gegen die Justiz und die Justizverwaltungen abzuschotten, die sich selbst nachdrücklich und andauernd als zuständig deklarierten. Die Auseinandersetzungen über die Ausgestaltung der arbeitsrechtlichen Nachkriegsordnung waren damit gleichzeitig Konflikte über die Ordnung der Politikarena, deren Struktur eben nicht institutionell vorgegeben war. Die Position der Policy Community blieb prekär und umstritten, weil sich insbesondere innerhalb der Sozialdemokratie eine Gruppe von Rechtspolitikern zu etablieren begann, die tendenziell eher der gegnerischen epistemischen Gemeinschaft zugewandt war. Insbesondere aus Hessen wurde durch Juristen wie Hermann Brill oder Adolf Arndt die Arbeitsgerichtsbarkeit von sozialdemokratischer Seite aus torpediert. Dies kam auch bei der Wahl der ersten Richter für das Bundesarbeitsgericht zum Ausdruck.

Der Mangel an Arbeitsrechtswissenschaftlern, der schon die Gesetzgebungsarbeiten begleitet hatte, trat bei der Wahl der ersten Bundesrichter deutlich zutage. Nipperdey beklagte sich auch im Bundesarbeitsministerium über »die Qualität der ausgewählten Richter« (Kabinett 1954). Von den gewählten Personen der ersten Richtergeneration, die 1954/55 berufen wurden, kann nur *Nipperdey* selbst als Vollblut-Arbeitsrechtler bezeichnet werden, der seit dem Beginn der Weimarer Republik fast ununterbrochen arbeitsrechtlich tätig gewesen war (vgl. Tabelle 5-1). Daneben wurden zwei Typen von Richtern mit mäßig ausgeprägter Nähe zum Arbeitsrecht gewählt. *Gerhard Müller*, *Wilhelm König* und *Friedrich Poelmann* wandten sich erst nach 1945 dem Arbeitsrecht zu, waren durch ihre herausgehobenen Positionen in der Arbeitsgerichtsbarkeit aber in die Präsidentenkonferenz und damit in die arbeitsrechtliche Policy Community gut eingebunden. Poelmann war zwar kein Arbeitsrechtler, aber ein Schüler Nipperdeys.

Tabelle 5-1 Erste Ernennungswelle der Berufsrichter am Bundesarbeitsgericht (1954–1955)

| Name des Richters | Karrierestationen im Arbeitsrecht | Jahr der Berufung an das BAG | Nähe zum Arbeitsrecht (arbeitsrechtliche Tätigkeit bis zur Berufung ans BAG) |
|---|---|---|---|
| Nipperdey, Prof. Dr. Hans Carl | Promotion im Arbeitsrecht (1917), seit 1917 Arbeitsrechtswissenschaft | 1954 | groß (37 Jahre) |
| Müller, Prof. Dr. Gerhard | Promotion außerhalb des Arbeitsrechts, seit 1945 Leitung des Arbeitsamts in Limburg/Lahn, seit 1946 Präsident des LAG Frankfurt | 1954 | mäßig (9 Jahre) |
| Simons, Dr. Theodor | Promotion außerhalb des Arbeitsrechts, seit 1923 im Richterdienst, 1929–1939 in arbeitsrechtlichen Kammern an Zivilgerichten, seit 1945 am Oberlandesgericht Koblenz | 1954 | mäßig (10 Jahre, davon 10 Jahre im eingegliederten System) |
| König, Dr. Wilhelm | Promotion außerhalb des Arbeitsrechts, seit 1948 Direktor am LAG Hamburg | 1954 | mäßig (6 Jahre) |
| Poelmann, Dr. Friedrich | Promotion im Wirtschaftsrecht bei Nipperdey, seit 1946 Vorsitzender des AG Köln | 1954 | mäßig (8 Jahre) |
| Denecke, Johannes | seit 1907 im Richterdienst, seit 1928 in den arbeitsgerichtlichen Kammern am Reichsgericht | 1954 | mäßig bis groß (26 Jahre, davon 17 Jahre im eingegliederten System) |
| Berger, Dr. Hugo | keine | 1954 | keine |
| Schilgen, Walter | keine | 1955 | keine |
| Meier-Scherling, Dr. Anne-Gudrun | keine | 1955 | keine |

Die zweite Gruppe von Richtern (*Theodor Simons* und *Johannes Denecke*) mit mittlerer Nähe zum Arbeitsrecht verfügte über längere oder im Falle von Denecke sogar langjährige Erfahrung, weil sie schon in der Weimarer Republik im Richterdienst gestanden hatte. Doch gerade aus diesem Grund zählten diese Personen zu der Richtergeneration, der das Arbeitsrecht im Verlauf der 1920er Jahre eher aufgezwungen worden war. Sie waren als Amtsrichter in der ordentlichen Justiz tätig gewesen und hatten das Rechtsgebiet lediglich im Rahmen der eingegliederten arbeitsrechtlichen Kammern mit übernommen. Denecke hatte sogar noch in den kaiserlichen Diensten gestanden.

Noch bemerkenswerter war hingegen die letzte Gruppe von Richtern (*Berger*, *Schilgen* und *Meier-Scherling*), die über gar keine Erfahrung oder Bindung an das Arbeitsrecht verfügten. Zwei von ihnen stammten aus dem sozialdemokratisch regierten Hessen. Hugo Berger war als Ministerialrat im hessischen Justizministerium tätig gewesen, kam also aus dem Kern der gegnerischen epistemischen Gemeinschaft. Walter Schilgen hatte als Richter am Oberlandesgericht gearbeitet. Mit ihrer Ernennung wurde der Konflikt der epistemischen Gemeinschaften um das Arbeitsrecht in das Bundesarbeitsgericht und damit in die Rechtsprechung hineingetragen.

## 5.4 Das Günstigkeitsprinzip im Wirtschaftswunder

Die sich für alle beteiligten Akteure in den 1950er Jahren schnell wandelnden Umweltbedingungen führten dazu, dass das Günstigkeitsprinzip ins Zentrum der tarifrechtlichen Auseinandersetzungen rückte und auch erstmalig von den Verbänden (jenseits ihrer Tarifrechtsexperten) als eine wichtige Rechtsnorm entdeckt wurde.

Ein wichtiger Faktor des Wandels lag in dem in dieser Form wohl nicht erwartbaren Wirtschaftswunder. Im Verlauf der 1950er Jahre wuchs die deutsche Wirtschaft in einem bis dahin unbekannten Ausmaß (vgl. im Folgenden Bergmann et al. 1975: 94–115). Das reale Bruttosozialprodukt stieg jährlich durchschnittlich um mehr als 6 Prozent. Am Beginn dieser Entwicklung expandierte vor allem der Export. Er wurde erstens durch die Etablierung außenwirtschaftlicher Beziehungen zwischen den westeuropäischen Staaten gefördert, angeschoben durch den Marshallplan und den beginnenden Aufbau der europäischen Institutionen. Zweitens löste der Koreakrieg einen Boom aus. Zwischen 1949 und 1958 verzehnfachte sich das Volumen des deutschen Außenhandels. Die hohen Wachstumsraten trugen im Verlauf der Dekade dazu bei, dass auch der heimische Massenkonsum gestärkt wurde. Zudem sank die Arbeitslosigkeit rapide. Lag die Erwerbslosigkeit im Jahr 1950 noch bei über 10 Prozent, sank sie bis 1958 auf 3,8 Prozent.

Ein zweiter Faktor des Wandels lag in den machtpolitischen Verschiebungen der Nachkriegszeit. Die Gewerkschaften, die nach dem Ende des Zweiten Weltkrieges und dem Zusammenbruch des Faschismus bei den westlichen Alliierten ein relativ hohes Ansehen genossen hatten, waren Mitte der 1950er Jahre durch eine Reihe von Niederlagen geschwächt. Die wirtschaftsdemokratischen Neuordnungsvorstellungen von Viktor Agartz waren weitgehend enttäuscht worden, wie der Entstehungsprozess des Tarifvertragsgesetzes bereits andeutete. Die tendenziell antikapitalistischen Reformziele, die vielen politischen

Programmen der Nachkriegszeit angehaftet hatten (zum Beispiel das »Ahlener Programm« der CDU), waren schrittweise aufgegeben worden. Zudem stellte sich heraus, dass der wichtigste parteipolitische Koalitionspartner der Gewerkschaften geschwächt aus den ersten Parlamentswahlen hervorging. Hatte die SPD in der unmittelbaren Nachkriegszeit noch einen organisationspolitischen Vorsprung gegenüber dem bürgerlichen Lager gehabt, kam sie bei den ersten Bundestagswahlen nicht über die 30-Prozent-Marke hinaus. Auch die folgenden Wahlen bestätigten, dass die bürgerlichen Parteien auf Bundesebene über eine strukturelle Mehrheit verfügten (Heimann 1986: 2029).

Ihren Kampf um erweiterte wirtschaftliche Mitbestimmungsrechte verloren die Gewerkschaften nicht nur im Parlament, sondern auch auf der Straße. Die Streiks zur Abwehr des in ihren Augen zu restriktiven Betriebsverfassungsgesetzes blieben erfolglos. Die Metallarbeiterstreiks in Hessen (1951), in Bayern (1954) und in Schleswig-Holstein (1956/57) zeigten zudem erhebliche Spannungen zwischen der IG Metall und ihrer teilweise deutlich radikaleren Basis auf (Birke 2007). Auch in der Horizontalen nahmen die Konflikte zu. Die Beamten und Teile der Angestellten behielten ihre eigenen Organisationen (Hassel 2007: 174–176). Der Wunsch nach einer Einheitsgewerkschaft, die die vormaligen Spaltungen der Arbeiterbewegung überwinden wollte, änderte nichts daran, dass auch innerhalb des DGB nach wie vor sehr unterschiedliche Vorstellungen existierten. Auch das hatten die Auseinandersetzungen um die Gestaltung des Tarifrechts gezeigt. Und in der ersten Hälfte der 1950er Jahre spaltete sich dann ein (kleiner) Teil des christlichen Arbeitnehmerflügels vom DGB wieder ab, um unabhängige christliche Gewerkschaften zu gründen (Koch 1999).

Zu Beginn der 1950er Jahre verschlechterte sich auch das Verhältnis der politischen Linken zur Arbeitsrechtswissenschaft. Die Liaison zwischen Nipperdey und der Sozialdemokratie währte nur kurz, 1954 trat er aus der Partei aus. Stattdessen näherte er sich nun wieder deutlicher dem bürgerlichen Lager an. Nipperdey bekannte sich sehr explizit zum Konzept der Sozialen Marktwirtschaft. Ab 1953 war er Mitglied im wissenschaftlichen Beirat der Aktionsgemeinschaft Soziale Marktwirtschaft (Hollstein 2007: 98). Zudem entwickelte er die (bestrittene) These, dass diese (und nur diese) Wirtschaftsform im Grundgesetz verankert sei (Nipperdey 1950b, 1961). Er leitete dies aus der freiheitlichen, rechtsstaatlichen und sozialstaatlichen Grundordnung ab, die weder mit einer freien Marktwirtschaft noch mit einer »zentral gelenkten Verwaltungswirtschaft« korrespondiere (Nipperdey 1961: 34). Als liberale wirtschaftsrechtliche Ordnungsprinzipien der Wirtschaft benannte er das Privateigentum, die Gewerbefreiheit, die Wettbewerbsfreiheit, die Vertragsfreiheit, Monopolkontrolle, den Leistungswettbewerb sowie die Vereinigungsfreiheit. Gleichzeitig gebiete das Sozialstaatsprinzip, dass den individuellen Freiheiten auch Grenzen auferlegt würden:

Der einzelne, insbesondere der *wirtschaftlich Stärkere*, darf sie nicht zu Lasten des Schwächeren ausnutzen und nicht gegen berechtigte Gesamtinteressen verstoßen. Namentlich sind damit auch der wirtschaftlichen Machtzusammenballung und ihrem Mißbrauch die notwendigen Grenzen gezogen. (ebd.)

In diesem Zusammenhang erneuerte er auch die Kritik des Arbeitsrechtlers am uneingeschränkten Verständnis der Vertragsfreiheit:

Die Vertragsfreiheit berechtigt nicht dazu, die anderen Grundprinzipien der Wirtschaftsverfassung […] zu beseitigen oder einzuschränken. Die Vertragsfreiheit steht in der Rangordnung der Grundprinzipien hinter den bisher genannten Grundsätzen. Vertragsfreiheit bedeutet schließlich wirkliche Freiheit beider Teile, nicht Zwang und Druck des Stärkeren gegen den Schwächeren, nicht Ausbeutung der wirtschaftlichen Überlegenheit. […] Freiheit heißt nicht Ausbeutung, sondern Interessenausgleich. (Nipperdey 1950b: 198)

Er illustrierte damit abermals die in Weimar etablierte Integration liberaler und sozialer Elemente im Tarifrecht. Die Beschränkung der liberalen Vertragsfreiheit wurde auch nach 1945 als Voraussetzung betrachtet, um sie *für alle Vertragsparteien* zur Geltung zu bringen. Das Instrument dafür war die Bildung von Koalitionen und das tarifliche Unabdingbarkeitsprinzip. Gleichzeitig sollten die Verbände sich wechselseitig sowie den individuellen Freiraum nicht ersticken können. Für die Vertragsfreiheit oberhalb der tariflichen Mindeststandards stand das Günstigkeitsprinzip. Nipperdeys Auseinandersetzung mit der Sozialen Marktwirtschaft deutete an, dass er das Tarifrecht nun explizit in größere wirtschaftspolitische Ordnungsvorstellungen einbettete. Aber das alles war in seinen Grundgedanken nicht neu und wurde so zumindest ansatzweise auch schon in der Weimarer Republik vertreten.[4]

Große Teile der Gewerkschaftsbewegung und der Sozialdemokratie reagierten aber mit Befremden, weil sie in den 1950er Jahren noch den wirtschaftsdemokratischen Zielen anhingen und die Soziale Marktwirtschaft erst langsam zu akzeptieren lernten. Insofern wiederholte sich hier die aus Weimar bekannte Situation, in der die Arbeitsrechtswissenschaft von der politischen Linken als zu liberal eingestuft wurde. Der Unterschied bestand darin, dass Sinzheimer

4 Vor diesem Hintergrund ist es wenig plausibel, wenn jüngst einige Arbeitsrechtswissenschaftler beziehungsweise Rechtshistoriker argumentieren, Nipperdey habe sich nach 1945 dem Liberalismus zugewandt (Adomeit 2006: 747; Hollstein 2007). Das arbeitsrechtliche Denken – insbesondere, soweit es aus dem Privatrecht erwachsen ist – hat trotz seiner Abgrenzung gegen den Liberalismus immer liberale und soziale Elemente integriert (vgl. noch einmal Kapitel 4). Das galt auch für Hugo Sinzheimer. Mithin unterschieden sich Nipperdeys Aussagen nach 1945 kaum von denen aus der Weimarer Zeit. Der fehlende Liberalismus Nipperdeys kommt auch in der Rechtsprechung des BAG zum Ausdruck (siehe unten). Dennoch sind die Versuche, Nipperdey als liberal zu etikettieren, im Kampf um die Deutungshoheit zwischen den epistemischen Gemeinschaften nicht unbedeutend gewesen (vgl. dazu Kapitel 6).

immer loyaler Sozialdemokrat war und blieb, während Nipperdey sich nun politisch distanzierte. Die Distanz eskalierte während des Zeitungsdruckerstreiks, der gegen das Betriebsverfassungsgesetz gerichtet war. Nipperdey gutachtete für die Arbeitgeberseite (Nipperdey 1954a). Und das Bundesarbeitsgericht regelte 1955 unter seiner personellen und inhaltlichen Führung das Streikrecht (Rajewski 1970). Streiks wurden nicht mehr als Vertragsbruch deklariert, solange sie »sozialadäquat« waren und dem *Ultima-Ratio*-Prinzip folgten. Politische Streiks wurden hingegen ausgeschlossen (Blanke et al. 1975b: 236–237). Dies wurde von den Gewerkschaften und von dem sie vertretenden Juristen, Wolfgang Abendroth, hart kritisiert (Abendroth 1954, [1954]1975).

Vor dem Hintergrund der gescheiterten Durchsetzung ihrer wirtschaftsdemokratischen Vorstellungen, aber auch als Antwort auf die internen Zentrifugalkräfte, konzentrierten sich die Gewerkschaften seit Mitte der 1950er Jahre auf die (vermeintlich) weniger kontroversen tarif- und sozialpolitischen Aktivitäten (Bergmann et al. 1975: 132–134). Viktor Agartz formulierte die Konzeption einer »expansiven Lohnpolitik« (Agartz 1950, 1953). Durch aggressive Tarifverhandlungen sollte die materielle Situation der Beschäftigten nachdrücklich verbessert werden. Die Lohnpolitik sollte zu einem Instrument der Konjunkturpolitik werden, um die Expansionsgewinne abzuschöpfen und eine gesellschaftliche Umverteilung zu ermöglichen (Schmidt 1971: 47–53). Gleichzeitig war die Fokussierung auf die materiellen Interessen der Mitglieder eine Reaktion auf die verwehrten wirtschaftlichen Mitbestimmungsrechte. Agartz argumentierte, dass den Gewerkschaften eine Verantwortung für die gesamtwirtschaftliche Entwicklung nur dann zugeschrieben werden könne, wenn sie gleichzeitig das Recht bekämen, diese mitzugestalten (Agartz 1950). Systemkritische Ziele traten im Zeitverlauf immer stärker in den Hintergrund. Stattdessen strebten die Gewerkschaften nach einem Weg, die Beschäftigten an den Früchten des wirtschaftlichen Erfolgs zu beteiligen (Kalbitz 1990).

Dabei musste tarifpolitisch an das Erbe des nationalsozialistischen Arbeitsrechts angeknüpft werden, das bis weit in die Geschichte der Bundesrepublik nachwirkte. Aus Gründen der Rechtssicherheit und um ein halbwegs geordnetes Wirtschaftsleben zu ermöglichen, wurden die im Nationalsozialismus erlassenen Tarifordnungen nicht unmittelbar nach 1945 aufgehoben. Sie sollten schrittweise durch Tarifverträge abgelöst werden. Das bedeutet, dass es eine Stunde null in der Tarifpolitik nicht gab, sondern die Verbände mussten sich direkt mit dem nationalsozialistischen Arbeitsrecht auseinandersetzen. Dies stellte die Gewerkschaften aus zwei Gründen vor Probleme.

Erstens hatte sich im NS-Regime die Struktur der Tariflandschaft stark verändert. In der Weimarer Zeit war sie unter anderem durch die Gewerkschaftskonkurrenz stark zerklüftet gewesen. Tarifverträge für einzelne Beschäftigtengruppen (differenziert nach Betrieben, Weltanschauungen und Berufen) hatten dominiert. Im Zuge der Abschaffung des kollektiven Arbeitsrechts nach 1933 waren viele und spezifische Tarifverträge von den Treuhändern der Arbeit zu relativ wenigen und großräumigen Tarifordnungen zusammengefasst worden. Diese räumliche Aufteilung blieb auch nach 1945 erhalten, was vor allem darauf zurückzuführen ist, dass die Arbeitgeberseite an dieser Struktur festhielt. Der heutige Flächentarifvertrag, der für relativ große Regionen gilt, ist also ein relativ unmittelbares Erbe des nationalsozialistischen Arbeitsrechts. Auch wenn den Gewerkschaften unterstellt werden kann, dass sie mit der Schaffung der Einheitsgewerkschaft wohl zugleich die Idee verfolgten, die tarifpolitische Zersplitterung zu überwinden, stellte sie die Idee des Flächentarifes vor das Problem, »Tarifwahrheit abzubilden«, also Tarifverträge abzuschließen, die den verschiedenen betrieblichen Realitäten innerhalb einer Region gerecht werden konnten. Bereits zu Beginn der 1950er Jahre wurde diese Frage in der IG Metall diskutiert (IG Metall 1958b).

Das zweite Erbe des nationalsozialistischen Arbeitsrechts lag darin, dass die Tariflöhne sich aus gewerkschaftlicher Sicht 1949 auf einem sehr niedrigen Niveau befanden. In den letzten Jahren der Weimarer Periode hatte es staatlich veranlasste Lohnsenkungen gegeben. Im Nationalsozialismus waren die abgesenkten Tarife dann in Tarifordnungen überführt und eingefroren worden (vgl. dazu noch einmal Kapitel 4.3). Eine verbandliche Lohnpolitik hatte durch die Zerschlagung der Tarifparteien nicht mehr stattgefunden. Stattdessen hatten die Unternehmen (zumindest bis 1938) die Löhne bei Bedarf betriebsspezifisch aufgestockt. Diese Politik wollte die Arbeitgeberseite nach 1949 fortführen, während die Gewerkschaften sich vor die Aufgabe gestellt sahen, eine nachholende Tarifpolitik zu praktizieren, weil die Tarifstandards annähernd auf dem Stand von 1933 eingefroren waren (Poth 1950). Auch vor diesem Hintergrund erschien die expansive Lohnpolitik für sie plausibel.

Mit dem einsetzenden Wirtschaftswunder und in besonderem Maße mit dem steigenden Arbeitskräftemangel bauten die Unternehmen ihre betrieblichen Zulagensysteme sowie den Bereich der übertariflichen Löhne stark aus, um die qualifizierten Beschäftigten zu halten. Dabei profitierten sie von der durch das nationalsozialistische Arbeitsrecht geprägten Struktur. Großräumige Flächentarifverträge mit Tarifstandards auf niedrigem Niveau ließen viel Spielraum für über- und außertarifliche Leistungen. Dadurch gewannen die Unternehmen erhebliche Flexibilität bei der Gestaltung der Arbeitsbedingungen. Zudem konnten sie darauf hoffen, durch eine großzügige betriebliche Lohn- und Sozialpolitik das Interesse der Beschäftigten an den Gewerkschaften zu begrenzen. Im Verlauf der 1950er und 1960er Jahre entwickelte sich daraus eine beträchtliche Lohndrift, weil die betrieblich gezahlten Effektivlöhne deutlich höher lagen als die Tariflöhne. Insbesondere in Großunternehmen konnte die Differenz bis zu 30 Prozent betragen (Schmidt 1971: 171).

Auf der Verbandsebene war diese Entwicklung für beide Seiten ambivalent. Aus gewerkschaftlicher Sicht waren zusätzliche Lohnrunden auf betrieblicher Ebene einerseits dazu geeignet, den Flächentarif zu stabilisieren, weil großräumige Tarifabschlüsse, die vielen unterschiedlichen Betrieben gerecht werden müssen, die Zahlungsfähigkeit besonders profitabler Firmen niemals ausschöpfen können. Übertarifliche Zahlungen bedeuteten, dass die Beschäftigten dieser Firmen nicht gezwungen werden mussten, aus Solidaritätsgründen auf realisierbare Lohnzuwächse zu verzichten, was zu einer Organisationsmüdigkeit hätte führen können. Andererseits barg ein zu starkes Auseinanderdriften von Tariflöhnen und Effektivverdiensten die Gefahr, dass die betrieblichen Lohnzuwächse für die Beschäftigten wirtschaftlich attraktiver würden als die Tarifabschlüsse. Und insbesondere dann, wenn tarifliche Lohnzuwächse mit überbetrieblichen Zulagen verrechnet wurden, war die gewerkschaftliche Tarifpolitik für die Mitglieder kaum mehr spürbar. Auch dadurch konnte ihre Organisations- und Konfliktfähigkeit bedroht werden. Ab der zweiten Hälfte der 1950er Jahre stagnierte die Mitgliederentwicklung, weil die Beschäftigtenzahl zwar anstieg, der gewerkschaftliche Organisationsgrad aber nicht folgen konnte (Bergmann et al. 1975: 173). Die stagnierenden Mitgliederzahlen wurden zumindest teilweise auf die skizzierte Problemlage zurückgeführt (Braun 1960). Zudem unterlag der Bereich der übertariflichen Bezahlung im Regelfall der einseitigen (und potenziell willkürlichen) Entscheidung des Arbeitgebers. Auch diesen Umstand konnten und mochten die Gewerkschaften nicht tatenlos hinnehmen. Und nicht zuletzt signalisierten lokale wilde Streiks im Sommer 1955 den Gewerkschaften, dass sie die Kontrolle über die Lohnpolitik verlieren könnten. Sie reagierten mit entsprechender »Nervosität« (Birke 2007: 67).

Auch für die Arbeitgeberseite wurde die wachsende Lohndrift zunehmend ambivalent. Einerseits profitierten die Unternehmen von der flexiblen (und weitgehend mitbestimmungsfreien) Gestaltung der Arbeitsbedingungen. Unter den Bedingungen der Vollbeschäftigung und der daraus resultierenden Konkurrenz um Arbeitskräfte erwuchs aus den dezentralen zusätzlichen Lohnrunden jedoch eine kaum kontrollierbare Lohnspirale. Dabei entstand ein klassisches Kollektivgutproblem: Zwar war es für jeden einzelnen Betrieb rational, mit höheren Löhnen um qualifizierte Arbeitskräfte zu werben, gleichwohl waren die Effekte für die Arbeitgeberseite insgesamt fatal. Dementsprechend mahnte der Präsident der BDA Paulssen in seiner Rede auf der Jahresversammlung 1961:

> Ich will gern einräumen, daß es den Gewerkschaften und ihren Führern in ihrer Stellung und Aufgabe schwerfallen mag, in der *Lohnfrage* die Forderung nach volkswirtschaftlicher Ver-

nunft und nach Maßhalten aus politischer Verantwortung anzuerkennen. […] Leider fehlt es auch in unseren Reihen noch vielfach an der *Erkenntnis der Gefahren einer solchen Entwicklung*. Die Arbeitgeber selbst haben durch die […] in ihrer Hand liegende Erhöhung der *betrieblichen* Effektivlöhne über die Tariflöhne hinaus – in gegenseitiger *unerfreulicher Konkurrenz* auf dem Arbeitsmarkt – das Problem noch wesentlich verschärft. (BDA 1961: 759–760)

Auch der Bundesbankpräsident Karl Blessing, ehemals selbst Vorstandsmitglied in einem Großunternehmen, kritisierte die Unternehmer hart. Wenn sie durch gegenseitige Abwerbung und Anbietung außertariflicher Vorteile das tatsächliche Lohnniveau ständig in die Höhe trieben, bräuchte man sich eigentlich kaum zu wundern, wenn die Gewerkschaften nachstießen (o. A. 1960a: 722–723).

Die Lohndrift wurde in beiden Lagern teilweise durchaus als ein gemeinsames Problem betrachtet (Braun 1961). Und auf beiden Seiten entwickelten die Verbände Strategien des Umgangs mit dieser Entwicklung. Dabei stießen sie auf die Rolle des Günstigkeitsprinzips, das sich seit der Verabschiedung des Tarifvertragsgesetzes in diesem Zusammenhang als potenzielle Restriktion erwies, weil es den Tarifparteien untersagt worden war, Tariflöhne zu Höchstlöhnen erklären zu können. Erst mit dieser Regelung hatten die Betriebe eine relativ große Autonomie bei der Ausgestaltung ihrer Lohn- und Sozialpolitik gewonnen. Vielen beteiligten Akteuren war aber (jenseits ihrer Tarifrechtsexperten) offenkundig überhaupt nicht bewusst gewesen, welche Wirkungen das Günstigkeitsprinzip hier entfalten konnte. So wurden erst in dieser Zeit zum Beispiel in den *Gewerkschaftlichen Monatsheften*, die sich zuvor in Bezug auf die Erörterung juristischer Fragen eher zurückhaltend gezeigt hatten, erstmalig Beiträge veröffentlicht, die den Zusammenhang zwischen Lohnpolitik und Günstigkeitsprinzip erläuterten (Rehhahn 1956b).

Die Problembearbeitung der Verbände wurde dadurch erschwert, dass es erstens aufgrund der wenig konkreten Ausgestaltung des Günstigkeitsprinzips unklar war, welche Strategien der Lohnkontrolle nun noch möglich waren. Diese Unsicherheit brachte die Gerichte ins Spiel, die durch die Ausgestaltung des Tarifvertragsgesetzes als einzige noch verbliebene staatliche Akteure mit hierarchischer tarifpolitischer Steuerungskompetenz ausgestattet waren. Zweitens wurde die Suche nach Lösungswegen durch die hochgradig diversen und konfligierenden Interessen innerhalb der verbandlichen Organisationsdomänen belastet. Insbesondere die hoch profitablen Betriebe und ihre Beschäftigten konnten kein sehr großes Interesse daran haben, in ihrem lokalen Handlungsspielraum durch tarifpolitische Maßnahmen beschränkt zu werden.

In den Gewerkschaften wurde angesichts der wachsenden Lohndrift die Option einer betriebsnahen Tarifpolitik diskutiert. Tarifvertragliche Öffnungsklauseln zur Lohndifferenzierung, betriebsspezifische Zusatztarifverträge und die Etablierung sogenannter Effektivklauseln sollten die Tarifwahrheit erhöhen und damit einen partiellen Zugriff der Tarifparteien auf die betriebliche Lohnpolitik ermöglichen (Salm 1958). Die Hoffnung war, dass Öffnungsklauseln und Zusatztarife die Tarifpolitik näher und spezifischer an die Realität der einzelnen Betriebe heranführen könnten. Die Effektivklauseln zielten darauf ab, sicherzustellen, dass die Tariferhöhungen zusätzlich zu den Effektivverdiensten gezahlt (und nicht länger verrechnet) werden. Gewerkschaftliche Tarifpolitik sollte dadurch für die Beschäftigten spürbar bleiben.[5] Zudem sollten die betrieblichen übertariflichen Zahlungen dadurch tarifiert und also dem Unabdingbarkeitsprinzip unterworfen werden. Freiwillige übertarifliche Zahlungen der Arbeitgeberseite hätten dann nicht mehr einseitig zurückgenommen werden können. Die Vorschläge wurden zum Beispiel auf dem Gewerkschaftstag der IG Metall 1958 erwartungsgemäß kontrovers diskutiert (IG Metall 1958a). Dabei wurde unter anderem die Befürchtung geäußert, eine *betriebsnahe* Tarifpolitik könne sehr schnell mit einer *betrieblichen* Tarifpolitik verwechselt werden und zu einer Entsolidarisierung der Beschäftigten in produktiven und weniger produktiven Unternehmen beitragen. Auch in der IG BCE stieß das Konzept eher auf Kritik statt auf Befürwortung. Skeptische Stimmen äußerten die Vermutung, dass diese Strategie nur in den Phasen einer Hochkonjunktur erfolgreich sein könne, in wirtschaftlichen Krisenzeiten jedoch zu einer Schwächung der Gewerkschaftsbewegung führe (für eine Zusammenfassung der hier geführten Diskussion vgl. IG Chemie-Papier-Keramik 1971).[6]

Mindestens ebenso wichtig wie die Zustimmung der Basis war für die Gewerkschaften die Kooperation der Arbeitgeberseite, um eine betriebsnahe Tarifpolitik realisieren zu können. Doch diese reagierte überwiegend mit Ablehnung, weil sie fürchtete, dass die Betriebe unter den Bedingungen der Vollbeschäftigung gegenüber den gewerkschaftlichen Forderungen noch verwundbarer wären. Und ähnlich wie bei den Gewerkschaften setzte auch in den Publikationen der Arbeitgeber eine Debatte über die Frage ein, welcher Zusammenhang zwischen der Lohnpolitik und dem Günstigkeitsprinzip sowie anderen Rechtsnormen besteht, und ob die von den Gewerkschaften propagierten Strategien wohl mit dem Tarifrecht vereinbar seien. Dabei kamen die Juristen überwiegend zu der Überzeugung, dass dies nicht der Fall sei (oder sein dürfe; Braun 1961; Kne-

5 Das Konzept sah noch andere Elemente vor, wie zum Beispiel die sogenannten Tarifausschlussklauseln, nach denen tarifliche Standards ausschließlich für Gewerkschaftsmitglieder gelten sollen. Die Gewerkschaften versuchten so, die Organisationsanreize zu erhöhen, weil die Betriebe die Tarifabschlüsse üblicherweise auf alle Beschäftigten anwendeten, wodurch sich eine Mitgliedschaft in den Gewerkschaften für viele Beschäftigte erübrigte. Diese Elemente werden hier jedoch nicht behandelt.

6 Für eine detaillierte und quellenreiche historische Rekonstruktion der Debatte über die betriebsnahe Tarifpolitik vgl. Achten (2007).

vels 1961; Knitter 1961). Die Tatsache, dass zum Beispiel die BDA eigene Studien zu dieser Frage in Auftrag geben und veröffentlichen konnte, illustriert den (zu diesem Zeitpunkt wenig überraschenden) Umstand, dass die Arbeitgeberseite besser mit juristischer Expertise ausgestattet war als die Gewerkschaften, zumal diese Nipperdey verloren hatten. Diverse Arbeitgeberverbände lehnten die Forderung nach einer betriebsnahen Tarifpolitik ganz ab (o. A. 1961). Gleichzeitig gab es andere Verbände, die – freiwillig oder unter dem gewerkschaftlichen Druck – in der Praxis Effektivklauseln abschlossen, die dann auch die Gerichte beschäftigten (vgl. dazu Abschnitt 5.4.2).

Eine Strategie der Arbeitgeberseite bestand darin, über ihre Verbände eine Koordinierung des betrieblichen Handelns zu versuchen. Die Verbandsspitzen appellierten an ihre Mitgliedsunternehmen, keine übertariflichen Löhne zu zahlen und keine wechselseitigen Abwerbungsversuche zu unternehmen (Paulssen 1959). Gleichzeitig gab es Initiativen, innerhalb der Arbeitgeberverbände sogenannte *Höchstnormenbeschlüsse* durchzusetzen. Dabei entschieden die Verbände durch Mehrheitsbeschluss, dass diejenigen Mitgliedsunternehmen, die die geltenden Tarifsätze überschreiten, mit Zwangsmaßnahmen (zum Beispiel mit Vertragsstrafen) sanktioniert werden können (Courth 1969: 98–99). Derartige Beschlüsse waren bereits aus dem Kaiserreich als Reaktion der Arbeitgeberseite auf das sich ausbreitende Tarifvertragswesen bekannt (vgl. dazu noch einmal Kapitel 4.1.3). Wolfgang Schroeder bezeichnet die 1950er und 1960er Jahre als ein »politisches Erprobungsjahrzehnt […], in dem die Arbeitgeberverbände erst langsam an Interaktionskompetenz, Rollengewissheit und Interessenformulierungskapazität gewonnen haben« (Schroeder 2007: 201). Die klassische Aufgabe des Arbeitgeberverbandes hatte immer darin bestanden, die betrieblichen Autonomiespielräume zu schonen. Nun begaben sich die Verbandsspitzen auf die Suche nach einer Rolle als kollektiv handlungsfähiger Akteur, »der auf der Basis einer längerfristigen Strategie situationsadäquat agieren kann, mit Ideologie- und Deutungskompetenz ausgestattet ist, aussperrungs-, verhandlungs- und verpflichtungsfähig ist und Abweichler sanktioniert« (ebd.).

Eine weitere Strategie der Arbeitgeberseite bestand darin, die Politik aufzurufen, eine Reform des Tarifvertragsgesetzes herbeizuführen, um die Macht der Gewerkschaften zu schwächen. Die Frage, ob diesbezügliche Änderungen mit dem Grundgesetz vereinbar seien, wurde diskutiert (Mosich 1961). Und auffällig häufig wurde in der Arbeitgeberzeitschrift über Veranstaltungen und Artikel über die »Grenzen der Tarifautonomie« berichtet (Solterer 1959; o. A. 1960b, 1963). Zudem listete die Redaktion sorgfältig jede kritische Äußerung der Wirtschaftspresse zur Lohnpolitik der Gewerkschaften auf (o. A. 1958a, b). Und Kurt Pentzlin, Geschäftsführer eines Unternehmens und Gründungsmitglied der Wirtschaftspolitischen Gesellschaft, urteilte in der *Frankfurter Allgemeinen Zeitung*:

> Unser Staat hält sich aus der Lohnpolitik heraus. Seine Abstinenz in Lohnfragen geht über den Artikel 9 des Grundgesetzes, der die Koalitionsfreiheit zum Zwecke der Wahrung und Förderung der Arbeits- und Wirtschaftsbedingungen gewährleistet, noch hinaus. Das ist gut so. Aber das bedeutet gleichzeitig, *daß die freien Sozialpartner für die Lohnpolitik allein verantwortlich sind.* Das heißt jedoch auch, daß sie – gemeinsam – eine inflationistische Einkommenspolitik betreiben und dadurch alle wirtschaftspolitischen Bemühungen um ein preissenkendes Funktionieren des Wettbewerbs zunichte machen können. *Ob der Staat das dulden darf, ist eine andere Frage.* (zitiert nach o. A. 1958a)

Die Debatte kreiste um die Frage, an welcher Stelle der Lohn-Preis-Spirale Einhalt geboten werden soll: bei der tariflichen Lohnpolitik und damit zulasten der Gewerkschaften oder bei den betrieblichen Effektivlöhnen und damit zulasten des betrieblichen Handlungsspielraums.

Die Bundesregierung erteilte dem Wunsch nach einer Gesetzesänderung eine Absage. Sie appellierte aber an die Gewerkschaften, eine »maßvolle und besonnene Lohnpolitik« zu praktizieren. Die Gewerkschaften müssten das Gemeinwohl im Auge behalten (Zander 1961). Zudem schlug sie die Einrichtung eines Sachverständigengremiums mit beratender Funktion vor, um eine »Versachlichung der Lohnpolitik« zu erreichen. Doch dieser Vorschlag wurde selbst in den Kreisen der Arbeitgeber skeptisch betrachtet (Huppert 1960).

Auf beiden Seiten suchten die Verbände also unter veränderten wirtschaftlichen Bedingungen nach einem neuen Umgang mit dem institutionellen Gefüge, nach einem neuen Umgang miteinander und im Binnenverhältnis zwischen Verbandsführung und Mitgliedern. In diesem Zusammenhang wurde deutlich, dass sich die Konfliktlagen ausdifferenziert hatten. In der Etablierungsphase des Tarifgedankens und bis zum Ende der Weimarer Republik waren Tarifrechtskonflikte vor allem *Klassenkonflikte* gewesen, weil über die Grundgedanken des Tarifwesens gestritten wurde, zum Beispiel über die Frage, unter welchen Bedingungen das Unabdingbarkeitsprinzip gilt. Nach 1945 traten nun *Mehrebenenkonflikte* hinzu, in denen die verschiedenen Arenen der Arbeitsbeziehungen ihre Handlungsspielräume mit- und gegeneinander auszutesten versuchten. Die Präferenzbildung entlang der Organisationsgrenzen wurde dadurch erschwert. Und immer blieb die Auseinandersetzung konstant mit der grundsätzlichen Frage behaftet, welchen Raum die Vertragsfreiheit im Arbeitsrecht haben soll und darf. Damit adressierten auch die Debatten der Nachkriegszeit das Kernthema der Auseinandersetzung zwischen der arbeitsrechtlichen und der privatrechtlichen epistemischen Gemeinschaft. Sie wurde nun vorrangig in den Gerichten ausgefochten. Und damit änderte sich auch die Rolle der juristischen Profession. In den politischen Gesetzgebungsarbeiten war die Frage entscheidend gewesen, welchen Einfluss die epistemischen Gemeinschaften auf die Präferenzen, Strategien und Entscheidungsprozesse der politischen Akteure nehmen konnten. Im Rechtssystem wurden die Juristen selbst zu den entscheidenden Akteuren.

Vor dem Hintergrund der geschilderten Auseinandersetzungen wurden in den 1950er und 1960er Jahren einige Gerichtsprozesse mit Bezugnahme auf das Günstigkeitsprinzip geführt, die (neben den üblicherweise existierenden Idiosynkrasien des Einzelfalls) unterschiedliche Facetten der hier zentralen tarifrechtspolitischen Frage beleuchteten: In welchem Umfang können die Tarifparteien unter den Bedingungen des Günstigkeitsprinzips in die betriebliche Ausgestaltung übertariflicher Arbeitsbedingungen eingreifen (und damit möglicherweise eine Koordinierung der Lohnentwicklung erreichen)? Dabei wurden auch Entscheidungen über den Geltungsbereich des Günstigkeitsprinzips getroffen. Die Konfliktkonstellationen der Prozesse, die hier nur im Ausnahmefall im Einzelnen gewürdigt werden können, waren sehr heterogen und verdeutlichen damit, wie kontrovers diese Rechtsfragen, ihre organisations- und tarifpolitischen Implikationen sowie die Konfliktkonstellationen waren. Es klagten Arbeitnehmer gegen Arbeitgeber, verschiedene Arbeitgeberinstanzen gegeneinander, und es klagten Outsider des Tarifsystems gegen Insider beziehungsweise gegen den Staat (hier: diverse Fachministerien).

### 5.4.1 Günstigkeitsprinzip und öffentlicher Dienst: Die Kontroverse zwischen Bundesarbeitsgericht und Bundesverwaltungsgericht

Eine erste Gruppe von Gerichtsprozessen beschäftigte sich mit der Frage, ob das Günstigkeitsprinzip auch bei den Arbeitsverhältnissen des öffentlichen Dienstes zur Anwendung kommt. Die Frage resultierte aus dem unterschiedlichen formalen Beschäftigungsstatus der Angestellten und Arbeiter einerseits und der Beamten andererseits. Die eine Gruppe wird auf der Basis eines privatrechtlichen Arbeitsverhältnisses beschäftigt und unterliegt damit dem Arbeitsrecht, die andere Gruppe unterliegt dem Verwaltungsrecht. Bei der ersten Gruppe erfolgt die Gestaltung der Arbeitsbedingungen über Tarifverhandlungen, für die zweite Gruppe ist die Bezahlung (und andere Leistungen) in Besoldungsgesetzen festgelegt. Dessen ungeachtet hatten sich im Verlauf der Jahre das Arbeitsrecht des öffentlichen Dienstes und das Beamtenrecht wechselseitig angeglichen. Die Grenzen verliefen also sehr unscharf, gleichzeitig war die Zahl der Angestellten stark angestiegen. Zu Beginn der 1960er Jahre waren von den insgesamt 2,7 Millionen Angehörigen des öffentlichen Dienstes circa 1,2 Millionen verbeamtet und 1,5 Millionen im Angestellten- oder Arbeiterverhältnis beschäftigt (Stommel 1966: 18–19).

Im Beamtenrecht galt nun die Regel, dass die in den Besoldungsgesetzen festgelegten Entgelte nicht überschritten werden dürfen. Für die Beamten war aufgrund ihres besonderen Status die Vertragsfreiheit in diesem Sinne also aufgehoben. Unter den Bedingungen des Arbeitskräftemangels und der Konkurrenz durch die Privatwirtschaft stellte sich die Frage, ob diese Regel auch für die Angestellten und Arbeiter gilt. Zudem existierten in vielen Bundesländern noch verwaltungsrechtlich relevante Gesetze und Verordnungen aus der nationalsozialistischen Ära, die besagten, dass die Angestellten der unterschiedlichen Verwaltungseinheiten (zum Beispiel Kommunen und Land) nicht unterschiedlich bezahlt werden dürfen. Zumindest durfte nicht ohne die Zustimmung des jeweils zuständigen Reichsministers abgewichen werden (für einige Beispiele vgl. Stommel 1966: 29–30; Courth 1969: 93–98). Eine ähnliche Regelung fand sich auch in der Reichstarifordnung A für Gefolgschaftsmitglieder im öffentlichen Dienst, die im Jahr 1938 eingesetzt worden war und deren grundsätzliche Struktur bis weit in die Nachkriegszeit hinein fortgalt (Hülden 1958). Sperrvorschriften dieser Art waren in der Phase der nationalsozialistischen Lohnstopp-Politik eingeführt worden und hatten das Günstigkeitsprinzip ausgesetzt. In den meisten Ländern wurde diese Rechtspraxis auch nach 1945 fortgeführt. Es existierten in der öffentlichen Verwaltung damit hierarchisch erlassene Quasi-Höchstnormenbeschlüsse, die die Vertragsfreiheit für alle Beschäftigten des öffentlichen Dienstes ausschalteten.

Höchstnormenbeschlüsse spielten – wie bereits erwähnt – auch in einigen Arbeitgeberverbänden eine Rolle. Im Brennpunkt der Diskussion stand zum Beispiel die neue Satzung des Deutschen Bühnenvereins (dem Arbeitgeberverband der öffentlichen und privaten Bühnenunternehmen) aus dem Jahr 1961, in der die Bestimmung aufgenommen worden war, dass der Tarifausschuss des Verbandes auch dazu befugt sei, die Mitglieder zu verpflichten, tarifliche Regelungen weder mittelbar noch unmittelbar zu überschreiten (Courth 1969: 98–99).

Für die Beschäftigten des öffentlichen Dienstes resultierte aus diesen Entwicklungen eine Situation, in der ihre Rechtslage nicht nur unübersichtlich und uneindeutig war; vielmehr wirkten unterschiedliche (und unterschiedlich alte) Regelungen mit schlichtweg gegensätzlichen Inhalten auf ihre Arbeitsverhältnisse ein. Politisiert wurde das Problem zum Beispiel durch die Deutsche Orchestervereinigung, eine kleine, hoch organisierte und auch dadurch konfliktfähige Berufsgewerkschaft der Orchestermusiker, die sich für höhere Gehälter im öffentlichen Dienst starkmachte. In diesem Zusammenhang entbrannte ein Streit der Gutachter und Publizisten, in dem die Arbeitsrechtswissenschaftler keine einheitliche Position vertraten, was teilweise auch daran lag, dass unterschiedliche Vertreter für unterschiedliche Seiten gutachteten (vgl. zum Beispiel Molitor 1957; Denecke 1960; Küchenhoff 1962; Nikisch 1963; Dietz 1965). Es war sicherlich kein Zufall, dass eine kleine Berufsgewerkschaft, die der DAG angehörte und damit außerhalb der DGB-Einheitsgewerkschaften stand, hier aktiv wurde. In ihrer Eigenschaft als hoch spezialisierte *encompassing organization* der Orchestermusiker konnte sie sich sehr viel stärker an der Mitgliedschaftslogik und den Einkommensinteressen ihrer Klientel orientieren und war den Ambivalenzen der Lohndrift weniger stark ausgesetzt als der DGB, der immer darum bemüht sein musste, die Bedürfnisse der Fläche mit den Spezialinteressen der Betriebsbelegschaften zu vereinbaren. Der DGB konnte sich ja heimlich über die Höchstnormenbeschlüsse der Arbeitgeberverbände freuen, weil damit der Bereich der für die Gewerkschaften kaum kontrollierbaren übertariflichen Löhne begrenzt wurde, ohne dass die Gewerkschaften dafür Konflikte mit den Beschäftigten hoch profitabler Unternehmen in Kauf nehmen mussten. Gewerkschaftskonkurrenz spielte also auch nach 1945 noch eine Rolle, und zwar in der Weise, dass die Probleme für die DGB-Gewerkschaften größer wurden, wenn es eine konkurrierende Gewerkschaft gab, die den Raum der Vertragsfreiheit für ihre Mitglieder vehement verteidigte.

Unter den ökonomischen Prosperitätsbedingungen und der Entwicklung steigender Effektivlöhne in der Privatwirtschaft gab es nicht nur rechtspolitische Debatten, sondern gegen Ende der 1950er und Anfang der 1960er Jahre klagten diverse Arbeitnehmer vor den Arbeitsgerichten und verlangten eine Klärung. Sie machten das Günstigkeitsprinzip und damit das Recht auf übertarifliche Arbeitsbedingungen geltend. Und in verschiedenen Urteilen bestätigte das Bundesarbeitsgericht ihre Auffassung (zum Beispiel BAG 1960c, 1961a). Die Festsetzung von Höchstarbeitsbedingungen sei im Tarifvertragsgesetz ausgeschlossen. Als Begründung wurde vom Gericht zudem angeführt, dass mit den Praktiken im öffentlichen Dienst nicht nur gegen das Tarifvertragsgesetz verstoßen werde, sondern auch gegen das Grundgesetz, weil das Günstigkeitsprinzip verfassungsrechtlich geschützt sei. Damit lehnte sich das Gericht eng an die Ausführungen von Hueck und Nipperdey an (Nipperdey 1957b: 173–174). Diese beriefen sich wiederum auf ein Urteil des Bundesverfassungsgerichts aus dem Jahr 1954, in dem es seine sogenannte Kernbereichslehre entwickelt hatte. Demnach schützt die im Grundgesetz verankerte Koalitionsfreiheit (Art. 9 Abs. 3 GG) nicht nur die Bildung einer Koalition, sondern in gewissem Umfang auch ihre Tätigkeit:

> Das Grundrecht der Koalitionsfreiheit betrifft nicht nur den Zusammenschluß als solchen, sondern den Zusammenschluß zu einem bestimmten Gesamtzweck, nämlich zu einer aktiven Wahrnehmung der Arbeitgeber- (Arbeitnehmer-) Interessen. Dies bedeutet zugleich, daß frei gebildete Organisationen auf die Gestaltung der Löhne und Arbeitsbedingungen Einfluß nehmen, insbesondere zu diesem Zweck Gesamtvereinbarungen treffen können. Die historische Entwicklung hat dazu geführt, daß solche Vereinbarungen in Gestalt geschützter Tarifverträge mit Normativcharakter und Unabdingbarkeit abgeschlossen werden. Wenn also die in Art. 9 Abs. 3 GG garantierte Koalitionsfreiheit nicht ihres historisch gewordenen Sinnes beraubt

> werden soll, so muß im Grundrecht des Art. 9 Abs. 3 GG ein verfassungsrechtlich geschützter Kernbereich auch in der Richtung liegen, daß ein Tarifvertragssystem im Sinne des modernen Arbeitsrechts staatlicherseits überhaupt bereitzustellen ist und daß Partner dieser Tarifverträge notwendig frei gebildete Koalitionen sind. (Bundesverfassungsgericht 1954)

Dabei ließ das Bundesverfassungsgericht allerdings offen, welche Elemente zum »Kernbereich« eines »modernen Arbeitsrechts« zu zählen sind.

Hueck und Nipperdey (und im Anschluss an ihre Argumentation das Bundesarbeitsgericht) zählten das Günstigkeitsprinzip zu diesem Kernbereich dazu, weil es eines der zentralen Grundprinzipien des kollektiven Arbeitsrechts sei:

> Die Prinzipien des freiheitlichen und sozialen Rechtsstaates fordern, daß der historisch überkommene und durchgesetzte Tarifvertragsbegriff gilt. Der Zweck, die Arbeitnehmer zu schützen, fordert den Vorrang des Tarifvertrages, die Unabdingbarkeit. Damit ist aber auch die Grenze für den Vorrang des Kollektivprinzips aufgezeigt. Es gehört zu den entscheidenden Prinzipien des kollektiven Arbeitsrechts, daß es sich bei der kollektiven Regelung der Arbeitsbedingungen nur um Mindestbedingungen handelt, daß also für den Arbeitnehmer günstigere Abmachungen nicht nur zulässig sind, sondern als verfassungsrechtlich möglich angesehen werden müssen. Es würde also verfassungswidrig sein, wenn ein Tarifgesetz Höchstlöhne oder Festlöhne zulassen würde. (Nipperdey 1957b: 174)

Auch Höchstnormenbeschlüsse lehnten sie ab, weil dies gegen die Durchführungs- und Friedenspflicht gegenüber den Gewerkschaften verstoße (Hueck/Nipperdey 1965: 237). Zudem dürfe der Verband »im Innenverhältnis von seinen Mitgliedern nichts anderes verlangen, als was im Außenverhältnis der Durchführung des Tarifvertrages durch den Verband und seine Mitglieder dient« (Nipperdey 1957b: 408). Diese Ansicht entwickelte sich zur herrschenden Meinung, blieb aber umstritten (vgl. zusammenfassend mit vielen weiteren Literaturhinweisen Belling 1984).

Der Urteilsspruch des Bundesarbeitsgerichts führte dazu, dass nun auch im öffentlichen Dienst günstigere Arbeitsbedingungen angeboten werden konnten (und wohl auch mussten), um qualifizierte Arbeitskräfte zu halten beziehungsweise anzuwerben. Dies verschärfte die Konflikte vor allem auf der Arbeitgeberseite und führte zu neuen Prozessen. Diesmal wurden sie vor den Verwaltungsgerichten ausgetragen, weil öffentliche (meist kommunale) Arbeitgeber, die ihren Beschäftigten nun günstigere Arbeitsbedingungen boten, von ihrer Rechtsaufsicht verklagt wurden, und zwar mit Erfolg. Ein Beispiel: Eine Stadt- und Kreissparkasse hatte entschieden, ihren Beschäftigten attraktive Arbeitsbedingungen zu bieten, indem sie den Arbeitnehmeranteil zur Zusatzversorgungskasse übernahm. In diesem Fall entschied das Bundesverwaltungsgericht 1964, dass die Festsetzung tariflicher Höchstarbeitsbedingungen im öffentlichen Dienst weder gegen das Tarifvertragsgesetz noch gegen das Grundgesetz verstoße (Bundesverwaltungsgericht 1964). Damit widersprach es dem Arbeitsgericht diametral. Im Unterschied zum BAG zählte das Bundesverwaltungsgericht das Günstigkeitsprinzip nicht zum Kernbereich des verfassungsrechtlich geschützten Tarifrechts, es kam damit also zu einer anderen Interpretation des Verfassungsgerichtsurteils. Weiterhin argumentierte das Bundesverwaltungsgericht, dass das Günstigkeitsprinzip im öffentlichen Dienst aufgrund der dort vorliegenden besonderen Umstände schlichtweg nicht gelte, ähnlich wie bei den Beamten. Dabei führte es vor allem rechtspolitische Gründe an. Einerseits gebiete das Gebot der sparsamen Haushaltsführung eine Begrenzung der Personalkosten, zudem dürften im öffentlichen Dienst keine marktwirtschaftlichen Regeln zur Anwendung kommen:

In der Privatwirtschaft ist es weder zweckmäßig noch wünschenswert, daß allgemeine Höchstlöhne vereinbart werden. Das widerspräche den Grundsätzen einer freien Marktwirtschaft, in der es dem Unternehmer freistehen muß, durch besonders günstige Bedingungen gute Arbeitskräfte anzuwerben. Die Tarifverträge haben insoweit nur die Aufgabe, als Mindestbedingung den als Einzelnen schwachen Arbeitnehmer zu schützen. Ganz anders liegt es aber bei der öffentlichen Verwaltung. In allen Gemeinden und in den Ländern sind die öffentlichen Aufgaben mit der gleichen Sorgfaltspflicht wahrzunehmen. Die Gemeinden sind insoweit untereinander keine Konkurrenten, die im Wettbewerb stehen. Es wäre deshalb mit den Grundsätzen einer ordnungsgemäßen Verwaltung des Staates in allen seinen Gliederungen nicht vereinbar, daß die finanzstarken von finanzschwächeren Gemeinden dringend benötigte Angestellte durch bessere Bezahlung »abwerben« könnten oder daß wegen der höheren Bezahlung alle guten Kräfte sich im Dienste finanzstarker Gemeinden befänden, während in den anderen Gemeinden nur weniger qualifizierte Angestellte oder bei dem zur Zeit herrschenden Arbeitskräftemangel Stellen unbesetzt blieben. (Bundesverwaltungsgericht 1964: 4)

Damit war die ministerielle Kostendämpfung gerichtlich bestätigt und die Geltung des Tarifvertragsgesetzes im öffentlichen Dienst in Bezug auf das Günstigkeitsprinzip ausgesetzt – und zwar ohne ein juristisches Argument, sondern lediglich auf der Basis rechts- beziehungsweise haushaltspolitischer Überlegungen. Entsprechend umstritten war das Gerichtsurteil in Bezug auf das Ergebnis und das Verfahren.

Vor allem für die öffentlichen Arbeitgeber war das Urteil ambivalent: Einerseits war nun das traditionelle Instrument der Lohnbegrenzung neu legitimiert. Die Lohndrift war gerichtlich eingedämmt worden. Und so wie die Zentralbanken durch ihre Zinspolitik mittelbar dämpfend auf die Lohnpolitik Einfluss nehmen konnten, so betrieben auch die Verwaltungsgerichte eine heimliche Lohnpolitik. Andererseits hatte der öffentliche Dienst nun kaum noch Instrumente in der Konkurrenz um Arbeitskräfte. Zwar hatte das Bundesverwaltungsgericht die Konkurrenz innerhalb des öffentlichen Dienstes aufgehoben. Doch dies änderte nichts daran, dass die Privatwirtschaft attraktivere Bedingungen anbieten konnte und ein Abwanderungssog drohte. Aus diesem Grund gab es auf lokaler Ebene neue Versuche, den Urteilsspruch rückgängig zu machen. Einige kommunale Arbeitgeber versuchten, das Verbot günstigerer Arbeitsbedingungen zu umgehen, indem sie ihre Beschäftigten in höhere Entgeltgruppen einstuften. Die Arbeitnehmer bezogen dann keine übertariflichen Löhne, wurden aber durch großzügige Einstufungen besser entlohnt. Doch auch diese Arbeitgeber wurden von ihrer Rechtsaufsicht verklagt. Dabei fanden die klagenden Behörden zuerst keine Unterstützung bei den Verwaltungsgerichten der unteren Instanzen. So ließ zum Beispiel das Oberverwaltungsgericht in Lüneburg das Günstigkeitsprinzip wieder zu und berief sich dabei auf die Rechtsprechung des Bundesarbeitsgerichts. Doch das Bundesverwaltungsgericht kippte die Entscheidung im Jahr 1974 erneut, mit mehr oder weniger unveränderter Argumentation (Bundesverwaltungsgericht 1974).

Justizpolitisch fachten diese (und andere) Urteile eine Debatte an, die ohnehin niemals zur Ruhe gekommen war, nämlich die Diskussion über die Ressortierung der Fachgerichte. Die Zuordnung der Gerichte zum jeweiligen Fach- oder Justizministerium war nicht nur in Bezug auf die Arbeitsgerichte umstritten, sondern (in dieser Phase sogar stärker) auch bei den öffentlich-rechtlichen Gerichtsbarkeiten. Die Schaffung eines Rechtspflegeministeriums, das alle Gerichte unter sich vereint, war – wie bereits erwähnt wurde – von der FDP ins Gespräch gebracht worden, um eine möglichst starke Trennung von Verwaltung und Justiz zu erreichen. Auch hier verlief die Linie zwischen Befürwortern und Gegnern wieder quer durch die Parteien. Schleswig-Holstein und Hamburg realisierten das Rechtspflegeministerium für die öffentlich-rechtlichen Gerichtsbarkeiten schon in den 1950er Jahren: im ersten Fall unter der Führung der CDU, im zweiten unter der SPD (Wassermann 1964). Ein zentrales Argument lautete dabei, dass man den Ministerien die Möglichkeit nehmen wolle, sich Hausgerichtsbarkeiten zu halten. Während die FDP dabei vor allem die Unabhängigkeit der Richterschaft betonte, konzentrierte sich die SPD im Verlauf der 1960er Jahre auf die demokratietheoretische Komponente. Sie wollte die Rechte des Bürgers gegenüber dem Staat stärken. Der Bürger sollte nicht einem Gericht gegenübertreten müssen, dessen Dienstherr gleichzeitig Angeklagter ist. Dies würde später zu einem zentralen Reformprojekt der sozialliberalen Koalition werden (vgl. dazu Kapitel 6.2), war aber auch in dieser Phase schon deutlich spürbar.

Schlecht begründete Urteile wie jene zum Günstigkeitsprinzip verschärften den Eindruck, dass das Bundesverwaltungsgericht sehr unverblümt die Interessen seines Dienstherrn realisiere. Und dieser Verdacht war auch kaum von der Hand zu weisen. Soziologische Studien zur Elitenforschung stellten Mitte der 1960er Jahre heraus, dass die Fachministerien nicht nur die Dienstherren ihrer Fachgerichte waren, sondern auch die Spruchkörper mitbesetzten. So waren im Bundesverwaltungsgericht sowie im Bundessozialgericht circa 30 Prozent der

Richter vorher in den jeweiligen Ministerien beschäftigt gewesen, häufig sogar in relativ ranghohen Positionen. Beim Bundesfinanzhof lag der Anteil der ehemaligen Ministerialbeamten sogar bei 64 Prozent (Feest 1965: 99). Diese Richter waren durch die Verwaltungslaufbahn gegangen und dort sozialisiert worden, standen also den Interessen und Zwängen der öffentlichen Verwaltung viel näher als den Beschäftigten. Ungeachtet des Legitimationsproblems wurde der Widerspruch zwischen Bundesarbeitsgericht und Bundesverwaltungsgericht bis heute jedoch nicht aufgelöst.[7]

Die Politik des Bundesverwaltungsgerichts zeigt, wie wenig die Autorität der Arbeitsgerichtsbarkeit in den anderen Bereichen der Justiz akzeptiert wurde. Gleichzeitig war es geradezu grotesk, dass die Arbeitsgerichte beziehungsweise die Arbeitsrechtswissenschaft, die so lange für die Dominanz des kollektivrechtlichen Denkens gekämpft hatten, sich nun in der Position wiederfanden, die individuelle Vertragsfreiheit zu verteidigen. Dennoch war dies kein Widerspruch zum arbeitsrechtlichen Denken. Nipperdey hatte (so wie Sinzheimer) die Idee des Günstigkeitsprinzips immer als zentralen Bestandteil des Tarifrechts betrachtet; aber es sollte deutlich hinter dem kollektivrechtlichen Grundsatz zurücktreten. Die Entscheidungen des Bundesarbeitsgerichts zum Günstigkeitsprinzip in der Privatwirtschaft würden genau dieses Denken realisieren. Und im Ergebnis waren die Unterschiede zwischen der Rechtsprechung des Bundesverwaltungsgerichts und des Bundesarbeitsgerichts gar nicht sehr groß. Auch das BAG arbeitete daran, die Geltung des Günstigkeitsprinzips unter den Hochkonjunkturbedingungen einzuhegen. Es ging dabei nur weniger unverblümt vor als die Verwaltungsgerichte.

### 5.4.2 Günstigkeitsprinzip in der Privatwirtschaft: Die Sicherung der Tarifhoheit durch das Bundesarbeitsgericht

Die veränderten wirtschaftlichen Bedingungen spiegelten sich auch in den Publikationen der Arbeitsrechtswissenschaft wider. Das war nicht überraschend, hatten Hueck und Nipperdey doch schon in der Weimarer Republik nicht nur die soziologischen Aspekte des Arbeitsrechts betont, sondern auch die ökonomischen Effekte. Und diese Perspektive rückte im Verlauf der 1950er und 1960er Jahre wieder stärker in den Vordergrund. Anders als unmittelbar nach 1945, wo vor allem die Funktionen des Tarifrechts für den Wiederaufbau der

7 Gleichwohl kann vermutet werden, dass das Bundesverwaltungsgericht bei einem erneuten Prozess heute anders entscheiden würde oder zumindest eine neue Begründung bräuchte, denn die Abwesenheit von Marktgesetzen im öffentlichen Dienst kann unter der Bedingung des einsetzenden Wettbewerbsföderalismus, des New Public Managements und des leistungsorientierten TVöD kaum mehr für die Ablehnung des Günstigkeitsgedankens geltend gemacht werden.

Demokratie im Zentrum der Betrachtung standen, wurden nun wieder die Vorzüge des Arbeitsrechts (Schutz der Beschäftigten) gegen die potenziellen Nachteile (übermäßige Belastung der Betriebe) abgewogen (Nipperdey 1957b: 178). In den 1960er Jahren argumentierten sie dann sogar, dass der Schutzgedanke dementsprechend begrenzt sein müsse:

Jedoch darf das Streben, die Arbeitnehmer zu schützen und ihre Lage zu verbessern, nicht schrankenlos ausgedehnt werden. Denn wenn auch das Arbeitsrecht in weitem Umfang den Schutz der Arbeitnehmer bezweckt, so dient es doch letzten Endes wie alles Recht dem *Interesse der Allgemeinheit*, und das Interesse der Gesamtheit ist dem Sonderinteresse des einzelnen noch so wichtigen Berufsstandes übergeordnet. So wünschenswert vom sozialen Standpunkt aus ein möglichst intensiver Schutz der Arbeitnehmer [...] ist, die Bestrebungen in dieser Richtung finden ihre Grenze in der Belastungsfähigkeit der Wirtschaft. Die Beachtung dieser Grenze liegt letzten Endes auch im Interesse der Arbeitnehmer selbst; eine Wirtschaft, die unter den sozialen Lasten zusammenbricht, würde die Arbeitnehmer nicht mehr ernähren können. (Hueck/Nipperdey 1965: 20)

Die ordnungspolitische Betrachtung, die das Denken von Hueck und Nipperdey bereits in Weimar dominiert hatte, kehrte damit in verstärkter Form zurück; verstärkt wurde es aus dem Grund, weil zumindest Nipperdey es nun in das Ordnungsmodell der Sozialen Marktwirtschaft einordnete. Das Tarifrecht wurde nicht länger als Ausdruck der Selbstbestimmung gesellschaftlicher Gruppen betrachtet, sondern in einen wirtschaftspolitischen Ordnungsrahmen gestellt. Es sollte in diesem Sinne funktionieren.

Die Überzeugung, dass der Schutzgedanke ordnungspolitisch begrenzt werden müsse, äußerte sich auch in der Rechtsprechung, die die individuelle Vertragsfreiheit begrenzte. Eine ganze Reihe von Prozessen in den 1950er und 1960er Jahren beschäftigte sich mit der Frage, ob das Günstigkeitsprinzip zur Anwendung kommt, wenn eine kollektivrechtliche durch eine andere kollektivrechtliche Regelung ersetzt wird. Dabei ging es einerseits um Fälle, bei denen ein Tarifvertrag einem anderen nachfolgte. Es wurden aber auch Fälle behandelt, bei denen alte nationalsozialistische Ordnungen durch reguläre Tarifverträge ersetzt wurden. Gemeinsam war diesen neuen Tarifverträgen, dass sie für die Beschäftigten in einigen Sachfragen *schlechtere* Arbeitsbedingungen setzten als die alten Regelungen.[8] Einige der Betroffenen, teilweise gewerkschaftlich organisiert und teilweise nicht, riefen die Arbeitsgerichte an. Doch sie alle unterlagen spätestens in der höchsten Instanz (vgl. zum Beispiel BAG 1957d,e, 1962a,e).

In einem Fall hatten die Tarifparteien aus dem Buchhandel eine nationalsozialistische Tarifordnung zur Regelung des Urlaubs durch einen Mantelta-

8 Von Fällen dieser Art war auch der öffentliche Dienst betroffen. Weil sie arbeits- und nicht verwaltungsrechtliche Fragen betrafen, wurden sie vor den Arbeitsgerichten ausgetragen.

rifvertrag ersetzt, in dem (wahrscheinlich aufgrund des wachsenden Arbeitsvolumens) weniger Urlaubstage zugestanden wurden als zuvor. Dabei hatten die Tarifparteien eine Besitzstandsklausel integriert:

Bestehen für Arbeitnehmer günstigere Bedingungen als nach diesem Tarifvertrag, so dürfen sie aus Anlaß des Inkrafttretens dieses Tarifvertrags nicht zu deren Ungunsten geändert werden. (BAG 1957d: 2)

Auch diese Regelung wurde vom Gericht abgelehnt. Dabei berief es sich auf das von Nipperdey im Dritten Reich entwickelte Ordnungsprinzip (vgl. dazu noch einmal Abschnitt 4.3.2). Demnach werde ein alter Tarifvertrag immer vollständig durch einen neuen Tarifvertrag ersetzt. Dies ergebe sich aus dem Grundgedanken des Arbeitsrechts, nach dem eine tarifliche Regelung nicht zum Inhalt eines einzelnen Arbeitsvertrages werde, sondern ihn gesetzesähnlich beherrsche. Entfalle die bisherige Regelung, ende auch ihre Prägekraft auf den Arbeitsvertrag. Folglich könne eine normative Regelung vollständig durch eine andere ersetzt werden, ohne dass sie zum Bestandteil des Arbeitsvertrages werde. Stattdessen gelte die neue normative Regelung. Das Günstigkeitsprinzip komme nur dann zur Geltung, wenn günstigere Arbeitsbedingungen, zum Beispiel mehr Urlaub oder ein höherer Lohn, als individuelle und auf dem Leistungs- oder Bedürftigkeitsprinzip basierende Zusagen gewährt würden. Die kollektivrechtliche Regelung sei das dominierende Prinzip, das Günstigkeitsprinzip sei für den individuellen Ausnahmefall gedacht. Dies sei notwendig, um die Vorherrschaft des Kollektivprinzips zu gewährleisten. Dem Ordnungsprinzip müsse »auch deshalb der Vorrang eingeräumt werden, weil nur so die Tarifvertragsparteien den ihnen gegebenen Befugnissen zur Setzung allgemeiner Arbeitsbedingungen für die tarifunterworfenen Arbeitsverhältnisse gerecht werden können« (ebd.: 4). Wenn tariflichen Besitzstandsklauseln mit dem Günstigkeitsprinzip Geltung verschafft würde, käme eine einheitliche Gestaltung der Arbeitsverhältnisse nicht mehr zustande. Zudem würden einmal gesetzte Arbeitsbedingungen nicht mehr revidierbar sein. Die Handlungsfähigkeit der Tarifparteien wäre damit empfindlich gestört, weil sie die materiellen Standards immer nur verbessern könnten, aber nicht senken.

In der Folgezeit wurde diese Rechtsprechung ausgebaut. Demnach konnte ein neuer Tarifvertrag nicht nur einen alten Tarifvertrag verdrängen, sondern auch eine vertragliche Einheitsregelung, die als kollektivrechtliche Regelung gar nicht existiert, sondern bei der lediglich in vielen Einzelverträgen inhaltsgleiche Regelungen festgehalten werden (allgemeine Arbeitsbedingungen; BAG 1957e). Das Gericht betrachtete sie aufgrund ihres allgemeinen Charakters als quasikollektivrechtliche Regelung und nicht als eine Ansammlung individueller Regelungen, denn sie waren ja alle inhaltsgleich. Darum wurden also auch sie nach der

Rechtsprechung des BAG vom Günstigkeitsprinzip nicht erfasst, das nur wirklich individuelle Fälle abdecken sollte. Darüber hinaus wurde das Ordnungsprinzip auch auf den Bereich der Betriebsvereinbarungen übertragen (BAG 1962e).

Die Rechtsprechung des Bundesarbeitsgerichts war erkennbar darum bemüht, auf dem Arbeitsmarkt Ordnung zu schaffen und ein tarifrechtliches Ordnungsmodell durchzusetzen, das in der Weimarer Republik von der Arbeitsrechtswissenschaft und den Gewerkschaften immer als erstrebenswert betrachtet worden war, nämlich die Gestaltungshoheit der Tarifparteien als Regelfall und eine Dominanz des Kollektivprinzips. Insofern konnte diese Rechtsprechung nicht überraschen. Für die Verbände hatte sie aber ambivalente Wirkungen. Einerseits verlieh die Betonung des Ordnungsprinzips den neuen Tarifverträgen eine hohe Durchsetzungskraft gegenüber den alten (teilweise noch nationalsozialistischen) Ordnungen. Und die Verbände mussten daran interessiert sein, dass ihre Position als normensetzende Tarifpartei gestärkt wird. Dem hat das Gericht entsprochen. Aber die Gewerkschaften musste es mit Unbehagen erfüllen, wenn die durch einen Tarifvertrag erworbenen Besitzstände immer unsicher blieben. Um einen tariflichen Status quo zu halten, mussten die Gewerkschaften stets dazu in der Lage sein, ihn in den Tarifverhandlungen zu verteidigen. Dies hatte tendenziell eine Bremswirkung bei der weiteren Verbesserung der Arbeitsbedingungen für die Beschäftigten. Darum wurde kritisiert, dass die Verwendung des Ordnungsprinzips den traditionellen Schutzgedanken missbrauche. Auch für die Arbeitgeberseite war die Begrenzung des betrieblichen Handlungsspielraums zweischneidig. Das Gericht hat also weniger die Interessen der Verbände bedient, die in dieser Konstellation ohnehin uneinheitlich waren, als sein eigenes tarifrechtliches Ordnungsmodell implementiert.

Kritik wurde vor allem in Bezug auf die Konstellation laut, in der eine vertragliche Einheitsregelung durch einen Tarifvertrag abgelöst werden sollte. Die Brisanz lag darin, dass in diesem Fall die Beschäftigten bestimmte Regeln in ihren Arbeitsverträgen vorfanden, von denen sie häufig nicht einmal wussten, dass sie als kollektive Regelungen behandelt werden und insofern auch durch einen Tarifvertrag hätten abgeändert werden können. Es wurde argumentiert, dass die Betonung des Ordnungsprinzips gegenüber dem Günstigkeitsprinzip in diesen Fällen einen schweren Eingriff in die Vertragsfreiheit darstelle und das Vertrauen der Beschäftigten in den Bestandsschutz ihrer Verträge schmälere. Das heißt, diese Autoren betrachteten arbeitsvertragliche Einheitsregelungen nicht als quasikollektive Regelungen, sondern als Ansammlung individueller Verträge, die geschützt werden müssten. Das Prinzip »pacta sunt servanda« müsse erhalten bleiben (Gramm 1961). Die Beschäftigten müssten sich darauf verlassen können, dass der Inhalt ihrer Arbeitsverträge verbindlich sei. Gerade der Schutzgedanken im Arbeitsrecht zwinge zu dieser Betrachtungsweise. Wenn eine Gewerkschaft bestimmte Standards durchsetze, müsse jeder Beschäftigte vielleicht damit rechnen, dass ihm diese auch wieder entzogen werden könnten. Doch wenn ein Arbeitgeber Zusagen mache, müssten diese insofern verbindlich sein, als dass sie nicht durch eine am Arbeitsvertrag unbeteiligte Gewerkschaft wieder entzogen werden könnten (Canaris 1974).

Ein weiteres Argument bezog sich auf die Regelungsbefugnisse der Tarifparteien. Entgegen der Annahme des Bundesarbeitsgerichts liege ihre Aufgabe nicht darin, einheitliche Arbeitsbedingungen zu schaffen, weil sie die Standards immer nur für ihre Mitglieder setzen könnten und dürften, nicht aber für die Außenseiter, die sich dazu entschieden hätten, dem Tarifsystem fernzubleiben. Vor diesem Hintergrund würde die Anwendung des Ordnungsprinzips mitnichten zu einheitlichen Arbeitsbedingungen führen, sondern nur neue Differenzierungen produzieren. Diese seien zudem noch gewerkschaftsschädigend, weil die Ablösung einer Einheitsregelung durch einen schlechteren Tarifvertrag bewirke, dass die materiellen Standards für Gewerkschaftsmitglieder sänken, für die nicht organisierten Beschäftigten aber nicht (Däubler/Hege 1976). Hier schimmerte im Grunde die zwischen Sinzheimer und Brentano geführte Debatte über den Zusammenhang zwischen Organisationssicherung und Normensetzung aus den 1920er Jahren wieder durch (vgl. dazu noch einmal Abschnitt 4.2.2). Sinzheimer hatte ein Tarifrecht entwickelt, in dem freiwillig gebildete Verbände verbindliche Tarifverträge abschließen und implementieren sollten. Brentano hatte demgegenüber argumentiert, dass die Durchsetzung der Tarifstandards nur dann gelingen könne, wenn alle Unternehmen organisiert seien, was nur durch eine Zwangsorganisation erreicht werden könne. Die Prägekraft des Ordnungsprinzips, das übergreifend Geltung beanspruchte, stieß in einem System der freiwilligen Verbände an ihre Grenzen.

Jenseits dessen wurde die Frage aufgeworfen, ob eine solche Prägekraft überhaupt legitim sei. Die Übertragung des im Nationalsozialismus entwickelten Ordnungsprinzips auf das moderne Arbeitsrecht wurde mit Unbehagen betrachtet (Isele 1964). Das Ordnungsprinzip sei in einem autoritären System staatlicher Lohnkontrolle entwickelt worden, in dem der Glaube an ein objektives »Leitbild des gerechten Lohnes« vorgeherrscht habe (ebd.: 114). Zwar hätten auch moderne Tarifverträge und Betriebsvereinbarungen die Aufgabe, den Arbeitsmarkt und die Betriebe zu ordnen, doch könne die Hierarchie der im Nationalsozialismus eingesetzten Treuhänder der Arbeit nicht umstandslos auf die Tarifparteien des liberalen und modernen Tarifrechts übertragen werden.

Die Auseinandersetzungen um das Verhältnis zwischen Ordnungs- und Günstigkeitsprinzip ab den 1960er Jahren und die starke Kritik an der Rechtsprechung des Bundesarbeitsgerichts verdeutlichten, dass die in der unmittelbaren Nachkriegszeit vorherrschende Dominanz der konservativen epistemischen

Gemeinschaft nicht mehr unangefochten war. Im Zuge der langsamen Etablierung des Arbeitsrechts entstand ein neuer gewerkschaftsfreundlich orientierter Flügel der Arbeitsrechtswissenschaft, der teilweise gemeinsame Positionen mit den liberalen Kritikern des Arbeitsrechts fand. Hier braute sich eine Koalition zusammen, die die Deutungshoheit der Gruppe um Nipperdey und damit auch die Dominanz des Kollektivprinzips im weiteren Zeitverlauf massiv infrage stellen würde (vgl. dazu Kapitel 6).

Eine andere Rechtsfrage, die im Zusammenspiel zwischen betrieblichen und tariflichen Regelungen nicht weniger kontrovers war als das Ordnungsprinzip, bezog sich auf die Gültigkeit der sogenannten Effektivklauseln. Wie bereits erwähnt wurde, versuchten die Gewerkschaften, zumindest partiell einen Zugriff auf den Bereich der übertariflichen Löhne zu erhalten. In den Effektivklauseln wurde tariflich festgelegt, ob die Tariflohnerhöhungen von den betrieblichen übertariflichen Zahlungen aufgesogen werden sollten oder ob sie zusätzlich zu den Effektivverdiensten gezahlt werden. Allerdings muss erneut zwischen verschiedenen Formen unterschieden werden. Die *Verrechnungsklauseln* stellten darauf ab, dass die übertariflichen Löhne auf die Tariflohnerhöhungen angerechnet werden. Damit sollte die Lohndrift verkleinert werden. *Begrenzte Effektivklauseln* legten fest, dass im Falle der Tariflohnerhöhung die übertariflichen Zahlungen eben nicht aufgesogen werden. Stattdessen sollten die Tariflohnerhöhungen zusätzlich zu den Effektivverdiensten gezahlt werden. Dieses Element war für die Gewerkschaften von großer Bedeutung, um ihre Tarifpolitik für die Beschäftigten spürbar zu machen. Den weitesten Regulierungsanspruch stellten schließlich die *Effektivgarantieklauseln*, die besagten, dass der neue Gesamtlohn zum unabdingbaren Tariflohn werden sollte. Dies hätte bedeutet, dass die Arbeitgeber die übertariflichen Zahlungen nicht mehr einseitig hätten kündigen können. Und zweitens hätten die Gewerkschaften für diese Löhne durch ihre Tarifierung auch streiken können.

Während das Bundesarbeitsgericht die weitreichenden Effektivgarantieklauseln für nicht zulässig erklärte (BAG 1958b), anerkannte es die begrenzten Effektivklauseln (BAG 1956a, c). Diese Rechtsprechung war für die Gewerkschaften sowohl in der Perspektive des Klassenkonflikts als auch in der Perspektive des Mehrebenenkonflikts vorteilhaft. Die Einkünfte der Beschäftigten wuchsen mit jeder betrieblichen und tariflichen Lohnrunde. Gleichzeitig konnten die Verbände – so sie dies denn wollten – in gewissem Umfang in die betriebliche Lohnpolitik eingreifen. Wenn ein Arbeitgeber die übertariflichen Zahlungen zurückziehen wollte, konnte er das nur über den Weg der Änderungskündigung tun, was eine relativ hohe Hürde darstellte (und unter den Bedingungen der Vollbeschäftigung vermutlich selten stattfand). In diesem Sinne wurde die Organisationspolitik der Gewerkschaften gestärkt und von ihnen auch begrüßt:

> Der Arbeitgeber sollte [...] wenn er die übertariflichen Lohnteile kürzen wollte, dazu gezwungen werden, den Weg der ordentlichen Aufkündigung zu beschreiten, den er sonst immer gehen muß, wenn er den Inhalt des Arbeitsvertrages irgendwie gegen den Willen des Arbeitnehmers abändern will. Mit anderen Worten: Der tatsächliche Angreifer sollte auch rechtlich als Angreifer erscheinen. (Rehhahn 1956a: 289)

Auf der Arbeitgeberseite wurde die Rechtsprechung aufgrund ihrer potenziell kostentreibenden Wirkung skeptisch betrachtet. Zudem stellte sie einen Eingriff in die betrieblichen Gestaltungsspielräume dar, beziehungsweise den Arbeitgeberverbänden wurde die Verantwortung für die politische Verteidigung dieses Handlungsspielraums auferlegt. Entsprechend kritisierte man das Urteil als einen unangemessenen Eingriff in die Vertragsfreiheit und eine Verletzung des Günstigkeitsprinzips (Foerster 1956; Cornelius 1958). In dieser Kritik wurde die Arbeitgeberseite auch von anderen Kommentatoren unterstützt. So argumentierte der Ministerialdirektor im Arbeitsministerium von Baden-Württemberg, Philipp Hessel, wenn es den Tarifparteien verboten sei, ihren Mitgliedern zu verbieten, die Tarifbestimmungen zu überschreiten, dann müsse es »logischerweise umgekehrt auch unzulässig sein, den Mitgliedern der Tarifparteien irgendwelche Vorschriften über die Gestaltung der übertariflichen Löhne und Arbeitsbedingungen zu machen« (Hessel 1956: 156). Auch Herschel äußerte sich eher kritisch, weniger in Bezug auf die Rechtsprechung des Bundesarbeitsgerichts als generell über das Phänomen der Effektivklauseln (Herschel 1956).

Dass sich mit Herschel und Hessel zwei Ministerialbeamte zu Wort meldeten, war kein Zufall, denn zumindest in einem Urteil bezog sich die Rechtsprechung des Bundesarbeitsgerichts auf einen Härtefall, an dessen Zustandekommen das Niedersächsische Sozialministerium beteiligt gewesen war (BAG 1956a). Die Klage betraf einen Außenseiter des Tarifsystems. Geklagt hatte eine Arbeitnehmerin. Ein nicht tarifgebundenes Unternehmen der Metallindustrie in Niedersachsen hatte seinen Beschäftigten einen übertariflichen Lohn gezahlt; möglicherweise auch, um bei seiner Belegschaft kein Interesse an einer Tarifbindung zu wecken. Im Rahmen einer regulären Tarifrunde verabredeten die Verbände eine Lohnerhöhung sowie eine begrenzte Effektivklausel, nach der die Tariflohnerhöhung auf den Effektivverdienst aufzustocken war. Dieser Tarifvertrag wurde im Anschluss vom zuständigen Sozialministerium rückwirkend für allgemein verbindlich erklärt und galt nun auch für den »Außenseiter«-Betrieb, der sich doppelt sanktioniert fühlte. Erstens unterlag er einer Tarifbindung, die er nicht wollte und die ihm eine Tariflohnerhöhung einbrachte, auf deren Zustandekommen er mangels Mitgliedschaft keinen Einfluss gehabt hatte, zumal der Tarifvertrag rückwirkend für allgemein verbindlich erklärt worden war. Und zweitens wurde er faktisch dafür bestraft, seine Beschäftigten zuvor schon übertariflich bezahlt zu haben. Denn jetzt musste er sie noch besser bezahlen und konnte den übertariflichen Lohn nicht mehr ohne Weiteres kürzen, sondern nur über den Weg der Änderungskündigung. Diese Konstellation lenkte die Kritik etwas weg vom Gericht und hin zur Praxis der Arbeits- und Sozialministerien mit der Handhabung der Allgemeinverbindlichkeitserklärung. Herschel war offenkundig darum bemüht, für die Arbeitsverwaltungen Schadensbegrenzung zu betreiben, und er kritisierte die Politik des Landesministeriums (Herschel 1956).

In beiden Fällen, beim Ordnungsprinzip wie bei den Effektivklauseln, sicherte das Bundesarbeitsgericht die Gestaltungshoheit und Regelungsvormacht der Tarifparteien. Das Günstigkeitsprinzip wurde demgegenüber zwar nicht ausgeschaltet (wie es das Bundesverwaltungsgericht praktiziert hatte), aber sein Geltungsbereich wurde auf Spezialfälle reduziert. Durch die Engführung der Vertragsfreiheit unter den Bedingungen des Wirtschaftswachstums leistete das Bundesarbeitsgericht einen Beitrag zur Koordinierung der Lohnpolitik. Zudem gab es den Tarifparteien Möglichkeiten zum Eingriff in die betriebliche Lohngestaltung. Das Bundesverwaltungsgericht realisierte im öffentlichen Dienst einen quasistaatlichen Lohnstopp. Das Bundesarbeitsgericht gab dieses Ergebnis nicht vor, legte die zentralen Instrumente zur Lohnkontrolle aber in die Hände der Tarifparteien. Damit hielt Nipperdey auch an der Linie der epistemischen Gemeinschaft fest, ein staatsfernes Arbeitsrecht abzusichern und die Gestaltungsrechte in den Händen der Verbände zu konzentrieren.

Wie schon bei der Rechtsprechung zum Ordnungsprinzip wurde deutlich, dass der ordnungspolitische Anspruch, einheitliche Arbeitsbedingungen zu gewährleisten, mit dem liberalen Prinzip der Vereinigungsfreiheit kollidierte, die eben auch die Freiheit einschloss, nicht tarifgebunden zu sein. Die Berufung auf das Günstigkeitsprinzip wurde vor diesem Hintergrund auch ein Ansatzpunkt für die Außenseiter des Tarifsystems, die Außenseiter bleiben wollten und/oder durch Allgemeinverbindlichkeitserklärungen zwangsweise in das Tarifsystem integriert wurden. Der Legitimität des Kollektivgedankens im Tarifrecht war dies nicht zuträglich.

### 5.4.3 Schließungsprozesse der epistemischen Gemeinschaft im Bundesarbeitsgericht nach innen und außen

In weiten Teilen spiegelte die Rechtsprechung des Bundesarbeitsgerichts die Positionen wider, die Nipperdey bereits in der Weimarer Republik vertreten hatte. Einerseits wurde die Idee der individuellen Vertragsfreiheit im Tarifrecht verteidigt. Daher wurde die Politik des Bundesverwaltungsgerichts, die Geltung des Günstigkeitsprinzips im öffentlichen Dienst nicht anzuerkennen, abgelehnt. Gleichzeitig wurde der kollektiven Regelungsmacht der Tarifparteien immer der Vorzug gegenüber der individuellen Vertragsfreiheit gewährt. Wer die Schriften Nipperdeys sorgfältig gelesen hatte, konnte von den Urteilen des Bundesarbeitsgerichts kaum überrascht sein. Doch dass sich die Rechtsprechung so eng an die Positionen Nipperdeys anlehnte, war nicht selbstverständlich, wenn man in Rechnung stellt, dass das arbeitsrechtliche Denken in der rechtswissenschaftlichen Disziplin sowie in der Rechtspolitik nach wie vor umstritten war, und wenn man sich zudem in Erinnerung ruft, dass die erste Generation von Berufsrichtern am BAG nicht ausschließlich mit Arbeitsrechtlern besetzt worden war. Die Rechtsprechung des Bundesverwaltungsgerichts konnte mit der engen personellen Verzahnung zwischen dem Gericht und der öffentlichen Verwaltung erklärt werden. Wie hat das Bundesarbeitsgericht seine Rechtsprechung abgesichert, oder präziser formuliert: Mit welchen Mechanismen haben die Arbeitsrechtswissenschaftler im Bundesarbeitsgericht durchsetzen können, dass Nipperdeys Vorstellungen (und nur seine) in der Rechtsprechung realisiert wurden? Die Antwort auf diese Frage liegt in kognitiven Schließungsprozessen, die sowohl nach innen (innerhalb des Gerichts) als auch nach außen (gegenüber der Öffentlichkeit und der Rechtswissenschaft) wirksam waren. Und auch sie gerieten ab Mitte der 1960er Jahre in die Kritik (vgl. dazu Kapitel 6.1).

Durch ihre engen Beziehungen zum Arbeitsministerium und durch die weitgehende Gestaltungshoheit des Ministeriums in Bezug auf die Administration des Gerichts konnte sich die Gruppe um Nipperdey die Führungspositionen im Gericht sichern. Der Richterwahlausschuss wählt die Berufsrichter, kann aber institutionell kein Mitspracherecht in Bezug auf die Verteilung der Positionen innerhalb des Gerichts verlangen. Aus dem Protokoll der Sitzung vom 3.12.1953 geht hervor, dass zwei Mitglieder des Ausschusses, die eher zur gegnerischen epistemischen Gemeinschaft zählten, zwar einen Versuch unternahmen, auf die Auswahl des Präsidenten und seines Stellvertreters Einfluss zu nehmen (Richterwahlausschuss 1953a).[9] Sie argumentierten, dass der Richterwahlausschuss hier zwar keine formalen Mitbestimmungsrechte geltend machen könne, doch zumindest die Information darüber, welche Kandidaten in der engeren Auswahl stünden, sei wichtig für die Wahlentscheidungen der Ausschussmitglieder. Auch bei den anderen obersten Gerichten sei genau so verfahren worden, dass der Richterwahlausschuss vor der Wahl über die geplante Ämterverteilung informiert wurde. Doch der Bundesarbeitsminister vertagte diese Frage in seiner Eigenschaft als Ausschussvorsitzender. Und er nahm sie auch später nie wieder auf. Nipperdey wurde Präsident und Gerhard Müller, einer seiner Vertrauten

9 Dabei handelte es sich um den bereits erwähnten Thomas Dehler (FDP), der zu dieser Zeit schon nicht mehr Justizminister war, sowie um den sozialdemokratischen Juristen Otto Heinrich Greve. Letzterer war von der FDP 1948 in die SPD gewechselt und war im Justizdienst tätig gewesen. Ferner hatte er als Syndikus für die Industrie gearbeitet.

aus der Präsidentenkonferenz, wurde sein Stellvertreter. Beide übernahmen den Vorsitz in jeweils einem der beiden Senate.[10]

Mit diesen Ämtern prägten sie auch die interne Gerichtsorganisation. Deren rechtliche Grundlagen waren im Gesetz zur Wiederherstellung der Rechtseinheit auf dem Gebiet der Gerichtsverfassung, der bürgerlichen Rechtspflege, des Strafverfahrens und des Kostenrechts vom 12. September 1950 festgelegt. Das Gesetz knüpfte an die Regelung von 1924 an und verlieh den Gerichten eine Präsidialverfassung mit ausgeprägt präsidialem Charakter. An den Bundesgerichten wurde ein Präsidium als Führungsgremium eingerichtet, das mit geschäftsführenden Aufgaben betraut war. Es sollte sich zusammensetzen aus dem Präsidenten des Gerichts (im Justizjargon der »Chefpräsident«), den Präsidenten der Senate und dem dienstältesten Berufsrichter. Letzterer war am BAG Johannes Denecke, der seit 1907 im kaiserlichen Justizdienst gestanden hatte und ab 1928 im Reichsarbeitsgericht tätig gewesen war.[11] Er gehörte also noch zu der Richtergeneration, die von den Gewerkschaften und der Sozialdemokratie mit dem Vorwurf der Klassenjustiz belegt worden war. Dass er deutlich andere Positionen als Nipperdey vertrat, wurde spätestens bei der Auseinandersetzung um die Zulässigkeit von Lohnbegrenzungen und Höchstnormenbeschlüssen deutlich. Im Gegensatz zur Rechtsprechung des Bundesarbeitsgerichts hielt Denecke – der zu diesem Zeitpunkt bereits im Ruhestand weilte – diese Begrenzungsregeln für legal (Denecke 1960). Als sein Stellvertreter fungierte Hugo Berger, der mit seiner langjährigen Erfahrung als Oberlandesgerichtsrat und in der Hessischen Justizverwaltung sowie keinerlei Erfahrungen im Arbeitsrecht Nipperdey und Müller auch eher fremd war.[12] Der dritte Richter im Präsidium konnte aber bei allen Entscheidungen überstimmt werden, solange Nipperdey und Müller sich einig waren, was häufig der Fall war. Das Bundesarbeitsgericht wurde in dieser Phase also faktisch von zwei Personen geleitet.

10 Die durch das Arbeitsgerichtsgesetz vorgegebene Regel der Einvernehmlichkeit mit dem Justizministerium löste das Arbeitsministerium dahin gehend auf, dass die Entscheidungen im Zweifelsfall dem Kabinett vorgelegt wurden, wo es auf die Unterstützung des Finanz- und des Innenressorts zählen konnte, die ebenfalls darum bemüht waren, ihre Fachrichter durchzusetzen.

11 Johannes Denecke war nicht unumstritten. Schon bei seiner Wahl bestanden im Richterwahlausschuss ihm gegenüber aufgrund seines fortgeschrittenen Lebensalters rechtliche und persönliche Bedenken (Richterwahlausschuss 1953a, b). Denecke war zum Zeitpunkt seiner Ernennung bereits 70 Jahre alt und litt auch unter gesundheitlichen Problemen. Eine Begründung für seine Wahl lautete, dass es wünschenswert sei, auf die Erfahrungen eines Richters vom ehemaligen Reichsarbeitsgericht zurückgreifen zu können. Im Jahr 1956 schied Denecke dann endgültig aus dem Dienst aus.

12 Im Jahr 1959 wechselte Berger an das Bundesverfassungsgericht, und zwar bezeichnenderweise nicht in seiner Eigenschaft als Richter am Bundesarbeitsgericht, sondern als freier Kandidat über das Kontingent des Bundesrats.

Nipperdey und Müller waren darum bemüht, ihre zentrale Position abzusichern, auch gegen das dritte Präsidiumsmitglied. So beklagte Denecke sich bei Nipperdey schriftlich darüber, dass er wichtige Informationen nicht vor den Präsidiumssitzungen zugeleitet bekomme, sondern immer erst auf den Sitzungen selbst informiert werde. Er repräsentiere die übrige Richterschaft im Präsidium und könne seinem Amt als Vertrauensperson nur dann nachkommen, wenn die Richterschaft rechtzeitig zum Beispiel über die geplante Geschäftsverteilung informiert werde und die Möglichkeit habe, ihre Wünsche an ihn heranzutragen. In diesem Zusammenhang machte er auch darauf aufmerksam, dass die Zusammensetzung der Präsidien in anderen Gerichten durchaus anders gehandhabt werde. So seien im Präsidium des Bundesgerichtshofes neben den Mitgliedern kraft Amtes vier weitere Richter vertreten. Bei den großen Landesgerichten würden die Repräsentanten sogar gewählt (Denecke 1955). Nipperdey lehnte das Anliegen ab. Er argumentierte, dass die Richterschaft durch das Präsidium ausreichend repräsentiert sei:

> Im übrigen sind beim Bundesarbeitsgericht nicht nur der dienstälteste Bundesrichter, sondern auch der Präsident des Bundesarbeitsgerichts und die Senatspräsidenten gewissermaßen als Vertrauensleute der übrigen Richter anzusehen. Denn auch der Präsident des Bundesarbeitsgerichts hat ja im Präsidium außer dem formellen Vorsitz keinerlei besondere, insbesondere keine entscheidenden Befugnisse, da das Präsidium mit Stimmenmehrheit beschließt. Was nun Ihren weiteren Wunsch über eine vorherige Anhörung der Bundesrichter betrifft, so wäre formell zu bemerken, daß die auch von Ihnen hervorgehobene Repräsentation der Richter durch die Mitglieder des Präsidiums an sich genügen sollte. (Nipperdey 1955c)

Entlang dieser Linie prägten Nipperdey und Müller die internen Gerichtsabläufe. Und damit konnten sie auch die Dominanz der arbeitsrechtlichen Interpretationen Nipperdeys in der Rechtsprechung absichern. Nur einige Beispiele der Verfahrensgestaltung seien hier genannt.

Das Präsidium schaltete potenzielle Mitwirkungsmöglichkeiten des Richterkollegiums in Bezug auf die Gestaltung der Geschäftsordnung des Gerichts aus, zum Beispiel bei Fragen der Senatsbesetzung oder der Geschäftsverteilung. Das war nicht selbstverständlich. Offensichtlich ist die 1954 verabschiedete Geschäftsordnung des BAG auf der Basis einer Vorlage der 1952 eingesetzten Geschäftsordnung des Bundesgerichtshofes entstanden, denn beide Dokumente waren sogar im Wortlaut zu 90 Prozent identisch. Aber das Präsidium des Bundesarbeitsgerichts nahm zwei zentrale Änderungen vor. Erstens sah die Geschäftsordnung des BGH ein Richterplenum vor, das über Änderungen und Ergänzungen der Geschäftsordnung beschließen konnte. Und zweitens war das Verfahren zur Auswahl von Gutachtern geregelt. Für den Fall, dass der BGH – zum Beispiel im Rahmen eines Gesetzgebungsprozesses – ein Gutachten erstellen sollte, war vorgesehen, dass diese Aufgabe entweder von dem oder den fachlich zuständigen Senatsmitgliedern oder vom Großen Senat oder einer senatsübergreifenden Kommission übernommen wird. Das Präsidium sollte entscheiden, welche Option gewählt wird (Bundesgerichtshof 1952).

Beide Regelungen hat das Bundesarbeitsgericht nicht übernommen (Bundesarbeitsgericht 1954). Die Institution des Richterplenums wurde verworfen, was zur Folge hatte, dass das Richterkollegium keinerlei garantierte Mitwirkungsmöglichkeiten hatte und insbesondere keinen Zugriff auf die Gestaltung der Geschäftsordnung. Und die Ablehnung der Regelung zum Gutachterwesen bedeutete, dass im Zweifelsfall der Präsident entscheiden würde, wer als Gutachter eingesetzt wird und das Gericht repräsentiert (im Zweifelsfall wohl er selbst).

Ein weiterer Mechanismus, mit dem Nipperdey und Müller ihr Deutungsmonopol absicherten, lag in der Senatsbesetzung, über die das Präsidium entschied. Dabei ist zwischen den ehrenamtlichen Richtern und den Berufsrichtern zu unterscheiden.[13] Die ehrenamtlichen Richter werden von den Verbänden vorgeschlagen, vom Bundesarbeitsgericht angefordert und vom Bundesministerium für Arbeit ernannt. Das Bundesarbeitsgericht forderte für seine zwei Senate ungewöhnlich viele ehrenamtliche Richter an, nämlich jeweils vierzig Arbeitnehmer- und Arbeitgebervertreter. Darüber hinaus beschloss das Präsidium, die Laienrichter keinem Senat zuzuordnen, sondern alle Kandidaten sollten für alle Prozesse herangezogen werden können. Dabei blieb ungeklärt, nach welchen Kriterien die Kandidaten ausgewählt werden. Das Protokoll der Präsidiumssitzung hielt lediglich fest, es solle »bei der Geschäftsverteilung für das nächste Geschäftsjahr in Verbindung mit der Verteilung der Geschäfte auf die einzelnen Senate wenn möglich versucht werden, die Bundesarbeitsrichter, die dem Streitgegenstand fachlich nahe stehen, dem Senat zuzuteilen, zu dessen Zuständigkeiten diese Streitigkeiten gehören« (Nipperdey 1954b).

Diese Regelung ließ dem Präsidium viel Spielraum bei der Auswahl der Personen und stieß intern auch auf Kritik. So beklagte sich der Bundesrichter Hugo Berger beim Präsidium über die geübte Praxis. Dabei wies er darauf hin, »dass der Herr Vizepräsident des Bundesverfassungsgerichts […] diese auch ihm selbst aufgefallenen Bedenken als durchaus beachtlich erklärt hat« (Berger 1954). Andere Richter machten darauf aufmerksam, dass die Zuordnung der ehrenamtlichen Richter nach ihrer fachlichen Qualifikation durchaus Wünsche offenließ (Poelmann 1958). Auch die Verbände beklagten sich zuweilen darüber, dass die von ihnen entsandten Vertreter nicht adäquat eingesetzt werden.

13 Für die im Folgenden angeführten Zitate muss darauf hingewiesen werden, dass die ehrenamtlichen Richter im Amtsjargon als »Bundesarbeitsrichter« bezeichnet werden, während die offizielle Bezeichnung der Berufsrichter »Bundesrichter« lautet.

Ähnlich agierte das Präsidium bei der Verteilung der Berufsrichter auf die Senate. Dass die Senate personell überbesetzt waren, wurde kritisiert, war aber an sich nicht ungewöhnlich und schon viele Jahrzehnte gerichtliche Praxis gewesen, und zwar nicht nur in der Arbeitsgerichtsbarkeit (Schilgen 1955). Das Präsidium des BAG nutzte diese Flexibilität jedoch in besonderer Weise, um seine Macht abzusichern, indem es zusätzlich zu den benötigten Senatsmitgliedern Präsidenten aus anderen Senaten zu ständigen Mitgliedern der Nachbarsenate erklärte. Dieses Verfahren wurde genutzt, um im Zuge des durch die hohe Arbeitsbelastung bedingten schnellen Wachstums des Gerichts keine Kontrollverluste zu erleiden.

Bereits 1955/1956 wurden erst ein Dritter und dann ein Vierter Senat gegründet beziehungsweise von der Bundesregierung bewilligt. Gerhard Müller, der Präsident des Zweiten Senats war, bekam gleichzeitig die Leitung des Dritten Senats übertragen, was seinem eigenen Vorschlag entsprach (Müller 1955). Damit blieb die Zahl der Präsidiumsmitglieder unverändert. Bei der Einrichtung des Vierten Senats konnte an diesem Prinzip aus Belastungsgründen nicht länger festgehalten werden. Den Vorsitz für die beiden neuen Senate bekamen König und Poelmann, wodurch sich das Präsidium erweiterte. Die Auswahl dieser Personen war kein Zufall, denn aus der ersten Generation der 1954/55 an das Gericht berufenen Richter standen diese beiden Nipperdey und Müller am nächsten. König war noch aus den Zeiten der Präsidentenkonferenz ein Mitglied der epistemischen Gemeinschaft. Poelmann war zwar kein ausgewiesener Arbeitsrechtler, hatte aber bei Nipperdey an der Universität Köln promoviert (vgl. Tabelle 5-1).

Das nunmehr größere Präsidium erweiterte seine Kontrolle in die Senate hinein, indem sämtlichen Kammern außer dem Senatspräsidenten ein oder zwei Senatspräsidenten anderer Kammern als stellvertretende Vorsitzende zugeordnet wurden, sodass das Präsidium in jedem Senat mehrfach vertreten war. Zudem wurde am Gericht ein Verfahren praktiziert, nach dem der Senatspräsident bei jedem Prozess als Koreferent zum ausgewählten Berichterstatter agierte (ebd.). Damit übernahm das Präsidium weitgehend die Kontrolle über die Rechtsprechung. Und mit genau diesem Argument begründete Nipperdey die Gerichtspraxis gegenüber dem Bundesministerium, das sich irritiert gezeigt hatte (vgl. dazu ausführlicher: Abschnitt 6.2):

> Nicht zuletzt dient die getroffene Regelung einer einheitlichen und stetigen Rechtsprechung, weil die Senatspräsidenten dank ihrer seit Errichtung des Bundesarbeitsgerichts bestehenden Zugehörigkeit zum Bundesarbeitsgericht mit der Rechtsprechung umfassend vertraut sind und daher auch außerhalb des Großen Senats auf die Einheit hinwirken können.
> (Nipperdey 1957a)

Das Ordnungsprinzip mit der Betonung einer strikten Regelungshierarchie dominierte also auch die interne Gerichtsorganisation und sicherte die Deutungshoheit Nipperdeys ab. Hier zeigt sich ebenfalls eine bemerkenswerte Parallele zur Entwicklung der Verbände. Ein Strang der Korporatismus-Literatur hat seit den späten 1980er Jahren die innerverbandlichen Voraussetzungen der Einbindung von Interessengruppen in korporatistische Netzwerke und die staatliche Politikformulierung diskutiert (Streeck 1987; Zimmer/Weßels 2001). Demnach ist und war in den Verbänden häufig ein Prozess zu beobachten, in dem die Mitgliedschaftslogik zugunsten der Einflusslogik diszipliniert wurde. Innerverbandliche Demokratie wurde begrenzt, um die Verpflichtungs- und Durchsetzungsfähigkeit gegenüber dem Staat und den Arbeitgeberverbänden zu erhöhen. Betont wurde die Output-Dimension der Demokratie, die Input-Dimension wurde demgegenüber in den Hintergrund gerückt (zur Unterscheidung von input- und output-orientierter Demokratie vgl. Scharpf 1970). Die Schließungsmechanismen innerhalb des BAG weisen darauf hin, dass ein äquivalenter Prozess auch in der Arbeitsgerichtsbarkeit stattgefunden hat. Um das arbeitsrechtliche Denken abzusichern und seine Durchsetzung in der Rechtsprechung zu realisieren, wurde der interne Pluralismus begrenzt.

Gegen die mangelnde Beteiligung der Richterschaft formierte sich eine Opposition im Gericht. Und die Dokumente in den Beständen des Bundesarchivs deuten darauf hin, dass dieser Widerstand vor allem von solchen Richtern ausging, die dem Arbeitsrecht eher fernstanden (Schilgen, Berger, Simons, Wichmann, vgl. dazu erneut Tabelle 5-1). Hier rangen also nicht nur Richter und Präsidium um Entscheidungsrechte, sondern eine epistemische Gemeinschaft rang mit ihren intellektuellen Gegnern beziehungsweise Außenstehenden.

So kritisierte etwa Hugo Berger nicht nur die Praxis der Senatsbesetzung, sondern auch die Praxis der Geschäftsverteilung, bei der das Präsidium im laufenden Geschäftsjahr unangekündigt eine Neuverteilung der Zuständigkeiten zwischen den Senaten vornahm (Berger 1958). Friedrich Wichmann beklagte sich bei Nipperdey darüber, dass kaum Richterbesprechungen stattfänden. Daher lud er – als funktionales Äquivalent zum Richterplenum – seine Kollegen zu einem sogenannten Kolloquium ein, worauf Nipperdey sehr unwirsch reagierte (Nipperdey 1960). Der Präsident sagte daraufhin zu, häufiger Richterbesprechungen einzuberufen, kam dieser Zusage aber offensichtlich nicht nach, worauf wiederum Wichmann unwirsch reagierte (Wichmann 1961). Schließlich sah Nipperdey sich genötigt, mindestens zwei Richterbesprechungen im Jahr zuzulassen (Nipperdey 1963).

Die innergerichtliche Opposition nutzte auch den Verein der Richter am Bundesarbeitsgericht. Vereine dieser Art existieren auch bei anderen Bundesgerichten. Sie muten etwas merkwürdig an, weil sich ihre Mitgliedschaft auf die wenigen Personen beschränkt, die einander ohnehin täglich begegnen. Ihre Hauptfunktion lag zumindest historisch wohl darin, dass die richterlichen Mitglieder im Rahmen eines privaten Vereins Stellungnahmen zu rechts- und justizpolitischen Themen abgeben konnten, die sie in ihrer Eigenschaft als Bundesrichter nicht abgeben sollten. So hat der Verein der Bundesrichter am BAG bereits unmittelbar nach seiner Gründung Stellungnahmen zum geplanten Richtergesetz abgegeben (Berger 1955). Zudem konnten die Arbeitsrichter als organisierter Verein dem richterlichen Dachverband, dem Deutschen Richterbund, als Kollektiv beitreten, und zwar in einer Weise, die den besonderen Charakter des Arbeitsrichters im Vergleich zu anderen Richtern auch organisatorisch unterstrich.

Nipperdey dominierte das gesamte Arbeitsrecht. Er war Präsident des Bundesarbeitsgerichts, gleichzeitig hatte er den wichtigsten universitären Lehrstuhl inne. Er war der Herausgeber der wichtigsten Publikationen (siehe unten), zugleich fungierte er auch viele Jahre als Präsident des Arbeitsgerichtsverbandes, von dem er 1965 zum Ehrenpräsidenten ernannt wurde (Hollstein 2007: 784). Der Verein der Bundesrichter am BAG war die einzige Einrichtung, in der Nipperdey nicht Herr des Verfahrens war. Stattdessen dominierten hier diejenigen Richter, die außerhalb des Kerns der epistemischen Gemeinschaft standen. Simons war der erste Vereinsvorsitzende, Berger folgte ihm nach. Der Verein gab durchaus selbstbewusste Stellungnahmen ab und forderte zum Beispiel, die Gerichtspräsidien durch gewählte Mitglieder zu verstärken (Berger 1955). Bei einigen der Vereinsforderungen sah Nipperdey sich sogar genötigt, zusammen mit anderen Richtern ein Minderheitenvotum abzugeben.

Um keine Missverständnisse aufkommen zu lassen, muss hervorgehoben werden, dass ein Richter wie Hugo Berger zwar vom sozialdemokratisch regierten Hessen für das Richteramt nominiert worden war und sich im Gericht für mehr Mitbestimmung einsetzte, aber dennoch kaum als authentischer Verfechter der Demokratie bezeichnet werden kann. Er selbst wurde in der erst im Verlauf der 1960er Jahre erneut einsetzenden Debatte über die NS-Vergangenheit der Justiz als belasteter Kriegsrichter eingestuft, ebenso wie Walter Schilgen (Miquel 2004). Gleichwohl begannen diese Richter eine Auseinandersetzung im Gericht, die sich im weiteren Verlauf der 1960er Jahre innerhalb und außerhalb des Gerichts verstärkt fortsetzte.

Die Rechtsprechungshoheit von Nipperdey wurde nicht nur intern gegenüber dem Richterkollegium abgesichert, sondern auch nach außen gegenüber der Öffentlichkeit und dem rechtswissenschaftlichen Diskurs. Hier verfügte das BAG über einen wichtigen Wettbewerbsvorteil, da der Rest der Profession von den vor Gericht verhandelten Fällen häufig erst erfuhr, nachdem sie entschieden worden waren. Zweitens schirmte das BAG sich in seiner Urteilsfindung ab, indem es sich in seiner Rechtsprechung vor allem selbst zitierte. Darüber hinaus organisierte es auch die Publikation und öffentliche Darstellung seiner

Abbildung 5-1 Wen zitiert das Bundesarbeitsgericht (1954–1965)?

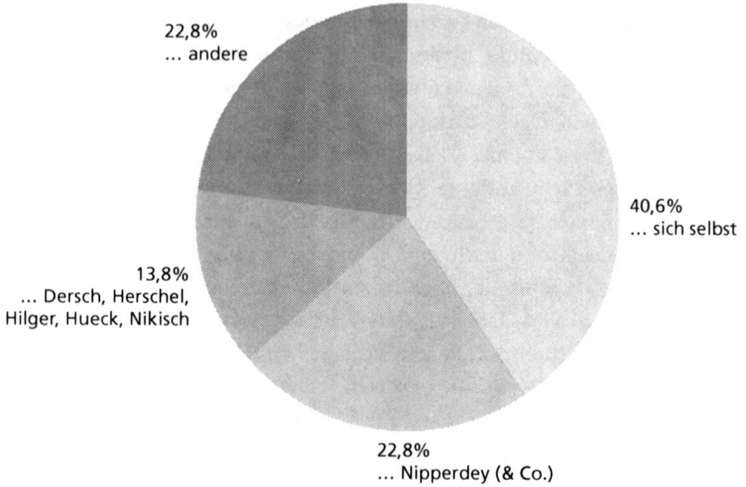


N = 180 Zitationen aus den Urteilen zum Günstigkeitsprinzip im genannten Zeitraum.
Quelle: Juris-Datenbank.

Rechtsprechung selbst. Wendet man die ökonomisch inspirierte Terminologie des wissenspolitologischen Ansatzes an, könnte man zugespitzt die These formulieren, dass das Bundesarbeitsgericht die gesamte Wertschöpfungskette der Wissensproduktion und -verteilung kontrollierte. Es produzierte nicht nur die Urteile, sondern es agierte im Bereich des rechtlichen Wissens gleichzeitig als sein wichtigster eigener Wissenszulieferer. In Bezug auf das fallbezogene Wissen befand es sich ohnehin in einer Monopolsituation, weil niemand die Fälle besser kannte als die Arbeitsrichter, und weil von den empirischen Details der Schriftsätze immer nur ein kleiner Teil veröffentlicht wurde. Zudem kontrollierte das Gericht auch die Verteilung und Weiterverbreitung des eigenen Wissens.

Die Selbstbezüglichkeit des Gerichts bei der Urteilsbegründung zeigt sich an einer Zitationsanalyse (vgl. Abbildung 5-1). Zwischen 1954 und 1965 fällte das Bundesarbeitsgericht 35 Urteile, in denen das Günstigkeitsprinzip tangiert war (Quelle: Juris Datenbank). In diesen Urteilen wurden insgesamt 180 Zitierungen vorgenommen.[14] In 40 Prozent der Fälle zitierte das Gericht seine eigenen

14 Berücksichtigt wurden hier nur die Zitationen aus den Urteilsbegründungen. Verweise in den Abschnitten zur Tatsachenfeststellung (zum Beispiel Verweise auf Gesetze oder Tarifverträge) wurden nicht mitgezählt, weil sie nicht zur Meinungsbildung und Urteilsbegründung beitragen.

Entscheidungen. 23 Prozent der Zitierungen entfallen auf Nipperdey und eventuelle Koautoren (im Regelfall war dies Alfred Hueck). Weitere 13 Prozent der Zitationen vereinigen fünf enge Kollegen von Nipperdey aus der epistemischen Gemeinschaft auf sich (Dersch, Herschel, Hilger, Hueck und Nikisch). Und nur in 22 Prozent der Fälle wurde eine außerhalb der epistemischen Gemeinschaft liegende Quelle zur Urteilsbegründung herangezogen.

Auch die Veröffentlichung der Urteile lag in den Händen der epistemischen Gemeinschaft beziehungsweise beim Präsidium des Bundesarbeitsgerichts. Die Geschäftsordnung sah vor, dass die Entscheidungen, »die sich mit wichtigeren Rechtsfragen befassen« (Bundesarbeitsgericht 1954: § 17), in einem Nachschlagewerk veröffentlicht werden. Dabei lag die Auswahl der zu publizierenden Urteile bei den Senaten, also letztlich beim Präsidium. Das Nachschlagewerk war die *Arbeitsrechtliche Praxis* (AP), herausgegeben von Nipperdey, der zugleich als Herausgeber der wichtigsten Fachzeitschrift *(Recht der Arbeit)* fungierte. Als Herausgeber entschied er auch darüber, ob die jeweilige Entscheidung kommentiert werden soll und welcher Kollege dazu eingeladen wird. Von den oben genannten 35 Entscheidungen zum Günstigkeitsprinzip wurden 30 in der AP kommentiert. 10 Anmerkungen wurden von bekannten Mitgliedern der epistemischen Gemeinschaft verfasst (Dersch, Herschel, Isele, Küchenhoff und Nikisch), 15 weitere von Schülern dieser Arbeitsrechtler (Hueck, Gumpert, Neumann, Tophoven, Zöllner).

Die enge personelle Vernetzung zwischen den Mitgliedern des Gerichts und den Kommentatoren bedeutete keineswegs, dass die Urteile des Bundesarbeitsgerichts niemals kritisiert wurden. Wie jeder wissenschaftliche oder wissenschaftsnahe Diskurs lebt auch die Rechtswissenschaft von der Differenzierung, und insbesondere für Schüler kann ein Anreiz darin liegen, sich in Abgrenzung zu ihren Lehrern zu profilieren. So äußerte sich Tophoven (ein Schüler Nipperdeys, der allein 9 Gerichtsurteile kommentierte) zur Begründung des Ordnungsprinzips durchaus kritisch (Tophoven 1958). Auch in Bezug auf die Rechtsprechung zu den Effektivklauseln hatte er Bedenken. Aber diese Kritik war kalkulierbar und tangierte nicht die Grundmauern des arbeitsrechtlichen Denkens.

Als Begründung für diese kognitive Schließung nach außen konnte angeführt werden, dass das arbeitsrechtliche Schrifttum in den 1950er und 1960er Jahren klein war und im Wesentlichen von der Epistemic Community produziert wurde, die sich dadurch immer wieder auf sich selbst bezog. Und natürlich galt auch hier die Norm, Rechtseinheit und damit Rechtssicherheit zu produzieren, die in einem dem *common law* ähnlichen Rechtssystem von den Gerichten sichergestellt werden muss. Die funktionalistische Erklärung wurde vor dem Hintergrund gesellschaftspolitischer Veränderungen im weiteren Verlauf der 1960er Jahre aber nicht mehr akzeptiert.

## 5.5 Gelungenes *institutional layering:* Die Institutionalisierung der epistemischen Gemeinschaft nach 1945

Im Unterschied zur Weimarer Situation verlief die Institutionalisierung des arbeitsrechtlichen Denkens nach 1945 erfolgreich. Das Arbeitsrecht dockte nach wie vor an das Privatrecht an. Gleichzeitig konnte es sich jedoch als relativ selbstständig etablieren. Beide Rechtsgebiete koexistierten in dieser Phase, die verschiedenen *layers* des institutionellen Arrangements waren relativ strikt abgegrenzt. Während im Vertragsrecht das individualistische Freiheitsdenken dominierte, wurde im Arbeitsrecht die kollektivistische Idee weiter ausgebildet. Voraussetzung für den Institutionalisierungserfolg war, dass es den Arbeitsrechtlern gelang, Mitglieder in der Ministerialverwaltung und an den Gerichten zu platzieren und damit maßgeblichen Einfluss sowohl auf politische Entscheidungen als auch auf die Rechtsprechung zu nehmen. So entstand eine Policy Community aus Arbeitsrechtswissenschaft, Arbeitsgerichten und Arbeitsverwaltung, deren Netzwerk bis weit in die 1960er Jahre hinein relativ stabil blieb.

Im Prozess ihrer Institutionalisierung profitierte die Gemeinschaft von günstigen (Umwelt-)Faktoren, die in der Weimarer Zeit gefehlt hatten. Nach 1945 wies die epistemische Gemeinschaft eine relativ starke Homogenität auf, weil die politische Linke vertrieben oder ermordet worden war. Zusätzliche Stabilität erhielt das Netzwerk durch die gemeinsame Erfahrung, nach dem Ende des Faschismus vorübergehend unter einem Täterverdacht zu stehen. Im Nachkriegsdeutschland besetzte die Gruppe der Arbeitsrechtswissenschaftler um Nipperdey eine fachliche Monopolstellung beim Wiederaufbau des Arbeitsrechts. Ihr konservativer Bias erleichterte den Zugang zum bürgerlichen Lager, das sich schnell als dominant herauskristallisierte. Zugleich war Nipperdey gewissermaßen ein kognitives Scharnier zwischen der christlich-demokratisch geprägten Arbeitsverwaltung und den Gewerkschaften, die – anders als noch in den 1920er Jahren – nicht gegen die Arbeitsrechtswissenschaft opponierten. Stattdessen überließen sie Nipperdey weitgehend die juristische Deutungshoheit und konzentrierten sich auf wirtschaftstheoretische Debatten über die Möglichkeit antikapitalistischer Reformen.

Im politischen Raum fand die Community beim Kampf gegen das Justizressort um vollständig unabhängige Arbeitsgerichte Koalitionspartner im Innen- und Finanzministerium, die ebenfalls eigene Fachgerichtsbarkeiten absichern wollten. Auch dies war ein zentraler Unterschied zur Weimarer Situation, als das Finanzministerium sich noch klar gegen die Arbeitsgerichtsbarkeit positioniert hatte. Auf der Basis dieser Koalition gelang es der Policy Community, die rechtswissenschaftlichen Vereinigungen, die ordentliche Justiz sowie die Justizverwaltungen aus dem Politikfeld weitgehend auszuschließen und ihren Anspruch auf die Gestaltungshoheit über die Arbeitsrechtspolitik durchzusetzen. Gleichwohl schaffte sie es nicht, alle Richterposten im neu errichteten Bundesarbeitsgericht mit überzeugten Arbeitsrechtswissenschaftlern zu besetzen. Dieses Defizit resultierte auch aus dem sich zunehmend problematisch entwickelnden Verhältnis zur Sozialdemokratie. Wie schon in Weimar versuchten die Rechtspolitiker der Partei, die Abspaltung des Arbeitsrechts zu unterlaufen. Zumindest aber maßen sie der Eigenständigkeit des Rechtsgebiets keine größere Bedeutung bei als der Einheit der Justiz. Auf ihre Unterstützung konnte sich die Arbeitsrechtswissenschaft nicht verlassen.

In der Phase des deutschen Wirtschaftswunders wandelte sich die Natur der Tarifrechtskonflikte. In der Weimarer Republik hatten vor allem Klassenkonflikte dominiert. Nun traten Mehrebenenkonflikte hinzu, in denen die betriebliche und die tarifliche Regelungsebene um Handlungsspielräume rangen. Bei den Gesetzgebungsarbeiten zum Tarifvertragsgesetz wurde das Günstigkeitsprinzip liberal geregelt. Die Setzung von Höchstarbeitsbedingungen durch die Tarifparteien war im Unterschied zur Weimarer Regelung nicht mehr erlaubt. Daraus ergab sich für die Betriebe viel Spielraum, um betriebliche Lohnerhöhungen und sozialpolitische Leistungen auszubauen. Die wachsende Kluft zwischen Tarif- und Effektivlöhnen unter den wirtschaftspolitischen Prosperitätsbedingungen hatte ambivalente Wirkungen und verstärkte die Zentrifugalkräfte innerhalb der Verbände. Deren kollektive Handlungsfähigkeit entlang ihrer Organisationsgrenzen wurde durch den Mehrebenencharakter des Konflikts begrenzt.

Mit seiner Rechtsprechung trug das Bundesarbeitsgericht aktiv zur Entstehung des koordinierten Kapitalismus bei, indem es den Regelungsvorrang der Tarifparteien auch gegen Widerstände innerhalb und außerhalb der Rechtswissenschaft klar durchsetzte. Gleichzeitig begrenzte es den Geltungsbereich des Günstigkeitsprinzips und damit betriebliche Spielräume und die individuelle Vertragsfreiheit. Es leistete damit auch eine staatliche Institutionalisierungshilfe für die Verbände, deren Kohäsion und Organisationsvermögen zu diesem Zeitpunkt schon an Grenzen stieß. Davon profitierten die Tarifparteien, selbst wenn ihre Kritik an der Rechtsprechung beträchtlich war. Gleichwohl katapultierte das Gericht die Gewerkschaften über die Dominanz des Ordnungsprinzips in die Rolle der Ordnungsmacht, wofür es später hart kritisiert wurde.

Die Dominanz des kollektivistischen Denkens war für die epistemische Gemeinschaft immer typisch gewesen und wurde weitgehend an die Schriften Nipperdeys gekoppelt. Seine Vormachtstellung war nicht nur das Resultat persönlicher Autorität, sondern basierte auf gezielten Schließungsprozessen. Das Bundesarbeitsgericht schottete sich in seiner Urteilsfindung gegenüber dem rechtswissenschaftlichen Diskurs ab. Gleichzeitig gelang es der epistemischen Gemeinschaft innerhalb des Gerichts, das Präsidium zu dominieren und die Gerichtsverfassung so zu gestalten, dass ihre Deutungshoheit gewährleistet war. Dessen ungeachtet formierte sich deutliche Kritik an der Rechtsprechung. Sie wurde von unterschiedlichen Gruppen getragen, die auf einen breiteren Geltungsbereich für das Günstigkeitsprinzip abzielten. Dabei deutete sich bereits in dieser Phase an, dass sich eine neue Linke herauszubilden begann, die Gemeinsamkeiten mit den alten (liberalen) Kritikern des Arbeitsrechts entwickelte. Das Bundesarbeitsgericht betonte die Ordnung im Tarifrecht, die Kritiker forderten mehr Freiheit (wenn auch aus unterschiedlichen Gründen). Diese Auseinandersetzung, die nicht zufällig am Vorabend der 68er-Bewegung stattfand, gewann in den darauf folgenden Jahrzehnten weiter an Intensität und stellte die Institutionalisierung des Tarifrechts erneut infrage. Dieser Konflikt ist das Thema von Kapitel 6.

# Kapitel 6
# Schleichende Absorption: Freiheit statt Ordnung? Das Günstigkeitsprinzip unter wirtschaftlichen Krisenbedingungen (1965 bis 2005)

Erzählungen über den politischen Einfluss epistemischer Gemeinschaften enden üblicherweise mit dem Zeitpunkt ihrer erfolgreichen (oder gescheiterten) Institutionalisierung. Dadurch erhalten die empirischen Analysen einen tendenziell statischen Charakter, weil sie zu der Annahme verleiten, dass ein politischer Prozess lediglich den Übergang von einem Gleichgewichtszustand zu einem anderen vermittelt hat. Doch wie bereits erläutert wurde, hat die Literatur über den schleichenden Wandel von Institutionen erkannt, dass diese Gleichgewichtsannahme im Regelfall eine Fiktion ist (Streeck/Thelen 2005b). Die Stabilität von Institutionen hängt unter anderem von der kontinuierlichen Handlungs- und Mobilisierungsfähigkeit politischer Akteurkoalitionen ab, ihr Überleben zu sichern. Demzufolge finden Auseinandersetzungen zwischen epistemischen Gemeinschaften kaum jemals oder bestenfalls nur vorübergehend ein historisches Ende, an dem die Wertschätzung und Begründung einer Institution von allen beteiligten Akteuren geteilt wird. Die Annahme des soziologischen Institutionalismus, die Prägekraft von Institutionen resultiere daraus, dass ihr Gehalt und ihre Bedeutung unhinterfragt akzeptiert werden (»taken for granted«), ist häufig zu optimistisch. Die andauernden Auseinandersetzungen über den Geltungsbereich und Gehalt von Rechtsnormen veranschaulichen dieses Argument. Die Veränderung struktureller und kognitiver Machtressourcen der epistemischen Gemeinschaften, die einen wesentlichen Teil der Sinnproduktion von und für Institutionen leisten, hat auch Auswirkungen auf die institutionelle Stabilität.

Aus diesem Grund wird hier ein längerer Zeitraum in den Blick genommen, um zu untersuchen, in welchem Umfang es der arbeitsrechtlichen Gemeinschaft gelingen konnte, die prekäre Institutionalisierung ihrer Ideen *langfristig* abzusichern und welche Mechanismen ihre Bemühungen konterkarierten. Die Grundthese des Kapitels lautet, dass die (vor allem liberalen) Kräfte, die (nicht immer intendiert) auf eine Schwächung des kollektivistischen Denkens hinwirken, seit den 1960er Jahren wieder stärker geworden sind. Aus verschiedenen Gründen entwickelte sich ein Sog in das Privatrecht, der den Mechanismus der partiellen Absorption einleitete. Dieser Prozess zeigte auch Auswirkungen auf die Rechtsentwicklung. Der Druck auf die Rechtsprechung, dem Günstigkeitsgedanken und damit der Vertragsfreiheit mehr Raum im Tarifrecht zu gewähren, hat deutlich zugenommen. Und teilweise wurde ihm auch entsprochen.

Grundlegend für diesen Wandel war die partielle Erosion oder zumindest Schwächung der Mechanismen, die der Arbeitsrechtswissenschaft zur Institutionalisierung ihrer Ideen verholfen hatten. Die epistemische Gemeinschaft selbst entwickelte eine Tendenz zur Fragmentierung. Diesem Prozess konnte nur teilweise entgegengewirkt werden. Zweitens lockerte sich die *policy community* zwischen Arbeitsrechtswissenschaft, Arbeitsgerichtsbarkeit und Arbeitsverwaltung, wofür vor allem Justizreformen verantwortlich waren. Der partielle Entkopplungsprozess bewirkte und verstärkte eine Liberalisierung der gerichtsinternen Strukturen und Prozesse, die auch auf die Rechtsprechung einwirkte. Einen zentralen Erklärungswert nimmt zudem die spezifische historische Konstellation ein, vermittelt durch die sich wandelnden ökonomischen und politischen Bedingungen. Nullmeier und Rüb argumentieren, dass die offiziellen Selbstdeutungen von Institutionen sich in einer dominanten Anbieterposition befinden, »solange sie nicht völlig in Gegensatz geraten zu einer zweiten Quelle des Wissens über Institutionen: den Erfahrungen, die Menschen mit Institutionen machen« (Nullmeier/Rüb 1993: 51). Die sich wandelnden Umweltbedingungen haben maßgeblich zu einer Machtverschiebung in der Deutungskonkurrenz beigetragen, weil die offiziellen Beschreibungen, die die Arbeitsrechtler anboten, angesichts sich wandelnder Erfahrungswelten zunehmend hinterfragt wurden.

Der in der sozialliberalen Ära vollzogene Wandel hin zu Versuchen, die Gesellschaft zu demokratisieren, hat einige der Mechanismen, mit denen die konservative Gruppe der Arbeitsrechtler versuchte, ihr Deutungsmonopol abzusichern, als nicht mehr legitimierbar entwertet (politische Liberalisierung). Die veränderten ökonomischen Bedingungen wiederum stießen eine Debatte über die Frage an, ob die kognitiven Grundlagen des Arbeitsrechts noch gelten beziehungsweise in welcher Weise sie umformuliert werden müssen (wirtschaftliche Liberalisierung). Die skizzierten Veränderungen haben in einem schleichenden Prozess im Zeitraum zwischen dem Ende der 1950er Jahre und den 1980er Jahren stattgefunden. Seitdem haben sie sich auch in einer modifizierten Rechtsprechung niedergeschlagen. Am Beispiel der Konflikte um das Günstigkeitsprinzip, die gegen Ende der 1960er Jahre, in den 1980er Jahren und erneut seit den 1990er Jahren ausgefochten wurden, wird das Zusammenspiel aller Faktoren des Wandels sowie die Mechanismen der Gegenwehr, mit der die Arbeitsrechtswissenschaft ihre Deutung aufrechtzuerhalten versucht, erläutert.

## 6.1 Der schleichende Zerfall der epistemischen Gemeinschaft

Mit der Etablierung der unabhängigen Arbeitsgerichtsbarkeit in allen drei Instanzen entwickelte sich auch das Arbeitsrecht als selbstständiges Rechtsgebiet – so, wie Sinzheimer es sich gewünscht hatte. Die Berufsbiografien der Bundesrichter illustrieren diesen Institutionalisierungsprozess. Wie bereits erwähnt wurde, hatte die erste Generation der an das Bundesarbeitsgericht berufenen Richter nur über einen bestenfalls mäßigen Erfahrungsschatz im Arbeitsrecht verfügt (vgl. dazu noch einmal Tabelle 5-1). Doch die Situation änderte sich im Verlauf der 1960er und vor allem in den 1970er Jahren deutlich (vgl. Abbildung 6-1).

Hatten die Bundesrichter, die in den 1950er Jahren am Gericht tätig waren, vor ihrer Ernennung noch durchschnittlich mehr als elf Jahre in anderen Rechtsgebieten gearbeitet, so wurden die nachfolgenden Generationen immer stärker (und früher) in das Arbeitsrecht hineinsozialisiert. Heute hat man kaum noch eine Chance auf eine arbeitsrichterliche Karriere, ohne den überwiegenden Teil seiner Laufbahn in diesem Rechtsgebiet tätig gewesen zu sein. Auch die Dissertationsthemen der promovierten Richter bringen diesen Trend zum Ausdruck (Abbildung 6-2). Hatte sich in den 1950er Jahren weniger als ein Drittel der promovierten Richter auf ein arbeitsrechtliches Thema spezialisiert, lag ihr Anteil nach der Jahrtausendwende schon bei fast zwei Drittel. Das Privatrecht

Abbildung 6-1 Etablierung des Arbeitsrechts als Rechtsgebiet (I): Tätigkeit der Richter außerhalb des Arbeitsrechts vor ihrer Berufung an das Bundesarbeitsgericht

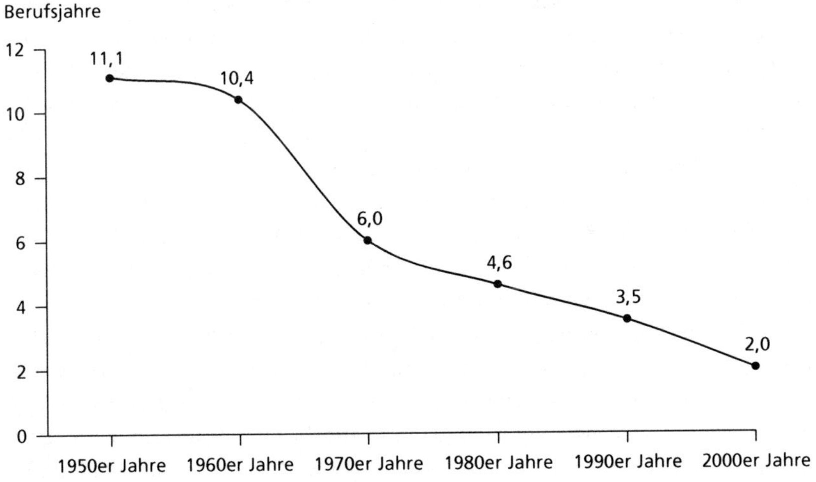


N = 92 Richter.
Quelle: BAG, ergänzt durch eigene Erhebung.

Abbildung 6-2 Etablierung des Arbeitsrechts als Rechtsgebiet (II): Dissertationsthemen der promovierten Richter am Bundesarbeitsgericht nach Rechtsgebieten

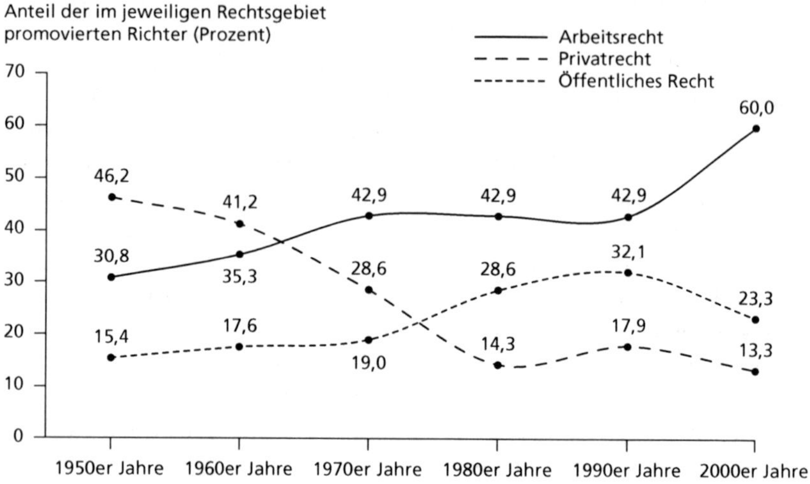


N = 59 promovierte Richter.
Quelle: eigene Erhebung.

verlor hingegen kontinuierlich an Bedeutung. Hier zeigt sich die Ablösung des Arbeitsrechts vom Privatrecht in den Richterbiografien.

Doch fast zeitgleich setzte in den 1960er Jahren ein schleichender Zerfallsprozess der epistemischen Gemeinschaft ein, und zwar nicht nur *trotz* der Institutionalisierung des Arbeitsrechts, sondern auch *wegen* ihr. Ein erstes äußerlich sichtbares Zeichen für den Wandel wurde 1964 gesetzt, als ein Rechtswissenschaftler der jüngeren Generation – *Thilo Ramm* – dem Bundesarbeitsgericht öffentlich den Fehdehandschuh hinwarf. In einer dreiteiligen Serie der *Juristenzeitung* nahm er eine Generalabrechnung mit dem Gericht vor – zwei Jahre nach dem Rückzug Nipperdeys als Präsident (Ramm 1964a, b, c). Ramms inhaltliche Kritik wird an späterer Stelle eingehender diskutiert. Hier interessiert vor allem ihre Form. Die Herausforderung lag für die epistemische Gemeinschaft nicht darin, kritisiert zu werden, denn Kritik hatte ihre Entstehungs- und Etablierungsgeschichte immer begleitet. Neu war hingegen, dass diese Kritik *von der Arbeitsrechtswissenschaft selbst* vorgetragen wurde und nicht aus der Justiz(-verwaltung), den Professionsvereinigungen oder dem Privatrecht kam. Thilo Ramm war 1925 geboren worden und hatte in den 1940er Jahren Rechtswissenschaft studiert. Er hatte sich auf die Gebiete des Bürgerlichen Rechts, des Arbeitsrechts und der Rechtsgeschichte spezialisiert (Heinze 1995; Holzhauer 2000). Neu war auch, dass die Kritik aus den eigenen Reihen nicht in einem arbeitsrechtlichen Forum veröffentlicht wurde, sondern im Schutz der Profession, nämlich in der disziplinübergreifenden *Juristenzeitung*.

Der schleichenden Erosion der epistemischen Gemeinschaft lagen vier strukturelle Entwicklungen zugrunde, die ich als Wachstums-, Segmentierungs-, Differenzierungs- und Polarisierungseffekte bezeichnen möchte.

### 6.1.1 Der Wachstumseffekt

Die Institutionalisierung des Arbeitsrechts produzierte einen *Wachstumseffekt*, der die Kohäsion der Gemeinschaft bedrohte. Schon in der Weimarer Republik war die zumindest partielle Kodifizierung des Arbeitsrechts mit einer Heterogenisierung der arbeitsrechtlichen Gemeinschaft einhergegangen (vgl. dazu noch einmal Abschnitt 4.2.1). Eine vergleichbare Entwicklung setzte mit verstärkter Intensität im Verlauf der 1950er Jahre ein. Die vollständig unabhängige Arbeitsgerichtsbarkeit produzierte einen hohen und im Zeitverlauf auch kontinuierlich wachsenden Bedarf an Arbeitsrichtern. So begann das Bundesarbeitsgericht seine Tätigkeit mit sieben Richtern und zwei Senaten. Seitdem ist es beständig gewachsen. Heute verfügt es über 34 Richter und 10 Senate. Entsprechendes gilt für die Gerichtsbarkeit in den Ländern. Die Zahl der Arbeitsrichter in Deutschland lag im Jahr 2004 bei insgesamt circa 1.100 (Statistisches Bundesamt 2006: 15).[1] Damit ist ihre Gruppe – im Vergleich zur ordentlichen Gerichtsbarkeit, die circa 15.000 Richter beschäftigt – zwar immer noch sehr klein. Dennoch ist bei einer solchen Gruppengröße die Aufrechterhaltung von Gemeinschaft deutlich erschwert.

Insofern ist dieser Governance-Mechanismus teilweise ein Opfer des eigenen Erfolgs geworden. Fragil werden nicht nur die gemeinsamen kognitiven Grundlagen des Arbeitsrechts. Auch die nicht kognitiven Gemeinschaftsmerkmale, die noch bei den Gruppen um Sinzheimer und später Nipperdey eine zentrale Rolle gespielt hatten (gleiche Herkunft, persönliche Nähe), können aufgrund der Gruppengröße und Diversität der Mitglieder nur noch bedingt wirksam werden. Und schließlich ermöglichen die unabhängigen Arbeitsgerichte Karriereperspektiven, was bedeutet, dass die Bindung an die kognitiven Annahmen des Rechtsgebiets nicht mehr zwingend das treibende Motiv für die Beschäftigung mit dem Arbeitsrecht darstellen muss. Dies hatte aber noch für die Sozialdemokraten um Sinzheimer gegolten, die gegen viele Widerstände für das Arbeitsrecht kämpften. Und dies galt auch noch für Nipperdey & Co., deren Karrieren kaum weniger beeindruckend gewesen wären, wenn sie ausschließ-

1 Aktuellere Zahlen liegen beim Statistischen Bundesamt leider nicht vor.

lich dem Bürgerlichen Recht verbunden geblieben wären. Sie mussten sich nicht dem Arbeitsrecht zuwenden, um ihre Karriere zu verfolgen.

Gleichwohl lässt sich vermuten, dass die Arbeitsgerichtsbarkeit noch am ehesten den institutionellen Rückzugsort der epistemischen Gemeinschaft darstellt. Dafür lassen sich verschiedene Gründe anführen. Erstens sind auch Arbeitsrichter Richter. Und die Chance auf ein Richteramt haben nur die besten Absolventen der universitären Studiengänge, denen auch viele andere Optionen offenstehen. Wer sich trotzdem dafür entscheidet, ausschließlich in einem Rechtsgebiet tätig zu sein, in dem als Jurist nur mäßig viel Geld zu verdienen ist und dessen Reputation bei den Kollegen der Disziplin und den Rechtspolitikern begrenzt ist, bekennt sich über den Prozess der Selbstselektion wohl mehr als alle anderen zu den kognitiven Grundlagen des Rechtsgebiets. Zweitens sind es vor allem die Richter, die ihre arbeitsrechtlichen Entscheidungen (und damit die Geltung des Rechtsgebiets) gegenüber der Rechtswissenschaft, den Verbänden und der Öffentlichkeit verteidigen müssen. Auch dafür bedarf es nach wie vor der Identifikation. Drittens wirkt die fortwährende Debatte über die Zusammenlegung von Gerichtszweigen und die Neuressortierung der Fachgerichte unter die Obhut des Justizministeriums, die auch nach den 1950er Jahren nicht beendet war (vgl. dazu Abschnitt 6.2), als Integrationsmechanismus gegen die Fragmentierung: Nichts eint so sehr wie ein gemeinsamer Gegner, der das arbeitsrechtliche Denken kaum anzuerkennen vermag. Und schließlich teilen die Arbeitsrichter Erfahrungen, die sie insbesondere von den Richtern der Zivilgerichtsbarkeit deutlich unterscheiden. Dazu zählen zum Beispiel der Umgang mit den ehrenamtlichen Richtern oder der Zwang zur Güteverhandlung, der die Richter in die Position eines Mediatoren oder auch Sozialpädagogen drängt.[2] Dazu zählen aber auch spezifische Diskriminierungserfahrungen, die insbesondere Arbeitsrichter gegenüber ihren Kollegen aus den großen Gerichtszweigen machen.

So gehört es beispielsweise zum Erfahrungsschatz der Richter am Bundesarbeitsgericht, dass sie nur geringe Chancen haben, einen Posten am Bundesverfassungsgericht zu erreichen, jedenfalls in ihrer Eigenschaft als Arbeitsrichter. Jeweils 3 der 8 Richter aus den beiden Senaten des Verfassungsgerichts werden aus der Gruppe der Richter an den obersten Bundesgerichten gewählt. Zwischen 1954 und 1977 schaffte nur ein Richter des BAG den Sprung nach Karlsruhe, und zwar Hugo Berger, der aber kein Arbeitsrechtler war (vgl. noch einmal Tabelle 5-1). Dementsprechend kandidierte er auch nicht als Bundesrichter, sondern als freier Bewerber (Rottmann 1977). 1977 wurde dieser Umstand politisiert, und zwar aus dem Bundesverfassungsgericht heraus. So wandte sich

2 In einem persönlichen Gespräch äußerte ein Arbeitsrichter die Vermutung, »die anderen Richter denken, wir wären so etwas wie Friedensrichter«.

der Verfassungsrichter Joachim Rottmann an das Bundesministerium für Arbeit, um auf das Defizit aufmerksam zu machen. Er wies darauf hin, dass fast ausschließlich Richter des Bundesgerichtshofes und ferner des Bundesverwaltungsgerichts berufen würden, während die anderen Fachgerichte nicht zum Zuge kämen (ebd.). Er argumentierte, dass es dringend erforderlich sei, der immer größer werdenden Bedeutung des Arbeitsrechts dadurch gerecht zu werden, dass diesbezügliche Spezialisten im Bundesverfassungsgericht vertreten seien. Und er lieferte auch gleich eine Begründung für die mangelnde Repräsentanz des Arbeitsrechts mit:

> Dieses alles ist weder sachgerecht noch ist es rein zufällig. Vielmehr wirken sich Ortsnähe der Gerichte, persönliche Kontakte sowie das soziologische Phänomen der Seilschaft aus. (ebd.)

Dabei dürfte es bei der Wahl zum Verfassungsrichter auch eine Rolle spielen, eine gewisse Nähe zur Justizverwaltung zu pflegen, denn auffällig viele Verfassungsrichter haben diesbezügliche Erfahrungen vorzuweisen. Doch aufgrund der skizzierten Konfliktlinien ist es genau diese Erfahrung, die den Arbeitsrichtern im Regelfall fehlt.

Rottmanns Versuche, im Jahr 1977 die Wahl eines Arbeitsrichters zu unterstützen, scheiterten daran, dass es nicht einmal einen Kandidaten gab. Formal sieht das Bewerbungsverfahren vor, dass jeder Richter an den obersten Bundesgerichten schriftlich erklären muss, ob er für eine Kandidatur zur Verfügung steht oder nicht. 1958 hatte sich noch fast die Hälfte des BAG-Kollegiums für den Gang nach Karlsruhe bereit erklärt (siehe Abbildung 6-3). Doch die Bereitschaft, sich zur Wahl zu stellen, ist in den weiteren Jahren rapide gesunken – auch wegen der geringen Erfolgsaussichten. Gerhard Müller, der als Präsident des Bundesarbeitsgerichts das Anliegen Rottmanns unterstützte, wies den Bundesminister daher darauf hin, dass er sich sehr darum bemühen werde, einen geeigneten Kandidaten zur Bewerbung zu ermuntern. Allerdings müsse »dann auch ein hoher Grad von Wahrscheinlichkeit bestehen, dass entsprechende Wahlen erfolgen« (Müller 1977). Im Jahr 1981 kandidierte der Bundesrichter Thomas Dieterich. Doch der Bonner Rechtsanwalt und Professor für Steuerrecht Heintz Meilicke initiierte eine Kampagne gegen Dieterich, indem er alle Wahlmänner des Bundestages anschrieb mit der Aufforderung, ihn nicht zu wählen (Meilicke 1979).

1987 wurde Dieterich dann doch gewählt. Zudem rückte im gleichen Jahr der Arbeitsrechtswissenschaftler Alfred Söllner, der ein Schüler von Isele war, nach Karlsruhe auf (Hromadka 2006). Nach ihrem Rückzug 1994 beziehungsweise 1995 blieb das Bundesverfassungsgericht dann wieder ohne Arbeitsrichter. Zwar ist man seitdem stärker als zuvor darum bemüht, das Arbeitsrecht zu repräsentieren. Doch Christine Hohmann-Dennhardt, die diese Rolle in

Abbildung 6-3 Ambitionen der Bundesarbeitsgerichts-Richter auf das Bundesverfassungsgericht: Anteil der Kandidaten (1958–1977)

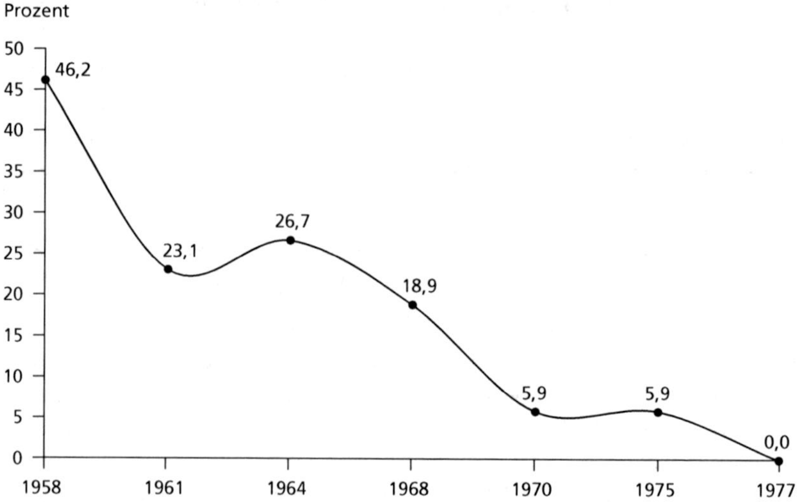


N = 32 Richter.
Quelle: Bundesarchiv B 272/751 und 752.

jüngster Zeit eingenommen hat, hat zwar zu einem arbeitsrechtlichen Thema promoviert, gehört aber nicht zum engeren Kreis der Arbeitsrechtswissenschaft und publiziert auch nicht in arbeitsrechtlichen Zeitschriften. Ähnliches gilt für Susanne Baer, die seit 2011 am Bundesverfassungsgericht tätig ist. Nach dem Rückzug Dieterichs aus dem Verfassungsgericht ist jedenfalls nie wieder ein Richter des BAG gewählt worden.

Erfahrungen wie diese stärken die soziale Integration der Arbeitsgerichtsbarkeit, weil sie verdeutlichen, dass ihre Mitglieder – trotz aller Heterogenisierung – mindestens ein Merkmal gemeinsam haben: Sie sind Arbeitsrichter und insofern auch heute noch besondere Richter, die tendenziell am Rand der Profession stehen.

### 6.1.2 Der Segmentations- und Differenzierungseffekt

Zum Wachstumseffekt tragen auch die universitäre Arbeitsrechtswissenschaft sowie die Anwaltskanzleien bei, die sich des nunmehr etablierten Rechtsgebiets ebenfalls angenommen haben. Allerdings wird an dieser Stelle ein zweiter Mechanismus für den Zerfall der epistemischen Gemeinschaft wirksam, den ich als *Segmentationseffekt* bezeichnen möchte. Während die Arbeitsgerichte zum Rückzugsort der epistemischen Gemeinschaft wurden, weil hier überwiegend »Vollblut«-Arbeitsrechtler tätig sind, gilt dies für die Universitäten und die Anwaltschaft kaum. Die Institutionalisierung des Arbeitsrechts als Sonderrechtsgebiet konzentrierte sich früh auf ein spezifisches Segment des Rechtssystems (die Gerichte), während es sich in den anderen Bereichen kaum als eigenständig etabliert hat.

Die Segmentierung lässt sich gut an der institutionellen Entwicklung des Arbeitsrechts an den deutschen Universitäten illustrieren. Seine Formierung wurde immer begleitet von Klagen über die mangelnde Bereitschaft der Universitäten, sich auf die neue Rechtsentwicklung einzulassen. Schon in den 1950er Jahren hatte der damalige Bundesarbeitsminister Anton Storch im Bundestagsausschuss für Arbeit und Soziales darüber geklagt, dass die Universitäten das Arbeitsrecht boykottieren würden. In den 1960er Jahren kritisierten die Vertreter der Präsidentenkonferenz dann den Mangel an geeignetem Nachwuchs, den sie – ebenso wie Storch – auf ein zu geringes einschlägiges Lehrangebot zurückführten. Sie forderten die Einrichtung eines arbeitsrechtlichen Lehrstuhls an jeder rechtswissenschaftlichen Fakultät (Nikisch 1961: 158). Dieser Forderung ist kaum jemals entsprochen worden. In den 1970er Jahren bemängelte Däubler:

> Das Fach »Arbeitsrecht« kommt im Lehrplan der herkömmlichen Fakultäten über eine Randexistenz nicht hinaus. In Lehrveranstaltungen, die sich zwischen 2 und 4 Wochenstunden bewegen, wird eine umrißhafte Information versucht, deren Dauerhaftigkeit davon abhängt, wie der zuständige Ordinarius zur Einbeziehung des Arbeitsrechts in den Prüfungsstoff steht. Nach meiner Erfahrung hat der Student hier wenig zu befürchten. Während Konkurrenzprobleme im Strafrecht, Einwendungen des Hypothekenschuldners oder die Lehre vom Verwaltungsakt bis in alle kaum je praktisch werdenden Verästelungen gewußt werden müssen, reicht es völlig aus, wenn dem Kandidaten die Grundzüge des Kündigungsschutzrechts sowie einige andere rechtsdogmatisch fündige Problemkomplexe aus dem Individualarbeitsrecht vertraut sind. Tarifvertrags- und Betriebsverfassungsrecht bleiben ebenso wie das Arbeitskampfrecht in der Regel mehr oder weniger ausgeklammert. (Däubler 1974: 7)

Wie eine Erhebung der Entwicklung arbeitsrechtlicher Lehrstühle (hauptamtliche Professorinnen und Professoren) an den deutschen Universitäten im Zeitverlauf zeigt, ist der Professor für Arbeitsrecht immer eine Ausnahmeerscheinung geblieben (vgl. Abbildung 6-4). Zwar ist das Rechtsgebiet im Zeitverlauf parallel zur Expansion des Bildungssektors stark mitgewachsen: Existierten 1968 nur 27 Universitätsprofessuren mit einer Widmung für das Arbeitsrecht im Titel, so lag ihre Zahl im Jahr 2009 bei 96. Gleichzeitig ist der Anteil eigenständiger Arbeitsrechtsprofessuren, die *ausschließlich* dem Arbeitsrecht gewidmet sind, aber immer marginal geblieben beziehungsweise sogar noch geschrumpft, nämlich von 23 auf 4 Prozent.[3] Dabei hat die Verknüpfung des Arbeitsrechts

3 Die Erhebung beruht auf einer Auswertung verschiedener Jahrgänge des Vademecum Deutscher Lehr- und Forschungsstätten (1968, 1978, 1996). Die Daten des Jahres 2009 basieren auf den Angaben der Universitäten auf ihren Homepages (ohne Fachhochschulen).

Abbildung 6-4 Etablierung des Arbeitsrechts als Rechtsgebiet (III): Professuren mit Widmung im Arbeitsrecht an deutschen Universitäten (ohne FH)

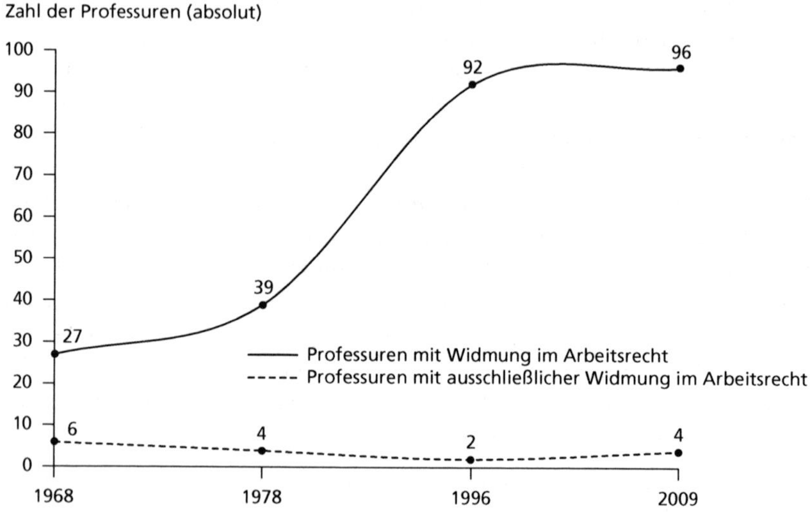


Quelle: Vademecum (verschiedene Jahrgänge), ergänzt durch eigene Erhebung.

mit dem Bürgerlichen Recht besonders stark an Bedeutung gewonnen. 1968 machte diese Kombination nur 27 Prozent der gebündelten Arbeitsrechtsprofessuren aus. Im Jahr 2009 ist sie demgegenüber mit fast 87 Prozent der Fälle absolut dominant. Die Aussage von Däubler, das Arbeitsrecht komme an den Universitäten über eine Randexistenz nicht hinaus, stimmt heute so nicht mehr. Aber das Arbeitsrecht hat sich niemals vollständig vom Privatrecht gelöst, beziehungsweise der Absorptionsprozess des neuen Rechtsgebiets wird an diesen Zahlen sehr deutlich.

Eine wichtige Ergänzungsfunktion bei der Ausbildung zukünftiger Arbeitsrechtswissenschaftler haben diejenigen Richter, die (überwiegend als Honorarprofessoren) in der universitären Lehre tätig sind. Angesichts der seit den 1980er Jahren zunehmend knapper werdenden Ressourcen an den deutschen Universitäten kann man sich in diesen Fällen auch eine Arbeitsteilung vorstellen, bei der die Richter das Arbeitsrecht unterrichten, während sich die hauptamtlichen Lehrstuhlinhaber eher dem Bürgerlichen Recht zuwenden, um alle Rechtsgebiete abzudecken. Das bedeutet, dass die Arbeitsrichter in erheblichem Maße ihren Nachwuchs selbst ausbilden. Es bedeutet aber auch eine tendenzielle Entfremdung des Universitätspersonals vom Arbeitsrecht, wenn dieses Rechtsgebiet zumindest teilweise an externe Honorarprofessoren delegiert wird.

Abbildung 6-5 Anteil der promovierten oder habilitierten Richter am Bundesarbeitsgericht

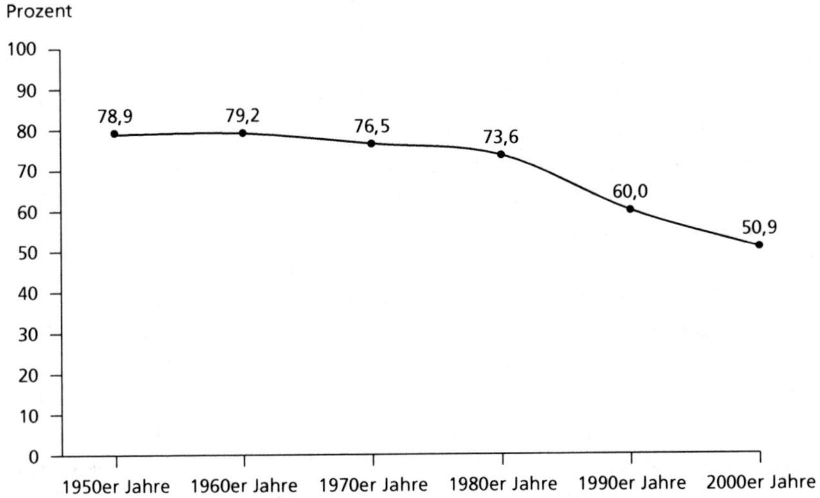


N = 102 Richter.
Quelle: BAG.

Um die universitäre Ausbildungsfunktion wahrnehmen zu können, ist ein wissenschaftsnahes Profil der Arbeitsrichter hilfreich. Als promovierter oder sogar habilitierter Jurist ist der Zugang zur Lehre einfacher (und sind die Prüfungsberechtigungen üblicherweise umfangreicher). Der für das deutsche Rechtssystem viel zitierte forschende Richter schlägt damit nicht nur eine Brücke zum rechtswissenschaftlichen Diskurs, sondern auch – und das ist in diesem Fall besonders wichtig – zur Universität als Lehranstalt. Der Anteil der promovierten oder habilitierten Richter ist am Bundesarbeitsgericht im Zeitverlauf und verstärkt seit den 1990er Jahren aber rückläufig gewesen (vgl. Abbildung 6-5). Das ist insofern ein überraschender Befund, als im Zuge der Entwicklung zur Wissensgesellschaft gemeinhin auch eine Verwissenschaftlichung der Wissensberufe vermutet werden könnte.

Ein Blick auf die Abfolge der Präsidenten am Bundesarbeitsgericht unterstreicht das Gesagte. Der erste Amtsinhaber, Nipperdey, hatte noch viel Engagement darauf verwendet, als »Doppelbeamter« neben dem Richteramt gleichzeitig seinen Lehrstuhl zu behalten (Hollstein 2007: 106–109). Seine Nachfolger Müller, Kissel und Dieterich waren als Honorarprofessoren in die Universitäten eingebunden. Die aktuelle Präsidentin, Ingrid Schmidt, ist demgegenüber nicht nur die erste Frau in diesem Amt, sondern gleichzeitig die erste nicht promovierte Präsidentin, was darauf hinweist, dass die Distanz zwischen dem Gericht und der Universität schleichend wächst.[4] Auch in dieser Hinsicht ist also eine Segmentierung zu konstatieren, die gleichzeitig auf den dritten Mechanismus hinweist, der die epistemische Gemeinschaft bedroht, nämlich der *Differenzierungseffekt*, der unter anderem auch auf die wachsende funktionale Differenzierung zwischen Richtern, Rechtswissenschaft und Verwaltung zurückzuführen ist (siehe unten sowie Abschnitt 6.2).

Zuvor soll jedoch noch ein Blick auf die Verankerung der epistemischen Gemeinschaft in der Anwaltschaft geworfen werden. In der Weimarer Republik war die Anwaltschaft von den Gewerkschaften immer als größter Feind des Arbeitsrechts bekämpft worden. Zudem hatte man ihre Konkurrenz in Bezug auf die Interessenvertretung der Beschäftigten vor Gericht gefürchtet. Das Thema der Anwaltszulassung war auch in der Nachkriegszeit noch umstritten. Und bis 1979 war die Zulassung von Rechtsanwälten vor den Arbeitsgerichten nur möglich, wenn der Streitwert mindestens 300 DM betrug (Rottleuthner 1984: 17). Daraus entwickelte sich eine Arbeitsteilung, und die Gewerkschaften lernten, sich mit der Anwaltschaft zu arrangieren. Die Verbände verfügten zumindest bei ihren Mitgliedern auf den ersten Zugriff, suchten aber selbst dabei auch die Unterstützung bevorzugter Anwaltskanzleien, zu denen sie stabile Beziehungen aufzubauen versuchten.[5]

Gleichwohl ist bei Rechtsanwälten die Identifikation mit den kognitiven Grundannahmen des Arbeitsrechts am wenigsten gewährleistet. Erstens ist die Spezialisierung vieler »Wald-und-Wiesen-Anwälte« häufig gering. Viele Anwälte bieten zudem arbeitsrechtliche Beratung als Teil des Wirtschaftsrechts an und praktizieren damit die explizite Abhandlung des Arbeitsrechts als Privatrecht. Und zweitens impliziert selbst eine Spezialisierung nicht notwendigerweise eine affirmative Bindung, denn eine Anwaltskanzlei kann sich auch auf das Arbeitsrecht konzentrieren, um Unternehmen dabei zu unterstützen, die Geltung des Rechts zu unterlaufen oder zu bekämpfen. Zumindest eignet sich die Spezialisierung gut als eine Markterschließungsstrategie.

In diesem Sinne ist die Etablierung des sogenannten Fachanwalts für Arbeitsrecht ein Erfolg gewesen. Die Möglichkeit, Fachanwälte auszubilden, ist bereits in den 1950er Jahren diskutiert worden, um die arbeitsrechtlichen Kenntnisse

4 Gleichwohl scheint dieser Effekt nicht in erster Linie ein Resultat der Feminisierung des Gerichts zu sein, weil dafür der Frauenanteil insgesamt viel zu niedrig ist, als dass er solche Wirkung entfalten könnte. Bis zur Jahrtausendwende schwankte der Frauenanteil im Richterkollegium zwischen 3 und 8 Prozent. Erst nach 2000 stieg er deutlich auf circa 20 Prozent an.

5 So tritt in den beim Bundesarchiv aus den 1950er und 1960er Jahren einlagernden Prozessakten auf Gewerkschaftsseite immer wieder die Kanzlei »Scheurich und Thon« in Erscheinung (zum Beispiel Bundesarchiv BA B 272/348, 358, 418, 423, 493 und 537).

der Anwaltschaft zu verbessern. Damit konnte auch die Hoffnung verknüpft werden, spezialisierte Anwälte vom Rest der Anwaltschaft zu separieren und in die epistemische Gemeinschaft einzubinden. Das diesbezügliche Interesse ist im Zeitverlauf bei einem kleinen Teil der Anwaltschaft auch gewachsen. 1981 formierte sich innerhalb des Deutschen Anwaltsvereins eine Arbeitsgemeinschaft für Arbeitsrecht, die eine explizite Bindung an die Arbeitsrechtswissenschaft und die Arbeitsrichter suchte, indem sie zum Beispiel renommierte Vertreter zu ihren Tagungen einlud (Neef et al. 1991). 1986 beschloss die Bundesrechtsanwaltskammer dann die Einführung der Fachanwaltsbezeichnung, nicht nur für das Arbeitsrecht, sondern auch für andere Rechtsgebiete (Sozialrecht, Verwaltungs- und Steuerrecht; o. A. 1986a).

Die Zertifizierung von Spezialisierungen war aber auch (und wahrscheinlich sogar überwiegend) eine Reaktion auf die exponentiell wachsende Zahl von Rechtsanwälten. Die seit 1965 fast kontinuierlich anschwellende »Juristenschwemme ist [...] in allererster Linie eine Anwaltsschwemme« (Bryde 2000: 146). 1965 lag die Zahl der zugelassenen Anwälte in Deutschland bei circa 50.000 (ebd.: 45). 2005 lag sie bei 125.000 (Statistisches Bundesamt 2006: 15). Dabei sind die Notare nicht einmal eingerechnet. Die ohnehin schwierige Marktsituation der Anwälte hat sich nicht nur dadurch zusätzlich verschärft, dass im Rahmen der europäischen Integration der Markt für Rechtsdienstleistungen geöffnet wurde, sondern es brechen zudem auch andere Berufsgruppen in den anwaltlichen Tätigkeitsbereich ein. So steigt zum Beispiel die Konkurrenz durch Wirtschaftsprüfungsgesellschaften, die Rechtsanwaltskanzleien ausgründen. Darüber hinaus erlaubt das 2008 in Kraft getretene Rechtsdienstleistungsgesetz sachkundigen Nicht-Juristen, im außergerichtlichen Bereich verstärkt Beratungs- und Interessenvertretungsaufgaben wahrzunehmen, die Rechtsanwälte entbehrlich machen.

Vor diesem Hintergrund ist den Anwälten eine Spezialisierungsstrategie empfohlen worden, wobei das Arbeitsrecht explizit als Wachstumsbereich genannt wird, was wahrscheinlich auch daran liegt, dass mit den erst stagnierenden und dann sinkenden Mitgliederzahlen der Gewerkschaften für die meisten Beschäftigten auch der Rechtsschutz wegfällt (Winters 1990). Entsprechend wurde diese Ratgeber-Literatur auch rezipiert. Führende Mitglieder der nunmehr umbenannten Arbeitsgemeinschaft der Fachanwälte für Arbeitsrecht im Deutschen Anwaltverein nutzten die Debatte, um für sich zu werben (Bauer 1990). Dabei waren sie sehr erfolgreich, denn die Arbeitsgemeinschaft ist seit den 1990er Jahren stark gewachsen. 1991 zählte sie 450 Mitglieder (Neef et al. 1991). Heute weist ihre Homepage 3.000 Mitglieder aus (Stand: Juni 2009). Es ist kaum vorstellbar, dass alle 3.000 Personen – obwohl sie Fachanwälte sind – die kognitiven Annahmen des Arbeitsrechts teilen, die zu Beginn des

20. Jahrhunderts entwickelt worden waren. Und es wird deutlich, dass diejenige Akteurgruppe im Rechtssystem, die in Bezug auf ihre Zuverlässigkeit in Bezug auf die epistemischen Grundlagen des Arbeitsrechts am unsichersten ist, gleichzeitig zahlenmäßig auch die größte ist. 3.000 organisierten Fachanwälten stehen nur 1.100 Arbeitsrichter und eine Handvoll Professoren (plus Mitarbeiter) gegenüber. Dabei sind die Unternehmenssyndizi noch nicht einmal mitgerechnet. Spätestens bei der Prägung des rechtswissenschaftlichen Diskurses (und bei den Abstimmungen auf dem Deutschen Juristentag), an dem sich üblicherweise auch die Fachanwälte beteiligen, wirkt sich dieses Zahlenverhältnis aus. Auch die Zusammensetzung der Teilnehmerlisten auf Tagungen spiegelt die Mehrheitsverhältnisse wider. So berichten zum Beispiel die Protokollanten der von der *Neuen Zeitschrift für Arbeitsrecht* durchgeführten Tagungen, dass die Mehrheit der Tagungsteilnehmer aus den Personalabteilungen von Unternehmen und aus Anwaltskanzleien stammen (Korinth 2001; Lingscheid 2002).

Zusammenfassend kann man festhalten, dass die Experten des Arbeitsrechts heute schon aufgrund ihrer Gruppengröße keine Gemeinschaft mehr bilden, sondern eher eine Subprofession darstellen, bei der es nicht mehr selbstverständlich ist, dass alle Mitglieder die gleichen kognitiven Annahmen teilen. Der Kern der noch verbliebenen Gemeinschaftlichkeit befindet sich in der Gerichtsbarkeit, während das arbeitsrechtliche Denken in der Anwaltschaft und an den Universitäten ohnehin niemals sehr ausgeprägt war. In diesem Sinne äußerte sich auch Helmut Wissmann, damaliger Präsident des Bundesarbeitsgerichts, auf dem Festakt zu dessen 50. Geburtstag: »Die Familie des Arbeitsrechts ist groß. In ihr gibt es eine Kleinfamilie, die aus den Angehörigen des Bundesarbeitsgerichts besteht« (Wissmann 2004: 6).

Der bereits erwähnte Differenzierungseffekt, der die Gemeinschaft tendenziell untergräbt, bezieht sich nicht nur auf die funktionale Differenzierung zwischen den Gerichten und den anderen Segmenten, sondern auch auf die Wirkung des hoch spezialisierten arbeitsrechtswissenschaftlichen Diskurses auf die Gemeinschaftlichkeit. Schon bei der Darstellung der Debatten über das Günstigkeitsprinzip in Abschnitt 4.2.4 und 5.4 wurde deutlich, dass die rechtswissenschaftlichen Positionen und Argumente der Gemeinschaftsmitglieder häufig stark auseinanderdrifteten. Während die Abgrenzungslinien nach außen, also zum Privatrecht beziehungsweise zur Zivilgerichtsbarkeit, klar gezogen wurden, herrschte nach innen im Regelfall kein Konsens vor. Wenn der intellektuelle Gegner wegfällt oder zumindest vorübergehend als besiegt erscheint, treten Binnendifferenzierungen deutlicher zutage. Daher potenzierte sich der Differenzierungseffekt seit den 1950er Jahren je mehr das Rechtsgebiet wuchs, und je mehr die stark verästelten Kleinstfragen des Arbeitsrechts behandelt werden mussten.

Die Differenzierung hat auch strukturelle Ursachen und resultiert unter anderem aus der mangelnden Kodifizierung des Arbeitsrechts (Ramm 1994b: 917). Die große Zahl an Gerichtsurteilen zu den verschiedensten Fragen des Arbeitsrechts produziert erstens eine gewaltige Publikationsflut und zweitens eine fragmentierte Debatte über die Rechtsentwicklung, die der Fragmentiertheit des gerichtlichen Entscheidungsprozesses folgt. Rechtsentwicklung durch Gerichte ist kein systematischer Prozess, sondern sie hängt von der teilweise auch zufälligen Anhäufung und Verteilung von Klagen ab. Die Ausfransung der Arbeitsrechtsliteratur ist daher auch im Vergleich zu anderen – stärker kodifizierten Rechtsgebieten – groß und auch für den Spezialisten kaum mehr zu verarbeiten. Selbst die Zahl an grundlegenden Einführungen übersteigt heute das überschaubare Maß. So zählte Ramm 1994 mehr als vierzig »Grundrisse oder grundrissähnliche Darstellungen« des Arbeitsrechts (ebd.: 918). Die Gemeinschaft wird dadurch in sachbezogen spezialisierte Sub-Gruppen zerteilt.

### 6.1.3 Der Polarisierungseffekt

In der Welt der Arbeitsrechtler ist seit den 1960er Jahren nicht nur der Pluralismus gewachsen, sondern auch die *Polarisierung*. Dabei sind verschiedene Konfliktlinien zu unterscheiden. Eine zentrale Konfliktlinie verläuft zwischen der Rechtsprechung und der Rechtswissenschaft (beziehungsweise den nicht richterlichen Produzenten der Arbeitsrechtsliteratur). Schon in der Ära Nipperdey hatte sich das Gericht gegen den rechtswissenschaftlichen Diskurs abgeschottet. Durch diesen Schließungsprozess konnte die epistemische Gemeinschaft ihre kognitiven Annahmen in der Rechtsprechung zur Geltung verhelfen. Angesichts des skizzierten Segmentationsprozesses hatten die Arbeitsrichter auch im weiteren Zeitverlauf aus ihrer Sicht gute Gründe, diesen Schließungsmechanismus aufrechtzuerhalten.

Die Konfliktlinie erwächst aber auch aus den verschiedenen Funktionslogiken von Wissenschaft und Rechtsprechung. Während die Arbeitsrechtswissenschaft Prämien für Differenzierungen und intellektuell anspruchsvolle Lösungen vergibt, müssen Richter unter Zeitdruck Entscheidungen fällen und dabei einfache Lösungen finden, um widersprüchliche Interessen in Einklang zu bringen (Engel 1998: 21). Dies trägt zu wechselseitigen Anerkennungsproblemen bei: Die Arbeitsrechtswissenschaft beklagt sich, ungenügend zur Kenntnis genommen zu werden. Die Richter wiederum nehmen die Hochschullehrer als »scharfäugige und gelegentlich auch scharfzüngige Begleiter« wahr (Wissmann 2004: 6). Die Publikationsflut im Arbeitsrecht verstärkt den Konflikt. Wenn die Zahl der Veröffentlichungen selbst für Spezialisten nicht mehr zu überblicken ist, steigt der Anreiz für die Richter, nur noch selektiv zu rezipieren. Daraus

Abbildung 6-6 Wen zitiert das Bundesarbeitsgericht? Anteil der jeweiligen Zitierquelle an allen Literaturverweisen

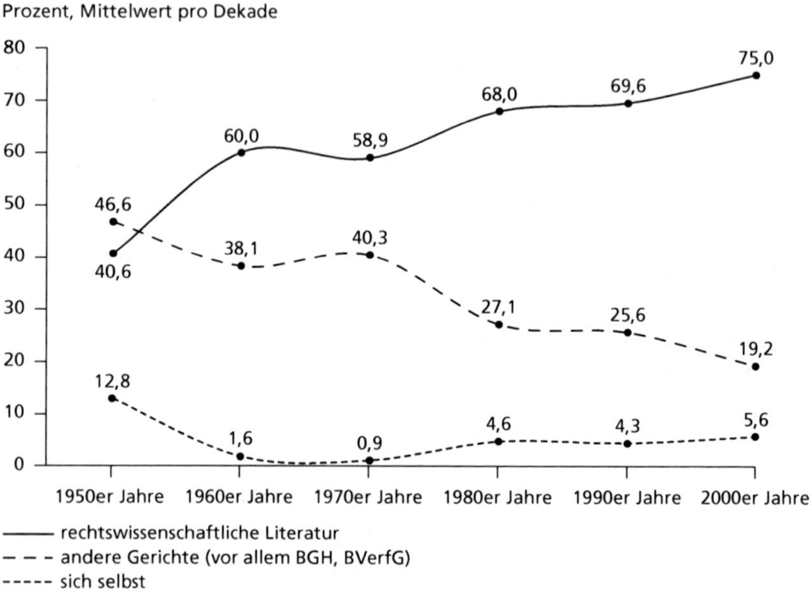


N = Zitationen aus 218 Urteilen zum Günstigkeitsprinzip.
Quelle: Juris-Datenbank.

erwächst eine Distanzierung zwischen Rechtsprechung und Wissenschaft. Die andauernde tendenzielle Entkopplung zeigt sich wiederum im Zitierverhalten des Gerichts. Die für die 1950er Jahre in Kapitel 5 konstatierte Selbstbezüglichkeit der Rechtsprechung hat sich fortgesetzt und intensiviert (vgl. Abbildung 6-6). Das Bundesarbeitsgericht stützt seine Urteile vor allem auf seine etablierte Rechtsprechung und kaum auf die Literatur.

Gleichwohl betrifft die Selektivität der Rezeption nicht allein die Rechtsprechung, sondern auch die Rechtswissenschaft selbst. Das zeigt sich am fast immer gleichen Aufbau der Kommentar-Literatur. Jeder Abschnitt über eine Rechtsnorm (oder einen Gesetzesparagrafen) beginnt damit, dass auf mehreren Seiten die existierende einschlägige Literatur (in extrem kleiner Schrift gedruckt) aufgezählt wird. Der allergrößte Teil davon spielt bei den folgenden Kommentierungen aber so gut wie keine Rolle mehr. Wer es nicht in den *Kommentarteil* eines Kommentars schafft, wird inhaltlich kaum zur Kenntnis genommen.

Die zweite Konfliktlinie, die zur Polarisierung innerhalb der arbeitsrechtlichen Gemeinschaft geführt hat, liegt vordergründig auf der Rechts-Links-

Achse, tangiert tiefgründig jedoch die Grundlagen des Arbeitsrechts selbst. Spätestens seit Mitte der 1960er Jahre wuchs die Unsicherheit darüber, ob die kognitiven Annahmen des Arbeitsrechts noch stimmen beziehungsweise wie sie interpretiert werden müssen, ob die adressierten Probleme noch zentral und angemessen beschrieben werden und was daraus für die Rechtsprechung folgen sollte. Zwei historische Entwicklungen waren dafür ursächlich: der gesellschaftspolitische Wandel und das Ende des Wirtschaftswunders mit der Rezession 1966/67.

Der unmittelbare Auslöser war die Wiederauferstehung der Linken im Arbeitsrecht am Vorabend der 1968er-Bewegung. Sie erwuchs aus dem breiten gesellschaftspolitischen Trend, dem Ordnungsdenken der Adenauer-Ära (»Keine Experimente!«) ein offeneres Gesellschaftsmodell entgegenzusetzen (»Mehr Demokratie wagen!«). Dieser in allen gesellschaftlichen Bereichen zu beobachtende Prozess machte auch vor dem Arbeitsrecht nicht halt. Hier formierte sich eine Opposition gegen die eher konservative und an hierarchischen Ordnungsmodellen orientierte Rechtsprechung des Bundesarbeitsgerichts. Die bereits erwähnte Abrechnung von Thilo Ramm mit Nipperdey stand in diesem Zusammenhang. Sie bildete den Auftakt der neuen Auseinandersetzung (Ramm 1964a, b, c), hatte aber selbst auch eine Vorgeschichte.

Den Darstellungen Ramms zufolge war er selbst eher zufällig auf das Arbeitsrecht gestoßen (Ramm 1999: XXII). Präziser formuliert: Er war gestoßen worden. Er hatte sich vor allem für Fragen der Rechtsgeschichte und der Rechtsphilosophie interessiert, außerdem habilitierte er sich im Bereich des Privatrechts. Als »frischgebackener« Privatdozent wurde er von der Rechtswissenschaftlichen Fakultät der Universität Freiburg darum gebeten, eine Vorlesung im Arbeitsrecht zu halten – ein Rechtsgebiet, das ihm fremd war.[6] Vier Jahre später erhielt er von der IG Metall den Auftrag, als Arbeitsrechtler (auch wenn er sich zu diesem Zeitpunkt noch nicht als solcher fühlte) ein Gutachten zum Urteil des Bundesarbeitsgerichts über den Metallarbeiterstreik in Schleswig-Holstein zu erstellen. Die IG Metall war vom Ersten Senat zur Leistung von Schadensersatz verurteilt worden. Die Gewerkschaft klagte dagegen mit Unterstützung des SPD-Rechtsexperten Adolf Arndt, der sich ohnehin bereits nicht als Freund der Arbeitsgerichtsbarkeit gezeigt hatte, vor dem Bundesverfassungsgericht. Ramm wurde von der Gewerkschaft als Gutachter auch deshalb angefragt, weil es in der damaligen Zeit schwierig war, »unter den wenigen Arbeitsrechtlern jemanden zu gewinnen, der gegen den arbeitsrechtlichen Papst auftrat« (ebd.: XXIV).

6 Diese Anekdote unterstreicht noch einmal die Art und Weise, in der die rechtswissenschaftlichen Fakultäten das Arbeitsrecht in ihre Lehrpläne integrierten.

In seinem Gutachten verfolgte Ramm einen politisch liberalen Ansatz, der illustriert, wie nun die politische Linke das liberale Rechtsdenken in das Arbeitsrecht hinein trug, das später noch eine Rolle spielen wird (vgl. dazu Kapitel 6.4):

> [Mich interessierte nicht] der Anlaß des Streiks, die Arbeiter den Angestellten bei der Lohnfortzahlung im Krankheitsfall gleichzustellen, sondern das grundrechtliche Problem: der Schutz der freien Willensbildung der Vereinigung, der auch die gewerkschaftliche Streikwillensbildung einschloß. Hier konnte ich meine Auffassungen von den Freiheitsrechten darlegen. [...] Ich stellte also, anders als die anderen Gutachter, nicht auf die besondere Funktion der Gewerkschaft, auf ihre soziale Schutzfunktion ab, sondern bezog sie in den jeder Vereinigung gewährten Schutz der freien Willensbildung ein. (Ramm 1999: XXV)

Arndt hatte – Ramm zufolge – damit gerechnet, dass das Bundesverfassungsgericht das Urteil des höchsten Arbeitsgerichts wegen schwerer Verfahrensfehler aufheben würde, vor allem aufgrund der Überbesetzung der Senate (ebd.: XXVIII). Die IG Metall zog die Klage aber später zurück, um eine neue Schlichtungsvereinbarung mit der Arbeitgeberseite zu schließen. Nach Ramm ging diese Entscheidung nicht auf Arndt zurück, sondern auf den gewerkschaftlichen Schatzmeister: Ein negatives Urteil hätte die IG Metall finanziell ruiniert. Die rechtswissenschaftliche Kontroverse war damit aber eröffnet, denn Ramm stand nun – vermittelt durch die Metallgewerkschaft – direkt an der Frontlinie zwischen sozialdemokratischer Rechtspolitik und Bundesarbeitsgericht. Seine Kritik in der *Juristenzeitung* gipfelte in dem Vorwurf, das Bundesarbeitsgericht erhebe sich zum entscheidenden Akteur im Arbeitsrecht, der eine bindungslose und willkürliche Rechtsprechung praktiziere. Als willkürlich und intransparent kritisierte er auch die (in Kapitel 5 skizzierten) Praktiken der Senatsbesetzung und Publikationsverfahren. Dadurch sei jede externe Kontrolle unmöglich. In seiner Kritik zeigte Ramm sich erstaunlich gut über die internen Strukturen und Prozesse informiert.[7] Und für das autoritäre Gebaren des Bundesarbeitsgerichts machte Ramm Nipperdey persönlich verantwortlich.

Ramms liberale Haltung bedeutete nicht, dass er sich für die sozialen Funktionen des Tarifvertrages nicht interessierte. In seiner inhaltlichen Kritik an der Rechtsprechung des Gerichts zum Verhältnis zwischen Ordnungs- und Günstigkeitsprinzip griff er die traditionelle Schutzidee wieder auf. Dass die Rechtsprechung eine Verschlechterung der Arbeitsbedingungen für Arbeitnehmer zulasse, illustriere, dass die »historische Ausgangsposition des Tarifvertrags-

7 Da er gerade an die Universität Gießen in Hessen berufen worden war, gute Kontakte zu den Rechtspolitikern der SPD pflegte, deren Hochburg unter anderem in Hessen lag, das wiederum die Berufung von Nicht-Arbeitsrechtlern an das Bundesarbeitsgericht durchgesetzt hatte, konnte dies zu allerlei Spekulationen anregen.

rechts, der soziale Schutz des Arbeitnehmers«, vom BAG überhaupt nicht mehr berücksichtigt werde (Ramm 1964b: 549). Stattdessen werde die soziale Funktion des Tarifvertrages auf seine Ordnungsleistung reduziert. Nipperdey, der nach meinem Wissen auf diese Kritik selbst niemals ausführlich geantwortet hat, hätte diese Position bestritten, wohl auch zu Recht. Aber er hat – schon in Weimar – immer zwischen dem Schutzzweck, der Ordnungsfunktion und der Belastungsfähigkeit der Wirtschaft abgewogen. Und beide Pole des arbeitsrechtlichen Denkens, die Bindung des Individuums an das Prinzip des Kollektivismus einerseits und die Freiheit des Einzelnen andererseits, waren über die Kombination des Unabdingbarkeits- mit dem Günstigkeitsprinzip untrennbar im Tarifrecht verschmolzen. Sie wurden nur unterschiedlich akzentuiert. Beide, Ramm und Nipperdey, beriefen sich auf die Weimarer Tradition des Arbeitsrechts und konnten dies auch plausibel begründen: Nipperdey berief sich (wie immer) auf sich selbst und auf den konservativen Flügel der Epistemic Community, und Ramm berief sich auf den sozialdemokratischen Flügel, der neben den Ordnungsleistungen des Tarifrechts immer auch die Idee der Selbstbestimmung der Klassen und der Emanzipation der Arbeiterschaft betont hatte.

Das große Verdienst von Ramm, und dies lag ihm in seiner Eigenschaft als Rechtshistoriker besonders nahe, bestand darin, in Erinnerung zu rufen, dass das Arbeitsrecht keine konservative Erfindung von Nipperdey gewesen war, sondern eine sozialdemokratische Errungenschaft, die die Gruppe um Sinzheimer entwickelt und politisch durchgesetzt hatte. Im Verlauf der 1960er und 1970er Jahre unterstrich Ramm diesen Aspekt, indem er Neuauflagen zahlreicher und von vielen vergessenen (oder nie gesehenen) Schriften des Weimarer Arbeitsrechts herausbrachte (Sinzheimer, Potthoff, Fraenkel, Neumann, Kahn-Freund; Ramm 1966).

Ramm kritisierte auch die Unbedarftheit, in der das BAG mit dem Ordnungsprinzip von einer Rechtsfigur Gebrauch machte, die im nationalsozialistischen Arbeitsrecht entwickelt worden war. Dadurch bestätige sich die autoritäre Ordnungsvorstellung des Gerichts nur noch mehr:

> Es ist schlechthin unfaßbar, daß das höchste deutsche Arbeitsgericht eine an einer gänzlich andersartigen, unfreiheitlichen Rechtsordnung entwickelte Begriffsbildung ohne weiteres auf die freiheitliche Ordnung des Grundgesetzes überträgt. (Ramm 1964b: 549, Fußnote 98)

Mit seiner Kritik deutete Ramm eine Entwicklung an, in der eine Gesellschaft, die sich schon bald aufmachen würde, »mehr Demokratie zu wagen«, aus dem Nationalsozialismus überlieferte Rechtsideen sowie autoritäre Methoden der Herstellung von Rechtssicherheit nicht mehr unhinterfragt akzeptieren würde. Die Forderung, über das Günstigkeitsprinzip der Freiheit und dem Sozialstaatsprinzip mehr Raum zu gewähren, war eingebettet in eine politische Liberalisierungsbewegung, die das Bundesarbeitsgericht kritisch beäugte und vor große Herausforderungen stellte.

In den folgenden Jahren knüpften viele andere Beiträge an Ramm an. In seiner Habilitationsschrift über den Wandel der Privatrechtsordnung im Nationalsozialismus arbeitete Bernd Rüthers heraus, dass die Aussage von Nipperdey und Hueck, das Individualarbeitsrecht habe sich zwischen 1933 und 1945 weitgehend ungestört entwickeln können, nicht länger zu halten war (Rüthers 1968). Auch diese Debatte betraf nicht allein das Bundesarbeitsgericht, sondern sie war Bestandteil der zweiten Welle in der nationalsozialistischen Vergangenheitsbewältigung, in der vor allem die Gerichte beziehungsweise die Richter auf ihre Vergangenheit hin kritisch überprüft wurden (Requate 2008: 91).

Zudem formierte sich im Gefolge der Studenten- und Protestbewegung eine politische Linke innerhalb der Arbeitsrechtswissenschaft mit *Roderich Wahsner* und *Wolfgang Däubler* im Zentrum, die die Nähe zu den Gewerkschaften suchte und Ramm zur Gallionsfigur erhob (Wahsner 1974). Diese Gruppe fand Anknüpfungspunkte in den aufstrebenden Disziplinen der Soziologie und der Politikwissenschaft, wobei sie auch wissenssoziologische Studien vorlegte. Insofern war das Arbeitsrecht, das in seinen Grundannahmen immer soziologisch fundiert gewesen war, mit einer neuen sozialwissenschaftlichen Perspektive konfrontiert, die die arbeitsrechtliche Gemeinschaft selbst zum Forschungsgegenstand erhob, und die den Anspruch stellte, die Justiz politisch stärker zu kontrollieren, als dies bisher der Fall gewesen war. Wahsner arbeitete die Verwobenheit der konservativen Arbeitsrechtswissenschaftler mit dem Nationalsozialismus sowie die Mechanismen ihrer Kartellierung nach 1945 heraus. Für ihn war das nationalsozialistische Arbeitsrecht ein kapitalistisches Arbeitsrecht gewesen, das gegen die Gewerkschaften gerichtet war. Die Rechtsprechung des BAG interpretierte er als Restauration des kapitalistischen Arbeitsrechts. Und die Arbeitsrechtswissenschaftler waren in dieser Perspektive die Ideologieproduzenten, die die kapitalistischen Verhältnisse nach 1945 erneuert und legitimiert hätten. Diesen Thesen wollte Ramm sich ob seiner liberalen Grundhaltung aber nicht anschließen, so wie er sich insgesamt von dieser Gruppe distanzierte. Insbesondere wies er darauf hin, dass der Kapitalismus auf einem freien Unternehmertum basiere, und dieses habe es im Nationalsozialismus nicht gegeben (Ramm 1978).

Die Debatte wurde eingerahmt durch die Rezession 1966/67, die nicht nur das Ende des Wirtschaftswachstums und der Vollbeschäftigung einläutete, sondern auch eine neue Wirtschaftspolitik begünstigte, in der die Gewerkschaften als Ordnungsfaktor eine erhebliche Rolle spielten. Die Große Koalition, die erstmals auch die Sozialdemokraten in die Regierungsverantwortung brachte, setzte zur Krisenbewältigung auf das Instrumentarium der ökonomischen Globalsteuerung und auf die Konzertierte Aktion, bei der sich die Gewerkschaften lohnpolitisch in eine gesamtwirtschaftliche Strategie einbinden lassen sollten. Dies führte innerhalb der Gewerkschaften und mit der Sozialdemokratie zu erheblichen Spannungen (Klönne/Reese 1990). Die Polarisierung der Arbeitsrechtsexperten im linken Spektrum spiegelte im Prinzip diese Fraktionen wider. Die arbeitsrechtliche Linke warf den moderaten Gewerkschaftsflügeln vor, sich der Rechtsprechung »unterzuordnen« und mit dem »Selbstverständnis eines Ordnungsfaktors zufrieden« zu sein (Däubler 1977: 236). In dieser Argumentationslinie bereitete das Bundesarbeitsgericht unter der Führung von Nipperdey den rechtlichen Boden für die Gewerkschaften als Ordnungsmacht, während die linke Gruppe um Däubler und Wahsner mit einem Verweis auf die sozialdemokratischen Arbeitsrechtler aus Weimar für eine gewerkschaftliche Identität als Gegenmacht kämpfte.[8]

Insofern ähnelte die Situation der Konstellation in Weimar, wo verschiedene gewerkschaftliche Flügel durch jeweils eigene rechtswissenschaftliche Fraktionen bedient worden waren und die Rechtsexperten also keinen Beitrag zur kohärenten und integrativen Präferenz- und Positionsbildung hatten leisten können. Im Gegenteil: Auch jetzt stärkten sie den Spaltungsprozess, weil jede Expertengruppe einen anderen politischen Flügel durch ihre Wissensproduktion stützte. In dem Maße, wie die arbeitsrechtliche Linke in den 1960er und 1970er Jahren bei den Gewerkschaften auf Interesse und Gehör stieß, entfernten sich diese von den anderen Flügeln der Arbeitsrechtswissenschaft, und die alten – den Hauch der Klassenjustiz-These atmenden – Debatten begannen erneut. Doch in Weimar hatten die unterschiedlichen Fraktionen der Juristen, die sich mit dem Arbeitsrecht beschäftigten, zumindest miteinander reden können – es sei daran erinnert, dass zum Beispiel Nipperdey von der Gruppe um Sinzheimer anerkannt worden war. Zudem hatten Sinzheimer und Brentano zwar unterschiedliche Tarifrechtskonzepte vertreten, sie hatten aber in einem engen persönlichen und fachlichen Verhältnis zueinandergestanden (vgl. dazu noch einmal Abschnitt 4.2.4).

8 Ob Sinzheimer diese Bezugnahme auf seine Arbeiten überzeugt hätte, mag dahingestellt bleiben. Letztlich sah er die Selbstbestimmung der Arbeiter nicht als Weg zur Formierung einer Opposition gegen den bürgerlichen Staat an, sondern er zielte auf die Integration der Arbeiter in den bürgerlichen Staat ab. Er hatte immer betont, dass sich die gesellschaftliche Selbstregelung des Klassenkonflikts auch durch ihre möglichen Ordnungsleistungen rechtfertige, die der Staat kaum allein leisten könne. Von daher sah der liberale Sozialdemokrat Sinzheimer die Gewerkschaften mehr als Ordnungsmacht denn als Gegenmacht. Auf diesen Unterschied führt Erd auch die Tatsache zurück, dass die Neue Linke im Arbeitsrecht Sinzheimer zögerlich wiederentdeckte und statt dessen eher die vermeintlich weniger liberalen Vertreter des sozialdemokratischen Arbeitsrechts rezipierte (Erd 1988). Aber auch auf Ernst Fraenkel konnte man sich spätestens mit dessen pluralistischen Wende nicht sehr überzeugend zur Legitimierung der Gegenmachtthese berufen.

In den 1960er und 1970er Jahren wirkte die Polarisierung aber Block bildend. Die Gemeinschaft der Arbeitsrechtler zerfiel in epistemische Sub-Gemeinschaften, die sich wechselseitig auszugrenzen versuchten. Ramm wurde für seine Kritik an Nipperdey beschimpft, und die Angegriffenen sahen sich nicht in der Pflicht, auf die Sachargumente einzugehen (Galperin 1964; Müller 1964; Gamillscheg 1965). Die radikale Linke wiederum betrachtete das Bundesarbeitsgericht als Feindbild. So veröffentlichte zum Beispiel Wolfgang Däubler eine Schrift mit dem Titel *Das soziale Ideal des Bundesarbeitsgerichts*, die eine direkte Anspielung auf die Arbeit von Kahn-Freund von 1931 über das Reichsarbeitsgericht war, der damit allerdings die alten Richter des Kaiserreichs angegriffen hatte, die am Reichsarbeitsgericht Recht sprachen (Däubler 1975). Zudem empfahl Däubler den Gewerkschaften, darüber nachzudenken, ihre ehrenamtlichen Richter aus der Arbeitsgerichtsbarkeit zurückzuziehen (Däubler 1977). Gleichzeitig beklagte die Gruppe sich aber darüber, von der etablierten Arbeitsrechtswissenschaft nicht anerkannt zu werden, was sie auch nicht wurde (Däubler 1974, 1985). All diese Auseinandersetzungen fanden in der Öffentlichkeit, teilweise in der *Juristenzeitung*, und damit vor den Augen einer Profession statt, die sich die Hände reiben konnte, wie die Protagonisten eines ungeliebten und gerade erst halbwegs etablierten Rechtsgebiets sich wechselseitig diskreditierten.

Eine Polarisierung in der Gemeinde der Arbeitsrechtler fand indes nicht nur auf dem linken Spektrum statt. Wie bereits in Kapitel 5 dargelegt wurde, standen das Arbeitsrecht und die Rechtsprechung des BAG auch im Arbeitgeberlager und bei ihren Juristen teilweise heftig in der Kritik. Mehr als ein Mal wurde das Tarifvertragsrecht in Zweifel gezogen. Und dass der Rechtsanwalt Meilicke 1979 versuchte, die Wahl von Thomas Dieterich als Verfassungsrichter zu verhindern, begründete er mit der Aussage, das Bundesarbeitsgericht würde einseitig zulasten der Arbeitgeber urteilen, und von daher sei ein Mitglied des Gerichts als Verfassungsrichter nicht tragbar (Meilicke 1979). Die Kritik dieses Pols wird in Abschnitt 6.4 und 6.5 eingehender erörtert, weil sie vor allem in dieser Phase ausgebaut und wirkmächtig wurde, woraus ein starker Liberalisierungsdruck auf das Tarifrecht resultierte. Dennoch reichen die Wurzeln dieser Denkschule bis in die 1960er Jahre zurück, denn wichtige Protagonisten der späteren Liberalisierungsbewegung würden sich auf ein Buch berufen, das in den 1960er Jahren »Aufsehen erregte« (Adomeit 2006: 750): die *Grenzen der Tarifautonomie* von Kurt Biedenkopf (1964).

Biedenkopf war ein Schüler von Isele, der so wie die meisten anderen Arbeitsrechtler seiner Zeit auch über das Privat- beziehungsweise Wirtschaftsrecht seinen Weg zum Arbeitsrecht gefunden hatte. Auch er hatte die Rechtsprechung des Bundesarbeitsgerichts zum Ordnungsprinzip kritisiert. An die Stelle der nationalsozialistischen staatlichen Lohnpolitik sei ein Aushandlungsprozess der

Sozialpartner getreten, der sich »auch nach marktwirtschaftlichen Gesichtspunkten« richte (Isele 1964: 113). An diese Argumentation schloss Biedenkopf an. Er lehnte den Günstigkeitsgedanken in seiner politischen Bedeutung generell ab, weil er die Verbände von ihrer Verantwortung, die ihnen im Rahmen der Tarifautonomie zufalle, entlaste:

> Eine Gewerkschaft, die sich auf eine nur »nach oben« nicht beschränkte Tarifautonomie verwiesen und durch eine großzügige Sozialgesetzgebung und Rechtsprechung bestätigt sieht, hat ebenso wenig Veranlassung, »Verantwortung« zu üben wie der Unternehmer, dem der Markt die Abwälzung der zusätzlichen Kosten gestattet. Verantwortung setzt die Möglichkeit voraus, sie zu praktizieren. Sie bewährt sich in der Notwendigkeit, nachteilhafte Entscheidungen zu treffen. Von dieser Notwendigkeit werden die Tarifparteien durch das Günstigkeitsprinzip entbunden. (Biedenkopf 1964: 177)

Diese Kritik wurde natürlich praktisch umso bedeutsamer, je mehr sich die Konjunktur eintrübte. Während die marxistische Linke, aber auch linksliberale Rechtswissenschaftler wie Ramm, argumentierten, dass der Schutzgedanke im Arbeitsrecht verloren gehe, ging der Schutz Biedenkopf schon zu weit. Im Grunde nahm er eine andere Definition der zu lösenden Probleme vor, auf die das Arbeitsrecht zu antworten habe. Nicht der Schutz des Arbeitnehmers stand noch im Vordergrund, sondern die Verantwortung der Tarifparteien für das Wirtschaftsleben. Damit akzentuierte er den Ordnungsgedanken fast noch stärker als das Bundesarbeitsgericht. Biedenkopfs Kritik wurde – wie bereits erwähnt – auch an anderer Stelle vorgetragen. Aufhorchen ließ jedoch der disziplinenbezogene Zusammenhang, in den er seine Ausführungen stellte. Er betrachtete die Tarifautonomie als Teil der Wirtschaftsordnung und zog daraus auch Konsequenzen für die Rechtswissenschaft:

> Gestalt und Grenzen dieser »Gesetzgebung mit privatrechtlichen Mitteln« [gemeint ist die Tarifautonomie] zu erforschen und zu beschreiben, hat die Rechtswissenschaft vornehmlich ihrer arbeitsrechtlichen Disziplin überlassen. […] Diese wirtschaftsrechtliche Abstinenz auf arbeitsrechtlichem Gebiet entspricht durchaus der vorherrschenden Arbeitsteilung zwischen beiden Disziplinen. Unter dem Gesichtspunkt der Beschreibung und Erläuterung des positiven Gesetzesrechts mag sie auch methodisch gerechtfertigt sein. Von der Sache her ist sie es nicht. (ebd.: 2–3)

Dahinter steckte die Behauptung, dass mit der Zerschlagung der Rechtswissenschaft in Teilrechtsgebiete eine Konstruktion der Wirklichkeit einhergehe, in der das Arbeitsrecht unabhängig von seiner Einbettung in wirtschaftliche Zusammenhänge betrachtet werde. Das stimmte so nicht ganz, denn schon Sinzheimer hatte Ende der 1920er Jahre festgestellt, dass das Arbeitsrecht auf spezifischen wirtschaftlichen Voraussetzungen beruhe und nur dann überlebensfähig sei, wenn wirtschaftspolitisch die Vollbeschäftigung ins Zentrum gerückt werde. Von daher hätte sich Biedenkopf auf Sinzheimer berufen können, was er nicht getan hat. Das lag vermutlich daran, dass Sinzheimer den Zusammenhang zwischen Arbeitsrecht und Wirtschaftsordnung anders herum konzipiert hatte. In seiner Vorstellung musste die Wirtschaftsordnung so gestaltet sein, dass das Arbeitsrecht lebensfähig sei. Biedenkopf deutete hingegen an, dass das Arbeitsrecht sich in die Wirtschaftsordnung einfügen müsse. Die Eigenständigkeit des Arbeitsrechts wurde hier von einem Arbeitsrechtler prinzipiell infrage gestellt.[9] Zwanzig Jahre später sollte eine kleine Gruppe von Arbeitsrechtlern auf diesen Ansatzpunkt (und auf dieses Buch) zurückkommen, um darauf aufbauend ein Neues Arbeitsrecht auszurufen, das ins Privatrecht zurückkehrt (vgl. dazu die Abschnitte 6.4 und 6.5).

Die konservativen Arbeitsrechtler, die das Kollektivprinzip betonten, sahen sich an verschiedenen Fronten einer neuen (und endogen produzierten) Opposition gegenüber. Eine eigentümliche Mischung aus Liberalen und Linken forderte mehr Raum für das Günstigkeitsprinzip und orientierte sich darum am Privatrecht. Zugleich forderten Biedenkopf und andere eine explizite Andockung des Arbeitsrechts an das Wirtschaftsrecht.

### 6.1.4 Integrationsversuche durch die Arbeitsgerichtsbarkeit

Die Arbeitsgerichtsbarkeit, oder präziser formuliert: der verbliebene Kern der epistemischen Gemeinschaft innerhalb der Arbeitsgerichte, stemmt sich den skizzierten Desintegrationsprozessen entgegen. Dadurch soll erstens die Geltungskraft ihres kognitiven Gerüsts abgesichert werden. Zweitens sind die Integrationsversuche darum bemüht, die Konflikte zwischen den sozialen Gegenspielern abzumildern, an deren Fronten sich die Gerichte bewegen müssen. Dies ist auch ein Mechanismus des Selbstschutzes, denn korporatistisch verfasste Arbeitsgerichte, an deren Rechtsprechung die Verbände über ihre ehrenamtlichen Richter beteiligt sind, bleiben auf die Kompromissfähigkeit der Parteien angewiesen, um anerkannt zu werden. Und die Empfehlung der linken Arbeitsrechtswissenschaft an die Gewerkschaften, ihre Laienrichter abzuziehen, stellte eine unmittelbare Bedrohung für die Funktionsweise der Gerichte dar. Die Integrationsmechanismen betreffen die strukturelle, die symbolische und die diskursive Ebene.

Wichtige Funktionen bei dem Versuch, Gemeinschaftsmerkmale aufrechtzuerhalten, übt das kaum mehr überschaubare *Netzwerk an Vereinen und Verbänden*

9 Dieses Denken war Nipperdey zwar nicht ganz fremd, weil auch er die Abgrenzung vom Privatrecht weniger stark propagiert hatte als Sinzheimer, er lavierte zwischen den Fronten. Gleichwohl unternahm er in der Nachkriegszeit alles, um die Unabhängigkeit der Arbeitsgerichte zu stärken und damit das Arbeitsrecht institutionell vom Privatrecht zu separieren.

aus, die sich alle um die Arbeitsgerichte gruppieren und in denen immer wieder die gleichen Personen aufeinandertreffen. Der zentrale Verband ist der Arbeitsgerichtsverband, Nachfolger des Verbandes der deutschen Gewerbegerichte (Weiß 1994; Kalb 1999). Er wurde 1893 vom Sozialdemokraten Karl Flesch, der zum Sinzheimer-Kreis gehörte, gegründet und nach dem Zweiten Weltkrieg von Nipperdey wiederbelebt. Schon die Tatsache, dass er nicht als Verband der Arbeitsrechtler oder der Arbeitsrechtswissenschaft bezeichnet wurde, sondern als Arbeitsgerichtsverband, illustriert die zentrale Stellung der Arbeitsgerichte im Prozess der Gemeinschaftsbildung. Hier treffen sich aber nicht nur Richter, sondern auch Arbeitsrechtswissenschaftler, Ministerialbeamte, Fachanwälte sowie die ehrenamtlichen Richter und die Arbeitsrechtsexperten der Verbände. Alle Statusgruppen sind auch in dem Vorstand (Verbandsausschuss) repräsentiert.

Der Verband untergliedert sich in Orts- und Landesgruppen, die neben den Hauptversammlungen jeweils eigene Fachtagungen durchführen. Das Ziel kann als Versuch beschrieben werden, gemeinsame Interpretationen zu Fragen des Arbeitsrechts zu entwickeln oder sich zumindest über die verschiedenen Positionen zu verständigen, politische Spaltungen und auseinanderdriftende Rollen zu überwinden, eine gemeinsame Identität als Arbeitsrechtsexperten zu entwickeln und damit die epistemische Gemeinschaft zumindest teilweise zu erhalten. Dieses Ziel findet sich auch in der Verbandssatzung wieder (§ 2: »Zweck des Verbandes ist die Förderung des Arbeitsrechts und der Arbeitsgerichtsbarkeit«). Eine ähnliche Funktion hat die nach wie vor existierende Präsidentenkonferenz, die zudem rechtspolitische Aufgaben übernimmt.

Der bereits erwähnte Verein der Richter am Bundesarbeitsgericht sowie der Bund der Richterinnen und Richter der Arbeitsgerichtsbarkeit organisieren die Spruchkörper und integrieren sie als Fachverbände in den Richterbund. Die Arbeitsgemeinschaft der Fachanwälte für Arbeitsrecht im Deutschen Anwaltsverein hat sich – wie bereits erwähnt – 1981 gegründet, und erst im Jahr 2006 organisierte sich die Vereinigung der Arbeitsrechtslehrer, die schon im Titel klarstellt, dass sie keine ausschließliche Professorenvereinigung ist. In allen Fachverbänden beziehungsweise Vereinigungen sowie auf ihren Veranstaltungen trifft sich mehr oder weniger die gleiche Klientel. Auch die Anwälte laden Richter und Professoren ein, um die Vernetzung zu stärken. Zudem veranstalten einige der arbeitsrechtlichen Zeitschriften Fachtagungen, die sich an das gleiche Zielpublikum wenden. Die Arbeitsrechtler haben sich also relativ engmaschig außerhalb der Professionsvereinigungen organisiert. Und auch innerhalb der Profession treten sie in organisierter Form auf, wie die Richterverbände zeigen.

Neben den Verbänden spielen *symbolische Integrationsversuche* eine Rolle. Festschriften haben in der Rechtswissenschaft generell ein großes Gewicht, in der Arbeitsrechtsliteratur existiert aber eine – auch im Vergleich zu anderen Rechtsgebieten – besonders ausgeprägte Festschriftkultur (Ramm 1994b: 920). Die Fülle an Festschriften resultiert daraus, dass nicht nur Professoren beschenkt werden, sondern auch Richter oder ausgewählte Ministerialbeamte (zum Beispiel Herschel). Zudem feiern die Arbeitsrechtler ihre Institutionen mit Festschriften – den Arbeitsgerichtsverband, das Bundesarbeitsgericht oder die Landesgerichte. Festschriften integrieren nicht nur, sondern sie grenzen auch nach außen ab. Vor diesem Hintergrund »sind häufig weniger die Beteiligten als die Ausgeschlossenen von Interesse« (ebd.). In diesem Sinne können Festschriften auch gemeinschaftsunverträglich sein, wenn sie Spaltungen eher vertiefen als überbrücken. Doch gerade die Abgrenzung nach außen verstärkt die Kohäsion nach innen. Und anders herum kann die Zusammensetzung von Festschriften auch die Überwindung von Konflikten signalisieren. Wenn Däubler in der Festschrift zum 50. Geburtstag des Bundesarbeitsgerichts vertreten ist, signalisiert dies, dass die Konflikte aus den 1960er Jahren heute viel an Schärfe verloren haben und auch die Alt-Linken – mehr oder weniger – in die Gemeinschaft integriert sind.

Eine weitere Symbolik findet sich in der Architektur des Gerichtsgebäudes des BAG. Mit dem Umzug von Kassel nach Erfurt war für das Gericht die Möglichkeit gegeben, ein neu erbautes Gebäude zu beziehen und auf dessen Gestaltung Einfluss zu nehmen. Dabei wurden die kognitiven Grundannahmen des Arbeitsrechts und die Selbstbeschreibung der Subprofession – im wahrsten Sinne des Wortes – »in Stein gemeißelt«. Die Fassade ist mit Glasläden versehen, auf denen im Endlostext – leicht verkürzt – Art. 1 Abs. 1 GG wiedergegeben ist: »Die Würde des Menschen ist unantastbar. Sie zu schützen ist Verpflichtung aller staatlichen Gewalt.« Auf diese Weise wird der Schutzgedanke erneut zum Ausdruck gebracht. Auch die Innenarchitektur hat Aussagekraft. Die Gestaltung ist schlicht, der Große Sitzungssaal befindet sich leicht abschüssig im Erdgeschoss. Und das Richterpodest ist nur so leicht erhöht, dass die Funktionalität gewahrt bleibt. Diese Merkmale sollen (wohl vor allem den Arbeitnehmern) die Scheu vor dem Gericht nehmen und zugleich verdeutlichen, dass Arbeitsrichter – im Unterschied zu anderen Richtern – auf die symbolischen Zeichen der Richtermacht nur wenig Wert legen.[10]

Auch auf der *diskursiven Ebene* finden Integrationsversuche statt. Die Anlässe dafür sind zahlreich. Insbesondere in Festschriften oder auf Tagungen zu festlichen Anlässen finden immer wieder Debatten zur Vergewisserung über das Selbstverständnis der Arbeitsrechtler statt (Adomeit 1983; Hanau 1993). Gamillscheg fasste die Geschichte des Arbeitsrechts und der Arbeitsgerichtsbarkeit

10 Ich selbst hatte das Vergnügen einer exklusiven Gebäudeführung. Dabei bekam ich von einem ehemaligen Richter diese Zielsetzung erläutert. Sie findet sich aber auch in den offiziellen Selbstbeschreibungen des Gerichts (Linsenmaier 2002).

auf einer Verbandstagung mit den Worten »100 Jahre Fluchtversuche aus dem BGB« zusammen (Steidle 2000: 1). Die Positionen mögen dabei kontrovers sein (und sind es spätestens seit den 1980er Jahren auch zunehmend geworden, vgl. dazu Abschnitt 6.4). Aber allein die Tatsache, dass die Selbstbeschreibung und -verständigung Raum einnimmt, illustriert das Bedürfnis der Gemeinschaftsbildung und Konfliktüberwindung nach innen (beziehungsweise der Abgrenzung nach außen). Zudem finden sich in regelmäßigen Zeitabständen Debatten über das Besondere im Arbeitsrecht in den Fachzeitschriften.

Die Arbeitsrechtler kämpfen aber nicht nur um den internen Erhalt ihrer prekär gewordenen epistemischen Gemeinschaft, sondern sie sehen sich auch externen Bedrohungen ausgesetzt, die die Geltung ihrer arbeitsrechtlichen Annahmen bedrohen. Sie sind das Thema des folgenden Abschnitts.

## 6.2 Die schleichende Entflechtung der Policy Community

Die Institutionalisierung der epistemischen Gemeinschaft nach 1945 hatte maßgeblich auf der erfolgreichen Platzierung von Gemeinschaftsmitgliedern in der Ministerialverwaltung beruht, die dadurch enge Verflechtungen zur Arbeitsgerichtsbarkeit und zur Arbeitsrechtswissenschaft aufbaute. Diese Policy Community wurde aber – bereits Ende der 1950er Jahre beginnend – im Zeitverlauf für die Arbeitsrichter zu einer unzuverlässigen Größe. Der Wandel stand in einem relativ engen Zusammenhang zu einsetzenden Justizreformen, die zu einer tendenziellen Entfremdung zwischen den Arbeitsgerichten und den Ministerialverwaltungen beigetragen haben. In diesem Zusammenhang schwenkte die Sozialdemokratie rechtspolitisch auf einen liberalen Kurs ein, der für die Arbeitsgerichte weitreichende Konsequenzen hatte. Zudem zogen sich die Arbeitsminister schrittweise aus dem Richterwahlausschuss zurück und übertrugen damit dem Justizressort die Hoheit über die Richterwahl.

### 6.2.1 Justizpolitische Liberalisierung und die Entfremdung zwischen Arbeitsverwaltung und Arbeitsgerichten

In Abschnitt 6.1 wurde herausgearbeitet, dass das Verhältnis zwischen Rechtsprechung und Arbeitsrechtswissenschaft unter anderem durch die aus den jeweiligen Rollen resultierenden funktionalen Anforderungen und Restriktionen belastet wurde. Die epistemische Gemeinschaft differenzierte sich in verschiedene Organisationen und Institutionen aus, die Gemeinschaftlichkeit wurde durch die spezifische Rollensozialisation überlagert. Ein entsprechender Prozess hat schon bald nach der Errichtung des Bundesarbeitsgerichts auch im Verhältnis zwischen Gericht und Verwaltung eingesetzt; und zwar zu einem Zeitpunkt, als Herschel noch der zuständige Ansprechpartner im Ministerium war. Deutlich wurde die Entfremdung bei Auseinandersetzungen über Fragen der Dienstaufsicht, der Gerichtsadministration und der Richterwahl. In seiner Funktion als Gerichtspräsident pochte Nipperdey auf die richterliche Unabhängigkeit. Das Ministerium wiederum sah sich in der Position, das Gericht gegen Angriffe seitens des Justizministeriums und des Rechtsausschusses des Bundestages – und hier insbesondere gegen die Vertreter der SPD – zu verteidigen, was angesichts der zuweilen eigenwilligen Politik des Gerichtspräsidiums nicht einfach war. Hier kam es zu Friktionen.

Zwei Beispiele seien an dieser Stelle erwähnt. Im Richterwahlausschuss bemühten sich sowohl Storch als auch Herschel darum, Kandidaten abzuwehren, die zwar richterliche Erfahrungen aufzuweisen hatten, nicht aber Spezialisten im Arbeitsrecht waren. Dies gelang ihnen manchmal mit mehr Erfolg, manchmal auch mit weniger Erfolg. Die Strategie war nur dann (auch gegenüber den Kabinettskollegen) glaubwürdig, wenn sie diese Argumentation auch in Bezug auf Mitglieder der epistemischen Gemeinschaft anwandten. Im Jahr 1954 führte das dazu, dass der Bundesarbeitsminister die Ernennung von Marie-Luise Hilger blockierte, obwohl sie vom Richterwahlausschuss gewählt worden war. Zwar war sie Expertin im Arbeitsrecht, sie konnte aber weder richterliche noch anwaltliche Erfahrungen vorweisen. Aus der Perspektive des Ministeriums war die Entscheidung plausibel; sie wurde auch vom Kanzleramt unterstützt (Storch 1955). Sie rief aber am Gericht Irritationen hervor, weil es an Experten mangelte und weil Hilger zum inneren Kern der Gemeinschaft zählte.[11]

Ein zweites Konfliktfeld tat sich in Bezug auf die Frage der Senatsbesetzung auf. Die in Abschnitt 5.4.3 skizzierte Praxis des Gerichts, Senate durch die Zuordnung von Präsidenten anderer Senate überzubesetzen und dadurch die Kontrolle des Präsidiums über die Rechtsprechung zu gewährleisten, wurde vom Ministerium mit Unbehagen beobachtet. Herschel teilte mit, er werde den Besetzungsplan vorläufig nicht veröffentlichen. Zudem kritisierte er die Besetzungspolitik, »weil es nicht ausgeschlossen scheint, dass in parlamentarischen Kreisen, insbesondere im Rechtsausschuss des Bundestages, an der hier vorgenommenen Geschäftsverteilung Kritik geübt wird« (Herschel 1957). Mit dem Verweis auf die Notwendigkeit, die Einheitlichkeit der Rechtsprechung zu wahren, lehnte Nipperdey dieses Ansinnen ab. Zudem verwies er darauf, dass der Besetzungsplan ohnehin nicht veröffentlicht werden müsse, auch wenn andere Gerichte dies anders handhabten (Nipperdey 1957a).

11 In einem zweiten Anlauf wurde sie dann 1960 zur Richterin ernannt.

Unter dem Eindruck, die Unabhängigkeit des Gerichts und des Gerichtspräsidiums wahren zu wollen, missachtete Nipperdey tendenziell die Restriktionen des Ministeriums, das sich in Ressort-, Koalitions- und Parteizwängen bewegte. Dadurch wurde das Verhältnis zum Ministerium belastet beziehungsweise es bekam asymmetrische Züge. Die Eigenmächtigkeit des BAG bei der Gestaltung seiner Gerichtsverfassung führte auch dazu, dass das Ministerium Krisensitzungen anberaumen musste, um zwischen Nipperdey und dem Rechtsausschuss – hier insbesondere wieder Adolf Arndt – zu vermitteln und die Arbeitsgerichtsbarkeit aus der Konfliktzone zu leiten (Nipperdey 1955a). Wie in Abschnitt 6.1 bereits erwähnt wurde, trug der Widerstand Nipperdeys in dieser Frage auch zu der Klage der IG Metall vor dem Bundesverfassungsgericht bei, in deren Zusammenhang Arndt vermutete, das Gericht würde gegen das BAG entscheiden. Eine ähnliche Konfliktdynamik ergab sich in Bezug auf den Einsatz der ehrenamtlichen Richter, der nach relativ unklaren Regeln erfolgte. Ein Arbeitnehmer hatte gegen ein Urteil des Landesarbeitsgerichts in Hamburg geklagt und machte dabei aufgrund der uneindeutigen Zuteilung der Laienrichter Verfahrensfehler geltend.[12] Auseinandersetzungen dieser Art konnten angesichts der Vorbehalte gegen die Arbeitsgerichtsbarkeit weite Kreise ziehen, und für ihre politische Befriedung war im Wesentlichen das Ministerium zuständig, was dort Unzufriedenheit auslöste.

Die Auseinandersetzungen zwischen Gerichtspräsident und Verwaltung waren nicht auf das BAG beschränkt, sondern sie waren typisch für das Verhältnis zwischen Richtern und Politik in den 1950er und 1960er Jahren (Requate 2008). Die Konflikte waren eingebettet in die bereits in Kapitel 5 skizzierte Debatte über die Unabhängigkeit und politische Kontrolle der Gerichte. Die Richtervereinigungen pochten auf ihre Unabhängigkeit. Der Richterbund verfolgte die Vorstellung, dass die Gerichte ähnlich wie Universitäten organisiert werden sollten, das heißt weitgehende Selbstverwaltung ohne politische Interventionen sowie ein hohes Maß an Beteiligung der Richter bei der Auswahl ihrer Kollegen (Kern 1961). Beim ersten Punkt war der Verband erfolgreich, einige Aufgaben der Gerichtsadministration wurden an die Gerichtspräsidien übertragen, die Bindung an die Ministerialverwaltungen wurde dadurch gelockert. Der Ausbau der Selbstverwaltung ist im Zeitverlauf weiter fortgeschritten. Heute sind die Aufgaben der Verwaltung und der Dienstaufsicht »zum großen Teil« auf den Gerichtspräsidenten übertragen (Linsenmaier 2002: 56). Im Gegenzug wurde

12 Dabei handelte es sich um einen ehemaligen Funktionär der NSDAP, der von seinem Arbeitgeber aufgrund seiner politischen Vergangenheit entlassen worden war, im Entnazifizierungsverfahren aber entlastet worden war und nun auf Wiedereinstellung klagte. Er beschuldigte das Gericht, die ehrenamtlichen Richter willkürlich ausgewählt zu haben (BAG 1961f.).

der Ausbau interner Entscheidungsgremien verstärkt. So wurde zum Beispiel die Einrichtung von Richterräten vorgeschrieben, die quasi die Personalräte der Richter sein sollten. Doch beim zweiten Punkt konnten sich die Richtervereinigungen nicht durchsetzen. Es wurde festgelegt, dass die Richterwahlausschüsse auch weiterhin ohne eine organisierte Beteiligung der Richter als Statusgruppe agieren sollen (vgl. dazu auch Rasehorn 1985).[13]

Der Verein der Bundesrichter am BAG hat hier – zusammen mit den anderen Richterverbänden – Professionsinteressen vertreten. Und aus dem zur Verfügung stehenden Archivmaterial geht nicht hervor, dass diese Position kontrovers gewesen wäre.[14] Doch tendenziell (und eigentlich nicht überraschend) wirkten die Professionsinteressen eher gemeinschaftsschädlich, vor allem in der Kombination der verschiedenen Maßnahmen. Einerseits wurden die Verbindungen zwischen den Gerichten und ihren Fachministerien gelockert. Wenn die Gerichte sich selbst verwalten, fällt auch der alltägliche persönliche Kontakt zwischen den Gerichtspräsidien und den zuständigen Ministerialbeamten weg, der die Gemeinschaftlichkeit immer wieder durch persönliche Nähe unterfüttert. Und unabhängig von den Auseinandersetzungen um die wechselseitige Rücksichtnahme hatte das Gericht von diesen Verbindungen immer profitiert. Gleichzeitig wurde in der internen Gerichtsorganisation mehr Mitbestimmung eingeführt, was denjenigen Bundesrichtern am BAG, die nicht zur epistemischen Gemeinschaft zählten, mehr Einflussmöglichkeiten einräumte.

Weitaus gravierender für die Lockerung der Policy Community war noch das Umschwenken der Sozialdemokratie in Richtung auf eine liberale Rechtspolitik. Schon länger war zu beobachten gewesen, dass die institutionelle Absicherung des Arbeitsrechts über die Eigenständigkeit der Arbeitsgerichte nicht von allen Sozialdemokraten als vorrangiges Ziel eingestuft wurde. Die Profilierung der SPD im Bereich einer liberalen Rechts- und Justizpolitik verstärkte den Trend. Diese Wende war keine Politik gegen die Arbeitsgerichte oder das Arbeitsrecht.

13 Das heißt allerdings nicht, dass Staatsanwälte oder Richter in den Wahlausschüssen nicht präsent wären. Die vom Bundestag entsandten Mitglieder üben zuweilen den Richterberuf aus. Außerdem setzt sich das vom Bundestag entsandte Kontingent nicht nur aus Abgeordneten zusammen. Das Parlament kann auch externe Experten wählen, was auch immer wieder geschieht. Und dabei kommen meist Richter oder Staatsanwälte zum Zug. Zudem geben die Gerichtspräsidenten zu jedem Kandidaten ein Gutachten über dessen fachliche Eignung ab, das für die Wahlberechtigten aber nicht bindend ist.

14 Der einzige im Verein kontrovers diskutierte Aspekt des Richtergesetzes bezog sich auf die Stellung der ehrenamtlichen Richter. Der Richterbund und das Justizministerium plädierten für ein einheitliches Richterbild. Das implizierte auch, dass die ehrenamtlichen Richter nicht mehr länger als Kammervorsitzende fungieren durften. Der Verein der Bundesrichter war über diese Frage gespalten, Nipperdey bezog dabei klar Stellung gegen die Idee des Einheitsrichters, die er als Angriff gegen die Unabhängigkeit der Arbeitsgerichte empfand (Nipperdey 1955b).

Aber es war eine Rechtspolitik, die die Mechanismen der Arbeitsgerichte zur Absicherung ihrer Ideen nicht schützte.

Schon in der Großen Koalition ab 1966 begann die SPD, sich unter der Führung ihres Justizministers Gustav Heinemann rechtspolitisch zu profilieren. Die Rechtspolitik hatte auch schon im Wahlkampf eine zentrale Rolle gespielt. Die SPD präsentierte sich als die Partei, die als erste überhaupt einen rechtspolitischen Kongress veranstaltete (vgl. im Folgenden Requate 2008: 153–161). In vier Arbeitsgemeinschaften wurden die Themen »Bürger vor Gericht«, »Bürger als Partner der Verwaltung«, »Bürger als Verbraucher« sowie »der straffällige Bürger« diskutiert. Und schon die Fokussierung der Debatte deutet das Problem an, dass nämlich bei den Rechtspolitikern der SPD der Bürger als Arbeitnehmer kaum noch eine Rolle spielte. Dabei mag auch die Neuorientierung der SPD zur *catch-all party*, die nicht mehr in erster Linie Arbeitnehmerinteressen ansprechen wollte, eine Rolle gespielt haben.

Demokratisierung war das große Thema sozialdemokratischer Rechtspolitik. Und Gründe dafür gab es genug. Urteile wie jene des Bundesverwaltungsgerichts zum Günstigkeitsprinzip heizten die Debatte über die Hausgerichtsbarkeiten an, die den Bürgern vermeintliche Chancen raubten, ihre Interessen gegenüber dem Staat durchzusetzen (vgl. dazu noch einmal Abschnitt 5.4.1). Und auch das Bundesarbeitsgericht hatte ja mit seinen intransparenten Mechanismen der Wissensabsicherung Aufsehen erregt. Derartige Praktiken, die von der Sozialdemokratie kritisch beäugt wurden, schienen mit der Idee des modernen Rechtsstaats nicht mehr vereinbar. Die Sicherung der Rechtseinheit war nicht mehr das alleinige Ziel, auch die rechtsstaatlichen Verfahren sollten gestärkt werden, und zwar zugunsten der Bürger.

Ab 1969 wurde die liberale Justizpolitik zu einem Pfeiler der sozialliberalen Koalition unter der Führung von Willy Brandt. An dieser Stelle interessiert dabei vor allem, dass die Frage der Ressortzuständigkeiten neu geklärt wurde. Die Finanz- und Verwaltungsgerichte wurden dem Justizressort zugeordnet. Dies war Bestandteil des Regierungsprogramms und war von einigen Bundesländern bereits in den 1950er Jahren praktiziert worden (Brandt [1969]1979). Das Ziel bestand darin, die Fachverwaltungen und -gerichte voneinander zu trennen, damit die Gewaltenteilung zu schärfen und den Ministerien die Möglichkeit zu nehmen, Einfluss auf die Rechtsprechung zu nehmen. Der Respekt der Rechtspolitiker vor dem Arbeitsrecht reichte noch, um die Arbeitsgerichte von dieser Regelung auszunehmen. Dies implizierte auch, dass nur noch zwei Richterwahlausschüsse benötigt wurden: einer für das Bundesarbeitsgericht (unter Beteiligung der Arbeitsminister der Länder) und einer für alle anderen Bundesgerichte (unter Beteiligung der Justizminister). Gleichwohl war das BAG von der Neuregelung betroffen, denn nun fehlten dem Arbeitsministerium im Kabinett die anderen Fachministerien als Koalitionspartner. In der unmittelbaren Nachkriegszeit und bis Mitte der 1950er Jahre hatte die Koalition aus Arbeits-, Finanz- und Innenministerium sich wechselseitig gestützt und damit ihre Fachgerichte gemeinschaftlich abgesichert. Die Fähigkeit der Arbeitsministerien auf Bundes- und Landesebene, sich gegenüber den Justizministerien durchzusetzen, war nun empfindlich geschwächt worden. Denn warum sollte ein Finanzministerium sich noch für den Erhalt der (kostspieligen) Arbeitsgerichte einsetzen, wenn ihm selbst der Zugriff auf das eigene Fachgericht entzogen worden war?

Die sozialdemokratische Rechtspolitik arbeitete auch darauf hin, die Präsidialverfassung der Gerichte zu reformieren, um diese zu demokratisieren. Dabei wurde sie vom Richterbund, von der Fachgruppe Richter und Staatsanwälte der ÖTV sowie von der Arbeitsgemeinschaft sozialdemokratischer Juristinnen und Juristen (ASJ) unterstützt (o. A. 1968). Diese Auflistung illustriert, dass sich die sozialdemokratischen Juristen und Rechtspolitiker, die dem Arbeitsrecht eher gleichgültig gegenüberstanden (oder es zumindest nicht schützten), organisiert und damit auch institutionalisiert hatten. Die ASJ zählt Gustav Radbruch zu ihren Vorbildern und veranstaltet jährlich ein sogenanntes Gustav-Radbruch-Forum zu rechtspolitischen Themen. Auch dieser Verband beruft sich also auf die Weimarer Tradition. Allerdings war Gustav Radbruch in den 1920er Jahren derjenige sozialdemokratische Justizminister gewesen, der die partielle Eingliederung der Arbeitsgerichte in die ordentliche Justiz mitverantwortet hatte (vgl. dazu erneut Abschnitt 4.2.3). Es ergab sich also die pikante Konstellation, dass der sozialdemokratische Juristenverband um mehr Mitbestimmung kämpfte, um unter anderem die Arbeitsgerichte zu demokratisieren.

Die sozialliberale Koalition verabschiedete 1972 eine Neuregelung der Präsidialverfassung, die festlegte, dass sich die Gerichtspräsidien (neben dem Präsidenten) nur noch zu 50 Prozent aus geborenen Mitgliedern (Senatspräsidenten) zusammensetzen dürfen, während die anderen 50 Prozent der Ämter mit erkorenen (gewählten) Mitgliedern besetzt werden. Die rot-grüne Regierung schaffte dann 1999 mit dem Gesetz zur Stärkung der Unabhängigkeit der Richter und Gerichte auch das Vorsitzenden-Quorum ab (zur Kommentierung vgl. Kissel 1999a). Die zentralen Reformschritte wurden also im Rahmen einer sozialdemokratisch angeführten Rechtspolitik vollzogen. Als Begründung wurden wiederum Demokratisierungsnormen vorgebracht. Privilegien einzelner Richter seien demokratisch nicht legitimiert und behinderten eine stärkere Selbstverantwortung aller Richter (SPD/Grünen 1999). Die Reformen trugen dazu bei, dass die Gerichte liberalisiert wurden. Gemeinschaften aller Art, und somit auch die epistemische Gemeinschaft am Bundesarbeitsgericht, verloren im Zuge dessen zentrale Möglichkeiten, ihre Dominanz in der Rechtsprechung abzusichern. Zudem stieg damit die Chance, dass die Heterogenität in der Rechtsprechung zunimmt und dass sich die kognitiven Unsicherheiten über die grundlegenden Annahmen des Arbeitsrechts, die sich seit den 1960er Jahren schleichend entwickelten, auch in den Urteilen widerspiegeln.

### 6.2.2 Der Rückzug der Arbeitsminister aus dem Richterwahlausschuss

Eine weitere Facette der Schwächung gemeinschaftlicher Beziehungen zwischen der Verwaltung und den Gerichten bezieht sich auf den Richterwahlausschuss. Wie bereits erwähnt wurde, war das Bundesarbeitsgericht von der Neuressortierung unter das Dach des Justizministeriums ausgenommen worden. Seine Richter wurden dadurch weiterhin durch einen eigenen Richterwahlausschuss gewählt. Die Ausschüsse zur Wahl der Bundesrichter setzen sich aus zwei Gruppen zusammen. Erstens sind die zuständigen Fachminister der Bundesländer (hier: die Arbeitsminister) kraft ihres Amtes wahlberechtigt. Die vorliegenden Protokolle aus den Jahren 1953 bis 1977 zeigen, dass es fast immer auch tatsächlich die Minister sind, die an den Sitzungen teilnehmen, und nicht etwa die Staatssekretäre oder Ministerialbeamten. Ist ein Fachminister verhindert, lässt er sich von einem Ministerkollegen vertreten, wobei die Vertretungsreihenfolge auf Landesebene geregelt wird. Richterwahl ist also Chefsache. Die zweite Gruppe der Wahlberechtigten setzt sich aus einer gleichen Anzahl von Personen zusammen, die vom Bundestag gewählt werden; im Regelfall sind dies Abgeordnete (häufig aus den jeweiligen Fachausschüssen des Bundestages). Nach den Bestimmungen des Richterwahlgesetzes können aber auch externe Personen gewählt werden, die »im Rechtsleben erfahren« sind (RiWG § 4 [1]). Meist handelt es sich dabei um Richter, Staatsanwälte oder Mitglieder der Justizverwaltung.

Die Zusammensetzung des Ausschusses zur Wahl der Richter am Bundesarbeitsgericht hat sich im Zeitverlauf stark gewandelt. Die Abbildungen 6-7 bis 6-9 illustrieren die Entwicklung (zur Datengrundlage vgl. Anhang 3). Aufgrund der durch das Bundesarchivgesetz bedingten Sperrfrist des Datenzuganges von dreißig Jahren liegt das Archivgut des Richterwahlausschusses nur von 1953 bis zum Jahr 1978 vor. Doch in genau dieser Phase fand ein entscheidender Wandel statt. Die Abbildungen zeigen, dass sich das Umfeld für die arbeitsrechtliche Community im Zeitverlauf deutlich verschlechtert hat. Hierbei ist eine methodische Anmerkung notwendig. Wenn von der »Unterstützung für die epistemischen Gemeinschaften« gesprochen wird, bedeutet dies nicht, dass für jeden einzelnen Wahlberechtigten überprüft wurde, ob er sich tatsächlich dieser Gemeinschaft zuordnet. Stattdessen wurden die Mitglieder aufgrund der Angaben zu ihren Biografien dem einen oder dem anderen Lager zugeordnet. Zu den Unterstützern der arbeitsrechtlichen Community zählen demnach diejenigen, die über eine arbeitsrechtliche Ausbildung verfügen oder eine Nähe zur

Arbeitsverwaltung und/oder den Gewerkschaften zeigen. Zu den Unterstützern der Juristen-Community zählen diejenigen Wahlberechtigten, die in der ordentlichen Justiz oder Justizverwaltung tätig waren. Daneben gibt es noch eine dritte – hier nicht näher betrachtete – Gruppe – der Neutralen, die weder dem einen noch dem anderen Lager zugeordnet werden kann und deren Anteil im Regelfall zwischen 10 und 30 Prozent schwankt. Dabei handelt es sich zum Beispiel um zahlreiche Rechtsanwälte, die in verschiedenen Bereichen tätig sind. Wie oben skizziert wurde, ist ihre Nähe zum Arbeitsrecht zumeist gering. Dennoch ist der Umkehrschluss, dass sie gegen das Arbeitsrecht agieren, nicht zwingend. Aus dem gewählten Messverfahren ergibt sich, dass das Unterstützermilieu für das arbeitsrechtliche Denken insgesamt eher defensiv geschätzt wurde.

Die Lagerbildung bedeutet nun nicht, dass auch die Stimmenverteilung für oder gegen einen vorgeschlagenen Richter automatisch entlang dieser Grenzen verläuft. Hier spielen natürlich parteipolitische Interessen eine Rolle. Und vor allem sind Länderinteressen relevant.[15] Die Abbildungen illustrieren aber das kognitive Milieu, das im Ausschuss vorherrscht. Und es signalisiert, in welchem Umfang davon ausgegangen werden kann, dass die Besonderheiten des Arbeitsrechts als solche anerkannt werden. Ein sinkender Anteil der Unterstützer für die arbeitsrechtliche Community müsste also dahin gehend interpretiert werden, dass der Begründungsbedarf für die Geltendmachung der Besonderheiten des Arbeitsrechts im Ausschuss steigt. In diesem kognitiven Umfeld hat ein Richterkandidat, der dem Privatrecht näher steht als dem Arbeitsrecht (oder der das Arbeitsrecht mit privatrechtlichen Mitteln betreibt), bessere Wahlchancen als ein Vollblut-Arbeitsrechtler.

Diesem Interpretationsschema folgend stellt man mit Abbildung 6-7 fest, dass die Unterstützung für die Spezifika des arbeitsrechtlichen Denkens im Zeitverlauf kontinuierlich abgenommen hat. Parallel dazu hat die Juristen-Community an Einfluss gewonnen. Dabei sind beträchtliche Unterschiede zwischen den beiden Gruppen von Wahlberechtigten festzustellen. Bei den Entsandten des Bundestages hatten die Juristen schon in den 1950er Jahren ein deutliches Übergewicht (Abbildung 6-9). Hier werden die Wahlberechtigten im Wesentlichen von den Mitgliedern des Rechtsausschusses (und nicht vom Ausschuss für Arbeit) gestellt oder von extern rekrutierten Mitgliedern aus der Justiz beziehungsweise Justizverwaltung (und nicht von Arbeitsrechtlern). Ab 1967 gab

15 Da mehr als 90 Prozent der Gerichtsbarkeiten von den Ländern finanziert werden, erheben diese natürlich auch einen Anspruch auf den Zugriff bei der Wahl der Bundesrichter, zumal sie der Richterschaft in ihrem Bundesland eine weiterführende Karriereperspektive bieten wollen. Also wird der überwiegende Teil der Kandidaten von den Ländern vorgeschlagen. Dabei gibt es einen ungefähren Länderproporz, dessen genaue Ausgestaltung aber selbst Verhandlungsgegenstand ist.

Abbildung 6-7 Unterstützung für die Epistemic Communities im Richterwahlausschuss (1953–1977)

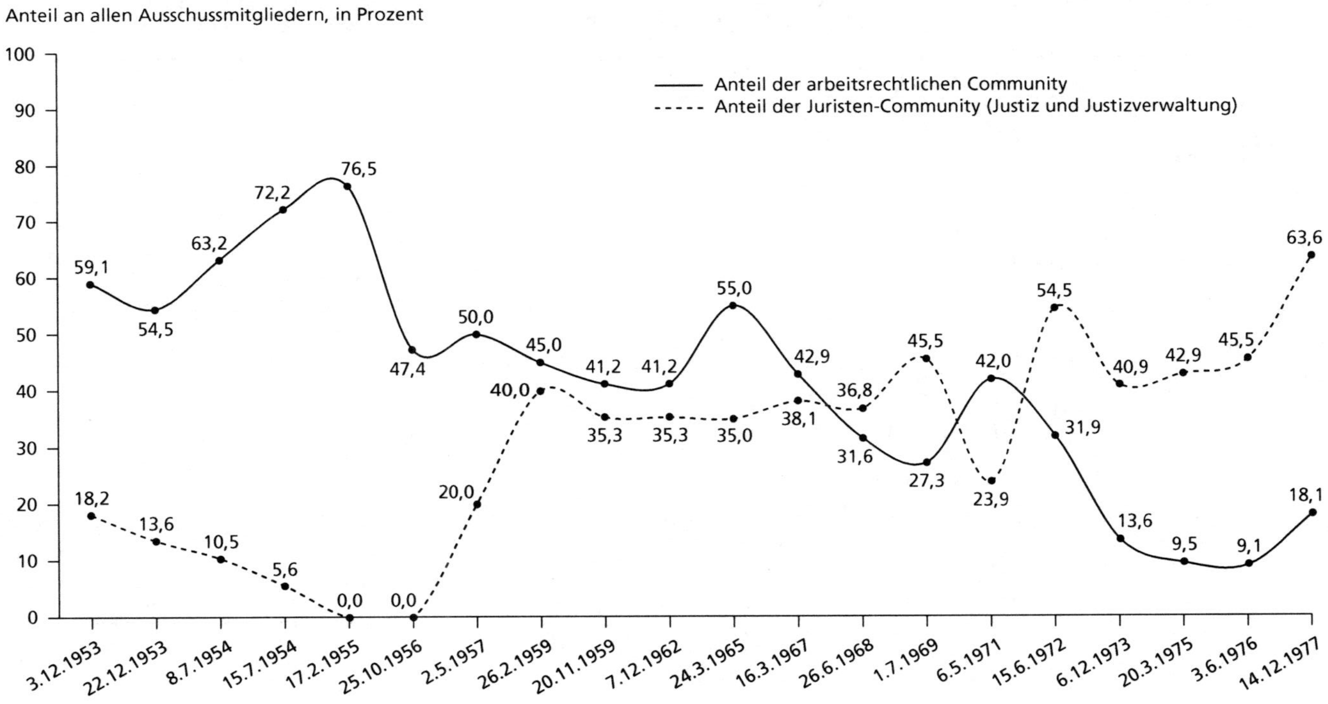


Quelle: Bundesarchiv, BA B 141/49187–49189, 84319–84320.

Abbildung 6-8 Anteil der Communities an allen ministerialen Mitgliedern des Richterwahlausschusses

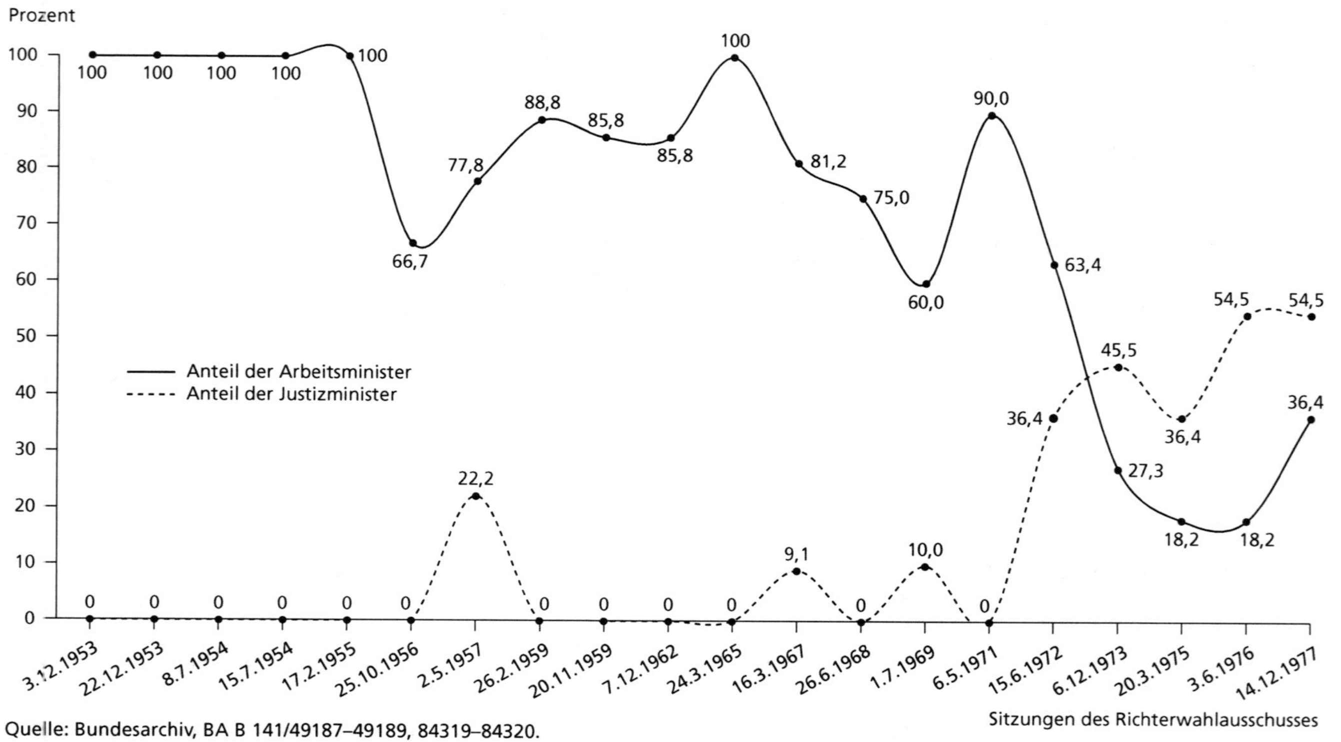


Quelle: Bundesarchiv, BA B 141/49187–49189, 84319–84320.

es niemanden mehr, der dem Arbeitsrecht nahestand. Nicht einmal die SPD hat noch einen Arbeitsrechtler in den Ausschuss zur Wahl der BAG-Richter entsendet, was illustriert, wie gleichgültig die SPD-Rechtspolitiker dem Arbeitsrecht gegenüber schon eingestellt waren.

Die stärkste Unterstützung für die arbeitsrechtliche Gemeinschaft bildeten immer die Arbeitsminister, die kraft Amtes wahlberechtigt sind (Abbildung 6-8). Bis 1971 waren Justizminister nur selten im Wahlausschuss anwesend (als Vertretung eines Arbeitsministers). In den 1970er Jahren kippte das Verhältnis dramatisch, und zwar zugunsten der Justizminister. Dieser Wandel stand in einem relativ engen Verhältnis zur Neuressortierung der Gerichte (ab 1969) unter der Regierung von Willy Brandt. Vorher waren für die Wahl der Richter am Bundessozialgericht im Regelfall auch die Arbeitsminister zuständig, soweit sie gleichzeitig Sozialminister waren. Daher gab es für beide Richtergruppen einen gemeinsamen Ausschuss, in dessen Sitzungen auch die Richter für beide Gerichte gewählt wurden. Mit der Neuressortierung änderten sich die Zuständigkeiten, sodass im ersten Teil der Sitzung die Arbeitsminister abstimmten (für die BAG-Richter) und im zweiten Teil die Justizminister (für die BSG-Richter). In den Ausschussprotokollen der Jahre 1969 bis 1972 sieht man, dass zu Beginn dieser Phase aus einer Reihe von Ländern tatsächlich beide Fachminister anwesend waren. Im weiteren Zeitverlauf haben sich die Arbeitsminister aber immer weiter zurückgezogen und sich vom Justizminister vertreten lassen (Richterwahlausschuss 1969, 1971, 1972). Dies hätten sie nicht tun müssen, denn institutionell lag das Wahlrecht für die Arbeitsrichter nach wie vor bei ihnen.

Die Vorgänge um den Richterwahlausschuss sind ein gutes Beispiel für die Plausibilität der Annahme von Nullmeier und Rüb, dass die Akteurkonstellation in einem Politikfeld nicht in erster Linie durch institutionelle Zuständigkeiten definiert wird. Sie argumentieren hingegen, dass politische Arenen zumindest auch durch Deutungskonflikte über Zuständigkeiten strukturiert werden (vgl. dazu noch einmal Abschnitt 3.3.3). Der hier vorliegende Fall veranschaulicht das Argument. Während noch in den 1950er Jahren eine Policy Community sehr engagiert darum gekämpft hatte, die Justiz und die Justizverwaltung aus dem Politikfeld der arbeitsrechtlichen Regulierung herauszudrängen, obwohl diese sich für zuständig erklärt hatte, ist seit den späten 1960er Jahren ein Prozess zu verzeichnen, indem die Arbeitsministerien dem Justizressort die Regelungshoheit überlassen, ohne dass es eine entsprechende Gesetzesänderung gegeben hätte.

Dass dieser Prozess nach 1977 noch einmal langfristig umgekehrt wurde, kann mit Sicherheit ausgeschlossen werden, und zwar sowohl in Bezug auf die Minister als auch in Bezug auf die Parlamentarier. Oben wurde bereits angedeutet, dass die sozialdemokratische Rechtspolitik den Weg der Liberalisierung nicht mehr verlassen hat. An vielen weiteren Einzelheiten ließe sich das illus-

Abbildung 6-9 Anteil der Communities an den vom Bundestag delegierten Mitgliedern des Richterwahlausschusses

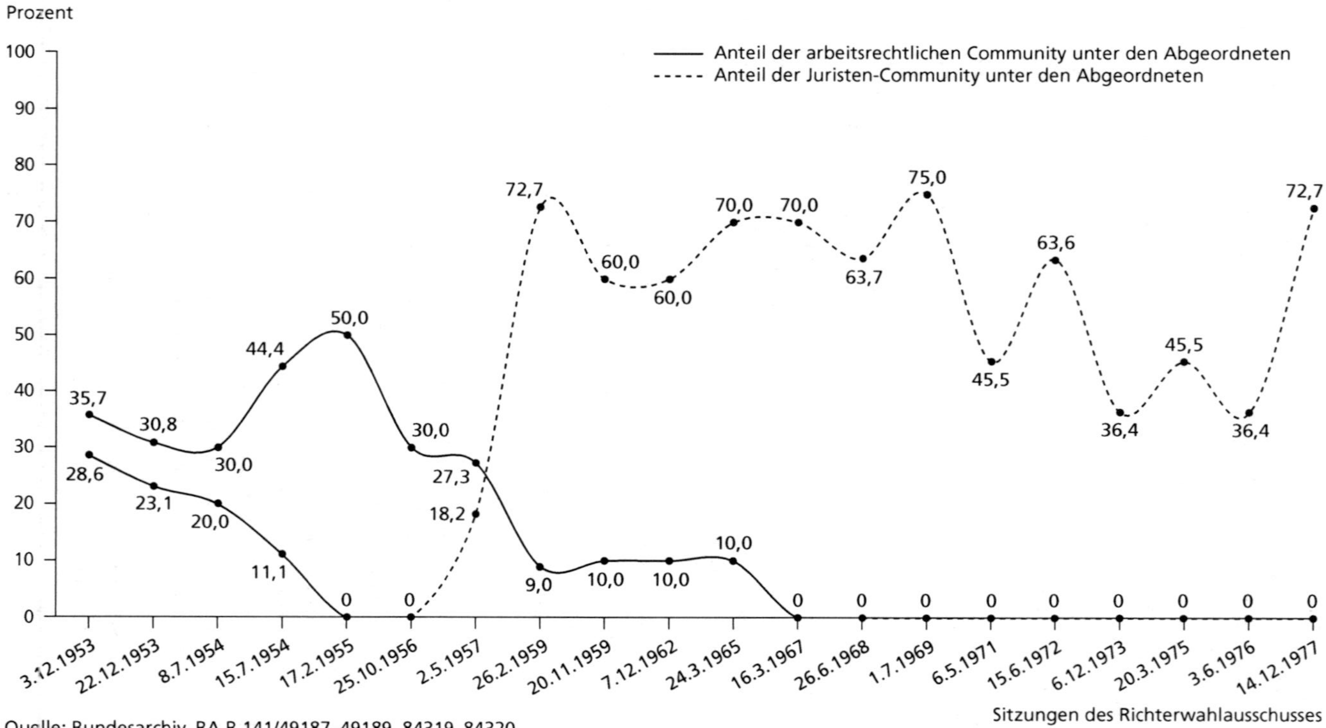


Quelle: Bundesarchiv, BA B 141/49187–49189, 84319–84320.

trieren. So befand sich die SPD zum Beispiel 1981 in der Situation, erstmalig den Präsidenten des BAG zu stellen. Dabei entschied sie sich nicht für einen Arbeitsrechtler, sondern für Otto Rudolf Kissel, der kein Arbeitsrechtler war, sondern Präsident am Oberlandesgericht in Frankfurt. Zuvor war er lange Jahre im Hessischen Justizministerium tätig gewesen. Auch in den Unionsparteien ist das Reservoir derjenigen, die das arbeitsrechtliche Denken unterstützen könnten, gesunken. Man würde hier in erster Linie an die sozialkatholischen Milieus und Arbeitnehmergruppierungen denken. Ihre innerparteiliche Bedeutung ist im Zeitverlauf aber stark gesunken (Schroeder 1998).

Bei den Ministern ist die faktische Neuressortierung mittlerweile sogar institutionalisiert. Es war die christlich-liberale Koalition, die im Jahr 1990 einen Gesetzentwurf durchsetzte, der es den Bundesländern ermöglichen sollte, den Einfluss der Justizressorts auch bei den Arbeitsgerichten zu erweitern. Nach dem Arbeitsgerichtsgesetz von 1953 war das Arbeitsministerium federführend bei Verwaltung und Dienstaufsicht der Arbeitsgerichtsbarkeit, wobei in verschiedenen Angelegenheiten das Benehmen oder Einvernehmen mit den Justizbehörden gesucht werden musste. Das Arbeitsgerichtsgesetz-Änderungsgesetz (1990) eröffnete die Option, diese Zuständigkeiten umzukehren (Deutscher Bundestag 1990). Diese Maßnahme wurde einerseits mit dem Ziel begründet, den Bundesländern mehr Freiheitsspielräume zu gewähren. Vor allem aber stellte die Begründung des Gesetzes darauf ab, dass in vielen Ländern die Schaffung von Rechtspflegeministerien (im öffentlich-rechtlichen Bereich) bereits begonnen habe und lediglich die Arbeitsgerichte noch integriert werden müssten (Deutscher Bundestag 1989: 6).

Zu diesem Zeitpunkt war sehr unklar, welche Bundesländer von dem neuen Recht überhaupt Gebrauch machen würden. Doch dann kam die deutsche Wiedervereinigung und mit ihr die Herausforderung, in den fünf neuen Ländern ein gänzlich neues Rechtssystem aufzubauen. Der Einigungsvertrag sah Übergangsregelungen für die Einrichtung der Sondergerichtsbarkeiten vor. Bis dahin sollte die arbeitsgerichtliche Rechtsprechung im Rahmen von Sonderkammern an den ordentlichen Gerichten ausgeübt werden (was der alten »Eingliederungslösung« entsprach; Wassermann 1992: 265). Die eigenständigen Arbeitsgerichte wurden später aufgebaut, doch unterstellt wurden sie dem Justizressort (anfänglich mit Ausnahme von Brandenburg).

In Westdeutschland machte das sozialliberal regierte Rheinland-Pfalz als erstes Land von der Neuregelung Gebrauch. Die Landesregierung hatte im Verlauf der 1980er Jahre im Bundesrat diverse Initiativen im Bundesrat gestartet und kann als eine treibende Kraft hinter dem Arbeitsgerichtsgesetz-Änderungsgesetz betrachtet werden. Andere Bundesländer folgten nur zögerlich. Heute sind Bayern und Berlin die einzigen Länder, in denen die Arbeitsgerichte noch beim

Arbeitsressort angesiedelt sind – unabhängig von der parteipolitischen Regierungszusammensetzung. Von daher wundert es nicht, wenn das Arbeitsgerichtsbeschleunigungsgesetz aus dem Jahr 2000, mit dem die rot-grüne Regierung unter anderem die Einvernehmlichkeitsregelung kappte, weder in den Ausschussberatungen noch in den Parlamentsdebatten in diesem Punkt überhaupt kontrovers diskutiert wurde (Deutscher Bundestag 2000). Die Begründungsmuster haben sich im Verlauf der 1990er Jahre wieder verschoben. Es treten zunehmend fiskalische Argumente in den Vordergrund. Das Arbeitsgerichtsbeschleunigungsgesetz soll dazu dienen, die Effizienz zu erhöhen. Spätestens hier wurde deutlich, dass das Finanzministerium seine Argumentation gegenüber den Arbeitsgerichten änderte, nachdem es die Zuständigkeit für sein eigenes Fachgericht verloren hatte.

Die Zuständigkeit der Justizressorts für die Arbeitsgerichte bedeutet nicht zwingend einen radikalen Wandel in Bezug auf die Richterwahl (vgl. dazu auch Abschnitt 6.3). Auch ein Justizminister braucht heute sehr gute Gründe, wenn er keinen Arbeitsrichter für die Wahl an das BAG vorschlagen will. Einige Minister signalisierten bereits, dass sie keineswegs vorhaben, den Sonderstatus der Gerichte vollständig aufzugeben (Kalb 2005). Und Abbildung 6-1 hat bereits gezeigt, dass lange Richterkarrieren außerhalb des Arbeitsrechts beim Kollegium des BAG sehr selten geworden sind (für die Ausnahmen dieser Regel vgl. Abschnitt 6.3). Aber angesichts der skizzierten Unsicherheiten über die kognitiven Annahmen des Arbeitsrechts, vor allem in Bezug auf die Fragen, wer in welchem Umfang auf dem Arbeitsmarkt schutzbedürftig ist und welche Funktionen der Tarifvertrag erfüllen soll, sind für die Minister nun erweiterte Wahlmöglichkeiten entstanden, die das Arbeitsrecht näher an das Privatrecht heranführen können.

## 6.3 Der Einzug des Pluralismus ins Bundesarbeitsgericht

Die Justizreformen, die auf eine Liberalisierung und Demokratisierung der Gerichte hinwirkten, haben natürlich ihre Spuren hinterlassen. Die Strategien, die Nipperdey und Müller als Gerichtspräsidenten anwandten, um ihre Deutungshoheit abzusichern, konnten ohnehin nur so lange funktionieren, wie die Größe der Institution überschaubar blieb. Vier Personen mögen vielleicht noch dazu in der Lage sein, vier Senate zu kontrollieren, aber mit jedem weiteren Senat nimmt das Kontrollvermögen ab. Auch innerhalb des Gerichts wurde die epistemische Gemeinschaft also durch den bereits skizzierten Wachstumseffekt unterminiert.

Darüber hinaus versuchte insbesondere Nipperdey, die Implementation der Reformen zu blockieren beziehungsweise zu kontrollieren. Beispielhaft dafür war die Wahl zum Richterrat, die im Gefolge des Deutschen Richtergesetzes 1962 erstmals durchgeführt werden musste. Nipperdey hatte das Kollegium zu einer Richterversammlung geladen. Der einzige Tagesordnungspunkt lautete Durchführung des Deutschen Richtergesetzes. Zu dieser Versammlung konnten 25 Prozent der Richter nicht erscheinen, weil sie im Osterurlaub weilten; darunter vor allem diejenigen Richter, die nicht zur epistemischen Gemeinschaft zählten. Nach ihrer Rückkehr erfuhren sie, dass die Versammlung einen Richterrat gewählt hatte, ohne dass dies vorher angekündigt worden war und ohne dass es eine Möglichkeit zur Briefwahl oder Ähnliches gegeben hatte. Wiederum war es Walter Schilgen, kein Mitglied der epistemischen Gemeinschaft, der sich beschwerte und darauf hinwies, dass beim Oberlandesgericht in Frankfurt mit den richterlichen Partizipationsprozessen bessere Erfahrungen gemacht worden wären (Schilgen 1962). Nipperdey befand das Verfahren aber für ausreichend und korrekt (Nipperdey 1962a).

In den politischen Auseinandersetzungen um eine Reform der Präsidialverfassung, die ab 1968 stattfanden, versuchte der dann amtierende Präsident Gerhard Müller, eine Neuregelung zu verhindern, die vorsah, dass mehr als zwei Präsidiumsmitglieder vom Kollegium gewählt werden. Dabei wurde er vom Arbeitsministerium unterstützt, das allerdings verlautbarte, »andere beteiligte Ressorts ließen [...] Verständnis für die Pläne des Bundesministers der Justiz durchblicken« (BMA 1969). Nahezu ungehalten reagierte Müller auf den Wunsch des Justizministers, die Senatspräsidenten in »Vorsitzende Richter« umzubenennen. In einem Vermerk über ein Gespräch im Arbeitsministerium mit den Beamten Mönnig und Eckardt hielt er fest:

> Zwischen Herrn MinDirig. Mönnig, Herrn MR Dr. Eckardt und mir bestand volle Übereinstimmung, daß derartige Regelungen nachdrücklich abzulehnen sind. Sie sind Ausdruck einer demokratischen Ideologisierung und führen, zumindest im Ergebnis und auf längere Sicht, zu einer Nivellierung innerhalb der Richterschaft. Am Ende dürfte der rollierende Vorsitz in den Kollegialgerichten stehen. Er ist aber bei der je verschiedenartigen Begabung der Richter nicht sachgerecht, vielmehr schadet er der Rechtspflege. (Müller 1969)

Diese hilflosen Versuche der Präsidenten, ihre persönliche Autorität als Chefpräsidenten zu retten und damit auch die Wissens- und Entscheidungsarena zu monopolisieren, konnten im Zeitverlauf nicht verhindern, dass die internen Entscheidungsstrukturen liberaler und pluralistischer wurden (Bundesarbeitsgericht 1954, 1984, 2003). Deutlich wird dieser Wandel bei einem Blick auf die Entwicklung der gerichtlichen Geschäftsordnung (vgl. Tabelle 6-1). Nur einige Aspekte seien hier genannt. Über den Wandel in der Zusammensetzung des Präsidiums wurde bereits gesprochen. Während das Gericht im Jahr 1954 ausschließlich vom Präsidenten und den Senatspräsidenten geleitet wurde, nahm im Zeitverlauf der Anteil gewählter Präsidiumsmitglieder zu. Seit 2003 fungie-

Tabelle 6-1 Liberalisierung der gerichtlichen Geschäftsordnung (BAGGeschO) im Zeitverlauf

| | 1954 | 1984 | 2003 |
|---|---|---|---|
| Zusammensetzung des Präsidiums | Präsident, Senatsvorsitzende | Präsident, 50 Prozent der Mitglieder müssen Senatsvorsitzende sein | Präsident, Abschaffung des »Vorsitzenden-Quorums« |
| Richterversammlung | nicht vorgesehen (war im Entwurfsstadium noch angedacht) | vorgesehen nur anlässlich der Wahl des Richterrats | Möglichkeit ist regulär vorgesehen; auf Antrag des Präsidiums oder eines Drittels der Richter verpflichtend |
| Auswahl des Berichterstatters | wird vom Senatsvorsitzenden ernannt | wird vom Senatsvorsitzenden ernannt | wird vom Senat ernannt |
| Beteiligung der ehrenamtlichen Richter | bekommen vor der Sitzung Einsicht in den Sachbericht und die Schriftsätze | auf Wunsch bekommen sie vor der Sitzung auch Einsicht in das Gutachten | Einsicht in das Gutachten als Regelfall |

ren nur der Präsident und sein Stellvertreter als Mitglieder kraft Amtes. Damit hat sich der Einfluss des gesamten Richterkollegiums auf die Administration deutlich erhöht. Gleichzeitig gewann das Präsidium an Heterogenität. Damit wurde auch die von Nipperdey und Müller praktizierte Strategie, die ihnen nahestehenden Senatspräsidenten auf die anderen Senate zu verteilen und damit die Kontrolle des Präsidiums auf die Rechtsprechung zu erhöhen, ausgehebelt.

Die Position individueller Richter wurde auch durch die – von Nipperdey noch abgelehnte – Institution der Richterversammlung gestärkt. Heute kann nicht nur das Präsidium, sondern auch ein Drittel der Richter die Einberufung einer Versammlung erzwingen. In eine ähnliche Richtung wirken Regelungen zur Entscheidungsfindung im Senat. Der Berichterstatter wird nicht länger ausschließlich vom Vorsitzenden bestimmt. Zudem kann das Entscheidungsverfahren bei Bedarf formalisiert und anonymisiert werden.[16] Gestärkt wurden zudem die Informationsrechte der ehrenamtlichen Richter.

Die Politik, die Unabhängigkeit des individuellen Richters zu stärken, lenkt den Blick auf die Bedeutung der personellen Zusammensetzung des Gerichts.

16 Dennoch ist nach meinem Wissensstand die offene Abstimmung nach wie vor die Regel. Die Spruchkörper zielen auf konsensuale Entscheidungen ab. Zur Begründung wird angeführt, dass der Senat und vor allem die ehrenamtlichen Richter dadurch besser gegen politische Angriffe (vor allem seitens der Verbände) geschützt werden. Und ohnehin müssen auch diejenigen Richter, die nicht zustimmen, das Urteil unterzeichnen. Dadurch steigen die Anreize, nach gemeinsamen Lösungen zu suchen, um das Kollegialitätsprinzip innerhalb des Senats nicht zu beschädigen.

Abbildung 6-10 Generationenwechsel am Bundesarbeitsgericht: Anteil der Richter älter als 50 Jahre

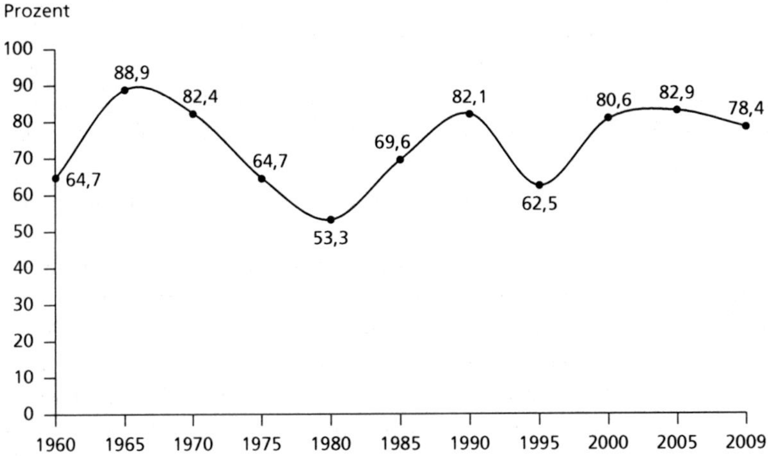


N = 102 Richter.
Quelle: BAG; eigene Berechnung.

In der erst langsam sich entwickelnden deutschsprachigen Literatur wird ein Generationenumbruch für die Liberalisierung der Gerichte nach 1968 verantwortlich gemacht. Requate zeigt, dass der Anteil der Richter im Alter über 50 Jahre zwischen 1963 und 1971 von 50 Prozent auf 37,5 Prozent zurückging (bezogen auf alle Richter; Requate 2008: 135). Im Gefolge dieses Generationenwechsels habe auch der politische Nachkriegsliberalismus Einzug in die Gerichte gehalten. Im Vergleich dazu hat die Verjüngungsphase am Bundesarbeitsgericht deutlich später eingesetzt, nämlich ab 1970 (vgl. Abbildung 6-10). Ein zweiter Verjüngungsschub fand als Reaktion auf die Deutsche Einheit statt, in deren Zusammenhang gleich zwei neue Senate auf einmal eingerichtet wurden. Ein dritter Generationenwechsel scheint sich gegenwärtig anzubahnen. Dieser Befund ist insofern relevant, als er signalisiert, dass die skizzierten Veränderungen innerhalb der Subprofession und ihrer Beziehungen zu den politischen Akteuren ab 1970 erstmalig die Chance hatten, in das Gericht einzuziehen. Viel wichtiger als der altersbezogene Generationenumbruch ist hier indes der kognitive Umbruch, der damit verknüpft war. Und dabei lassen sich markante Unterschiede verzeichnen.

Die erste Richtergeneration unter der Präsidentschaft von Nipperdey war – wie in Kapitel 5 bereits erwähnt wurde – gespalten. Die Zahl der ausgewiesenen Arbeitsrechtler war niedrig, hinzu trat eine Reihe von Richtern, die dem Arbeitsrecht fernstanden. Danach trat eine Phase der Sozialisation ins Arbeitsrecht ein. Langfristig nahm die Praxis, vor der Karriere als Arbeitsrichter in anderen Rechtsgebieten tätig zu sein, deutlich ab (vgl. dazu noch einmal Abbildung 6-1). Hinter diesem generellen Trend zum Vollblut-Arbeitsrichter verbergen sich aber höchst unterschiedliche Entwicklungen verschiedener Kohorten, auf die sich an dieser Stelle ein Blick lohnt. Er wird zeigen, dass sich die Heterogenität der Richterschaft, die die Ära Nipperdey kennzeichnete, in den folgenden Jahrzehnten verstetigte.

Zwischen 1970 und 1980 wurden siebzehn Richter ernannt, darunter eine Frau. Thomas Dieterich, der später Richter am Bundesverfassungsgericht und noch später Präsident am Bundesarbeitsgericht wurde, ist der prominenteste Vertreter dieser Kohorte, die ich darum im Folgenden »Generation Dieterich« nenne. Diese Richter haben ihr großes juristisches Staatsexamen – je nach Lebensalter und den persönlichen Ausgangsbedingungen nach dem Krieg – zwischen 1953 und 1967 absolviert. Sie gehörten damit noch nicht zur 68er-Generation, sondern zu der vorherigen Kohorte. Ihre akademische Ausbildung fiel »in die Zeit des Wirtschaftswunders, die einer Studentengeneration bei entsprechendem Engagement und Leistungswillen große Chancen eröffnet hat, beim Aufbau von Staat und Gesellschaft mitzuwirken« (Schlachter 2003: 32). Sie erlebte den Wiederauf- und -ausbau des Arbeitsrechts und bildete zugleich die erste Generation ausgebildeter Arbeitsrichter in der Nachkriegszeit. Damit kam ihr ein Pionierstatus zu. In die Phase ihrer Ausbildung fielen auch die in Kapitel 5 skizzierten Debatten über das Verhältnis zwischen Ordnungs- und Günstigkeitsprinzip. Als angehende Arbeitsrechtler oder Arbeitsrichter waren die Mitglieder dieser Kohorte mit diesen Debatten vertraut, und sie konnten in der einen oder anderen Weise Stellung beziehen. Zudem war diese Generation tendenziell sozialdemokratisch geprägt. Zehn der siebzehn Richter stammten aus sozialdemokratisch regierten Ländern (hauptsächlich aus Hessen und Nordrhein-Westfalen) beziehungsweise waren von sozialdemokratischen Fachministern nominiert worden, wobei die SPD in dieser Phase überwiegend ausgewiesene Arbeitsrechtler nominiert hatte, was angesichts der skizzierten rechtspolitischen Entwicklung der SPD nicht selbstverständlich war (vor allem in Bezug auf Hessen). Außerdem war die Generation Dieterich bei Eintritt in das Bundesarbeitsgericht die jüngste aller Kohorten. Im Durchschnitt waren die Richter 45,7 Jahre alt (vgl. Abbildung 6-11).

Die Generation, die in den 1980er Jahren ins Richteramt kam, unterschied sich markant von der vorherigen. Weil die 1980er Jahre mit einem Präsidentenwechsel einhergingen – vom christlich-demokratischen Müller zum sozialdemokratischen Kissel, der erst mit seiner Berufung an das Gericht kam – bezeichne ich diese Kohorte als »Generation Kissel«. Diese Gruppe bestand aus dreizehn

Abbildung 6-11 Lebensalter der Richter am Bundesarbeitsgericht zum Zeitpunkt ihrer Ernennung

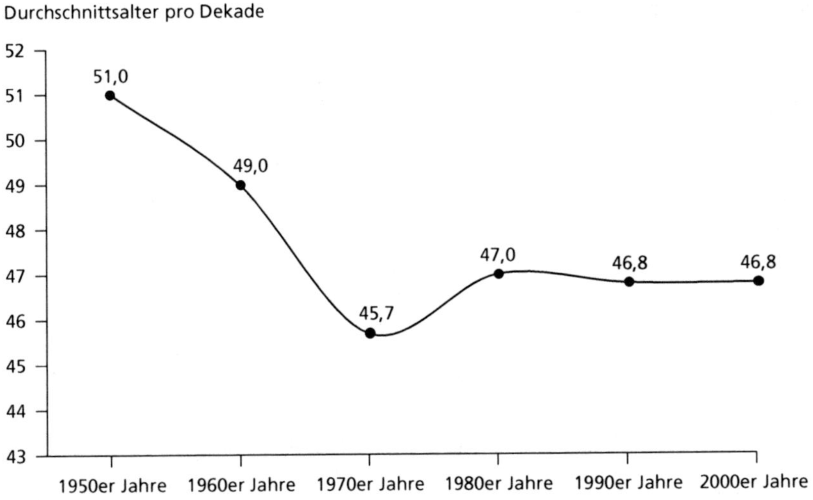


N = 102 Richter.
Quelle: BAG; eigene Berechnung.

Richtern, darunter befand sich keine Frau. Die Kissel-Kohorte war bei ihrer Ernennung etwas älter als die vorherige beziehungsweise sie war bezüglich ihrer Alterszusammensetzung heterogener. Einer der ältesten Richter war Kissel selbst, der bereits 1954 das zweite Staatsexamen abgelegt hatte. Zu den jüngsten zählte Harald Schliemann, der seine Ausbildung 1973 beendete.

Der markanteste Unterschied dieser Gruppe zur Generation Dieterich bestand darin, dass sie über auffallend wenig Erfahrung im Arbeitsrecht verfügte. Der Prozess der Etablierung des Rechtsgebiets am BAG wurde dadurch gestoppt. Abbildung 6-12 zeigt deutlich, dass die Generation Dieterich die erste war, die vollständig im Arbeitsrecht sozialisiert worden war. Im scharfen Kontrast dazu hatten die in den 1980er Jahren gewählten Kandidaten durchschnittlich wieder mehr als zehn Jahre in anderen Rechtsgebieten zugebracht, im Regelfall in der ordentlichen Gerichtsbarkeit. Dieser Effekt wird nicht nur durch ein oder zwei Personen produziert, sondern mindestens sechs der dreizehn Richter verfügten bei Dienstantritt über keine oder fast keine Erfahrungen im Arbeitsrecht. Der neu ernannte Präsident, Otto Rudolf Kissel, war insofern selbst ein typischer Vertreter seiner Generation. Er war langjährig als Richter in der ordentlichen Justiz beschäftigt gewesen und hatte zudem viele Jahre im Hessischen Justizministerium sowie in der Landesvertretung beim Bund zuge-

Abbildung 6-12 Tätigkeit der Richter außerhalb des Arbeitsrechts vor ihrer Berufung an das Bundesarbeitsgericht (nur neu ernannte Richter)

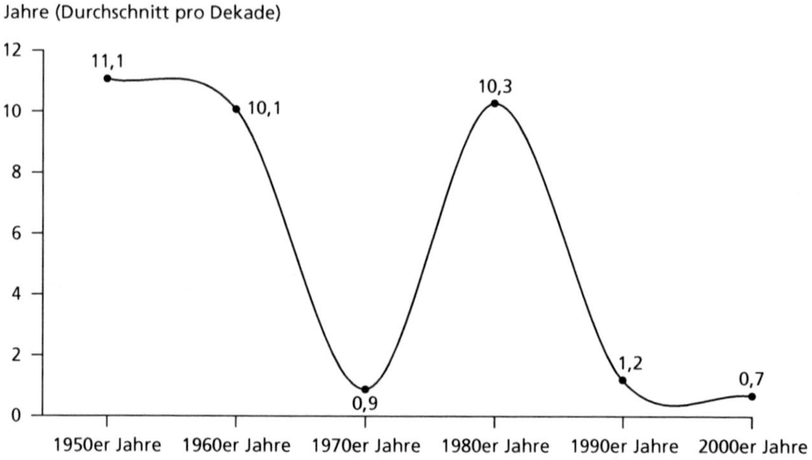


N = 92 Richter.
Quelle: BAG; eigene Berechnung.

bracht. Aber er hatte keinen einzigen Tag seiner Dienstzeit an einem Arbeitsgericht abgeleistet.

Neben den fachfremden Richtern wies die Kissel-Kohorte noch eine zweite Besonderheit auf. Mit Personen wie Harald Schliemann hielt eine Generation Einzug in das BAG, die zwar frühzeitig eine vollständige Karriere in der Arbeitsgerichtsbarkeit durchlaufen hatte, die dabei aber eng an das Privatrecht angelehnt blieb. Schliemann hatte nach dem Examen einige Jahre in einer Anwaltskanzlei für Wirtschaftsrecht gearbeitet, bevor er in die Arbeitsgerichtsbarkeit wechselte. Dem Privatrecht blieb er insofern eng verbunden, als er sich (zunächst auch am BAG) vor allem mit Fragen des Individualarbeitsrechts beschäftigte, die aufgrund der niemals vollständigen Trennung beider Rechtsgebiete immer näher beim Privatrecht lagen als das kollektive Arbeitsrecht. Gleichwohl trugen Persönlichkeiten wie Schliemann auch dazu bei, dass sich an dieser Situation nichts änderte. Zusammen mit anderen Vertretern seiner Richter-Kohorte beteiligte er sich als Autor am Großkommentar zum BGB (BGB-RGRK 1997). Erinnert man sich an die Aussage des Arbeitsrechtswissenschaftlers Gamillscheg, der die Geschichte der Arbeitsgerichtsbarkeit als eine einhundert Jahre währende Flucht aus dem BGB charakterisierte (vgl. dazu noch einmal Abschnitt 6.1), ist dieses Bekenntnis zum BGB bemerkenswert. Bemerkenswert war zudem, mit welchen Kollegen seiner Kohorte Schliemann dort publizierte, denn unter ihnen befanden sich vor allem die Richter, die dem Arbeitsrecht eher fernstanden, was einen ersten Hinweis auf die Koalitionsbildung am Gericht liefert. Offenkundig hielt die Generation von Arbeitsrechtlern, die skeptisch in Bezug auf die kognitiven Grundlagen des eigenen Rechtsgebiets wurden, in den 1980er Jahren erstmalig Einzug ins Gericht.

Die Richter der Kissel-Generation (oder zumindest ein erheblicher Teil von ihr) waren nicht nur dem Arbeitsrecht als Rechtsgebiet fremd, sondern auch dem Bundesarbeitsgericht als Institution. Schon Ende der 1950er Jahre hatte das Gericht damit begonnen, wissenschaftliche Mitarbeiter zu beschäftigen, um die Arbeit der Senate zu unterstützen (im Regelfall ein Mitarbeiter pro Senat). Die Mitarbeiter sind sehr aktiv in die Rechtsprechungstätigkeit eingebunden, wobei ihr Status im historischen Zeitverlauf gewachsen ist. Ihre Hauptaufgabe liegt darin, Entscheidungsvorschläge auszuarbeiten. Sie nehmen an den Vorbesprechungen teil und können – wenn die Senatsmitglieder dies gestatten – auch bei den Beratungen und Abstimmungen anwesend sein (Bundesarbeitsgericht 2007a: 32–33). Üblicherweise setzt sich die Gruppe der wissenschaftlichen Mitarbeiter aus Arbeitsrichtern der ersten Instanz zusammen, die für zwei oder mehr Jahre an das Bundesarbeitsgericht abgeordnet werden. Für die jungen Richter liegt darin ein Erfahrungsgewinn, das Bundesarbeitsgericht lernt wiederum den Nachwuchs kennen. Und beide Seiten lernen, ob sie zueinanderpassen. Die gemeinsame Zeit kann die epistemische Gemeinschaft in der Arbeitsgerichtsbarkeit bei der Entscheidungsbildung über zu fördernde oder zu bremsende Richterkarrieren unterstützen.

Auffällig ist nun, dass die Richter der Dieterich-Generation vor ihrer Ernennung häufig bereits als wissenschaftliche Mitarbeiter abgeordnet waren. Jeder zweite Richter dieser Kohorte hatte ein BAG-Praktikum vorzuweisen und war entsprechend gut im Gericht bekannt (vgl. Abbildung 6-13). Von der nachfolgenden Kissel-Kohorte war hingegen nur jeder Zehnte zuvor am Bundesarbeitsgericht gewesen. Bei den Kandidaten dieser Generation, die ohnehin niemals eine arbeitsrichterliche Karriere absolviert haben, ist das nicht überraschend. Doch selbst wenn man diesen systematischen Effekt berücksichtigt, bleibt der Anteil ehemaliger wissenschaftlicher Mitarbeiter mit 14 Prozent sehr klein. Ein erheblicher Teil der Kissel-Generation war also in der kognitiven Dimension ein Fremdkörper am Gericht – sowohl bezogen auf das Rechtsgebiet als auch bezogen auf den Gerichtszweig. Und die Situation aus der Ära Nipperdey, dass das Kollegium aus zwei sehr unterschiedlichen Gruppen bestand, endete nicht mit den 1970er Jahren, sondern sie wurde mit der Ernennungspolitik der 1980er Jahre fortgesetzt. Durch die Liberalisierung der Geschäftsordnung kam dieser Pluralismus nur stärker zur Geltung als unter der Präsidentschaft Nipperdeys.

In der Öffentlichkeit wurde der Wandel am Gericht registriert und parteipolitisch gedeutet. So mutmaßte *Der Spiegel* in den Jahren 1986 und 1987, die

Abbildung 6-13 Anteil der neu ernannten Richter mit Erfahrung als wissenschaftliche Mitarbeiter am Bundesarbeitsgericht

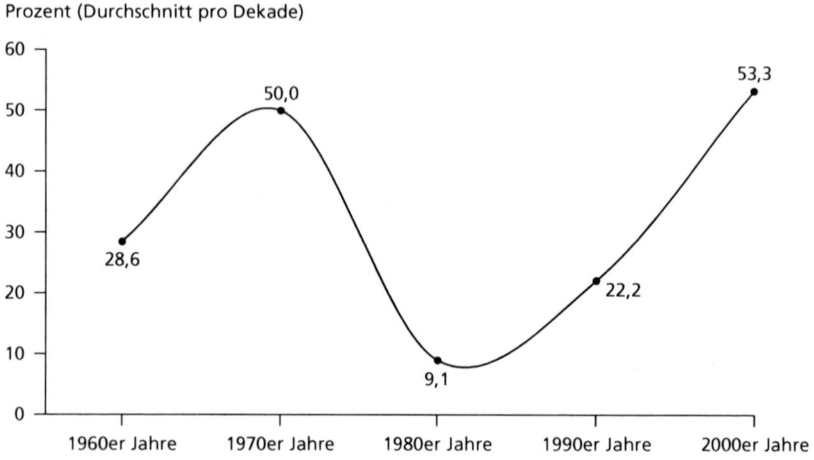


N = 96 Richter.
Quelle: BAG, ergänzt durch eigene Erhebung.

schwarz-gelbe Bundesregierung nutze ihre Macht, um ihre Parteiinteressen bei der Richterwahl durchzusetzen (o. A. 1986b, 1987). Und natürlich waren die Richterwahlen in den 1980er Jahren stärker als die in den 1970er Jahren durch das bürgerliche Lager geprägt. Acht von dreizehn neu gewählten Richtern des BAG gelangten über ein CDU-regiertes Bundesland an das Gericht (vor allem Rheinland-Pfalz, Niedersachsen und Bayern). Aber weder versuchten alle CDU-Länder, Arbeitsrichter einzuschleusen, die keine waren, noch waren alle Richter, die dem Arbeitsrecht fernstanden, über die CDU in ihr Amt gekommen. Das beste Beispiel dafür ist wiederum Kissel. Es ist eigentlich unvorstellbar, dass die SPD einen Juristen als Gerichtspräsidenten nominierte, der kein Arbeitsrechtler war.

Zwei Entwicklungen fielen hier zusammen, nämlich der wachsende Einfluss der (liberalen) sozialdemokratischen Rechtspolitiker einerseits sowie gezielte Attacken auf die Arbeitsgerichtsbarkeit durch einige CDU-regierte Bundesländer andererseits. Letztere deuteten eine schleichende Stärkung des liberalen Parteiflügels an, die aber erst nach dem Ende der Ära Kohl voll zur Entfaltung kam (Schroeder 1998). Namentlich ist hier vor allem Rheinland-Pfalz zu nennen, aus dessen Gerichtsbarkeit in den 1980er Jahren drei Richter nach Kassel kamen. Und alle Personen waren eigentlich keine Arbeitsrichter. Rainer Ascheid war zwanzig Jahre in der ordentlichen Justiz tätig gewesen, wurde 1985 zum Vorsitzenden des Landesarbeitsgerichts ernannt, um kaum ein Jahr später Richter am BAG zu werden. Gert Griebeling war direkt vom Oberlandesgericht Koblenz an das BAG berufen worden. Und auch Karl-Heinz Peifer hatte mehrere Jahre am OLG Koblenz und danach im Justizministerium gearbeitet, bevor er in die Arbeitsgerichtsbarkeit wechselte. Rheinland-Pfalz gehörte auch zu den Ländern, die im Verlauf der 1980er Jahre durch verschiedene Bundesratsinitiativen auf eine Neuressortierung der Arbeitsgerichte hinwirkten, was 1990 auch umgesetzt wurde (und sogleich genutzt wurde, und zwar von der dann sozialliberalen Koalition unter der Führung von Rudolf Scharping). Offensichtlich wurde die Bundesratsoffensive durch eine flankierende Politik der Richterwahl unterstützt.

Bemerkenswerterweise setzte sich der Trend, ordentliche Richter an das Bundesarbeitsgericht zu berufen, in der Folgezeit nicht fort. Vielmehr kehrte sich die Entwicklung wieder um. Die nach 1990 gewählten Richter waren überwiegend Vollblut-Arbeitsrechtler. Und auch der Anteil der Gewählten mit Erfahrungen als wissenschaftlicher Mitarbeiter nahm wieder deutlich zu. In den 1990er Jahren hatte jeder fünfte Richter zuvor ein BAG-Praktikum absolviert, nach der Jahrtausendwende mehr als jeder zweite (vgl. noch einmal Abbildung 6-13). Dies ist insofern ein überraschender Befund, als man erstens hätte erwarten können, dass nach der Neuressortierung der Arbeitsgerichte zu den Justizressorts auch verstärkt neue Richter gewählt werden. Zudem hätte die Möglichkeit bestanden, dass die Wiedervereinigung einen spürbaren Effekt bewirkt. So hat die Deutsche Einheit dem Tarifsystem insofern geschadet, als sich die Gewerkschaften und der Flächentarifvertrag in den ostdeutschen Ländern niemals etablieren konnten. Die Erosion der kollektiven Arbeitsbeziehungen wurde dadurch befördert (Artus 2001). Ein entsprechendes Bild hätte sich auch bei den Richtern zeigen können. Offensichtlich ist den Arbeitsrechtlern die Integration der ostdeutschen Länder besser gelungen als den Gewerkschaften.

Wie kann die personelle Stabilisierung des Arbeitsrechts am BAG erklärt werden? Erstens brauchen – wie bereits erwähnt wurde – auch Justizminister gute Gründe, einerseits zwar eine fachlich ausdifferenzierte Gerichtsbarkeit aufrechtzuerhalten, andererseits dann aber *dauerhaft* keine Fachrichter mehr zu ernennen. Einige Bundesländer (zum Beispiel Niedersachsen) fordern heute offen die Zusammenlegung von Arbeits- und Zivilgerichtsbarkeit (CDU/FDP Niedersachsen 2008). Allgemein hat sich diese Position bisher aber nicht durchgesetzt. Und solange dies nicht der Fall ist, hat ein Justizminister einen erheblichen Begründungsbedarf (auch gegenüber Teilen seiner Richterschaft), qualifizierte Arbeitsrichter zu ignorieren, zumal Konflikte über die Wahl von Richtern sehr schnell öffentlichkeitswirksam skandalisiert werden, wie die oben genannte Berichterstattung des *Spiegels* zeigte. Zudem wäre ein prinzipieller Boykott der vorhandenen Fachkompetenz schlichtweg dysfunktional.[17]

Auch vor diesem Hintergrund gingen die expliziten Angriffe gegen die Arbeitsgerichtsbarkeit bei der Richterwahl bisher von sehr wenigen Bundesländern aus. Und hier kommt ein Effekt der Wiedervereinigung zumindest mittelbar ins Spiel. Mit den fünf neuen Ländern stieg erstens die Zahl der Akteure im Richterwahlausschuss, nicht nur bezogen auf die Anzahl der stimmberechtigten Mitglieder, sondern auch in Bezug auf die Zahl der Länder, die berücksichtigt werden müssen. In den 1980er Jahren wurden faktisch aus sechs Bundesländern Richter ernannt. In den 1990er Jahren stieg die Zahl auf neun, nach der Jahrtausendwende sogar auf zwölf Länder. Der Einfluss einzelner Länder auf die Zusammensetzung der Richterschaft sinkt dadurch. Die Wirkung ihrer gezielten Vorschlagspraxis wird diffuser. Auch hier ist also ein Wachstumseffekt wirksam. In diesem Fall schützt er die arbeitsrechtliche Gemeinschaft, solange die aggressive Politik gegen die Arbeitsgerichtsbarkeit auf politischer Ebene (noch?) nicht mehrheitsfähig ist.

Ein weiterer mittelbarer Effekt der Wiedervereinigung ergibt sich aus der Zusammensetzung der Landesregierungen. Mit der Ausdifferenzierung des Parteiensystems ist die politische Koalitionsbildung schwieriger geworden. Insbesondere in den ostdeutschen Ländern hat es seither häufiger Große Koalitionen gegeben, die sich auch auf die Richterwahl auswirken. Im Zeitraum von 2000 bis 2009 wurden 23 Richter gewählt. Fünf von ihnen (mehr als 20 Prozent) stammen aus Ländern, in denen eine Große Koalition regierte. In dem Maße, in dem die sozialpolitischen Flügel weiterhin ein wichtiges Scharnier dieser Koalitionen bilden, was man im Zeitraum von 2005 bis 2009 auch auf Bundesebene selbst bei einer sehr liberal gewordenen CDU noch beobachten konnte, steigt die Wahrscheinlichkeit, dass es nicht die liberalen Rechtspolitiker beider Parteien sind, die sich bei der Wahl der Fachrichter durchsetzen. Insofern ist eine sozialliberale Koalition für die Arbeitsrichter wahrscheinlich problematischer, weil die Rechtspolitik traditionell eine Schnittmenge zwischen beiden Parteien darstellt und die Rechtspolitiker dementsprechend an Einfluss gewinnen. Letztlich war es ja auch eine sozialliberale Koalition (Rheinland-Pfalz), die die Arbeitsgerichte als erste westdeutsche Landesregierung nach 1990 offiziell neu ressortierte. Es hat jedenfalls bisher keinen Fall gegeben, in dem unter der Schirmherrschaft einer Großen Koalition *kein* Arbeitsrechtler nominiert wurde.

Und eine letzte mögliche Begründung liegt in der Arbeitsgerichtsbarkeit selbst. Durch die enge Vernetzung der Arbeitsrichter über ihre Verbände und

17 Trotzdem kann man nicht automatisch unterstellen, dass nach Funktionalitätsgesichtspunkten entschieden wird, wie das Beispiel von Rheinland-Pfalz zeigt.

Netzwerke kontrollieren sie den Ausbildungs- und Beförderungsprozess maßgeblich, solange sie sich nicht vollständig aus der universitären Lehre zurückziehen. Sie bilden ihre Studenten und damit zukünftige Arbeitsrichter aus; sie selektieren (auch auf die Gemeinschaftlichkeit bezogen) geeignete und weniger geeignete Kandidaten in einem durch fachliche Begutachtungen und wechselseitige Empfehlungen geprägten Beförderungssystem. Und die Tätigkeit als wissenschaftlicher Mitarbeiter am Bundesarbeitsgericht wird immer stärker zur faktischen Voraussetzung dafür, dass man eines Tages Richter am BAG wird. Nach der Jahrtausendwende war mehr als jeder zweite ernannte Richter zuvor als Mitarbeiter am Gericht gewesen (vgl. noch einmal Abbildung 6-13). Betrachtet man nur die seit 2005 gewählten Richter, stieg ihr Anteil sogar auf zwei Drittel. Das heißt, die Arbeitsgerichte selbst bauen systematisch Arbeitsrichterkarrieren auf (oder ab). Und solange die Fachgerichtsbarkeiten noch existieren und damit die Fachkompetenz der zu wählenden Richter ein Rekrutierungskriterium ist, das nicht dauerhaft umgangen werden kann, haben sie zumindest mittelbar Möglichkeiten in der Hand, den Prozess der Richterwahl auch ohne ein direktes Stimmrecht im Richterwahlausschuss zu beeinflussen. Solange das spezifisch arbeitsrechtliche Wissen als wertvolle Qualifikation bei der Richterwahl betrachtet wird, resultiert die Macht der Arbeitsrichter daraus, dass sie die Angebotsseite der Richterwahl kontrollieren.

Zum Schluss soll noch auf eine letzte Facette des strukturellen Wandels am Gericht hingewiesen werden. Sie bezieht sich auf die Zusammensetzung der ehrenamtlichen Richterschaft. Grundsätzlich werden die Richterposten nach einem Proporzsystem verliehen, das die Größe der jeweiligen Verbände widerspiegelt. In der ersten und zweiten Instanz ist es nicht unbedingt typisch, dass die ehrenamtlichen Richter über eine juristische Ausbildung verfügen (Stein 2007: 2683). Dies ändert sich auf der Bundesebene. Die gewerkschaftliche Richterschaft wird fast ausnahmslos von hauptamtlichen Funktionären gestellt, zumeist sind dies Rechtsschutzsekretäre. Erst jüngst wurde in der IG Metall offen darüber diskutiert, verstärkt ehrenamtliche Funktionäre, also zum Beispiel Betriebsräte oder Betriebsratsvorsitzende einzusetzen, damit das hauptamtliche Personal mehr Handlungsspielräume für andere Tätigkeitsbereiche erlangt. Im Zentrum stehen dabei die aus der US-amerikanischen Gewerkschaftsbewegung importierten *Organizing*-Strategien, die ihren Schwerpunkt darauf legen, durch personalintensive und kampagnenartige Mobilisierungsaktivitäten die Mitgliederzahlen zu erhöhen (Wetzel 2007). Daran wird deutlich, dass die bereits in der Nachkriegszeit zu beobachtende Distanz der Gewerkschaften (jenseits ihrer Rechtsexperten) nicht geschrumpft ist. Eher das Gegenteil ist der Fall, was sich in den Deutungskämpfen der 1990er Jahre um die Auslegung des Günstigkeitsprinzips als ein echter Wettbewerbsnachteil erwiesen hat (vgl. dazu Abschnitt 6.4).

Abbildung 6-14 Anteil der ehrenamtlichen Richter (Arbeitgeber) aus Unternehmen (1960–1982)

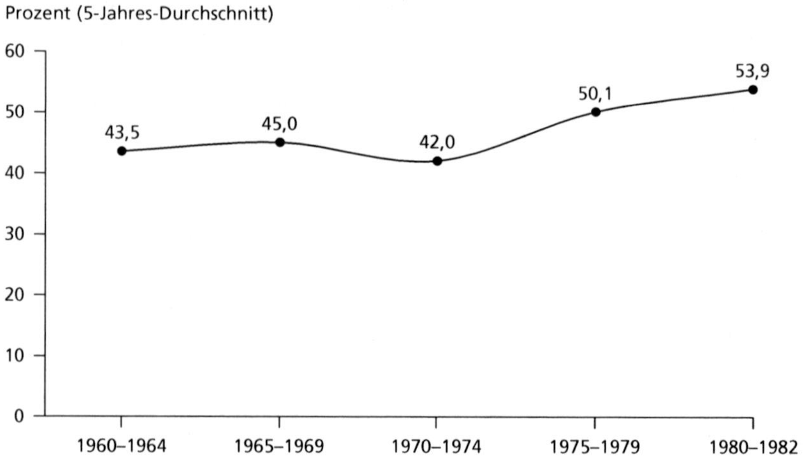


N = 110 ehrenamtliche Richter.
Quelle: Bundesarchiv BA B 149/26990, Band 1 und 2.

Die Situation auf der Arbeitgeberseite stellt sich anders dar. Auch hier sind überwiegend (und häufig sogar promovierte) Juristen anzutreffen. Doch anders als bei den Gewerkschaften war – bei den Vertretern der Privatwirtschaft – der Anteil von Unternehmensvertretern immer schon recht hoch. Dabei handelt es sich ausschließlich um Vertreter von Großunternehmen, weil sie diejenigen sind, die die Kosten der Freistellung personalpolitisch und finanziell am ehesten tragen können. Die starke Repräsentanz der Unternehmen ist darauf zurückzuführen, dass sich der hauptamtliche Funktionärskörper eines Arbeitgeberverbandes im Regelfall nur aus sehr wenigen Personen zusammensetzt.

Bemerkenswert ist hingegen, dass der Anteil der Unternehmensvertreter seit den 1970er Jahren gewachsen ist, soweit die Archivmaterialien diesen Schluss zulassen (vgl. Abbildung 6-14). Bis 1973 pendelte der Anteil betrieblich rekrutierter Richter der Arbeitgeberseite zwischen 40 und 45 Prozent. Doch seitdem ist er konstant angewachsen und lag 1982 bei fast 55 Prozent. Leider liegen (wiederum aufgrund der gesetzlichen Sperrfristen) keine neueren Daten vor. Es ist aber kaum anzunehmen, dass sich diese Situation umgekehrt hat, weil der hauptamtliche Funktionärsapparat der Arbeitgeberverbände nicht gewachsen ist, hier also kein größerer Pool an möglichen Richtern zur Verfügung steht. Zudem setzte spätestens seit Mitte der 1980er Jahre eine erneute Debatte über die Dezentralisierung der Tarifpolitik und die rechtliche Auslegung des Günstigkeitsprinzips ein, in der die Interessen großer und kleiner Unternehmen stark auseinanderdrifteten. In dieser Konstellation war der Zugang zum Bundesarbeitsgericht eine zentrale Machtressource der Konzerne. Diese Auseinandersetzungen werden in den folgenden Abschnitten untersucht. Besonderes Augenmerk wird dabei auf die Frage gelegt, wie sich der skizzierte strukturelle Wandel, nämlich die Fragmentierung der epistemischen Gemeinschaft, die tendenzielle Entflechtung der Policy Community und der wachsende Pluralismus im Bundesarbeitsgericht auf die Rechtsprechung auswirkte.

## 6.4 Das Günstigkeitsprinzip unter Krisenbedingungen

Für die Liberalisierung des Tarifrechts und den Wandel in der Auslegung des Günstigkeitsprinzips sind drei historische Phasen relevant: die erste Rezession und ihre Auswirkungen 1967 bis 1968, die Phase der sich verstetigenden Massenarbeitslosigkeit in den 1980er Jahren sowie die Phase der fortschreitenden Dezentralisierung des Tarifsystems in den 1990er Jahren. Sie werden im Folgenden betrachtet.

### 6.4.1 1966 bis 1968: Die neue Rechtsprechung des Bundesarbeitsgerichts zu den Effektivklauseln

Ein erster Liberalisierungsschub in der Rechtsprechung vollzog sich bereits Ende der 1960er Jahre. Auch die Rahmenbedingungen, unter denen die Akteure handelten, wandelten sich. Das Wirtschaftswunder hatte sich verflüchtigt. Mit Beginn der Rezession 1966 war die Szenerie durch ökonomische und politische Unsicherheiten gekennzeichnet. Die Große Koalition versuchte, die Gewerkschaften im Rahmen der Konzertierten Aktion in eine gesamtwirtschaftliche Makrostrategie einzubinden. Zudem war mit dem Sachverständigenrat zur Begutachtung der gesamtwirtschaftlichen Entwicklung ein neuer Akteur in der Lohnpolitik aufgetreten. Die in Kapitel 5 bereits erwähnte Debatte über die Versachlichung der Lohnpolitik, die schon seit Ende der 1950er Jahre geführt worden war, hatte zur Einrichtung dieses Expertengremiums geführt. So wie die Konzertierte Aktion ging die Idee des Sachverständigenrates davon aus, dass es objektiv bestimmbare Planungsvorgaben zur Steuerung des Wirtschaftszyklus geben könne. Dazu zählte auch die Idee, dass optimale, am Gemeinwohl orientierte Lohnleitlinien möglich seien, die von Ökonomen bestimmt werden könnten.

Mit der Debatte über die Versachlichung der Lohnpolitik verschob sich das Expertengewicht zur Ökonomie. Im Zuge dessen geriet der soziologische

Blick auf das Arbeitsrecht in den Hintergrund. Insofern traf das Buch von Biedenkopf über die Grenzen der Tarifautonomie, in dem er die Bezugnahme des Arbeitsrechts auf die Ökonomie und die diesbezügliche Verantwortung der Tarifparteien forderte, den Nerv seiner Zeit. Die Vorstellung, dass sich die Lohnpolitik der Tarifparteien in ein ökonomisch definiertes Steuerungsmodell einfügen möge, war nichts anderes als die Orientierung des Arbeitsrechts an ökonomischen Zielgrößen.

Die Gewerkschaften ließen sich in die gesamtwirtschaftliche Planungsstrategie einbinden, lehnten die Bindung ihrer Tarifpolitik an Lohnleitlinien hingegen ab, unter anderem mit dem Argument, dass es ein objektiv bestimmbares Gemeinwohl nicht geben könne (Menzel 1976). Die Arbeitnehmerverbände wurden zunehmend eingekeilt zwischen Mitgliedschafts- und Einflusslogik. Einerseits erhielten sie von der Regierung und der Arbeitgeberseite mehr Anerkennung als Ordnungsmacht, sahen sich im Zuge dessen aber auch mit Forderungen nach einer moderaten Lohnpolitik konfrontiert. Andererseits mussten sie im gleichen Zeitraum (zwischen 1965 und 1968) auf eine Welle wilder Streiks reagieren (Birke 2007: 171–175). Insbesondere in der Metall- und Elektroindustrie hatte sich die Lohndrift, also die Differenz zwischen den Tarif- und den Effektivlöhnen, eklatant vergrößert. In der Automobilindustrie lagen sie im Schnitt 68 Prozent, im Maschinenbau 57 Prozent und in der elektrotechnischen Industrie um 47 Prozent über den Tariflöhnen. Mit der wirtschaftlichen Eintrübung versuchten viele Unternehmen, die übertarifliche Bezahlung abzubauen. Die Belegschaften wehrten sich dagegen. Die wilden Streiks verdeutlichten aber auch, dass die Distanz zwischen der Gewerkschaftsspitze und ihrer Basis gewachsen war. Im Jahr 1967 führte die IG Metall eine Beschäftigtenbefragung durch, die ergab, dass zwei Drittel der irregulär Streikenden kein klares Motiv für ihre Beteiligung an den spontanen Arbeitsniederlegungen angeben konnte (ebd.: 174). Zusätzlich angeheizt wurden die Konflikte durch ihre Einbettung in allgemeine gesellschaftspolitische Auseinandersetzungen. Die Studentenbewegung erwachte, und zusammen mit den Gewerkschaften bildeten sie den Kern der außerparlamentarischen Opposition gegen die Notstandsgesetzgebung (Schubart 1965; Gester 1968). Dadurch trübte sich auch ihr Verhältnis zur mitregierenden SPD ein (Klönne/Reese 1990: 267–272).

In dieser Konstellation hatte das Bundesarbeitsgericht 1968 erneut über die Geltung tariflicher Effektivklauseln zu entscheiden. Dabei ging es um einen Fall aus der Textilindustrie. Die Gewerkschaft Textil und Bekleidung war auch diejenige gewesen, die die ältere und für die Gewerkschaften positive Rechtsprechung zu den begrenzten Effektivklauseln durchgesetzt hatte. Einige Unternehmen versuchten, das Verbot der Aufsaugung von Tariflohnerhöhungen durch übertarifliche Zahlungen im Rahmen von Zusatzklauseln in den Arbeitsverträgen zu umgehen. Danach wurden die übertariflichen Zahlungen an die Laufzeit des jeweiligen Tarifvertrages gebunden. Dies gab der Arbeitgeberseite die Möglichkeit, bei Abschluss eines neuen Tarifvertrages zu entscheiden, ob die Erhöhung aufgesogen oder zusätzlich gezahlt werden soll. Im vorliegenden Fall hatte sich der Arbeitgeber für die Aufsaugung entschieden. Dagegen klagte eine Beschäftigte.

In diesem Zusammenhang änderte das Bundesarbeitsgericht die bisherige Rechtsprechung grundsätzlich, wovon sich auch die Kommentatoren überrascht zeigten (Richardi 1968: 746). In seiner Urteilsbegründung kritisierte der Vierte Senat die unter der Führung von Nipperdey praktizierte Rechtsprechung deutlich, und zwar in Bezug auf Inhalt und Form. In den früheren Urteilen sowie in den Arbeiten von Hueck und Nipperdey, auf die sie sich berufen hatten, sei lediglich »die erstrebte Wirkung umschrieben, die sich aus Zweck und Wesen der Klausel ergeben soll. Über ihre Rechtfertigung ist damit noch nichts ausgesagt« (BAG 1968: 1). Offensichtlich war die massive Kritik, die in den vergangenen Jahren am Bundesarbeitsgericht und an Nipperdey persönlich geübt worden war, nicht spurlos an den Richtern vorbeigegangen. Und man war nun sehr darum bemüht, die neuerliche Entscheidung ausführlich zu begründen. Dieser habituelle Wandel war nicht auf den Einzelfall begrenzt, sondern stellte einen neuen Trend dar. Generell wurden die Urteilsbegründungen länger und ausführlicher, was sich daran zeigt, dass die durchschnittliche Zahl der Zitierungen in den 1960er und 1970er Jahren deutlich zunahm und sich dann auf ein konstantes Niveau einpendelte (vgl. Abbildung 6-15). Das änderte zwar nichts daran, dass sich das Gericht nach wie vor überwiegend selbst zitierte. Zumindest nahm es aber verstärkt die Aufgabe an, seine Rechtsauffassungen durch Argumentationskraft zu unterfüttern und der Öffentlichkeit darzulegen (anstatt sie durch Schließungsprozesse und Abschottung nach außen unangreifbar zu machen).

Inhaltlich argumentierte der Tarifrechtssenat, dass die begrenzten Effektivklauseln aus den gleichen Gründen abgelehnt werden müssten wie die Effektivgarantieklauseln. Die bisherige Rechtsprechung des BAG hatte gelautet, dass die Tarifparteien berechtigt seien, die Aufstockung der Effektivlöhne um die Tariflohnerhöhungen vorzuschreiben (vgl. dazu noch einmal Kapitel 5.4.2). Insofern war die normative Wirkung der Klauseln anerkannt worden. Der neue Gesamtlohn werde dadurch aber nicht zum unabdingbaren Tariflohn, sondern die Arbeitgeberseite könne im Anschluss durch Änderungskündigungen die Höhe des übertariflichen Lohnes absenken.

In Anlehnung an die Kritik aus der Literatur wurde die alte Argumentation nun als »Widerspruch in sich« gewertet. Wenn es sich bei Tarifnormen um objektives Recht handele, dann könnten sie nicht nur als »einmalige, d. h. nicht auf dauernde Unabdingbarkeit angelegte« Regelungen verstanden werden (ebd.).

Abbildung 6-15 Anzahl der Literaturverweise in den Bundesarbeitsgerichts-Urteilen zum Günstigkeitsprinzip

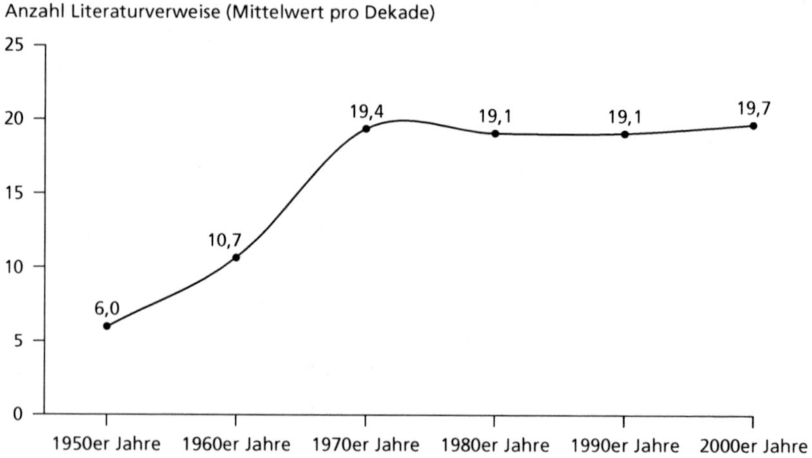


N = 218 Urteile.
Quelle: Juris-Datenbank.

Auf Effektivklauseln basierende Zahlungen könnten aber nicht als dauerhaft unabdingbar erklärt werden, weil dies faktisch der Vereinbarung von Festlöhnen entspreche und damit unter anderem dem Günstigkeitsprinzip widerspreche. Zusammengefasst und salopp formuliert lautete die Begründung: Tarifnormen wirken ganz oder gar nicht. Ganz, das heißt dauerhaft, dürfen Effektivklauseln aber nicht normativ wirken, weil dann der Vertragsfreiheit kein Spielraum mehr bliebe. Also wirken sie gar nicht und sind damit unzulässig. Tariflohnerhöhungen konnten von nun an vollständig durch übertarifliche Zahlungen aufgesogen werden, es sei denn, etwas anderes war explizit in den Arbeitsverträgen verabredet, was in der Realität nur selten der Fall war.

Für die Gewerkschaften war diese Rechtsprechung sowohl in Bezug auf die Klassenperspektive als auch auf die Mehrebenenperspektive sehr nachteilig. Erstens bewirkte sie einen lohndämpfenden Effekt, weil eine Tariflohnerhöhung für die Beschäftigten, die übertariflich bezahlt wurden, nicht mehr automatisch mit einer Steigerung des Effektivlohnes einherging. Das Bundesarbeitsgericht wirkte also (wie zuvor schon das Bundesverwaltungsgericht, vgl. 5.4.1) als heimlicher Akteur an der Konzertierten Aktion mit, indem es die Lohnmoderation rechtlich flankierte. Aber anders als unter Nipperdey stärkte das Gericht in diesem Zusammenhang nicht die Verbände (vor allem die Gewerkschaften), sondern das Gegenteil war der Fall. Die Gewerkschaften wurden in ihrer Fähigkeit, durch eine attraktive Tarifpolitik Organisationsanreize zu setzen, behindert. Die Kluft zu den Belegschaften wurde vergrößert, weil die Tarifpolitik in Betrieben mit starker Lohndrift kaum mehr spürbar war. Der Bereich der zweiten Lohnrunde im Betrieb war dem Zugriff der Tarifparteien vollständig entzogen worden. Hier wurde der Tarifmacht über das Günstigkeitsprinzip eine klare Grenze gesetzt.

Insofern ist etwas Bemerkenswertes passiert. Die in der politischen Debatte dominierende Idee der Globalsteuerung hatte den Trend verstärkt, die ordnungspolitischen Funktionen des Tarifvertrages zu betonen (teilweise zulasten des Schutzgedankens). Und dem hat das Bundesarbeitsgericht auch entsprochen. Dass darin auch ein Liberalisierungsschritt lag in dem Sinne, dass die Betriebsparteien unter anderem über die Rechtsnorm des Günstigkeitsprinzips mehr Spielraum bekamen, sah mancher erst auf den zweiten Blick.

Dementsprechend waren die Auswirkungen auch für die Arbeitgeberseite nicht nur positiv. Zwar profitierten sie von der Kostenbremse, aber angesichts der aufflackernden Konflikte auf der betrieblichen Ebene und insbesondere nach der großen Welle wilder Streiks im September 1969 konnte den einen oder anderen Unternehmer auch ein Unbehagen beschleichen bei dem Gedanken, der Vertragsfreiheit auf betrieblicher Ebene mehr Raum zu geben. Dies galt insbesondere für Großunternehmen, die den Konflikten am stärksten ausgesetzt waren. Entsprechend vorsichtig wurde das Urteil von Rechtswissenschaftlern kommentiert. Reinhard Richardi, ein Schüler von Alfred Hueck, lobte die Entscheidung in ihrer Logik und Argumentationskraft. Gleichzeitig stellte er fest, sie stelle »die tarifpolitischen Sachverständigen der Gewerkschaften und Arbeitgeberverbände vor eine schwierige Aufgabe« (Richardi 1968: 749). Er sah die daraus resultierenden Folgen also durchaus als ein gemeinsames Problem beider Seiten an. Und die BDA beeilte sich, den Segen der Tarifautonomie zu betonen. Hervorgehoben wurde dabei erneut die Ordnungsfunktion des Tarifvertrages und hier insbesondere seine Eigenschaft, den sozialen Frieden zu gewährleisten (Franke 1969; Tiede 1969).

Bei den Gewerkschaften unterfütterte die Rechtsprechung aufgrund ihrer negativen Effekte die Vorbehalte gegen das Bundesarbeitsgericht. Heinz Gester, Mitglied der Rechtsabteilung des DGB-Bundesvorstandes und ab 1970 Chefjustiziar des DGB, stellte die Entwicklung der Rechtsprechung in einen direkten Zusammenhang zur Notstandsgesetzgebung. Die Gewerkschaften fürchteten, dass im Rahmen der Notstandsverfassung auch die Arbeitnehmerrechte beschnitten würden:

Angesichts der ohnehin seit langem, vor allem in der Arbeitsrechtsprechung eingeleiteten Zurückdrängung der gewerkschaftlichen Position im kollektiven Arbeitsrecht sollte, anstatt durch Notstandsgesetze die Rechte der Arbeitnehmer und ihrer Gewerkschaften noch mehr

> zu schmälern, endlich eine ausreichende, der Stellung der Gewerkschaften und der Arbeitnehmer im sozialen Rechtsstaat adäquate verfassungsrechtliche Gewährleistung ihrer Rechte und Bewegungsfreiheiten (Betätigungs- und Streikrecht) erfolgen. (Gester 1968: 136)

Dabei berief Gester sich auf die Arbeiten von Ramm, Däubler und Wahsner, die sowohl die arbeitsrechtlichen Implikationen der Notstandsgesetzgebung als auch die Rechtsprechung zu den Effektivklauseln sehr kritisch kommentierten (Ramm 1967; Däubler 1974: 49–50). Bedeutende Gewerkschaftsjuristen wandten sich der linken Arbeitsrechtswissenschaft zu, wodurch die Entfremdung zum Bundesarbeitsgericht wuchs. So wie in Weimar korrespondierten die rechtswissenschaftlichen Divergenzen mit den Polarisierungen im politischen Raum.

Die Freiheit der Senate des BAG, abweichende Urteile zu fällen und die stehende Rechtsprechung zu modifizieren, war durch die ersten Justizreformen und auch durch den Rückzug Nipperdeys aus dem Gericht gefördert worden. Auch ein Blick auf die Zusammensetzung des Tarifrechtssenats kann das Urteil erklären. Der Senatsvorsitzende, Friedrich Poelmann, war ein Vertrauter Nipperdeys und hatte bei ihm promoviert – dies allerdings nicht im Arbeitsrecht, sondern im Wirtschaftsrecht. Er dürfte für die kursierenden Thesen über das Zusammenspiel von Arbeitsrecht und Wirtschaft stärker empfänglich gewesen sein als ein vollblütiger Arbeitsrechtler. Der stellvertretende Vorsitzende, Otto Pecher, hatte fast fünfundzwanzig Jahre an einem ordentlichen Gericht Recht gesprochen, bevor er in die Arbeitsgerichtsbarkeit wechselte. Hier zeigte die nachlassende Fähigkeit der Arbeitsrechtler, die Urteilsfindung zu kontrollieren, ihre Wirkung.

### 6.4.2 Die 1980er Jahre: Der schrittweise Rückzug vom Ordnungsprinzip

Die Integration der Rechtsprechung in die wirtschaftspolitische Koordinierung, die das Bundesarbeitsgericht heimlich an der konzertierten Aktion partizipieren ließ, soll nicht heißen, dass der Schutzgedanke nun vollständig zugunsten des Ordnungsdenkens zurückgedrängt worden war. Dies zeigt sich an der Fortentwicklung der Rechtsprechung über das Verhältnis zwischen Ordnungs- und Günstigkeitsprinzip. Wie in Kapitel 5.4.2 dargelegt wurde, war die Rechtsprechung des Bundesarbeitsgerichts zur Frage der Ablösung zweier kollektivrechtlicher Vereinbarungen umstritten. Das BAG hatte geurteilt, dass ein neuer Tarifvertrag einen alten auch dann ablöst, wenn der neue Vertrag für die Beschäftigten ungünstiger ist. Diese als Ordnungsprinzip bezeichnete Regel war unter Nipperdey zulasten des Günstigkeitsprinzips betont worden. Die Argumentation hatte gelautet, dass das Günstigkeitsprinzip nur für individuelle Sonderabmachungen gelten solle, zum Beispiel um Zusagen über individuelle Leistungszulagen zu sichern. Nur so könne die dauerhafte Prägekraft kollektivrechtlicher Vereinbarungen gewährleistet werden.

Diese Rechtsprechung gab das Bundesarbeitsgericht in den 1980er Jahren auf. Das Günstigkeitsprinzip bekam (in begrenztem Umfang) mehr Raum. Doch anders als bei den Effektivklauseln, bei denen die Neuorientierung des Gerichts für viele überraschend kam, vollzog sich der Wandel in einem sehr langsamen Prozess. In dieser Phase wurde deutlich, dass die ursprüngliche Sinzheimer'sche Vorstellung, das kollektivistische Prinzip müsse dominieren, um den Schutzgedanken im Arbeitsrecht zur Geltung zu bringen, nicht immer gilt. Vielmehr wurde die Ausweitung im Geltungsbereich des Günstigkeitsprinzips in den 1970er und 1980er Jahren zur Voraussetzung dafür, dass der Schutzgedanke realisiert werden konnte. Der Wandel resultierte also nicht daraus, dass unter veränderten Bedingungen neue Regelungsziele an das Tarifrecht herangetragen wurden, sondern alte Regelungsziele wurden durch neue Interpretationen geschützt.

Die Aussage, dass eine alte kollektivrechtliche Regelung über das Ordnungsprinzip durch eine neue ersetzt wird, zum Beispiel ein alter Tarifvertrag durch einen neuen, war weniger umstritten. Ebenso wenig kontrovers war die Position, dass wirklich individuelle günstigere Verträge über den Weg des Günstigkeitsprinzips vom Ordnungsprinzip ausgenommen werden sollen. Umstritten war hingegen vor allem die Frage, wie sich das Verhältnis von Ordnungs- zum Günstigkeitsprinzip darstellt, wenn bestimmte Zusagen im Rahmen vertraglicher Einheitsregelungen gemacht worden waren. Die Divergenzen resultierten dabei auch aus dem Zwitterstatus dieser Regelungen: Sie waren inhaltsgleich in den Arbeitsverträgen niedergelegt (oder etwa per Gesamtzusage am Schwarzen Brett bekannt gemacht worden), und ihr einzelvertraglicher Charakter machte sie zu einem potenziellen Kandidaten für das Günstigkeitsprinzip. Doch gleichwohl lag das Ziel in einer betriebseinheitlichen Lösung, weshalb sie ja inhaltsgleich waren. Und mit diesem quasikollektiven Charakter hatte das Gericht die Anwendung des Ordnungsprinzips begründet. Einheitsregelungen wurden wie kollektivrechtliche Regelungen behandelt, auch wenn ihnen keine Kollektivvereinbarung zugrunde lag. Beklagt wurden vor Gericht jedenfalls vor allem solche Fälle, in denen Einheitsregelungen vorlagen.

Ein weiteres gemeinsames Merkmal der Gerichtsverfahren, die in den 1970er und 1980er Jahren zu diesem Themenkomplex stattfanden, lag darin, dass die Prozesse vor allem die betriebliche Ebene betrafen, also zum Beispiel das Verhältnis zwischen Einheitsregelung und Betriebsvereinbarung. Die Gewerkschaften waren also nur mittelbar betroffen, was mit dazu beigetragen haben mag, dass die Rechtsentwicklung in diesem Bereich bis Anfang der 1980er Jahre im Verborgenen verlief und wieder einmal außerhalb des engeren Kreises der Arbeitsrechtsexperten kaum wahrgenommen wurde. Dass vor allem die betriebliche Ebene betroffen war, verwundert hingegen nicht. Es bestand ja eine lange Tradition vieler Unternehmen, die betriebliche Verhandlungsarena als

Flexibilitätspuffer der Tarifpolitik zu nutzen. Gerade in der Phase der Vollbeschäftigung waren qualifizierte Arbeitskräfte mit übertariflichen Löhnen oder attraktiven Sozialleistungen angeworben worden. Die neue Rechtsprechung des Bundesarbeitsgerichts zu den Effektivklauseln hatte den übertariflichen Bereich der Entlohnung sogar von allen Möglichkeiten der tarifpolitischen Intervention befreit. Wenn die betrieblichen Leistungen aber einen Flexibilitätspuffer bilden sollten, der je nach Wirtschaftslage wächst oder schrumpft, dann war es zu erwarten, dass die hier bedeutsame Konstellation der Ablösung einer bestehenden Vereinbarung durch eine *ungünstigere* Regelung zuerst in den Betrieben praktisch bedeutsam wurde. Im Verhältnis zweier Tarifverträge war die Frage in den 1970er Jahren hingegen nur von theoretischer Relevanz.

Dass die Geltungskonkurrenz zwischen Ordnungs- und Günstigkeitsprinzip auch bei der Kollision rein betrieblicher Vereinbarungen zur Anwendung kommt, ist nicht selbstverständlich und war an sich schon ein vorgeschalteter Liberalisierungsschritt, der relativ lautlos bereits zu Beginn der 1950er Jahre vollzogen worden war. Das Betriebsverfassungsgesetz kennt die Rechtsnorm des Günstigkeitsprinzips nicht, sie wurde aber per Analogieschluss hineininterpretiert, der Geltungsbereich des Günstigkeitsprinzips wurde also erweitert. Die Begründung lautete, dass ohne den Günstigkeitsgedanken die normative Kraft betrieblicher Vereinbarungen stärker wäre als die des Tarifvertrages, weil es faktisch keine Ausnahmen gäbe. Dies würde aber dem Grundgedanken widersprechen, dass Tarifverträge die stärkste normative Wirkung entfalten sollen. Hier führte das Festhalten an dem Kollektivprinzip also dazu, dass ein liberales Element in die Betriebsverfassung hineingelesen wurde, um die Hierarchie zwischen den Regulierungsebenen zu wahren.

Die Rechtsprechung des Bundesarbeitsgerichts zum Ordnungsprinzip war unter anderem deswegen kritisiert worden, weil sie – so lautete die Kritik – den Schutzgedanken missachte (vgl. noch einmal Abschnitt 5.4.2). Gerade in Bezug auf das Verhältnis zwischen Einheitsregelung und tatsächlich kollektivrechtlicher Regelung wurde dieses Argument geltend gemacht. Ein Arbeitnehmer müsse sich darauf verlassen können, dass die Zusagen, die in seinem Arbeitsvertrag festgelegt sind oder ihm von seinem Arbeitgeber auf anderem Wege gemacht wurden, auch tatsächlich bindend sind und nicht im Nachhinein zurückgenommen werden können. Offensichtlich sahen das auch viele Arbeitnehmer so. In der Folgezeit wurden jedenfalls vor allem solche Fälle vor Gericht behandelt, bei denen die konsequente Anwendung des Ordnungsprinzips mit sozialen Härten einherging.

Konfliktreich war die verschlechternde Ablösung einer alten Vereinbarung vor allem bei Regelungen zum Thema Betriebsrente. Diese Ruhegeldordnungen waren sehr langlebig, besaßen für die Beschäftigten einen hohen Stellenwert und bewegten bedeutende finanzielle Volumina. Unter dem Primat des Ordnungsprinzips sahen sich die Beschäftigten einiger Betriebe mit der Situation konfrontiert, dass die Regelungen zur Betriebsrente kurz vor oder kurz nach ihrer Pensionierung zu ihren Lasten geändert wurden. Von daher ist es sicherlich kein Zufall, dass gerade dieser Themenkomplex die Gerichte beschäftigte. Noch unter der Präsidentschaft Nipperdeys sah das BAG sich genötigt, die rein formalistische und inhaltsneutrale Auflösung der Regelungskonkurrenz zugunsten des Ordnungsprinzips zu modifizieren, um soziale Härten abzumildern. So stellte der Erste Senat fest, die Dominanz des Ordnungsprinzips gelte nur, wenn die konkurrierenden Vereinbarungen wirklich den gleichen Geltungsbereich beanspruchten (BAG 1962e). Zudem wurde entschieden, dass im Fall einer Betriebsrentenregelung die Verschlechterung der Bezugsbedingungen dann nicht mehr möglich ist, wenn der Versorgungsfall bereits eingetreten ist, der betreffende Arbeitnehmer also schon im Ruhestand weilt. Das Gleiche solle gelten, wenn der Renteneintritt unmittelbar bevorstehe, oder wenn die Beschäftigten über ihr 65. Lebensjahr hinaus im Dienst bleiben (BAG 1970a). Durch diese Einschränkungen, Modifikationen und Differenzierungen wich das Ordnungsdenken in Trippelschritten vor dem Günstigkeitsprinzip zurück, um in sensiblen Themenbereichen Besitzstände, die über lange Zeiträume erworben worden waren, zu schützen. Hier wurde besonders deutlich, dass es nun nicht mehr das kollektivistische Prinzip war, mit dem der Schutzgedanke individuell realisiert wurde, sondern das Günstigkeitsprinzip.

Im Jahr 1970 war der Dritte Senat (»Ruhegeldsenat«) sichtlich darum bemüht, die Kritik aufzunehmen und sich vom Ordnungsprinzip zu distanzieren, ohne dessen Grundgedanken aufgeben zu müssen. Die Normen Schutz und Ordnung mussten neu justiert werden. Weil das Ordnungsprinzip »sehr umstritten« sei, müsse der Senat unterstellen, »dass es einen solchen Rechtsgrundsatz nicht gäbe« (ebd.). In diesem Fall liege eine Regelungslücke vor. Trotzdem müsse nach wie vor an der Möglichkeit der Ablösung einer alten durch eine neue kollektivrechtliche Regelung festgehalten werden. Die Begründung war funktionalistischer Natur. Erstens müsse man dem »unabweisbaren Bedürfnis der Praxis« entsprechen, Ruhegeldordnungen betriebseinheitlich ändern zu können. Würden die im Rahmen von Einheitsregelungen existierenden einzelvertraglichen Ansprüche durch das Günstigkeitsprinzip geschützt, könnte man Änderungen nur noch durch Massenänderungskündigungen erreichen, was kaum praktikabel und allen Beteiligten nicht zuzumuten sei. Zudem würde man auch dann keine einheitliche Regelung erhalten, weil bestimmte Beschäftigungsgruppen einen besonderen Kündigungsschutz genießen. Darum müsse an dem Grundsatz, dass eine neue kollektivrechtliche Regelung die alte ablöse, festgehalten werden. Andernfalls würden einmal geschaffene Ordnungen »versteinern«. Zweitens müsse man zugleich dem Schutzgedanken gerecht werden, um keine unbilligen Härten in Kauf zu nehmen. Vor diesem Hintergrund wurde die gerichtliche Billigkeitskontrolle eingeführt, »bei der die Auswirkungen der Änderung für alle betroffenen Arbeitnehmer nach Treu und Glauben unter besonderer Berücksichtigung des Vertrauensschutzgedankens zu prüfen sind« (BAG 1970a, Leitsatz 2).

Der Senat versuchte also einerseits an dem alten Prinzip des Vorrangs der kollektivistischen Idee festzuhalten und gleichzeitig die Kritik aufzunehmen, der Schutzgedanke werde nicht ausreichend berücksichtigt. Er versuchte zu retten, was noch zu retten war. Diese Kombination von Motiven wurde auch durch die Zusammensetzung des Senats symbolisiert. Der Vorsitzende war Hermann Stumpf, der seine Karriere nicht als Arbeitsrechtler begonnen hatte, sondern für längere Zeit Richter in der ordentlichen Justiz gewesen war. Gleichzeitig war er aber seit 1938 bei Nipperdey als wissenschaftlicher Mitarbeiter für Arbeitsrecht beschäftigt gewesen. Als zweites zentrales Mitglied ist Marie-Luise Hilger zu nennen, die zum Kern der epistemischen Gemeinschaft zählte.

Die Rechtsprechung des Dritten Senats wurde im Anschluss vom Zweiten Senat übernommen und mit einem neuen Namen versehen. Das Ordnungsprinzip hieß nun offiziell Ablösungsprinzip, hatte sich inhaltlich aber kaum verändert. Wiederum wurde als Begründung angeführt, dass es ein »unabweisbares Bedürfnis der Praxis« gäbe, betriebseinheitliche Regelungen auch durch betriebseinheitliche Regelungen abzulösen, ohne dass dies durch das Günstigkeitsprinzip verhindert werde (BAG 1971). Mit dieser Lösung hangelte man sich durch die 1970er Jahre (BAG 1975; BAG 1981d).

Doch gegen Ende der Dekade änderte sich die Szenerie, was vor allem daran lag, dass die praktische Relevanz der Rechtsfrage zunahm. Im Laufe der 1970er Jahre trübte sich die Wirtschaftslage deutlich ein. Die erste und zweite Ölkrise hatten deutliche Spuren in der wirtschaftlichen Entwicklung hinterlassen. Damit ging eine wachsende Beschäftigungskrise einher, die einen strukturellen Charakter bekam (Müller-Jentsch 1990). Allein zwischen 1973 und 1982 verdoppelte sich die Zahl der Arbeitslosen von einer auf zwei Millionen. Auch strukturell hatte sich die Wirtschaftslage verschoben. Viele Massengütermärkte zeigten Sättigungstendenzen, die Internationalisierung der Produktion war im vollen Gange, und immer zahlreicher drängten vor allem die Anbieter aus den südostasiatischen Tigerstaaten auf die Märkte.

Während die Gewerkschaften eine Politik der Arbeitszeitverkürzung praktizierten, um die Arbeit neu zu verteilen, sahen sich die Betriebsräte und Belegschaften an der Basis mit Kostensenkungsprogrammen konfrontiert. Viele Unternehmen reagierten auf die Krise mit Entlassungen und Umstrukturierungen, in deren Rahmen Belegschaftsteile in andere Unternehmenssegmente überführt wurden. Daraus resultierte zum Beispiel die Rechtsfrage, ob den von der Versetzung betroffenen Beschäftigten das Recht zusteht, ihre vertraglichen Besitzstände in die neue Firmenumgebung mitzunehmen, auch wenn dort zum gleichen Themenkreis ungünstigere Betriebsvereinbarungen gelten. Andere Unternehmen reagierten auf die krisenhafte Entwicklung, indem sie in größerem Umfang betriebliche Sozialleistungen und Gratifikationen absenken wollten. In beiden Fällen hätte die bestehende Rechtsprechung bewirkt, dass für die Arbeitnehmer im Regelfall die neuen und schlechteren Regelungen greifen, es sei denn, die gerichtliche Billigkeitsprüfung würde im Einzelfall zu einem anderen Resultat führen.

Die betrieblichen Kürzungsprogramme zur Anpassung an veränderte Wirtschaftsbedingungen verstärkten also das Dilemma der epistemischen Gemeinschaft im Arbeitsrecht. Einerseits lag das zentrale Credo ihres Denkens in der Vorrangstellung des Kollektivprinzips, weil angenommen wurde, dass es kollektive (und nicht individuelle) Verträge sind, die die Beschäftigten am besten schützen. In diesen Fällen zeigte sich aber nun, dass der Vorrang des Kollektivprinzips die Besitzstände der Arbeitnehmer reihenweise beschnitten hätte. Wollte man nun aber unter Berufung auf das Günstigkeitsprinzip die Kürzungsprogramme verhindern oder zumindest erschweren, würde man damit der Vertragsfreiheit auf der prinzipiellen Ebene einen so großen Raum geben, dass kaum absehbar wäre, welche Folgen dies mittelfristig für die Rechtsentwicklung haben würde. Über dieses Dilemma differenzierte sich das Bundesarbeitsgericht aus, und verschiedene Senate gerieten in einen Konflikt darüber, wie mit dem Problem umzugehen sei.

Im Jahr 1982 suchte der Sechste Senat nach einem neuen Weg. Dabei ging es um den etwas skurrilen Fall, dass die Beschäftigten einer ehemaligen Zeche, die nun in der Sparte Eisen und Stahl weiterbeschäftigt wurden, an ihrem alten Arbeitsplatz per vertraglicher Einheitsregelung den unentgeltlichen Bezug von Kohle zugesagt bekommen hatten. Alternativ konnte man sich den geldwerten Betrag auszahlen lassen. An ihrer neuen Wirkungsstätte gab es eine Betriebsvereinbarung, die den gleichen Sachverhalt in modifizierter Weise regelte. Dort bezogen die Beschäftigten die Kohle, ohne dass es die Möglichkeit gab, zwischen der Kohlenlieferung oder der Auszahlung zu wählen. Für die neu hinzugekommenen Arbeitnehmer wurde nun eine Betriebsvereinbarung geschlossen, mit der ein fließender Übergang an die neuen Verhältnisse geschaffen werden sollte. Die Beschäftigten sollten die Möglichkeit haben, weiterhin die Kohle zu beziehen. Alternativ sollten sie mit einer Einmalzahlung abgefunden werden. Dagegen klagten die Beschäftigten, weil sie diese Regelung im Vergleich zum alten Verfahren als ungünstiger betrachteten, das ihnen eine dauerhafte Wahlmöglichkeit gelassen hatte.

Der Sechste Senat gab ihnen recht. Doch dabei berief er sich nicht auf das Günstigkeitsprinzip. »Entgegen der im Schrifttum überwiegend vertretenen

Auffassung« vertrat er die Ansicht, dass es das Günstigkeitsprinzip im Betriebsverfassungsgesetz gar nicht gebe, weil es dort nicht explizit ausformuliert worden war. Vielmehr sah er das hier entscheidende Moment in den Mitbestimmungsrechten des Betriebsrats. Der Senat argumentierte, dass eine kollektivrechtliche Regelung, in diesem Fall eine Betriebsvereinbarung, nur dann in die einzelvertraglichen Rechte der Arbeitnehmer eingreifen dürfe, wenn die Einzelarbeitsverträge unter dem Vorbehalt einer ablösenden Betriebsvereinbarung stünden, und wenn dieser Eingriff im Bereich der erzwingbaren Mitbestimmung liege (BAG 1982a). Nur in diesem Bereich seien die Kompetenzen des Betriebsrats und des Arbeitgebers so stark, dass daraus das Recht erwachse, unmittelbar und zwingend wirkende betriebseinheitliche Ordnungen zu erlassen. Andernfalls gehe die einzelvertragliche Regelung vor.

Üblicherweise muss ein Senat, der von der bisherigen Rechtsprechung anderer Senate abweichen will, bei den betreffenden Senaten anfragen, ob sie der Abweichung zustimmen. Ist dies nicht der Fall, wird der Große Senat angerufen, der eine Entscheidung trifft, um die Rechtseinheit zu wahren (Düwell/Lipke 2005: 426–434). Beides hat in diesem Fall nicht stattgefunden. Stattdessen begründete der Sechste Senat, warum seine neue Rechtsprechung der bestehenden Rechtsprechung nicht entgegenstehe. Die alten Entscheidungen seien vor der Verabschiedung des novellierten Betriebsverfassungsgesetzes (1972) ergangen und hätten sich darum auf eine alte Rechtsordnung bezogen. Doch erst das neue Betriebsverfassungsgesetz habe die Rechtswirkungen von Betriebsvereinbarungen geregelt.

Der Senat wich insofern von der bisherigen Rechtsprechung ab, als er argumentierte, dass einzelvertragliche Zusagen unter bestimmten Bedingungen *nicht* durch eine kollektivrechtliche Regelung verschlechtert werden könnten. Damit wurde die Möglichkeit, betriebseinheitliche Regelungen auf Dauer zu erhalten, empfindlich gestört. Der Schutz der arbeitnehmerseitigen Besitzstände wurde höher bewertet als der Ordnungsgedanke. Dieses Ergebnis wurde aber explizit *nicht* auf das Günstigkeitsprinzip gestützt. Mit dieser Konstruktion stieß der Sechste Senat bei allen Fraktionen auf Widerstand: Die Anhänger der individualistischen Richtung sahen das Günstigkeitsprinzip nun als vollständig verdrängt an, obwohl Nipperdey ihm seinerzeit doch sogar verfassungsrechtlichen Status zugebilligt hatte, wobei er allerdings nur an individuelle Sonderabmachungen gedacht hatte (vgl. dazu Kapitel 5.4.1); die Anhänger der kollektivistischen Richtung sahen hingegen nun das Kollektivprinzip als bedroht an und damit auch die Möglichkeit vergeben, betriebseinheitliche Regelungen auf Dauer zu erhalten. In der Folgezeit erntete das BAG also ausschließlich Widerspruch, und zwar von allen (Buchner 1983; Lieb 1983; Belling 1984).

Es waren Vertreter der Dieterich-Generation, die den neuen Weg eingeschlagen hatten. Zwei der drei zuständigen Berufsrichter (Wolfgang Leinemann und Friedhelm Jobs) entstammten dieser Kohorte. Sie waren aus der Hessischen Arbeitsgerichtsbarkeit und über die Sozialdemokratie an das Gericht gekommen. Leinemann hatte politische Erfahrungen in der Hessischen Staatskanzlei gesammelt. Beide hatten in den 1960er Jahren in Frankfurt und Marburg studiert. Und Leinemann trat auch dadurch in Erscheinung, dass er immer wieder einmal mit politisch deutlichen Publikationen an die Öffentlichkeit trat (»Die Dünnmacher sind los! Alles muß sehr viel schlanker werden. [...] Zunehmen muß allein [...] der als zu schlank geltende Shareholder Value«; Leinemann 1997: 2322). Über die Berufung von Jobs hatte es seinerzeit sogar öffentlichkeitswirksame Auseinandersetzungen gegeben. Die Beurteilung seiner Leistungen durch seine Vorgesetzten war unterschiedlich ausgefallen, was auch im Richterwahlausschuss für Diskussionen sorgte. Er wurde mit einem sehr knappen Ergebnis (zwölf von zweiundzwanzig Stimmen) gewählt (Richterwahlausschuss 1975). Dies war an die Öffentlichkeit gelangt und von der Tageszeitung *Die Welt* skandalisiert worden. Daraufhin sah sich der Deutsche Richterbund dazu genötigt, einerseits darauf zu pochen, dass Personalakten nicht an die Öffentlichkeit gelangen dürften. Andererseits wies er darauf hin, dass solche Auseinandersetzungen unterbleiben könnten, »wenn nicht mit knapper Mehrheit solche Bewerber in höchste Richterämter gewählt werden, deren herausragendste Qualifikation in einer strammen politischen Gesinnung besteht« (Lademann 1975).

Vor dem Hintergrund der Empörung blieb ihr Urteil im Gericht nicht unwidersprochen. Nur wenige Wochen später hatte der Fünfte Senat über einen Fall zu entscheiden, der ähnlich gelagert war. Die Firma Philips wollte im Bereich der freiwilligen sozialen Leistungen Kosten einsparen und hatte in diesem Zusammenhang Betriebsvereinbarungen geschlossen, die für die Beschäftigten ungünstiger waren. Dagegen hatten einige der Betroffenen geklagt. Der Senat rief in dieser Sache den Großen Senat des Bundesarbeitsgerichts an. Er wies darauf hin, dass sich in der bestehenden Rechtsprechungspraxis zwei unterschiedliche Wege herauskristallisiert hätten und es nun einer Entscheidung über die einzuschlagende Richtung bedürfe.

Und nun geschah Erstaunliches, das hier nicht im Einzelnen rekonstruiert werden kann, aber auch nicht muss. Der Beschluss, in dem die Anfrage an den Großen Senat erfolgte, wurde am 8. Dezember 1982 gefasst (BAG 1982f). Die Entscheidung des Großen Senats ließ fast vier Jahre auf sich warten. Sie erfolgte am 16. September 1986 (BAG 1986e). Dies ist vor allem deswegen ungewöhnlich, weil die Arbeitsgerichtsbarkeit eine eigenständige und von der ordentlichen Justiz unabhängige Prozessordnung regelmäßig mit der Begründung verteidigt, dass in arbeitsrechtlichen Streitigkeiten ein besonders beschleunigtes Verfahren in allen Instanzen notwendig sei (Leinemann 1997: 2326). Diese Regel bringt den Schutzgedanken auch verfahrensrechtlich zum Ausdruck und ist im Arbeitsgerichtsgesetz gesetzlich verankert (§ 9 Abs. 1 [1] ArbGG).

Ein Grund für die Verzögerung bei der Klärung dieser für das Arbeitsrecht zentralen Frage lag darin, dass sich die vor dem Fünften Senat streitenden Parteien darauf einigten, in außergerichtliche Vergleichsverhandlungen einzutreten. Das Verfahren vor dem Großen Senat wurde daraufhin ausgesetzt beziehungsweise vertagt (BAG 1985a). Dies ist ein Hinweis auf die Dynamik politischer Prozesse vor Gericht. Die Bearbeitung von Rechtsfragen kann, selbst wenn es sich um Kernprobleme handelt, über Nacht abbrechen, wenn die Prozessparteien dies wünschen. Vor diesem Hintergrund zeigte sich im Jahr 1985 der Dritte Senat fast erfreut darüber, dem Großen Senat die gleiche Rechtsfrage – auf der Grundlage eines etwas modifizierten Tatbestands – erneut vorlegen zu können. In diesem Fall ging es um das Ansinnen der Arbeitgeberseite, unter wirtschaftlich schwierigen Bedingungen die betriebliche Altersversorgung durch eine verschlechternde Betriebsvereinbarung zu begrenzen. Die Richter argumentierten: »Es ist zweifelhaft, ob der Große Senat Gelegenheit haben wird, die vom 5. Senat vorgelegten Rechtsfragen zu beantworten. Sie bedürfen jedoch einer Klärung.« Das Verhältnis zwischen Ablösungs- und Günstigkeitsprinzip stelle sich nunmehr möglicherweise anders dar, »weil nicht nur einzelne Arbeitnehmer, sondern auch die Belegschaft insgesamt Kürzungen hinnehmen müsse« (ebd.).

Innerhalb von vier Jahren dreht sich auch in einem Gericht das Personalkarussell: Richter kommen und gehen. Einfache Richter werden zu Vorsitzenden Richtern und wechseln im Zuge dessen die Senatszugehörigkeit. Präsidien setzen sich neu zusammen, und sie bestellen die Mitglieder des Großen Senats für ein Geschäftsjahr im Rahmen der jährlichen Geschäftsverteilung. Die personalpolitischen Entwicklungen, die sich innerhalb von vier Jahren vollzogen, führten zu dem Ergebnis, dass von den Richtern des Sechsten Senats, die den neuen Weg in der Rechtsprechung eingeschlagen hatten, keiner im Großen Senat vertreten war. Von den Richtern des Fünften Senats, die die Zulässigkeit des neuen Weges bestritten hatten, waren hingegen zwei vertreten (Heither, Thomas). Zudem wurde auch Dieterich vom Dritten Senat, der die Rechtsfrage neu aufgeworfen hatte, vertreten. Das heißt, auch unter einer liberalisierten Geschäftsordnung war der Einfluss von Verfahren auf die Ergebnisse noch vorhanden.[18]

18 Dabei mögen auch interne Auseinandersetzungen eine Rolle gespielt haben. Einige Jahre später wurde ein Streit innerhalb des Richterkollegiums an die Öffentlichkeit getragen, bei dem es um die Frage ging, welcher Senat wie viele Richter in den Großen Senat entsenden darf (*Handelsblatt* Nr. 233 vom 4.12.1991, S. 6).

Angesichts der Tatsache, dass die völlige Missachtung des Günstigkeitsprinzips, die auch gegen die Tradition des eigenen Hauses verstoßen hatte, in der rechtswissenschaftlichen Literatur ausschließlich auf heftige Kritik gestoßen war, musste der Große Senat nach einer Lösung suchen, die einerseits dem Günstigkeitsprinzip mehr Raum verschaffte, was in der hier behandelten Problemkonstellation auch bedeutete, die Besitzstände der Beschäftigten zu schützen. An dieser Lösung führte auch insofern kein Weg vorbei, als mit Otto Rudolf Kissel ein Nicht-Arbeitsrechtler als Gerichtspräsident fungierte, der eher dem individualistischen Prinzip zugeneigt war (Hanau 2004).[19] Andererseits wollten die Arbeitsrechtler unter den Richtern natürlich auch das kollektivrechtliche Prinzip schützen. Beides zusammen klang wie die Quadratur des Kreises. Das Ergebnis war eine Rechtsprechung, die auf eine kollektivistische Disziplinierung des Günstigkeitsprinzips hinauslief (BAG 1986e).

Der Große Senat kehrte nun der traditionellen Rechtsprechung zur Dominanz des Ordnungs- beziehungsweise Ablösungsprinzips offiziell den Rücken zu, jedenfalls soweit es um die Konkurrenz zwischen Einheitsregelung und Betriebsvereinbarung ging. Die frühere Annahme, bei einer Einheitsregelung handle es sich um eine quasikollektive Regelung, sei rechtlich nicht haltbar. Die gemachten Zusagen seien von ihrer Rechtsnatur her einzelvertragliche Zusagen und müssten auch als solche behandelt werden. Insofern greife im Fall der Konkurrenz einer vertraglichen Einheitsregelung oder Ähnlichem mit einer verschlechternden Betriebsvereinbarung das Günstigkeitsprinzip. Gleichwohl, so argumentierte der Senat weiter, ändere die individualrechtliche Natur der Einheitsregelung nichts daran, dass die Zusagen inhaltlich meist als kollektive Zusagen gemeint sind. Bei der Regelung freiwilliger sozialer Leistungen spiele die individuelle Lage oder Leistung eines Arbeitnehmers im Regelfall keine Rolle. Auch die Gründe des Arbeitgebers, solche Leistungen zu gewähren, bezögen sich im Allgemeinen nicht auf die individuellen Rechtsbeziehungen zu seinen Beschäftigten. Von daher seien die aus Einheitsregelungen abgeleiteten Ansprüche als »vertragliche Ansprüche mit kollektivem Bezug« zu charakterisieren. Und die Natur dieser Ansprüche »bestimmen notwendigerweise die Kriterien des Vergleichsmaßstabs« (ebd.). Mit anderen Worten: Weil die einzelvertraglichen Regelungen inhaltlich einen kollektiven Sinn haben, müsse die Frage, für wen eine Regelung günstiger ist als eine andere, auch in Bezug auf das Kollektiv und nicht in Bezug auf das Individuum entschieden werden. Die alte und die

---

19 Sehr viel später hat Kissel im Verlag der *Frankfurter Allgemeinen Zeitung* ein Buch veröffentlicht, in dem er das Arbeitsrecht als einen Standortfaktor untersuchte (Kissel 1999b). Das war für einen ehemaligen Präsidenten des Bundesarbeitsgerichts schon ungewöhnlich.

neue Regelung müssten mit ihren Vor- und Nachteilen für die gesamte Belegschaft abgewogen werden.

Die Lösung lag für den Großen Senat in einem »kollektiven Günstigkeitsvergleich«. Dies war eine Rechtsfigur, die Alfred Hueck in den 1920er Jahren vorgeschlagen hatte, und zwar in Bezug auf die Konkurrenz zwischen individuellem Arbeitsvertrag und Tarifvertrag (vgl. dazu noch einmal Abschnitt 4.2.4). Im Ergebnis bedeutete diese Auslegung, dass Betriebsvereinbarungen dann in vertragliche Einheitsregelungen eingreifen dürfen, »wenn sie insgesamt bei kollektiver Betrachtung« nicht ungünstiger sind. So durften die Aufwendungen zur Finanzierung freiwilliger sozialer Leistungen neu verteilt werden, auch mit dem Effekt, dass für einzelne Arbeitnehmer(-gruppen) die neue Regelung ungünstiger ist als die alte. Dies war aber nur so lange möglich, wie die Neuregelung nicht für die Belegschaft insgesamt ungünstiger war. In diesem Sinne sollte zwischen umstrukturierenden und verschlechternden Betriebsvereinbarungen entschieden werden. Der Große Senat hatte dem Günstigkeitsprinzip mehr Raum gegeben und dadurch den Schutzgedanken betont (Umstrukturierung wurde erlaubt, Verschlechterung aber nicht). Gleichzeitig wurde die Rechtsnorm kollektivistisch diszipliniert. Es konnte nun nicht mehr in seiner Eigenschaft als Einfallstor für die individuelle Vertragsfreiheit wirksam werden. Schutzdenken und kollektivrechtliches Denken wurden so wieder integriert.

Die Idee des kollektiven Günstigkeitsvergleichs verdeutlicht, wie sich die Dynamik des Rechtsprechungsprozesses im Rahmen der Pluralisierungstendenzen innerhalb des Gerichts wandelte. Dadurch, dass keine epistemische Gemeinschaft (mehr) über eine Deutungshoheit verfügte, stiegen die Verhandlungszwänge an, die verschiedenen Gruppierungen gerecht werden mussten. Die Verschränkung des Günstigkeitsprinzips mit einem kollektivistischen Element bringt dies zum Ausdruck.

Es war dann auch vor allem die kollektivistische Interpretation des Günstigkeitsprinzips, die von den Anhängern der individualistischen Lösung kritisiert wurde (zum Beispiel Richardi 1987). Wenn das Günstigkeitsprinzip im Betriebsverfassungsrecht analog zur gesetzlich festgelegten Regelung des Tarifvertragsgesetzes nachgebildet werde, dann sei die Idee des kollektiven Günstigkeitsvergleichs nicht schlüssig, denn in Bezug auf das Konkurrenzverhältnis zwischen Tarifvertrag und Arbeitsvertrag habe sich im Anschluss an Nipperdey der individuelle Günstigkeitsvergleich durchgesetzt und eben nicht das Modell von Hueck. Gleichwohl hielt das Bundesarbeitsgericht im Folgenden am kollektiven Günstigkeitsvergleich fest. Die Arbeitsrichter hatten dem Liberalisierungsdruck teilweise entsprochen, doch durch einen kreativen Kniff auch standgehalten. Die Debatte über das Günstigkeitsprinzip war hingegen voll entfacht und riss auch in den 1990er Jahren nicht ab.

### 6.4.3 Die 1990er Jahre: Das »Neue Arbeitsrecht« und das Günstigkeitsprinzip

Mit seiner Rechtsprechung aus den 1980er Jahren hatte das Bundesarbeitsgericht den Unternehmen wichtige Möglichkeiten genommen, Kostensenkungsprogramme zu realisieren, denn der größte Teil der freiwilligen Sozialleistungen war irgendwann einmal in der Nachkriegszeit per Einheitsregelung oder Gesamtzusage bewilligt worden und konnte nun durch das Günstigkeitsprinzip nicht ohne Weiteres zurückgenommen werden. Der Unterschied zur Rechtsprechung der 1960er Jahre war deutlich. Im Gefolge der ersten Nachkriegsrezession 1966 bis 1968 hatte sich das Gericht sinngemäß an der Konzertierten Aktion beteiligt und mit einer veränderten Rechtsprechung zu den begrenzten Effektivklauseln die Lohndämpfung ermöglicht. In den 1980er Jahren dagegen widersetzte sich das Gericht Betriebsvereinbarungen, die betriebliche Sozialleistungen absenkten. Unter den Bedingungen der Massenarbeitslosigkeit betonten die Arbeitsrechtler weiterhin den Schutzgedanken und das kollektivrechtliche Prinzip. Diese Position verstärkte eine Debatte, die bereits in den 1960er Jahren (von Biedenkopf und anderen) begonnen worden war und die das Arbeitsrecht in seinem Zusammenwirken mit der Wirtschaft in den Blick nahm. Dabei rückte auch das Günstigkeitsprinzip erneut in den Fokus. Und diesmal ging es um das Zusammenspiel von Arbeits- und Tarifverträgen. Im Zentrum der Debatte stand die immer weiter steigende Massenarbeitslosigkeit.

Die Antwort der Gewerkschaft auf die Beschäftigungskrise lag in einer Politik der Arbeitszeitverkürzung, die in der Metallindustrie auch mit einem harten Tarifkonflikt einherging (Wiesenthal 1987). Der sogenannte Leber-Kompromiss von 1984 sah die Einführung der 38,5-Stunden-Woche (mit nicht ganz vollem Lohnausgleich vor). Die Festlegung der individuellen Arbeitszeit sollte durch Betriebsvereinbarungen geregelt werden und konnte für den einzelnen Arbeitnehmer zwischen 37 und 40 Stunden betragen. Im Betriebsdurchschnitt durften die 38,5 Wochenstunden jedoch nicht überschritten werden. Dieser Tarifabschluss gilt als Einstieg in die Delegation tarifpolitischer Entscheidungsbefugnisse an die Betriebsparteien, weil die Höhe der individuellen wöchentlichen Arbeitszeit nun weniger im Rahmen von Tarifverhandlungen als im Rahmen betrieblicher Vereinbarungen festgelegt wurde (Hassel 1999; Thelen 2000; Artus 2001; Bispinck/Schulten 2003; Rehder 2006). Die Arbeitszeitverkürzung wurde mit ihrer gleichzeitigen Flexibilisierung erkauft. Und dies bescherte den Gewerkschaften eine Debatte über die Vor- und Nachteile einer stärkeren Dezentralisierung des Tarifgeschehens.

In dieser Phase entflammte innerhalb der Arbeitsrechtswissenschaft abermals eine Debatte über das Günstigkeitsprinzip, die die Endogenisierung des

Widerstands gegen die klassischen Annahmen der epistemischen Gemeinschaft verdeutlicht. Und so wie die sozialdemokratische Gruppe um Sinzheimer während des Kaiserreichs starken Einfluss auf die Präferenzbildung der SPD-Fraktion im Reichstag nehmen konnte, oder so wie Nipperdey in der Nachkriegszeit den Entstehungsprozess des Tarifvertragsgesetzes prägen konnte, so gelang es nun dem sich bereits seit Ende der 1960er Jahre entfaltenden liberalen Flügel, die Interessenformierung der Arbeitgeberverbände und der öffentlichen Meinung zu beeinflussen.

Von maßgeblicher Bedeutung war hier der Arbeitsrechtsprofessor Klaus Adomeit, seinerseits ein Schüler von Nipperdey, der sich von der Entwicklung des Arbeitsrechts enttäuscht zeigte. Er kann als der wichtigste Begründer einer Denkschule genannt werden, die sich im Zeitverlauf als Neues Arbeitsrecht etablierte. Adomeit berief sich auf Biedenkopf als ein Vorbild (Adomeit 1983). Er verlangte die Orientierung des Arbeitsrechts an den wirtschaftlichen Gegebenheiten, wobei er von einem liberalen Wirtschaftsmodell ausging. Auch er habe sich als Student dem Arbeitsrecht zugewendet, weil er vom Schutzgedanken überzeugt gewesen sei. Aber mittlerweile sei dieser pervertiert (Adomeit 1983). In der gängigen Interpretation des Günstigkeitsprinzips komme diese Perversion besonders gut zum Ausdruck.

Die grundlegenden Annahmen des arbeitsrechtlichen Denkens stellte Adomeit gleich in mehrfacher Hinsicht infrage. Erstens zweifelte er an der Klassifizierung des Arbeitsrechts als Sonderrecht der Arbeitnehmer (Adomeit/Hanau 2007: 14). Diese Einschätzung würde vergessen, dass das Arbeitsverhältnis ein zweiseitiges Rechtsverhältnis sei. Das Arbeitsrecht sei auf Unternehmen angewiesen, die Arbeitsplätze zur Verfügung stellen. Schutzbedürftig seien unter den Bedingungen der Massenarbeitslosigkeit nicht diejenigen, die in einem Arbeitsverhältnis stehen, sondern die Unternehmen, die diese Arbeitsplätze bereitstellen, sowie diejenigen, die keinen Arbeitsplatz haben oder um dessen Zukunft bangen. Damit war sogleich die zweite Grundannahme des Arbeitsrechts infrage gestellt. Die Vertreter des Neuen Arbeitsrechts bestritten, dass die Vorstellung der strukturellen Machtasymmetrie zwischen Arbeitnehmern und Arbeitgebern in modernen Gesellschaften noch angemessen sei.

Unter dem Titel »Die Wiederentdeckung des Privatrechts« hatte Biedenkopf bereits 1982 im Anschluss an seine früheren Arbeiten ähnlich argumentiert. Die Entwicklung des modernen Wohlfahrtsstaats habe dazu geführt, dass auch Arbeitnehmer beträchtliche Geld- und Sachvermögen angehäuft hätten. Zudem sei das Qualifikations- und Bildungsniveau stark angestiegen. Dies habe zu einem grundlegenden Wandel in den Beziehungen zwischen den Parteien geführt, woraus auch Folgen für das Arbeitsrecht erwachsen müssten:

Den willfährigen Arbeiter und kleinen Angestellten, der sich für kargen Lohn [...] herumstoßen ließ, gibt es nicht mehr. An seine Stelle ist ein sehr selbstbewußter Mitarbeiter getreten, auf dessen Wünsche und Vorstellungen der Unternehmer Rücksicht zu nehmen hat, wenn er erfolgreich sein will.

Betroffen von dieser Entwicklung sind aber auch die Gewerkschaften und ihre Funktionäre. Der nunmehr zum Mitarbeiter aufgestiegene Proletarier läßt sich nicht mehr ohne weiteres bei der Hand nehmen, und die Durchsetzung seiner Interessen ist ihm mindestens ebenso wichtig wie die Verfolgung von »Klasseninteressen«. [...]

Für den Juristen bedeutet das, daß das Arbeitsrecht wiederum weiterentwickelt werden muß, und zwar in eine andere Richtung als in den zurückliegenden sechzig Jahren. Das Arbeitsrecht der Zukunft wird zweifellos »bürgerlicher« sein als bisher, d.h. es wird weniger die kollektiven Ordnungsstrukturen in den Vordergrund stellen und dafür mehr zu einem Verfahren werden, das wieder »Konflikte zwischen freien Bürgern dort austrägt, wo sie entstehen«, also am Arbeitsplatz. (Biedenkopf 1982: 29)

Hier trat eine grundsätzlich andere Begründung für die Betonung des individualistischen Prinzips in Erscheinung als noch in den 1980er Jahren. In jener Zeit war das Arbeitsrecht vor die paradoxe Situation gestellt, dass die Besitzstände vieler Beschäftigter nur durch eine Akzentuierung der individuellen Vertragsfreiheit gesichert werden konnten. Das Günstigkeitsprinzip diente der traditionellen Schutzfunktion. Nun wurde hingegen argumentiert, dass es nicht mehr die in Beschäftigung stehenden Personen sind, die des Schutzes bedürfen. Und die strukturelle Asymmetrie am Arbeitsmarkt wurde nicht mehr im Verhältnis zwischen Arbeit und Kapital angesiedelt, sondern zwischen Beschäftigten und Beschäftigungslosen.

Noch vor dem bereits erwähnten Leber-Kompromiss zur Arbeitszeitverkürzung bereitete Adomeit mit einer intensiven Diskussion über die Neuinterpretation des Günstigkeitsprinzips den Boden für die Dezentralisierung der Tarifpolitik vor. Politisch wurde er dabei von US-amerikanischen Entwicklungen inspiriert. Dort leisteten die Beschäftigten unter dem Stichwort »Concession Bargaining« zum Teil einen erheblichen Lohnverzicht, um ihre Arbeitsplätze zu sichern (Cappelli 1985; Linsenmayer 1986; Kassalow 1988). Adomeit sah das Concession Bargaining als Vorbild für die Bewältigung von Unternehmenskrisen in Deutschland an. In einem Beitrag für die *Neue Juristische Wochenschrift* schlug er vor, diese Politik auf Deutschland zu übertragen. So, wie schon Thilo Ramm seine Kritik am Bundesarbeitsgericht nicht in einer arbeitsrechtlichen Zeitschrift vorgetragen hatte, so suchte auch Adomeit für seinen Vorschlag den Schutz der (liberalen) Profession. Er argumentierte:

Aus den USA wird berichtet, daß schon fast konkursreife Unternehmen durch vereinbarte Lohnreduzierungen gerettet werden konnten, heute wieder florieren und zum alten Lohnniveau, womöglich einem höheren, zurückkehren können. Dies spricht für ihre Wirksamkeit. (Adomeit 1984: 26)

So neu war sein Vorschlag allerdings nicht. Vielmehr revitalisierte er eine alte Interpretation des Günstigkeitsprinzips, die die Legalisierung betrieblicher Bündnisse in Deutschland ermöglichen sollte. Er argumentierte, dass es für einen Arbeitnehmer günstiger sei, seinen Arbeitsplatz zu erhalten und dafür auf Lohn zu verzichten, als entlassen zu werden. Diese Argumentation hatte schon in der Weimarer Republik dazu gedient, die Geltung von Tarifverträgen auszuhebeln (vgl. Abschnitt 4.2.4). Die Gerichte, die seinerzeit noch mit den alten Richtern der kaiserlichen Justiz besetzt gewesen waren, hatten diese Argumentation akzeptiert. Aber die Arbeitsrechtswissenschaft hatte sie – unter der Führung von Nipperdey – mehr oder weniger geschlossen abgelehnt.

Adomeit machte einen neuen Anlauf zu ihrer Durchsetzung. Er forderte die Arbeitsgerichtsbarkeit explizit dazu auf, ihre Deutungstradition zu verändern: »Die Gesetze der Ökonomie sind stärker als unsere arbeitsrechtlichen Gesetze, und was sich nicht biegen kann, wird gebrochen« (Adomeit 1984: 28).

Sinzheimers Einfluss im Kaiserreich beziehungsweise Nipperdeys Einfluss nach dem Zweiten Weltkrieg hatten in erheblichem Maße auf ihrer Monopolstellung basiert. Davon konnte bei Adomeit keine Rede sein, der gegen das gesamte arbeitsrechtliche Establishment argumentierte. Er suchte sein Heil in seiner argumentativen Konfliktfähigkeit. Sie lag darin, dass er die Schutzfunktion des Arbeitsrechts nicht negierte. Vielmehr stellte er die Frage, wen das Arbeitsrecht schützt, wenn Arbeitnehmer nicht das Recht bekommen würden, auf Besitzstände zu verzichten, um ihren Arbeitsplatz zu sichern. Damit dockte er zumindest auf der rhetorischen Ebene an die traditionelle Regelungsidee des Tarifrechts an.

Die zweite Ressource seiner Argumentationsmacht lag darin, dass in seiner Interpretation eine Querverbindung zwischen juristischen und ökonomischen Wissensbeständen vorgenommen wurde. Diese Koalition hatte auch die Sinzheimer-Gruppe im Kaiserreich schon genutzt, als sie – noch ganz am Rand der Profession stehend – mit den Nationalökonomen aus dem Verein für Socialpolitik koalierte und damit die mangelnde Unterstützung aus der eigenen Profession zu kompensieren versuchte (vgl. dazu noch einmal Kapitel 4.1.2). Doch damals hatten andere ökonomische Modelle dominiert, während in den 1980er Jahren die neoklassische Law-and-Economics-Schule von den USA nach Europa diffundierte. Sie definierte die Probleme auf dem Arbeitsmarkt und die Wege zu ihrer Lösung ganz anders. Das Arbeitsrecht schützt demnach am besten durch seine Abwesenheit. Es sollte sich den Marktverhältnissen anpassen, denn es war der Markt, von dem angenommen wurde, dass er die Interessen der Beschäftigten am besten schützt. Von daher war die Andockung Adomeits an die traditionelle Schutzidee eher eine rhetorische Brücke, denn tatsächlich fand unter diesem Deckmantel eine Neudefinition der Funktionen des Arbeitsrechts statt.

Dies kann auch als Prozess der *institutional conversion* beschrieben werden, weil dem Recht untergründig neue Funktionen zugeschrieben wurden. Die Law-and-Economics-Denkschule ermöglichte Diskurskoalitionen zwischen Juristen und Ökonomen. Ihr politisches Potenzial lag darin, dass die Handlungschancen der Arbeitgeberseite auf eine marktnähere Gestaltung des Arbeitsrechts angesprochen wurden. Gleichzeitig firmierte dies nicht mehr unter dem klassenkämpferischen Etikett der Wiederherstellung asymmetrischer Marktmacht zwischen Arbeit und Kapital, sondern die Dezentralisierung wurde als unverzichtbare Maßnahme zum Schutz von Arbeitnehmerinteressen deklariert.

Weitere Schubkraft erhielt die Diskussion um das Günstigkeitsprinzip durch eine Reihe rechtspraktischer Fragen, die im Zusammenhang mit dem Leber-Kompromiss im Tarifstreit um die Arbeitszeitverkürzung in der Metallindustrie 1984 auftraten. Angesichts der Entwicklung, dass im Zuge der Gleichzeitigkeit von Arbeitszeitverkürzung und -flexibilisierung über die individuelle Verteilung der Arbeitszeit stärker auf betrieblicher Ebene entschieden werden sollte, stellte sich die Frage, ob es für den einzelnen Arbeitnehmer günstiger war, mehr zu arbeiten für mehr Geld oder weniger zu arbeiten für weniger Geld und mehr Freizeit (Richardi 1984). Während Klaus Adomeit die herrschende Methode des Günstigkeitsvergleichs infrage gestellt hatte (welche Sachgruppen dürfen miteinander verglichen werden?), wurde diese Debatte dominiert von der Frage nach dem Günstigkeitsmaßstab (wer bestimmt, welche Regelung günstiger ist?) (Höland et al. 2000).

Zentral war dabei der Umstand, dass Juristen die Geburtsstunde der Dezentralisierung nicht nur argumentativ, sondern auch politisch aktiv gestaltet haben. Bernd Rüthers, ehemals Richter am Oberlandesgericht und Professor an der Universität Konstanz, war neben Georg Leber der zweite Schlichter im Tarifkonflikt 1984 gewesen und hat die allgemeine Debatte um das Günstigkeitsprinzip mit in den politischen Raum hineingetragen. Er hatte auch zu denen gehört, die Mitte der 1960er Jahre das Bundesarbeitsgericht kritisiert hatten (Rüthers 1968). In mehreren Ausgaben des *Handelsblattes*, also adressiert an die Unternehmensleitungen und ihre Rechtsabteilungen, kommentierte er die Implementierung und Diskussion des von ihm mitverantworteten Tarifabschlusses. Er argumentierte, die Festsetzung von Höchstarbeitszeiten, wie sie die IG Metall anstrebe, widerspreche dem Günstigkeitsprinzip (Rüthers 1990). Es entwickelte sich also eine Diskussion, die der Debatte um die Festsetzung von Höchstlöhnen aus den 1960er Jahren glich. Rüthers berief sich auch auf ein Urteil des Bundesarbeitsgerichts, das in einem anderen Fall für ein Wahlrecht der Arbeitnehmer plädiert hatte: Frei wählen zu dürfen, sei immer die günstigste Lösung. Auch Adomeit spielte diese Melodie an. Sinzheimer habe das Tarifrecht als einen Ausdruck der Selbstbestimmung deklariert. Darum müsse man den

Beschäftigten nun auch die Freiheit lassen, auszuwählen, ob sie den Erhalt ihrer Arbeitsplätze oder den Tariflohn (bei Verlust des Arbeitsplatzes) als günstiger bewerten (Adomeit 1984). Dabei wurde allerdings unbeachtet gelassen, dass Sinzheimer diese Wahl nicht als frei deklariert hätte. Ein Arbeitnehmer, der um seinen Arbeitsplatz fürchten müsse, hatte für Sinzheimer keine Wahl. Gerade die Vortäuschung einer vermeintlichen Wahlfreiheit, die das Vertragsrecht unter asymmetrischen Marktbedingungen kennzeichnete, hatte ihn veranlasst, ein eigenständiges Recht der Arbeit zu fordern. Daran wird deutlich, wie sehr die Debatte um die unausgesprochene Frage kreiste, ob noch von einer asymmetrischen Marktlage ausgegangen werden könne oder nicht.

Der Arbeitgeberverband der Metallindustrie (Gesamtmetall) griff die Interpretation von Adomeit und Rüthers auf und initiierte eine Plakataktion mit dem Titel »Wer mehr verdienen will, soll auch länger arbeiten«. Damit war die Debatte über das Günstigkeitsprinzip in der politischen Arena angekommen und der Weg frei für eine Einspeisung der Interpretation von Adomeit. In der Folgezeit formierte sich um diese Interpretation herum eine Diskurskoalition aus Ökonomen, Juristen, dem Institut der Deutschen Wirtschaft (getragen von Gesamtmetall) und der liberalen Wirtschaftspresse, vor allem der *Frankfurter Allgemeinen Zeitung*. Unter dem Titel »Ein neuer Ansatz für die Tarifpolitik« veröffentlichte die *Frankfurter Allgemeine Zeitung* am 5. Juni 1993 den politischen Forderungskatalog einer Arbeitsgruppe aus Ökonomen und Juristen zur Reform des Tarifrechts (Albeck et al. 1993). Darin enthalten war die Forderung nach einer »ökonomisch sinnvollen« Interpretation des Günstigkeitsprinzips in dem Sinne, wie Adomeit sie vorgeschlagen hatte. Als Jurist vertreten war Bernd Rüthers, der genau diese rechtswissenschaftliche Debatte mit vorangetrieben hatte. Quantitativ waren nur zwei Juristen gegenüber fünf Ökonomen in der Minderheit. Qualitativ waren sie jedoch von höchster Bedeutung, weil sie mit ihrer Neuinterpretation ein Einfallstor für die ökonomische Analyse des Rechts und damit eine marktnahe Interpretation des Arbeitsrechts ohne die Notwendigkeit gesetzgeberischer Maßnahmen in Aussicht stellten.

In dieser Diskurskoalition kann ein früher Vorläufer der späteren Initiative Neue Soziale Marktwirtschaft (INSM) gesehen werden. Einige der damaligen Akteure fungieren heute als Botschafter oder Sympathisanten der Initiative. Bemerkenswert ist der von Rudolf Speth für die INSM beschriebene typische Kommunikationsstil des PR-Journalismus, in dem Berichterstattung und Werbung verschmelzen (Speth 2004). Einer der Autoren des Reformvorschlags war gleichzeitig Leiter des Wirtschaftsressorts der *Frankfurter Allgemeinen Zeitung*: Hans D. Barbier machte in seinem Ressort Werbung für die eigene politische Position. Zusammen mit dem *Handelsblatt* war es auch die *Frankfurter Allgemeine Zeitung*, die die politische Debatte über das Günstigkeitsprinzip dominierte. Eine Zeitschrif-

Abbildung 6-16 Zahl der Artikel zum Günstigkeitsprinzip in wichtigen deutschen Tageszeitungen

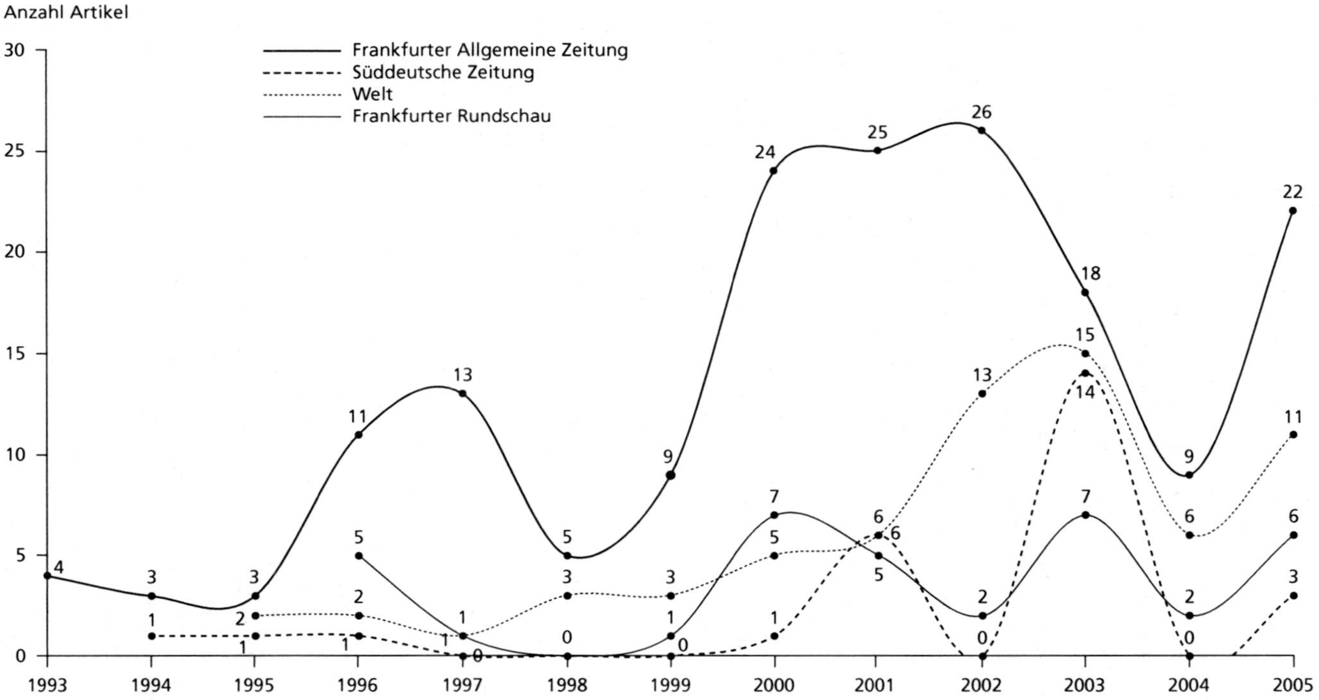


Quelle: LexisNexis.

tenanalyse zeigt, dass der größte Teil aller zwischen 1994 und 2005 in deutschen Tageszeitungen gedruckten Artikel zum tarifvertraglichen Günstigkeitsprinzip in diesen beiden Zeitungen erschienen ist (Abbildung 6-16). Damit erklomm das Günstigkeitsprinzip erstmalig die offene, allgemeinpolitische Bühne. Und auch in der Mobilisierung der Öffentlichkeit lag eine Ressource Adomeits.

Im rechtswissenschaftlichen Diskurs stieß Adomeit ohnehin auf Resonanz. Angesichts der segmentierten Durchsetzung des Arbeitsrechts, bei der das Rechtsgebiet an den Universitäten und in vielen Anwaltskanzleien dem Privatrecht verhaftet blieb, stieß eine am Wirtschaftsrecht ausgerichtete Interpretation des Arbeitsrechts auf großes Interesse. Im Verlauf der 1980er und 1990er Jahre wurde der Zusammenhang von Arbeitsrecht und Wirtschaft auf zahlreichen rechtswissenschaftlichen Tagungen diskutiert, die von politischen Stiftungen organisiert wurden. Dabei wurde insbesondere der wissenschaftliche Nachwuchs angesprochen (Scholz 1988). Zudem bildeten solche Tagungen ein Forum für diejenigen, die sich der liberalen Arbeitsrechtsbewegung anschließen wollten. Dazu zählen zum Beispiel Bernd Rüthers, Peter Hanau, Reinhard Richardi und Manfred Löwisch, Joachim Rückert, auch wenn sie weniger prononciert auftreten als Adomeit. Auffällig ist, dass es sich hierbei mehrheitlich um Rechtsprofessoren handelt. Die Segmentierung in Bezug auf die Etablierung des Arbeitsrechts kommt hier sehr gut zum Ausdruck.

Die Rechtsabteilungen einzelner Unternehmen hatten nun eine ökonomische, rechtswissenschaftliche und politische Legitimierung, um mehr Spielraum für betriebliche Vereinbarungen zu gewinnen. Dieser wurde im Laufe der 1990er Jahre intensiv genutzt. Sogenannte betriebliche Bündnisse für Arbeit, die sinngemäß genau dem Ansatz von Adomeit folgten, verbreiteten sich rasch. Die Beschäftigten verzichteten auf Lohn oder machten andere Konzessionen, um ihre Arbeitsplätze zu sichern. Dabei wurde der Spielraum von Tarifverträgen genutzt, gedehnt oder missachtet (Rehder 2003; Massa-Wirth/Seifert 2004). Die Vorreiter-Unternehmen der Dezentralisierung waren alles andere als entschlossen, auf diesem Weg den Zusammenbruch des Tarifsystems voranzutreiben. Die grundsätzliche Akzeptanz des Tarifsystems hinderte sie jedoch nicht daran, bei Bedarf nach weitgehenden Spielräumen zu suchen. Die Anlässe dazu waren zahlreich: wirtschaftliche Konjunktureinbrüche, drohende Insolvenzen, die Privatisierung staatsnaher Sektoren, internationaler Standortwettbewerb usw. (für einen empirischen Überblick vgl. Bispinck/Schulten 2003).

Es ist mitnichten so, dass alle Unternehmen eine radikale Dezentralisierung und politische Neuordnung des Tarifvertragssystems befürworteten. Wie schon bei der Debatte über die übertariflichen Löhne in den 1960er Jahren zeigte sich das Unternehmerlager auch in Bezug auf die Dezentralisierungsfrage der 1990er Jahre fragmentiert. Konsens besteht zwar in der Auffassung, dass mehr

Betriebsnähe möglich sein sollte. Doch wie dies erreicht und konkret aussehen soll, ist auf der Arbeitgeberseite kontrovers (Thelen 2000). Wie schon zuvor verläuft die zentrale Konfliktlinie dabei zwischen kleinen und großen Unternehmen, da die Gruppe der gewerkschaftlich organisierten Großunternehmen mit dem Flächentarif besser lebt als ohne. Die zentrale Frage im Arbeitgeberlager lautet, ob die Dezentralisierung zwingend mit den Gewerkschaften oder ohne beziehungsweise gegen sie durchgesetzt werden soll.

Die Neuinterpretation des Günstigkeitsprinzips war für die Arbeitgeberseite interessant, weil sie die Handlungsautonomie der Betriebe schonte und für verschiedene Gruppen von Unternehmen verschiedene Pfade der Dezentralisierung anbot. Sie baute eine Brücke für die Überwindung des Mehrebenenproblems im Arbeitgeberlager. Diejenigen (vor allem großen) Unternehmen, die auf die gewerkschaftliche Kooperation nicht verzichten wollten oder konnten (zum Beispiel weil sie sich einer organisierten Belegschaft gegenübersahen), konnten eine kontrollierte Dezentralisierung praktizieren, bei der in Zusammenarbeit mit den Gewerkschaften zusätzliche tarifvertragliche Spielräume geschaffen werden. Der zweite (und noch zu etablierende) Pfad sollte darin bestehen, dass insbesondere kleine Unternehmen, die sich unabhängig von der gewerkschaftlichen Zustimmung machen wollten und konnten, über eine gerichtliche Neudefinition des Günstigkeitsprinzips und die Umgehung der Regelungssperre ihre Arbeitsbeziehungen eigenmächtig dezentralisieren. Der Unterschied zwischen beiden Pfaden liegt darin, dass einmal mit und einmal ohne die Gewerkschaften agiert wird. Beide Pfade, der liberale und der koordinierte Weg der Dezentralisierung, wurden in dasselbe Tarifvertragsrecht hineingelesen.[20]

In der juristischen Neuinterpretation lag also auch eine deutliche Machtverschiebung zuungunsten der Gewerkschaften. Sollte sie sich durchsetzen, war die bis dahin bestehende gewerkschaftliche Vetoposition verloren. Der öffentlichen Debatte standen die Gewerkschaften eher sprachlos gegenüber. Hier rächte sich der Umstand, dass die Gewerkschaften sich in ihrem alltäglichen Politikgeschäft von den Rechtsfragen weitgehend verabschiedet hatten. Nun fehlte die juristische Alltagskommunikation. Zudem waren auch ihre interne Heterogenität und die entsprechenden Zentrifugalkräfte angesichts des Dezentralisierungsdrucks stark gewachsen. Ähnlich wie auf der Arbeitgeberseite war ihre Lage, was die interne Konfliktdynamik betraf, mit den 1960er Jahren vergleichbar, als über eine betriebsnahe Tarifpolitik gestritten worden war. Außer zu Beginn des Prozesses

20 Zudem hat sich heute ein dritter Pfad etabliert, bei dem die Arbeitgeberverbände den Unternehmen eine Verbandsmitgliedschaft ohne Tarifbindung anbieten. Dabei können sich die Unternehmen dann freiwillig an den bestehenden Tarifverträgen orientieren, wenn dies ihren Bedürfnissen entspricht (Haipeter/Schilling 2006).

beteiligten sich nur wenige Gewerkschafter beziehungsweise gewerkschaftsnahe Juristen an der Debatte (Lang 1990). Sie meldeten sich auch in den ihr nahestehenden Medien kaum zu Wort. Abbildung 6-16 zeigt, dass die *Frankfurter Rundschau* das Thema des Günstigkeitsprinzips nur verzögert und auch dann nur schwach aufnahm. Vielmehr vertrauten die Gewerkschaften auf die herrschende Rechtsprechung, also auf den institutionalisierten Mechanismus zur Schließung des arbeitsrechtlichen Wissensmarktes. Von daher wundert es nicht, dass neben der IG Metall, die den Fall Viessmann (Buchner 1996) zur rechtlichen Überprüfung vorlegte, auch die IG Medien mit dem Fall Burda (Bauer 1999; Trappehl/Lambrich 1999) vor das Arbeitsgericht zog und eine höchstrichterliche Entscheidung herbeizuführen suchte.

Der Fall Burda wurde zum kritischen Ereignis im Entwicklungspfad der Dezentralisierung. Worum ging es dabei? Das Unternehmen hatte mit seinem Betriebsrat und der Belegschaft unter anderem eine Verlängerung der tariflich festgelegten Arbeitszeit von 35 Wochenstunden auf 39 Stunden ohne Lohnausgleich vereinbart. Begründet wurde diese Vereinbarung damit, dass es für die Arbeitnehmer günstiger sei, schlechtere Konditionen zu akzeptieren als ihren Arbeitsplatz zu verlieren. Die Neuinterpretation von Adomeit stand nun vor dem Gericht.

Grundsätzlich lässt sich festhalten, dass das Bundesarbeitsgericht (BAG) – wie immer – nur bedingt in dem Sinne als Problemlöser und Koalitionspartner agierte, wie sich die Gewerkschaften oder Arbeitgeberverbände – wenn auch mit unterschiedlicher Zielsetzung – das wohl gewünscht hätten. Gleichwohl hat das Gericht faktisch klar für einen Dezentralisierungspfad votiert. In der öffentlichen Debatte wurden die Gewerkschaften als siegreiche Partei betrachtet. Und so sah sich die IG Medien auch selbst. Das Bundesarbeitsgericht habe »ein neues Kapitel in der Geschichte der Rechtsprechung« aufgeschlagen (IG Medien 1999). Dabei war der Inhalt des Rechtsspruches ambivalenter, als er unmittelbar erschien (BAG 1999b). In Bezug auf das Günstigkeitsprinzip wiederholte das Gericht seine bis dato gängige Rechtsprechung. Man hielt an der Methode des objektiven Sachgruppenvergleichs fest. Damit wurden betriebliche Bündnisse, die Lohnverzicht und Mehrarbeit gegen Beschäftigungssicherung eintauschten, illegal.[21]

Bemerkenswert war jedoch, dass das BAG die Neudefinition des Günstigkeitsprinzips als politischen Gestaltungsauftrag wieder an das politische System und die Tarifparteien zurückdelegierte. Eine Neufassung des Günstigkeitsprinzips sei Sache des Gesetzgebers. Und die Bestimmung des Verhältnisses zwi-

---

21 Allerdings hat die Gewerkschaft den Fall dann doch verloren, weil bei erneuter Überprüfung festgestellt wurde, dass das Unternehmen nicht der Tarifbindung unterlag.

schen Arbeitsbedingungen, Arbeitsplatzsicherheit und unternehmerischer Wettbewerbsfähigkeit sei Aufgabe der Tarifparteien. Der damalige Präsident des Gerichts, Thomas Dieterich, wiederholte diese Auffassung mehrmals:

> Wie das Verhältnis von Arbeitsplatzsicherheit und Lohnstandard oder Arbeitszeitregime ist, das ist der klassische Streitpunkt, den die Tarifpartner geregelt haben und in den können wir nicht eingreifen, ohne die Tarifpartner zu zensieren, ohne unsererseits zu sagen, das war aber Blödsinn, das hättet Ihr besser anders gemacht, *das ist nicht Sache des Richters.*
> (Dieterich im Interview mit dem Deutschlandradio, 4.8.2004; eigene Hervorhebung; www.dradio.de/dlf/sendungen/hintergrundpolitik/291661/)

Der Gestaltungsauftrag an die Tarifparteien wurde dadurch unterstrichen, dass das BAG zusätzlich festlegte, gegenwärtig illegale Bündnisse könnten durch die nachträgliche Inklusion tarifvertraglicher Öffnungsklauseln rückwirkend legitimiert werden. Der richterliche Beschluss erhöhte den Druck auf die Gewerkschaften, tarifvertraglichen Öffnungsklauseln zuzustimmen und auf diesem Weg zwar nicht die rechtswissenschaftliche, wohl aber die politisch-ökonomische Variante der These zu akzeptieren, schlechtere Arbeitsbedingungen seien günstiger als der Verlust des Arbeitsplatzes.

Im Ergebnis votierte das Gericht mit seiner Entscheidung klar für den Dezentralisierungspfad, der eine kontrollierte Dezentralisierung durch Tariföffnung unter Einbeziehung der Gewerkschaften vorsah. Auf der Arbeitnehmerseite wurden diejenigen Kräfte enttäuscht, die gehofft hatten, die Verbetrieblichung mithilfe der Justiz einzudämmen. Sie mussten sich auffordern lassen, tarifwidrige Vereinbarungen durch nachträgliche Tariföffnungen zu legitimieren. Auf der Arbeitgeberseite wurden diejenigen (vor allem mittelständische) Unternehmen enttäuscht, die gehofft hatten, auf gerichtlichem Weg eine Verbetrieblichung ohne oder gegen die Gewerkschaften durchsetzen zu können. Dadurch sicherte das Gericht aber auch den Regulierungsvorrang der Tarifparteien: Wer legal vom Tarif abweichen wollte, war innerhalb des Systems nach wie vor auf die Kooperation der Gewerkschaften angewiesen.

Das Urteil des Bundesarbeitsgerichts war nicht überraschend. Es wurde vom Präsidentensenat getroffen. Präsident war zu diesem Zeitpunkt Thomas Dieterich, der ein gewerkschaftsfreundlicher Sozialdemokrat war. Das Gleiche gilt für Helmut Wissmann, der später Dieterichs Nachfolger im Präsidentenamt wurde. Die IG Medien hat den Prozess auch geschickt lanciert. Hätte sie ihn nur auf die Klärung des Günstigkeitsprinzips gestützt, wäre der Vierte Senat, der Tarifrechtssenat, zuständig gewesen. Doch zu diesem Zeitpunkt führte dort schon Harald Schliemann den Vorsitz. Schliemann war mit der Kissel-Generation an das Gericht gekommen. Er war Arbeitsrechtler, hatte aber immer die Nähe zum BGB gesucht und gehörte auch dem liberalen Landesverband der CDU Niedersachsens an. Eine Zeit lang war er am BAG mit dem Individualarbeitsrecht betraut gewesen. Und es hatte symbolische Bedeutung, dass ein dem Vertragsrecht nahestehender Individualarbeitsrechtler zum Vorsitzenden des Tarifrechtssenats befördert wurde, der sich mit Kollektivverträgen beschäftigte. Die IG Medien hatte die Klärung des Günstigkeitsprinzips mit einer für die Gewerkschaften noch grundsätzlicheren Rechtsfrage verknüpft, nämlich mit der Klage nach einem Unterlassungsanspruch der Gewerkschaften bei betrieblichen Regelungen, die gegen Tarifverträge verstoßen. Diese Verknüpfung unterschiedlicher Sachfragen ermöglichte es ihr, in den Zuständigkeitsbereich des Ersten Senats zu gelangen, dem Dieterich vorsaß. Der Vierte Senat unter dem Vorsitz von Schliemann wurde dadurch umschifft.

Bereits in den 1920er Jahren hatte Clemens Nörpel, Rechtsexperte des ADGB, ein Verbandsklagerecht für Gewerkschaften gefordert, mit dem sie ihre Tarifverträge verteidigen können (vgl. dazu noch einmal Abschnitt 4.2.3). Das Arbeitsrechtssystem hatte auch dadurch vom Zivilrecht abgetrennt werden sollen, dass Anwälte verzichtbar wurden, wenn alle diesbezüglichen Klagen von den Gewerkschaften selbst (und nicht von individuellen Arbeitnehmern) hätten geführt werden können. Doch diese Forderung wurde nicht realisiert. In dem Maße, in dem Unternehmen zum Beispiel im Rahmen betrieblicher Bündnisse in den 1990er Jahren (wieder) versuchten, Tarifverträge zu unterlaufen, stellten die Gewerkschaften die Forderung nach einem Verbandsklagerecht erneut. Die IG Metall sowie die IG Medien in Hamburg und Nordrhein-Westfalen hatten schon in den 1980er Jahren dafür geklagt. Doch unter der Präsidentschaft des Nicht-Arbeitsrechtlers Kissel entschied das Bundesarbeitsgericht dagegen (BAG 1987h; BAG 1988k).

In den 1990er Jahren verschärfte sich der Druck auf die tarifrechtlichen Standards. Er wurde verstärkt durch die Wiedervereinigung, als das deutsche System der Arbeitsbeziehungen auf die ostdeutschen Länder übertragen werden sollte. Doch dieses Unterfangen misslang, weil sich viele Unternehmen dem Flächentarifvertragssystem niemals anschlossen und die Beschäftigten den Gewerkschaften fernblieben (Artus 2001). In einem anderen Zusammenhang riefen verschiedene Gewerkschaften das Bundesverfassungsgericht an. Dieses korrigierte die Rechtsprechung des BAG und modifizierte seine alte Kernbereichslehre aus den 1950er Jahren (vgl. dazu noch einmal Kapitel 5.4.1). Es stellte klar, dass sich der grundgesetzlich geschützte Kernbereich der Tarifautonomie »nicht von vornherein auf den Bereich des Unerlässlichen beschränke«. Vielmehr umfasse der Schutz »alle koalitionsspezifischen Verhaltensweisen« (Bundesverfassungsgericht 1995).

Die IG Medien hatte im Jahr 1992 einen neuen Vorsitzenden gewählt: Detlef Hensche, einer der ganz wenigen Juristen unter dem gewerkschaftlichen Spitzenpersonal. Vor dem Hintergrund der neuen Rechtsprechung des Bundesverfassungsgerichts dachte er laut darüber nach, sich erneut um ein Verbandsklagerecht zu bemühen. 1997 unternahm die IG Medien dann tatsächlich einen erneuten Anlauf – und zwar mit Ansage. Zwischenzeitlich war die BAG-Präsidentschaft auf den Arbeitsrechtler Dieterich übergegangen. Ein Aufsatz, den Hensche zum Thema Verbandsklagerecht schrieb, wurde in einer Schriftenreihe des Bundesarbeitsgerichts veröffentlicht, die kraft seines Amtes von Dieterich herausgegeben wurde (Hensche 1997). Und schließlich sprach der Erste Senat den Gewerkschaften dieses Klagerecht auch zu. Die Frage des Günstigkeitsprinzips wurde quasi nebenbei geklärt.

In der Folgezeit zeigte sich, wie zerstritten zumindest Teile der Dieterich-Generation und der Kissel-Generation waren. Schliemann kritisierte die Rechtsprechung des Ersten Senats zum Günstigkeitsprinzip und zum Verbandsklagerecht öffentlich (Schliemann 2003). Zudem modifizierte der Vierte Senat unter seiner Führung die Voraussetzungen zur Inanspruchnahme des Verbandsklagerechts. Es sei nur dann in Anspruch zu nehmen, wenn die Gewerkschaft im Klagefall die Namen ihrer Mitglieder im jeweiligen Betrieb nenne, um nachzuweisen, dass sie die nötige Legitimität besitze (BAG 2003j). Dadurch war die Gewerkschaft wieder auf die Bereitschaft mutiger Mitglieder angewiesen, eine Klage durch ihr individuelles Engagement zu unterstützen.

Bezüglich des Günstigkeitsprinzips hatte sich die epistemische Gemeinschaft der Arbeitsrechtler hingegen durchgesetzt. Und Harald Schliemann wurde später Justizminister von Thüringen – und damit auch offiziell Mitglied einer epistemischen Gemeinschaft, die ihm offenkundig näher stand als die Arbeitsrichter des BAG. Ein Versuch der Arbeitgeberverbände, die Neuformulierung des Günstigkeitsprinzips auf dem Gesetzgebungsweg durchzusetzen, scheiterte. Zwar nahm die Bundestagsfraktion der CDU/CSU das Anliegen auf (CDU/CSU 2003). Doch die Realisierung scheiterte an den Ergebnissen der Bundestagswahl 2005. An diesem Punkt zeigte die Sozialdemokratie Loyalität mit den Arbeitsrechtlern und den Gewerkschaften. Die Große Koalition tastete das Günstigkeitsprinzip nicht an. Und seitdem ist das Thema von der politischen Agenda verdrängt worden. Weder im Forderungskatalog der BDA noch in der Koalitionsvereinbarung der schwarz-gelben Bundesregierung ist vom Günstigkeitsprinzip noch die Rede.

Einerseits haben sich die Problemlagen beziehungsweise Prioritäten verschoben. Die in den letzten Jahren aufkeimende Debatte um staatliche Mindestlöhne sowie die massiven staatlichen Interventionen im Gefolge der Finanzkrise haben in den Arbeitgeberverbänden die Angst vor der staatlichen Lohnpolitik wieder aufleben lassen. Insofern ähnelt die Konstellation der Lage bei der Verabschiedung des Tarifvertragsgesetzes 1949 – das vorrangige Ziel liegt darin, eine Zentralisierung der Lohnpolitik zu verhindern. Demgegenüber tritt das Interesse an einer weiteren Dezentralisierung erst einmal in den Hintergrund. Der Unterschied zur Lage 1949 besteht darin, dass damals die Arbeitgeberverbände zusammen mit den Gewerkschaften gegen staatliche Interventionen gekämpft haben. Heute hingegen sind es die Gewerkschaften, die nach dem Staat rufen, weil ihre Kraft, das Lohnniveau und die Tarifverträge zu verteidigen, nicht mehr ausreicht.

Ein weiterer Grund für die Zurückhaltung der Arbeitgeberseite liegt darin, dass die Kosten der Dezentralisierung sichtbar werden. Anders als in den 1960er Jahren ist die Bereitschaft der Gewerkschaften, eine betriebsnahe Tarifpolitik zu praktizieren, größer geworden. Insbesondere die IG Metall setzt dabei sogar verstärkt auf eine betriebliche Tarifpolitik, in deren Rahmen sie ihre Mitglieder in betrieblichen Tarifkommissionen darüber abstimmen lässt, ob sie eine eventuelle Abweichung vom Tarifvertrag als günstig bewertet (Wetzel 2007). Zudem hat das Wiederaufleben der Berufsgewerkschaften (Lokführer, Marburger Bund, Fluglotsen und erneut die Deutsche Orchestervereinigung) die Risiken aufgezeigt, die für die Betriebe damit verbunden sind, wenn kleine und konfliktfähige Arbeitnehmergruppen dazu in der Lage sind, für sich günstigere Arbeitsbedingungen auszuhandeln (Schroeder et al. 2008). Damit wird deutlich, dass das Günstigkeitsprinzip, das von Sinzheimer so euphorisch als die Realisierung wahrer Vertragsfreiheit in einem System schützender kollektivrechtlicher Verträge erdacht worden war, im Unternehmerlager in fast allen historischen Phasen eine ungeliebte, zumindest aber brisante Rechtsnorm war.

Dessen ungeachtet geht im rechtswissenschaftlichen Diskurs die Arbeit an der Durchsetzung der Adomeit'schen Neuinterpretation und der Etablierung des Neuen Arbeitsrechts weiter (Adomeit 2004). Dabei suchte er die Anlehnung an die Agenda 2010 und verwies auf sozialdemokratische Regierungen in Europa, die ein liberales Arbeitsrecht zu einem Element sozialdemokratischer Wirtschaftspolitik machten. Insofern ist die Metapher Neues Arbeitsrecht zugleich eine Anspielung auf New Labour. Sein zusammen mit dem Arbeitsrechtsprofessor Peter Hanau verfasstes Lehrbuch beginnt mit dem Abschnitt »Arbeitsrecht und Ökonomie«, womit der seiner Ansicht nach zentrale Zusammenhang benannt ist (Adomeit/Hanau 2007).

Es ist der Grunddissens mit dem klassischen arbeitsrechtlichen Denken, der die Akzeptanzprobleme des Neuen Arbeitsrechts am Bundesarbeitsgericht (bisher) begründet. Alle Initiatoren neuer tarifrechtlicher Interpretationen suchten zur Legitimierung ihrer Argumentation nach einem Anknüpfungspunkt an das Weimarer Arbeitsrecht. Das Tarifvertragsgesetz von 1949 bildet auch heute noch in wesentlichen Teilen die Tarifvertragsverordnung von 1918 ab. Nipperdey berief sich in seinen Arbeiten auf sich selbst und manchmal auf Sinzheimer. In den 1950er Jahren stützte das Bundesarbeitsgericht seine Rechtsprechung zum Ordnungs- und Günstigkeitsprinzip auf Nipperdey. Ramm und Däubler sowie andere linke oder liberale Kritiker, die dies in den 1960er Jahren kritisierten, beriefen sich auf Kahn-Freund und die anderen Weimarer Sozialdemokraten. In den 1980er Jahren entwickelte das Bundesarbeitsgericht seine Rechtsprechung zum kollektiven Günstigkeitsvergleich in Anknüpfung an die Argumentation von Alfred Hueck. In den 1990er Jahren schmetterte es die Neuinterpretation Adomeits mit der auf Nipperdey basierenden herrschenden Lehre ab.

Das Akzeptanzproblem des Neuen Arbeitsrechts beruht auch darauf, dass es keinen arbeitsrechtlichen Anknüpfungspunkt in Weimar findet. Im Gegenteil: Die historische Analyse zeigt, dass es sich bei dem sogenannten Neuen Arbeitsrecht eher um ein sehr altes Recht handelt. Die Subprofession des Arbeitsrechts kehrt zu ihren Wurzeln zurück, als sie gegen das privatrechtliche Denken über freie Verträge unter asymmetrischen Marktbedingungen ankämpfte. Der Anknüpfungspunkt des Neuen Arbeitsrechts ist nicht das Weimarer Tarifrecht, sondern das alte privatrechtliche Vertragsdenken, das in Weimar von keinem Arbeitsrechtler anerkannt wurde.

Dies wissend, bemühen sich die Protagonisten des neuen Rechtsdenkens sehr darum, Anknüpfungspunkte durch Umdeutungsprozesse zu schaffen. Jüngst mehren sich die Versuche, Nipperdey für sich in Anspruch zu nehmen. Dabei wird argumentiert, dass dieser sich spätestens nach 1945 dem Liberalismus zugewendet habe (Rückert 1999; Adomeit 2006; Hollstein 2007). Damit wird im Grunde die – nicht überprüfbare – These aufgestellt, dass Nipperdey heute anders über das Günstigkeitsprinzip denken würde als damals. Doch diese Arbeit sollte gezeigt haben, dass Nipperdey in seinem Leben vieles war, nur eines nicht: liberal. Das Arbeitsrecht ist und war in seinem Kern eine antiliberale Bewegung.

## 6.5 Fazit

Dieses Kapitel hat argumentiert, dass im Verlauf der 1960er Jahre der Niedergang des Arbeitsrechts eingeläutet wurde. Einerseits war dies eine nicht intendierte Konsequenz des Institutionalisierungserfolgs der epistemischen Gemeinschaft: Mit ihrem Wachstum nahm die Bedeutung interner Ausdifferenzierung zu. Gleichzeitig wuchsen unter veränderten gesellschaftlichen und ökonomischen Rahmenbedingungen die Unsicherheiten über die Frage, ob die kognitiven Annahmen des alten Arbeitsrechts noch situations- und problemangemessen sind.

Darüber hinaus erodierte auch die Policy Community, die dem arbeitsrechtlichen Denken politischen Einfluss vermittelt hat. Einerseits wendete sich die sozialdemokratische Rechtspolitik tendenziell vom Arbeitsrecht ab. Andererseits wurde schrittweise eine Neudefinition der politischen Zuständigkeiten vorgenommen, die die Arbeitsgerichte faktisch in den Einflussbereich des Justizressorts einband: erst informell und dann – zumindest auf Länderebene – auch institutionell.

Dieser Wandel kam auch in einer veränderten Rechtsprechung zum Ausdruck. Die Schließungsmechanismen, mit denen die Richtergeneration um Nipperdey ihre Grundannahmen absichern konnte, wurden zunehmend diskreditiert und wirkungslos. Der Raum für die individuelle Vertragsfreiheit ist heute durch partielle Re-Interpretationen des Günstigkeitsprinzips deutlich größer als jemals zuvor in der tarifpolitischen Nachkriegsgeschichte. Gleichwohl stemmt sich der verbliebene Kern der arbeitsrechtlichen Gemeinschaft im Bundesarbeitsgericht einer Preisgabe des kollektivrechtlichen Vorgangs nach wie vor entgegen.

# Kapitel 7
# Der Wandel des deutschen Tarifrechts: Aufstieg und Niedergang einer epistemischen Gemeinschaft

Im letzten Kapitel werden die Ergebnisse der Untersuchung zusammengefasst und in Bezug auf den vorgeschlagenen Mechanismus des institutionellen Wandels diskutiert. Zudem wird der Beitrag des Bundesarbeitsgerichts zur Entstehung und Entwicklung des koordinierten Kapitalismus in Deutschland herausgestellt. Abschließend werden die Befunde über den politischen Einfluss von epistemischen Gemeinschaften auf den Wandel von Institutionen reflektiert.

## 7.1 Absorption als Mechanismus des institutionellen Wandels

In der Einleitung des Buches habe ich vorgeschlagen, den Wandel des deutschen Tarifrechts als Prozess der institutionellen Absorption zu verstehen, der aus dem Mechanismus des *institutional layering* erwächst. Der Begriff des *layering* erfasst eine Dynamik des Wandels von Institutionen, die nicht dadurch bestimmt wird, dass die Protagonisten des Wandels die Beseitigung bestehender institutioneller Arrangements anstreben. Stattdessen versuchen sie, das Bestehende zu ergänzen. Diese Konstellation lag in dem hier betrachteten Fall vor. Das deutsche Tarifrecht ist in den ersten zwanzig Jahren des 20. Jahrhunderts ganz maßgeblich von einer kleinen Gruppe sozialdemokratischer Arbeitsrechtsexperten entwickelt worden – noch bevor die Verbände oder staatliche Akteure eine gesetzliche Regelung des neuen Vertragstyps als notwendig betrachteten. Sie grenzten sich in ihrer Arbeit gegen das BGB ab, indem sie argumentierten, dass es nicht hinreichend sei, um den besonderen Charakter asymmetrischer Verträge und die normativ wirkende Kraft von Tarifverträgen zu erfassen. Sie hätten das BGB niemals verhindern können, sie wollten es aber auch nicht, denn im Kern waren die Arbeitsrechtler um Hugo Sinzheimer Liberale, die lediglich die Dysfunktionalitäten des Zivilrechts durch ein eigenes Tarifvertragsgesetz kompensieren wollten. Insofern kann der Mechanismus des Wandels in seinen Anfängen als *layering* beschrieben werden. Dabei gaben die Juristen die Richtung des Wandels vor, indem sie mit der Kombination des Unabdingbarkeitsprinzips mit dem Günstigkeitsprinzip eine Integration liberaler und sozialistischer Rechtsideen entwickelten, in der die individuelle Vertragsfreiheit oberhalb tariflicher Mindeststandards ihren Platz fand. Dadurch wurde das Tarifrecht anschlussfähig an das Privatrecht und stieß auch bei Privatrechtsexperten auf Interesse, die ein Verständnis für die Defizite des BGB entwickelten. Ein *institutional displacement*, wie es große Teile der Gewerkschaftsbewegung nach der Revolution 1918 erwarteten, das auf die Abschaffung oder Sozialisierung des Privatrechts abzielte, war dadurch von Beginn an faktisch ausgeschlossen, denn schon durch die Grundanlage des Tarifrechts als Tarif*vertrags*recht zeichnete sich ab, dass die politische Koalitionsbildung ins bürgerliche Lager hineinreichen würde und müsste.

Wandel entsteht aus dem Prozess des *layering* dann, wenn die Ergänzung des bestehenden institutionellen Gefüges langfristig mehr politische Unterstützung mobilisieren kann als das Alte. Dieses gerät dadurch unter Druck und wird an den Rand gedrängt. Die notwendige Umformierung oder Umgewichtung politischer Koalitionen misslang den Arbeitsrechtlern in der Weimarer Republik. Dies lag daran, dass die Experten erstens selbst fragmentiert waren und verschiedene Tarifrechtskonzepte beziehungsweise Normeninterpretationen vorlegten, die in Konkurrenz zueinander standen. Sie konnten die Unsicherheit über die Frage, wie abgetrennt das Tarifrecht vom BGB sein soll, untereinander nicht auflösen und folglich auch die Präferenzbildung der politischen Akteure nicht steuern. Vielmehr trugen sie zur Fragmentierung ohnehin fragmentierter Interessen bei, indem unterschiedliche Expertengruppen verschiedene Flügel der politischen Linken bedienten. Dadurch sind die Auseinandersetzungen um das Tarifvertragsgesetz und das Arbeitsgerichtsgesetz zu erklären. Die Experten waren zudem bei ihren politischen Adressaten nicht mehrheitsfähig. Die Sinzheimer-Gruppe war für große Teile der Sozialdemokratie und der Gewerkschaften zu liberal, Nipperdey und der konservative Flügel waren für das Arbeitgeberlager zu arbeitnehmerfreundlich. Die unabhängigen Arbeitsgerichte hätten institutionelle Anker für das neue Recht werden sollen. Doch ihre nur mangelnde Eigenständigkeit und die Besetzung der Spruchkörper mit Richtern der Kaiserlichen Justiz höhlten das Tarifrecht aus.

In der Nachkriegszeit gelang hingegen die Institutionalisierung. Grundlegend dafür war die Hegemoniestellung der arbeitsrechtlichen Gemeinschaft, die in den 1960er Jahren als Kartell diskreditiert wurde. Spätestens zu diesem Zeitpunkt begann aber auch der Prozess der Absorption in das Privatrecht, der in den liberalen Elementen des Tarifvertragsdenkens bereits angelegt war. Anders als der Mechanismus des *institutional layering* impliziert, geriet nicht das alte institutionelle Arrangement (hier: das privatrechtliche Vertragsdenken) unter Druck, sondern das Neue blieb prekär und wurde langsam absorbiert. Dafür waren verschiedene *Push- und Pull*-Faktoren verantwortlich. Das Wachstum des Rechtsgebiets verwässerte den Gemeinschaftscharakter der Arbeitsrechtler, die Institutionalisierung des Rechtsgebiets blieb auf die Arbeitsgerichtsbarkeit beschränkt, während es an den Universitäten und auf dem Anwaltsmarkt nur sehr begrenzt überhaupt aus dem Schatten des Privatrechts heraustrat. Zudem lockerte sich die Verbindung zwischen den Arbeitsgerichten und der Fachadministration, weil beide Flügel in die Rollen ihrer jeweiligen Institutionenzugehörigkeit sozialisiert wurden und sie dadurch von der Gemeinschaft tendenziell entfremdet wurden.

Von spezieller Bedeutung ist darüber hinaus das rechtspolitische Umschwenken der Sozialdemokratie. Schon in der Weimarer Republik rang diese mit dem Zielkonflikt zwischen einer liberalen Rechtspolitik und einer Arbeitsrechtspolitik, die sich gegen den Liberalismus abgrenzte. Seit den 1960er Jahren wird dieser Konflikt zunehmend in die liberale Richtung aufgelöst. Ausgangspunkt dafür waren Justizreformen, die die Gerichte als Hort des Konservatismus demokratisieren sollten. Skurrilerweise führte die Forderung nach mehr Mitbestimmung in den Arbeitsgerichten zu einer Schwächung der arbeitsrechtlichen epistemischen Gemeinschaft. Im weiteren Verlauf wurde die Sozialdemokratie zu einem unzuverlässigen Partner. In der Rechtsprechung wurde dies daran deutlich, dass es auch sozialdemokratische Richter waren, die das kollektivrechtliche Denken am Gericht schwächten.

Doch die epistemische Gemeinschaft wurde nicht nur durch strukturelle Faktoren absorbiert, sondern sie verlor auch einen Teil ihrer kognitiven Kapazitäten. Spätestens in den 1960er Jahren wuchs die Unsicherheit innerhalb der Gemeinschaft, ob die kognitiven Grundannahmen des Arbeitsrechts (und die Form ihrer Realisierung) noch angemessen sind. Drei Aspekte sind dabei zu unterscheiden.

Erstens kreisten Konflikte um das Spannungsverhältnis zwischen Effektivität und Legitimität im Arbeitsrecht. Die Generation um Nipperdey sicherte ihre innerhalb der Rechtswissenschaft minoritäre Position innerhalb und außerhalb des Gerichts durch Schließungsmechanismen ab. Dies sicherte ihr Einfluss und Effektivität. Von der jungen Nachkriegsgeneration wurde dieses Verfahren sowie die nationalsozialistische Vergangenheit der Richter (und ihre relativ unbefangene Art, im Nationalsozialismus entwickelte Denkfiguren in die Nachkriegszeit zu übertragen) aber nicht mehr als legitim betrachtet.

Zweitens gerieten die grundlegenden Funktionen, die dem Tarifrecht zugesprochen wurden, in einen Konflikt zueinander (Ordnungsprinzip versus Schutzprinzip). In der Weimarer Epoche waren die verschiedenen Begründungen für ein Tarifrecht dazu geeignet gewesen, kognitive Koalitionen zu schmieden. Sinzheimer hatte das Tarifrecht mit seiner Schutz- und Demokratisierungsfunktion begründet, Nipperdey demgegenüber die Ordnungsfunktionen betont.

Doch seit den 1960er Jahren wurde diese Begründungskoalition prekär, weil sich Ordnungs- und Schutzprinzip tendenziell widersprachen. Die Nachkriegsgeneration forderte mehr Freiheit (über die Norm des Günstigkeitsprinzips), um die Interessen der Beschäftigten zu schützen. Demgegenüber betonte das Bundesarbeitsgericht die notwendigen Ordnungsleistungen und die Rolle der Gewerkschaften als Ordnungsmacht. Dabei war die Rechtfertigungsmasse des Ordnungsprinzips immer etwas größer als die des Schutzprinzips, weil Letzteres vor allem auf die Belange einer gesellschaftlichen Gruppe abstellt, während die Ordnungsleistungen leichter glaubhaft als Beitrag zum Allgemeinwohl präsentiert werden konnten, von denen auch die Arbeitgeberseite profitiert.

Die dritte kognitive Spaltung bezieht sich auf die Bedeutung des Schutzprinzips. Verstärkt seit den 1980er Jahren haben auch Arbeitsrechtler die Frage aufgeworfen, ob die Annahmen über die Schutzbedürftigkeit des Arbeitnehmers in modernen Arbeitsgesellschaften noch zutreffend sind. Darüber hinaus wird gefragt, wen das Arbeitsrecht schützt, wenn die wirtschaftlichen Voraussetzungen zur Schaffung von Arbeit untergraben werden. Schon Sinzheimer hatte diese Frage aufgeworfen, dabei allerdings andere Schlussfolgerungen gezogen. Er hatte gefordert, das Arbeitsrecht müsse eingebettet sein in eine Wirtschaftspolitik, die auf Vollbeschäftigung setzt, um das Arbeitsrecht zur Geltung zu bringen. Neuere Ansätze, die in der Law-and-Economics-Tradition stehen, argumentieren demgegenüber angebotsorientiert und schreiben dem Arbeitsrecht die Funktion zu, Beschäftigung zu sichern. Hier spielt also auch ein Element der institutionellen Konversion eine Rolle, wodurch dem bestehenden Tarifrecht neue Aufgaben zugewiesen werden.

Das Ergebnis aller drei kognitiver Konfliktlinien lag darin, dass Gruppen von Arbeitsrechtlern dazu neigten, ihre epistemische Gemeinschaft bewusst oder nicht intendiert zu verlassen. Sie argumentierten stattdessen für eine liberale und damit dem Privatrecht zugewandte Interpretation und Gestaltung des Rechts. Mehr Freiheit, realisiert über das Günstigkeitsprinzip, sollte mehr Demokratie oder mehr Schutz bedeuten (seitens der Abtrünnigen von links) oder mehr wirtschaftliche Freiheit, vor allem für die Arbeitgeberseite (seitens der wirtschaftsliberalen Aussteiger).

In der Einleitung wurde argumentiert, dass sich im Prozess der Absorption des Neuen durch das Alte auch Letzteres selbst verändert, und zwar nicht nur marginal. Auf drei Aspekte möchte ich an dieser Stelle hinweisen. Erstens waren es vor allem Privatrechtler wie Hueck und Nipperdey, die die Argumente Sinzheimers plausibel fanden und sie weiterentwickelten. Die kleine Gruppe der sozialdemokratischen Arbeitsrechtler hätte ihre Rechtsvorstellungen ohne diese Unterstützung kaum jemals realisieren können. Das Privatrecht hat sich also von Beginn an dem Arbeitsrecht gegenüber geöffnet. Zweitens hat das Tarifrecht mittlerweile Gesetze, normativ wirkende Tarifverträge und Rechtsinterpretationen entwickelt, an die auch das Privatrecht anschließen muss, je stärker es das Arbeitsrecht absorbiert. Die Effekte, die das neue institutionelle Arrangement hervorgebracht hat, wirken auch im Privatrecht nach. Dass dies so ist, zeigt sich drittens auch an einer Entwicklung, die in diesem Buch nicht eingehender erörtert werden konnte. Das arbeitsrechtliche Denken hat weit in das Privatrecht hineingewirkt und Spuren hinterlassen. Das Mietrecht arbeitet mit ganz ähnlichen Denkfiguren. Die Vorstellung asymmetrischer Verträge ist weit verbreitet. Entsprechend wurde auch eine Vielzahl von Schutznormen in das Vertragsrecht integriert, auch wenn sich diese von den Instrumenten und Wirkungen des kollektiven Arbeitsrechts unterscheiden. Wie die Ausführungen von Biedenkopf (1982) über die »Rückkehr des Privatrechts« bereits andeuteten, wird heute gerade die Annäherung des Privatrechts an das Arbeitsrecht dazu genutzt, zu argumentieren, dass der Sonderrechtscharakter des Arbeitsrechts nunmehr hinfällig geworden sei, denn das Privatrecht habe etwas »gelernt« (Schaefer 2001).

Die große Herausforderung, die das privatrechtliche Vertragsrecht bis heute nicht bewältigt hat (und woran die vollständige Absorption des Arbeitsrechts scheitern könnte), liegt darin, zu erklären, wie durch individuelle Verträge betriebseinheitliche und kollektive Ordnungen geschaffen und erhalten werden sollten. Das Privatrecht hat partiell gelernt, die Schutzfunktionen zu übernehmen. Ihre größten Defizite liegen in der Bereitstellung kollektiver Ordnungen. Die Diskussionen über das Günstigkeitsprinzip in den 1980er und 1990er Jahren haben gezeigt, dass das kollektivrechtliche Denken seine Rechtfertigungsmacht immer auch daraus bezog, dass ein sehr weiter Geltungsbereich für das Günstigkeitsprinzip auf betrieblicher Ebene kaum praktikabel ist und im Regelfall auch von der Arbeitgeberseite nicht gewünscht wird, weil kein Arbeitnehmer eine Ansammlung individueller Verträge wünscht, sondern betriebseinheitliche Regelungen. Aus diesem Grund war das Günstigkeitsprinzip – auch das sollte dieses Buch zeigen – in den meisten historischen Phasen bei vielen Akteuren eine wenig geliebte Rechtsnorm. Ein Privatrecht, das das Arbeitsrecht vollständig absorbieren will, wird eine praktikable Antwort auf die Frage nach der kollektiven Ordnung brauchen.

## 7.2 Der Beitrag des Bundesarbeitsgerichts zum Werden und Wandel des koordinierten Kapitalismus deutscher Prägung

Das Bundesarbeitsgericht hat alle Entwicklungen beim Aufstieg und Niedergang der verbandlichen Regulierung mitvollzogen und selbst mitgestaltet. Die korporatistische Regulierung in der Tarifpolitik basierte auf der Anerkennung der Verbände seitens der Politik und auf einer auch personellen Verflechtung der Interessengruppen mit den politischen Akteuren. Die vorliegende Arbeit hat gezeigt, dass die Arbeitsgerichtsbarkeit und die sie tragende epistemische Gemeinschaft ein wichtiger Bestandteil dieses Netzwerks war. Dadurch hat das BAG in der Nachkriegszeit in erheblichem Maße zum Aufbau und zur Stabilisierung des zentralisierten Lohnverhandlungssystems als Bestandteil des koordinierten Kapitalismus beigetragen. Seine Wirkung trägt das Ordnungsprinzip schon im Namen. Mit der Rechtsprechung unter Nipperdey hat das Gericht den Regulierungsvorrang der Tarifparteien gegenüber dezentralen Akteuren gesichert: Kollektivrechtliche Vereinbarungen bekamen auch dann den Geltungsvorrang zugesprochen, wenn sie für die Beschäftigten ungünstiger waren. Gleichzeitig ermöglichte die Rechtsprechung dadurch die Schaffung kollektiver Ordnungen im Betrieb, die eine Voraussetzung für die relative Homogenität bei den Löhnen und Arbeitsbedingungen waren. Die Gewerkschaften wurden in die Rolle der Ordnungsmacht gedrängt und auf diese begrenzt, auch wenn sie es nicht wollten.

Intern wurde die Rechtsprechung durch Schließungsmechanismen abgesichert, die die Deutungshoheit der Arbeitsrechtler absicherten. Innergerichtliche Partizipation wurde begrenzt. Auch in dieser Hinsicht vollzog das BAG einen Entwicklungsprozess, der den Interessengruppen vergleichbar war. So wie die Verbände in ihren Organisationsstrukturen den Primat der Einfluss- über die Mitgliedschaftslogik sicherten, so institutionalisierte die Gruppe um Nipperdey die Deutungshoheit der Arbeitsrechtler in den Gerichtsabläufen. Dies wurde jedoch spätestens in den 1960er Jahren infrage gestellt.

Den Liberalisierungstendenzen der 1980er und 1990er Jahre hat sich das Gericht nicht verschlossen. Aber am Primat des kollektivrechtlichen Prinzips hat es bis heute im Wesentlichen festgehalten. Versuche, dem Günstigkeitsprinzip mehr Raum zu gewähren, wurden kollektivistisch diszipliniert. In den 1980er Jahren entwickelte das Gericht den kollektiven Günstigkeitsvergleich, bei dem zwei konkurrierende Regelungen nicht nach einem individuellen, sondern nach einem kollektiven (hier: auf die Betriebsbelegschaft bezogenen) Maßstab bewertet werden. Den Liberalisierungstendenzen der 1990er Jahre hat das Gericht insofern entsprochen, als es den Trend zur Dezentralisierung im Tarifsystem nicht gestoppt hat. Gleichwohl hat es Versuchen, eine stärker betrieblich ausgerichtete Regelung der Löhne und Arbeitsbedingungen zu erreichen, ohne auf die Kooperation der Gewerkschaften angewiesen zu sein, eine Absage erteilt. In den 1950er Jahren wurden die Gewerkschaften vom Bundesarbeitsgericht zur Ordnungsmacht erhoben, in den 1990er Jahren wurde ihnen vom Gericht diese Rolle erhalten. Damit war das Bundesarbeitsgericht einer der zentralen Akteure bei der Stabilisierung des Flächentarifs.

Ob und wie lange es diese Rolle weiter einnehmen wird, hängt maßgeblich vom Schicksal der epistemischen Gemeinschaft ab, die seinerzeit von einer kleinen Gruppe sozialdemokratischer Anwälte begründet worden war, und die doch die Koalition mit dem konservativen Bürgertum brauchte, um zu überleben. Ihr wichtigster Anker ist die institutionell relativ eigenständige Arbeitsgerichtsbarkeit. Die dem Prinzip der Fachgerichtsbarkeiten innewohnende funktionale Differenzierung schützt die Anerkennung für die Besonderheiten des Arbeitsrechts und damit die kognitiven Integrationsgrundlagen der Gemeinschaft. Gemeinschaft als Steuerungsmechanismus ist hier also in hohem Maße auf ihre Einbettung in hierarchische Steuerungsprozesse angewiesen, um fortzubestehen. Erst in dem Augenblick, in dem die institutionelle Eigenständigkeit der Arbeitsgerichte aufgehoben wird, ist auch der Absorptionsprozess des Arbeitsrechts in das Privatrecht kaum mehr zu stoppen.

## 7.3 Der Einfluss epistemischer Gemeinschaften auf politische Entscheidungen und den Wandel von Institutionen

In den Eingangskapiteln des Buches wurde argumentiert, dass viele empirische Analysen über den politischen Einfluss epistemischer Gemeinschaften im Regelfall nur relativ kurze historische Phasen in den Blick nehmen. Am Beispiel spezifischer Sequenzen wird dabei gezeigt, dass Expertenwissen politisch relevant und wirksam sein kann. Die in diesem Buch angelegte längerfristige Perspektive hat zwar den Nachteil, dass sie die Entwicklungen auf der Mikroebene nur punktuell und partiell in den Blick nehmen kann, wenn sie die Makroperspektive nicht verlieren will. Gleichzeitig liegt ihre Stärke jedoch darin, die politische Wirksamkeit epistemischer Gemeinschaften im Zeitverlauf untersuchen zu können. Sie ist historisch kontingent und abhängig von spezifischen Rahmenbedingungen. Annahmen über die politische Macht von Expertenwissen werden damit konditioniert und kontextualisiert. Einige davon wurden im vorliegenden Fall herausgearbeitet.

1. Der politische Einfluss epistemischer Gemeinschaften ist abhängig von der relativen *Stabilität des Gemeinschaftskerns*. Die Arbeit sollte zeigen, dass epistemische Gemeinschaften ständig im Wandel begriffen und dadurch vom Zerfall bedroht sind. Um relative Stabilität zu erhalten, müssen widersprüchliche Ziele realisiert und die diesbezüglichen Zielkonflikte bearbeitet werden. Einerseits basieren handlungsfähige Expertengruppen auf stabilen kognitiven Annahmen, die sich deutlich von den Wissensbeständen anderer Akteurgruppen abgrenzen lassen, denn sonst gäbe es keine Gemeinschaft (jedenfalls keine epistemische). Kognitive Homogenität ist eine Voraussetzung für das quasikollektive Handeln dieser Gruppen.

Gleichzeitig hat die Entwicklung der Arbeitsrechtler gezeigt, dass ein gewisses Maß an kognitiver Flexibilität und Koalitionsfähigkeit ihre Durchsetzungsfähigkeit in erheblichem Maße begünstigt hat. Die kognitive Koalition von Sinzheimer und Nipperdey in der Weimarer Republik hat politisch ein breites Interessenspektrum bedient, indem sie gemeinsame Basisannahmen mit verschiedenen Programmzielen verknüpft haben. Zudem hat sich die Fähigkeit, Diskurskoalitionen mit anderen wissenschaftlichen Disziplinen, vor allem der Soziologie oder der Ökonomie, einzugehen, sowohl für Sinzheimer (im Kaiserreich) als auch für Adomeit (in den 1980er und 1990er Jahren) als sehr vorteilhaft erwiesen. Und nicht zuletzt ist eine epistemische Gemeinschaft wohl nur dann langfristig überlebensfähig, wenn sie dazu in der Lage ist, auf veränderte und neue Umweltbedingungen kognitive Antworten zu entwickeln, die mit ihrem bisherigen Wissensbestand konsistent sind und ihn dennoch quasi-pfadabhängig weiterentwickeln. Hier stand das Arbeitsrecht seit den 1960er Jahren vor erheblichen Problemen, was die Fragmentierung der Gemeinschaft vorantrieb.

Wie bereits erwähnt wurde, ist das Spannungsfeld aus diskursiver Schließung und Öffnung durchaus vergleichbar mit der Aufgabe von Interessenverbänden, zwischen Einfluss- und Mitgliedschaftslogik zu vermitteln (Streeck 1994): Einerseits müssen die Verbandsmitglieder sozial integriert und die Organisationsidentität gestärkt werden, andererseits muss die Anschluss- und Verhandlungsfähigkeit nach außen gewahrt bleiben. Der Unterschied liegt darin, dass ein Verband über feste Organisationsstrukturen und Entscheidungswege verfügt, was ihn zumindest zu dem Versuch befähigt, den Vermittlungsprozess zu steuern. Aufgrund der Unorganisiertheit epistemischer Gemeinschaften gibt es hier nur selten vergleichbare institutionalisierte Mechanismen. Im vorliegenden Fall traten persönliche Autoritäten beziehungsweise weiche Formen charismatischer Herrschaft tendenziell an die Stelle verfahrensmäßig organisierter Integrationsmechanismen. Im Ergebnis geriet die Homogenität der arbeitsrechtlichen Gemeinschaft nach dem Rückzug (und der Diskreditierung) von Nipperdey jedoch schnell in Bedrängnis.

2. In dem hier untersuchten Fall hat sich gezeigt, dass der Einfluss von Expertengruppen immer dann am größten war, wenn diese über *strukturelle Monopolstellungen in der Wissensarena* verfügten. Diese waren häufig kaum strategisch planbar, sondern sie eröffneten sich in einem kurzen historischen Moment. Die Gruppe um Sinzheimer hat im Kaiserreich von einem *first-mover advantage* und der Distanz der Sozialdemokratie zum Recht profitiert, indem sie als alleiniger Wissensanbieter fungierte. Die Nipperdey-Kohorte nach 1945 profitierte davon, dass nur der konservative Flügel der Arbeitsrechtler den Faschismus in Deutschland überleben konnte. Für die Protagonisten des liberalen Angriffs auf das Arbeitsrecht seit den 1960ern stellte sich die politische Einflussnahme demgegenüber viel schwieriger dar, weil sie über kein Monopol verfügte.

3. Das Gesagte verweist darauf, dass die Durchsetzung von Experten nicht allein von den Eigenschaften des Wissens beziehungsweise der epistemischen Gemeinschaft abhängt, sondern auch von vorteilhaften *Strukturen, Institutionen und Netzwerken*. Aus diesem Grund wurde in Kapitel 3 dafür plädiert, die stärkere Bedeutung von Wissen und Ideen nicht mit einer vollständigen Aufgabe des institutionalistischen Paradigmas zu verwechseln. Der Aufstieg und Niedergang der Arbeitsrechtler basierte auf der Stabilität beziehungsweise der Erosion eines sie tragenden Policy-Netzwerks. In der Ära Nipperdey basierten die Schließungsprozesse innerhalb des Bundesarbeitsgerichts auf der Durchsetzung bestimmter Prinzipien der Gerichtsorganisation. Und es war vor allem die Neudefinition dieser Regeln, die den Schließungsmechanismus beschädigte.

In allen hier betrachteten historischen Phasen strebten die Arbeitsrechtler und ihre Gegner danach, das eigene Wissen gesetzlich und vor allem gerichtlich zu institutionalisieren. Die verschiedenen Policy Communities kämpften um die Auslegung des Rechts, um ihren Zugang zum politischen Entscheidungsprozess, um die Definition der gerichtsinternen Regeln und um Justizreformen. Gerade weil Institutionen, Regeln und Verfahren von so zentraler Bedeutung für den politischen Prozess sind, finden Deutungskämpfe um die Auslegung dieser Regeln statt. Eine stärkere Betonung von Wissen und Ideen als Parameter der Politik muss institutionalistische Ansätze nicht infrage stellen, sondern fügt der institutionalistischen Analyse eine Dimension hinzu: Hinter jeder Institution stehen (meist konkurrierende) Ideen, die um Geltung ringen. Jede Institution setzt wiederum Impulse, die von den Akteuren so oder anders verarbeitet werden. Die Herausarbeitung von Interpretationskonflikten, die den bestehenden Institutionen unterliegen und ihre Entwicklungsdynamik anzeigen, ist dadurch ein zentrales Mittel zum Verständnis des schleichenden Wandels dieser Institutionen.

# Anhang

## 1. Datenbank: Gerichtsurteile des Bundesarbeitsgerichts

Die vier mit einem * markierten Urteile werden im Text zitiert, beziehen sich aber nicht auf das Günstigkeitsprinzip.

Die 218 Urteile zum Günstigkeitsprinzip wurden der Juris-Datenbank entnommen (Suchwort: »guenstig«). Berücksichtigt wurden alle Urteile, die in der Langfassung verfügbar waren (über Juris, arbeitsrechtliche Fachzeitschriften oder Urteilssammlungen). Urteile, zu denen nur die Leitsätze vorlagen, wurden also ausgeschlossen, weil wichtige Daten (zum Beispiel die Zahl der Zitierungen, Angaben über den Streitfall, Urteilsbegründung) fehlten. In den Konstellationen, in denen Parallelsachen vorlagen, weil zum Beispiel mehrere Mitarbeiter einer Firma Prozesse zur gleichen Rechtsfrage anstrengten, wurde nur ein Fall berücksichtigt.

Nur in einem Teil der Verfahren stand das Günstigkeitsprinzip im Zentrum der gerichtlichen Auseinandersetzung. Im Regelfall werden in einem Rechtsstreit mehrere Rechtsfragen behandelt. Dabei wird das Günstigkeitsprinzip häufig nur am Rande thematisiert. Zudem gehört es zu dem Katalog an Rechtsnormen, deren Relevanz für den vorliegenden Fall von den Gerichten »routinemäßig« geprüft wird, ohne dass die streitenden Parteien dies beantragen. Das heißt, häufig wird lediglich die Feststellung getroffen, dass das Günstigkeitsprinzip im vorliegenden Fall nicht zur Anwendung kommt. Doch auch diese Feststellung ist eine Aussage über den Geltungsbereich dieser Rechtsnorm. Dadurch erklärt sich auch die relativ große Zahl an Urteilen.


BAG, 1955: Urteil vom 31. März 1955, 2 AZR 49/53.

——, 1956a: Urteil vom 1. März 1956, 2 AZR 183/54.

——, 1956b: Urteil vom 2. Mai 1956, 1 AZR 532/55.

——, 1956c: Urteil vom 1. November 1956, 2 AZR 194/54.

——, 1956d: Urteil vom 7. Dezember 1956, 1 AZR 480/55.

——, 1957a: Urteil vom 1. Februar 1957, 1 AZR 195/55.

——, 1957b: Urteil vom 22. Februar 1957, 1 AZR 536/55.

——, 1957c: Urteil vom 3. April 1957, 4 AZR 270/54.

BAG, 1957d: Urteil vom 9. Dezember 1957, 1 AZR 534/56, Günstigkeitsprinzip.
——, 1957e: Urteil vom 20. Dezember 1957, 1 AZR 87/57.
——, 1958a: Urteil vom 6. März 1958, 2 AZR 457/55.
——, 1958b: Urteil vom 13. Juni 1958, 1 AZR 591/57.
——, 1958c: Urteil vom 24. Juli 1958, 2 AZR 172/57.
——, 1958d: Urteil vom 8. Oktober 1958, 4 AZR 34/55.
——, 1958e: Urteil vom 25. November 1958, 2 AZR 259/58.
——, 1958f: Urteil vom 19. Dezember 1958, 1 AZR 42/58.
——, 1959: Urteil vom 17. April 1959, 1 AZR 83/58.
——, 1960a: Urteil vom 4. Februar 1960, 5 AZR 72/58.
——, 1960b: Urteil vom 15. Dezember 1960, 5 AZR 374/58.
——, 1960c: Urteil vom 15. Dezember 1960, 5 AZR 417/58.
——, 1961a: Urteil vom 21. Februar 1961, 3 AZR 596/59.
——, 1961b: Urteil vom 2. März 1961, 5 AZR 408/59.
——, 1961c: Urteil vom 26. April 1961, 4 AZR 501/59.
——, 1961d: Urteil vom 4. Mai 1961, 5 AZR 97/60.
——, 1961e: Urteil vom 20. Juli 1961, 5 AZR 343/60.
——, 1961f: Urteil vom 14. Dezember 1961, 2 AZR 329/60.*
——, 1962a: Urteil vom 16. Februar 1962, 1 AZR 164/61.
——, 1962b: Urteil vom 27. September 1962, 5 AZR 501/61.
——, 1962c: Urteil vom 4. Oktober 1962, 5 AZR 456/60.
——, 1962d: Urteil vom 17. Oktober 1962, 4 AZR 321/61.
——, 1962e: Urteil vom 26. Oktober 1962, 1 AZR 8/61.
——, 1962f: Urteil vom 30. Oktober 1962, 3 AZR 405/61.
——, 1962g: Urteil vom 12. Dezember 1962, 5 AZR 221/61.
——, 1962h: Urteil vom 12. Dezember 1962, 5 AZR 34/61.
——, 1964a: Urteil vom 9. Juli 1964, 5 AZR 463/63.
——, 1964b: Urteil vom 3. Dezember 1964, 5 AZR 486/63.
——, 1965a: Urteil vom 23. Juni 1965, 4 AZR 103/64.
——, 1965b: Urteil vom 11. August 1965, 4 AZR 187/64.
——, 1967: Urteil vom 11. Oktober 1967, 4 AZR 451/66.
——, 1968: Urteil vom 14. Februar 1968, 4 AZR 275/67.
——, 1969: Urteil vom 3. Oktober 1969, 3 AZR 400/68.
——, 1970a: Urteil vom 30. Januar 1970, 3 AZR 44/68.
——, 1970b: Urteil vom 25. November 1970, 4 AZR 534/69.
——, 1971: Urteil vom 25. März 1971, 2 AZR 185/70.
——, 1972a: Urteil vom 12. April 1972, 4 AZR 211/71.
——, 1972b: Urteil vom 31. Mai 1972, 4 AZR 309/71.
——, 1975: Urteil vom 12. Juni 1975, 3 ABR 137/73.
——, 1976: Urteil vom 25. Februar 1976, 4 AZR 156/75.
——, 1977: Urteil vom 23. Februar 1977, 3 AZR 149/76.
——, 1978: Urteil vom 27. Oktober 1978, 5 AZR 287/77.
——, 1979: Urteil vom 25. April 1979, 4 AZR 791/77.
——, 1980: Urteil vom 27. August 1980, 4 AZR 693/78, Kein Anspruch auf Mehrarbeitsvergütung.

BAG, 1981a: Urteil vom 15. Januar 1981, 2 AZR 943/78.
——, 1981b: Urteil vom 28. Januar 1981, 4 AZR 869/78.
——, 1981c: Urteil vom 17. Dezember 1981, 6 AZR 379/79, Pauschalzahlung für vergangene Monate.
——, 1981d: Beschluss vom 8. Dezember 1981, 3 ABR 53/80.
——, 1982a: Urteil vom 12. August 1982, 6 AZR 1117/79.
——, 1982b: Urteil vom 1. September 1982, 4 AZR 951/79.
——, 1982c: Urteil vom 30. November 1982, 3 AZR 1266/79.
——, 1982d: Urteil vom 8. Dezember 1982, 4 AZR 88/80.
——, 1982e: Urteil vom 8. Dezember 1982, 4 AZR 481/80.
——, 1982f: Beschluss vom 8. Dezember 1982, 5 AZR 316/81.
——, 1983a: Urteil vom 22. März 1983, 3 AZR 499/80, Abfindung unverfallbarer Versorgungsanwartschaften.
——, 1983b: Urteil vom 12. Juli 1983, 3 AZR 129/81, Reinigungsarbeiten von Schulhausmeistern in NRW.
——, 1983c: Urteil vom 19. Juli 1983, 3 AZR 250/81, Anrechnung von Tarifrenten auf Betriebsrenten.
——, 1984a: Urteil vom 23. Mai 1984, 4 AZR 129/82, Vertragsstrafe bei Vertragsbruch.
——, 1984b: Urteil vom 14. November 1984, 5 AZR 443/80, Hausarbeitstag und Tarifurlaub im Ausbildungsverhältnis.
——, 1985a: Beschluss vom 30. April 1985, 3 AZR 611/83, Ablösende Betriebsvereinbarung bei Unterstützungskassen.
——, 1985b: Urteil vom 27. Juni 1985, 6 AZR 112/82, Jubilar-Zusatzurlaub nach Betriebsvereinbarung.
——, 1985c: Urteil vom 13. November 1985, 5 AZR 97/83, Tarifliches Bestimmungsrecht und Arbeitszeitänderung.
——, 1986a: Urteil vom 26. Februar 1986, 4 AZR 536/84, Anrechnung von Prämien bei Tariflohnerhöhungen.
——, 1986b: Urteil vom 26. Februar 1986, 4 AZR 618/84, Anrechnung übertariflicher Zulage.
——, 1986c: Urteil vom 19. März 1986, 4 AZR 640/84, Tarifgeltung nach Betriebsübergang.
——, 1986d: Urteil vom 17. April 1986, 2 AZR 308/85, Ansprüche aus § 615 BGB nach Rücknahme der Kündigung.
——, 1986e: Beschluss vom 16. September 1986, GS 1/82, Ablösende Betriebsvereinbarung.
——, 1987a: Urteil vom 11. März 1987, 4 AZR 236/86, Vereinbarung branchenfremder Tarifverträge.
——, 1987b: Urteil vom 1. April 1987, 4 AZR 77/86, Betriebsübergang – Ausgliederung von Gaststätten.
——, 1987c: Beschluss vom 18. August 1987, 1 ABR 30/86, Tarifverträge über differenzierte Arbeitszeiten.
——, 1987d: Urteil vom 16. September 1987, 4 AZR 265/87, Tariflohn bei Arbeitszeitverkürzung – Effektivklausel.
——, 1987e: Urteil vom 25. September 1987, 7 AZR 315/86, Vorrang der SR 2y BAT vor Art. 1 § 1 BeschFG 1985.

BAG, 1987f: Urteil vom 28. Oktober 1987, 4 AZR 523/87, Tariflohnerhöhung bei Arbeitszeitverkürzung.
——, 1987g: Urteil vom 3. November 1987, 8 AZR 316/81, Abändernde Betriebsvereinbarung – Jubiläumszuwendung.
——, 1987h: Urteil vom 18. August 1987, 1 ABR 65/86, Antragsbefugnis der Gewerkschaft im Beschlußverfahren.*
——, 1988a: Urteil vom 1. Juni 1988, 4 AZR 14/88, Eingruppierung eines Lehrers im Sonderschuldienst.
——, 1988b: Urteil vom 29. Juni 1988, 4 AZR 182/88, Bezugnahme auf Tarifvertrag.
——, 1988c: Urteil vom 28. Juli 1988, 6 AZR 349/87, Wegfall der bezahlten Mittagspause bei der Deutschen Bundespost.
——, 1988d: Urteil vom 16. August 1988, 3 AZR 183/87, Anrechnung von Sozialversicherungsrenten.
——, 1988e: Urteil vom 18. August 1988, 6 AZR 364/86, Anspruch auf Zulage – Betriebliche Übung.
——, 1988f: Urteil vom 12. Oktober 1988, 4 AZR 331/88, Vergütungsregelungen bei Spielbanken.
——, 1988g: Urteil vom 25. Oktober 1988, 3 AZR 483/86, Betriebsvereinbarung und Ruhegeld.
——, 1988h: Urteil vom 11. November 1988, 7 AZR 86/88, Befristeter Arbeitsvertrag nach Art. 1 § 1 Abs. 1 BeschFG 1985.
——, 1988i: Urteil vom 30. November 1988, 4 AZR 420/88, Eingruppierung eines Hubstaplerfahrers – Papierindustrie.
——, 1988j: Urteil vom 14. Dezember 1988, 5 AZR 813/87, Sozialplan – Auslegung einer Abfindungsregelung.
——, 1988k: Urteil vom 23. Februar 1988, 1 ABR 75/86, Antragsbefugnis der Gewerkschaft im Beschlußverfahren.*
——, 1989a: Urteil vom 15. März 1989, 7 AZR 449/88, Vorrang der SR 2a zum MTA der BA vor Art. 1 § 1 BeschFG 1985.
——, 1989b: Urteil vom 19. April 1989, 5 AZR 155/88, Tariflohnerhöhung – Anrechnung auf Akkorddurchschnittslohn.
——, 1989c: Urteil vom 21. September 1989, 1 AZR 454/88, Ablösende Wirkung von Betriebsvereinbarungen.
——, 1989d: Urteil vom 10. Oktober 1989, 3 AZR 200/88, Absenkung von Vorruhestandsleistungen.
——, 1989e: Beschluss vom 7. November 1989, GS 3/85, Ablösende Betriebsvereinbarung über Altersgrenze für Arbeitsverhältnisse.
——, 1990a: Urteil vom 28. Februar 1990, 7 AZR 143/89, Befristeter Arbeitsvertrag – Tarifvorrang vor BeschFG 1985.
——, 1990b: Urteil vom 21. März 1990, 7 AZR 192/89, Befristeter Arbeitsvertrag – Tarifvorrang vor BeschFG 1985.
——, 1990c: Urteil vom 21. März 1990, 7 AZR 517/88, Befristeter Arbeitsvertrag – Vorrang der SR 2a MTA vor Art. 1 § 1 BeschFG 1985.
——, 1990d: Urteil vom 21. März 1990, 8 AZR 99/89, Entschädigung verfallener Urlaubsansprüche, Tarifvertragsänderung.

BAG, 1990e: Urteil vom 27. Juni 1990, 5 AZR 314/89, Lohnfortzahlung im Krankheitsfalle.
——, 1990f: Urteil vom 18. Juli 1990, 4 AZR 281/89, Kann-Zulage für Solobratscher.
——, 1990g: Urteil vom 15. August 1990, 7 AZR 470/89, Befristeter Arbeitsvertrag – Tarifvorrang vor BeschFG 1985.
——, 1990h: Urteil vom 21. August 1990, 1 AZR 567/89, Aufenthalt während der Pausen.
——, 1990i: Urteil vom 6. September 1990, 6 AZR 612/88, Vertraglicher Tarifvorbehalt – Tarifliche Besitzstandsklausel.
——, 1990j: Urteil vom 17. Oktober 1990, 4 AZR 364/89, Senkung einer vertraglichen Zulage durch Rechtsverordnung.
——, 1990k: Urteil vom 23. Oktober 1990, 3 AZR 294/89, Abbau einer Überversorgung.
——, 1990l: Urteil vom 23. Oktober 1990, 3 AZR 260/89, Abbau einer Überversorgung.
——, 1990m: Urteil vom 20. November 1990, 3 AZR 573/89, Ablösung – Vertragliche Versorgung durch Betriebsvereinbarung.
——, 1991a: Urteil vom 21. Februar 1991, 6 AZR 193/89, Tarifvertragliche Pausenregelung.
——, 1991b: Urteil vom 20. März 1991, 4 AZR 455/90, Tarifkonkurrenz – Tarifpluralität bei Haustarifvertrag.
——, 1991c: Urteil vom 25. April 1991, 6 AZR 180/90, Gratifikation – Stichtagsregelung – Betriebsbedingte Kündigung.
——, 1991d: Beschluss vom 18. Juni 1991, 1 ABR 60/90, Eingruppierung von geringfügig Beschäftigten.
——, 1991e: Urteil vom 1. August 1991, 6 AZR 398/86, Zulage für sehr gute Leistungen – Arbeiter der Bundesbahn.
——, 1991f: Urteil vom 20. August 1991, 3 AZR 164/90, Versorgungskürzung durch nachfolgende Betriebsvereinbarung.
——, 1992a: Urteil vom 24. März 1992, 1 AZR 267/91, Anspruch auf bezahlte Pause nach betrieblicher Übung.
——, 1992b: Urteil vom 29. April 1992, 4 AZR 469/91, Einwirkungsklage und tarifliche Durchführungspflicht.
——, 1992c: Urteil vom 1. Dezember 1992, 1 AZR 260/92, Betriebsvereinbarung über Kosten für Arbeitskleidung.
——, 1993a: Urteil vom 3. März 1993, 10 AZR 42/92, Betriebliche Treueprämie – Verrechnung mit einer tariflichen Jahressonderzahlung.
——, 1993b: Urteil vom 23. Juni 1993, 10 AZR 107/92, Vergütung für das Spielen eines ungewöhnlichen Instruments.
——, 1993c: Urteil vom 15. Juli 1993, 6 AZR 398/92, Beginn und Ende der Arbeitszeit – Übergangsregelung.
——, 1993d: Urteil vom 10. August 1993, 3 AZR 69/93, Anrechnung von ZVK-Leistungen auf Betriebsrente.
——, 1993e: Urteil vom 19. Oktober 1993, 9 AZR 499/91, Freistellung nach dem Arbeitnehmerweiterbildungsgesetz Nordrhein-Westfalens unter Vorbehalt.
——, 1994a: Urteil vom 18. Mai 1994, 10 AZR 125/93, Betriebliche Weihnachtsgratifikation – Anrechnung auf tarifliches Weihnachtsgeld.
——, 1994b: Urteil vom 26. Mai 1994, 6 AZR 729/93, Beginn und Ende der Arbeitszeit – Übergangsregelung.

BAG, 1994c: Urteil vom 31. Mai 1994, 3 AZR 599/93, Tariflicher Abfindungsanspruch bei Entlassung.

——, 1994d: Urteil vom 9. November 1994, 10 AZR 454/94, Betriebliche Weihnachtsgratifikation – Erziehungsurlaub.

——, 1994e: Urteil vom 9. November 1994, 10 AZR 281/94, Sozialplanabfindung – Eigenkündigung des Arbeitnehmers.

——, 1994f: Urteil vom 23. November 1994, 4 AZR 879/93, Rückwirkende Tariflohnsenkung – Vertrauensschutz.

——, 1994g: Urteil vom 30. November 1994, 5 AZR 702/93, Gestattung abweichender Vereinbarungen durch Tarifvertrag.

——, 1994h: Urteil vom 7. Dezember 1994, 10 AZR 532/94, Tarifliche Sonderzahlung – Urlaubsgeld.

——, 1995a: Urteil vom 8. März 1995, 10 AZR 368/94, Tarifliche Sonderzahlung – Anrechnung von freiwilligen Leistungen des Arbeitgebers.

——, 1995b: Urteil vom 16. Mai 1995, 3 AZR 535/94, Verschlechternder Tarifvertrag nach Betriebsübergang.

——, 1995c: Urteil vom 11. Juli 1995, 3 AZR 8/95, Öffnungsklausel in einem Rationalisierungsschutzabkommen.

——, 1995d: Urteil vom 15. November 1995, 2 AZR 521/95, Widerrufsvorbehalt, Änderungskündigung.

——, 1996a: Urteil vom 24. Januar 1996, 7 AZR 342/95, Befristung nach dem HRG.

——, 1996b: Urteil vom 22. Mai 1996, 10 AZR 802/95, Tarifliche Sonderzahlung – Anrechnung eines 13. Monatsgehalts.

——, 1996c: Urteil vom 18. Juni 1996, 3 AZR 253/95, Zusatzversorgung Teilzeitbeschäftigter.

——, 1996d: Urteil vom 10. Juli 1996, 4 AZR 759/94, Eingruppierung von Elektromechanikern bei der Bundespost.

——, 1996e: Urteil vom 31. Juli 1996, 10 AZR 138/96, Verzicht auf Sozialplanansprüche.

——, 1996f: Urteil vom 21. August 1996, 5 AZR 1021/94, Arbeitsentgelt für Mitarbeiter der ÖTV in den neuen Bundesländern.

——, 1996g: Urteil vom 4. September 1996, 4 AZR 135/95, Arbeitsvertragliche Verweisung auf Tarifvertrag.

——, 1996h: Urteil vom 26. September 1996, 6 AZR 261/95, Eingruppierung einer Grundschullehrerin nach Besoldungsgruppe A 11 im Aufstiegsamt.

——, 1997a: Urteil vom 21. Januar 1997, 1 AZR 574/96, Schichtenregelung durch Betriebsvereinbarung.

——, 1997b: Urteil vom 5. März 1997, 4 AZR 532/95, Tarifvorbehalt – Umdeutung einer nichtigen Betriebsvereinbarung.

——, 1997c: Urteil vom 28. Mai 1997, 4 AZR 546/95, Tarifpluralität bei Nachwirkung eines Tarifvertrages.

——, 1997d: Urteil vom 28. Mai 1997, 4 AZR 663/95, Bezugnahme auf Tarifvertrag – Fachlicher Geltungsbereich.

——, 1997e: Urteil vom 9. Dezember 1997, 1 AZR 319/97, Verbot der Anrechnung von Zulagen in Betriebsvereinbarung.

BAG, 1998a: Urteil vom 11. März 1998, 2 AZR 325/97, Vorsorgliche Änderungskündigung zur Korrektur der Eingruppierung nach tarifrechtlich zulässiger Änderung des Arbeitsbewertungssystems im Wege der Betriebsvereinbarung.

——, 1998b: Urteil vom 26. März 1998, 6 AZR 537/96, Vergütung bei Verlängerung der regelmäßigen Arbeitszeit.

——, 1998c: Urteil vom 17. Juni 1998, 2 AZR 336/97, Betriebsbedingte Änderungskündigung.

——, 1998d: Urteil vom 22. Juli 1998, 10 AZR 243/97, Eingruppierung – Angestellte in der Fernsprechauskunft.

——, 1998e: Urteil vom 22. Juli 1998, 10 AZR 173/97, Eingruppierung – Angestellte in der Dienststelle Kosten-Controlling bei der Deutschen Telekom AG.

——, 1998f: Urteil vom 28. Juli 1998, 3 AZR 74/98, Abbau einer planwidrigen Überversorgung.

——, 1998g: Urteil vom 18. August 1998, 1 AZR 32/98, Vergütung technischer Sachverständiger.

——, 1998h: Urteil vom 30. September 1998, 4 AZR 528/97, Eingruppierung – Angestellter bei dem Bundeseisenbahnvermögen bei Verwendung auf einem Beamtendienstposten.

——, 1999a: Urteil vom 23. März 1999, 3 AZR 654/97, Anrechnungsklausel bei Änderung der Versorgungsform.

——, 1999b: Beschluss vom 20. April 1999, 1 ABR 72/98, Unterlassungsanspruch der Gewerkschaften bei tarifwidrigen betrieblichen Regelungen.

——, 1999c: Urteil vom 4. Mai 1999, 10 AZR 417/98, Jahres-Sonderzuwendung bei vorfristiger Kündigung.

——, 1999d: Urteil vom 28. Oktober 1999, 6 AZR 301/98, Tariflicher Anspruch auf Wahl der Wochenarbeitszeit.

——, 1999e: Urteil vom 14. Dezember 1999, 1 AZR 81/99, Wirksamkeit des Verzichts auf Leistung aus Sozialplan.

——, 2000a: Urteil vom 19. Januar 2000, 4 AZR 752/98, Besitzstandswahrung im Rahmen der gesetzlichen Neuorganisation des Postwesens.

——, 2000b: Beschluss vom 20. Januar 2000, 2 ABR 40/99, Zustimmungsersetzung zu einer außerordentlichen Änderungskündigung gegenüber einem Betriebsratsmitglied – Begrenzung von Lohnkosten.

——, 2000c: Beschluss vom 28. März 2000, 1 ABR 16/99, Verzicht auf tarifliche Leistungen als Einstellungsvoraussetzung.

——, 2000d: Urteil vom 28. März 2000, 1 AZR 366/99, Ablösende Betriebsvereinbarung.

——, 2000e: Urteil vom 11. Juli 2000, AZR 551/99, Betriebsvereinbarung über Beteiligung an Kantinenkosten.

——, 2000f: Urteil vom 25. Juli 2000, 3 AZR 292/99, Wegfall der Geschäftsgrundlage in der betrieblichen Altersversorgung.

——, 2000g: Urteil vom 10. August 2000, 6 AZR 133/99, Entgeltsicherung – Persönliche Zulage.

——, 2000h: Urteil vom 30. August 2000, 4 AZR 333/99, Anforderungen an eine ordnungsgemäße Revisionsbegründung.

——, 2001a: Urteil vom 24. Januar 2001, 4 AZR 655/99, Firmen- und Verbandstarifvertrag zur Beschäftigungssicherung.

BAG, 2001b: Urteil vom 4. April 2001, 10 AZR 181/00, Jubiläumszuwendung – Gesamtzusage.
——, 2001c: Beschluss vom 30. April 2001, 6 P 9/00, Personalbeteiligung – Lohnfestsetzung nach Herabgruppierung aufgrund der Übertragung einer niedriger zu bewertenden Tätigkeit – Unbeachtliche Zustimmungsverweigerung.
——, 2001d: Urteil vom 16. Mai 2001, 10 AZR 357/00, Anteiliges Weihnachtsgeld – Tarifkonkurrenz.
——, 2001e: Urteil vom 4. Juli 2001, 2 AZR 469/00, Kündigungsfrist und Kündigungstermin.
——, 2001f: Urteil vom 25. Juli 2001, 10 AZR 391/00, 13. Monatsgehalt.
——, 2001g: Urteil vom 26. Juli 2001, 8 AZR 575/00, Eingruppierung eines Codierers.
——, 2001h: Urteil vom 1. August 2001, 4 AZR 129/00, Vertragsänderung durch konkludentes Verhalten.
——, 2001i: Urteil vom 14. August 2001, 1 AZR 619/00, Jahressonderzahlung – Kürzung durch Einigungsstellenspruch – Betriebsübergang.
——, 2001j: Urteil vom 29. August 2001, 4 AZR 337/00, Tarifvertrag – Auslegung.
——, 2001k: Urteil vom 18. September 2001, 3 AZR 679/00, Betriebsvereinbarung über betriebliche Altersversorgung.
——, 2001l: Urteil vom 23. Oktober 2001, 3 AZR 74/01, Ablösung einer vertraglichen Einheitsregelung durch eine Betriebsvereinbarung.
——, 2001m: Urteil vom 20. November 2001, 1 AZR 12/01, Einzelvertragliche Bezugnahme auf Gehaltstarifvertrag.
——, 2001n: Urteil vom 5. Dezember 2001, 10 AZR 197/01, Sonderzuwendung – konstitutive Verweisung auf Tarifvertrag.
——, 2002a: Urteil vom 22. Januar 2002, 9 AZR 601/00, Wirksamkeit tarifvertraglicher Berechnungsklauseln für das Urlaubsentgelt – Ausschlußfristen.
——, 2002b: Urteil vom 27. Februar 2002, 9 AZR 562/00, Freistellungsrecht des Arbeitgebers – Berufsausübungsfreiheit – Tarifautonomie.
——, 2002c: Urteil vom 20. März 2002, 10 AZR 501/01, Jahressonderzahlung – RTV für die gewerblichen Beschäftigten im Gebäudereiniger-Handwerk vom 22. September 1995.
——, 2002d: Urteil vom 17. April 2002, 5 AZR 644/00, Mehrarbeitsvergütung – Tarifliche Ausschlußfrist.
——, 2002e: Urteil vom 25. Juni 2002, 3 AZR 273/01, Tarifauslegung – Verrechnung einer Tarifgehaltserhöhung mit übertariflichem Entgelt.
——, 2002f: Beschluss vom 6. August 2002, 1 ABR 49/01, Umgruppierung wegen geänderter tariflicher Tätigkeitsbewertung.
——, 2002g: Urteil vom 7. August 2002, 10 AZR 626/01, Schichtzulage – Zeitspanne des Schichtdienstes.
——, 2002h: Urteil vom 8. August 2002, 8 AZR 476/01, Eingruppierung eines Telekom-Monteurs.
——, 2002i: Urteil vom 10. September 2002, 3 AZR 624/01, Tarifauslegung – Verdienstsicherung älterer, leistungsgeminderter Arbeitnehmer.
——, 2002j: Urteil vom 25. September 2002, 4 AZR 294/01, Betriebsübergang – Tarifwechsel.
——, 2002k: Urteil vom 10. Oktober 2002, 8 AZR 8/02, Ausschlußfrist.
——, 2002l: Urteil vom 16. Oktober 2002, 4 AZR 467/01, Bezugnahmeklausel und Betriebsübergang.

BAG, 2002m: Urteil vom 7. November 2002, 2 AZR 742/00, Annahmeverzug – Umfang der Arbeitszeit – betriebliche Übung – Maßregelungsverbot – Gleichbehandlung.

——, 2002n: Urteil vom 12. November 2002, 1 AZR 58/02, Erziehungsurlaub und Höhe der Sozialplanabfindung.

——, 2002o: Urteil vom 19. November 2002, 3 AZR 406/01, Ausfüllung einer Blankettzusage – gerichtliche Überprüfung.

——, 2002p: Urteil vom 10. Dezember 2002, 3 AZR 671/01, Betriebliche Altersversorgung – Gesamtzusage, betriebliche Übung und ablösende Betriebsvereinbarung – Rechtskontrolle der Ablösungsregelung.

——, 2003a: Urteil vom 26. Februar 2003, 5 AZR 112/02, Arbeitsunfähigkeitsbescheinigung Vorlagepflicht.

——, 2003b: Urteil vom 18. März 2003, 3 AZR 101/02, Verschlechternde Neuregelung eines betrieblichen Versorgungswerks.

——, 2003c: Beschluss vom 17. April 2003, 8 ABR 24/02, Eingruppierung eines Disponenten/Lokleitung bei der Bahn.

——, 2003d: Beschluss vom 17. April 2003, 8 ABR 16/02, Eingruppierung eines Wagenmeisters WTS bei der Bahn.

——, 2003e: Beschluss vom 17. Juni 2003, 3 ABR 43/02, Verschlechternde Ablösung einer Gesamtzusage durch Betriebsvereinbarung.

——, 2003f: Urteil vom 24. Juni 2003, 9 AZR 563/02, Urlaubsgeld im Gebäudereiniger-Handwerk im Jahre 2000.

——, 2003g: Urteil vom 29. Juli 2003, 3 AZR 630/02, Änderung von Versorgungsregelungen – Betriebsvereinbarung.

——, 2003h: Urteil vom 17. September 2003, 4 AZR 540/02, Vergütungsanspruch eines Busfahrers.

——, 2003i: Urteil vom 18. November 2003, 1 AZR 604/02, Nachwirkung einer Betriebsvereinbarung über Sonderzahlungen.

——, 2003j: Urteil vom 19. März 2003, 4 AZR 271/02, Gewerkschaftlicher Unterlassungsanspruch – Klageantrag.*

——, 2004a: Urteil vom 27. Januar 2004, 1 AZR 148/03, Verzicht auf Sozialplananspruch.

——, 2004b: Urteil vom 24. August 2004, 1 AZR 419/03, Änderungsschutzklage – »überflüssige« Änderungskündigung – Umstellung vom Prämien- auf Zeitlohn – LRTV Eisen-, Metall- und Elektroindustrie Hessen.

——, 2004c: Urteil vom 15. September 2004, 4 AZR 178/03, Ersatzanspruch eines Copiloten wegen verspäteter Umschulung zum SFO (Senior First Officer).

——, 2004d: Urteil vom 14. Dezember 2004, 9 AZR 33/04, Zusatzurlaub – Entstehenszeitpunkt – Ablösung des BMT-G 2 durch den Spartentarifvertrag Nahverkehrsbetriebe.

——, 2005a: Urteil vom 23. Februar 2005, 4 AZR 186/04, Vergütungsabrede unterhalb des Tariflohns.

——, 2005b: Urteil vom 23. März 2005, 4 AZR 203/04, Tarifkonkurrenz.

——, 2005c: Urteil vom 28. Juni 2005, 1 AZR 213/04, Ablösende Betriebsvereinbarung – Gesamtzusage.

——, 2005d: Urteil vom 13. Dezember 2005, 3 AZR 478/04, Betriebliche Altersversorgung – Verschlechterung der Versorgungsregelung durch Tarifänderung nach Ausscheiden des Versorgungsberechtigten? – Wirksamkeit der tariflichen Neuregelung.

BAG, 2006a: Urteil vom 17. Januar 2006, 9 AZR 41/05, Urlaubsgeld – Bezugnahmeklausel – Formulararbeitsvertrag.
——, 2006b: Urteil vom 2. Februar 2006, 2 AZR 58/05, Ordentliche Unkündbarkeit.

## 2. Datenbank: Biografien der Richter

Die biografischen Angaben der im Text erwähnten Rechtswissenschaftlerinnen und Rechtswissenschaftler wurden den im Literatur- und Quellenverzeichnis aufgeführten Schriften entnommen und als solche gegebenenfalls zitiert. Über die Richterinnen und Richter am Bundesarbeitsgericht liegt hingegen nur selten veröffentlichtes Schriftgut vor, mit Ausnahme der Präsidiumsmitglieder. Die grundlegenden persönlichen Angaben (zum Beispiel Geburtsjahr, akademische Titel, Dienstantritt und Pensionierung) entstammen der hauseigenen Publikation (Linsenmaier 2002) sowie den Angaben auf der Homepage des BAG. Die Dissertationsthemen der promovierten Richterinnen und Richter wurden durch eine Recherche im Karlsruher Virtuellen Katalog erhoben.

Darüber hinaus wurde das im Folgenden aufgeführte Material ausgewertet. Dabei handelt es sich hauptsächlich um Pressemitteilungen, die das BAG anlässlich der Ernennung, Beförderung, Ehrung, Pensionierung oder des Todes seiner Richterinnen und Richter verfasst hat. Diese Mitteilungen werden von den Medien jedoch nur selten publiziert. Am größten ist die Aufmerksamkeit in den Heimatregionen der betroffenen Personen. Seit 2007 veröffentlicht das Gericht biografische Angaben auf seiner Homepage (Rubrik »Pressemitteilungen«).

Daneben konnten die Lebensläufe zahlreicher Richterinnen und Richter aus den personenbezogenen Unterlagen entnommen werden, die den Mitgliedern des Richterwahlausschusses vorlagen. Auch im Zuge der Kandidatur für ein Richteramt am Bundesverfassungsgericht wurden Lebensläufe angefertigt. Für den Zeitraum von 1954 bis 1978 sind diese Unterlagen im Bundesarchiv (Standort Koblenz) öffentlich zugänglich.

*Armbrüster, Klaus*

BAG Pressemitteilung 27/2008: Richter am Bundesarbeitsgericht Dr. Klaus Armbrüster im Ruhestand.

*Ascheid, Reiner*

BAG Pressemitteilung 67/2000: Vorsitzender Richter am Bundesarbeitsgericht Professor Dr. Reiner Ascheid im Ruhestand.

*Auffarth, Friedrich*

BAG Pressemitteilung 9/1962: Dr. Fritz Auffarth neuer Bundesrichter bei dem Bundesarbeitsgericht.

BAG Pressemitteilung 3/1986: Professor Dr. Friedrich Auffarth, Vizepräsident des Bundesarbeitsgerichts, tritt in den Ruhestand. Dr. Dirk Neumann neuer Vizepräsident des Bundesarbeitsgerichts.

Neumann, Dirk, 2003: Friedrich Auffarth zum 85. Geburtstag. In: Neue Juristische Wochenschrift 56(8), 570.

BAG Pressemitteilung 60/2004: Professor Dr. Friedrich Auffarth verstorben.

*Becker, Friedrich*

BAG Pressemitteilung 6/1979: Neue Richter am Bundesarbeitsgericht.

*Bepler, Klaus*

o. A., 1991: Richter in Cottbus – eine Herausforderung. In: General-Anzeiger Bonn vom 1. Juli 1991, 11.

BAG Pressemitteilung 95/2004: Klaus Bepler neuer Vorsitzender Richter am Bundesarbeitsgericht.

*Berger, Anke*

o. A., 2008: Naumburgerin geht ans Bundesgericht. In: Mitteldeutsche Zeitung vom 27. Mai 2008, o. S.

BAG Pressemitteilung 44/2008: Neue Richterin am Bundesarbeitsgericht.

*Berger, Hugo*

Bundesverfassungsgericht, 1971: Das Bundesverfassungsgericht 1951–1971. Karlsruhe: C.F. Müller.

*Bichler, Hubert*

Lebenslauf Hubert Bichler. Vorbereitende Unterlagen für die Sitzung des Richterwahlausschusses am 6. Mai 1971, Bundesarchiv BA B 141/84319.

BAG Pressemitteilung 4/1984: Hubert Bichler, Vorsitzender Richter am Bundesarbeitsgericht, tritt in den Ruhestand.

*Biebl, Josef*

o. A., 2009: Neuer Richter am Bundesarbeitsgericht. In: Passauer Neue Presse vom 31. Oktober 2009, o. S.

BAG Pressemitteilung 86/2009: Neuer Richter am Bundesarbeitsgericht.

*Bitter, Walter*

BAG Pressemitteilung 84/1999: Richter am Bundesarbeitsgericht Walter Bitter tritt in den Ruhestand.

*Böck, Peter*

Fischer, André, 2004: Personalreferent geht nach Erfurt. Böck wird wieder Richter. In: Nürnberger Zeitung vom 7. Dezember 2004, o. S.

*Boldt, Gerhard*

BAG Pressemitteilung 33/1955: Professor Dr. Dr. Boldt Bundesrichter beim Bundesarbeitsgericht.

BAG Pressemitteilung 24/1959: Professor Dr. Dr. Boldt zum Senatspräsidenten beim Bundesarbeitsgericht ernannt.

BAG Pressemitteilung 7/1966: Senatspräsident Professor Dr. jur. Dr. rer. pol. Gerhard Boldt 65 Jahre alt.
BAG Pressemitteilung 5/1969: Hohe Auszeichnung für Senatspräsident Professor Dr. Dr. Boldt.
BAG Pressemitteilung 6/1969: Senatspräsident Professor Dr. Dr. Gerhard Boldt tritt in den Ruhestand.
BAG Pressemitteilung vom 15. September 1970: Hohe Auszeichnung für Senatspräsident i.R. Professor Dr. Dr. Boldt durch den Präsidenten der Republik Österreich.
BAG Pressemitteilung 7/1971: Senatspräsident a.D. Professor Dr. Dr. Gerhard Boldt 70 Jahre alt.
BAG Pressemitteilung 5/1976: Senatspräsident a.D. Professor Dr. Dr. Gerhard Boldt 75 Jahre alt.
BAG Pressemitteilung 25/1981: Senatspräsident a.D. Professor Dr. Dr. Gerhard Boldt 80 Jahre alt.
BAG Pressemitteilung vom 22. Juni 1992: Nachruf zum Tod von Professor Dr. jur. Dr. rer. pol. Gerhard Boldt, Senatspräsident a.D.
Müller, Gerhard, 1993: Zum Gedenken an Gerhard Boldt. In: Neue Zeitschrift für Arbeitsrecht 10(2), 63.

*Bott, Günther*

BAG Pressemitteilung 13/2009: Richter am Bundesarbeitsgericht Günther Bott im Ruhestand.

*Breinlinger, Axel*

o. A., 2001: Neue Bundesrichter in Erfurt. In: Frankfurter Allgemeine Zeitung, Nr. 40 vom 16. Februar 2001, 13.
BAG Pressemitteilung 28/2001: Neue Richter am Bundesarbeitsgericht.

*Bröhl, Knut-Dietrich*

BAG Pressemitteilung 48/2008: Richter am Bundesarbeitsgericht Dr. Knut-Dietrich Bröhl im Ruhestand.

*Brühler, Gernot*

Stewens, Christa, 2002: Grußwort von Staatsministerin Christa Stewens vom Bayerischen Staatsministerium für Arbeit und Sozialordnung, Familie und Frauen anläßlich der Verabschiedung des bisherigen Direktors Dr. Brühler und der Amtseinführung der neuen Direktorin Weißenfels beim Arbeitsgericht Weiden, 12. April 2002, online verfügbar: <www.stewens.de/pdfs/M020412-weiden.doc> (Stand 6. Januar 2010).

*Creutzfeldt, Malte*

o. A., 2005: Gerichtsdirektor wird Richter am BAG in Erfurt. In: Ostthüringer Zeitung vom 19. März 2005, 14.
Deutsche Anwalt Akademie: Unsere Dozenten, Malte Creutzfeldt, online verfügbar: <www.anwaltakademie.de> (6. Januar 2010).

*Denecke, Johannes*

BAG Pressemitteilung 4/1974: Reichsgerichtsrat a.D. Bundesrichter a.D. Johannes Denecke gestorben.

*Dieterich, Thomas*

Lebenslauf Thomas Dieterich. Bundesarchiv BA B 272/752.

BAG Pressemitteilung 7/1994: Professor Dr. Thomas Dieterich neuer Präsident des Bundesarbeitsgerichts.

BAG Pressemitteilung 50/1999: Präsident des Bundesarbeitsgerichts Professor Dr. Thomas Dieterich tritt in den Ruhestand.

BAG Pressemitteilung 42/2004: Professor Dr. Thomas Dieterich, Präsident des Bundesarbeitsgerichts a.D., 70 Jahre alt.

*Dörner, Hans-Jürgen*

BAG Pressemitteilung 24/1996: Hans-Jürgen Dörner neuer Vorsitzender Richter am Bundesarbeitsgericht.

BAG Pressemitteilung 61/2002: Hans-Jürgen Dörner neuer Vizepräsident des Bundesarbeitsgerichts.

o. A., 2002: Dörner wird neuer BAG-Vizepräsident. In: Handelsblatt Nr. 170 vom 4. September 2002, r02.

*Düwell, Franz-Josef*

Voss, Reinhard, 2002: NRW-SPD gerät unter Zeitdruck. Gremium zu Ahndung der Spendenaffäre sucht Vorsitzenden. In: Frankfurter Rundschau vom 11. Mai 2002, 4.

*Etzel, Gerhard*

BAG Pressemitteilung 45/2001: Vorsitzender Richter am Bundesarbeitsgericht Dr. Gerhard Etzel im Ruhestand.

*Eylert, Mario*

Deutsche Anwalt Akademie: Unsere Dozenten, Dr. Mario Eylert, online verfügbar: <www.anwaltakademie.de> (6. Januar 2010).

*Feller, Johannes*

Lebenslauf Johannes Feller. Vorbereitende Unterlagen für die Sitzung des Richterwahlausschusses am 26. Juni 1968, Bundesarchiv BA B 141/49189.

BAG Pressemitteilung 8/1969: Dr. Johannes Feller neuer Bundesrichter beim Bundesarbeitsgericht.

BAG Pressemitteilung 29/1989: Verleihung des Verdienstordens 1. Klasse des Verdienstordens der Bundesrepublik Deutschland an Richter am Bundesarbeitsgericht a.D. Dr. jur. Johannes Feller.

*Fenge, Harald*

Lebenslauf Harald Fenge. Vorbereitende Unterlagen zur Sitzung des Richterwahlausschusses am 13. Februar 1978.

*Fischermeier, Ernst*

BAG Pressemitteilung 14/2005: Dr. Ernst Fischermeier neuer Vorsitzender Richter am Bundesarbeitsgericht.

*Freitag, Peter*

o. A., 1986: Vier neue Arbeitsrichter. In: General-Anzeiger Bonn vom 1. Februar 1986, 25.

BAG Pressemitteilung 70/1997: Dr. Peter Freitag und Harald Schliemann neue Vorsitzende Richter am Bundesarbeitsgericht.

*Friedrich, Hans-Wolf*

BAG Pressemitteilung 7/2007: Richter am Bundesarbeitsgericht Professor Dr. Hans-Wolf Friedrich im Ruhestand.

TU Clausthal, 2004: Dr. Friedrich zum Honorarprofessor bestellt. In: TU Contact, 15. Ausgabe, online verfügbar: <www.tu-clausthal.de/presse/tucontact/2004/Oktober/tuc1/32a.pdf> (6. Januar 2010).

*Gallner, Inken*

BAG Pressemitteilung 33/2007: Neue Richterin am Bundesarbeitsgericht.

*Gehring, Heinrich*

BAG Pressemitteilung vom 28. Juli 1994: Richter am Bundesarbeitsgericht Dr. Heinrich Gehring tritt in den Ruhestand.

*Gräfl, Edith*

o. A., 1998: Personalien. In: Frankfurter Allgemeine Zeitung, Nr. 32 vom 7. Februar 1998, 18.

*Griebeling, Gert*

BAG Pressemitteilung 55/2000: Vorsitzender Richter am Bundesarbeitsgericht Gert Griebeling im Ruhestand.

*Gröninger, Karl*

BAG Pressemitteilung 6/1980: Dr. Karl Gröninger, Vorsitzender Richter am Bundesarbeitsgericht, tritt in den Ruhestand.

Lebenslauf Karl Gröninger. Vorbereitende Unterlagen für die Sitzung des Richterwahlausschusses am 20. November 1959, Bundesarchiv BA B 141/49189.

*Hauck, Friedrich*

GDA, 2008: Liste der Referenten beim gemeinsamen Arbeitsrechtskongress der Gesellschaft für Marketing und Service der Deutschen Arbeitgeber mbH (GDA) und der Zeitschrift »Arbeit und Arbeitsrecht«, Friedrich Hauck, online verfügbar unter: <www.arbeitsrecht-2008.de/seiten/index.php?id=1072> (6. Januar 2010).

*Heither, Friedrich Heinz*

BAG Pressemitteilung 29/1999: Vorsitzender Richter am Bundesarbeitsgericht Dr. Friedrich Heinz Heither im Ruhestand.

Dr. Friedrich Heither, Profil, online verfügbar: <http://heithervonmorgen.de/anwalt.php?id=10004> (6. Januar 2010).

*Hilger, Marie-Luise*

Lebenslauf Marie-Luise Hilger. Bundesarchiv BA B 272/751.

BAG Pressemitteilung 11/1980: Frau Professorin Dr. Marie-Luise Hilger, Vorsitzende Richterin am Bundesarbeitsgericht, tritt in den Ruhestand.

BAG Pressemitteilung 2/1997: Am 25. Dezember 1996 verstarb im Alter von 84 Jahren die Vorsitzende Richterin am Bundesarbeitsgericht a.D. Professor Dr. Marie-Luise Hilger.

*Hillebrecht, Wilfried*

BAG Pressemitteilung vom 19. April 1999: Nachruf zum Tod von Wilfried Hillebrecht, Vorsitzender Richter am Bundesarbeitsgericht.

*Holschemacher, Werner*

Lebenslauf Werner Holschemacher. Vorbereitende Unterlagen für die Sitzung des Richterwahlausschusses am 20. November 1959, Bundesarchiv BA B 141/49189.

*Joachim, Hans Gustav*

o. A., 1978: Zitat. In: Der Spiegel Nr. 19 vom 8. Mai 1979, 290.

*Jobs, Friedhelm*

BAG Pressemitteilung 46/2001: Richter am Bundesarbeitsgericht Professor Dr. Friedhelm Jobs im Ruhestand.

*Kiel, Heinrich*

LAG Niedersachsen, 2007: JUSLINE News. Vizepräsident des LAG Dr. Heinrich Kiel wechselt per 1. September 2007 zum Landesrechnungshof, online verfügbar: <www.jusline.de/index.php?cpid=0920e5118351061859006 9d5c148aec4&feed=12788> (6. Januar 2010).

BAG Pressemitteilung 75/09: Neuer Richter am Bundesarbeitsgericht.

*Kissel, Rudolf*

BAG Pressemitteilung 4/1981: Dr. Otto Rudolf Kissel neuer Präsident des Bundesarbeitsgerichts.

BAG Pressemitteilung 13/1990: Hessischer Verdienstorden für BAG-Präsident.

BAG Pressemitteilung 3/1994: Präsident des Bundesarbeitsgerichts, Professor Dr. Otto Rudolf Kissel, tritt in den Ruhestand.

Neumann, Dirk, 1994: Otto Kissel 65 Jahre. In: Neue Zeitschrift für Arbeitsrecht 11(1), 24.

BAG Pressemitteilung 1/1999: Präsident des Bundesarbeitsgerichts a.D. Professor Dr. Otto Rudolf Kissel 70 Jahre alt.

Spiegelhalter, Hans Joachim, 1999: Otto Rudolf Kissel zum 70. Geburtstag am 8. Januar 1999. In: Neue Zeitschrift für Arbeitsrecht 16(24), 1328.

*Koch, Ulrich*

Keine weiteren Informationen.

*König, Wilhelm*

BAG Pressemitteilung 4/1973: Dr. Wilhelm König, Vorsitzender Richter am Bundesarbeitsgericht, tritt in den Ruhestand.

*Krasshöfer, Horst-Dieter*

BAG Pressemitteilung 63/2002: Neue Richter am Bundesarbeitsgericht.

*Kreft, Burghard*

o. A., 1998: Personalien. In: Frankfurter Allgemeine Zeitung, Nr. 32 vom 7. Februar 1998, 18.

BAG Pressemitteilung 69/09: Burghard Kreft neuer Vorsitzender Richter am BAG.

*Kremhelmer, Johann*

BAG Pressemitteilung 11/1990: Frau Gisela Michels-Holl neue Vizepräsidentin des Bundesarbeitsgerichts, Günter Schaub neuer Vorsitzender Richter am Bundesarbeitsgericht, Johann Kremhelmer neuer Richter am Bundesarbeitsgericht.

*Laux, Helga*

BAG Pressemitteilung 78/2001: Neue Richterin am Bundesarbeitsgericht.

Löffler, Siegfried, 2001: Richter streiten um Stellen. In: Stuttgarter Zeitung vom 10. Juli 2001, 2.

*Leinemann, Wolfgang*

Lebenslauf Wolfgang Leinemann. Vorbereitende Unterlagen zur Sitzung des Richterwahlausschusses am 13. Februar 1978.

BAG Pressemitteilung 56/2000: Vorsitzender Richter am Bundesarbeitsgericht Professor Dr. Wolfgang Leinemann im Ruhestand.

BAG Pressemitteilung 52/2003: Bundesverdienstkreuz für den Vorsitzenden Richter am Bundesarbeitsgericht Professor Dr. Leinemann.

*Linck, Rüdiger*

o. A., 2001: Neue Richter am BAG. In: Thüringer Allgemeine vom 9. Mai 2001, o. S.

*Linsenmaier, Wolfgang*

o. A., 1999: Namen und Nachrichten. In: Frankfurter Allgemeine Zeitung, Nr. 206 vom 6. September 1999, 24.

*Lipke, Gert-Albert*

LAG Niedersachsen, 2007: Presseinformation vom 11. Juni 2007, Professor Dr. Gert-Albert Lipke zum Mitglied des Niedersächsischen Strafgerichtshofs ernannt, online verfügbar unter »Presseinformationen«: <www.landesarbeitsgericht.niedersachsen.de> (26. August 2011).

*Marquardt, Annelie*

o. A., 1999: Namen und Nachrichten. In: Frankfurter Allgemeine Zeitung, Nr. 206 vom 6. September 1999, 24.

*Martel, Willy*

Das Bundesarchiv: »Die Kabinettsprotokolle der Bundesregierung« online. Biographien, Dr. Willy Martel, online verfügbar: <www.bundesarchiv.de/cocoon/barch/0000/z/z1961z/kap1_1/para2_36.html> (6. Januar 2010).

*Matthes, Hans-Christoph*

BAG Pressemitteilung 8/1979: Hans-Christoph Mattes neuer Richter am Bundesarbeitsgericht.

BAG Pressemitteilung 1/1998: Vorsitzender Richter am Bundesarbeitsgericht Dr. Hans-Christoph Matthes im Ruhestand.

Hauck, Friedrich, 2002: Hans-Christoph Matthes zum 70. Geburtstag. In: Neue Zeitschrift für Arbeitsrecht 19(24), 1387.

*Meier-Scherling, Anne*

BAG Pressemitteilung 6/1971: Bundesrichterin Dr. Meier-Scherling tritt in den Ruhestand.

*Mestwerdt, Wilhelm*

LAG Niedersachsen, 2009: Presseinformation vom 15. Mai 2009, Wilhelm Mestwerdt zum Richter am Bundesarbeitsgericht gewählt, online verfügbar unter »Presseinformationen«: <www.landesarbeitsgericht.niedersachsen.de> (26. August 2011).

BAG Pressemitteilung 85/2009: Neuer Richter am Bundesarbeitsgericht.

*Michels-Holl, Gisela*

BAG Pressemitteilung 24/1993: Gisela Michels-Holl, Vizepräsidentin des Bundesarbeitsgerichts, tritt in den Ruhestand.

*Mikosch, Ernst*

GDA, 2006: Liste der Referenten beim gemeinsamen Arbeitsrechtskongress der Gesellschaft für Marketing und Service der Deutschen Arbeitgeber mbH (GDA) und der Zeitschrift »Arbeit und Arbeitsrecht«, Professor Dr. Ernst Mikosch, online verfügbar: <www.arbeitsrecht-2006.de> (6. Januar 2010).

*Müller-Glöge, Rudi*

BAG Pressemitteilung 100/2009: Dr. Rudi Müller-Glöge neuer Vizepräsident des Bundesarbeitsgerichts.

*Müller, Gerhard*

BAG Pressemitteilung 6/1967: Präsident Dr. jur. Gerhard Müller zum Honorarprofessor ernannt.

BAG Pressemitteilung 3/1981: Präsident des Bundesarbeitsgerichts Professor Dr. Gerhard Müller im Ruhestand.

BAG Pressemitteilung 31/1982: Präsident des Bundesarbeitsgerichts a.D. Professor Dr. Gerhard Müller 70 Jahre alt.

BAG Pressemitteilung 39/1992: Präsident des Bundesarbeitsgerichts a.D. Professor Dr. Gerhard Müller 80 Jahre alt.

*Neumann, Dirk*

BAG Pressemitteilung 10/1990: Dr. Dirk Neumann, Vizepräsident des Bundesarbeitsgerichts, tritt in den Ruhestand.

Hauck, Friedrich, 2003: Dirk Neumann zum 80. Geburtstag. In: Neue Zeitschrift für Arbeitsrecht 20(8), 425.

*Nipperdey, Hans Carl*

BAG Pressemitteilung 14/1955: Bundesarbeitsgerichtspräsident Professor Dr. Nipperdey Mitglied der Amerikanischen Akademie für politische und soziale Wissenschaften.

BAG Pressemitteilung 11/1958: Präsident Professor Nipperdey Ehrendoktor von Madrid.

BAG Pressemitteilung 4/1960: Präsident Professor Nipperdey Ehrendoktor der juristischen Fakultät der Universität von São Paulo.

BAG Pressemitteilung 10/1960, Präsident Professor Nipperdey zum auswärtigen Mitglied der Accademia Nazionale Dei Lincei in Rom gewählt.

*Olderog, Hans-Hermann*

BAG Pressemitteilung vom 29. März 1993: Richter am Bundesarbeitsgericht Dr. Hans-Hermann Olderog tritt in den Ruhestand.

*Pecher, Otto*

BAG Pressemitteilung 4/1971: Bundesrichter Dr. Pecher in den Ruhestand getreten.

*Peifer, Karl-Heinz*

BAG Pressemitteilung 11/1984: Dr. jur. Karl-Heinz Peifer neuer Richter am Bundesarbeitsgericht.

BAG Pressemitteilung 25/1993: Herr Dr. Karl-Heinz Peifer neuer Vizepräsident des Bundesarbeitsgerichts.

BAG Pressemitteilung 60/2002: Vizepräsident des Bundesarbeitsgerichts Dr. Karl-Heinz Peifer im Ruhestand.

*Pods, Klaus-Günter*

BAG Pressemitteilung 80/2004: Richter am Bundesarbeitsgericht Klaus-Günter Pods verstorben.

*Poelmann, Friedrich*

Lebenslauf Friedrich Poelmann. Bundesarchiv BA B 272/751.

*Reinecke, Birgit*

BAG, 2009b: Pressemitteilung 43/09, Richterin am Bundesarbeitsgericht Birgit Reinecke im Ruhestand.

*Reinecke, Gerhard*

Arbeitsgemeinschaft für betriebliche Altersversorgung, 2008: Forum Arbeitsrecht am 19. Juni 2008, Dr. Gerhard Reinecke, Vorsitzender Richter des 3. Senats am Bundesarbeitsgericht, online verfügbar: <www.aba-online.de/seiten/tagungsbereich2008/FAR/Kurzfassungen/4._Reinecke__Gerhard.pdf> (6. Januar 2010).

*Reinfelder, Waldemar*

BAG Pressemitteilung 74/2000: Neuer Richter am Bundesarbeitsgericht.

*Rengier, Wilhelm*

Lebenslauf Wilhelm Rengier. Bundesarchiv BA B 272/751.

*Roeper, Adolf*

BAG Pressemitteilung vom 29. Juni 1987: Adolf Roeper, Richter am Bundesarbeitsgericht, tritt in den Ruhestand.

*Röhsler, Waldemar*

Lebenslauf Waldemar Röhsler. Vorbereitende Unterlagen zur Sitzung des Richterwahlausschusses am 1. Juli 1969, Bundesarchiv BA B 141/49190.

BAG Pressemitteilung 14/1991: Professor Dr. Röhsler, Vorsitzender Richter am Bundesarbeitsgericht, tritt in den Ruhestand.

BAG Pressemitteilung vom 24. Januar 1992: Verleihung des Großen Verdienstkreuzes des Verdienstordens der Bundesrepublik Deutschland an den Vorsitzenden Richter am Bundesarbeitsgericht a.D. Professor Dr. jur. Waldemar Röhsler.

*Rost, Friedhelm*

BAG Pressemitteilung 44/2009: Vorsitzender Richter am Bundesarbeitsgericht Professor Dr. Friedhelm Rost im Ruhestand.

*Schaub, Günter*

BAG Pressemitteilung 7/1998: Vorsitzender Richter am Bundesarbeitsgericht Dr. Günter Schaub im Ruhestand.

Schlachter, Monika, 2003: Dr. h.c. Günter Schaub zum 70. Geburtstag am 4. Januar 2003. In: Neue Zeitschrift für Arbeitsrecht 20(1), 32.

*Schilgen, Walter*

BAG Pressemitteilung 8/1967: Bundesrichter Schilgen tritt in den Ruhestand.

*Schlewing, Anja*

GDA, 2007: Liste der Referenten beim gemeinsamen Arbeitsrechtskongress der Gesellschaft für Marketing und Service der Deutschen Arbeitgeber mbH (GDA) und der Zeitschrift »Arbeit und Arbeitsrecht«, Dr. Anja Schlewing, online verfügbar: <www.arbeitsrecht-2007.de> (6. Januar 2010).

LAG Hamm Pressemitteilung vom 13. August 2007: Richterin des Landesarbeitsgerichts Hamm zur Bundesrichterin ernannt.

*Schliemann, Harald*

BAG Pressemitteilung 51/2004: Vorsitzender Richter am Bundesarbeitsgericht Harald Schliemann zum Justizminister des Freistaats Thüringen ernannt.

*Schmidt, Ingrid*

BAG Pressemitteilung 13/2005: Ingrid Schmidt neue Präsidentin des Bundesarbeitsgerichts.

*Schmidt, Kristina*

BAG Pressemitteilung 73/2009: Neue Richterin am Bundesarbeitsgericht.

Löffler, Siegfried, 2009: Erstmals eine Ostdeutsche als Bundesrichterin. In: Neue Zürcher Zeitung, Nr. 155 vom 8. Juli 2009, 5.

*Schmitz-Scholemann, Christoph*

o. A., 2006: Bundesrichter liest im TA-Café. In: Thüringer Allgemeine vom 1. Juni 2006, 20.

*Schneider, Volker*

BAG Pressemitteilung 30/1999: Richter am Bundesarbeitsgericht Volker Schneider im Ruhestand.

*Schröder, Georg*

Lebenslauf Georg Schröder. Bundesarchiv BA B 272/751.

BAG Pressemitteilung 7/1973: Dr. Georg Schröder, Vorsitzender Richter am Bundesarbeitsgericht, tritt in den Ruhestand.

*Seidensticker, Walter*

BAG Pressemitteilung 2/1994: Dr. Seidensticker, Vorsitzender Richter am Bundesarbeitsgericht, ist in den Ruhestand getreten.

*Siara, Berthold*

BAG Pressemitteilung vom 11. September 2000: Nachruf zum Tod von Berthold Siara, Richter am Bundesarbeitsgericht a.D.

*Simons, Theodor*

BAG Pressemitteilung 1/1965: Bundesrichter Dr. Simons tritt in den Ruhestand.

*Spelge, Karin*

BAG Pressemitteilung 43/2008: Neue Richterin am Bundesarbeitsgericht.

*Steckhan, Hans-Werner*

BAG Pressemitteilung 50/2002: Richter am Bundesarbeitsgericht Professor Dr. Hans-Werner Steckhan im Ruhestand.

*Stumpf, Hermann*

Lebenslauf Hermann Stumpf. Bundesarchiv BA B 272/751.

BAG Pressemitteilung 12/1980: Professor Dr. Hermann Stumpf, Vizepräsident des Bundesarbeitsgerichts, tritt in den Ruhestand.

BAG Pressemitteilung 18/1997: Am 18. März 1997 verstarb im Alter von 84 Jahren der Vizepräsident des Bundesarbeitsgericht a.D. Professor Dr. Hermann Stumpf.

*Suckow, Jens*

BAG Pressemitteilung 87/2009: Neuer Richter am Bundesarbeitsgericht.

*Thomas, Werner*

Lebenslauf Werner Thomas. Vorbereitende Unterlagen für die Sitzung des Richterwahlausschusses am 16. März 1967, Bundesarchiv BA B 141/49189.

BAG Pressemitteilung (ohne Nummer oder Datum), Professor Dr. Thomas, Vorsitzender Richter am Bundesarbeitsgericht, ist in den Ruhestand getreten.

*Treber, Jürgen*

o. A., 2008: Zur Person. In: Frankfurter Allgemeine Zeitung vom 14. März 2008, o. S.

BAG Pressemitteilung 45/2008: Neuer Richter am Bundesarbeitsgericht.

*Triebfürst, Jörg*

BAG Pressemitteilung (ohne Nummer oder Datum): Richter am Bundesarbeitsgericht Jörg Triebfürst tritt in den Ruhestand.

*Weller, Bernhard*

Keine weiteren Informationen.

*Wendel, Wilhelm*

Lebenslauf Wilhelm Wendel. Vorbereitende Unterlagen für die Sitzung des Richterwahlausschusses am 16. März 1967, Bundesarchiv BA B 141/49189.

BAG Pressemitteilung 5/1967: Rechtsanwalt Wendel neuer Bundesrichter beim Bundesarbeitsgericht.

*Wichmann, Friedrich*

Lebenslauf Wichmann. Bundesarchiv BA B 272/751.

*Winter, Regine*

BAG Pressemitteilung 46/2008: Neue Richterin am Bundesarbeitsgericht.

*Wißmann, Hellmut*

BAG Pressemitteilung 51/1999: Dr. Hellmut Wißmann neuer Präsident des Bundesarbeitsgerichts.

Halbig, Heinrich, 1999: Hellmut Wißmann ist der neue Präsident des Bundesarbeitsgerichts – ein Mann der leisen Töne. In: Stuttgarter Zeitung vom 10. Juli 1999, 4.

BAG Pressemitteilung 12/2005: Präsident des Bundesarbeitsgerichts Professor Dr. Hellmut Wißmann in den Ruhestand getreten.

*Wittek, Rupert*

BAG Pressemitteilung 52/2007: Richter am Bundesarbeitsgericht Dr. Rupert Wittek im Ruhestand.

*Wolter, Jürgen*

BAG Pressemitteilung 60/2008: Richter am Bundesarbeitsgericht Dr. Jürgen Wolter im Ruhestand.

*Zwanziger, Bertram*

Hohenloher Seminare, 2009: Trainer, Dr. Bertram Zwanziger, Richter am Bundesarbeitsgericht, online verfügbar: <www.hohenloher-seminare.de/index.php?id=bzwanziger> (6. Januar 2010).

## 3. Datenbank: Richterwahlausschuss

Die Protokolle des Richterwahlausschusses aus den Jahren 1953 bis 1978 sind über das Bundesarchiv öffentlich zugänglich (Bundesarchiv BA B 141/49187–49189, 84319–84320). Sie werden im Folgenden aufgelistet.

Die faktische Zusammensetzung der stimmberechtigten Mitglieder wurde den Ausschussprotokollen entnommen. Um die Mitglieder den epistemischen Gemeinschaften zuordnen zu können, wurden die Biografien entlang der im vorliegenden Buch genannten Kriterien ausgewertet. Der arbeitsrechtlichen Community zugeordnet wurden jene Mitglieder, die das Amt des Arbeitsministers innehatten, den Gewerkschaften nahestanden, eine arbeitsrechtliche Ausbildung absolviert hatten und/oder in der Arbeitsverwaltung beschäftigt waren. Der »Juristen-Community« zugeordnet wurden jene Mitglieder, die das Amt des Justizministers bekleideten, in der ordentlichen Gerichtsbarkeit und/oder in der Justizverwaltung beschäftigt waren. Alle nicht nach diesem Kriterienraster zuzuordnenden Mitglieder wurden als »neutral« eingestuft. Die biografischen Daten der vom Bundestag entsandten Mitglieder basieren auf den Angaben in den diversen Ausgaben des »Kürschner Volkshandbuches Deutscher Bundestag«.

Richterwahlausschuss, 1953a: Niederschrift über die Sitzung des Richterwahlausschusses am 3. Dezember 1953.
——, 1953b: Niederschrift über die Sitzung des Richterwahlausschusses am 22. Dezember 1953.
——, 1954a: Niederschrift über die Sitzung des Richterwahlausschusses am 8. Juli 1954.
——, 1954b: Niederschrift über die Sitzung des Richterwahlausschusses am 15. Juli 1954.
——, 1955: Niederschrift über die Sitzung des Richterwahlausschusses am 17. Februar 1955.
——, 1956: Niederschrift über die Sitzung des Richterwahlausschusses am 25. Oktober 1956.
——, 1957: Niederschrift über die Sitzung des Richterwahlausschusses vom 2. Mai 1957.
——, 1959a: Niederschrift über die Sitzung des Richterwahlausschusses vom 26. Februar 1959.
——, 1959b: Niederschrift über die Sitzung des Richterwahlausschusses am 20. November 1959.
——, 1962: Protokoll über die Sitzung des Richterwahlausschusses vom 7. Dezember 1962 zur Wahl von Bundesrichtern für das Bundesarbeitsgericht und für das Bundessozialgericht.
——, 1965: Protokoll über die Sitzung des Richterwahlausschusses vom 24. März 1965 über die Wahl von je 3 Bundesrichtern beim Bundesarbeits- und Bundessozialgericht.
——, 1967: Protokoll über die Sitzung des Richterwahlausschusses am 16. März 1967 zur Wahl je eines Bundesrichters beim Bundesarbeitsgericht und Bundessozialgericht.
——, 1968: Protokoll über die Sitzung des Richterwahlausschusses am 26. Juni 1968.
——, 1969: Protokoll über die Sitzung des Richterwahlausschusses am 1. Juli 1969.
——, 1971: Protokoll über die Sitzung des Richterwahlausschusses am 6. Mai 1971.
——, 1972: Protokoll über die Sitzung des Richterwahlausschusses am 15. Juni 1972.
——, 1974: Protokoll über die Sitzung des Richterwahlausschusses am 6. Dezember 1973.
——, 1975: Protokoll zur Sitzung des Richterwahlausschusses vom 16. April 1975.
——, 1976: Protokoll über die Sitzung des Richterwahlausschusses am 3. Juni 1976.
——, 1978: Protokoll über die Sitzung des Richterwahlausschusses am 14. Dezember 1977.

## 4. Methodische Aspekte der Operationalisierung und Messung epistemischer Gemeinschaften

Die methodische Herausforderung der Arbeit besteht darin, das Konzept der epistemischen Gemeinschaft anzuwenden und zu operationalisieren. Peter Haas (1992: 34–35) selbst empfiehlt fünf Untersuchungsschritte. Zuerst muss eine Gruppe von Experten auf der Basis bestimmter Kriterien als epistemische Gemeinschaft identifiziert werden. Dies impliziert auch, dass individuelle Personen als Mitglieder ihres Kerns benannt werden können. Zweitens müssen die gemeinschaftlich geteilten kognitiven Annahmen und Überzeugungen herausgearbeitet werden. Der dritte analytische Schritt besteht darin, die politisch relevanten Aktivitäten der Gemeinschaftsmitglieder nachzuzeichnen und ihren Einfluss auf Entscheidungen sichtbar zu machen. Dazu zählt auch, viertens, ihre Wirkung zu destillieren und zu zeigen, dass diese – fünftens – ohne die Beteiligung der Experten anders ausgefallen wäre. Der Aufbau der empirischen Kapitel ist diesem analytischen Schema gefolgt. Zu Beginn jeder historischen Phase wurde die epistemische Gemeinschaft bezüglich ihres personellen Kerns und dessen Entwicklung sowie bezüglich der Stabilität und Weiterentwicklung ihrer kognitiven Annahmen charakterisiert. Anschließend wurden die politischen Aktivitäten und ihre Ergebnisse herausgearbeitet. Kevin Wright (1996) hat sich eingehender mit den methodischen Problemen befasst, die mit den von Haas vorgeschlagenen Analyseschritten einhergehen. Seine Überlegungen haben die vorliegende Arbeit wesentlich angeleitet.

*Schritt 1: Identifikation der Gemeinschaft und ihrer Mitglieder*

Nach Wright müssen epistemische Gemeinschaften beobachtbar und in ihrer personellen Zusammensetzung auch benennbar sein. Dies gilt zumindest für den Gemeinschaftskern, denn aufgrund fehlender formaler Mitgliedschaften sind die Grenzen ähnlich verwischt wie bei einer sozialen Bewegung. In Anlehnung an Wright nutze ich drei Indikatoren, um eine epistemische Gemeinschaft von einer »Ansammlung von Experten« zu unterscheiden: Erstens müssen sowohl Zeitpunkt als auch Entstehungskontext der Gemeinschaftsbildung und -mobilisierung benannt werden können. Zweitens müssen personelle Verbindungen zwischen den Gemeinschaftsmitgliedern gezeigt werden können; und drittens müssen konkrete »Orte« der Vergemeinschaftung benennbar sein.

Diese Indikatorenbildung setzt ein Gemeinschaftsverständnis voraus, das auf personellen Netzwerken basiert. Zwar ist der Beobachtung von Renate Mayntz zuzustimmen, wonach das »Wir-Gefühl« einer epistemischen Gemeinschaft nicht zwingend auf persönlicher Nähe basieren muss (Mayntz 2010). Vielmehr kann die kognitive Nähe auch durch wechselseitige Beobachtung entstehen. In diesem Fall ist es jedoch sehr schwierig, den Bestand einer politisch handlungsfähigen Gemeinschaft nachzuweisen. Die Existenz eines Gemeinschaftskerns, der einen Status als Quasi-Kollektivakteur einnimmt, wird hier als Voraussetzung zur politischen Einflussnahme gesehen. Damit ist keineswegs ausgeschlossen, dass sich außerhalb dieses Kerns zahlreiche andere Personen zur Gemeinschaft bekennen, ohne einander oder die Mitglieder des Kerns persönlich zu kennen. Gerade in Bezug auf Rechtswissenschaftler ist diese Annahme hochplausibel. Juristen beobachten und zitieren sich wechselseitig über den rechtswissenschaftlichen Diskurs und können damit Mitglieder einer epistemischen Gemeinschaft sein. Eine Denkströmung hat aber keinen Akteurstatus, sondern sie braucht einen, um politisch Einfluss zu nehmen. Und dies ist nur dann vorstellbar, wenn es einen hoch integrierten und damit handlungsfähigen Kern gibt. Aus diesem Grund arbeitet das vorliegende Buch mit der Annahme, dass politisch erfolgreiche epistemische Gemeinschaften immer auch auf persönlichen Netzwerken basieren.

Wright schlägt vor, epistemische Gemeinschaften und ihre Mitglieder anhand der persönlichen Biografien und Karriereverläufe zu identifizieren (Wright 1996: 9–11): Wer hat wen gut gekannt, geschätzt und (freiwillig) immer wieder getroffen? Welche gemeinsamen biografischen Stationen lassen sich identifizieren, an denen die Mitglieder gemeinsame Überzeugungen gewonnen haben? Wie stark wurden die Protagonisten in Denkströmungen hineinsozialisiert? Um diese Fragen zu beantworten, wurden für das vorliegende Buch Informationen über die Lebensläufe und Karrieremuster der zentralen rechtswissenschaftlichen Akteure (und ihre Querverbindungen zur Politik) in einer Datenbank gesammelt. Für die Zeit vor 1945 wurde dabei auf rechtshistorische Arbeiten zurückgegriffen.

Die Biografien von Rechts*wissenschaftlern* im engeren Sinn sind relativ gut durch öffentliche Quellen erschließbar, zum Beispiel durch Festschriften oder biografische Nachschlagewerke und Datenbanken. Auch die Publikationen der im Zusammenhang mit dem Arbeitsrecht existierenden Verbände und Vereinigungen geben einen Einblick in die Struktur der personellen Netzwerke. Über Richter weiß man in der Öffentlichkeit demgegenüber recht wenig. Die Informationen über die Karriereverläufe der 102 Berufsrichter, die zwischen 1954 und Sommer 2009 an das Bundesarbeitsgericht berufen wurden, basieren hauptsächlich auf Informationen, die vom Bundesarbeitsgericht selbst zur Verfügung gestellt wurden. Anlässlich der Neuberufung, der Beförderung beziehungsweise der Pensionierung von Richtern werden regelmäßig Pressemitteilungen erstellt, die mir für das Projekt freundlicherweise überlassen wurden.[1] Im Regelfall wurden diese Pressemitteilungen von den Medien nicht genutzt, was auf den Aspekt hinweist, dass die häufig beklagte mangelnde Transparenz von Gerichten nicht immer an der Abschottung der Gerichte liegt, sondern auch an der selektiven Rezeption der Medien.

Für den Zeitraum von 1954 bis 1980 konnten die Angaben durch Dokumente des Richterwahlausschusses ergänzt werden (Personalbögen, Bewerbungsunterlagen mit Lebensläufen usw.). Sie sind im Bundesarchiv (Standort Koblenz) öffentlich zugänglich, unterliegen nach dem Bundesarchivgesetz aber einer Sperrfrist von 30 Jahren (vgl. zu den Richterbiografien ausführlich Anhang 2). Lassen sich die Mitglieder eines Gemeinschaftskerns immer weniger eindeutig

1 Mein Dank geht an Viktoria Kalass für ihre tatkräftige Unterstützung bei der Sammlung der Angaben.

bestimmen, dann ist dies kein »Messproblem«, sondern es verweist auf einen Prozess der Desintegration. Die Stabilität und der Zerfall einer epistemischen Gemeinschaft lassen sich besonders gut im historischen Zeitverlauf erkennen.

Neben den Daten zu den Biografien der Gemeinschaftsmitglieder wurden weitere Daten zur strukturellen Entwicklung des Arbeitsrechts erhoben, insbesondere zur Repräsentation des Rechtsgebiets an den deutschen Universitäten im Zeitverlauf (Zahl der Professuren mit Widmung im Arbeitsrecht). Für die 1960er bis 1990er Jahre wurde dabei auf die »Vademecum Handbücher Deutscher Lehr- und Forschungsstätten« zurückgegriffen (Vademecum 1968, 1978, 1996). Die Angaben für das Jahr 2009 entstammen den Internetpräsentationen der Universitäten.[2]

*Schritt 2: Herausarbeitung der geteilten Annahmen und Überzeugungen*

Peter Haas (1992b: 35) hat vorgeschlagen, die gemeinsamen Überzeugungen von Mitgliedern einer epistemischen Gemeinschaft anhand vorliegender schriftlicher Dokumente zu analysieren. Der Vorteil bei der Untersuchung von rechtswissenschaftlichen Gemeinschaften liegt darin, dass sehr viel schriftliches Material vorliegt, weil die Disziplin vor allem schriftlich (und präzise) miteinander kommuniziert, und zwar im Rahmen des rechtswissenschaftlichen Diskurses: in Aufsätzen und Lehrbüchern, durch Vorträge, Klageschriften und Gerichtsurteile. Dabei beziehen sich die Verfasser zustimmend oder ablehnend aufeinander, sodass kognitive Cluster (zum Beispiel auch durch Zitierkartelle) sichtbar werden.

Wright hat auf die Herausforderung hingewiesen zu erkennen, wann ein Akteur in seiner Eigenschaft als Gemeinschaftsmitglied spricht, und wann er lediglich den Opportunitätsstrukturen entsprechende Interessen artikuliert oder den Anforderungen eines Rollenmodells entspricht (Wright 1996: 11–13). Auch in Bezug auf dieses Problem zeigt die historische Betrachtungsweise Vorzüge. Indem die intellektuelle Biografie zentraler Gemeinschaftsmitglieder im Zeitverlauf nachgezeichnet wird, kann sichtbar gemacht werden, ob beziehungsweise an welchen Punkten Modifikationen in den artikulierten Annahmen auftreten und ob sich ein Zusammenhang zum Beispiel zu veränderten institutionellen Zugehörigkeiten oder Rollen konstatieren lässt. Empirisch ist beides feststellbar. Die empirischen Kapitel haben gezeigt, dass einige zentrale Positionen konstant geblieben sind, auch wenn ihre Protagonisten unterschiedliche Rollen (Rechtsprofessor, politischer Berater oder Richter) innehatten. Andererseits wird deutlich, wie die epistemische Gemeinschaft nach der Etablierung ihrer Ideen unter Druck geraten ist und wann »kognitive Brüche« entstanden.

2 Mein Dank geht an Lea-Sophie Deworetzki für ihre Unterstützung.

Das zugrunde gelegte Datenmaterial umfasst hier die verfügbaren rechtswissenschaftlichen Publikationen, die sich mit dem Günstigkeitsprinzip befassen. Darüber hinaus wurden anhand der Juris-Datenbank 218 Gerichtsurteile identifiziert, die das Bundesarbeitsgericht seit seiner Gründung 1954 bis in das Jahr 2005 gefällt hat (vgl. dazu Anhang 1). Aus den wechselseitigen Bezugnahmen beziehungsweise Abgrenzungen werden die kognitiven Cluster sichtbar. Für die Zeit vor 1945 wurde wiederum auf rechtshistorisches Material zurückgegriffen.

*Schritt 3: Nachweis des politischen Einflusses der Gemeinschaft*

Weil das Tarifrecht im Allgemeinen und das Günstigkeitsprinzip im Besonderen sowohl durch die politische Gesetzgebung als auch durch die Rechtsprechung gestaltet wird, muss bei der Analyse der politischen Einflussnahme der hier betrachteten rechtswissenschaftlichen Gemeinschaften zwischen beiden Arenen unterschieden werden. Im Rechtssystem fällt der Nachweis leichter, denn hier sind Juristen als Entscheider tätig. Die Analyse muss dann zeigen, dass die epistemische Gemeinschaft wichtige Richterposten besetzen und zudem die Hoheit über die Rechtsprechung sichern konnte.

Die Position zentraler Mitglieder der epistemischen Gemeinschaft am Gericht kann erstens durch die Karriereverläufe der Richter nachgezeichnet werden. Zudem liegen für den Zeitraum von 1954 bis 1980 Protokolle über die Sitzungen des Richterwahlausschusses vor. Aus der faktischen Zusammensetzung der wahlberechtigten Mitglieder (und ihrer Biografien) geht der Grad politischer Unterstützung für die verschiedenen Communities hervor. Sie sind über die Bestände des Bundesarchivs zugänglich, allerdings nur bis 1980 (vgl. zum Richterwahlausschuss Anhang 3). Angaben über Justizreformen, die den Zugang der epistemischen Gemeinschaften zum Gericht beeinflussten, wurden entweder selbst erhoben oder den Beständen der Bundesministerien für Arbeit und Justiz im Bundesarchiv entnommen. Dort werden auch interne Dokumente des Bundesarbeitsgerichts gesammelt, die einen Einblick in die interne Gerichtsorganisation und Verfahrensabläufe gestatten.

Um den Einfluss auf die politische Gesetzgebung zu zeigen, muss herausgearbeitet werden, welche Mitglieder der epistemischen Gemeinschaft an zentraler Stelle des politischen Prozesses positioniert waren und in welcher Weise sie Einfluss nehmen konnten. Ihre Macht wuchs, wenn sie zum Beispiel einige Mitglieder in der Ministerialverwaltung platzieren konnte. Die Bedeutung von Rechtswissenschaftlern lässt sich zudem vergleichsweise gut nachzeichnen, wenn sie als Initiatoren und/oder Autoren die Verantwortung für Gesetzesentwürfe tragen, deren Schicksal im weiteren Verlauf des politischen Prozesses verfolgt werden kann. Insbesondere der Entstehungsprozess des Tarifvertragsgesetzes von 1949 ist rechtshistorisch relativ gut aufgearbeitet und dokumentiert, sodass hier auf zahlreiche Vorarbeiten zurückgegriffen werden konnte. Ergänzt wurden alle Angaben durch Materialien aus dem persönlichen Nachlass des ehemaligen BAG-Präsidenten Hans-Carl Nipperdey, der ebenfalls im Bundesarchiv verwahrt wird.

Jede Analyse des politischen Einflusses epistemischer Gemeinschaften bleibt jedoch mit dem Problem der mangelnden Transparenz von Entscheidungsabläufen und Verhandlungen konfrontiert (Wright 1996: 13). Dies gilt insbesondere für Gerichtsentscheidungen im deutschen Rechtssystem, weil die richterlichen Voten nicht öffentlich zugänglich sind. Wenn aber das Urteil bekannt ist, wenn bekannt ist, welche Richter beteiligt gewesen sind und welchem kognitiven Cluster sie angehören, und wenn man weiß, nach welchen Regeln gerichtlich entschieden wurde, dann hat man bereits sehr viel über den Entscheidungsprozess erfahren.

Wenn in der vorliegenden Arbeit von Richtern gesprochen wird, dann sind damit die Berufsrichter gemeint. Die ehrenamtlichen Richter bleiben – bis auf wenige Ausnahmen – unberücksichtigt. Allerdings wird in Kapitel 6 die sich wandelnde Zusammensetzung der ehrenamtlichen Richter auf Arbeitgeberseite betrachtet. Die Angaben entstammen wiederum den Beständen des Bundesarchivs.

Die Informationen, die zum Bundesarbeitsgericht über das Bundesarchiv zugänglich sind, beschränken sich insgesamt auf spezifische historische Phasen und eingeschränkte Sachgebiete. Gleichwohl sind sie in einer historisch angelegten Arbeit über eine Institution, die der Politikwissenschaft recht unbekannt ist, von unschätzbarem Wert. Die Bereitstellung interner Dokumente für Forschungszwecke ist selbst eine politische Entscheidung. Das Bundesarchivgesetz sieht vor, dass die Gerichte (so wie die anderen Bundeseinrichtungen) »alle Unterlagen, die sie zur Erfüllung ihrer öffentlichen Aufgaben […] nicht mehr benötigen, dem Bundesarchiv […] zur Übernahme« anbieten (BArchG § 2 Abs. 1). Auch hier führt die Uneindeutigkeit des Rechts zu sehr unterschiedlichen Praktiken, denn die Gerichte entscheiden selbst, welche Unterlagen sie »nicht mehr benötigen«. Die Transparenz beziehungsweise Abschottung des BAG nach außen war vor allem in den 1960er Jahren ein viel diskutiertes Thema und ist in den empirischen Kapiteln dieses Buches von großer Bedeutung. Heute kann der Vorwurf mangelnder Transparenz jedoch kaum mehr gelten, denn von kaum einem anderen Bundesgericht ist im Bundesarchiv so viel Material zugänglich.

# Tabellen und Abbildungen

Tabellen



Abbildungen

# Literatur und Quellen


Abel, Richard L., 1989: *American Lawyers*. New York: Oxford University Press.

Abendroth, Wolfgang, 1950: Das Problem der politischen Wissenschaft. In: *Gewerkschaftliche Monatshefte* 1(5), 224–226.

——, 1951: Verfassungsrechtliche Grenzen des Streikrechts. In: *Gewerkschaftliche Monatshefte* 2(2), 57–61.

——, 1954: Nochmals: Der politische Streik. Wissenschaftliche Diskussion oder Treibjagd? In: *Gewerkschaftliche Monatshefte* 5(5), 258–263.

——, 1975: Das Abtreibungsurteil des Bundesverfassungsgerichts. In: Joachim Perels (Hg.), *Arbeiterklasse, Staat und Verfassung: Materialien zur Verfassungsgeschichte und Verfassungstheorie der Bundesrepublik*. Frankfurt a.M.: Europäische Verlagsanstalt, 284–294.

——, [1954]1975: Streik und Verfassungsrecht in der modernen Demokratie. In: Joachim Perels (Hg.), *Arbeiterklasse, Staat und Verfassung: Materialien zur Verfassungsgeschichte und Verfassungstheorie der Bundesrepublik*. Frankfurt a.M.: Europäische Verlagsanstalt, 45–53.

——, [1955]1975: Bundesverfassungsgericht und Widerstandsrecht. In: Joachim Perels (Hg.), *Arbeiterklasse, Staat und Verfassung: Materialien zur Verfassungsgeschichte und Verfassungstheorie der Bundesrepublik*. Frankfurt a.M.: Europäische Verlagsanstalt, 75–82.

——, [1958]1975: Das Urteil im Prozess Agartz. In: Joachim Perels (Hg.), *Arbeiterklasse, Staat und Verfassung: Materialien zur Verfassungsgeschichte und Verfassungstheorie der Bundesrepublik*. Frankfurt a.M.: Europäische Verlagsanstalt, 121–124.

——, [1959]1975: Die Justiz in der Bundesrepublik. In: Joachim Perels (Hg.), *Arbeiterklasse, Staat und Verfassung: Materialien zur Verfassungsgeschichte und Verfassungstheorie der Bundesrepublik*. Frankfurt a.M.: Europäische Verlagsanstalt, 154–158.

——, [1961]1975: Die Entliberalisierung der Bundesrepublik und der politische Funktionswandel des Bundesverfassungsgerichts. In: Joachim Perels (Hg.), *Arbeiterklasse, Staat und Verfassung: Materialien zur Verfassungsgeschichte und Verfassungstheorie der Bundesrepublik*. Frankfurt a.M.: Europäische Verlagsanstalt, 166–169.

——, [1973]1975: Das Bundesverfassungsgericht als Ersatzgesetzgeber? In: Joachim Perels (Hg.), *Arbeiterklasse, Staat und Verfassung: Materialien zur Verfassungsgeschichte und Verfassungstheorie der Bundesrepublik*. Frankfurt a.M.: Europäische Verlagsanstalt, 250–263.

Aberbach, Joel D./Robert D. Putnam/Bert A. Rockman, 1981: *Bureaucrats and Politicians in Western Democracies*. Cambridge, MA: Cambridge University Press.

Achten, Udo, 2007: *Flächentarifvertrag & betriebsnahe Tarifpolitik: Vom Anfang der Bundesrepublik in die 1990er Jahre*. Hamburg: VSA-Verlag.

Adler, Emanuel, 1992: The Emergence of Cooperation: National Epistemic Communities and the International Evolution of the Idea of Nuclear Arms Control. In: *International Organization* 46(1), 101–145.

Adler, Emanuel/Peter M. Haas, 1992: Conclusion: Epistemic Communities, World Order, and the Creation of a Reflective Research Program. In: *International Organization* 46(1), 367–390.

Adomeit, Klaus, 1983: Über einige Schwierigkeiten, ein Arbeitsrechtler zu sein. In: Thomas Dieterich/Franz Gamillscheg/Herbert Wiedemann (Hg.), *Festschrift für Marie-Luise Hilger und Hermann Stumpf zum 70. Geburtstag.* München: Beck, 1–17.

——, 1984: Das Günstigkeitsprinzip – neu verstanden. In: *Neue Juristische Wochenschrift* 1–2/ 1984, 26–28.

——, 2004: *Die Agenda 2010 und das Arbeitsrecht: Eine Reform im Kampf gegen Widerstände.* München: Olzog.

——, 2006: Hans Carl Nipperdey als Anreger für eine Neubegründung des juristischen Denkens. In: *Juristenzeitung* 15–16, 745–751.

Adomeit, Klaus/Peter Hanau, 2007: *Arbeitsrecht.* 14. Auflage. Neuwied: Luchterhand.

Agartz, Viktor, 1950: Die Lohnpolitik der deutschen Gewerkschaften. In: *Gewerkschaftliche Monatshefte* 1(10), 441–447.

——, 1953: Beiträge zur wirtschaftlichen Entwicklung 1953: Expansive Lohnpolitik. In: *WWI-Mitteilungen* 6(12), 245–247.

Albeck, Hermann, et al., 1993: Den Platz im Korridor suchen: Ein neuer Ansatz für die Tarifpolitik. In: *Frankfurter Allgemeine Zeitung*, 5. Juni 1993, 13.

Alexander, Gerard, 2001: Institutions, Path Dependence, and Democratic Consolidation. In: *Journal of Theoretical Politics* 13(3), 249–270.

Alter, Karen J. (Hg.), 2001: *Establishing the Supremacy of European Law: The Making of an International Rule of Law in Europe.* Oxford: Oxford University Press.

——, 2009: Jurist Advocacy Movements in Europe: The Role of Euro-Law Associations in European Integration (1953–1975). In: Karen J. Alter (Hg.), *The European Court's Political Power: Selected Essays.* Oxford: Oxford University Press, 63–91.

Alterthum, Willy, 1928: Der Kampf um § 11 des Arbeitsgerichtsgesetzes: Ein Wort zum Frieden. In: *Die Justiz* 1928/29, 326–328.

Amable, Bruno/Stefano Palombarini, 2009: A Neorealist Approach to Institutional Change and the Diversity of Capitalism. In: *Socio-Economic Review* 7(1), 123–143.

Anderson, Nels, 1950: Die wissenschaftlichen Mitarbeiter in den USA-Gewerkschaften. In: *Gewerkschaftliche Monatshefte* 1(3), 224–226.

Anter, Andreas, 2004: *Die Macht der Ordnung: Aspekte einer Grundkategorie des Politischen.* Tübingen: Mohr Siebeck.

Antoniades, Andreas, 2003: Epistemic Communities, Epistemes and the Construction of (World) Politics. In: *Global Society* 17(1), 21–38.

Aoki, Masahiko, 2000: Institutional Evolution as Punctuated Equilibria. In: Claude Ménard (Hg.), *The Foundations of the New Institutional Economics.* Cheltenham: Edward Elgar, 268–290.

——, 2007: Endogenizing Institutions and Institutional Change. In: *Journal of Institutional Economics* 3(1), 1–31.

Arbeitsgemeinschaft der Arbeitgeber, 1949: *Stellungnahme der Arbeitsgemeinschaft der Arbeitgeber zum Gesetzentwurf über die Errichtung eines Obersten Arbeitsgerichts.* Bundesarchiv: BA N 1268/265.

Artus, Ingrid, 2001: *Krise des deutschen Tarifsystems: Die Erosion des Flächentarifvertrags in Ost und West.* Wiesbaden: Westdeutscher Verlag.

Auerbach, Walter, 1948: *Brief an Hans Carl Nipperdey vom 20. Oktober 1948.* Bundesarchiv: BA N 268/265.

Ausschuss für Arbeit, 1958: *Kurzprotokoll der 8. Sitzung des Ausschusses für Arbeit, 13. März 1958.* Bundesarchiv: BA B 149/10097.

Autorenkollektiv, 1950: *Kommentar zum Bonner Grundgesetz seit 1950.* Loseblattsammlung, Band 12. Heidelberg: C. F. Müller.

Backhaus, Jürgen, 1976: Politikwissenschaftliche Analyse interpretatorischer Veränderungen von Verfassungsnormen, dargestellt anhand von Art. 41 der hessischen Landesverfassung und Art. 15 i.V. m. Art. 14 III Grundgesetz. In: *Politische Vierteljahresschrift* 17(4), 520–576.

Bähr, Joachim, 1991: Entstehung und Folgen des Arbeitsgerichtsgesetzes von 1926: Zum Verhältnis von Arbeiterschaft, Arbeiterbewegung und Justiz zwischen Kaiserreich und Nationalsozialismus. In: Klaus Tenfelde (Hg.), *Arbeiter im 20. Jahrhundert.* Stuttgart: Klett-Cotta, 507–532.

Bandelow, Nils C., 2003: Policy-Lernen und politische Veränderungen. In: Klaus Schubert/ Nils C. Bandelow (Hg.), *Lehrbuch der Politikfeldanalyse.* München: Oldenbourg, 289–331.

Barreiro, Belen, 1998: Judicial Review and Political Empowerment: Abortion in Spain. In: *West European Politics* 21(4), 147–159.

Bauer, Jobst-Hubertus, 1990: Der Rechtsanwaltsmarkt. In: *Neue Zeitschrift für Arbeitsrecht* 21/1990, 840.

——, 1999: Betriebliche Bündnisse für Arbeit vor dem Aus? In: *Neue Zeitschrift für Arbeitsrecht* 18/1999, 957–962.

BDA, 1961: Zur Jahresversammlung der Bundesvereinigung. Tagungsbericht 1961. In: *Der Arbeitgeber. Zeitschrift der Bundesvereinigung der deutschen Arbeitgeberverbände* 13, 757–777.

Becker, Martin, 1995: *Arbeitsvertrag und Arbeitsverhältnis in Deutschland: Vom Beginn der Industrialisierung bis zum Ende des Kaiserreichs.* Frankfurt a.M.: Klostermann.

——, 2005: *Arbeitsvertrag und Arbeitsverhältnis während der Weimarer Republik und der Zeit des Nationalsozialismus.* Frankfurt a.M.: Klostermann.

Beckert, Jens, 1999: Agency, Entrepreneurs, and Institutional Change: The Role of Strategic Choice and Institutionalized Practices in Organizations. In: *Organization Studies* 20(5), 777–799.

Béland, Daniel, 2005: Ideas, Interests, and Institutions: Historical Institutionalism Revisited. In: André Lecours (Hg.), *New Institutionalism: Theory and Analysis.* Toronto: University of Toronto Press, 29–50.

——, 2009: Ideas, Institutions, and Policy Change. In: *Journal of European Public Policy* 16(5), 701–718.

Belling, Detlev W., 1984: *Das Günstigkeitsprinzip im Arbeitsrecht.* Berlin: Duncker & Humblot.

Berger, Hugo, 1954: *Brief an die Mitglieder des Präsidiums des Bundesarbeitsgerichts vom 19. Juni 1954.* Bundesarchiv: BA B 272/792.

——, 1955: *Stellungnahme des Vereins der Bundesrichter beim Bundesarbeitsgericht zum Vorentwurf für ein deutsches Richtergesetz, 24. Juni 1955.* Bundesarchiv: BA N 1268/87.

——, 1958: *Brief an den Präsidenten des Bundesarbeitsgerichts vom 3. Februar 1958.* Bundesarchiv: BA B 272/792.

Berger, Peter L./Thomas Luckmann, 1980: *Die gesellschaftliche Konstruktion der Wirklichkeit: Eine Theorie der Wissenssoziologie.* Frankfurt a.M.: Fischer.

Bergmann, Joachim/Otto Jacobi/Walther Müller-Jentsch, 1975: *Gewerkschaften in der Bundesrepublik: Gewerkschaftliche Lohnpolitik zwischen Mitgliederinteressen und ökonomischen Systemzwängen.* Frankfurt a.M.: Europäische Verlagsanstalt.

Berman, Sheri, 2001: Ideas, Norms, and Culture in Political Analysis. In: *Comparative Politics* 33(2), 231–250.

BGB – RGRK, 1997: *Das Bürgerliche Gesetzbuch mit besonderer Berücksichtigung der Rechtsprechung des Reichsgerichts und des Bundesgerichtshofes.* Kommentar, hg. von Mitgliedern des Bundesgerichtshofes. 12., neu bearbeitete Auflage. Berlin: de Gruyter.

Biedenkopf, Kurt, 1964: *Grenzen der Tarifautonomie.* Karlsruhe: C. F. Müller.

——, 1977: Sozialpolitik und Arbeitsrecht. In: Hans Mommsen/Dietrich Petzina/Bernd Weisbrod (Hg.), *Industrielles System und politische Entwicklung in der Weimarer Republik, Band 1.* Kronberg/Ts.: Athenäum, 290–303.

——, 1982: Die Wiederentdeckung des Privatrechts. In: Norbert Horn (Hg.), *Europäisches Rechtsdenken in Geschichte und Gegenwart: Festschrift für Helmut Coing zum 70. Geburtstag, Band 2.* München: C. H. Beck, 21–31.

Birk, Rolf, 2002: Labor Law Scholarship in France, Germany, and Italy: Some Remarks on a Difficult Question. In: *Comparative Labor Law & Policy Journal* 23, 679–699.

Birke, Peter 2007: *Wilde Streiks im Wirtschaftswunder: Arbeitskämpfe, Gewerkschaften und soziale Bewegungen in der Bundesrepublik und Dänemark.* Frankfurt a.M.: Campus.

Bispinck, Reinhard/Thorsten Schulten, 2003: Verbetrieblichung der Tarifpolitik? Aktuelle Tendenzen und Einschätzungen aus der Sicht von Betriebs- und Personalräten. In: *WSI-Mitteilungen* 56, 157–166.

Blanke, Thomas, et al. (Hg.), 1975a: *Kollektives Arbeitsrecht: Quellentexte zur Geschichte des Arbeitsrechts in Deutschland,* Band 1: *1840–1933.* Reinbek: Rowohlt.

—— (Hg.), 1975b: *Kollektives Arbeitsrecht: Quellentexte zur Geschichte des Arbeitsrechts in Deutschland,* Band 2: *1933 bis zur Gegenwart.* Reinbek: Rowohlt.

Bleek, Wilhelm, 2001: *Geschichte der Politikwissenschaft in Deutschland.* München: C.H. Beck.

Blomquist, William/Elinor Ostrom, 2008: Deliberation, Learning, and Institutional Change: The Evolution of Institutions in Judicial Settings. In: *Constitutional Political Economy* 19(3), 180–202.

Blyth, Mark, 2002: *Great Transformations: Economic Ideas and Institutional Change in the 20th Century.* Cambridge: Cambridge University Press.

BMA, 1969: *Brief des Bundesministeriums für Arbeit an den Herrn Präsidenten des Bundesarbeitsgerichts vom 9. Januar 1969.* Bundesarchiv: BA B 272/754.

Böckler, Hans, 1950: Geleitwort. In: *Gewerkschaftliche Monatshefte* 1(1), 1–2.

Bohle, Thomas, 1990: *Einheitliches Arbeitsrecht in der Weimarer Republik: Bemühungen um ein deutsches Arbeitsgesetzbuch.* Tübingen: Mohr Siebeck.

Bornemann, Basil, 2007: Politisierung des Rechts und Verrechtlichung der Politik durch das Bundesverfassungsgericht? In: *Zeitschrift für Rechtssoziologie* 28(1), 75–95.

Borsdorf, Ulrich/Hans O. Hemmer/Martin Martiny (Hg.), 1977: *Grundlagen der Einheitsgewerkschaft: Historische Dokumente und Materialien.* Frankfurt a.M.: Europäische Verlagsanstalt.

Boyer, Robert, 2006: How Do Institutions Cohere and Change? The Institutional Complementarity Hypothesis and Its Extension. In: Geoffrey Wood/Phil James (Hg.), *Institutions, Production, and Working Life*. Oxford: Oxford University Press, 13–61.

Brandt, Willy, [1969]1979: Regierungserklärung vom 28. Oktober 1969. In: Klaus von Beyme (Hg.), *Die großen Regierungserklärungen der deutschen Bundeskanzler von Adenauer bis Schmidt*. München: Hanser, 251–281.

Braun, Adolf, 1908: *Die Tarifverträge und die deutschen Gewerkschaften*. Stuttgart: Dietz.

Braun, Wilhelm, 1960: Die Mitgliedersorgen der IG Metall. In: *Der Arbeitgeber. Zeitschrift der Bundesvereinigung der deutschen Arbeitgeberverbände* 12, 579–581.

——, 1961: Koordinierung oder Balkanisierung? Zur gegenwärtigen tarifpolitischen Diskussion. In: *Der Arbeitgeber. Zeitschrift der Bundesvereinigung der deutschen Arbeitgeberverbände* 13, 344–346.

Brentano, Lujo, 1919: Tarifvereinbarungen zwischen Arbeitgebern und Arbeitnehmern. In: *Soziale Praxis und Archiv für Volkswohlfahrt* 28, 576–578.

Brill, Hermann, 1948: *Brief des Chefs der Hessischen Staatskanzlei Hermann Brill an Hans Carl Nipperdey vom 15. September 1948*. Bundesarchiv: N 1268/265.

Brodocz, André, 2009: *Die Macht der Judikative*. Wiesbaden: VS Verlag.

Broecker, Bruno, 1929: Rezension zu »Walter Kasel: Arbeitsrecht. 3. Auflage«. In: *Die Arbeit. Zeitschrift für Gewerkschaftspolitik und Wirtschaftskunde* 6, 64–66.

Bryde, Brun-Otto, 2000: Juristensoziologie. In: Horst Dreier (Hg.), *Rechtssoziologie am Ende des 20. Jahrhunderts: Gedächtnissymposion für Edgar Michael Wenz*. Tübingen: Mohr Siebeck, 137–155.

Buchner, Herbert, 1983: Der Abbau arbeitsvertraglicher Ansprüche durch Betriebsvereinbarung im System der Mitbestimmung in sozialen Angelegenheiten. In: *Der Betrieb* 16, 877–887.

——, 1996: Betriebsräte auf schwierigem Terrain: Die Viessmann-Entscheidung des Arbeitsgerichts Marburg. In: *Neue Zeitschrift für Arbeitsrecht* 24/1996, 1304–1306.

Buchstein, Hubertus, 1992: *Politikwissenschaft und Demokratie: Wissenschaftskonzeption und Demokratietheorie sozialdemokratischer Nachkriegspolitologen in Berlin*. Baden-Baden: Nomos.

——, 1999: Wissenschaft von der Politik, Auslandswissenschaft, Political Science, Politologie: Die Berliner Tradition der Politikwissenschaft von der Weimarer Republik bis zur Bundesrepublik. In: Wilhelm Bleek/Hans J. Lietzmann (Hg.), *Schulen der deutschen Politikwissenschaft*. Opladen: Leske + Budrich, 183–212.

Buckmiller, Michael, 1988: Karl Korsch (1886–1961). In: Kritische Justiz (Hg.), *Streitbare Juristen: Eine andere Tradition*. Baden-Baden: Nomos, 254–267.

Bührig, Erich, 1949a: *Brief an Hans Carl Nipperdey vom 4. Februar 1949*. Bundesarchiv: BA N 1268/265.

——, 1949b: *Brief von Erich Bührig an den Präsidenten und die Vorstände der Fraktionen des Parlamentarischen Rates vom 21. Januar 1949*. Bundesarchiv: BA N 1268/265.

Bundesarbeitsgericht, 1954: *Geschäftsordnung des Bundesarbeitsgerichts*. Bundesarchiv: BA B 272/792.

——, 1984: *Geschäftsordnung des Bundesarbeitsgerichts vom 9. November 1984*. München: beck-online.

——, 2003: *Neufassung der Geschäftsordnung des Bundesarbeitsgerichts*. Bundesrats-Drucksache 145/03, 28. Februar 2003. Bonn: Bundesanzeiger Verlagsgesellschaft.

——, 2007a: *Das Bundesarbeitsgericht*. Erfurt: BAG.

Bundesarbeitsgericht, 2007b: *Geschäftsverteilung für das Bundesarbeitsgericht 2007.* Erfurt: BAG.

Bundesgerichtshof, 1952: Geschäftsordnung des Bundesgerichtshofes vom 3. März 1952. In: *Bundesanzeiger* 83, 9.

Bundesverfassungsgericht, 1954: *Urteil des Ersten Senats vom 18. November 1954 – 1 BvR 629/52.*

——, 1995: *Beschluss vom 14. November 1995 – 1 BvR 601/92.*

Bundesverwaltungsgericht, 1964: *Urteil vom 13. März 1964, Az: VII C 87.60, Keine Überschreitung tariflicher Lohnsätze im öffentlichen Dienst.*

——, 1974: *Urteil vom 8. März 1974, Az: VII C 47.72.*

Burley, Anne-Marie/Walter Mattli, 1993: Europe Before the Court: A Political Theory of Legal Integration. In: *International Organization* 47(1), 41–76.

Busch, Andreas, 2004: National Filters: Europeanisation, Institutions, and Discourse in the Case of Banking Regulation. In: *West European Politics* 27(2), 310–333.

Calwer, Richard, 1901: Die Akademiker in der Sozialdemokratie. In: *Sozialistische Monatshefte* 1901(5), 319–324.

Cameron, Charles M., 1993: *New Avenues for Modeling Judicial Politics.* Konferenzbeitrag. University of Rochester, W. Allen Wallis Institute of Political Economy Meeting, Rochester, 15.–16. Oktober 1993.

Campbell, John L., 2001: Institutional Analysis and the Role of Ideas in Political Economy. In: John L. Campbell/Ove K. Pedersen (Hg.), *The Rise of Neoliberalism and Institutional Analysis.* Princeton: Princeton University Press, 159–190.

——, 2004: *Institutional Change and Globalization.* Princeton: Princeton University Press.

——, 2006: What's New? General Patterns of Planned Macro-Institutional Change. In: Jerald Hage/Marius Meeus (Hg.), *Innovation, Science, and Institutional Change.* Oxford: Oxford University Press, 505–524.

Canaris, Claus-Wilhelm, 1974: Die Allgemeinen Arbeitsbedingungen im Schnittpunkt von Privat- und Kollektivautonomie. In: *Recht der Arbeit* 1974, 18–26.

Cappelli, Peter, 1985: Plant-Level Concession Bargaining. In: *Industrial and Labor Relations Review* 39(1), 90–104.

Carp, Robert A./Ronald Stidham/Kenneth L. Manning, 2004: *Judicial Process in America.* Washington, DC: CQ Press.

Carruthers, Bruce G./Terence C. Halliday, 1998: *Rescuing Business: The Making of Corporate Bankruptcy Law in England and the United States.* Oxford: Clarendon Press.

CDU/FDP Niedersachsen, 2008: *Koalitionsvereinbarung 2008–2013 zwischen CDU und FDP für die 16. Wahlperiode des Niedersächsischen Landtages.* Holzminden: FDP. <www.fdp-holzminden.de/daten/fdp_kv/files/koalitionsvertrag_2008_2013.pdf> (26. August 2011)

CDU/CSU, 2003: *Gesetzentwurf der Fraktion der CDU/CSU: Entwurf eines Gesetzes zur Modernisierung des Arbeitsrechts (ArbRModG).* Bundestags-Drucksache 15/1182, 18. Juni 2003. Bonn: Bundesanzeiger Verlagsgesellschaft.

Cichowski, Rachel A. (Hg.), 2006: Courts, Democracy, and Governance. In: *Comparative Political Studies* 39(1), 3–21.

Clayton, Cornell/Howard Gillman, 1999: *Supreme Court Decision-Making: New Institutionalist Approaches.* Chicago: Chicago University Press.

Clemens, Elisabeth S./James M. Cook, 1999: Politics and Institutionalism: Explaining Durability and Change. In: *Annual Review of Sociology* 25(1), 441–466.

Collier, Ruth B./David Collier, 1991: *Shaping the Political Arena.* Princeton: Princeton University Press.

Colomer, Josep M., 2001: Disequilibrium Institutions and Pluralist Democracy. In: *Journal of Theoretical Politics* 13, 235–247.

Cornelius, Gert, 1958: Zulässigkeit tariflicher Effektivklauseln. In: *Bundesarbeitsblatt* 1958(9), 229–232.

Courth, Paul 1969: *Günstigkeitsprinzip und Günstigkeitsvergleich im Spannungsfeld zwischen Individual- und Kollektivrecht.* Dissertation. Köln: Universität zu Köln, Rechtswissenschaftliche Fakultät.

Crouch, Colin, 2007: How to »Do« Post-Determinist Institutional Analysis. In: *Socio-Economic Review* 5(3), 527–537.

Crouch, Colin/Maarten Keune, 2005: Changing Dominant Practice: Making Use of Institutional Diversity in Hungary and the United Kingdom. In: Wolfgang Streeck/Kathleen Thelen (Hg.), *Beyond Continuity: Institutional Change in Advanced Political Economies.* Oxford: Oxford University Press, 83–102.

Dahrendorf, Ralf, 1961: Bemerkungen zur sozialen Herkunft und Stellung der Richter an Oberlandesgerichten: Ein Beitrag zur Soziologie der deutschen Oberschicht. In: *Hamburger Jahrbuch für Wirtschafts- und Gesellschaftspolitik* 5, 260–275.

——, 1965: *Gesellschaft und Demokratie in Deutschland.* München: Piper.

Däubler, Wolfgang, 1974: *Gesellschaftliche Interessen und Arbeitsrecht: Zum Selbstverständnis der Arbeitsrechtswissenschaft.* Köln: Pahl-Rugenstein.

——, 1975: *Das soziale Ideal des Bundesarbeitsgerichts.* Frankfurt a.M.: Europäische Verlagsanstalt.

——, 1977: Gewerkschaften, Arbeitsgerichte und Rechtswissenschaft. In: Martin Doehlemann/Wolfgang Alber (Hg.), *Wem gehört die Universität?* Lahn-Gießen: Anabas, 64–73.

——, 1985: Arbeitsrechtliche Forschung in der Bundesrepublik. In: *WSI-Mitteilungen* 38, 64–73.

——, 1988: Otto Kahn-Freund (1900–1979): Ideologiekritik und Rechtsfortschritt im Arbeitsrecht. In: Kritische Justiz (Hg.), *Streitbare Juristen: Eine andere Tradition.* Baden-Baden: Nomos, 380–389.

Däubler, Wolfgang/Hans Hege, 1976: Das Recht der Koalitionen. In: Wilhelm Maus (Hg.), *Handbuch des Rechts. Gruppe XI A.* Baden-Baden: Nomos.

David, Robert J./Alex B. Bitektine, 2009: The Deinstitutionalization of Institutional Theory? Exploring Divergent Agendas in Institutional Research. In: David A. Buchanan/Alan Bryman (Hg.), *The SAGE Handbook of Organizational Research Methods.* Los Angeles: Sage, 160–175.

Davis, Sue, 1999: The Chief Justice and Judicial Decision-Making: The Institutional Basis for Leadership on the Supreme Court. In: Cornell Clayton/Howard Gillman (Hg.), *Supreme Court Decision-Making: New Institutionalist Approaches.* Chicago: The University of Chicago Press, 135–154.

Deitelhoff, Nicole, 2006: Zu(m) Recht überzeugt – die Errichtung des Internationalen Strafgerichtshofs im Spannungsverhältnis zwischen Recht und Politik. In: Michael Becker/Ruth Zimmerling (Hg.), *Politik und Recht.* Politische Vierteljahresschrift, Sonderheft 36. Wiesbaden: VS Verlag, 449–477.

Denecke, Johannes, 1955: *Brief an den Präsidenten des Bundesarbeitsgerichts Hans Carl Nipperdey vom 6. Dezember 1955.* Bundesarchiv: BA B 272/792.

Denecke, Johannes, 1960: Über die Zulässigkeit von Lohnbegrenzungen. In: *Der Betrieb* 13, 668–669.

Denzau, Arthur T./Douglass C. North, 1994: Shared Mental Models: Ideologies and Institutions. In: *Kyklos* 47(1), 3–31.

Dersch, Hermann, 1934: *Das Gesetz zur Ordnung der nationalen Arbeit. Kommentar.* Berlin: Weidmannsche Buchhandlung.

Deutscher Bundestag, 1989: *Entwurf eines Gesetzes zur Änderung des Arbeitsgerichtsgesetzes und anderer arbeitsrechtlicher Vorschriften (Arbeitsgerichtsgesetz-Änderungsgesetz).* Bundestags-Drucksache 11/5465, 25. Oktober 1989. Bonn: Bundesanzeiger Verlagsgesellschaft.

——, 1990: *Beschlussempfehlung und Bericht des Ausschusses für Arbeit und Sozialordnung (11. Ausschuss) zu dem Gesetzentwurf der Bundesregierung – Drucksache 11/5465 – Entwurf eines Gesetzes zur Änderung des Arbeitsgerichtsgesetzes (Arbeitsgerichtsgesetz-Änderungsgesetz).* Bundestags-Drucksache 11/7096, 9. Mai 1990. Bonn: Bundesanzeiger Verlagsgesellschaft.

——, 2000: *Beschlussempfehlung und Bericht des Ausschusses für Arbeit und Sozialordnung (11. Ausschuss) zu dem Gesetzentwurf des Bundesrats – Drucksache 14/626 – Entwurf eines Gesetzes zur Vereinfachung und Beschleunigung des arbeitsgerichtlichen Verfahrens (Arbeitsgerichtsbeschleunigungsgesetz).* Bundestags-Drucksache 14/2490, 12. Januar 2000. Bonn: Bundesanzeiger Verlagsgesellschaft.

Di Maggio, Paul J., 1988: Interest and Agency in Institutional Theory. In: Lynne Zucker (Hg.), *Institutional Patterns and Organizations.* Cambridge, MA: Ballinge, 3–32.

Dietz, Rolf, 1950: Entwicklung des deutschen Arbeitsrechts. In: *Der Arbeitgeber. Zeitschrift der Bundesvereinigung der deutschen Arbeitgeberverbände* 2, 66–72.

——, 1965: Verbot der Verabredung übertariflicher Arbeitsbedingungen durch Beschluß eines Arbeitgeberverbandes. In: *Der Betrieb* 18, 591.

Dittberner, Jürgen, 1983: Die Freie Demokratische Partei. In: Richard Stöss (Hg.), *Parteien-Handbuch: Die Parteien der Bundesrepublik Deutschland 1945–1980*, Band 3: *EAP bis KSP.* Opladen: Westdeutscher Verlag, 1311–1381.

Djelic, Marie-Laure/Sigrid Quack (Hg.), 2003: *Globalization and Institutions: Redefining the Rules of the Economic Game.* Cheltenham, UK: Edward Elgar.

——, 2005: Rethinking Path Dependency: The Crooked Path of Institutional Change in Post-War Germany. In: Glenn Morgan/Richard Whitley/Eli Moen (Hg.), *Changing Capitalisms? Internationalization, Institutional Change, and Systems of Economic Organization.* Oxford: Oxford University Press, 137–166.

Döblin, Emil, 1906: Der Sturmlauf gegen die Tarifgemeinschaften. In: *Sozialistische Monatshefte* 12(11), 932–940.

——, 1908: Tarifvertragspolitik und Klassenkampf. In: *Sozialistische Monatshefte* 14(12), 720–724.

——, 1910: Die Tarifvertragspolitik und ihre Gegner. In: *Sozialistische Monatshefte* 16(26), 1669–1673.

——, 1912: Lehren der Tarifvertragsverhandlungen. In: *Sozialistische Monatshefte* 18(2), 97–102.

Dobusch, Leonhard/Sigrid Quack, 2008: *Epistemic Communities and Social Movements: Transnational Dynamics in the Case of Creative Commons.* MPIfG Discussion Paper 08/8. Köln: Max-Planck-Institut für Gesellschaftsforschung. <www.mpifg.de/pu/mpifg_dp/dp08-8.pdf>

Döhler, Marian, 1990: *Gesundheitspolitik nach der »Wende«: Policy-Netzwerke und ordnungspolitischer Strategiewechsel in Großbritannien, den USA und der Bundesrepublik Deutschland.* Berlin: edition sigma.

Döhn, Lothar, 1970: *Politik und Interesse: Die Interessenstruktur der Deutschen Volkspartei.* Meisenheim am Glan: Anton Hain.

Dowding, Keith/Desmond King (Hg.), 1995: *Preferences, Institutions, and Rational Choice.* Oxford: Clarendon Press.

Dubischar, Roland, 1990: Zur Entstehung der Arbeitsrechtswissenschaft als Scientific Community. In: *Recht der Arbeit* 43, 83–97.

Düwell, Franz Josef/Gert-Albert Lipke, 2005: *ArbGG: Arbeitsgerichtsgesetz. Kommentar für die Praxis.* 2., überarbeitete und aktualisierte Auflage. Frankfurt a.M.: Bund-Verlag.

Engel, Christoph, 1998: *Rechtswissenschaft als angewandte Sozialwissenschaft.* Preprints aus der Max-Planck-Projektgruppe Recht der Gemeinschaftsgüter 1998/1. Bonn: Max-Planck-Institut für Gemeinschaftsgüter.

Enneccerus, Ludwig/Hans Carl Nipperdey, 1959: *Lehrbuch des Bürgerlichen Rechts,* Band 1*: Allgemeiner Teil des Bürgerlichen Rechts,* 1. Halbband. 15. Auflage. Tübingen: Mohr.

Epp, Charles R., 1998: *The Rights Revolution: Lawyers, Activists, and Supreme Courts in Comparative Perspective.* Chicago: The University of Chicago Press.

Epstein, Lee/Jack Knight, 1998: *The Choices Justices Make.* Washington, DC: Congressional Quarterly Press.

Epstein, Lee/Jeffrey A. Segal, 2000: Measuring Issue Salience. In: *American Journal of Political Science* 44(1), 66–83.

Epstein, Lee/Jeffrey A. Segal/Harold J. Spaeth, 2001: The Norm of Consensus on the US Supreme Court. In: *American Journal of Political Science* 45(2), 362–377.

Erd, Rainer, 1988: Hugo Sinzheimer (1875–1945): Aufruf zur Befreiung des Menschen. In: Kritische Justiz (Hg.), *Streitbare Juristen: Eine andere Tradition.* Baden-Baden: Nomos, 282–294.

Erdmann, Lothar, 1924: Der Weg der Gewerkschaften. In: *Die Arbeit. Zeitschrift für Gewerkschaftspolitik und Wirtschaftskunde* 1, 1–9.

Eskridge, William N., 1991: Reneging on History? Playing the Court/Congress/President Civil Rights Game. In: *California Law Review* 79(3), 613–684.

Evans, Peter B./Dietrich Rueschemeyer/Theda Skocpol (Hg.), 1985: *Bringing the State Back In.* Cambridge: Cambridge University Press.

Faibelmann, 1928: Verzögerung und Vereitelung der Rechtsverfolgung durch den Ausschluss von Rechtsanwälten vor den Arbeitsgerichten. In: *Anwaltsblatt* 1928, 187.

Farrell, Henry/Adrienne Héritier, 2007: Introduction: Contested Competences in the European Union. In: *West European Politics* 30(2), 227–243.

Feeley, Malcolm M./Edward L. Rubin, 1998: *Judicial Policy-Making and the Modern State: How the Courts Reformed America's Prisons.* Cambridge: Cambridge University Press.

Feest, Johannes, 1965: Die Bundesrichter: Herkunft, Karriere und Auswahl der juristischen Elite. In: Wolfgang Zapf (Hg.), *Beiträge zur Analyse der deutschen Oberschicht.* München: Piper, 95–113.

Feldman, Gerald D., 1966: *Army, Industry and Labor in Germany 1914–1918.* Princeton: Princeton University Press.

Fichter, Mike, 1982: *Besatzungsmacht und Gewerkschaften: Zur Entwicklung und Anwendung der US-Gewerkschaftspolitik in Deutschland 1944–1948.* Opladen: Westdeutscher Verlag.

Fitting, Karl, 1950a: *Vermerk IIIa/104/50 vom 27. Januar 1950. Errichtung der Oberen Bundesgerichte, hier: Besprechung im Justizministerium mit Herrn Ministerialrat Dr. Bülow und dem persönlichen*

*Referenten des Justizministers Herrn Dr. Geiger.* Bundesministerium für Arbeit: Bundesarchiv BA B 149/10097.

Fitting, Karl, 1950b: *Vermerk IIIa/103/50 vom 25. Januar 1950. Zuständigkeiten bei der Errichtung der Oberen Bundesgerichte.* Bundesministerium für Arbeit: Bundesarchiv BA B 149/10097.

——, 1950c: *Vermerk IIIa/250/50 vom 27. Februar 1950. Ressortzuständigkeit für die Oberen Bundesgerichte.* Bundesministerium für Arbeit: Bundesarchiv BA B 149/10097.

——, 1956: *Vermerk IIIa/4440/56 vom 8. Oktober 1956. Antrag der FDP betreffend einheitliche Prozeßordnung, Besprechung im Bundesministerium der Justiz am 25.9.56.* Bundesministerium für Arbeit: BA B 149/10097.

——, 1958a: *Vermerk IIIa2-492/58 vom 8. Februar 1958. Vereinheitlichung der Rechtspflege.* Bundesministerium für Arbeit: BA B 149/10097.

—— 1958b: *Vermerk IIIa2/19/58 vom 8. Januar 1958. Entwurf eines Ersten Gesetzes zur Vereinheitlichung der Rechtspflege, Besprechung am 8.1.1958 im Bundesministerium der Justiz.* Bundesministerium für Arbeit: BA B 149/10097.

Flad, Dr., 1908: Der 29. Deutsche Juristentag in Karlsruhe. In: *Deutsche Juristen-Zeitung* 13, 1081–1083.

Fligstein, Neil, 1997: Social Skill and Institutional Theory. In: *American Behavioral Scientist* 40(4), 397–405.

Foerster, Alf Ingmar, 1956: Zur Rechtswirksamkeit tariflicher Effektivklauseln. In: *Der Arbeitgeber. Zeitschrift der Bundesvereinigung der deutschen Arbeitgeberverbände* 8, 504–507.

Fraenkel, Ernst, 1926: Aushöhlung des Tarifvertrags? In: *Betriebsräte-Zeitschrift für Funktionäre der Metallindustrie* 7, 692–694.

——, 1960: *Das amerikanische Regierungssystem: Eine politologische Analyse.* Opladen: Westdeutscher Verlag.

——, [1930]1966: Zehn Jahre Betriebsrätegesetz. In: Thilo Ramm (Hg.), *Arbeitsrecht und Politik: Quellentexte 1918–1933.* Neuwied: Luchterhand, 97–112.

——, [1940]1974: *Der Doppelstaat.* Frankfurt a.M.: Europäische Verlagsanstalt.

——, [1927]1999: Zur Soziologie der Klassenjustiz. In: Hubertus Buchstein (Hg.), *Ernst Fraenkel: Gesammelte Schriften,* Band 1: *Recht und Politik in der Weimarer Republik.* Baden-Baden: Nomos, 177–211.

——, [1958]1999: Hugo Sinzheimer. In: Hubertus Buchstein (Hg.), *Ernst Fraenkel. Gesammelte Schriften,* Band 1: *Recht und Politik in der Weimarer Republik.* Baden-Baden: Nomos, 620–631.

Franke, Hermann, 1969: Lohn-Explosion vermeiden! In: *Der Arbeitgeber. Zeitschrift der Bundesvereinigung der deutschen Arbeitgeberverbände* 21, 591.

Freitag, Markus/Marc Bühlmann, 2005: Politische Institutionen und die Entwicklung generalisierten Vertrauens: Ein internationaler Vergleich. In: *Politische Vierteljahresschrift* 46(4), 575–601.

Frymer, Paul, 2003: Acting When Elected Officials Won't: Federal Courts and Civil Rights Enforcement in U.S. Labor Unions 1935–1985. In: *The American Political Science Review* 97(3), 483–499.

Funke-Kaiser, Walter, 1949: *Brief der Immobiliengesellschaft Franz Oster und Walter Funke-Kaiser an Hans Carl Nipperdey vom 13. März 1949.* Bundesarchiv: BA N 1268/265.

Galperin, Hans, 1964: Zeitschrift zu dem Bericht von Prof. Dr. Thilo Ramm über die Rechtsprechung des Bundesarbeitsgerichts. In: *Juristenzeitung* 19, 711.

Gamillscheg, Franz, 1965: Nipperdey und sein Kritiker. In: *Juristenzeitung* 20, 47–53.

Ganghof, Steffen, 2004: *Wer regiert in der Steuerpolitik? Einkommenssteuerreform zwischen internationalem Wettbewerb und nationalen Verteilungskonflikten.* Frankfurt a.M.: Campus.

Garrett, Geoffrey, 1995: The Politics of Legal Integration in the European Union. In: *International Organization* 49(1), 171–181.

Gessner, Volker, 1971: Probleme der Zusammenarbeit zwischen Juristen und Sozialwissenschaftlern. In: *Juristenzeitung* 26, 324–327.

Gester, Heinz, 1968: Das Nein der Gewerkschaften zu den Notstandsgesetzen nach den Hearings. In: *Gewerkschaftliche Monatshefte* 19(3), 133–143.

Gierke, Otto von, [1889]1948: *Die soziale Aufgabe des Privatrechts.* 2. Auflage. Frankfurt a.M.: Klostermann.

Gilley, Bruce, 2009: Legitimacy and Institutional Change: The Case of China. In: *Comparative Political Studies* 41(3), 259–284.

Gillman, Howard, 1999: The Court as an Idea, Not a Building (or a Game): Interpretive Institutionalism and the Analysis of Supreme Court Decision-Making. In: Cornell Clayton/Howard Gillman (Hg.), *Supreme Court Decision-Making: New Institutionalist Approaches.* Chicago: University of Chicago Press, 65–87.

——, 2004: Martin Shapiro and the Movement from »Old« to »New« Institutionalist Studies in Public Law Scholarship. In: *Annual Review of Political Science* 7, 363–382.

Gillman, Howard/Cornell Clayton, 1999: *The Supreme Court in American Politics: New Institutionalist Interpretations.* Lawrence, KS: University Press of Kansas.

Göhler, Gerhard, 1986: Vom Sozialismus zum Pluralismus: Politiktheorie und Emigrationserfahrung bei Ernst Fraenkel. In: *Politische Vierteljahresschrift* 27, 6–27.

——, 1994: Politische Institutionen und ihr Kontext: Begriffliche und konzeptionelle Überlegungen zur Theorie politischer Institutionen. In: Gerhard Göhler (Hg.), *Die Eigenart der Instituionen: Zum Profil politischer Institutionentheorie.* Baden-Baden: Nomos, 19–46.

——, 1997: Wie verändern sich Institutionen? Revolutionärer und schleichender Institutionenwandel. In: Gerhard Göhler (Hg.), *Institutionenwandel.* Leviathan, Sonderheft 16. Opladen: Westdeutscher Verlag, 21–56.

Golann, Stuart/William J. Fremouw (Hg.), 1976: *The Right to Treatment for Mental Patients.* New York: Irvington Publishers.

Görlitz, Axel, 1970: *Verwaltungsgerichtsbarkeit in Deutschland.* Neuwied: Luchterhand.

Görlitz, Axel/Rüdiger Voigt, 1985: *Rechtspolitologie: Eine Einführung.* Opladen: Westdeutscher Verlag.

Gough, Clair/Simon Shackley, 2001: The Respectable Politics of Climate Change: The Epistemic Communities and NGOs. In: *International Affairs* 77(2), 329–345.

Grab, Walter/Julius H. Schoeps, 1986: *Juden in der Weimarer Republik.* Stuttgart: Burg.

Graf, Günter, 1993: *Das Arbeitsgerichtsgesetz von 1926: Weimarer Verfassungsvollzug auf justizpolitischen Irrwegen des Kaiserreichs?* Goldbach: Keip.

Gramm, Hans, 1961: Das Ordnungsprinzip im kollektiven Arbeitsrecht. In: *Arbeit und Recht* 9, 353–357.

Grebing, Helga, 1997: Jüdische Intellektuelle in der deutschen Arbeiterbewegung zwischen den beiden Weltkriegen. In: *Archiv für Sozialgeschichte* 37, 19–38.

Greif, Avner/David D. Laitin, 2004: A Theory of Endogenous Institutional Change. In: *American Political Science Review* 98(4), 633–652.

Groenewegen, John/Martin de Jong, 2008: Assessing the Potential of New Institutional Economics to Explain Institutional Change: The Case of Road Management Liberalization in the Nordic Countries. In: *Journal of Institutional Economics* 4(1), 51–71.

Grüber, Hans-Bernd, 1974: Zur Anwendbarkeit der Soziologie in der Jurisprudenz. In: *Juristenzeitung* 29, 665–669.

Guarnierei, Carlo/Patrizia Pederzoli, 2002: *The Power of Judges: A Comparative Study of Courts and Democracy.* Oxford: Oxford University Press.

Gusy, Christoph, 2006: Die Verfassungsbeschwerde. In: Robert Chr. van Ooyen/Martin H.W. Möllers (Hg.), *Das Bundesverfassungsgericht im politischen System.* Wiesbaden: VS Verlag, 201–213.

Haas, Peter M., 1992a: Banning Chlorofluorocarbons: Epistemic Community Efforts to Protect Stratospheric Ozone. In: *International Organization* 46(1), 187–224.

——, 1992b: Introduction: Epistemic Communities and International Policy Coordination. In: *International Organization* 46(1), 1–35.

——, 1995: Epistemic Communities and the Dynamics of International Environmental Cooperation. In: Volker Rittberger (Hg.), *Regime Theory and International Relations.* Oxford: Clarendon Press, 168–201.

——, 2004: When Does Power Listen to Truth? A Constructivist Approach to the Policy Process. In: *Journal of European Public Policy* 11(4), 569–592.

Hacker, Jacob S., 2005: Policy Drift: The Hidden Politics of US Welfare State Retrenchment. In: Wolfgang Streeck/Kathleen Thelen (Hg.), *Beyond Continuity: Institutional Change in Advanced Political Economies.* Oxford: Oxford University Press, 40–82.

Hage, Jerald, 2006: Institutional Change and Societal Change: The Impact of Knowledge Transformations. In: Jerald Hage/Marius Meeus (Hg.), *Innovation, Science, and Institutional Change.* Oxford: Oxford University Press, 465–482.

Haipeter, Thomas/Gabi Schilling, 2006: *Arbeitgeberverbände in der Metall- und Elektroindustrie: Tarifbindung, Organisationsentwicklung und Strategiebildung.* Hamburg: VSA-Verlag.

Hall, Peter A. (Hg.), 1989: *The Political Power of Economic Ideas: Keynesianism Across Nations.* Princeton: Princeton University Press.

Hall, Peter A./Rosemary C. Taylor, 1996: *Political Science and the Three New Institutionalisms.* MPIfG Discussion Paper 96/6. Köln: Max-Planck-Institut für Gesellschaftsforschung.

Halliday, Terence C./Bruce G. Carruthers, 2007: The Recursivity of Law: Global Norm Making and National Lawmaking in the Globalization of Corporate Insolvency Regimes. In: *American Journal of Sociology* 112(4), 1135–1202.

Halliday, Terrence C./Lucien Karpik (Hg.), 1997: *Lawyers and the Rise of Western Political Liberalism: Europe and North America from the Eighteenth to Twentieth Centuries.* New York: Oxford University Press.

Halliday, Terence C./Lucien Karpik/Malcolm M. Feeley (Hg.), 2007a: *Fighting for Political Freedom: Comparative Studies of the Legal Complex and Political Liberalism.* Oxford: Hart Publishing.

——, 2007b: The Legal Complex in Struggles for Political Liberalism. In: Terence C. Halliday/Lucien Karpik/Malcolm M. Feeley (Hg.), *Fighting for Political Freedom: Comparative Studies of the Legal Complex and Political Liberalism.* Oxford: Hart Publishing, 1–40.

Hamm, O., 1902: Die Zukunft des Deutschen Juristen-Tages. In: *Deutsche Juristen-Zeitung* 7, 406–408.

Hanau, Peter, 1993: Arbeitsrecht und Arbeitsgerichtsbarkeit von Kaiser Wilhelm II bis zum Bundeskanzler Dr. Kohl – Gedanken zum 100jährigen Bestehen des Deutschen Arbeitsgerichtsverbandes. In: *Neue Zeitschrift für Arbeitsrecht* 8/1993, 338–341.

——, 2004: Festvortrag: 50 Jahre Bundesarbeitsgericht. In: Bundesarbeitsgericht (Hg.), *Festakt aus Anlass des 50. Jahrestages der Errichtung des Bundesarbeitsgerichts*. Erfurt: Selbstverlag des Bundesarbeitsgerichts, 23–32.

Handler, Joel F., 1978: *Social Movements and the Legal System: A Theory of Law Reform and Social Change*. London: Academic Press.

Hannover, Heinrich/Elisabeth Hannover-Drück, 1966: *Politische Justiz 1918–1933*. Hamburg: Attica.

Harrison, Kathryn, 2002: Ideas and Environmental Standard-Setting: A Comparative Study of Regulation of the Pulp and Paper Industry. In: *Governance: An International Journal of Policy, Administration, and Institutions* 15(1), 65–96.

Hartmann, Michael, 2002: *Der Mythos von den Leistungseliten: Spitzenkarrieren und soziale Herkunft in Wirtschaft, Politik, Justiz und Wissenschaft*. Frankfurt a.M.: Campus.

Hartwich, Esther, 2008: *Der Deutsche Juristentag von seiner Gründung 1860 bis zu den Reichsjustizgesetzen 1877 im Kontext von Nationsbildung und Rechtsvereinheitlichung*. Berlin: Wissenschaftsverlag.

Hartwich, Hans-Herrmann, 1967: *Arbeitsmarkt, Verbände und Staat 1918–1933: Die öffentliche Bindung unternehmerischer Funktionen in der Weimarer Republik*. Berlin: Walter de Gruyter.

Hassel, Anke, 1999: The Erosion of the German System of Industrial Relations. In: *British Journal of Industrial Relations* 37(3), 483–505.

——, 2007: Gewerkschaften. In: Thomas von Winter/Ulrich Willems (Hg.), *Interessenverbände in Deutschland*. Wiesbaden: VS Verlag, 173–196.

Hay, Colin, 2006: Constructivist Institutionalism. In: R. A. W. Rhodes/Sarah A. Binder/Bert A. Rockman (Hg.), *The Oxford Handbook of Political Institutions*. Oxford: Oxford University Press, 56–74.

Heimann, Siegfried, 1986: Die Sozialdemokratische Partei Deutschlands. In: Richard Stöss (Hg.), *Parteien-Handbuch. Die Parteien der Bundesrepublik Deutschland 1945–1980. Sonderausgabe Band 4: NPD bis WAV*. Opladen: Westdeutscher Verlag, 2025–2216.

Heinemann, Hugo, 1915a: Der Koalitionsgedanke im Weltkrieg. In: *Sozialistische Monatshefte* 21, 1108–1117.

——, 1915b: Die Entlastung der Gerichte, eine Kriegserrungenschaft der deutschen Rechtspflege. In: *Sozialistische Monatshefte* 21, 981–986.

——, 1919: Das neue Recht und unsere Zukunft. In: *Sozialistische Monatshefte* 25, 13–18.

Heinze, Meinhard, 1995: Thilo Ramm zum 70. Geburtstag. In: *Neue Juristische Wochenschrift* 14/1995, 939.

Henke, Wilhelm, 1974: Jurisprudenz und Soziologie. In: *Juristenzeitung* 29, 729–735.

Hensche, Detlef, 1997: Tarifpolitik in der Krise. In: Thomas Dieterich (Hg.), *Das Arbeitsrecht der Gegenwart*, Band 34: *Dokumentation für das Jahr 1996*. Jahrbuch für das gesamte Arbeitsrecht und die Arbeitsgerichtsbarkeit, Nachschlagewerk für Wissenschaft und Praxis. Berlin: Schmidt, 35–48.

Herschel, Wilhelm, 1948: *Brief von Wilhelm Herschel an Hans Carl Nipperdey vom 30. November 1948*. Bundesarchiv: BA N 1268/265.

——, 1956: Anmerkung zum Urteil des Bundesarbeitsgerichts vom 1.3.1956, 2 AZR 183/54. In: *Bundesarbeitsblatt* 1956, 449–451.

Herschel, Wilhelm, 1957: *Brief an den Präsidenten des Bundesarbeitsgerichts vom 6. Februar 1957.* Bundesarchiv: BA B 272/793.

——, 1973: Zur Entstehung des Tarifvertragsgesetzes. In: *Zeitschrift für Arbeitsrecht* 1973, 183–200.

——, 1985: In memoriam Hans Carl Nipperdey. In: *Recht der Arbeit* 1985, 163.

Heß, 1928: Ein Jahr Anwaltsboykott. In: *Juristische Wochenschrift* 57/I, 317.

Hessel, Philipp, 1956: Anmerkung zum Urteil des Bundesarbeitsgerichts vom 1.3.1956, 2 AZR 183/54. In: *Arbeit und Recht* 4, 155–158.

Hilger, Marie-Luise, 1953: *Brief von Marie-Luise Hilger an Hans Carl Nipperdey vom 10. Juni 1953.* Bundesarchiv: BA N 1268/87.

——, 1981: Zur Geschichte der Arbeitsgerichtsbarkeit nach 1945. In: *Recht der Arbeit* 1981, 93–95.

Hitzel-Cassagnes, Tanja, 2006: Der EuGH im Spannungsfeld von Konstitutionalisierung und Demokratisierung. In: Michael Becker/Ruth Zimmerling (Hg.), *Politik und Recht.* Politische Vierteljahresschrift, Sonderheft 36. Wiesbaden: VS Verlag, 377–396.

Hjorth, Ronnie, 1994: Baltic Sea Environmental Cooperation: The Role of Epistemic Communities and the Politics of Regime Change. In: *Cooperation and Conflict* 29(1), 11–31.

Höland, Armin/Uwe Reim/Holger Brecht, 2000: *Flächentarifvertrag und Günstigkeitsprinzip: Empirische Beobachtungen und rechtliche Betrachtungen der Anwendung von Flächentarifverträgen in den Betrieben.* Baden-Baden: Nomos.

Holland, Kenneth M. (Hg.), 1991: *Judicial Activism in Comparative Perspective.* New York: St. Martin's Press.

Hollstein, Thorsten, 2007: *Die Verfassung als »allgemeiner Teil«: Privatrechtsmethode und Privatrechtskonzeption bei Hans Carl Nipperdey (1895–1968).* Tübingen: Mohr Siebeck.

Holzhauer, Heinz, 2000: Thilo Ramm zum 75. Geburtstag. In: *Neue Juristische Wochenschrift* 14/2000, 1008.

Hönnige, Christoph, 2007: *Verfassungsgericht, Regierung und Opposition: Die vergleichende Analyse eines Spannungsdreiecks.* Wiesbaden: VS Verlag.

Höpner, Martin, 2008: *Usurpation statt Delegation: Wie der EuGH die Binnenmarktintegration radikalisiert und warum er politischer Kontrolle bedarf.* MPIfG Discussion Paper 08/12. Köln: Max-Planck-Institut für Gesellschaftsforschung. <www.mpifg.de/pu/mpifg_dp/dp08-12.pdf>

Hopt, Klaus J., 1975: Was ist von den Sozialwissenschaften für die Rechtsanwendung zu erwarten? In: *Juristenzeitung* 30, 341–349.

Howorth, Jolyon, 2004: Discourse, Ideas, and Epistemic Communities in European Security and Defence Policy. In: *West European Politics* 27(2), 211–234.

Hromadka, Wolfgang, 2006: Alfred Söllner. In: *Neue Zeitschrift für Arbeitsrecht* 1/2006, 26–27.

Hueck, Alfred, 1920: *Das Recht des Tarifvertrages unter besonderer Berücksichtigung der Verordnung vom 23. Dezember 1918.* Berlin: Vahlen.

——, 1921: Der Entwurf zu einem Arbeitstarifgesetz. In: *Juristische Wochenschrift* 50, 613–617.

——, 1924: Die Vereinbarung untertariflicher Löhne zur Verhütung der Arbeitslosigkeit. In: *Das Schlichtungswesen* 1924, 183–185.

——, 1961: Die Entwicklung des Tarifrechts. In: *Der Arbeitgeber. Zeitschrift der Bundesvereinigung der deutschen Arbeitgeberverbände* 13, 78–82.

Hueck, Alfred/Hans Carl Nipperdey, 1928: *Lehrbuch des Arbeitsrechts. Erster Band.* Mannheim: Bensheimer.

——, 1932: *Lehrbuch des Arbeitsrechts. Zweiter Band.* 3.–5., neu bearbeitete Auflage. Mannheim: Bensheimer.

——, 1950: *Tarifvertragsgesetz mit Durchführungs- und Nebenvorschriften.* München: Beck.

——, 1965: *Grundriß des Arbeitsrechts.* 3., neu bearbeitete Auflage. Berlin: Vahlen.

Hueck, Alfred/Hans Carl Nipperdey/Rolf Dietz, 1939: *Gesetz zur Ordnung der nationalen Arbeit. Kommentar.* 3., neu bearbeitete Auflage. München: Beck.

Hülden, Arnold, 1958: Die Entwicklung der Löhne und Gehälter im öffentlichen Dienst. In: *Der Arbeitgeber. Zeitschrift der Bundesvereinigung der deutschen Arbeitgeberverbände* 10, 180–182.

Hüllbüsch, Ursula, 1976: Koalitionsfreiheit und Zwangstarif: Die Stellungnahme des Allgemeinen Deutschen Gewerkschaftsbundes zu Tarifvertrag und Schlichtungswesen in der Weimarer Republik. In: Ulrich Engelhardt/Volker Sellin/Horst Stuke (Hg.), *Soziale Bewegung und politische Verfassung: Beiträge zur Geschichte der modernen Welt.* Stuttgart: Klett, 599–652.

Huppert, Walter, 1960: Objektive Tariflohnmaßstäbe? In: *Der Arbeitgeber. Zeitschrift der Bundesvereinigung der deutschen Arbeitgeberverbände* 12, 80–84.

IG Chemie-Papier-Keramik, 1971: *PRO & CONTRA Betriebsnahe Tarifpolitik.* Hannover: IG Chemie-Papier-Keramik.

IG Medien, 1999: *Gegen Burda voller Erfolg beim BAG.* Pressemitteilung vom 20. April 1999, o.O.

IG Metall, 1958a: *Protokoll 5. Ordentlicher Gewerkschaftstag der Industriegewerkschaft Metall für die Bundesrepublik Deutschland, 15. bis 20. September 1958 in Nürnberg.* Frankfurt a.M.: IG Metall.

——, 1958b: Sitzung des Vorstandes der IG Metall am 11./12. November 1958. In: Hermann Weber/Klaus Schönhoven/Klaus Tenfelde (Hg.), *Quellen zur Geschichte der deutschen Gewerkschaftsbewegung im 20. Jahrhundert,* Band 9: *Die Industriegewerkschaft Metall in den Jahren 1956 bis 1963.* Köln: Bund-Verlag, 225–252.

Isele, Helmut Georg, 1964: Ordnungsprinzip oder Parteiwille? In: *Juristenzeitung* 19(4), 113–120.

Jackson, Donald W./C. Neal Tate (Hg.), 1992: *Comparative Judicial Review and Public Policy.* Westport, CT: Greenwood Press.

Jacob, Herbert, et al. (Hg.), 1996: *Courts, Law and Politics in Comparative Perspective.* New Haven, CT: Yale University Press.

Jacobi, Erwin, 1927: *Grundlehren des Arbeitsrechts.* Leipzig: Deichertsche Verlagsbuchhandlung.

Jacobs, Lawrence R./Benjamin I. Page, 2005: Who Influences U.S. Foreign Policy? In: *American Political Science Review* 99(1), 107–123.

Jordan, Grant, 1990: Sub-Governments, Policy Communities and Networks: Refilling the Old Bottles? In: *Journal of Theoretical Politics* 2(3), 319–338.

Kabinett, 1954: *64. Kabinettssitzung am 21. Dezember 1954. Top 5: Wahl von Bundesrichtern beim Bundesarbeitsgericht (»Kabinettsprotokolle der Bundesregierung« online).* Bundesarchiv. <www.bundesarchiv.de/cocoon/barch/0001/k/k1954k/index.html>

Kaelberer, Matthias, 2003: Knowledge, Power and Monetary Bargaining: Central Bankers and the Creation of Monetary Union in Europe. In: *Journal of European Public Policy* 10(3), 365–379.

Kagan, Robert A., 1997: Should Europe Worry about Adversarial Legalism? In: *Oxford Journal of Legal Studies* 17(2), 165–183.

——, 2001: *Adversarial Legalism: The American Way of Law.* Cambridge, MA: Harvard University Press.

Kagan, Robert A., 2008: The »Non-Americanisation« of European Law. In: *European Political Science* 7(1), 21–31.

Kahn-Freund, Otto, [1932]1966: Der Funktionswandel des Arbeitsrechts. In: Thilo Ramm (Hg.), *Arbeitsrecht und Politik: Quellentexte 1918–1933*. Neuwied: Luchterhand, 211–246.

——, [1931]1975: Das soziale Ideal des Reichsarbeitsgerichts. In: Thomas Blanke et al. (Hg.), *Kollektives Arbeitsrecht: Quellentexte zur Geschichte des Arbeitsrechts in Deutschland*, Band 1: *1840–1933*. Reinbek: Rowohlt, 247–273.

——, [1931]1981: Brief an Clemens Nörpel vom 21. Februar 1931. In: Roy Lewis/Jon Clark (Hg.), *Labour Law and Politics in the Weimar Republic*. Oxford: Basil Blackwell, 229–232.

Kaiser, André, 2001: Die politische Theorie des Neo-Institutionalismus: James March und Johan Olsen. In: André Brodocz/Gary S. Schaal (Hg.), *Politische Theorien der Gegenwart II: Eine Einführung*. Opladen: Leske + Budrich, 253–282.

Kalb, Heinz-Jürgen, 1999: Zwischen Tradition und Umbruch: Der Arbeitsgerichtsverband 50 Jahre nach seiner Wiedergründung. In: Ulrich Isenhardt/Ulrich Preis (Hg.), *Arbeitsrecht und Sozialpartnerschaft: Festschrift für Peter Hanau*. Köln: Schmidt, 19–42.

——, 2005: Informationen – 11. Landestagung Hessen des Deutschen Arbeitsgerichtsverbandes e.V. am 28.10.2004 in Fulda. In: *Recht der Arbeit* 58(4), 254.

Kalbitz, Rainer, 1990: Gewerkschaftliche Tarifpolitik in den Jahren des Wirtschaftswunders. In: Hans-Otto Hemmer/Kurt Thomas Schmitz (Hg.), *Geschichte der Gewerkschaften in der Bundesrepublik Deutschland: Von den Anfängen bis heute*. Köln: Bund-Verlag, 183–247.

Karlsson, Michael, 2004: Epistemic Communities and Cooperative Security: The Case of Communicable Disease Control in the Baltic Sea Region. In: *Journal of International and Area Studies* 11(1), 79–100.

Kassalow, Everett M., 1988: Concession Bargaining: Towards New Roles for American Unions and Managers. In: *International Labour Review* 127(5), 573–592.

Katzenstein, Simon, 1899: Der dritte Kongress der Gewerkschaften Deutschlands. In: *Sozialistische Monatshefte* 3(6), 284–289.

Katznelson, Ira, 2003: Periodization and Preferences: Reflections on Purposive Action in Comparative Historical Social Science. In: James Mahoney/Dietrich Rueschemeyer (Hg.), *Comparative Historical Analysis in the Social Sciences*. Cambridge: Cambridge University Press, 270–304.

Kaupen, Wolfgang, 1969: *Die Hüter von Recht und Ordnung. Die soziale Herkunft, Erziehung und Ausbildung der deutschen Juristen – Eine soziologische Analyse*. Neuwied: Luchterhand.

Kaupen, Wolfgang/Theo Rasehorn, 1971: *Die Justiz zwischen Obrigkeitsstaat und Demokratie: Ein empirischer Beitrag zur Soziologie der deutschen Justizjuristen*. Neuwied: Luchterhand.

Kelemen, Daniel, 2008: The Americanisation of European Law? Adversarial Legalism *à la européenne*. In: *European Political Science* 7(1), 32–42.

Kelemen, Daniel/Eric Sibbitt, 2004: The Globalization of American Law. In: *International Organization* 58(1), 103–136.

Kern, Eduard, 1961: Das neue Richtergesetz. In: *Juristenzeitung* 16(20), 617–621.

Kettner, H. J., 1953: Das neue Arbeitsgerichtsgesetz. In: *Der Arbeitgeber. Zeitschrift der Bundesvereinigung der deutschen Arbeitgeberverbände* 5, 724–727.

King, Michael R., 2005: Epistemic Communities and the Diffusion of Ideas: Central Bank Reform in the United Kingdom. In: *West European Politics* 28(1), 94–123.

Kingston, Christopher/Gonzalo Caballero, 2009: Comparing Theories of Institutional Change. In: *Journal of Institutional Economics* 5(2), 151–180.

Kirchheimer, Otto, 1961: *Political Justice: The Use of Legal Procedure for Political Ends*. Princeton: Princeton University Press.

Kissel, Otto Rudolf, 1999a: Die Novelle 1999 zur Präsidialverfassung. In: *Neue Juristische Wochenschrift* 7/2000, 460–463.

——, 1999b: *Standortfaktor Arbeitsrecht. Standortdebatte und Rechtsentwicklung: Wie geht es weiter?* Frankfurt a.M.: Verlag der Frankfurter Allgemeinen Zeitung.

Klages, Philipp, 2010: *Wirtschaftliche Interessen und juristische Ideen: Die Entwicklung des Aktienrechts in Deutschland und den USA*. Frankfurt a.M.: Campus.

Klee, Ernst, 2005: *Das Personenlexikon zum Dritten Reich. Wer war was vor und nach 1945*. 2., aktualisierte Auflage. Frankfurt a.M.: Fischer Taschenbuch.

Kleeis, Friedrich, 1916: Die Tarifverträge und ihre Förderung in der Kriegszeit. In: *Sozialistische Monatshefte* 22(16), 852–856.

Klönne, Arno/Hartmut Reese, 1990: Zeiten des Umbruchs – Die Gewerkschaften unter der Großen Koalition. In: Hans-Otto Hemmer/Kurt Thomas Schmitz (Hg.), *Geschichte der Gewerkschaften der Bundesrepublik Deutschland: Von den Anfängen bis heute*. Köln: Bund-Verlag, 249–279.

Knevels, Peter, 1961: Ist die tarifliche »Öffnungsklausel« zulässig? In: *Der Arbeitgeber. Zeitschrift der Bundesvereinigung der deutschen Arbeitgeberverbände* 13, 278–280.

Knight, Jack, 2001: Explaining the Rise of Neoliberalism: The Mechanisms of Institutional Change. In: John L. Campbell/Ove K. Pedersen (Hg.), *The Rise of Neoliberalism and Institutional Analysis*. Princeton: Princeton University Press, 27–50.

Knill, Christoph/Andrea Lenschow, 2001: »Seek and Ye Shall Find!« Linking Different Perspectives on Institutional Change. In: *Comparative Political Studies* 34(2), 187–215.

Knitter, Udo, 1961: *Möglichkeiten und Grenzen der Lohnänderung durch Tarifverträge*. Schriftenreihe der Bundesvereinigung der Deutschen Arbeitgeberverbände, Heft 27. Düsseldorf: Rechtsverlag.

Knorre, Susanne, 1991: *Soziale Selbstbestimmung und individuelle Verantwortung: Hugo Sinzheimer (1875–1945). Eine politische Biographie*. Frankfurt a.M.: Peter Lang.

Koch, Bernhard, 1999: *100 Jahre christliche Gewerkschaften: Historisches – Grundsätzliches – Erlebtes*. Würzburg: edition bentheim.

Kohaut, Susanne/Claus Schnabel, 2001: *Tarifverträge – nein danke!? Einflussfaktoren der Tarifbindung west- und ostdeutscher Betriebe*. Discussion Paper No. 8. Nürnberg: Universität Erlangen-Nürnberg, Lehrstuhl für Arbeitsmarkt- und Regionalpolitik.

Kolb, Eberhard, 1997: *Friedrich Ebert als Reichspräsident: Amtsführung und Amtsverständnis*. München: Oldenbourg Wissenschaftsverlag.

Korinth, Michael H., 2001: 1. NZA-Jahrestagung. In: *Neue Zeitschrift für Arbeitsrecht* 21/2001, 1191–1192.

Kranig, Andreas, 1984: Das Gesetz zur Ordnung der nationalen Arbeit (AOG): Grundgesetz der nationalsozialistischen Arbeitsverfassung? In: Harald Steindl (Hg.), *Wege zur Arbeitsrechtsgeschichte*. Frankfurt a.M.: Klostermann, 441–500.

Krasner, Stephen D., 1988: Sovereignty: An Institutional Perspective. In: *Comparative Political Studies* 21(1), 66–94.

Kraushaar, Bernhard, 1987: Die Arbeitsgerichte zwischen Arbeits- und Justizministerium. In: *Betriebs-Berater* 1987/34, 2309–2314.

Krummel, Christoph, 1991: *Die Geschichte des Unabdingbarkeitsgrundsatzes und des Günstigkeitsprinzips im Tarifvertragsrecht.* Frankfurt a.M.: Peter Lang.

Küchenhoff, Günther, 1962: Rechtsgutachten über die tarif- und verbandsrechtliche Tragweite des im Tarifrecht geltenden Günstigkeitsprinzips. In: *Verbandsnachrichten der Deutschen Orchestervereinigung in der DAG*, Heft 7/8, 8.

Kuttner, Erich, 1921: *Warum versagt die Justiz?* Berlin: Verlag für Sozialwissenschaft.

Lademann, Karl, 1975: *Deutscher Richterbund Intern: Presseerklärung Nr. 25 vom 26. März 1975.* Bundesarchiv: BA B 141/84320.

Landfried, Christine, 1984: *Bundesverfassungsgericht und Gesetzgeber: Wirkungen der Verfassungsrechtsprechung auf parlamentarische Willensbildung und soziale Realität.* Baden-Baden: Nomos.

——, 1994: The Judicialization of Politics in Germany. In: *International Political Science Review* 15(2), 113–124.

Lang, Emil, 1897: Einige Bemerkungen über die parlamentarische Thätigkeit der sozialdemokratischen Reichstagsfraktion. In: *Sozialistische Monatshefte* 1(6), 366–368.

Ledford, Kenneth, 1997: Lawyers and the Limits of Liberalism: The German Bar in the Weimar Republic. In: Terence C. Halliday/Lucien Karpik (Hg.), *Lawyers and the Rise of Western Political Liberalism: Europe and North America from the 18th to 20th Centuries.* Oxford: Clarendon Press, 229–264.

Legien, Carl, 1900: Ziele und Mittel der deutschen Gewerkschaftsbewegung. In: *Sozialistische Monatshefte* 4(3), 109–116.

——, 1902: Tarifgemeinschaften und gemeinsame Verbände von Arbeitern und Unternehmern. In: *Sozialistische Monatshefte* 6(1), 27–35.

Leinemann, Wolfgang, 1997: Die Arbeitsgerichte – bewährte Gerichtsbarkeit mit gefährdeter Zukunft? In: *Betriebs-Berater* 1997/45, 2322–2327.

Leiter, Brian, 2002: *American Legal Realism.* University of Texas Law, Public Law Research Paper No. 42. Austin: University of Texas School of Law. <http://ssrn.com/abstract=339562> (26. August 2011)

Lembcke, Oliver, 2006: Das Bundesverfassungsgericht und die Regierung Adenauer – vom Streit um den Status zur Anerkennung der Autorität. In: Robert Chr. van Ooyen/Martin H. W. Möllers (Hg.), *Das Bundesverfassungsgericht im politischen System.* Wiesbaden: VS Verlag, 151–161.

Levi-Faur, David, 2005: The Political Economy of Legal Globalization: Juridification, Adversarial Legalism, and Responsive Regulation: A Comment. In: *International Organization* 59(2), 451–462.

Lewis, Roy/Jon Clark, 1981: Introduction. In: Otto Kahn-Freund (Hg.), *Labour Law and Politics in the Weimar Republic.* Oxford: Blackwell, 3–69.

Lhotta, Roland, 2002: Vermitteln statt Richten: Das Bundesverfassungsgericht als judizieller Mediator und Agenda-Setter im LER-Verfahren. In: *Zeitschrift für Politikwissenschaft* 12(3), 1073–1098.

——, 2010: »Picking up the Slack«: Bundesstaatsreform durch judizielle Modifikation von Leitideen. In: Julia von Blumenthal/Stephan Bröchler (Hg.), *Föderalismusreform in Deutschland: Bilanz und Perspektiven im internationalen Vergleich.* Wiesbaden: VS Verlag, 59–93.

Lieb, Manfred, 1983: Gemeinsame Anmerkung zu BAG, Urteil vom 12. August 1982 – 6 AZR 1117/79 – und zu BAG. Beschluß vom 8. Dezember 1982 – 5 AZR 316/81. In: *Sammlung Arbeitsrechtlicher Entscheidungen* 37, 130–140.

Liepach, Martin, 1996: *Das Wahlverhalten der jüdischen Bevölkerung in der Weimarer Republik*. Tübingen: Mohr.

Lindner, Johannes, 2003: Institutional Stability and Change: Two Sides of the Same Coin. In: *Journal of European Public Policy* 10(6), 912–935.

Lingscheid, Anja, 2002: 2. NZA-Jahrestagung. In: *Neue Zeitschrift für Arbeitsrecht* 22/2002, 1270–1272.

Linsenmaier, Wolfgang, 2002: *Das Bundesarbeitsgericht*. Erfurt: Bundesarbeitsgericht.

Linsenmayer, Tedd, 1986: Concession Bargaining in the United States. In: *Labour and Society* 11, 207–220.

Loewenfeld, Philipp, 1921: Arbeitstarifgesetz und Gewerkschaftswesen. In: *Sozialistische Monatshefte* 27(11), 541–546.

Lösche, Peter/Hans Dietrich von Loeffelholz, 2004: *Länderbericht USA: Geschichte, Politik, Wirtschaft, Gesellschaft, Kultur*. 4., aktualisierte und neu bearbeitete Auflage. Bonn: Bundeszentrale für politische Bildung.

Lotmar, Philipp, [1902]1908: *Der Arbeitsvertrag: Nach dem Privatrecht des Deutschen Reiches*. 2 Bände. Leipzig: Duncker & Humblot.

——, 1908: Empfiehlt sich die gesetzliche Regelung des gewerblichen Tarifvertrags? In: *Deutsche Juristen-Zeitung* 13, 902–909.

Luhmann, Niklas, 1983: *Rechtssoziologie*. 2., erweiterte Auflage. Opladen: Westdeutscher Verlag.

——, 1993: *Das Recht der Gesellschaft*. Frankfurt a.M.: Suhrkamp.

Mahoney, James, 2000: Path Dependence in Historical Sociology. In: *Theory and Society* 29(4), 507–548.

Mahoney, James/Kathleen Thelen, 2010: A Theory of Gradual Institutional Change. In: James Mahoney/Kathleen Thelen (Hg.), *Explaining Institutional Change: Ambiguity, Agency, and Power*. Cambridge: Cambridge University Press.

Maier, Matthias Leonhard, 2003: Wissens- und ideenorientierte Ansätze in der Politikwissenschaft: Versuch einer systematischen Übersicht. In: Matthias L. Maier et al. (Hg.), *Politik als Lernprozess: Wissenszentrierte Ansätze der Politikanalyse*. Opladen: Leske + Budrich, 25–77.

March, James G./Johan P. Olsen, 1984: The New Institutionalism: Organizational Factors in Political Life. In: *American Political Science Review* 78, 734–749.

——, 1989: *Rediscovering Institutions: The Organizational Basis of Politics*. New York: Free Press.

Marin, Bernd/Renate Mayntz (Hg.), 1991: *Policy Networks: Empirical Evidence and Theoretical Considerations*. Frankfurt a.M.: Campus.

Mason, Timothy W., 1975: *Arbeiterklasse und Volksgemeinschaft: Dokumente und Materialien zur deutschen Arbeiterpolitik 1936–1939*. Opladen: Westdeutscher Verlag.

——, 1977a: *Sozialpolitik im Dritten Reich: Arbeiterklasse und Volksgemeinschaft*. Opladen: Westdeutscher Verlag.

——, 1977b: Zur Entstehung des Gesetzes zur Ordnung der nationalen Arbeit vom 20. Januar 1934: Ein Versuch über das Verhältnis »archaischer« und »moderner« Momente in der neuesten deutschen Geschichte. In: Hans Mommsen/Dietmar Petzina/Hans Weisbrod (Hg.), *Industrielles System und politische Entwicklung in der Weimarer Republik*, Band 1. Düsseldorf: Athenäum 322–351.

Massa-Wirth, Heiko/Hartmut Seifert, 2004: Betriebliche Bündnisse für Arbeit nur mit begrenzter Reichweite? In: *WSI-Mitteilungen* 57, 246–254.

Massing, Otwin, 2005: *Politik als Recht – Recht als Politik: Studien zu einer Theorie der Verfassungsgerichtsbarkeit.* Baden-Baden: Nomos.

Matthias, Erich/Eberhard Pikart (Hg.), 1966: *Die Reichstagsfraktion der deutschen Sozialdemokratie 1898 bis 1918.* Düsseldorf: Droste.

Maus, Ingeborg, 2006: Das Verhältnis der Politikwissenschaft zur Rechtswissenschaft: Bemerkungen zu den Folgen politologischer Autarkie. In: Michael Becker/Ruth Zimmerling (Hg.), *Politik und Recht.* Politische Vierteljahresschrift, Sonderheft 36. Wiesbaden: VS Verlag, 76–120.

Maveety, Nancy, 2003: The Study of Judicial Behavior and the Discipline of Political Science. In: Nancy Maveety (Hg.), *The Pioneers of Judicial Behavior.* Ann Arbor, MI: The University of Michigan Press, 1–51.

Mayer, Franz, 1967: *Staat und Gesellschaft: Festgabe für Günther Küchenhoff zum 60. Geburtstag.* Göttingen: Schwartz.

Mayer-Maly, Theo, 1971: Die Wiederkehr von Rechtsfiguren. In: *Juristenzeitung* 26, 1–3.

——, 1991: Arbeitsgerichtsbarkeit im Nationalsozialismus: Judikatur als Instrument von »Säuberung« und Disziplinierung. In: *Archiv für Sozialgeschichte* 31, 137–156.

Mayntz, Renate, 1984: Durchsetzung und Wirksamkeit des Rechts in der Sicht der Soziologie. In: Martin Irle et al. (Hg.), *Die Durchsetzung des Rechts: Symposium der Fakultät für Rechtswissenschaft aus Anlaß des 75jährigen Bestehens der Universität Mannheim.* Mannheim: Bibliographisches Institut der Universität Mannheim, 9–22.

——, 1990: Politische Steuerung und Reformblockaden: Überlegungen am Beispiel des Gesundheitswesens. In: *Staatswissenschaften und Staatspraxis* 1, 283–307.

——, 1996: Politische Steuerung: Aufstieg, Niedergang und Transformation einer Theorie. In: Klaus von Beyme/Claus Offe (Hg.), *Politische Theorien in der Ära der Transformation.* Opladen: Westdeutscher Verlag, 148–168.

——, 2001: *Zur Selektivität der steuerungstheoretischen Perspektive.* MPIfG Working Paper 01/2. Köln: Max-Planck-Institut für Gesellschaftsforschung.
<www.mpifg.de/pu/workpap/wp01-2/wp01-2.html>

——, 2005: Governance Theory als fortentwickelte Steuerungstheorie? In: Gunnar Folke Schuppert (Hg.), *Governance-Forschung: Vergewisserung über Stand und Entwicklungslinien.* Baden-Baden: Nomos, 11–20.

——, 2010: Global Structures: Markets, Organizations, Networks – and Communities? In: Marie-Laure Djelic/Sigrid Quack (Hg.), *Transnational Communities: Shaping Global Economic Governance.* Cambridge: Cambridge University Press 37–54.

Mayntz, Renate, et al., 1978: *Vollzugsprobleme der Umweltpolitik: Empirische Untersuchung der Implementation von Gesetzen im Bereich der Luftreinhaltung und des Gewässerschutzes.* Wiesbaden: Kohlhammer.

Mayntz, Renate/Fritz W. Scharpf, 1975: *Policy-Making in the German Federal Bureaucracy.* Amsterdam: Elsevier.

——, 1995: Der Ansatz des akteurzentrierten Institutionalismus. In: Renate Mayntz/Fritz W. Scharpf (Hg.), *Gesellschaftliche Selbstregelung und politische Steuerung.* Frankfurt a.M.: Campus, 39–72.

McCloskey, Robert G., 2005: *The American Supreme Court.* Revised by Sanford Levinson. 4th Edition. Chicago: The University of Chicago Press.

Meijerink, Sander, 2005: Understanding Policy Stability and Change: The Interplay of Advocacy Coalitions and Epistemic Communities, Windows of Opportunity, and Dutch Coastal Flooding Policy 1945–2003. In: *Journal of European Public Policy* 12(6), 1060–1077.

Meilicke, Heinz, 1979: *Brief an die Wahlmänner des Bundestages zur Wahl eines Mitgliedes des Bundesverfassungsgerichts vom 23. Februar 1979.* Bundesarchiv: BA B 272/752.

Menzel, Hans-Joachim, 1976: Zur Bindung gewerkschaftlicher Tarifpolitik an Gemeinwohl und gesamtwirtschaftliches Gleichgewicht. In: *Gewerkschaftliche Monatshefte* 27(3), 134–143.

Merkel, Wolfgang (Hg.), 1994: *Systemwechsel: Theorien, Ansätze und Konzeptionen.* Opladen: Leske + Budrich.

——, 1996: Theorien der Transformation: Die demokratische Konsolidierung postautoritärer Gesellschaften. In: Klaus von Beyme/Claus Offe (Hg.), *Politische Theorien in der Ära der Transformation.* Politische Vierteljahresschrift, Sonderheft 26. Wiesbaden: VS Verlag, 30–58.

Miquel, Marc von, 2004: *Ahnden oder amnestieren? Westdeutsche Justiz und Vergangenheitspolitik in den 60er Jahren.* Göttingen: Wallstein.

Mock, Erhard, et al., 1988: Berichte aus den Arbeitsgruppen des Symposions »Rechtspolitologische Forschungsdesigns«, Stuttgart 5.–7.10.1987. In: Axel Görlitz/Rüdiger Voigt (Hg.), *Rechtspolitologische Forschungskonzepte.* Jahresschrift für Rechtspolitologie 2. Pfaffenweiler: Centaurus, 10–16.

Moeller, Dr. von, 1908: Der Vorwurf der Klassenjustiz im Lichte der Rechtsgeschichte. In: *Deutsche Juristen-Zeitung* 13, 222–225.

Molitor, Erich, 1957: Höchstbegrenzung von Tarifnormen. In: *Betriebs-Berater* 1957/12, 85.

Monjau, Herbert, 1948: *Brief des Präsidenten des Landesarbeitsgerichts Herbert Monjau an Hans Carl Nipperdey vom 16. November 1948.* Bundesarchiv: BA N 1268/265.

Mosich, Ernst, 1961: Verfassungsrecht und Lohnpolitik. In: *Der Arbeitgeber. Zeitschrift der Bundesvereinigung der deutschen Arbeitgeberverbände* 13, 373–378.

Müller-Jentsch, Walther, 1990: Gewerkschaftliche Politik in der Wirtschaftskrise II. 1978/79 bis 1982/83. In: Hans-Otto Hemmer/Kurt Thomas Schmitz (Hg.), *Geschichte der Gewerkschaften in der Bundesrepublik Deutschland: Von den Anfängen bis heute.* Köln: Bund-Verlag, 375–412.

——, 1997: *Soziologie der Industriellen Beziehungen: Eine Einführung.* 2., erweiterte Auflage. Frankfurt a.M.: Campus.

——, 2003: Akteure, Interessen, Institutionen: Überlegungen zu einer Theorie der Arbeitsbeziehungen. In: Michael Schmid/Andrea Maurer (Hg.), *Ökonomischer und soziologischer Institutionalismus: Interdisziplinäre Beiträge und Perspektiven der Institutionentheorie und -analyse.* Marburg: Metropolis, 245–257.

Müller, Gerhard, 1955: *Brief an den Chefpräsidenten des Bundesarbeitsgerichts Hans Carl Nipperdey vom 3. September 1955.* Bundesarchiv: BA B 272/792.

——, 1957: *Brief des Senatspräsidenten am BAG, Gerhard Müller, an Wilhelm Herschel, Ministerialdirektor im Bundesministerium für Arbeit, vom 6. August 1957.* Bundesarchiv: BA B 149/10097.

——, 1964: Zuschrift zu dem Bericht von Prof. Dr. Thilo Ramm über die Rechtsprechung des BAG. In: *Juristenzeitung* 19, 711.

——, 1969: *Vermerk betr.: Richteramtsbezeichnungen, 9. Januar 1969.* Bundesarchiv: BA B 272/754.

——, 1977: *Brief an den Bundesminister für Arbeit und Sozialordnung Dr. Herbert Ehrenberg vom 5. Oktober 1977.* Bundesarchiv: BA B 272/752.

Müller, Gerhard, 1985: Wilhelm Herschel zum 90. Geburtstag. In: *Neue Zeitschrift für Arbeits- und Sozialrecht* 1985, 657–659.

Naphtali, Fritz (Hg.), 1928: *Wirtschaftsdemokratie: Ihr Wesen, Weg und Ziel.* Berlin: Verlagsgesellschaft des ADGB.

Nautz, Jürgen P., 1985: *Die Durchsetzung der Tarifautonomie in Westdeutschland: Das Tarifvertragsgesetz vom 9. April 1949.* Frankfurt a.M.: Peter Lang.

——, 1991: Die Wiederherstellung der Tarifautonomie in Westdeutschland nach dem Zweiten Weltkrieg. In: *Archiv für Sozialgeschichte* 31, 179–196.

——, 1998: Das deutsche Tarifvertragsrecht zwischen Interventionismus und Autonomie: Zur Debatte über die Gestaltung des Tarifvertragsrechts in Deutschland. In: Hans G. Nutzinger (Hg.), *Die Entstehung des Arbeitsrechts in Deutschland: Aktuelle Probleme in historischer Perspektive.* Marburg: Metropolis, 71–120.

Neef, Klaus/Günter Pohl/Ulrich Zirnbauer, 1991: 10 Jahre Arbeitsgemeinschaft der Fachanwälte für Arbeitsrecht im Deutschen Anwaltverein. In: *Neue Zeitschrift für Arbeitsrecht* 6/1991, 220.

Neumann, Dirk, 1993: Kurze Geschichte der Arbeitsgerichtsbarkeit. In: *Neue Zeitschrift für Arbeitsrecht* 8/1993, 342–345.

Neumann, Franz L., 1927: Die Rechtsprechung des Reichsgerichts zum Arbeitsrecht. Rezension. In: *Die Arbeit. Zeitschrift für Gewerkschaftspolitik und Wirtschaftskunde* 4(5), 346–349.

——, [1929]1966: Die politische und soziale Bedeutung der arbeitsgerichtlichen Rechtsprechung. In: Thilo Ramm (Hg.), *Arbeitsrecht und Politik: Quellentexte 1918–1933.* Neuwied: Luchterhand, 113–147.

Nikisch, Arthur, 1935: Das Gesetz zur Ordnung der nationalen Arbeit und das neue Arbeitsrecht. In: *Juristische Wochenschrift* 64, 1288–1291.

——, 1961: Entschließung der Konferenz der Präsidenten der Landesarbeitsgerichte über die Ausbildung an den Universitäten im Arbeitsrecht. In: *Juristenzeitung* 16, 158–159.

——, 1963: *Rechtsgutachten: Die Bedeutung des tariflichen Günstigkeitsprinzips für die Vergütung der Musiker in den Kulturorchestern.* Sonderschrift des Deutschen Bühnenvereins. Köln.

Nipperdey, Hans Carl, 1920: *Kontrahierungszwang und diktierter Vertrag.* Jena: Gustav Fischer Verlag.

——, 1924: *Beiträge zum Tarifrecht.* Mannheim: Bensheimer.

——, 1926: Die Rechtsprechung des Reichsgerichts zum Tarifrecht (1919–1925). In: *Neue Zeitschrift für Arbeitsrecht* 6/1926, 193–214.

——, 1937: Mindestbedingungen und günstigere Arbeitsbedingungen nach dem Arbeitsordnungsgesetz (Ordnungsprinzip und Leistungsprinzip). In: Kölner Rechtswissenschaftliche Fakultät (Hg.), *Festschrift für Heinrich Lehmann zum sechzigsten Geburtstag.* Berlin: Weidmannsche Verlagsbuchhandlung, 257–269.

——, 1949: *Brief an den Beigeordneten Dr. Max Adenauer vom 30. Mai 1949.* Bundesarchiv: BA N 1268/265.

——, 1950a: *Brief an den Oberstadtdirektor Suth der Stadt Köln vom 25. Juli 1950.* Bundesarchiv: BA N 1268/232.

——, 1950b: Die Grundprinzipien des Wirtschaftsverfassungsrechts. In: *Deutsche Rechtszeitschrift* 5, 193–198.

——, 1954a: *Die Ersatzansprüche für die Schäden, die durch den von den Gewerkschaften gegen das geplante Betriebsverfassungsgesetz geführten Zeitungsstreik vom 27.–29. Mai 1952 entstanden sind.*

Rechtsgutachten. Schriftenreihe der Bundesvereinigung der Deutschen Arbeitgeberverbände, Heft 9. Köln: Rechtsverl. in Komm.

Nipperdey, Hans Carl, 1954b: *Niederschrift über die Sitzung des Präsidiums des Bundesarbeitsgerichts mit den Bundesarbeitsrichtern gemäß § 44 ArbGG, 22. April 1954*. Bundesarchiv: BA B 272/792.

——, 1955a: *Aktennotiz, Akte 1006.1 E. Besprechung im Bundesministerium für Arbeit, 2. Dezember 1955*. Bundesarchiv: BA B 272/792.

——, 1955b: *Brief an den Bundesminister für Arbeit vom 24. Juni 1955*. Bundesarchiv: BA NL-268/87.

——, 1955c: *Brief an den Bundesrichter am Bundesarbeitsgericht Johannes Denecke vom 9. Dezember 1955*. Bundesarchiv: BA B 272/792.

——, 1957a: *Brief an den Bundesminister für Arbeit vom 12. Februar 1957*. Bundesarchiv: BA B 272/793.

——, 1957b: *Lehrbuch des Arbeitsrecht*, Band 2: *Kollektives Arbeitsrecht*. 6., völlig neu bearbeitete Auflage. Berlin: Vahlen.

——, 1960: *Brief an Herrn Bundesrichter Wichmann vom 27. April 1960*. Bundesarchiv: BA B 272/866.

——, 1961: Das Bonner Grundgesetz, ein neuer Beginn. In: *Der Arbeitgeber. Zeitschrift der Bundesvereinigung der deutschen Arbeitgeberverbände* 13, 32–35.

——, 1962a: *Brief an den Bundesrichter Schilgen vom 13. April 1962*. Bundesarchiv: BA B 272/856.

——, 1962b: *Festschrift für Erich Molitor zum 75. Geburtstag, 3. Oktober 1961*. München: Beck.

——, 1963: *Vermerk betr.: Richterbesprechungen beim Bundesarbeitsgericht, 29. März 1963*. Bundesarchiv: BA B 272/868.

Nipperdey, Thomas, 1998: *Eine bürgerliche Jugend*. München: Beck.

Nörpel, Clemens, 1925a: Arbeitsrecht. In: *Die Arbeit. Zeitschrift für Gewerkschaftspolitik und Wirtschaftskunde* 6/1925, 377–381.

——, 1925b: Arbeitsrecht: Bericht über die Entwicklung des Arbeitsrechts im Jahre 1924. In: *Die Arbeit. Zeitschrift für Gewerkschaftspolitik und Wirtschaftskunde* 2/1925, 60–62.

——, 1927a: Arbeitsrecht: Übersicht über die Entwicklung des Arbeitsrechts im Jahre 1927. In: *Die Arbeit. Zeitschrift für Gewerkschaftspolitik und Wirtschaftskunde* 4/1927, 855–860.

——, 1927b: Wissenschaft, Gewerkschaften und Arbeitsrecht. In: *Die Arbeit. Zeitschrift für Gewerkschaftspolitik und Wirtschaftskunde* 6/1927, 393–403.

——, 1928a: Objektive Rechtspflege: Ein Jahr Arbeitsgerichtsbarkeit. In: *Die Arbeit. Zeitschrift für Gewerkschaftspolitik und Wirtschaftskunde* 8/1928, 498–507.

——, 1928b: Rezension zu »Grundlehren des Arbeitsrechts« von Erwin Jacobi. In: *Die Arbeit. Zeitschrift für Gewerkschaftspolitik und Wirtschaftskunde* 1/1928, 61–65.

——, 1929: Probleme des Schlichtungswesens und des Tarifrechts. In: *Die Arbeit. Zeitschrift für Gewerkschaftspolitik und Wirtschaftskunde* 3/1929, 141–155.

——, 1930: Wichtiges Schrifttum des Arbeitsrechts. In: *Die Arbeit. Zeitschrift für Gewerkschaftspolitik und Wirtschaftskunde* 11/1930, 755–762.

——, 1931a: *Betriebsvertretung – Interessen der Belegschaft und des Arbeitgebers? Reichsarbeitsgerichts-Rechtsprechung zum Betriebsrätegesetz*. Berlin: Verlagsanstalt Courier.

——, 1931b: Ein »Sozialideal« des Reichsarbeitsgerichts. Rezension. In: *Die Arbeit. Zeitschrift für Gewerkschaftspolitik und Wirtschaftskunde* 7/1931, 561–566.

——, 1932: Lehrbücher des Arbeitsrechts. Rezension. In: *Die Arbeit. Zeitschrift für Gewerkschaftspolitik und Wirtschaftskunde* 9/1932, 561–566.

Nörpel, Clemens, [1931]1981: Brief an Otto Kahn-Freund vom 18. Februar 1931. In: Roy Lewis/Jon Clark (Hg.), *Labour Law and Politics in the Weimar Republic.* Oxford: Basil Blackwell, 226–229.

North, Douglass C., 1990: *Institutions, Institutional Change and Economic Performance.* Cambridge: Cambridge University Press.

——, 1990: A Transaction Cost Theory of Politics. In: *Journal of Theoretical Politics* 2, 355–367.

Nullmeier, Frank, 1993: Wissen und Policy-Forschung: Wissenspolitologie und rhetorisch-dialektisches Handlungsmodell. In: Adrienne Héritier (Hg.), *Policy-Analyse: Kritik und Neuorientierung.* Politische Vierteljahresschrift, Sonderheft 24. Wiesbaden: VS Verlag, 175–196.

——, 1997: Interpretative Ansätze in der Politikwissenschaft. In: Arthur Benz/Wolfgang Seibel (Hg.), *Theorieentwicklung in der Politikwissenschaft.* Baden-Baden: Nomos, 101–144.

——, 2000: Argumentationsmacht und Rechtfertigungsfähigkeit schwacher Interessen. In: Ulrich Willems/Thomas von Winter (Hg.), *Politische Repräsentation schwacher Interessen.* Opladen: Leske + Budrich, 93–109.

Nullmeier, Frank/Friedbert W. Rüb, 1993: *Die Transformation der Sozialpolitik: Vom Sozialstaat zum Sicherheitsstaat.* Frankfurt a.M.: Campus.

o'Brien, David M., 1999: Institutional Norms and Supreme Court Opinions: On Reconsidering the Rise of Individual Opinions. In: Cornell Clayton/Howard Gillman (Hg.), *Supreme Court Decision-Making: New Institutionalist Approaches.* Chicago: Chicago University Press, 91–113.

o. A., 1954: Das Bundesarbeitsgericht. In: *Der Arbeitgeber. Zeitschrift der Bundesvereinigung der deutschen Arbeitgeberverbände* 6, 350–351.

——, 1958a: Urteile und Meinungen zur Lohnpolitik (Teil I). In: *Der Arbeitgeber. Zeitschrift der Bundesvereinigung der deutschen Arbeitgeberverbände* 10, 30–33.

——, 1958b: Urteile und Meinungen zur Lohnpolitik (Teil II). In: *Der Arbeitgeber. Zeitschrift der Bundesvereinigung der deutschen Arbeitgeberverbände* 10, 107–111.

——, 1960a: Die Jahresmitgliederversammlung 1960 der Bundesvereinigung. In: *Der Arbeitgeber. Zeitschrift der Bundesvereinigung der deutschen Arbeitgeberverbände* 12, 708–736.

——, 1960b: Ist die Tarifautonomie noch zeitgemäß? In: *Der Arbeitgeber. Zeitschrift der Bundesvereinigung der deutschen Arbeitgeberverbände* 12, 686–688.

——, 1961: Keine Zementierung der Effektivverdienste! In: *Der Arbeitgeber. Zeitschrift der Bundesvereinigung der deutschen Arbeitgeberverbände* 13, 234–235.

——, 1963: Die Grundlagen der Tarifautonomie. In: *Der Arbeitgeber. Zeitschrift der Bundesvereinigung der deutschen Arbeitgeberverbände* 15, 585–586.

——, 1968: Neue Präsidialverfassung. In: *Juristische Praxis* (5/6). BA B 272/754.

——, 1986a: Bundesrechtsanwaltskammer beschließt Fachanwaltsbezeichnungen für Arbeitsrecht und Sozialrecht. In: *Neue Zeitschrift für Arbeitsrecht* 22/1986, 737–738.

——, 1986b: Schwarze Garde. In: *Der Spiegel* 9/1986, 35–40.

——, 1987: CDU: »Wir können jetzt durchregieren«. In: *Der Spiegel* 16/1987, 35–40.

Olsen, Johan P., 2009: Change and Continuity: An Institutional Approach to Institutions of Democratic Government. In: *European Political Science Review* 1, 3–32.

Ostrom, Elinor, 1990: *Governing the Commons: The Evolution of Institutions for Collective Action.* Cambridge: Cambridge University Press.

Pacelle, Richard L., 1991: *The Transformation of the Supreme Court's Agenda: From the New Deal to the Reagan Administration.* Boulder: Westview Press.

Palier, Bruno, 2005: Ambiguous Agreement, Cumulative Change: French Social Policy in the 1990s. In: Wolfgang Streeck/Kathleen Thelen (Hg.), *Beyond Continuity: Institutional Change in the Advanced Political Economies*. Oxford: Oxford University Press, 127–144.

Paulssen, Hans-Constantin, 1959: Keine Abwerbung durch überhöhte Versprechen. In: *Der Arbeitgeber. Zeitschrift der Bundesvereinigung der deutschen Arbeitgeberverbände* 11, 505–506.

Pierson, Paul, 2004: *Politics in Time: History, Institutions, and Political Analysis*. Princeton: Princeton University Press.

Planck, Gottlieb, 1899: Die soziale Tendenz des Bürgerlichen Gesetzbuches. In: *Deutsche Juristen-Zeitung* 4, 181–184.

Poelmann, Friedrich, 1958: *Brief an den Präsidenten des Bundesarbeitsgerichts Hans Carl Nipperdey vom 21. April 1958*. Bundesarchiv: BA B 272/793.

Posner, Richard A., 1993: *What Do Judges Maximize? (The Same Thing Everbyody Else Does)*. Chicago: The University of Chicago.

Poth, Fritz, 1950: Reformbedürftigkeit der Lohntarife. In: *Gewerkschaftliche Monatshefte* 1(6), 278–281.

Potthoff, Heinz, [1925]1966: Die Einwirkung der Reichsverfassung auf das Arbeitsrecht. In: Thilo Ramm (Hg.), *Arbeitsrecht und Politik: Quellentexte 1918–1933*. Neuwied: Luchterhand.

Potthoff, Heinrich/Hermann Weber (Hg.), 1986: *Die SPD-Fraktion in der Nationalversammlung 1919–1920*. Düsseldorf: Droste.

Preller, Ludwig, 1978: *Sozialpolitik in der Weimarer Republik*. Kronberg/Ts.: Athenäum/Droste.

Preuss, Ulrich K., 1988: Franz L. Neumann (1900–1954). Demokratie als unvollendetes Projekt. In: Kritische Justiz (Hg.), *Streitbare Juristen: Eine andere Tradition*. Baden-Baden: Nomos, 390–400.

Quack, Sigrid, 2007: Legal Professionals and Transnational Law-Making: A Case of Distributed Agency. In: *Organization* 14, 643–666.

Radaelli, Claudio M., 1995: The Role of Knowledge in the Policy Process. In: *Journal of European Public Policy* 2, 159–183.

Raiser, Thomas, 1970: Was nützt die Soziologie dem Recht? In: *Juristenzeitung* 25, 665–671.

Rajewski, Xenia, 1970: *Arbeitskampfrecht in der Bundesrepublik Deutschland*. Frankfurt a.M.: edition suhrkamp.

Ramm, Thilo, 1964a: Die Rechtsprechung des Bundesarbeitsgerichts. Teil I. In: *Juristenzeitung* 19, 494–501.

——, 1964b: Die Rechtsprechung des Bundesarbeitsgerichts. Teil II. In: *Juristenzeitung* 19, 546–555.

——, 1964c: Die Rechtsprechung des Bundesarbeitsgerichts. Teil III. In: *Juristenzeitung* 19, 582–587.

—— (Hg.), 1966: *Arbeitsrecht und Politik: Quellentexte 1918–1933*. Neuwied: Luchterhand.

——, 1967: Notstand und Arbeitsrecht. In: *Arbeit und Recht* 15(2), 33–43.

——, 1978: Die »Linke« und das Arbeitsrecht. In: *Juristenzeitung* 33, 184–187.

——, 1994a: Pluralismus ohne Kodifikation: Die Arbeitsrechtswissenschaft nach 1945. In: Dieter Simon (Hg.), *Rechtswissenschaft in der Bonner Republik: Studien zur Wissenschaftsgeschichte der Jurisprudenz*. Frankfurt a.M.: Suhrkamp, 449–528.

——, 1994b: Zur Soziologie der Arbeitsrechtswissenschaft. In: Meinhard Heinze (Hg.), *Arbeitsrecht in der Bewährung: Festschrift für Otto Rudolf Kissel zum 65. Geburtstag*. München: Beck, 915–939.

Ramm, Thilo, 1999: Bestandsaufnahme. In: Rainer Schröder (Hg.), *Thilo Ramm. Zum freiheitlichen und sozialen Rechtsstaat. Ausgewählte Schriften.* Frankfurt a.M.: Klostermann, XII–LXIV.

Raschke, Joachim/Ralf Tils, 2007: *Politische Strategie: Eine Grundlegung.* Wiesbaden: VS Verlag.

Rasehorn, Theo, 1985: Der Richterwahlausschuss als gesellschaftspolitisches Problem der Justiz. In: Christian Broda (Hg.), *Festschrift für Rudolf Wassermann zum 60. Geburtstag.* Darmstadt: Luchterhand, 401–413.

——, 1988: *Der Untergang der deutschen linksbürgerlichen Kultur: Beschrieben nach den Lebensläufen jüdischer Juristen.* Baden-Baden: Nomos.

Rehberg, Karl-Siegbert, 1994: Institutionen als symbolische Ordnungen: Leitfragen und Grundkategorien zur Theorie und Analyse institutioneller Mechanismen. In: Gerhard Göhler (Hg.), *Die Eigenart der Institutionen: Zum Profil politischer Institutionentheorie.* Baden-Baden: Nomos, 47–84.

Rehder, Britta, 2003: *Betriebliche Bündnisse für Arbeit in Deutschland: Mitbestimmung und Flächentarif im Wandel.* Frankfurt a.M.: Campus.

——, 2006: Recht und Politik beim Wandel des deutschen Flächentarifs. Juristen als politische Akteure im System der Arbeitsbeziehungen. In: *Politische Vierteljahresschrift* 47, 169–192.

——, 2007: *What is Political about Jurisprudence? Courts, Politics, and Political Science in Europe and the United States.* MPIfG Discussion Paper 07/5. Köln: Max-Planck-Institut für Gesellschaftsforschung. <www.mpifg.de/pu/mpifg_dp/dp07-5.pdf>

——, 2009: »Adversarial Legalism« in the German System of Industrial Relations? In: *Regulation & Governance* 3, 217–234.

Rehder, Britta/Ulrich Willems/Thomas von Winter (Hg.), 2009: *Interessenvermittlung in Politikfeldern: Vergleichende Befunde der Policy- und Verbändeforschung.* Wiesbaden: VS Verlag.

Rehhahn, Hans, 1956a: Tariflöhne und Effektivklauseln. In: *Arbeit und Recht* 4, 289–297.

——, 1956b: Soziale und ökonomische Funktion des Tariflohnes. In: *Gewerkschaftliche Monatshefte* 8, 138–144.

Reidegeld, Eckart, 2006: *Staatliche Sozialpolitik in Deutschland,* Band 2: *Sozialpolitik in Demokratie und Diktatur 1919–1945.* Wiesbaden: VS Verlag.

Requate, Jörg, 2008: *Der Kampf um die Demokratisierung der Justiz: Richter, Politik und Öffentlichkeit in der Bundesrepublik.* Frankfurt a.M.: Campus.

Rhode, Heinz, 1944: *Arbeitsrecht, Sozialrecht, Gemeinschaftsrecht.* Berlin: Arbeitswissenschaftlicher Verlag.

Richardi, Reinhard, 1968: Anmerkung zum Urteil des Bundesarbeitsgerichts vom 14. Februar 1968, 4 AZR 275/67. In: *Juristenzeitung* 23, 746–749.

——, 1984: Die tarif- und betriebsverfassungsrechtliche Bedeutung der tarifvertraglichen Arbeitszeitregelung in der Metallindustrie. In: *Neue Zeitschrift für Arbeitsrecht* 1/1984, 387–390.

——, 1987: Der Beschluß des Großen Senats des Bundesarbeitsgerichts zur ablösenden Betriebsvereinbarung. In: *Neue Zeitschrift für Arbeitsrecht* 4/1987, 185–191.

Richter, Walther, 1968: *Zur soziologischen Struktur der deutschen Richterschaft.* Stuttgart: Enke.

Roth, Ernst, 1904: Coalitionsrecht und Erpressung: Ein Beitrag zur Geschichte der deutschen Rechtsprechung. In: *Sozialistische Monatshefte* 10(7), 546–551.

Rottleuthner, Hubert, 1982: Abschied von der Justizforschung? Für eine Rechtssoziologie »mit mehr Recht«. In: *Zeitschrift für Rechtssoziologie* 3, 82–119.

——, 1984: Das Arbeitsgerichtsgesetz – rechtssoziologisch gelesen. In: Hubert Rottleuthner (Hg.), *Rechtssoziologische Studien zur Arbeitsgerichtsbarkeit.* Baden-Baden: Nomos, 15–42.

Rottmann, Joachim, 1977: *Brief an den Bundesminister für Arbeit und Sozialordnung Dr. Ehrenberg vom 30. September 1977.* Bundesarchiv: BA B 272/752.

Rückert, Joachim, 1999: Hans Carl Nipperdey. In: Bayerische Akademie der Wissenschaften (Hg.), *Neue Deutsche Biographie, Band 19.* Berlin: Duncker & Humblot, 280–282.

Rudolph, Wolfgang/Wolfram Wassermann, 2007: *Gestärkte Betriebsräte.* Trendreport Betriebsratswahlen 2006. Arbeitspapier 137. Düssseldorf: Hans Böckler Stiftung.

Rundstein, Szymon, 1905: *Die Tarifverträge im französischen Privatrecht.* Leipzig: Hirschfeld.

Rüthers, Bernd, 1960: Zum Begriff des politischen Streiks. In: *Gewerkschaftliche Monatshefte* 11(1), 31–36.

——, 1968: *Die unbegrenzte Auslegung: Zum Wandel der Privatrechtsordnung im Nationalsozialismus.* Frankfurt a.M.: Athenäum Fischer.

——, 1972: Die rechtswissenschaftlichen Habilitationen in der Bundesrepublik zwischen 1945 und 1969. In: *Juristenzeitung* 27, 185–191.

——, 1990: Der Tarifvertrag darf nicht zu einer Zwangsjacke für die Arbeitnehmer werden. In: *Handelsblatt*, 19. Januar 1990, 6.

——, 1999: *Rechtstheorie: Begriff, Geltung und Anwendung des Rechts.* München: Beck.

Sabatier, Paul A., 1999: The Need for Better Theories. In: Paul A. Sabatier (Hg.), *Theories of the Policy Process.* Boulder: Westview Press, 3–17.

Sahmer, ORR, 1958: *Vermerk III/1449/58 vom 6. Mai 1958. Entwurf eines Ersten Gesetzes zur Vereinheitlichung der Rechtspflege, Stellungnahme der Bundesregierung.* Bundesministerium für Arbeit: BA B 149/10097.

Salm, Fritz, 1958: Betriebsnahe Tarifverträge – Die tarifpolitische Aufgabe Nr. 1 unserer Organisation. In: *Der Gewerkschafter* 6(9–10), 1–2.

Sarat, Austin/Stuart Scheingold (Hg.), 1998: *Cause Lawyering: Political Commitments and Professional Responsibilities.* New York: Oxford University Press.

Saretzki, Thomas, 1987: Rezension zu »Axel Görlitz/Rüdiger Voigt: Rechtspolitologie. Eine Einführung«. In: *Archiv für Rechts- und Sozialphilosophie* LXXIII, 296–299.

Schaefer, Hans-Bernd, 2001: *Entwicklung und Begründung von Schutznormen im Vertragsrecht.* German Working Papers in Law and Economics No. 21. Berkeley, CA: The Berkeley Electronic Press.

Scharpf, Fritz W., 1988: *Sozialdemokratische Krisenpolitik in Europa: Das Modell Deutschland im Vergleich.* Frankfurt a.M.: Campus.

——, 2000: *Interaktionsformen: Akteurzentrierter Institutionalismus in der Politikforschung.* Opladen: Leske + Budrich/UTB.

——, 2006: Recht und Politik in der Reform des deutschen Föderalismus. In: Michael Becker/Ruth Zimmerlin (Hg.), *Politik und Recht.* Politische Vierteljahresschrift, Sonderheft 36. Wiesbaden: VS Verlag, 306–332.

Schelsky, Helmut, 1974: Nutzen und Gefahren der sozialwissenschaftlichen Ausbildung von Juristen. In: *Juristenzeitung* 29, 410–416.

Schickler, Eric, 2001: *Disjointed Pluralism: Institutional Innovation and the Development of the U.S. Congress.* Princeton: Princeton University Press.

Schildbach, Bernhard, 1909: Der Tarifvertrag. In: *Sozialistische Monatshefte* 15(22), 1424–1429.

Schilgen, Walter, 1955: *Gutachten über die Frage, ob gegen die Überbesetzung von Kollegialgerichten mit Beisitzern rechtliche Bedenken bestehen, erstattet bei der Richterbesprechung des Bundesarbeitsgerichts am 25. Oktober 1955.* Bundesarchiv: BA B 272/793.

Schilgen, Walter, 1962: *Brief an den Präsidenten des Bundesarbeitsgerichts vom 11. April 1962*. Bundesarchiv BA B 272/793.

Schlachter, Monika, 1987: *Auslegungsmethoden im Arbeitsrecht – am Beispiel von § 87 Abs. 1 BetrVG*. Schwarz & Co.: Göttingen.

——, 2003: Dr. h.c. Günter Schaub zum 70. Geburtstag am 4.1.2003. In: *Neue Zeitschrift für Arbeitsrecht* 3/2003, 32.

Schliemann, Harald, 2003: Tarifliches Günstigkeitsprinzip und Bindung der Rechtsprechung. In: *Neue Zeitschrift für Arbeitsrecht* 3/2003, 122–129.

Schmelzer, Fritz, 1906: *Tarifgemeinschaften, ihre wirtschaftliche, sozialpolitische und juristische Bedeutung, mit besonderer Berücksichtigung des Arbeitgeberstandpunkts*. Leipzig: Deichertsche Verlagsbuchhandlung.

Schmid, Richard, 1954: Zum politischen Streik. In: *Gewerkschaftliche Monatshefte* 5(1), 1–8.

Schmidhauser, John R. (Hg.), 1992: Courts, Judges, and Political Chance. In: *Special Issue of International Political Science Review* 13(3), 223–456.

Schmidt, Eberhard, 1970: *Die verhinderte Neuordnung 1945–52*. Frankfurt: Europäische Verlagsanstalt.

——, 1971: *Ordnungsfaktor oder Gegenmacht: Die politische Rolle der Gewerkschaften*. Frankfurt a.M.: Suhrkamp.

Schmidt, Karl, 1924: Um die Gestaltung der Arbeitsgerichte. In: *Die Arbeit. Zeitschrift für Gewerkschaftspolitik und Wirtschaftskunde* 1(4), 233–237.

Schmidt, Robert, 1918: Ein Fortschritt zum freien Koalitionsrecht. In: *Sozialistische Monatshefte* 24(9), 469–472.

Schmidt, Vivien A., 2008: Discursive Institutionalism: The Explanatory Power of Ideas and Discourse. In: *Annual Review of Political Science* 11, 303–326.

Schmitt, Carl, 1934: *Über die drei Arten des rechtswissenschaftlichen Denkens*. Hamburg: Hanseatische Verlagsanstalt.

Schneider, Martin, 2004: Careers in a Judicial Hierarchy. In: *International Journal of Manpower* 24, 431–446.

Scholz, Rupert (Hg.), 1988: *Junge Juristen und Wirtschaft: Wandel der Arbeitswelt als Herausforderung des Rechts. Kongress der Hanns Martin Schleyer-Stiftung*. Köln: Bachem.

Schroeder, Wolfgang, 1998: Das katholische Milieu auf dem Rückzug. Der Arbeitnehmerflügel der CDU nach der Ära Kohl. In: Tobias Dürr/Rüdiger Solt (Hg.), *Die CDU nach Kohl*. Frankfurt a.M.: Fischer, 175–191.

——, 2007: Arbeitgeberverbände. In: Thomas von Winter/Ulrich Willems (Hg.), *Interessenverbände in Deutschland*. Wiesbaden: VS Verlag, 197–220.

Schroeder, Wolfgang/Viktoria Kallas/Samuel Greef, 2008: *Kleine Gewerkschaften und Berufsverbände im Wandel*. Düsseldorf: Hans-Böckler-Stiftung.

Schubart, Alexander, 1965: Unsere künftige Notstandsverfassung – Darstellung und Kritik. In: *Gewerkschaftliche Monatshefte* 16(8), 455–464.

Schubert, Frank A., 2004: *Introduction to Law and the Legal System*. 8. Auflage. Boston: Houghton Mifflin Company.

Schwartz, Edward P., 1992: Policy, Precedent, and Power: A Positive Theory of Supreme Court Decision-Making. In: *Journal of Law, Economics, and Organization* 8, 219–252.

Schwarz, Karl, 1906: *Nützen oder schaden Tarifgemeinschaften dem Gewerbe? Betrachtungen über den Wert der Tarifgemeinschaften unter besonderer Berücksichtigung der im deutschen Schneidergewerbe gemachten Erfahrungen.* München: Höfling.

Sebaldt, Martin/Alexander Straßner, 2004: *Verbände in der Bundesrepublik Deutschland: Eine Einführung.* Wiesbaden: VS Verlag.

Segal, Jeffrey A./Harold J. Spaeth, 1993: *The Supreme Court and the Attitudinal Model.* Cambridge, MA: Cambridge University Press.

Severing, Karl, 1910: Die gesetzliche Regelung der Tarifverträge. In: *Sozialistische Monatshefte* 16(3), 156–162.

Shamir, Ronen, 1995: *Managing Legal Uncertainty: Elite Lawyers in the New Deal.* Durham, NC: Duke University Press.

Shapiro, Martin, 1964: Political Jurisprudence. In: *Kentucky Law Journal* 52, 294–345.

Shapiro, Martin/Alec Stone, 1994a: The New Constitutional Politics of Europe. In: *Comparative Political Studies* 26(4), 397–420.

—— (Hg.), 1994b: *The New Constitutional Politics of Europe. Special Issue of Comparative Political Studies* 26(4). London: Sage.

Shapiro, Martin/Alec Stone Sweet, 2002: *On Law, Politics, and Judicialization.* Oxford: Oxford University Press.

Shepsle, Kenneth A., 2001: A Comment on Institutional Change. In: *Journal of Theoretical Politics* 13, 321–325.

Siebert, Wolfgang, 1942: *Die deutsche Arbeitsverfassung.* Hamburg: Hanseatische Verlagsanstalt.

Siemann, Wolfram, 1976: *Die Frankfurter Nationalversammlung 1848/49 zwischen demokratischem Liberalismus und konservativer Reform: Die Bedeutung der Juristendominanz in den Verfassungsverhandlungen des Paulskirchenparlaments.* Frankfurt: Peter Lang.

Sigelmann, Lee/George H. Gadbois, 1983: Contemporary Comparative Politics: An Inventory and Assessment. In: *Comparative Political Studies* 16, 275–305.

Silverstein, Mark, 1999: Bill Clinton's Excellent Adventure: Political Development and the Modern Confirmation Process. In: Howard Gillman/Cornell Clayton (Hg.), *The Supreme Court in American Politics: New Institutionalist Interpretations.* Lawrence: University Press of Kansas, 133–147.

Singer, Otto, 1993: Policy Communities und Diskurs-Koalitionen: Experten und Expertise in der Wirtschaftspolitik. In: *Policy-Analyse: Kritik und Neuorientierung.* Politische Vierteljahresschrift, Sonderheft 24. Wiesbaden: VS Verlag, 149–174.

Sinzheimer, Hugo, 1914: Zur Frage eines Arbeitstarifgesetzes. In: *Deutsche Juristen-Zeitung* 19, 603–608.

——, 1916: *Ein Arbeitstarifgesetz: Die Idee der sozialen Selbstbestimmung im Recht.* München: Duncker & Humblot.

——, [1913]1975: Rechtsfragen des Arbeitstarifvertrags. In: Thomas Blanke et al. (Hg.), *Kollektives Arbeitsrecht: Quellentexte zur Geschichte des Arbeitsrechts in Deutschland,* Band 1: *1840–1932.* Reinbek: Rowohlt, 130–132.

——, [1914]1976: Über den Grundgedanken und die Möglichkeit eines einheitlichen Arbeitsrechts für Deutschland. In: Otto Kahn-Freund/Thilo Ramm (Hg.), *Hugo Sinzheimer: Arbeitsrecht und Rechtssoziologie. Gesammelte Aufsätze und Reden, Band 1.* Frankfurt a.M.: Europäische Verlagsanstalt, 35–61.

Sinzheimer, Hugo, [1915a]1976: Der Sozialpolitiker Karl Flesch und seine literarisch-wissenschaftliche Tätigkeit. In: Otto Kahn-Freund/Thilo Ramm (Hg.), *Hugo Sinzheimer: Arbeitsrecht und Rechtssoziologie. Gesammelte Aufsätze und Reden, Band 1*. Frankfurt a.M.: Europäische Verlagsanstalt, 378–387.

——, [1915b]1976: Der Tarifgedanke in Deutschland. In: Otto Kahn-Freund/Thilo Ramm (Hg.), *Hugo Sinzheimer: Arbeitsrecht und Rechtssoziologie. Gesammelte Aufsätze und Reden, Band 1*. Frankfurt a.M.: Europäische Verlagsanstalt, 150–168.

——, [1919]1976: Wesen und Bedeutung des Koalitionsrechts. In: Otto Kahn-Freund/Thilo Ramm (Hg.), *Hugo Sinzheimer: Arbeitsrecht und Rechtssoziologie, Band 1*. Frankfurt a.M.: Europäische Verlagsanstalt, 173–175.

——, [1921]1976: Entwurf eines Arbeitstarifgesetzes. In: Otto Kahn-Freund/Thilo Ramm (Hg.), *Hugo Sinzheimer: Arbeitsrecht und Rechtssoziologie. Gesammelte Aufsätze und Reden*, Band 1. Frankfurt a.M.: Europäische Verlagsanstalt, 182–204.

——, [1922a]1976: Anwaltschaft und Arbeitsrecht. In: Otto Kahn-Freund/Thilo Ramm (Hg.), *Hugo Sinzheimer: Arbeitsrecht undRechtssoziologie. Gesammelte Aufsätze und Reden. Band 1*. Frankfurt: Europäische Verlagsanstalt, 70–77.

——, [1922b]1976: Philipp Lotmar und die deutsche Arbeitsrechtswissenschaft. In: Otto Kahn-Freund/Thilo Ramm (Hg.), *Hugo Sinzheimer: Arbeitsrecht und Rechtssoziologie. Gesammelte Aufsätze und Reden, Band 2*. Frankfurt a.M.: Europäische Verlagsanstalt, 408–415.

——, [1922c]1976: Über soziologische und dogmatische Methoden in der Arbeitsrechtswissenschaft. In: Otto Kahn-Freund/Thilo Ramm (Hg.), *Hugo Sinzheimer: Arbeitsrecht und Rechtssoziologie. Gesammelte Aufsätze und Reden, Band 2*. Frankfurt a.M.: Europäische Verlagsanstalt, 33–41.

——, [1924]1976: Der Kampf um das neue Arbeitsrecht. In: Otto Kahn-Freund/Thilo Ramm (Hg.), *Hugo Sinzheimer: Arbeitsrecht und Rechtssoziologie. Gesammelte Aufsätze und Reden, Band 1*. Frankfurt a.M.: Europäische Verlagsanstalt, 91–99.

——, [1933]1976: Die Krisis des Arbeitsrechts. In: Otto Kahn-Freund/Thilo Ramm (Hg.), *Hugo Sinzheimer: Arbeitsrecht und Rechtssoziologie. Gesammelte Aufsätze und Reden, Band 1*. Frankfurt a.M.: Europäische Verlagsanstalt, 135–141.

——, [1907]1977: *Der korporative Arbeitsnormenvertrag: Eine privatrechtliche Untersuchung*. 2. Auflage. Berlin: Duncker & Humblot.

Skrzypczak, Henryk, 1975: Zur Strategie der Freien Gewerkschaften in der Weimarer Republik. In: Heinz Oskar Vetter (Hg.), *Vom Sozialistengesetz zur Mitbestimmung: Zum 100. Geburtstag von Hans Böckler*. Köln: Bund-Verlag, 201–227.

Smith, Rogers M., 1988: Political Jurisprudence, the »New Institutionalism«, and the Future of Public Law. In: *American Political Science Review* 82, 89–108.

Sohm, Dr., 1900: Die Entstehung des deutschen Bürgerlichen Gesetzbuches. In: *Deutsche Juristen-Zeitung* 5, 6–9.

Sölle, Dorothee, 1995: *Gegenwind: Erinnerungen*. Hamburg: Hoffmann und Campe.

Solterer, Josef, 1959: Die Grenzen der Tarifautonomie. In: *Der Arbeitgeber. Zeitschrift der Bundesvereinigung der deutschen Arbeitgeberverbände* 11, 728–732.

Soriano, Leonor Moral, 2007: Vertical Juridical Disputes over Legal Bases. In: *West European Politics* 30, 321–337.

Spaeth, Harold J., 1995: The Attitudinal Model. In: Lee Epstein (Hg.), *Contemplating Courts*. Washington, DC: Congressional Quarterly, 296–314.

SPD, 1952: *Verzeichnis der vom Parteivorstand berufenen Mitglieder des Rechtspolitischen Ausschusses beim Parteivorstand der SPD, 4. Juni 1952.* BA N 1268/232.

SPD/Bündnis 90/Die Grünen, 1999: *Entwurf eines Gesetzes zur Stärkung der Unabhängigkeit der Richter und Gerichte.* Bundestags-Drucksache 14/979, 4. Mai 1999. Bonn: Bundesanzeiger Verlagsgesellschaft.

Sperlinger, Georg, 1951: Die Sozial-Akademie. In: *Aufwärts*, 17. April 1951, 15.

Speth, Rudolf, 2004: *Die politischen Strategien der Initiative Neue Soziale Marktwirtschaft. Forschungsbericht für die Hans-Böckler-Stiftung.* Düsseldorf: Hans-Böckler-Stiftung.

Spiller, Pablo T., 1992: Rationality, Decision Rules, and Collegial Courts. In: *International Review of Law and Economics* 12, 186–190.

Spindler, Helga, 1982: *Von der Genossenschaft zur Betriebsgemeinschaft: Kritische Darstellung der Sozialrechtslehre Otto von Gierkes.* Frankfurt a.M.: Peter Lang.

Stadthagen, Arthur, 1895: *Das Arbeiterrecht: Rechte und Pflichten des Arbeiters in Deutschland aus dem gewerblichen Arbeitsvertrag, der Unfall-, Kranken-, Invaliditäts- und Altersversicherungen.* Berlin: Baake.

Starck, Christian, 1995: Die Flexibilität rechtlicher Institutionen. In: Birgitta Nedelmann (Hg.), *Politische Institutionen im Wandel.* Kölner Zeitschrift für Soziologie und Sozialpsychologie, Sonderheft 35. Opladen: Westdeutscher Verlag, 41–53.

——, 1996: Verfassungsgerichtsbarkeit und Fachgerichte. In: *Juristenzeitung* 51, 1033–1042.

Statistisches Bundesamt, 2006: *Ausgewählte Zahlen für die Rechtspflege.* Fachserie 10 Reihe 1-2006. Wiesbaden: Statistisches Bundesamt.

Steidle, Gregor, 2000: *1. Ortstagung Kiel am 23.10.2000.* Kiel: Arbeitsgerichtsverband e.V.

Steidle, T., 1946: Der Plan für den Aufbau des Rechtspflegewesens in der amerikanischen Zone. In: *Süddeutsche Juristenzeitung* 1, 13–15.

Steiger, Karsten, 1998: *Kooperation, Konfrontation, Untergang: Das Weimarer Tarif- und Schlichtungswesen während der Weltwirtschaftskrise und seine Vorbedingungen.* Stuttgart: Steiner.

Stein, Eric, 1981: Lawyers, Judges, and the Making of a Transnational Constitution. In: *The American Journal of International Law* 75, 1–27.

Stein, Peter, 2007: Legitimation, Praxisnähe, Transparenz – zur Rolle der ehrenamtlichen Richter in der Arbeitsgerichtsbarkeit. In: *Betriebs-Berater* 62(49), 2681–2686.

Steinmo, Sven/Kathleen Thelen/Frank Longstreth (Hg.), 1992: *Structuring Politics: Historical Institutionalism in Comparative Analysis.* Cambridge: Cambridge University Press.

Stenglein, Melchior, 1902: Geschichte des Deutschen Juristentages. In: *Deutsche Juristen-Zeitung* 7, 401–406.

Steveling, Lieselotte, 1999: *Juristen in Münster.* Hamburg: LIT-Verlag.

Stommel, Bernd, 1966: *Günstigkeitsprinzip und Höchstbegrenzungen im Tarifrecht.* Dissertation. Köln: Universität zu Köln, Rechtswissenschaftliche Fakultät.

Stone, Alec, 1992: *The Birth of Judicial Politics in France: The Constitutional Council in Comparative Perspective.* Oxford: Oxford University Press.

——, 1994: Judging Socialist Reform: The Politics of Coordinate Construction in France and Germany. In: *Comparative Political Studies* 26, 443–469.

Storch, Anton, 1949: *Brief von Anton Storch an den Präsidenten des Parlamentarischen Rates Dr. Konrad Adenauer vom 21. Januar 1949.* Bundesarchiv: BA N 1268/265.

——, 1955: *Brief des Bundesministers für Arbeit and den Bundesminister der Justiz vom 8. Januar 1955.* Bundesarchiv: BA B 141/49187.

Streeck, Wolfgang, 1979: Gewerkschaftsorganisation und industrielle Beziehungen. Einige Stabilitätsprobleme industriegewerkschaftlicher Interessenvertretung und ihre Lösung im westdeutschen System der industriellen Beziehungen. In: Joachim Matthes (Hg.), *Sozialer Wandel in Westeuropa: Verhandlungen des 19. Deutschen Soziologentages, Berlin 1979.* Frankfurt a.M.: Campus, 206–226.

——, 1994: Staat und Verbände: Neue Fragen, neue Antworten? In: Wolfgang Streeck (Hg.), *Staat und Verbände.* Politische Vierteljahresschrift, Sonderheft 25. Wiesbaden: VS Verlag, 7–36.

——, 2009: *Institutions in History: Bringing Capitalism Back In.* MPIfG Discussion Paper 09/8. Köln: Max-Planck-Institut für Gesellschaftsforschung. <www.mpifg.de/pu/mpifg_dp/dp09-8.pdf>

Streeck, Wolfgang/Lane Kenworthy, 2005: Theories and Practices of Neocorporatism. In: Thomas et al. Janoski (Hg.), *The Handbook of Political Sociology: States, Civil Societies, and Globalization.* Cambridge: Cambridge University Press, 441–460.

Streeck, Wolfgang/Kathleen Thelen (Hg.), 2005a: *Beyond Continuity: Institutional Change in Advanced Political Economies.* Oxford: Oxford University Press.

——, 2005b: Introduction: Institutional Change in Advanced Political Economies. In: Wolfgang Streeck/Kathleen Thelen (Hg.), *Beyond Continuity: Institutional Change in Advanced Political Economies.* Oxford: Oxford University Press, 1–39.

Stüwe, Klaus, 2006: Bundesverfassungsgericht und Opposition. In: Robert Chr. van Ooyen/ Martin H. W. Möllers (Hg.), *Das Bundesverfassungsgericht im politischen System.* Wiesbaden: VS Verlag, 215–228.

Sünner, Dorothee Sabine, 2001: *Zur Entwicklung des Arbeitsrechts zwischen Weimar, dem Dritten Reich und der Bundesrepublik.* Lohmar: Eul.

Swidler, Ann, 1986: Culture in Action: Symbols and Strategies. In: *American Sociological Review* 51, 273–286.

Tate, C. Neal/Torbjoern Vallinder (Hg.), 1995: *The Global Expansion of Judicial Power.* New York: New York University Press.

Tenfelde, Klaus, 2008: Gewerkschaften, Wissenschaft, Mitbestimmung – 60 Jahre WSI. Von der Forschungsstelle für Wirtschaftspolitik des ADGB bis zum WSI in der Hans-Böckler-Stiftung – Stationen und Funktionen eines gewerkschaftlichen Think Tanks. In: *Mitteilungsblatt des Instituts für soziale Bewegungen* 38, 45–60.

Teubner, Gunther, 2001: Legal Irritants: How Unifying Law Ends up in New Divergences. In: Peter A. Hall/David Soskice (Hg.), *Varieties of Capitalism.* Oxford: Oxford University Press, 417–441.

Thelen, Kathleen, 2000: Why German Employers Cannot Bring Themselves to Dismantle the German Model. In: Thorben Iversen/Jonas Pontusson/David Soskice (Hg.), *Unions, Employers and Central Banks: Macroeconomic Coordination and Institutional Change in Social Market Economies.* Cambridge: Cambridge University Press, 138–172.

——, 2003: How Institutions Evolve: Insights from Comparative Historical Analysis. In: James Mahoeny/Dietrich Rueschemeyer (Hg.), *Comparative Historical Analysis in the Social Sciences.* New York: Cambridge University Press, 208–240.

——, 2004: *How Institutions Evolve: The Political Economy of Skills in Germany, Britain, the United States and Japan.* Cambridge: Cambridge University Press.

Tiede, Günther, 1969: Tarifpolitik nach den wilden Streiks. In: *Der Arbeitgeber. Zeitschrift der Bundesvereinigung der deutschen Arbeitgeberverbände* 21, 638–639.

Tils, Ralf, 2003: Politische Logik administrativen Handelns? Handlungskontexte, Orientierungen und Strategien von Ministerialbeamten im Gesetzgebungsprozess. In: Edgar Grande/Rainer Prätorius (Hg.), *Politische Steuerung und neue Staatlichkeit.* Baden-Baden: Nomos, 83–106.

Tophoven, Ernst, 1958: Anmerkung zum Urteil des Bundesarbeitsgericht 1 AZR 534/56 vom 9. Dezember 1957. In: *Arbeitsrechtliche Praxis* 5(3/4), 674–676.

Trampusch, Christine, 2005: Institutional Resettlement: The Case of Early Retirement in Germany. In: Wolfgang Streeck/Kathleen Thelen (Hg.), *Beyond Continuity: Institutional Change in the Advanced Political Economies.* Oxford: Oxford University Press, 203–228.

——, 2009: *Der erschöpfte Sozialstaat: Transformation eines Politikfeldes.* Frankfurt a.M.: Campus.

Trappehl, Bernhard/Thomas Lambrich, 1999: Unterlassungsanspruch der Gewerkschaften – das Ende für betriebliche »Bündnisse für Arbeit«? In: *Neue Juristische Wochenschrift* 44, 3217–3225.

Tsebelis, George, 1995: Decision Making in Political Systems: Veto Players in Presidentialism, Multicameralism and Multipartyism. In: *British Journal of Political Science* 25, 289–325.

——, 2002: *Veto Players: How Political Institutions Work.* Princeton: Princeton University Press.

Ullmann, Peter, 1977: *Tarifverträge und Tarifpolitik in Deutschland bis 1914.* Frankfurt a.M.: Peter Lang.

Vademecum, 1968: *Vademecum Deutscher Lehr- und Forschungsstätten. Handbuch des wissenschaftlichen Lebens.* 5., neu bearbeitete und erweiterte Auflage. Essen: Stifterverband für die Deutsche Wissenschaft.

——, 1978: *Vademecum Deutscher Lehr- und Forschungsstätten: Ein Handbuch des wissenschaftlichen Lebens.* 7. Auflage. Essen: Stifterverband für die Deutsche Wissenschaft.

——, 1996: *Vademecum Deutscher Lehr- und Forschungsstätten: Stätten der Lehre. Teil 1: Universitäten und gleichgestellte Hochschulen.* 9. Auflage. Stuttgart: Raabe.

Vallinder, Torbjoern (Hg.), 1994a: *The Judicialization of Politics. Special Issue of International Political Science Review* 15(2). London: Sage.

——, 1994b: The Judicialization of Politics: A World-Wide Phenomenon: Introduction. In: *International Political Science Review* 15(2) 91–99.

van Waarden, Frans, 2000: Less Rules, More Market? Or Are Markets Spontaneous Social Orders? In: Frans van Waarden/Jan Simonis (Hg.), *Deregulating Imperfect Markets: On the Role of Institutions on Markets.* Amsterdam: Thela Thesis, 21–36.

van Waarden, Frans/Michaela Drahos, 2002: Courts and (Epistemic) Communities in the Convergence of Competition Policies. In: *Journal of European Public Policy* 9, 913–934.

Verdun, Amy, 1998: *The Role of the Delors Committee in the Creation of EMU – An Epistemic Community?* European University Institute, Working Paper RSC No 98/44. Florence: European University Institute.

Voigt, Rüdiger, 1988: Rechtspolitologie als Wissenschaftsdisziplin:Zur Genese rechtspolitologischer Forschung in Deutschland. In: Axel Görlitz/Rüdiger Voigt (Hg.), *Rechtspolitologische Forschungskonzepte.* Jahresschrift für Rechtspolitologie, Band 2. Pfaffenweiler: Centaurus, 19–42.

——, 2000: *Recht – Spielball der Politik? Rechtspolitologie im Zeichen der Globalisierung.* Baden-Baden: Nomos.

Volcansek, Mary (Hg.), 1992: *Judicial Politics and Policy-Making in Western Europe. Special Issue of West European Politics* 15(3). London: Frank Cass.

——, 2001: Constitutional Courts as Veto Players: Divorce and Decrees in Italy. In: *European Journal of Political Research* 39, 347–372.

von Beyme, Klaus, 2001: Das Bundesverfassungsgericht aus der Sicht der Politik- und Gesellschaftswissenschaften. In: Peter Badura/Horst Dreier (Hg.), *Festschrift 50 Jahre Bundesverfassungsgericht,* Band 1: *Verfassungsgerichtsbarkeit, Verfassungsprozess.* Tübingen: Mohr Siebeck, 493–505.

von Brünneck, Alexander, 1988: Ernst Fraenkel (1898–1975). Soziale Gerechtigkeit und pluralistische Demokratie. In: Kritische Justiz (Hg.), *Streitbare Juristen: Eine andere Tradition.* Baden-Baden: Nomos, 415–426.

von Merkatz, Hans-Joachim, 1957: *Brief an den Bundesminister des Innern Herrn Dr. Gerhard Schöder vom 16. Februar 1957.* Bundesministerium der Justiz: BA B 149/10097.

Vorländer, Hans (Hg.), 2006: *Die Deutungsmacht der Verfassungsgerichtsbarkeit.* Wiesbaden: VS Verlag.

Wagschal, Uwe, 2006: Verfassungsgerichte als Vetospieler in der Steuerpolitik. In: Michael Becker/Ruth Zimmerling (Hg.), *Politik und Recht.* Politische Vierteljahresschrift, Sonderheft 36. Wiesbaden: VS Verlag, 559–584.

Wahsner, Roderich, 1974: Das Arbeitsrechtskartell: Die Restauration des kapitalistischen Arbeitsrechts in Westdeutschland nach 1945. In: *Kritische Justiz* 4/1974, 369–386.

——, 1994: *Arbeitsrecht unter'm Hakenkreuz: Instrument des faschistischen Terrors und der Legitimation von Unternehmerwillkür.* Baden-Baden: Nomos.

Wassermann, Rudolf, 1964: Annäherung der Gerichtsbarkeiten? In: *Juristische Rundschau* 1964(27), 256–258.

——, 1965: Rechtsstudium und Politische Wissenschaft. In: *Juristenzeitung* 14, 440–441.

——, 1992: Die Vereinheitlichung des Rechtswesens: Von der sozialistischen Rechtspflege zur Justiz des freiheitlich-demokratischen Rechtsstaats. In: Eckhard Jesse/Armin Mitter (Hg.), *Die Gestaltung der deutschen Einheit: Geschichte – Politik – Gesellschaft.* Bonn: Bouvier, 246–278.

Webb, Sidney/Beatrice P. Webb, 1898: *Theorie und Praxis der englischen Gewerkvereine (Industrial Democracy).* Deutsch von C. Hugo. Stuttgart: Dietz Nachf.

Weiler, Joseph H., 1994: A Quiet Revolution: The European Court of Justice and its Interlocutors. In: *Comparative Political Studies* 26, 510–534.

Weingast, Barry, 2002: Rational-Choice Institutionalism. In: Ira Katznelson/Helen V. Milner (Hg.), *Political Science: The State of the Discipline.* New York: Norton, 660–692.

Weiß, Jochen, 1994: *Arbeitsgerichtsbarkeit und Arbeitsgerichtsverband im Kaiserreich und in der Weimarer Republik.* Frankfurt a.M.: Peter Lang.

Werle, Raymund, 1977: *Justizorganisation und Selbstverständnis der Richter: Eine empirische Untersuchung.* Kronberg/Ts.: Athenäum.

Wetzel, Detlef, 2007: »Unsere Strategie ist konfliktorientiert.« Detlef Wetzel im Gespräch mit Cornelia Girndt und Christoph Mulitze. In: *Die Mitbestimmung.* Magazin Mitbestimmung Ausgabe 12/2007. <www.boeckler.de/20376_20385.htm>

Weyland, Kurt, 2008: Toward a New Theory of Institutional Change. In: *World Politics* 60, 281–314.

Weyrauch, Walter O., 1970: *Zum Gesellschaftsbild des Juristen: Eine vergleichende Studie über die subjektiven Faktoren im Recht.* Neuwied: Luchterhand.

Wichmann, Friedrich, 1961: *Brief an den Herrn Chefpräsidenten vom 23. Mai 1961*. Bundesarchiv: BA B 272/868.

Wiedemann, Herbert (Hg.), 2007: *Tarifvertragsgesetz mit Durchführungs- und Nebenvorschriften. Kommentar*. München: Beck.

Wiesenthal, Helmut, 1987: *Strategie und Illusion: Rationalitätsgrenzen kollektiver Akteure am Beispiel der Arbeitszeitpolitik 1980–1985*. Frankfurt a.M.: Campus.

——, 1990: *Unsicherheit und Multiple-Self-Identität: Spekulationen über die Voraussetzungen strategischen Handelns*. MPIfG Discussion Paper 90/2. Köln: Max-Planck-Institut für Gesellschaftsforschung.

Winkler, Heinrich August, 1984: *Von der Revolution zur Stabilisierung: Arbeiter und Arbeiterbewegung in der Weimarer Republik 1918 bis 1924*. Berlin: J. H. W. Dietz Nachf.

——, 1985: *Der Schein der Normalität: Arbeiter und Arbeiterbewegung in der Weimarer Republik 1924 bis 1930*. Berlin: J. H. W. Dietz Nachf.

Winters, Karl-Peter, 1990: *Der Rechtsanwaltsmarkt: Chancen, Risiken und zukünftige Entwicklung*. Köln: Schmidt.

Wissell, Rudolf, 1911: Fragen des Koalitionsrechts. In: *Sozialistische Monatshefte* 17(21), 1328–1333.

Wissmann, Helmut, 2004: *Begrüßung*. Festakt aus Anlass des 50. Jahrestages der Errichtung des Bundesarbeitsgerichts am 11. Mai 2004 in Erfurt. <www.bundesarbeitsgericht.de/dasgericht/festakt.html>

Wölbling, Paul, 1918: Die gesetzliche Regelung des Arbeitstarifvertrages. In: *Deutsche Juristen-Zeitung* 23, 600–602.

——, 1919: Die neue Verordnung über Tarifverträge. In: *Deutsche Juristen-Zeitung* 24, 299–303.

Wolff, Walter, 1950: Zur Frage eines eigenständigen Sozialrechts. In: *Gewerkschaftliche Monatshefte* 1(12), 566–570.

Wright, Kevin, 1996: *Knowledge and Expertise in Policy Processes: A Place for Epistemic Communities?* Human Capital and Mobility Network, Occasional Paper No. 8. Florence: European University Institute.

Yates, Jeff/Andrew B. Whitford/William Gillespie, 2005: Agenda Setting, Issue Priorities and Organizational Maintenance: The US Supreme Court, 1955 to 1994. In: *British Journal of Political Science* 35, 369–381.

Yee, Albert S., 1996: The Causal Effects of Ideas on Policies. In: *International Organization* 50, 69–108.

Youde, Jeremy, 2005: The Development of a Counter-Epistemic Community: AIDS, South Africa, and International Regimes. In: *International Relations* 19, 421–439.

Zander, Karl-Fred, 1961: Das »Allgemeinwohl« und die Tarifautonomie. In: *Gewerkschaftliche Monatshefte* 13(3), 159–161.

Zangl, Bernhard, 2006: *Die Internationalisierung der Rechtsstaatlichkeit: Streitbeilegung in GATT und WTO*. Frankfurt a.M.: Campus.

Zarkin, Michael J., 2006: Microeconomic Ideas, Policy Epistemologies, and the Politics of Spectrum Licensing, 1922–1997. In: *Polity* 38, 174–193.

Zimmermann, Rita, 1983: *Die Relevanz der herrschenden Meinung für Anwendung, Fortbildung und wissenschaftliche Erforschung des Rechts*. Berlin: Duncker & Humblot.

Zito, Anthony R., 2001a: Epistemic Communities, Collective Entrepreneurship and European Integration. In: *Journal of European Public Policy* 8, 585–603.

Zito, Anthony R., 2001b: Epistemic Communities, European Union Governance and the Public Voice. In: *Science and Public Policy* 28, 465–476.

Zohlnhöfer, Reimut, 2001: Parteien, Vetospieler und der Wettbewerb um Wählerstimmen: Die Arbeitsmarkt- und Beschäftigungspolitik der Ära Kohl. In: *Politische Vierteljahresschrift* 42, 655–682.

Zwingmann, Klaus, 1966: *Zur Soziologie des Richters in der Bundesrepublik Deutschland.* Berlin: de Gruyter.